자음순서 ㄱ ㄲ ㄴ ㄷ ㄸ ㄹ ㅁ ㅂ ㅃ ㅅ ㅆ ㅇ ㅈ ㅉ ㅊ ㅋ ㅌ ㅍ ㅎ

모음순서 ㅏ ㅐ ㅑ ㅒ ㅓ ㅕ ㅖ ㅗ ㅘ ㅙ ㅚ ㅛ ㅜ ㅝ ㅞ ㅟ ㅠ ㅡ ㅢ ㅣ

한국어 학습 학습자용

어미·조사 사전

한국어 학습 학습자용

어미·조사 사전

이희자·이종희

한국문화사

이 희 자 연세대학교 국어국문학과 학부, 대학원에서 공부하고 독일 베를린 자유대에서 언어학 박사 학위를 받았다. 현재 경인교육대학교 국어교육과 교수로 재직하고 있다.
국어문법, 텍스트문법을 전공하였으며 현재는 한국어 교육 문법에 관심을 가지고 있고, 남북 사전 편찬 사업인 '겨레말큰사전' 남측 편찬위원으로 활동하고 있다. 저서로는 『한국어 학습용 어미 · 조사 사전』(공저), 『사전식 텍스트 분석적 국어 조사의 연구』(공저), 『사전식 텍스트 분석적 국어 어미의 연구』(공저), 『연세초등국어사전』(공저), 『인터넷에서 가장 많이 틀리는 한국어』(공저), 『초등 학습 용어 사전』(1권~4권)(이희자 · 이종희), 『한국어 학습 초급용 어미 · 조사 사전』(이희자 · 이종희) 등이 있다.

이 종 희 연세대학교 국어국문학과 학부, 대학원에서 공부하고 문학 박사 학위를 받았다. 현재 연세대학교 언어정보원의 연구 교수로 재직하고 있다.
국어학을 전공하였으며, 한국어 교육에서 외국인을 위한 문법이 따로 기술되어야 한다는 인식을 가지고 있다. 저서로 『한국어 학습용 어미 · 조사 사전』(공저), 『국어 어미의 의미 연구』, 『사전식 텍스트 분석적 국어 조사의 연구』(공저), 『사전식 텍스트 분석적 국어 어미의 연구』(공저), 『초등 학습 용어 사전』(1권~4권)(이희자 · 이종희), 『한국어 학습 초급용 어미 · 조사 사전』(이희자 · 이종희) 등이 있다.

한국어 학습 학습자용 어미 · 조사 사전
초판 1쇄 인쇄 2006년 7월 20일
초판 1쇄 발행 2006년 7월 30일
초판 2쇄 발행 2008년 10월 10일
지은이 이희자 · 이종희
발행인 김 진 수
편 집 박 미 영
발행처 한국문화사
등 록 제2-1276호(1991.11.9)
주 소 (133-110) 서울특별시 성동구 구의로 3 두앤캔 502호
전 화 (02) 464-7708, 3409-4488
팩 스 (02) 499-0846
홈페이지 www.hankookmunhwasa.co.kr
이메일 hkm77@korea.com
가 격 30,000원
ISBN 89-5726-393-4 93030

머 리 말

한국어를 배우고 익히는 데 있어서 가장 중요하고도 어려운 것이 어미와 조사이다. 한국어는 조사와 어미가 풍부하고 매우 정교하게 발달되어 있어 이를 정확하게 배워야만 자연스럽고 정확한 한국어를 구사할 수 있다.

이 사전은 한국어 학습 **학습자용** 어미 · 조사 사전으로서, 어미 · 조사 및 관용구, 준꼴 등 900여 개의 표제어를 빈도와 중요도를 기준으로 선별하여, 그 갈래와 뜻풀이, 용례, 참고 정보 등을 주었다.

높임법 따위의 문법은 쉽게 풀어서 설명하였다. 예를 들어 '해요체'를 '친한 사이 말높임', '하십시오'체를 '말 아주 높임'이라 하고 이를 각각 누구에게 쓰는 말인지를 밝혀 누구나 쉽게 이해할 수 있도록 하였다. 또한 헷갈리는 말들을 구분할 수 있도록 110여 개의 도움말 박스를 사용하여 설명하였고, 사용자 편이를 위하여 100여 개의 문법 용어 풀이집을 덧붙였다. 어미, 조사의 뜻은 부득불 문법 용어를 사용하여야 할 경우를 제외하고는 한국어 학습자에게 맞도록 쉽게 풀이하였다. 용례는 대부분, 국내외 한국어 교재를 바탕으로 한 '한국어 학습용 말뭉치'와 초등 교육을 위한 '기초 학습용 말뭉치'에서 쉽고 전형적인 예를 골라 넣었다. 부록으로 용언 활용표와 조사 결합표를 첨가하여 활용형 따위를 쉽게 찾아볼 수 있게 하였다.

싣는 차례는 한국어 자모 순으로 하였다. 이용자의 편의를 위하여 띄어쓰기를 고려하지 않았다. 형태가 같은 것들이 있을 때는 어깨번호와 함께 '길잡이말'을 달아 구별이 쉽게 하였다. '길잡이말'은 문법형태소들의 이름표와 같은 것으로 누구나 쉽게 찾고자 하는 말을 찾아갈 수 있도록 '길잡이 역할을 하는 말'을 이르는 것으로, 이는 두 가지 목적에서 붙였다. 첫째로는 꼴이 같은 형태들을 쉽게 구별하여 찾아가게 하는 '길잡이' 역할을 하도록 한 것이고, 둘째로는 실질 의미가 없는 문법 형태소들을 언급할 때 딱히 부를 명칭이 없었는데 이러한 불편을 덜기 위하여 일일이 모든 형태에 이러한 '길잡이말'을 붙여 그 '이름표' 구실을 하도록 한 것이다.

이 책은 <한국어 학습용 어미 · 조사 사전> 시리즈 중 **학습자용**이다. <한국어 학습 **초급용** 어미 · 조사 사전>(2008)은 나왔고 곧 이어 <한국어 학습 **전문가용** 어미 · 조사 사전>을 펴낼 것이다.

끝으로 이 사전을 출판하도록 해 주신 한국문화사의 김진수 사장님과 힘들고 지난한 사전 편집 작업을 프로 근성을 가지고 멋지게 해 주신 박미영 씨에게 감사의 말씀을 전한다.

2008년 9월 30일

이희자 · 이종희 씀

차 례
CONTENTS

일러두기

이 사전의 구조는 다음과 같다. 일러두기는 아래의 표에 나오는 용어들의 순서대로 설명한다.

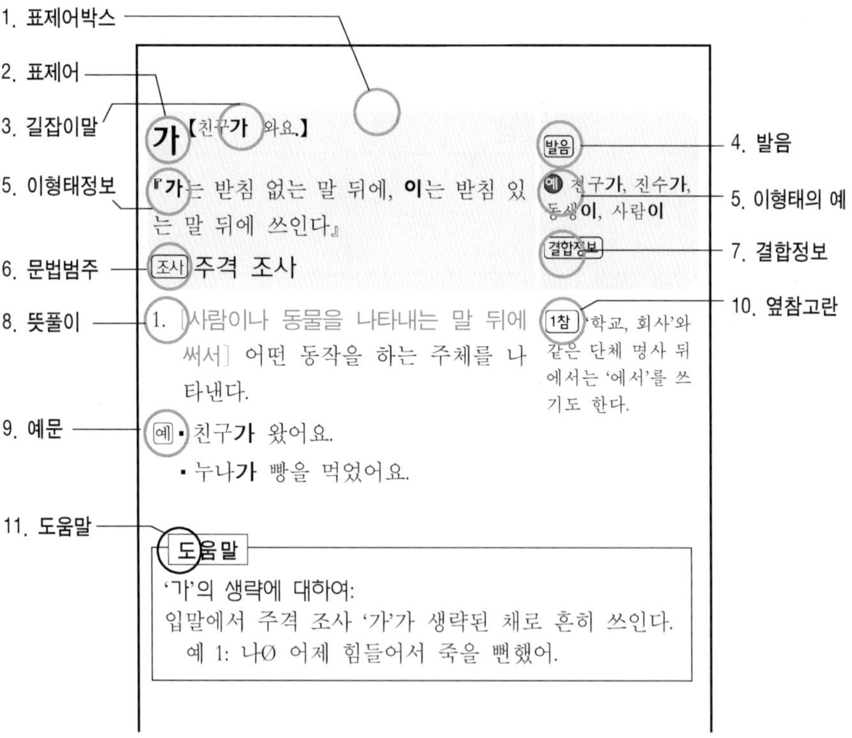
1. 표제어박스
2. 표제어
3. 길잡이말
4. 발음
5. 이형태정보
5. 이형태의 예
6. 문법범주
7. 결합정보
8. 뜻풀이
9. 예문
10. 옆참고란
11. 도움말
가【친구가 와요.】
발음
『가는 받침 없는 말 뒤에, 이는 받침 있는 말 뒤에 쓰인다』
예 친구가, 진수가, 동생이, 사람이
결합정보
조사 주격 조사
1. [사람이나 동물을 나타내는 말 뒤에 써서] 어떤 동작을 하는 주체를 나타낸다.
1참 '학교, 회사'와 같은 단체 명사 뒤에서는 '에서'를 쓰기도 한다.
예 ▪ 친구가 왔어요.
▪ 누나가 빵을 먹었어요.
도움말
'가'의 생략에 대하여:
입말에서 주격 조사 '가'가 생략된 채로 흔히 쓰인다.
예 1: 나Ø 어제 힘들어서 죽을 뻔했어.

1. 표제어 정보의 색깔 박스

▸표제어를 포함하여 이에 관련된 정보를 색깔 박스 속에 보였다. 뜻풀이를 제외하고 표제어와 관련하여 일차적으로 알아야 하는 정보들, 예를 들면 품사라든가, 어떤 형태로 어떤 환경에서 써야 하는지 등의 정보가 눈에 잘 띄도록 박스 속에 보였다.

▸표제어 정보 박스 왼쪽에는 표제어와 길잡이말이 제일 위쪽에 오고, 바로 아래에 표제어가 사용되는 환경 정보가 오고, 마지막 줄에 문법 정보(품사)가 온다.

▸표제어 정보 박스 오른쪽 첫줄에는 발음 정보가 온다. 발음은 표기와 발음이 다를 경우에만 보여 주었다. 그 아래에 틀리기 쉬운 맞춤법의 경우에 '쓰기주의'를 보여 이를 주의할 수 있도록 하였다.

▸표제어 정보 박스 왼쪽의 표제어 아래에 각 표제어가 사용되는 환경 정보를 주면서, 같은 높이의 오른쪽에는 표제어들의 실제 사용례들을 보였다(예) 조사의 경우에는 명사와 조사의 결합꼴을 보였고, 어미의 경우에는 용언과 어미의 결합꼴을 일일이 보여 주었다.

▸표제어 정보 박스 왼쪽의 환경정보 아래에 표제어가 어미인지 조사인지 그 분류를 약물로 보였고(어미, 조사), 또한 이 정보에 대한 보충 설명으로 주격조사로 사용되는 '가'의 경우, 주격조사라는 문법 범주를 보충하는 설명으로 '주어를 나타낸다'를 같은 높이의 오른쪽 박스에 나타내었다. 종결 어미의 경우에는 높임법을 표시해 주었다.

-기에[1] 【그가 부탁하**기에**~】
『동사, 형용사, '이다', '-았-', '-겠-' 뒤에 쓰인다』
어미 연결 어미

예 가**기에**, 먹**기에**, 예쁘**기에**, 좋**기에**, 학생이**기에**, 먹었**기에**, 가겠**기에**

2. 표제어

▸이 사전에는 어미, 조사, 준꼴, 어미·조사로 이루어진 관용구 등 약 900여 개의 표제어가 실려 있다.

▸한국어 학습자에게 꼭 필요한 어미·조사들을 선정하였다.

▸어미는 붙임줄(-)이 붙고(예1), 조사는 붙지 않는다(예2). 조사로 이루어진 관용구는 물결표 표시(~)가 앞에 붙는다.(예3)

예 1: -면, -아서…

예 2: 가, 과…

예 3: ~를 두고, ~로 말미암아…

3. 길잡이말(guide words)

▸꼴이 같은 표제어를 구분해 주는 역할을 하는 말. 기존의 동형어 구별의 어깨번호의 기능도 하고, 꼴이 같은 형태들을 쉽게 구별하여 찾아가도록 하는 '길잡이' 역할도 하고, 실질 의미가 없는 문법 형태소들의 '이름표' 구실을 한다. '-**다**【가다】'에서 【가다】를 말한다. 위첨자로 표시하였고 해당 부분을 굵게 표시하였다.

▸조사, 어미와 같은 문법형태소들은 그 꼴이 같은 것들이 많아서 사전 이용자가 이들 중 하나를 사전에서 찾을 때, 꼴 같은 것들이 여럿이 죽 나열되어 있으면 찾고자 하는 형태가 어느 것인지 구분하기가 어렵다. 따라서 각 형태마다 그 형태를 잘 드러내 주는 길잡이 역할을 해 주는 말을 붙여 주면 쉽게 구분할 수 있다. 이러한 목적에서 모든 표제어에 '해당 표제어를 찾아가는 데에 길잡이 역할을 하는 말'을 붙였는데 이를 '길잡이말'이라고 한다.

▸문법 형태소의 길잡이말은 원칙적으로 조사, 종결 어미, 연결 어미, 전성 어미, 선어말 어미 따위의 갈래와 용법을 보여 준다. 이 사전에서는 이들 용어를 쉽게 풀어쓰고자 노력하였다(문법 범주 표시 참고). 이와 같이 길잡이말은 형태를 구분해 줄 뿐만 아니라 이름표의 역할도 하므로 원칙적으로 모든 표제어에 붙인다. 예를 들어 '다'라는 형태소는 아래와 같이 7개의 동음이의 형태로 쓰인다. 이들을 한눈에 구분할 수 있게 오른쪽 괄호 【 】 속에 길잡이말을 붙였다. 이를 이용하는 방법은 '-다^{2}'는 '가다'의 '-다', '-다^{7}'은 '먹다 남긴 밥'의 '-다'와 같은 식으로 부를 수 있고 찾아볼 수 있다.

▸동음이의 형태의 배열 순서는 조사, 종결 어미, 준꼴(종결의 기능), 연결 어미, 준꼴(연결의 기능)의 순으로 하였다.

다[1] 【사과다 귤**이다**】 (조사)
–**다**[2] 【가다】 (기본형을 나타내는 어미)
–**다**[3] 【이것은 책이다.】 (해라체의 종결 어미)
–**다**[4] 【한국 축구 올림픽 티켓 따다.】 (하라체의 종결 어미)
–**다**[5] 【화가 나셨다 합니다.】 (인용을 나타내는 어미)
–**다**[6] 【크다 작다 말들이 많다.】 (연결 어미)
–**다**[7] 【먹다 남긴 밥】 (연결 어미)

3-1. 길잡이말: 어미

▸종결 어미의 길잡이말은 단문으로 주고 종결 기능임을 나타내기 위해 마침표를 붙여 연결 어미와 구별해 주고, 화계를 드러내기 위해 호칭어와 함께 보이기도 한다.

예 1: –**나** 【자네 이제 오나?】
예 2: –**니** 【너 뭐 먹니?】

▸연결 어미의 길잡이말은 되도록 짧은 연결문으로 전체를 보여 주되, 경우에 따라서 앞절만 주고 뒷절은 생략한다. 이 때 연결문임을 표시하기 위해 '~'을 넣어 준다.

예 1: –**거나** 【여행을 하거나 책을 읽어요】
예 2: –**는데** 【비가 오는데~】

▸연결 어미와 종결 어미는 길잡이말만 보고도 구분이 된다. 종결 어미는 마침점이 있고 단문이며, 연결 어미는 '~'이 있는 문장이 대부분이고 더러 전형적인 겹문장을 보여 준 것도 있다.

▸준꼴의 경우도 길잡이말에서 준꼴이 종결의 기능을 하는지 연결의 기능을 하는지를 어미의 경우와 동일하게 보여 주었다.

예1: –**라거늘**[1] 【형이라거늘~】
–**라거늘**[2] 【가라거늘~】

예2: **-라거든요**[1] 【저보고 우리 공주**라거든요.**】

-라거든요[2] 【공부만 하**라거든요.**】

3-2. 길잡이말: 조사

▸조사의 길잡이말은 첫째, 예 1, 예 2와 같이 형태가 같은 조사, 어미 따위가 있을 때 이들을 우선적으로 구별해 준다. 둘째, 격조사의 경우에는 동시에 문형을 나타낸다.

예 1: **다**[1] 【사과다 귤**이다**】

예 2: **-다**[3] 【이것이 책이**다.**】

예 3: **를**[3] 【구두를 사요.】

3-3. 길잡이말: 관용구

▸이 사전에는 조사나 어미가 들어가서 관용적으로 쓰이는 표현들도 많이 실어 주었는데, 이들의 경우에도 길잡이말을 주어 관용구의 뜻을 쉽게 알 수 있게 하였다.

예 : **-ㄴ 후에** 【수업이 끝난 **후에~**】

4. 발음

▸철자와 발음이 다른 것을 표제어 정보 박스의 오른쪽 위에 보였다.

예: **-ㄹ는지** 발음 [ㄹ른지]

▸흔히 입말에서 발음되는 정보는 옆참고란에서 참고 정보로 주었다.

예: **하고** 전참 입말에서 [하구]로 발음하기도 한다.

5. 이형태와 이형태가 쓰이는 환경 정보

▸조사, 어미가 결합하여 쓰이는 말에 대한 정보를 표제어 바로 아래에 일일이 보여 주었다.

▸조사의 경우에 앞말이 받침이 있느냐 없느냐에 따른 이형태 정보를 주었다.

예: 『**가**는 받침 없는 말에, **이**는 받침 있는 말에 붙어 쓰인다』

▸ 어미의 경우에 동사, 형용사, '이다' 각각에 붙어 쓰이는 어미, 특정한 선어말 어미와만 같이 쓰이는 어미 등 그 결합 양상이 각기 다르므로 이에 대한 정보를 자세히 주었다. 'ㄹ'받침으로 끝나는 용언의 경우에도 매번 언급하였다. 그리고 표제어 정보 박스의 오른쪽에 이 정보에 해당하는 것을 예로 보여 주었다.

『-**냐니**는 받침 없는 형용사와 'ㄹ' 받침으로 끝나는 형용사와 '이다' 뒤에, -**으냐니**는 받침 있는 형용사 뒤에 쓰인다. 동사 뒤에는 -**느냐니**가 쓰인다』	예 비싸**냐니**, 기**냐니**(길다), 학생이**냐니**, 높으**냐니**

▸ 이 사전에서는 사용자들의 편의를 위하여 대표형을 다음과 같이 정하여 설명하였다.

첫째, 어미의 경우, 음운 환경에 따른 이형태 중에서 매개모음이 없는 꼴을 대표형으로 정했다. 예를 들어, '주체 높임'의 선어말 어미 '-시-'와 '-으시-'는 그 두 이형태 중에서 매개모음이 없는 '-시-'를 대표형으로 정하였고, '-으시-'에서는 '-시-'를 참고하라고 하였다.

둘째, 모음이 양성이냐 음성이냐에 따른 이형태(예 : -아라/-어라, -아/-어) 중에서는 양성 모음(-아라, -아)을 대표형으로 정했다.

셋째, 조사의 경우, '이니/니, 이며/며, 이랑/랑…' 등은 어미와의 혼동을 피하기 위하여 '이-'가 있는 꼴을 대표형으로 정했다. 다만, '인용'의 '라고/이라고'는 '라고'를 대표형으로 정했다.

▸ 앞말에 받침이 있고 없음에 따른 이형태들은 받침 없는 말에 붙어 쓰이는 것을 대표형으로 잡아 설명하였다. '가/이, 를/을, 로/으로'에서 '가, 를, 로' 따위. '과/와'는 '과'를 대표형으로 했다.

6. 문법 범주 표시(품사)

▸ 각 표제어의 문법 범주를 표제어의 환경 정보 아래에 표시해 주었다(일반어의 품사에 해당). 크게 어미, 조사, 관용구와 준꼴의 네 가지로 나누었다. 조사와 어미는 특히 약물로 조사인지 어미인지 큰 분류를 주고 다시 하위분류를 하였다(어미, 조사).

가 【친구**가** 와요.】
[조사] 주격 조사

–아요 【서울에서 살**아요.**】
[어미] 종결 어미
[친한사이 말높임] 선배, 어른에게

~에 따르면 【이 보고서**에 따르면**~】
관용구

–란[5] 【지금 오**란**~】
준꼴 (뒤에 오는 말을 꾸미는 기능)

–래요[3] 【여기에 왔다 가**래요.**】
준꼴 (종결의 기능)

▸조사는 격조사인지 보조사인지, 접속 조사인지를 밝혔는데, 격조사의 경우에는 구체적으로 주격, 목적격, 부사격, 보격 등을 구분하였다.

▸어미는 연결 어미인지 종결 어미인지 하위 분류를 하고, 종결 어미의 경우에는 이른바 화계(하십시오체, 해요체 따위)를 누구에게 어떤 상황에서 사용해야 하는지 쉽게 풀어서 설명하였다. 예를 들어 '하십시오체'의 경우는 '[말아주높임] 직장상사, 어른에게(공식적)', 그리고 '해요체'는 '[친한사이 말낮춤] 친구에게'라고 표시하였다. 즉, '하십시오체'의 경우 '말아주높임'이라는 높임의 등급을 풀어서 설명하였고, 이 종결 어미는 보통 나보다 윗사람, 특히 직장상사나 어른에게 쓰는 것이고 '공식적'으로 사용한다는 정보를 준 것이다.

하십시오체: [말아주높임] 직장상사, 어른에게(공식적)
하오체: [말조금높임] 늙은 부부 사이, 아랫사람을 조금 높여서(어른말)
하게체: [말조금낮춤] 스승이 제자에게, 장인·장모가 사위에게(어른말)
해라체: [말아주낮춤] 할아버지가 아이에게
해체: [친한사이 말낮춤] 친구에게
해요체: [친한사이 말높임] 선배, 어른에게
하라체: [높임없음] 누구에게: 글에서 독자에게

▸ 선어말 어미의 경우, 이 용어를 쉽게 풀어서 사용하였다. '-겠-'과 '-었-'은 '시간을 나타내는 어미', '-시-'는 '존대를 나타내는 어미'라고 하였다.

▸ 전성 어미의 경우 '-ㅁ'과 '-기'는 '명사처럼 쓰이게 하는 어미', '-ㄴ/는/-은' 등은 '꾸미는 어미'라고 쉽게 설명하였다.

▸ 어미 · 조사로 이루어진 구는 관용구라고 표시하였다. 어미와 보조 동사, 어미와 의존 명사로 이루어진 구도 따로 부르지 않고 관용구라 하였다.

▸ 어미를 비롯하여 여러 성분들이 줄어들어 하나의 어미처럼 사용되는 것은 '준꼴'이라고 하였는데, 이는 종결 기능인 것과, 연결 기능인 것을 나누어서 표시하였다.

7. 결합정보

▸ 표제어 정보 박스에서 각 표제어가 사용되는 환경 정보를 왼쪽에 보이고 그 오른쪽에는 실제 사용례를 보였다. 그런데 일부 관용구의 경우 그 앞에 오는 어미가 계속 반복되거나 관용 표현 자체가 매우 길어 그 사용례를 반복하여 보여 주기 어려운 경우가 있어, 이런 경우에는 '결합정보' 약물을 사용하여 해당 어미의 환경 정보로 '가보라 ☞'고 표시하였다.

예 : **-ㄹ 것 같다** 결합정보 ☞ -ㄹ

8. 뜻풀이

▸ 뜻풀이는 한눈에 찾아보기 쉽게 하기 위하여 계층을 두어 설명하였다. 첫째, 하나의 조사가 접속 조사와 격조사로 쓰이는 것과 같이 문법 범주상의 차이를 보이는 것은 이를 구분해 주고(음영 처리: '바(bar)' 표시), 그 아래에서 세부적인 의미 항목은 아랍숫자를 사용하여 뜻풀이를 하였다. 예를 들어 조사 '과'에서 접속 조사와 부사격 조사로서의 용법을 구분하여 '바(bar)' 표시를 하였다.

과【밥**과** 반찬】 『**과**는 받침 있는 말 뒤에, **와**는 받침 없는 말 뒤에 쓰임』 [조사] 접속 조사	예 밥**과**, 떡**과**, 언니**와**, 누나**와**
1. [여러 개의 사물을 나타내는 말에 붙어] 그것들을 같은 자격으로 이어 주는 뜻을 나타낸다. '그리고, 또한, 및'의 뜻.	[비슷] 이랑, 하고
[조사] 부사격 조사	부사어를 나타낸다
1. 어떤 행동을 함께하는 대상임을 나타낸다.	

둘째, 의미 항목이 많을 때, 하나의 공통된 의미로 추출해 낼 수 있으면 이를 박스(box)로 싸서 제목처럼 보이고 그 아래에서 아랍숫자를 사용하여 다시 의미를 설명했다.

예 : **로**【학교로 가요.】

1. '방향'을 나타낸다.

1. …

2. '도구'를 나타낸다.

1. …

셋째, 연결 어미 '-게'에서 절 연결과 용언 연결의 용법과 같이 그 쓰임이 크게 다를 때 '바(bar)'를 사용하여 하위 분류를 하였다.

예 : **-게**【모두가 다 먹을 수 있**게**~】

1. 종속적 연결 어미

1. …

2. 보조적 연결 어미

1. …

▸준말과 '잘못'의 경우에는 본문에서 설명 대신 해당 표제어로 찾아 '가보라'는 표시(☞)를 하였다.

예: -**걸랑** 1. '-거들랑'의 준말. ☞ -거들랑

-**다길래** 1. '-다기에'의 잘못. ☞ -다기에

9. 예문

▸국내외 한국어 교재를 바탕으로 한 한국어 교육용 말뭉치와 초등 교육을 위한 기초 학습용 말뭉치에서 쉽고 전형적인 예를 골라 넣었다. 각 표제어의 예문 시작 표시는 예로 하고 새로 시작되는 예문마다 '▪'로 시작 표시를 해 주었다. 예문에 나오는 고유명사는 몇몇 한국사람 이름과 외국사람 이름으로 고쳤다.

10. 옆참고란

▸'옆참고란'을 두어 일목요연하게 참고 정보를 기술하였다. 해당 표제어의 전체 참고 사항은 '전참'이라고 하여 설명하였고, 각각의 의미 항목의 참고 정보는 해당 의미 항목 옆에 '1참, 2참…'이라고 하여 설명하였다. 맞춤법과 발음이 달라서 흔히 틀리기 쉬운 몇몇 표제어의 경우에 '쓰기주의' 약물을 사용하여 이를 보였다. 참고 사항의 배열 순서는 다음과 같다.

1) 쓰기주의
2) 형태관련어
3) 존대
4) 준말/본말
5) 높임
6) 비슷/반대
7) 관련어
8) 전참
9) 1참

▸전참에서는 표제어의 모든 의미 항목에 두루 적용되는 정보를 보였다. 입말이나 글말에 주로 쓰인다든지, 수의적으로 입말에서만 사용되는 발음꼴이라든지, 특정의 선어말 어미, '-겠-'이나 '-았-' 등과 결합할 수 있는지 없는지 하는 정보를 자세하게 보여 주었다.

▸1참 등의 참고 정보 속에는 개별 의미 항목마다 보이는 특징들, 예를 들면 특별한 억양과 같이 나타나는지, 주로 같이 나타나는 특정의 부사나

용언들이 있는지 하는 정보를 보였다.

▸ 1참 2참 등 각각의 의미 항목에 해당하는 참고 정보는 해당하는 곳의 아래에 주었다.

로 【학교**로** 가요.】

『**로**는 받침 없는 말과 'ㄹ' 받침으로 끝나는 말 뒤에, **으로**는 받침 있는 말 뒤에 붙어 쓰인다』

예 학교로, 서울로, 집**으로**

조사 부사격 조사

부사어를 나타낸다

1. 방향이나 목표 장소를 나타낸다

1. [‘집’, ‘운동장’과 같이 일정한 면적을 가진 장소를 나타내는 말에 붙어] 무엇을 하러 이동하는 것을 나타낸다. ‘~을 목적지가 되게 하여’의 뜻.

예 ▪ 우리는 학교**로** 갔다.

2. [‘쪽’, ‘방면’을 나타내는 말에 붙어] 행동이나 상태의 방향을 나타낸다. ‘~의 쪽으로’, ‘~을 향하여’의 뜻.

예 ▪ 대성이는 문쪽**으로** 걸어갔다.

전참 ‘로’와 ‘에’의 비교. ‘에’의 도움말2(p. 394) 참고.

1참 1. ‘가다, 내려서다, 오다, 오르다, 올라가다’와 같은 서술어와 함께 쓰인다.

2참 1. ‘떠나다, 돌다, 향하다, 통하다, 가다’와 같은 서술어와 함께 쓰인다.

11. 도움말

▸ 특별히 설명을 필요로 하는 표제어에 도움말을 달아 보충 설명하였다. 혼동하기 쉬운 말과의 구별, 틀리기 쉬운 표현에 대한 설명, 비슷한 말끼리의 차이점 설명, 복잡한 이형태나 관련어 정보를 필요로 하는 것들에 대한 설명, 특이한 용법에 대한 설명 등을 첨가했다.(도움말 목록 참고)

이 책을 위한 문법 용어 설명

격조사 '사람, 책, 너' 등과 같은 체언이나 '먹기, 먹음' 과 같은 용언의 명사형에 붙어서, 그 말이 문장 안에서 주어, 목적어 등으로 쓰이게 하는 조사. 격조사에는 주격 조사 '가', 보격 조사 '가', 목적격 조사 '를', 부사격 조사 '과, 로, 에' 등과, 서술격 조사 '이다', 관형격 조사 '의', 호격 조사 '아, 야' 등이 있다.

결합정보 어미와 조사가 그 앞에 오는 용언이나 명사에 따라 형태가 바뀌는 모습을 보여 주는 것을 말한다. 예를 들면 관형사형 전성 어미 '-는'은 동사 뒤에서는 '-는'으로 쓰이지만, 받침 없는 형용사 뒤에서는 '-ㄴ'이 쓰이고, 받침 있는 형용사 뒤에서는 '-은'으로 쓰인다.

예: 가는, 예쁜, 좋은

이 정보를 어미와 조사의 경우에는 표제어 옆에서 ㉔로 보였고, 관용구의 경우에만 관용구의 맨 처음에 오는 조사나 어미의 결합정보를 참고하라고 하였다.

예: -게 하다 [결합정보] ☞-게[4]

관련어 표제어와 의미적으로 관련이 있는 낱말. 예를 들면 '-어서'와 의미적으로 관련이 있는 '-니까', '-기에'를 관련어로 보였다. 그리고 '-다고, -느냐고, -라고, -자고'와 같이 서로 문장의 꼴과 관련하여 참고하면 좋은 단어들도 관련어로 보였다. 한편, 어미의 경우 앞에 오는 용언의 종류나 마지막 음절의 받침이 있고 없음에 따라 꼴이 달라지는 '-는다'와 '-ㄴ다', '-다'는 형태관련어라고 하여 따로 보였다. ☞ 형태관련어.

관용구(관용어, 숙어) 조사와 어미가 용언, 보조 용언, 의존 명사, 준꼴 따위와 어울려 하나의 표현으로 굳어져 쓰이는 것. 이 사전에서는 관용구를 표제어로 설정하여 띄어쓰기를 무시한 채 가나다순으로 설명하였다. 관용구의 이형태들은 대표 형태에서 설명하고 나머지는 형태관련어 정보로 주거나 참고 정보로 어떠한 형태로 쓰인다는 설명을 하였다.

관형사형 전성 어미 용언에 붙어 뒤에 오는 말을 꾸미는 역할을 하는 어미. '-는, -ㄴ, -은, -ㄹ, -을' 등이 여기에 속하며, 이 책에서는 '꾸미는 어미'라고 풀어서 설명하였다. ☞전성 어미.

관형어 체언을 꾸며 주는 말. 관형사, 용언의 관형사형, 체언, 체언에 '의'가 붙은 것들이 관형어로 쓰인다.

예: '가는 사람'의 '가는'.

글말 글을 통해서 표현된 말. 대화 속에서 입으로 하는 말을 입말(=구어)이라고 하고, 글 속에서 글자로 표현된 말을 글말(=문어)이라고 한다. 글말과 입말에 주로 쓰이는 말이 다르기도 하므로 그러한 정보를 주었다. 일반적으로 글말에서는 문법적인 단위를 구별해서 쓰지만, 입말에서는 흔히 줄여 쓰는 경향이 있다. 글말에서는 '누가 예쁘다고 한다'의 '-다고 한다'를 '-다고'와 '한다'로 밝혀 적으나, 입말에서는 이를 '-단다'로 줄여 '누가 예쁘단다'라고 하기도 한다. 이러한 '-단다'를 '준꼴'로 올려 입말에서 주로 쓰인다는 정보를 주었다. 주로 글말에서 많이 쓰이는 '-므로'에 이러한 정보를 주었다. ☞입말.

꾸미는 어미 '뒤에 오는 말을 꾸미는 어미'를 줄여 이르는 것. ☞관형사형 전성어미.

높임말(존댓말) 자기보다 나이가 많든가 지위가 높은 사람에 대한 높임을 나타내는 말. 한국어는 높임법이 발달되어 있다. 높임법은 어미와 몇몇 조사 '께서', '께' 등에 의해서 나타난다. 이 책에서는 종결어미의 경우, 해체의 종결 어미에 높임을 나타내는 '요'를 붙여서 만든 '-아요'는 존대라고 구별하여 보였다. ☞존대.

높임없음 '하라체'를 쉽게 풀어쓴 말. 신문이나 광고문, 연설문 따위의 문장에 쓰인다. ☞하라체.

대등적 연결 어미 두 문장을 대등하게 이어 주어, '이어진 문장'을 구성하는 어말 어미. '나열, 대조, 선택' 등의 의미 관계를 나타내는 '-고, -며, -면서, -지만, -나' 등의 어미를 말하며, 대등적 연결 어미가 붙은 문장이 '앞절', 뒤에 이어지는 문장이 '뒷절'이 된다. 대등적 연결 어미에 의해 구성된 '이어진 문장'의 앞절과 뒷절은 의미상 대등하다.

대명사 명사를 대신하여 사람, 장소, 사물 따위를 가리키는 낱말들의 묶음. 예를 들어, '그가 거기에서 그것을 샀다'에서 '그', '거기', '그것'이 대명사이다.

대표형(대표 형태) 여러 개의 변이 형태를 가진 형태소를 나타내기 위해, 대표로 정한 변이 형태 중의 하나. 대표형은 다른 변이 형태로의 실현 조건을 설명하기 쉬운 것으로 정하는 것이 일반적이나, 이 사전에서는 사용자들의 편의를 위하여 대표형을 다음과 같이 정하여 설명하였다. 첫째, 어미의 경우, 음운 환경에 따른 변이 형태 중에서 매개모음이 없는 꼴을 대표형으로 정했다. 예를 들어, '주체 높임'의 선어말 어미 '-시-'와 '-으시-'는 그 두 변이 형태 중에서 매개모음이 없는 '-시-'를 대표형으로 정하였고, '-으시-'에서는 '-시-'를 가보라고 하였다. 둘째, 모음이 양성이냐 음성이냐에 따른 변이 형태들, 예를 들면'-아라/-어라', '-아서/-어서', '-아/-어' 중에서는 양성 모음인 '-아라, -아서, -아' 등을 대표형으로 정했다. 셋째, 조사의 경우, '이니/니', '이며/며', '이랑/랑' 등은 어미와의 혼동을 피하기 위하여 '이-'가 있는 꼴을 대표형으로 정했다. 다만, '인용'의 '라고/이라고'는 '라고'를 대표형으로 정했다. 앞말이 받침이 있고 없고에 따른 변이 형태들은 받침 없는 말에 붙어 쓰이는 것을 대표형으로 잡아 설명하였다. '가/이', '를/을', '로/으로'에서 '가, 를, 로' 따위 ☞변이 형태.

동사 '가다, 먹다, 보다, 자다'와 같이, 문장의 주체가 되는 사람이나 사물의 동작 따위를 나타내어 서술어가 되는 용언의 한 가지. '무엇이 어찌한다'의 '어찌한다'에 해당하는 낱말. 동사는 종결 어미로 '-는다'가 올 수 있고, 관형사형 어미로는 '-는'이 올 수 있다는 활용의 측면에서 형용사와 다르다.

예: 가는 사람/내가 먹는다/내가 간다: (동사)
예쁘는(×)/예쁜다(×) : (형용사)

동형어(동음이의 형태) 어떠한 꼴들이 형태는 같으나 의미와 기능이 전혀 다른 것. 이 사전에서는 문법 형태의 동형어(동음이의 형태)를 구별하기 위하여 어깨번호와 함께 **길잡이말**을 두어 설명하였다. 예를 들어 '-다'는 형태적으로는 하나이나, 7가지의 서로 다른 기능을 한다. '사과다 귤이다'의 '다'는 조사, '가다'의 '-다'는 동사 원형을 나타내는 어미, '이것은 책이다'의 '-다'는 '이다' 뒤에 쓰이는 서술형 종결 어미 등을 말한다.

다[1] 【사과다 귤이다】	(조사)
-다[2] 【가다】	(기본형을 나타내는 어미)
-다[3] 【이것이 책이다 】	(해라체의 종결 어미)
-다[4] 【한국 축구 올림픽 티켓 따다 】	(하라체의 종결 어미)
-다[5] 【화가 나셨다 합니다】	(인용을 나타내는 어미)
-다[6] 【크다 작다 말들이 많다】	(연결 어미)
-다[7] 【먹다 남긴 밥】	(연결 어미)

듣는이(듣는 이/청자) 대화에서 듣는 사람. ☞말하는이.

말뭉치 사전을 편찬하고 기획하기 위해 모든 어휘의 다양한 용례를 수집하여 모아 놓은 자료. 이 책에서는 한국어 교육용 말뭉치와 기초 학습용 말뭉치를 주로 이용했다.

말아주높임 '하십시요체'를 쉽게 풀어쓴 말. 직장상사나 어른에게 하는 말로서 공식적이다. ☞하십시오체

말조금높임 '하오체를'를 쉽게 풀어쓴 말. 늙은 부부 사이나 아랫사람을

조금 높여서 하는 말로서 어른말이다. ☞하오체

'말조금낮춤 '하게체'를 쉽게 풀어쓴 말. 스승이 성인제자에게나 장인·장모가 사위에게 하는 말로서 어른말이다. ☞하게체.

말아주낮춤 '해라체'를 를 쉽게 풀어쓴 말. 할아버지가 아이에게 하는 말이다. ☞해라체.

말하는이(말하는 이/화자) 대화에서 말하는 사람. ☞듣는이.

명사 '사람', '책', '고양이', '공부', '사랑'과 같이 사물이나 동작, 행위, 상태 등의 이름을 나타내거나, 그것을 가리키는 낱말들의 묶음.

명사처럼 쓰이게 만드는 어미 '명사형 전성 어미'를 쉽게 풀어 쓴 말. ☞명사형 전성 어미.

명사형 전성어미 용언에 붙어서 명사처럼 쓰이게 만드는 어미로 '-기, -ㅁ/음'이 있다. ☞전성 어미.

목적격 조사 체언이나 용언의 명사형에 붙어서 그 체언으로 하여금 목적어가 되게 하는 조사. 목적격 조사에는 '를/을'이 있다.

목적어 문장에서 목적격 조사 '를/을'과 함께 쓰이어, 동사가 나타내는 행위의 대상이 되는 말. '유미가 밥을 먹는다.'에서 '밥을'을 말한다.

문장 종결법(서법) 말하는이가, 문장을 끝맺는 종결 어미에 기대어, 자기의 생각이나 느낌을 듣는이에게 표현하는 여러 가지 문장 종결의 방식. 문장 종결의 유형에는 서술법(평서법), 감탄법, 의문법, 명령법, 청유법의 다섯이 있다. **서술법**은 말하는이가 듣는이에 대하여 특별히 무엇을 요구하는 일이 없이, 자기의 생각을 단순하게 서술하는 문장 종결법으로, 평서형 어미 '-다, -네, -오, -습니다, -아, -아요' 등에 의해 표현되며, 이러한 문장을 평서문이라 한다. **감탄법**은 말하는이가 듣는이를 별로 의식하지 않거나 혼잣말처럼 자기의 느낌을 표현하는 문장 종결법으로, 감탄형 어미 '-구나, -군, -아, -아요' 등에 의해 표현되며, 이러한 문장을 감탄문이라 한다. 의문법은 말하는이가 듣는이에게 대답을 요구하는 문장 종결법으로, 의문형 어미 '-느냐, -는가, -습니까, -아, -아요' 등에 의해 표현되며, 이러한 문장을 의문문이라 한다. **명령법**은 말하는이가 듣는이에게 어떤 행동을 하도록 요구하는 문장 종결법으로, 명령형 어미 '-아라, -게, -오, -십시오, -아, -아요' 등에 의해 표현되며, 이러한 문장을 명령문이라 한다. **청유법**은 말하는이가 듣는이에게 어떤 행동을 함께 하도록 요청하는 문장 종결법으로, 청유형 어미 '-자, -세, -ㅂ시다, -아, -아요' 등에 의해 표현되며, 이러한 문장을 청유문이라 한다.

반대말(반대) 표제어와 의미가 반대되는 짝을 이루고 있는 낱말. '-ㄴ 후에'와 '-기 전에' 따위.

변이 형태 한 형태소가 쓰이는 환경에 따라 모습을 달리하여 쓰이는 꼴. ☞대표형.

보조 동사 문장에서 그 자체만으로는 서술어가 되지 못하고 다른 동사의 뒤에 쓰이어, 뜻을 보태 주거나 문법적 기능을 나타내면서 보조적 역할을 하는 동사. 예를 들어 '나는 김치를 먹어 보았다'에서 '보다'를 말한다. 이 문장에서 동사 '먹다'만으로도 '나는 김치를 먹었다'와 같이 문장을 이룰 수 있으나, '나는 밥을 보았다(×)'처럼 '보다'만으로는 문장을 이루지 못한다. ☞보조 용언.

보조 용언 홀로 서술어가 되지 못하고 다른 용언 뒤에 쓰이어 말하는이의 태도나 의도를 나타내거나 의미를 더하는, 보조 동사와 보조 형용사를 아울러 이르는 말. 보조 용언은 다른 용언의 뒤에 쓰일 때 특정한 보조적 연결 어미 '-아, -게, -지, -고'로 연결되어 쓰인다. ☞보조 동사, 보조 형용사.

보조사 '는, 도, 만' 등과 같이, 체언이나 용언의 명사형에 붙어서 말의 뜻을 정밀히 표현해 주는 조사. 그것이 붙은 말의 문법적 기능은 나타내지 않는다.

보조적 연결 어미 본용언과 보조 용언을 이어 주는 어미. 어미 '-아, -게, -지, -고' 따위.

보조 형용사 문장에서 그 자체만으로는 서술어로 쓰이지 못하고 다른 용언의 뒤에 쓰이어, 함께 문장 성분을 이루면서 보조적 역할을 하는 형용사. 예를 들어 '밥을 먹고 싶다'에서 보조 형용사 '싶다'는 '밥을 먹다'의 '먹다'와는 달리, '밥이 싶다(×)'처럼 '싶다'만으로는 서술어로 쓰이지 못한다. ☞보조 용언.

본말(본딧말) 한 낱말이 줄어들기 전의 말. '-거나'와 '-건'의 관계에서 '-거나'가 '-건'의 본말이다. ☞준말.

부사격 조사 체언이나 용언의 명사형에 붙어서 그 체언이 문장에서 부사어로 쓰임을 표시해 주는 조사. 부사격 조사는 '과, 로, 로서, 로써, 에, 에게, 에서' 등이 있다.

부사어 서술어의 의미가 분명하게 드러나도록 서술어를 꾸며 주는 말. 부사어는 부사, 체언에 부사격 조사가 붙은 말, '-도록', '-게' 꼴의 절 등으로 이루어진다.

부사형 전성 어미 서술어에 붙어서 문장을 끝내는 것이 아니라 뒤에 오는 절을 수식하는 기능을 하는 어미. '-아서, -니까, -므로' 등의 어미를 말한다. 이러한 어미들이 뒤에 오는 문장에 대해서 이유, 원인 등의 뜻으로 수식하므로, 이를 부사어의 기능을 하는 것으로 보아, 기존의 종속적 연결 어미를 부사형 전성 어미라 한다. ☞종속적 연결 어미.

붙임표(-) '-거나' '-ㄹ걸'에서처럼 어미임을 나타내 주는 부호 '-'를 가리킨다. 조사는 독립된 품사로 분류되므로 붙임표를 붙이지 않는다(가, 를, 과…).

비슷한말(비슷) 어떤 표제어와 형태와 소리는 다르면서 그 뜻이 비슷한 낱말. '-거나'와 '-든지', '-거든'과 '-면' 따위.

서술격 조사 체언이나 용언의 명사형에 붙어서 그 체언이 문장에서 서술어로 쓰임을 표시해 주는 조사. 서술격 조사는 '이다' 하나가 있는데, 용언처럼 어간 '이-' 다음에 '집이고, 집이니, 집이어서, 집이었다, 집이로다' 등에서처럼 여러 가지 어미가 올 수 있고, '이게 우리 집이다'에서처럼 체언과 결합하여 서술어로 쓰인다.

서술어 문장 안에서 주어의 성질, 상태, 움직임 등을 나타내는 말. 서술어로 쓰이는 것은 동사, 형용사, 명사에 서술격 조사가 붙어서 된 말 등이 있다.

선어말 어미 동사, 형용사, 서술격 조사 '이다'의 어간과 어말 어미의 사이에 쓰이어, '높임'(-시-)', '시제'(-는- / -았- / -겠-)' 등의 문법 기능을 나타내는 어미.

수사 의문문 의문문 중에서 말하는이가 듣는이에게 대답을 요구하는 것이 아니라, 강한 긍정의 뜻을 나타내거나 말하는 내용을 확인하기 위해 쓰는 것을 말한다. 이 책에서는 〔의문문의 형식이지만 대답을 요구하지 않는 꼴로 쓰여〕라고 쉽게 풀어썼다.

예: 누가 먹으랬니? ('먹으라고 한 적 없다'의 뜻을 나타낸다.)

시제 말하는이가 발화시를 기준으로 하여 문장에 표현된 사건의 시간이 현재, 과거, 미래의 어느 것인가를 나타내는 문법 범주. 한국어의 시제에는 현재 시제, 과거 시제, 미래 시제가 있다.

시제 어미 시제를 나타내는 어미. 시제를 나타내는 선어말 어미 '-는-(현재 시제), -았-(과거 시제), -았었-(과거 시제), -겠-(미래 시제), -더-(과거 시제)' 등과, 관형사형 어미 '-는(현재 시제), -은(과거 시제), -을(미래 시제), -던(과거 시제)' 등이 시제를 나타낸다.

어간 동사나 형용사, '이다' 같은 활용어의 줄기 부분. 어간은 제 홀로 쓰이지 못하고 항상 어미와 결합하여서만 쓰인다.

어깨번호 일반적으로 사전에서 동형어를 구별하기 위해 표제어의 오른쪽 윗부분에 작은 글씨로 쓴 번호. 이 사전에서는 동형어가 있을 때 어깨번호와 함께 '길잡이말'을 주어 찾아보기 쉽게 하였다. ☞길잡이말(일러두기).

어말 어미 동사, 형용사, 서술격 조사 '이다' 같은 활용하는 낱말의 끝에 오는 어미. 어말 어미에는 한 문장으로 하여금 종결형이 되게 하는 기능을 하는 '종결 어미(평서형 어미, 감탄형 어미, 의문형 어미, 명령형 어미, 청유형 어미)'와 그렇지 않은 '비종결 어미'가 있고, '비종결 어미'에는 문장 접속의 기능을 하는 '연결 어미(대등적 연결 어미, 종속적 연결 어미, 보조적 연결 어미)'와, 문장 전성의 기능을 하는 '전성 어미(명사형 어미, 관형사형 어미, 부사형 어미)'가 있다.

어미 동사나 형용사, '이다'의 어간에 붙어, 그 쓰임에 따라 여러 가지로 활용이 되는 부분. 활용어의 끝에 오는 어말 어미와, 어말 어미의 앞에 오는 선어말 어미가 있다. 어말 어미에는 문장 끝에 오는 종결 어미와 절의 끝에 오는 연결 어미가 있다.

억양 '집에 가요'라는 말은 억양에 따라 서술문, 의문문, 명령문, 청유문으로 쓰일 수 있고, '어디 가게?'와 같은 의문문도 억양에 따라 뜻이 달라지는 등 억양이 매우 중요한 역할을 한다. 그러나 이러한 억양을 글로 표현해 주는 데에는 여러 가지 제약이 따르므로 이러한 정보를 담을 수 있는 전자 사전의 편찬이 요구된다.

연결 어미 한 문장의 서술어나 용언을 연결형으로 만들어 다른 문장이나 용언과 이어 주는 어말 어미. 연결 어미에는, 두 문장을 대등하게 이어 주는 기능을 하는 '대등적 연결 어미(-고, -면서, -지만, -나…)'와, 앞의 문장을 뒤의 문장에 종속적인 관계로 이어 주는 기능을 하는 '종속적 연결 어미(-면, -니, -는데, -아서, -니까…)', 그리고 앞의 용언을 뒤에 오는 보조 용언과 연결하여 함께 서술어로 기능하게 하는 '보조적 연결 어미(-아, -게, -지, -고)'가 있다. 종속적 연결 어미를 부사형 전성 어미라고 보는 견해도 있다. ☞대등적 연결 어미, 종속적 연결 어미, 보조적 연결 어미.

용례(예문) 조사, 어미의 뜻과 용법을 잘 나타내 주기 위한 예문. 이 사전의 용례는 대부분 한국어 교육용 말뭉치와 기초 학습용 말뭉치에서 뽑았다.

용언 문장의 서술어가 되는, 동사와 형용사를 아울러 이르는 말. 용언은 활용을 한다. 동사와 형용사는 그 의미와 활용의 다름으로 인해 서로 구분된다.

의존 명사 단독으로는 쓰이지 못하고 그 앞에 관형어가 반드시 있어야 하는 명사. '먹는 것', '할 수 있다'의 '것', '수'와 같이 항상 용언의 관형사형 전성 어미(-는, -ㄹ) 뒤에 함께 쓰이는 것을 말한다.

인용을 나타내는 어미 들어서 안 내용을 간접적으로 옮겨 말할 때 쓰이는 어미. '-다고, -냐고, -자고, -라고' 따위가 있다.

입말 음성으로 표현된 말. ☞글말.

전성 어미 한 문장이 더 큰 문장 속에서 명사나 관형사 같은 품사로 기능하도록 성질을 바꾸어 주는 어말 어미. 전성 어미에는, '-기, -음'과 같이 문장의 기능을 명사화하는 '명사형 전성 어미'와, '-는, -은, -을, -던'과 같이 문장의 기능을 관형사화하는 '관형사형 전성 어미'가 있다. 이 책에서는 각각 '명사처럼 쓰이게 만드는 어미', '꾸미는 어미'라고 하였다. ☞관형사형 전성 어미, 명사형 전성 어미.

절(앞절/뒷절, 선행절/후행절) 주어와 서술어를 갖춘 하나의 문장이 다른 문장과 연결되어 '이어진 문장(접속문)'을 이루거나, 혹은 더 큰 문장 속에 '안긴 문장(내포문)'이 되어 한 성분으로 쓰이는 것.

접속 조사 둘 이상의 체언이나 용언의 명사형을 같은 자격으로 접속시켜 주는 기능을 하는 조사. 접속 조사에는 '과, 하고, 랑' 등이 있다.

예1: 나**와** 너는 형제다.

예2: 나는 책**과** 음악을 좋아한다.

조사 홀로는 쓰이지 못하고 자립적으로 쓰이는 말에 붙어 그 말과 다른 말과의 관계를 나타내거나 뜻을 정밀히 해 주는 말. 조사에는 격조사, 보조사, 접속 조사, 구 단위 기능 조사가 있다.

존대 말듣는이가 말하는이보다 나이가 많거나 사회적 지위가 높거나 할 때 사용하는 말이 존댓말이다. 이 사전에서는 해체의 종결어미 '-아, -지, -군'에 존대를 나타내는 '요'가 붙어서 만들어진 '-아요, -지요, -군요'를 존대로 구별하여 보였다. ☞높임말.

종결 어미 한 문장을 종결형으로 만들어 끝맺어 주는 어말 어미. 문장 종결법과 상대 높임법의 문법 기능을 한다. 즉, 종결 어미는 문장 종결법에 따라 '평서형 종결 어미', '감탄형 종결 어미', '의문형 종결 어미', '명령형 종결 어미', '청유형 종결 어미'가 있고, 상대 높임법에 따라 '해라체, 하게체, 하오체, 하십시오체, 해체, 해요체'의 종결 어미가 있다.

종속적 연결 어미 한 문장을 다른 문장에 종속적으로 이어 주어, '종속적으로 이어진 문장'을 구성하는 어말 어미. '-아서, -니까, -러, -려고, -어야, -다가, -자…' 등의 어미가 앞 문장에 붙어, '앞절'이 '뒷절'의 '이유, 원인, 목적, 의도, 당위, 전환, 동시…' 등의 의미 관계에 있음을 나타낸다. 이 종속적 연결 어미를 모두 부사형 전성 어미로 보기도 한다. ☞부사형 전성 어미.

주격 조사 체언이나 용언의 명사형에 붙어서 그 체언으로 하여금 한 문장의 주어가 되게 하는 조사. 주격 조사는 '가, 께서, 에서' 등이 있다.

주어 주격 조사가 붙어서 된 문장의 주체를 나타내는 성분. '유미가 온다.', '꽃이 예쁘다.', '내가 학생이다.'에서 '유미가', '꽃이', '내가'를 말한다.

준꼴 문법적인 지위가 다른 두 개의 단위가 분석할 수 없는 하나의 단위로 줄어든 말. 문법적으로는 하나의 단위가 아니나 형태적으로는 하나의 단위로 쓰이는 것들을 말한다. 아래의 예문1에서 '-단다'는 친근한 투로 말하는 종결 어미이다. 따라서 예문1'와 같이 '-다고 한다'로 바꿀 수 없다. 그러나 예문2의 '-단다'는 다른 사람에게 들은 말을 인용하여 나타내는 '-다고 한다'가 줄어서 된 말이므로 예문2'처럼 쓸 수 있다. 그러므로, 예문1의 '-단다'는 종결 어미로, 예문2의 '-단다'는 '-다고 한다'의 준꼴이라고 설명하였다.

예1: 나는 네가 부럽<u>단다</u>.

예1': 나는 네가 부럽다고 한다.(×)

예2: 내일 비가 오겠<u>단다</u>.

예2': 내일 비가 오겠다고 한다.(○)

준말 한 낱말의 일부분을 줄여서 쓰는 말. '-거나'와 '-건'에서 '-건'은 '-거나'의 준말이다. ☞본말.

체언 조사의 도움을 받아 문장에서 다양한 성분으로 쓰이는 명사, 대명사, 수사를 아울러 이르는 말.

친한사이 말높임 '해요체'를 쉽게 풀어쓴 말. 선배나 어른에게 하는 말이다. ☞해요체.

친한사이 말낮춤 '해요체'를 쉽게 풀어쓴 말. 친구에게 하는 말이다. ☞해체.

특수 조사 ☞보조사.

품사 기능, 형태, 의미에 따라 낱말을 분류한 것. 한국어에는 '명사, 대명사, 수사, 동사, 형용사, 부사, 관형사, 감탄사, 조사'의 9품사가 있다. 품사는 낱말에 대한 문법 범주이다. 어미나 준꼴과 같은 말은 품사로 분류하지 않는다. 이 사전에서는 품사에 해당하는 것으로 어미, 조사, 준꼴, 관용구로 나누어 표시하였다.

하게체 상대 높임법의 하나로, '격식체'의 '예사 낮춤'의 화계, 또는 그 화계를 나타내는 종결 어미. 종결 어미 '-네, -게, -세, -나' 등에 의해 표현된다. 주로 장인, 장모가 사위에게, 교수가 성장한 제자에게 할 때 사용하는 어른말이다. 이 책에서는 '[말조금낮춤]'이라 하였다.

하라체 상대 높임법의 하나로, 상대편이 특정 개인이 아닐 때 낮춤과 높임이 중화된 느낌을 나타내는 화계, 또는 그 화계를 나타내는 종결 어미. 종결 어미 '-다, -는가, -라' 등에 의해 표현된다. 신문이나 광고문, 연설문 따위의 문장에 쓰인다. 이 책에서는 '[높임없음]'이라고 했다.

하십시오체(합쇼체) 상대 높임법의 하나로, '격식체'의 '아주 높임'의 화계, 또는 그 화계를 나타내는 종결 어미. 종결 어미 '-습니다, -습니까, -십시오' 등에 의해 표현된다. 학교, 관공서, 뉴스, 회의에서의 대화와 같이 격식적인 자리, 공식적인 자리에서 많이 쓰인다. 이 책에서는 '말아주높임'이라 하였다.

하오체 상대 높임법의 하나로, '격식체'의 '예사 높임'의 화계, 또는 그 화계를 나타내는 종결 어미. 종결 어미 '-오, -시오' 등에 의해 표현된다. 늙은 부부 사이와 같이 나이가 많은 사람들 사이에 쓰이는 어른말이다. 이 책에서는 '말조금높임'이라 하였다.

해라체 상대 높임법의 하나로, '격식체'의 '아주 낮춤'의 화계, 또는 그 화계를 나타내는 종결 어미. 종결 어미 '-다, -냐, -자, -라, -구나' 등에 의해 표현된다. 어른이 아이에게, 친구 사이에, 교과서와 같은 글말에 흔히 쓰인다. 이 책에서는 '말아주낮춤'이라 하였다.

해요체 상대 높임법의 하나로, '비격식체(반말)'의 '높임'의 화계, 또는 그 화계를 나타내는 종결 어미. 해요체는 해체의 종결어미에 존대를 나타내는 '요'를 붙여서 사용하는 것으로, '-아요, -지요, -을까요' 등을 말한다. 다. 성인 여성들 사이나 친한 직장 동료 사이, 아이가 엄마에게 따위와 같이 친밀한 사람들 사이의 높임을 말한다. 이 책에서는 '친한사이 말높임'이라 하였다.

해체 상대 높임법의 하나로, '비격식체(반말)'의 '안 높임'의 화계, 또는 그 화계를 나타내는 종결 어미. 종결 어미 '-아, -지, -을까' 등에 의해 표현된다. 엄마가 아이에게, 친구들 사이에서나 친한 사람들 사이에서와 같이 비격식적인 자리에서 많이 쓰인다. 이 책에서는 '친한사이 말낮춤'이라 하였다.

형용사 '예쁘다, 좋다, 싫다'와 같이 대상의 성질이나 상태를 나타내는 낱말. 형용사는 동사와 달리 종결 어미로 '-는다'가 아니라 '-다'가 오고, 관형사형 어미 '-는'이 올 수 없는 등 활용의 측면에서 동사와 다르다.

예: 예쁜/예쁘다, 좋은/좋다

형태관련어 어미에서 용언의 종류에 따라 형태가 달라지는 것들. 예를 들면 어미 '-ㄴ²'의 경우 동사냐 형용사냐에 따라 동사인 경우에는 '-는'이 쓰이고, 형용사인 경우에는 '-ㄴ' 또는 '-은'이 쓰이는데 이러한 경우 '-ㄴ'에서 형태관련어로 '-는'을 보여 주었다.

화계 말하는이가 듣는이에 대하여 높이거나 낮추거나 하여 말하는 정도. 종결 어미에 의해 표현되는 상대 높임법의 등분. 이 사전에서는, '격식체'의 네 등분(하십시오체, 하오체, 하게체, 해라체)과, '비격식체(반말)'의 두 등분(해요체, 해체)으로 구분하였다. 그 외에 하라체가 있다. 이 책에서는 이를 각각 다음과 같이 쉽게 풀어서 표시하였다.

하십시오체: [말아주높임] 직장상사, 어른에게(공식적)

하오체: [말조금높임] 늙은 부부 사이, 아랫사람을 조금 높여서(어른말)

하게체: [말조금낮춤] 스승이 제자에게, 장인·장모가 사위에게(어른말)

해라체: [말아주낮춤] 할아버지가 아이에게

해요체: [친한사이 말낮춤] 친구에게

해체: [친한사이 말높임] 선배, 어른에게

하라체: [높임없음] 누구에게: 글에서 독자에게

☞하십시오체(합쇼체), 하오체, 하게체, 해라체, 해요체, 해체, 하라체.

활용형 용언의 어간이나 서술격 조사 '이다'에 어미가 붙어 쓰이는 꼴. '가다'의 활용형 '가는, 가니, 가, 갑니다' 따위를 말한다.

가【친구**가** 와요.】

『**가**는 받침 없는 말 뒤에, **이**는 받침 있는 말 뒤에 쓰인다』

예 친구**가**, 진수**가**, 동생**이**, 사람**이**

[조사] 주격 조사

주어를 나타낸다

1. [사람이나 동물을 나타내는 말 뒤에 써서] 어떤 동작을 하는 주체를 나타낸다.

[예] ▪ 친구**가** 왔어요.
▪ 누나**가** 빵을 먹었어요.
▪ 고양이**가** 낮잠을 잔다.
▪ 동생**이** 공을 찬다.

[1참] '학교, 회사'와 같은 단체 명사 뒤에서는 '에서'를 쓰기도 한다.
㉮ 현대가 →현대**에서** 자동차를 생산한다.
[높임] 께서 ㉮ 할머니가 →할머니**께서** 오세요.

2. ['무엇이 어떠하다'에서 '무엇'에 붙어 쓰여] 어떤 상태에 있는 대상을 나타낸다.

[예] ▪ 배**가** 아파요.
▪ 제**가** 선배입니다.
▪ 날씨**가** 추워요.
▪ 우리 할아버지는 키**가** 크세요.
▪ 책**이** 무척 비쌉니다.

[2참][높임] 께서 ㉮ 할머니가→할머니**께서** 편찮으세요.

3. 무서워하거나 싫어하는 것과 같이 마음이 미치는 대상을 나타낸다.

[예] ▪ 나는 고양이**가** 무서워요.
▪ 나는 추운 것**이** 싫어.
▪ 나는 새치기하는 사람**이** 얄미웠다.

[3참] '무섭다, 싫다, 좋다'와 같은 형용사와 함께 쓰인다.

4. 상태나 조건의 변화를 겪는 주체를 나타낸다.

[예] ▪ 유리**가** 깨졌다.
▪ 건물**이** 무너졌다.
▪ 창문**이** 부서졌다.

[조사] 보격 조사

보어를 나타낸다

1. ['되다' 바로 앞에 오는 말에 붙어서] '그렇게 되는 것임'을 나타낸다.

[예] ▪ 물이 수증기**가** 되었다.
▪ 우리 형이 변호사**가** 되었어요.

2. ['아니다' 바로 앞에 오는 말에 붙어서] '부정이 되는 것임'을 나타낸다.

예 ▪ 저는 바보**가** 아니에요.
▪ 이건 쉬운 문제**가** 아니에요.
▪ 이것은 제 것**이** 아닙니다.

화용적 의미의 첨가

1. 그것을 특별히 선택하여 지적하는 뜻을 나타낸다. '다름 아닌 ~'의 뜻.

예 ▪ 김치는 역시 한국 김치**가** 맛있어.
▪ 다음은 누**가** 노래하니? 내**가** 할 차례야.
▪ 이 근처에서 어느 집**이** 제일 크니? 저 집**이** 제일 커.

1참 1. 이러한 의미를 나타낼 때의 '가'는 생략될 수 없다. 2. 말하는이의 의도에 따라 강세가 놓이기도 한다.

2. 지적하여 강조하는 뜻을 나타낸다.

예 ▪ 배가 부르지**가** 않아.
▪ 어쩐지 기분이 좋지**가** 않다.
▪ 나는 그 사람이 싫지**가** 않았다.
▪ 어째 이 옷은 편치**가** 못하구나.

2참 1. '않다, 못하다' 등과 함께 쓰인다. 2. '를'로 바꾸어 쓸 수 있다. 예 기분이 좋지가 않아 → 기분이 좋지**를** 않아.

예 ▪ 이 술집에서는 거의**가** 생맥주를 마신다.
▪ 도대체**가** 틀려먹었어.
▪ 본래**가** 술맛은 술맛이 아니라 사람 맛이 아닐까?

2참 '거의, 본래' 등의 일부 부사와 함께 쓰인다.

예 ▪ 네 차림새부터**가** 그래. 이게 학생의 차림이야?
▪ 중국말은 우리말과는 어순부터**가** 다르다.
▪ 어떻게 이런 책이 베스트 셀러가 된 것인지부터**가** 의문이다.

2참 '부터'와 같은 보조사 뒤에 쓰인다.

예 ▪ 친구**가** 보고 싶어.
▪ 과자**가** 먹고 싶어요.
▪ 커피**가** 마시고 싶어요.
▪ 갑자기 음악**이** 듣고 싶어요.

2참 '-고 싶다' 문장에서 본동사의 목적어에 붙어 쓰인다. 예 음악**을** 듣고 싶다 → 음악**이** 듣고 싶다.

3. 인용되는 말이 어디서 왔는지를 나타낸다.

예 ▪ 글쎄 늦게 나타나서 한다는 애기**가** 자기가 한턱 내려고 했다는 거야.
▪ 우리 애가 하는 말**이** 글쎄 더 이상 살기 싫대요.
▪ 의사 선생님 말씀**이** 담배를 피워서 그렇대.

3참 '말하기를'이나 '말하되'로 바꿔 쓸 수 있다.

4. [부사어 자리에서, 수량을 나타내는 말에 붙어 쓰여]
그 수를 지적하여 강조하는 것을 나타낸다.

예 ▪ 시험 날짜가 열흘**이** 남았다.
▪ 밥을 먹은 지가 한 시간**이** 지났다.
▪ 약속한 시간이 사흘**이** 지났다.

도움말 1

'가'의 생략에 대하여:
입말에서 주격 조사 '가'가 생략된 채로 흔히 쓰인다.
예 1: 나Ø 어제 힘들어서 죽을 뻔했어.
예 2: 엄마, 나Ø 이거 먹어도 돼요?
예 3: 경화야, 나Ø 먼저 간다. 내일 보자.
예 4: 경화Ø 내일 결혼한다면서?
위의 문장에 다음과 같이 '가'가 쓰이게 되면 다른 것이 아니라 바로 그것이라고 지적하여 말하는 뜻이 첨가된다.
예 1': 내**가** 어제 힘들어서 죽을 뻔했어.
예 2': 엄마, 내**가** 이거 먹어도 돼요?
예 3': 경화야, 내**가** 먼저 간다. 내일 보자.
예 4': 경화**가** 내일 결혼한다면서?

도움말 2

'나, 너, 저, 누구'와 '가'의 결합꼴:
'나/너/저'는 주격 조사 '가'가 붙으면 '나가/너가/저가'가 아니라, '내가/네가/제가'의 꼴이 된다.
예 1: **내가** 할게요. 나가 할게요.(×) (참고: **나는** 먹어요.)
예 2: **네가** 해라. 너가 해라.(×) (참고: **너는** 먹었니?)
예 3: **제가** 할게요. 저가 할게요.(×) (참고: **저는** 먹어요.)
'누구'에 '가'가 붙으면 '누구가'가 아니라 '누가'의 꼴이 된다.
예 3: **누가** 해요? 누구가 해요?(×) (참고: **누구는** 그런 거 먹어요?)

도움말 3

사람 이름과 '가'의 결합꼴:
이름에 받침이 없으면 바로 조사 '가'를 붙이면 된다.

예 1: 민수**가**/영희**가**/히로꼬**가**/메리**가** 와요.
받침이 있는 한국 사람 이름에는 접사 '이'를 붙이고 조사 '가'를 써야 한다.
예 1: 은정이**가** 와요.(○) 은정이 와요.(×) (참고: 정화가 와요.)
그러나 성과 이름을 같이 말할 때는 접사 '이'를 붙이지 않는다.
예 2: 권은정**이** 와요.(○) 권은정이가 와요.(×)
받침이 있는 외국 사람 이름에는 접사 '이'를 붙이지 않고 바로 조사 '이'를 붙인다.
예 3: 죤**이** 와요. 죤슨**이** 와요. 마이클**이** 와요.

~가 ~니만큼 【때가 때니만큼~】

관용구

예 때**가** 때**니만큼**, 사정**이** 사정이**니만큼**

1. ['~'에 같은 말을 반복하여 써서] 그 정도를 강조하여 말하는 것을 나타낸다. '~가 그러하므로'의 뜻.

예 ▪ 때**가** 때**니만큼** 매사에 신중을 기해야 한다.
▪ 시대**가** 시대**니만큼** 절약하고 아껴 보자고 하였다.
▪ 사정**이** 사정이**니만큼** 이번만은 용서해 주세요.

전참 '~가 ~니만치'로도 쓰인다. 예 장소**가** 장소**니만치** 조용히 하세요.

~가 아닌 다음에는 【바보가 아닌 다음에는~】

관용구

예 바보**가 아닌 다음에는**, 사람**이 아닌 다음에**

1. '그런 조건, 상황에서는 (꼭)'의 뜻.

예 ▪ 바보**가 아닌 다음에는** 그런 일을 할 리가 없다.
▪ 군인**이 아닌 다음에는** 그 곳에 들어갈 수 없다.

~가 ~인지라 【때가 때인지라~】

관용구

예 때**가** 때**인지라**, 시간**이** 시간**인지라**

1. ['~'에 같은 말을 반복하여 써서] 근거를 강조하여 말하는 것을 나타낸다.

예 ▪ 때**가** 때**인지라** 꽃값이 무척 비쌌다.
▪ 상황**이** 상황**인지라** 모두들 열심히 했다.

같이 【눈**같이** 희다.】

『받침이 있든 없든 **같이**가 쓰인다』

조사 부사격 조사

발음 [가치]

예 너**같이**, 바보**같이**, 꽃**같이**, 눈**같이**

부사어를 나타낸다

1. [체언 뒤에 붙어] 어떤 모양이나 행동을 다른 것에 빗대어 그 정도임을 나타낸다. '처럼'의 뜻.

예
- 바람이 얼음**같이** 차갑다.
- 꽃**같이** 예쁜 네 얼굴이 부럽다.
- 손바닥**같이** 납작한 돌을 찾고 있어.
- 사람들은 봄날**같이** 따뜻한 날씨를 즐겼습니다.
- 흙이 말라서 돌**같이** 단단해졌다.

비슷 처럼 예 꽃**같이** 예쁘다. → 꽃**처럼** 예쁘다.

2. [때를 나타내는 일부 명사에 붙어] 그 시간성을 강조하는 뜻을 나타낸다.

예
- 아저씨는 새벽**같이** 일어나 일하러 가셨다.
- 그는 잘 살게 해 달라고 매일**같이** 기도했다.

-거나 【여행을 하**거나** 책을 읽어요.】

『동사, 형용사, '이다', '-았-' 뒤에 쓰인다』

어미 연결 어미

예 가**거나**, 먹**거나**, 예쁘**거나**, 짧**거나**, 동생이**거나**, 먹었**거나**

1. [앞, 뒤의 내용을 대등적으로 연결하여] 선택될 수 있는 사실을 나열하는 것을 나타낸다. '~ 또는 ~', '~ 아니면 ~'의 뜻.

비슷 -든가, -든지

1참 '-건'으로 줄어들지 않는다.

예
- 쉬는 날에는 여행을 하**거나** 책을 읽어요.
- 아프**거나** 힘들 때는 어머니 생각이 나요.
- 엎드려서 책을 읽**거나** 글씨를 쓰면 허리가 아파요.
- 외출할 때는 모자를 쓰**거나** 선글라스를 낀다.

예
- 휴식 시간에는 커피를 마시**거나** 담배를 피우**거나** 하죠.
- 일요일에는 낮잠을 자**거나** 텔레비전을 보**거나** 합니다.

1참 주로 '-거나 -거나 하다'의 꼴로 쓰인다.

2. [주로 '-거나 하다'의 꼴로 쓰여] '-는 경우가 있다'의 뜻.

2참 '-건'으로 줄어들지 않는다.

예 ▪ 무리하면 감기에 걸리**거나** 해서 몸에 나쁘다.
▪ 누가 뭘 부탁하**거나** 하면 거절을 못 하겠어요.
▪ 일을 해서 돈이 생기**거나** 하면 옷 사는 데 다 써 버려요.

3. [‘–거나 –거나’의 꼴로 쓰여] ‘둘 중에서 어느 것이어도’의 뜻.

예 ▪ 믿**거나** 말**거나**.
▪ 누가 보**거나** 말**거나** 우리는 질서를 지켜야 합니다.
▪ 지하철 안에서는 서 있**거나** 앉아 있**거나** 모두들 책을 읽는다.

3참 서로 반대되는 뜻을 가진 두 말에 쓰이기도 하고 ‘–거나 말거나’의 꼴로 쓰이기도 한다.
준말 –건

4. [‘–거나 간에’의 꼴이나 ‘무슨’, ‘어느’ 등과 함께 쓰여] ‘어느 것이든지 (가리지 않고)’의 뜻.

예 ▪ 인간이**거나** 식물이**거나** 간에 생명을 가진 것은 사랑으로 키워야 한다.
▪ 무엇을 하**거나** 간에 열심히 하세요.
▪ 남이야 무슨 일을 하**거나** 너나 잘 해.

4참 준말 –건

–거니 【주거니 받거니~】

『동사, 형용사, ‘이다’, ‘–았–’, ‘–겠–’ 뒤에 쓰인다』
어미 연결 어미

예 가**거니**, 먹**거니**, 예쁘**거니**, 좋**거니**, 동생이**거니**, 잡았**거니**

1. [‘–거니 –거니 (하다)’의 꼴로 쓰여] 대립되는 두 동작이나 상태가 되풀이되는 것을 나타낸다.

예 ▪ 두 사람은 술잔을 주**거니** 받**거니** 하며 마셨다.
▪ 그들은 자전거를 타고 앞서**거니** 뒤서**거니** 하며 언덕길을 달려나갔다.

관련어 –다거니, –라거니, –자거니

2. [‘–거니 하다/싶다’의 꼴로 쓰여] 어떠한 사실을 스스로 추측하여 인정하는 것을 나타낸다. ‘그러하겠지’의 뜻.

예 ▪ 마음 푹 놓고 내 집이**거니** 생각하라구.
▪ 당연히 돌아오겠**거니** 하고 기다렸지만 소식이 없었다.
▪ 택시를 타면 되겠**거니** 하고 집을 나섰다.

2참 1. 흔히 ‘–겠거니’의 꼴로 쓰인다. 2. ‘하다, 싶다’와 같이 쓰이는데 ‘하다’가 생략된 꼴로도 쓰인다.
관련어 –려니

–거니와 【이 식당은 깨끗하**거니와**~】

『동사, 형용사, '이다', '–았–', '–겠–' 뒤에 쓰인다』

어미 연결 어미

예 가**거니와**, 먹**거니와**, 예쁘**거니와**, 동생이**거니와**, 갔**거니와**

1. 앞의 내용을 인정하면서 뒤의 사실도 인정하는 것을 나타낸다. '~는 물론이고 이에 더 나아가', '–기도 하고 또한 더욱이'의 뜻.

예 ▪ 이 식당은 깨끗하**거니와** 음식 맛도 좋다.
▪ 그는 잘생겼**거니와** 목소리도 시원시원했다.
▪ 그 노인은 돈도 많**거니와** 존경 또한 많이 받았다.
▪ 속담은 뜻이 분명한 것은 물론이**거니와** 간결하기도 하여 외기도 쉽다.

2. 뒤의 내용과 관련되는 것을 다시 설명하는 것을 나타낸다. '–는데'의 뜻.

예 ▪ 거듭 말하**거니와** 나의 연인은 그대뿐입니다.
▪ 다시 덧붙이**거니와** 열심히 해 주시기 바랍니다.
▪ 다시 한번 강조하**거니와** 늦지 말도록 하세요.

관련어 –려니와

전참 주로 글말에 쓰인다.

1참 1. 흔히 보조사 '도'나 부사 '또한' 등과 함께 쓰인다. 2. 흔히 '~은 물론이거니와'의 꼴로도 쓰인다.

–거든[1] 【오늘이 내 생일이**거든.**】

『동사, 형용사, '이다', '–았–' 뒤에 쓰인다』

어미 종결 어미

친한사이 말낮춤 친구에게

예 가**거든**, 먹**거든**, 예쁘**거든**, 좋**거든**, 동생이**거든**, 먹었**거든**

1. 앞에서 이야기된 내용에 대해 말하는이가 나름대로 생각한 까닭이나 이유를 들어 말하는 것을 나타낸다. '–란/–단 말이야'의 뜻.

예 ▪ 김진수: 내가 한 턱 낼게.
이영숙: 네가 웬 일이니?
김진수: 오늘이 내 생일이**거든**.
▪ 이영숙: 무슨 좋은 일이 있나 보다.
김진수: 복권에 당첨됐**거든**.
▪ 이영숙: 너 안색이 안 좋구나.
김진수: 응, 어제 거의 밤을 샜**거든**.

존대 –거든요

전참 입말에 쓰인다.

1참 1. 글이나 대화의 맨 처음에 올 수 없다. 상황이 주어져야 쓰인다. 2. 문장 끝의 억양이 내려간다.

2. 어떤 사실의 전제가 되게 하여 다음 이야기를 이끌어 가는 뜻을 나타낸다. '-는데 말이야, (그래서)'의 뜻.

예 ▪ 옛날에 옛날에 한 나무꾼이 살았**거든**. 그런데 그 나무꾼이 하루는 길을 가다가….
▪ 이 독사는 작지만 독은 강하**거든**. 물리기만 하면 당장 죽어.

2참 1. 글이나 대화의 맨 처음에도 올 수 있다. 2. 끝을 올리는 억양과 함께 쓰인다.

-거든[2] 【먹기 싫**거든**~】

『동사, 형용사, '이다' 뒤에 쓰인다』

어미 연결 어미

예 가**거든**, 먹**거든**, 예쁘**거든**, 좋**거든**, 학생이**거든**, 먹었**거든**

1. 조건을 나타낸다. '-면'의 뜻.

예 ▪ 먹기 싫**거든** 먹지 마라.
▪ 비가 오**거든** 가지 마라.
▪ 목숨이 아깝**거든** 돈을 내놓아라.
▪ 아버지가 돌아오시**거든** 잔치를 벌이자.

비슷 -면

1참 뒤에는 명령, 청유, 약속 등의 행위를 나타내는 절이 쓰인다.

도움말

[조건]을 나타내는 '-거든'과 '-면'의 비교 :

1. '-거든'은 조건을 나타내는데, 특히 그 조건이 실현될 가능성이 있는 것이라고 생각될 때에 쓰인다(예 1 참고). 이에 비해 '-면'은 예 2와 같이 가정적인 조건(가정)을 나타낼 때에도 쓰일 수 있다.
   예 1: 백만장자가 되**거든** 비싼 차를 사 줄게.(??)
   예 2: 백만장자가 되**면** 비싼 차를 사 줄게.(○)
2. 조건을 나타낼 때, '-거든'은 뒷절에 명령문이나 청유문이 쓰여야 하지만, '-면'에는 이런 제약이 없다.
   예 3: 비가 오**거든** 집에 가자.(○)/집에 간다.(×)
   예 4: 비가 오**면** 집에 가자.(○)/집에 간다.(○)
3. '-면'은 가정과 조건을 나타낼 수 있지만, '-거든'은 조건만 나타낼 수 있다. 정해진 사실에 대한 가정에는 '-거든'을 쓸 수 없다.
   예 5: 봄이 지나**면** 여름이 온다.(○)
   예 6: 봄이 지나거든 여름이 온다.(×)

–거든요 【친구들이 오**거든요.**】

『동사, 형용사, '이다', '–았–' 뒤에 쓰인다』

어미 종결 어미

친한사이 말높임 선배, 어른에게

발음 [거든뇨]

예 가**거든요**, 먹**거든요**, 예쁘**거든요**, 갔**거든요**, 동생이**거든요**

1. 상대방의 말에 대해 왜 그렇게 했는지 까닭을 밝힘을 나타낸다. '–기 때문이다'의 뜻.

비슷 –거들랑요

전참 입말에 쓰인다.

예 ▪ 이대성: 뭘 그렇게 많이 샀어요?
메리: 내일 친구들이 집에 놀러 오**거든요**.
▪ 이영숙: 눈을 처음 보나 보지요?
제인: 네, 우리 나라에는 겨울이 없**거든요**.
▪ 김진수: 어쩌면 좋지요?
마이클: 걱정하지 마세요. 저한테 좋은 생각이 있**거든요**.

2. (이해할 수 없어 하는 느낌을 나타내어) '–기는 하지만요'의 뜻.

예 ▪ 제임스의 생각도 일리는 있**거든요**.
▪ 그 책을 쓴 사람이 이해는 가**거든요**.

3. 어떤 사실의 전제가 되게 하여 다음 이야기를 이끌어 감을 나타낸 다. '–ㄴ다는 말입니다, (그래서)'의 뜻.

3참 끝을 올리는 억양과 함께 쓰인다. 예 제가 좀 바쁘거든요↗

예 ▪ 제가 좀 바쁘**거든요**. 그러니까 좀 빨리 오세요.
▪ 어젯밤에 좋은 꿈을 꾸었**거든요**. 그러니까 복권을 한번 사 봐요.
▪ 제가 가구를 새로 샀**거든요**. 구경 오세요.

–거라 【집으로 가**거라.**】

『'가다'와 '가다'로 끝나는 동사 뒤에 쓰인다』

어미 종결 어미

말아주낮춤 할아버지가 아이에게

예 가**거라**, 돌아가**거라**, 찾아가**거라**, 뛰어가**거라**

1. 명령하는 것을 나타낸다.

관련어 –아라, –너라

예 ▪ 어서 집으로 가**거라**.

▪ 친구를 찾아가**거라**.

2. [노래나 시와 같은 글말에서] (명령하는 의미 없이) 친근하게 요청하거나 기원하는 것을 나타낸다.

예 ▪ 아가야, 꿈나라 가**거라**.
▪ 고이 잠들**거라**.
▪ 자라서 큰 인물이 되**거라**.

전참 입말이나 항목 2와 같이 노래, 시 등에서는 '자다, 듣다, 앉다' 등 일반 동사에도 쓰인다. 예 잠이나 자**거라**./게 좀 앉**거라**./잘 듣**거라**.

-건 【나이가 많**건** 적**건**~】

『동사, 형용사, '이다', '-았-' 뒤에 쓰인다』

어미 연결 어미

예 가**건**, 먹**건**, 예쁘**건**, 동생 것이**건**, 먹었**건**

1. ['-건 -건'의 꼴로 쓰여] '둘 중에서 어느 것이어도'의 뜻. '-거나'의 준말.

예 ▪ 네가 믿**건** 말**건** 난 관심 없어.
▪ 누가 보**건** 말**건** 우리는 질서를 지켜야 합니다.
▪ 내가 울**건** 말**건** 신경 쓰지 마세요.

전참 1. 입말에 쓰인다. 2. '-거나'보다 준말 '-건'을 더 많이 쓴다.

2. ['-건 간에'의 꼴로 쓰여, 또는 '무슨', '어느' 등과 함께 쓰여] '어느 것이든지 (가리지 않고)'의 뜻.

예 ▪ 그 영화는 아이**건** 어른이**건** 간에 누구나 다 보았대요.
▪ 내가 뭘 먹**건** 당신이 왜 참견하세요.
▪ 남이야 무슨 일을 하**건** 너나 잘 해.

-건대 【생각하**건대**~】

『일부 동사 뒤에 쓰인다』

어미 연결 어미

예 듣**건대**, 보**건대**, 바라**건대**, 생각하**건대**

1. ['듣다, 보다, 생각하다, 추측하다' 등의 동사 뒤에 쓰여] 뒤의 사실을 말하게 되는 근거임을 나타낸다. '-아 보면'의 뜻.

예 ▪ 생각하**건대** 선생님 말씀이 옳았던 것 같습니다.
▪ 추측하**건대** 아버지는 어제 오후에 오신 게 틀림없어요.

전참 '-하건대'는 '-컨대'로 줄어들어 쓰이기도 한다. 예 회상하건대→회상**컨대**, 원하건대→원**컨대**.

- 듣**건대** 아프리카에서도 축구가 붐이라고 합니다.
- 회고하**건대** 우리가 참 많은 일을 함께 했습니다.

2. ['바라다, 당부하다, 단언하다' 등의 동사 뒤에 쓰여] 전제를 나타낸다. '–는데'의 뜻.

예 ▪ 바라**건대** 저를 도와 주소서.
- 내 당부하**건대** 그 일은 아주 엄하게 다스리시오.
- 맹세코 말하**건대** 그것은 아닙니다.
- 단언하**건대** 그런 일은 결코 일어나지 않는다.

또한 '생각하다'와 같이 '하다' 앞의 받침이 'ㄱ'일 때는 '하'가 생략되어 '건대'로 쓰이기도 한다.
예 생각하건대→생각**건대**. 추측하건대→추측건대

–건마는 【휴일에도 일을 하**건마는**~】

『동사, 형용사, '이다', '–았–', '–겠–' 뒤에 쓰인다』

어미 연결 어미

예 가**건마는**, 먹**건마는**, 예쁘**건마는**, 학생이**건마는**, 먹었**건마는**

1. '–건만'의 본말. ☞ '–건만'.

예 ▪ 잊어버릴 만도 했**건마는** 잊을 수가 없다.
- 지금은 내 잘못을 후회하**건마는** 소용이 없다.
- 지금이라도 오면 좋겠**건마는** 통 연락이 없네.

준말 –건만
비슷 –지마는

–건만 【열심히 말하**건만**~】

『동사, 형용사, '이다', '–았–', '–겠–' 뒤에 쓰인다』

어미 연결 어미

예 가**건만**, 먹**건만**, 예쁘**건만**, 학생이**건만**, 먹었**건만**

1. 앞과 뒤의 내용을 대립적으로 이어 주는 것을 나타낸다. '–지만'의 뜻.

예 ▪ 그가 열심히 말하**건만** 내 귀에는 아무 소리도 들리지 않았다.
- 그토록 그리워했던 아내와 자식이**건만**, 다른 사람과 살고 있었다.
- 바다를 실컷 보았**건만** 아쉬워서 자꾸 뒤를 돌아다본다.

본말 –건마는
전참 '–건마는'보다 '–건만'이 더 많이 쓰인다.
비슷 –지만

게[1] 【내**게** 주세요.】

『'내, 네, 제'에 붙어 쓰인다』

조사 부사격 조사

예 내**게**, 제**게**, 네**게**

부사어를 나타낸다

1. [행위자의 행위를 받는 대상을 나타내는 말에 붙어] '~를 상대로 하여'의 뜻.

예 ▪ 책을 제**게** 주세요.
▪ 김 선생님이 제**게** 한국말을 가르칩니다.
▪ 제**게** 전화를 하시면 돼요.

관련어 에게

전참 '나, 너, 저'에는 '에게'가 쓰인다.
예 나**에게**/내**게** 주세요.

2. [어떠한 상태가 일어나는 고정된 위치를 나타내는 말에 붙어] '안에, 사이에'의 뜻을 나타낸다.

예 ▪ 제**게** 문제가 생겼어요.
▪ 네**게** 병이 있다니, 그것이 사실이냐?

2참 '있다, 남다' 같은 서술어와 '있다, 없다'와 함께 쓰인다.

3. [피동문에서 행위의 주체를 나타내는 말에 붙어] '~에 의해'의 뜻을 나타낸다.

예 ▪ 네**게** 잡힐 물고기가 어디 있겠니?
▪ 내**게** 발견되었기에 망정이지 어떡할 뻔했니?

3참 '빼앗기다, 밟히다, 쫓기다'와 같은 서술어와 함께 쓰인다.

4. [주어에 행위를 가하는 자를 나타내는 말에 붙어] '~로부터'의 뜻을 나타낸다.

예 ▪ 네**게** 놀림을 받는 게 싫다.
▪ 숙제를 안 해 와서 내**게** 핀잔 들었어.

4참 1. '받다, 얻다'와 같은 서술어와 함께 쓰인다. 2. '게서'의 꼴로 쓰여야 할 것이 '게'로 쓰인 것이다.

5. [어떠한 행위를 하도록 시킴을 받는 대상을 나타내는 말에 붙어] '~로 하여금', '~가 (~하도록)'의 뜻을 나타낸다.

예 ▪ 선생님이 내**게** 책을 읽히셨다.
▪ 네**게** 약을 먹이고 말 거야.

5참 '읽히다, 입히다, -게 하다' 등의 사동 표현에 쓰인다.

6. [어떠한 느낌을 가지게 하는 대상을 나타내는 말에 붙어] '~에 대하여'의 뜻을 나타낸다.

예 ▪ 나는 네**게** 실망했다.
▪ 나는 차츰 네**게** 흥미를 느낀다.

6참 '느끼다, 실망하다'와 같은 서술어와 함께 쓰인다.

7. [어떠한 느낌이나 상태를 느끼는 주체를 나타내는 말에 붙어] '~가 느끼기에'의 뜻을 나타낸다.

예 ▪ 지금 제**게** 필요한 것은 돈입니다.

7참 '필요하다, 쉽다'와 같은 서술어와 함께 쓰인다.

- 내**게** 중요한 것이 무엇인지를 생각해 봐야겠다.

8. [어떠한 기준임을 나타내는 말에 붙어] 비교의 대상이나 기준임을 나타낸다. '~과/~를 기준으로 할 때'의 뜻.

8참 '맞다, 알맞다, 어울리다'와 같은 서술어와 함께 쓰인다.

예 • 제**게** 맞는 일을 선택하겠습니다.
- 제**게** 알맞은 옷 좀 골라 주세요.
- 이 옷이 제**게** 어울릴까요?

9. [비교의 대상을 나타내는 말에 붙어] '~과 비교하면, ~과'의 뜻을 나타낸다.

9참 '비하다, 뒤지다'와 같은 서술어와 함께 쓰인다.

예 • 네**게** 뒤지지 않도록 노력할게.
- 내**게** 비하면 넌 잘 하는 편이야.

-게[2] 【자네가 먼저 먹**게**.】

『동사 뒤와 몇몇 형용사 뒤에 쓰인다』

어미 종결 어미

말조금낮춤 스승이 제자에게, 장인·장모가 사위에게(어른말)

예 가**게**, 먹**게**, 하**게**, 부지런하**게**

1. [동사나 동사처럼 쓰이는 일부 형용사에 쓰여] 무엇을 시키는 뜻을 나타낸다.

예 • 자네가 먼저 먹**게**.
- 여보게, 술이나 들**게**.
- 너무 슬퍼하지 말**게**.
- 그 아이를 학교에 데려다 주**게**.

2. ['보다'에 쓰여] 어떠한 사실을 마음에 들지 않아 하면서 혼잣말로 중얼거리듯이 말하는 것을 나타낸다.

예 • 내 정신 좀 보**게**.
- 나 참, 이 사람 보**게**.

전참 입말에 쓰인다.

1참 1. 조금 높여 말하는 것. 상대를 높여 말할 때는 '-시-'를 붙이기도 한다. 예이리 앉으시**게**. 2. 부르는 말로는 '여보게', 가리키는 말로는 '자네'와 어울려 쓰인다.

2참 '명령'의 의미는 없다.

-게[3] 【너 집에 가**게**?】

『동사, 형용사, '이다', '-았-' 뒤에 쓰인다』

어미 종결 어미

친한사이 말낮춤 친구에게

예 가**게**, 먹**게**, 예쁘**게**, 좋**게**, 학생이**게**, 먹었**게**

1. 앞의 사실이 그러하다면, 뒤의 사실은 당연히 이러하지 않겠느냐고 묻는 뜻을 나타낸다.

[존대] –게요
[전참] 입말에 쓰인다.

[예] ▪ 그러다가는 나만 고생을 하**게**?
▪ 무얼 잊어버렸는지 알면 잊어버리지 않았**게**?
▪ 그런 일을 할 수 있으면 내가 신이**게**?

2. 말하는이가 상황을 통해 추측한 것을 듣는이에게 확인하고자 질문하는 것을 나타낸다.

[예] ▪ 직장을 왜 구해? 회사를 또 옮기**게**?
▪ 너 왜 술을 자꾸 먹니? 또 취해서 주정을 하**게**?
▪ 왜 일어나? 벌써 집에 가**게**?

3. ['누가, 무엇, 언제, 어디, 왜' 등과 함께 쓰여] 물어보는 뜻을 나타낸다. '–려고 해'의 뜻.

[3참] 끝을 올렸다가 내린다.

[예] ▪ 언제 집에 가**게**?
▪ 그걸로 뭐 하**게**?
▪ 그 많은 돈을 어디다 쓰**게**?

4. 어떤 사실이 그리 되기 어렵다거나 그러할 필요가 없다는 반어적인 뜻을 나타낸다. '–지 않은가'의 뜻.

[예] ▪ 그만한 일도 못 하면 어떡하**게**?
▪ 이제 떠나서 언제 도착하**게**?

5. [질문하는 말 다음에 쓰여] 그와 같이 물어 보는 근거를 댐을 나타낸다.

[예] ▪ 어디 가십니까, 정장을 하시**게**.
▪ 너 제정신이니? 그 많은 술을 다 퍼마시**게**.

6. 한번 짐작해서 답해 보라고 묻는 뜻을 나타낸다.

[예] ▪ 이게 뭐**게**?
▪ 지금 몇 시**게**?

–게[4] 【모두가 다 먹을 수 있**게**~】

『동사, 형용사 뒤에 붙어 쓰인다』

[어미] 연결 어미

[예] 가**게**, 먹**게**, 예쁘**게**, 짧**게**, 길**게**

1. 절과 절 사이에 쓰인다

1. [동사, '있다/없다'에 쓰여] 앞 내용이 뒤 사실에 대한 목적, 기준 등이 되는 것을 나타낸다. '~하도록/~할 수 있도록, -게끔'의 뜻.

예 ▪ 모두가 다 먹을 수 있**게** 많이 만들자.
▪ 나도 좀 알아들을 수 있**게** 얘기해 줘.
▪ 부모님이 깨시지 않**게** 조용조용 방으로 들어갔다.
▪ 차가 지나가**게** 사람들이 비켜섰다.

1참 앞뒤 내용이 바뀌어 종결 어미처럼 쓰인다. 예 저리 좀 비켜, 사람들이 지나가**게**.
비슷 -도록, -게끔

2. 절과 보조동사 사이에 쓰인다

1. [동작을 나타내는 동사, 형용사 뒤에서 '-게 하다, -게 만들다'와 같이 쓰여] '사동'을 나타낸다. '누가 무엇을 하도록 시키다'의 뜻.

예 ▪ 어머니는 내가 어릴 때부터 피아노를 치**게** 하셨다.
▪ 처음에는 환자를 방안에서만 걷**게** 해야 한다.
▪ 손님을 응접실에서 기다리**게** 한다.

1참 비슷 -도록, -게끔

2. ['-게 하다, -게 만들다'의 꼴로 쓰여] 그러한 상황에 이르게 되는 것을 나타낸다.

예 ▪ 기다리**게** 해서 미안합니다.
▪ 일회용품들은 산과 바다를 썩**게** 만듭니다.
▪ 나는 아버지를 기쁘**게** 해 드리고 싶었다.
▪ 딸아이가 나를 자꾸 귀찮**게** 했다.

3. ['-게 되다'의 꼴로 쓰여] 그러한 상황에 이르게 되는 것을 나타낸다.

예 ▪ 그들은 서로 사랑하**게** 되었습니다.
▪ 회사가 문을 닫**게** 되었거든요.
▪ 장난감이 방 안에 가득하**게** 되었다.

3. '여기다, 보다, 생각하다' 등을 수식하는 데 쓰인다

1. 말하는이가 그러하다고 생각하는 것을 나타낸다. '-다고'의 뜻.

예 ▪ 그는 사람들을 가엾**게** 여긴다.
▪ 나이를 먹어 갈수록 아내가 소중하**게** 느껴진다.
▪ 내가 제일 아끼고 귀하**게** 생각하는 물건.

1참 주절의 서술어에는 동사 '여기다, 보다, 생각하다' 등이 쓰인다.
관련어 -다고

2. [형용사나 자동사에 쓰여] 정도, 방식을 나타낸다. '-ㄴ 상태로', '-ㄴ 정도로'의 뜻.

예 ▪ 나는 반드시 성공하겠다고 굳**게** 결심했다.
▪ 나는 목을 길**게** 뺐다.
▪ 뒷머리는 짧**게** 잘라 주세요.
▪ 눈이 부시**게** 푸르른 날.

3. [말하는이의 판단을 나타내는 몇몇 형용사에 붙어 쓰여] '-ㄴ 사실을 말하면'의 뜻.

3참 1. 주로 '-게도'의 꼴로 쓰인다. 2. 문장을 꾸미는 기능을 한다.

예 ▪ 놀랍**게**도 그의 생일이 나와 똑같았다.
▪ 다행스럽**게**도 이 기사는 사실이 아니다.
▪ 슬프**게**도 우리는 다음 주면 헤어져야 한다.
▪ 새삼스럽**게** 그 시절이 그리워지는군요.

4. ['주제넘다, 재수없다' 등의 부정적인 판단을 나타내는 말에 쓰여] 말의 내용에 대해 말하는이가 못마땅해 하는 것을 나타낸다. '-게시리'의 뜻.

4참 비슷 -게시리

예 ▪ 재수없**게**, 돈만 뜯겼구나.
▪ 치사하**게** 도망을 가다니!

도움말

'-게'와 '-도록'의 비교:
1. '-게'는 여러 문법적인 기능(종속적 연결 어미, 보조적 연결 어미, 또 형용사에 쓰여 부사적인 기능)을 하지만 '-도록'은 주로 종속적 연결 어미의 기능만을 한다.
2. '-도록'은 형용사와 잘 쓰이지 않는다.
3. 시간의 한계를 나타낼 때는 '-도록'만 쓰일 수 있다.
   예: 날이 새**도록** 열심히 공부했다.(○)
   예: 날이 새**게** 열심히 공부했다.(×)

-게 되다 【문을 닫**게 된다.**】
관용구

예 가**게 되다**, 먹**게 되다**

1. [동사 뒤에 쓰여] 수동적으로 그러한 상황에 이르게 되는 것을 나타낸다.

관련어 -아지다

예 ▪ 그들은 서로 사랑하**게** 되었습니다.
▪ 회사가 문을 닫**게** 되었거든요.
▪ 오늘부터 여러분에게 한국어를 가르치**게** 되었어요.

–게 되면 【술을 많이 마시**게 되면**~】

관용구

❶ 가**게 되면**, 먹**게 되면**

1. [동사 뒤에 쓰여] (수동적으로) '그러한 상황에 이르면'의 뜻.

예 ▪ 술을 많이 마시**게 되면** 사고의 위험이 있습니다.
▪ 갑자기 운동을 하**게 되면**, 몸을 다치는 경우가 있습니다.
▪ 건강을 잃**게 되면** 모든 것을 잃을 수도 있습니다.
▪ 쓰레기를 함부로 버리**게 되면** 토양이 오염됩니다.

–게 마련이다 【모든 것이 변하**게 마련이다.**】

관용구

결합정보 ☞–게

1. '~는 것이 당연하다'의 뜻.

예 ▪ 시대에 따라 모든 것이 변하**게 마련이다**.
▪ 사람은 누구나 죽**게 마련이다**.
▪ 문화는 민족에 따라 다르**게 마련이다**.

전참 '–기 마련이다'의 꼴로도 쓰인다. 예 누구나 죽**기 마련이다**

–게 만들다 【식물을 죽**게 만든다.**】

관용구

결합정보 ☞–게

1. '그렇게 되게 하다'의 뜻.

예 ▪ 진딧물은 식물의 줄기나 잎에 붙어 식물을 죽**게 만든다**.
▪ 말을 하다가 다른 사람을 불쾌하**게 만드는** 경우가 있으므로 주의해야 합니다.
▪ 내 친구가 내 신발을 화장실에 숨겨 놓아 나를 몹시 당황하**게 만들었습니다**.

전참 '–게 하다'의 꼴로도 쓰인다. 예 식물을 죽**게 한다**

–게 생겼다 【야단맞**게 생겼다.**】

결합정보 ☞–게

관용구

1. 어떠한 일의 상태가 부정적인 상태에 이르게 되는 것을 나타낸다. '(어떤 일이 일어날) 가능성이 있다'의 뜻.

예 ▪ 오늘 선생님께 야단 맞**게 생겼네**.
▪ 이렇게 비가 많이 오니 홍수 나**게 생겼다**.
▪ 이러다가는 우리 모두 지각하**게 생겼다**.

–게요[1] 【어디 가시**게요**?】

『동사, 형용사, '이다', '–았–' 뒤에 쓰인다』

어미 종결 어미

친한사이 말높임 선배, 어른에게

예 가**게요**, 먹**게요**, 예쁘**게요**, 좋**게요**, 동생이**게요**, 먹었**게요**

1. ['누가, 무엇, 언제, 어디, 왜' 등과 함께 쓰여] '–려고 그래요'의 뜻.

예 ▪ 어디 가시**게요**?
▪ 저를 만나서 뭘 하**게요**?
▪ 그 일을 선생님께서 직접 하시**게요**?

관련어 –게

전참 입말에 쓰인다.

2. 말하는이가 상황을 통해 추정한 것을 듣는이에게 확인하고자 질문하는 것을 나타낸다.

예 ▪ 왜, 벌써 가시**게요**?
▪ 서울은 왜 가세요? 친구를 만나시**게요**?
▪ 그러면 대성이보다 진수가 더 나이가 많**게요**?

3. [의문문의 형식이지만 대답을 요구하지 않는 꼴로 쓰여] '그렇게 하면 안 된다', '그렇지 않다'를 강조하여 말하는 것을 나타낸다.

예 ▪ 공부도 안 시키면 커서 뭐가 되**게요**?
▪ 그러면 키 작은 사람은 모두 겁쟁이**게요**?
▪ 제 할 일을 다 했으면 밉지나 않**게요**?
▪ 그걸 기억하면 제가 공부 잘했**게요**?

4. ['얼마나 –았게요'의 꼴로 쓰여] 말하는이가 많이 그

러했음을 알리는 것을 나타낸다.

예 ▪ 제가 그 소식을 듣고 얼마나 슬펐게요.

▪ 걱정이 돼서 얼마나 마음을 졸였게요.

–게요² 【여러 사람이 마실 수 있**게요.**】

『동사, 형용사, '이다' 뒤에 쓰인다』

어미 종결 어미

친한사이 말높임 선배, 어른에게

예 가게요, 먹게요, 예쁘게요, 좋게요, 동생이게요

1. '–ㄹ 수 있도록요'의 뜻.

예 ▪ 저리 좀 비켜요! 나 좀 지나가게요.

▪ 어서 놓아요, 저 놈을 붙잡게요.

▪ 커피 물 좀 많이 부어요, 다같이 마실 수 있게요.

관련어 –게⁴

전참 입말에 쓰인다.

–게 하다 【피아노를 치**게 한다.**】

관용구

결합정보 ☞–게⁴

1. 〔동작을 나타내는 동사 뒤에 쓰여〕 '사동'을 나타낸다. '누가 무엇을 하도록 시키다'의 뜻.

예 ▪ 어머니는 내가 어릴 때부터 피아노를 치게 하셨다.

▪ 처음에는 환자를 방안에서만 걷게 해야 한다.

▪ 손님을 응접실에서 기다리게 한다.

2. 〔주로 형용사 뒤에 쓰여〕 그러한 상황에 이르게 되는 것을 나타낸다.

예 ▪ 일회용품들은 산과 바다를 썩게 합니다.

▪ 나는 아버지를 기쁘게 해 드리고 싶었다.

▪ 딸아이가 나를 자꾸 귀찮게 했다.

관련어 –게 만들다

–겠– 【곧 날이 밝**겠다.**】

『동사, 형용사, '이다' 뒤에 쓰인다』

어미 선어말 어미

예 가겠다, 먹겠다, 예쁘겠다, 좋겠다, 학생이겠다

1. 미래를 나타낸다

1. 곧 있을 가까운 미래를 나타낸다. '-ㄹ 것'의 뜻.

예 ▪ 곧 날이 밝**겠**다.
▪ 잠시 후에 세 시가 되**겠**습니다.
▪ 다음에는 스포츠 소식을 알려 드리**겠**습니다.
▪ 내일은 오전에 비가 오**겠**습니다.

1참 1. 동사에 쓰인다.
2. 단순 미래라고 한다.

2. 추정이나 의지를 나타낸다

1. 말하는이의 추측이나 추정을 나타낸다.

예 ▪ 어서 가자, 학교에 늦**겠**다.
▪ 밤하늘을 보니 내일은 비가 오**겠**어요.
▪ 어제 왔던 사람들이 아마 200명은 넘었**겠**다.

1참 '-았-' 뒤에 쓰인다.

2. 가능성을 나타낸다.

예 ▪ 나도 그만큼은 먹**겠**다.
▪ 그런 솜씨라면 어떤 사람도 속이**겠**다.
▪ 이 공연장은 관객이 2천 명은 들어가**겠**다.

2참 동사에 쓰인다.

3. 말하는이의 의도나 의지를 나타낸다.

예 ▪ 내일은 미국으로 떠나**겠**어.
▪ 나는 흰색 모자를 사**겠**어요.
▪ 나는 꼭 뮤지컬 배우가 되**겠**다.

3참 주어가 일인칭인 서술문에서 동작 동사에 쓰인다.

4. 듣는이의 의사를 물어 함께 하자고 요청하는 것을 나타낸다.

예 ▪ 지금 나가는 길인데, 같이 가시**겠**어요?
▪ 내일 다시 한번 들러 주시**겠**습니까?
▪ 오늘 점심은 뭘 드시**겠**어요?
▪ 유미야, 나 좀 도와 주**겠**니?

4참 의문문에서 동작 동사에 쓰인다.

3. 관용적인 쓰임

1. 인사말과 같은 관용 표현에 쓰인다.

예 ▪ 처음 뵙**겠**습니다.
▪ 학교 다녀오**겠**습니다.
▪ 말씀 좀 묻**겠**습니다.
▪ 잘 먹**겠**습니다.

2. [의문문의 형식이지만 대답을 요구하지 않는 꼴로 쓰

여] 강조하는 것을 나타낸다.

예 ▪ 이 말은 흠 없는 사람이 없다는 말이 아니**겠**어요?
▪ 그렇게 된다면 얼마나 좋**겠**니?

3. [원인을 나타내는 '-아', '-아서'와 쓰여] 그런 상태가 될 것 같음을 나타낸다. '-ㄹ 듯하다'의 뜻.

3참 관용구 '-아서 죽겠다' 참고(p. 361).

예 ▪ 속상해 죽**겠**어요.
▪ 더워서 미치**겠**어.
▪ 배고파 죽**겠**네.

4. ['알다, 모르다'의 어간에 붙어서] 단정적인 표현을 피하고 말하는이의 견해를 완곡하게 표현하는 것을 나타낸다.

예 ▪ 자네 뜻을 알**겠**네.
▪ 진수가 어디 있는지 잘 모르**겠**어요.

도움말 1

'-겠-'의 의미 특성:

1. -**겠**-은 과거, 현재, 미래에 모두 쓰이면서 추정의 의미를 나타낸다. 그러므로 -**겠**-은 시제 형태라고 할 수 없다.
   예 1: 그 곳은 어제 비가 많이 왔**겠**다.(과거의 추정)
   예 2: 그 곳은 지금 비가 오고 있**겠**다.(현재의 추정)
   예 3: 그 곳은 내일 비가 많이 오**겠**다.(미래의 추정)
2. -**겠**-은 두 가지 기본 의미, '추정'과 '의도'를 나타낸다.
   일반적으로 주어가 일인칭이고 서술어가 동작을 나타내는 동사의 경우, 예 4와 같이 주어의 의도를 나타내는 것으로 풀이된다.
   예 4: 내가 선생님을 만나러 가**겠**다.

도움말 2

'-겠-'과 '-ㄹ 것이-'의 비교:

'-겠-'과 마찬가지로 '-ㄹ 것이-'도 '추정'과 '의도'의 두 의미를 나타낸다.

예 1: 내일은 비가 오**겠**다/올 **것이**다. (추정)
예 2: 나는 내일 아침에 떠나**겠**다/떠**날 것이**다. (의도)

그러나 '-ㄹ 것이'는 '-겠-'과 달리 관용적인 표현에는 쓰이지 않는다.

고[1] 【도시고 시골이고】

『**고**는 받침 없는 말에, **이고**는 받침 있는 말에 붙어 쓰인다』

[조사] 접속 조사

예 친구**고**, 언니**고**, 밥**이고**, 떡**이고**

1. ☞ 이고(p. 432)

예 ▪ 시골**이고** 도시**고** 간에 인터넷이 다 된다.
▪ 술**이고** 뭐**고** 닥치는 대로 마셔 버렸다.
▪ 학교에서**고** 학원에서**고** 간에 열심히 공부해야 된다.
▪ 언제까지**고** 이러고 살 수는 없잖아?

고[2] 【재미있다고 한다.】

『어미 '-다, -냐, -라, -자, -마'에 붙어 쓰인다』

[조사] 인용격 조사

예 다**고**, 냐**고**, 라**고**, 자**고**, 마**고**

1. [어미 '-다, -냐, -라, -자, -마'에 붙어서만 쓰여] 앞말이 간접적으로 인용되는 말임을 나타낸다.

예 ▪ 그 영화 아주 재미있다**고** 하는데요.
▪ 언제 오시겠느냐**고** 해요.
▪ 집에 가라**고** 합니다.
▪ 밥 먹으러 가자**고** 하는데 어떻게 할까?

[관련어] 라고, 이라고

[전참] 1. 생략될 수도 있다. 예 영화가 재미있**다** 해요. 2. 직접인용에는 '라고'가 쓰인다. "집에 가!"**라고** 했다.

-고[3] 【어머니는 안녕하시고?】

『동사, 형용사, '이다', '-았-' 뒤에 쓰인다』

[어미] 종결 어미

[친한사이 말낮춤] 친구에게

예 가**고**, 먹**고**, 예쁘**고**, 좋**고**, 학생이**고**, 먹었**고**

1. 상대방에게 물어 보는 뜻을 나타낸다.

예 ▪ 어머니는 안녕하시**고**?
▪ 기분은 좋**고**?
▪ 숙제는 했**고**?

2. [의문문의 형식이지만 대답을 요구하지 않는 꼴로 쓰여] (생각이 달라) 따져 묻는 뜻을 나타낸다.

[존대] -고요

[전참] 입말에서 [구]로 발음되기도 한다.

[1참] 일반적인 의문의 억양으로 끝을 올린다.

[2참] 힘을 주어 말하나, 묻듯이 올리지는 않는다.

예 ▪ 안 온다고 할 때는 언제**고**?
▪ 뭐하고 있어, 얼른 안 가**고**?
▪ 네가 가면 나는 어떡하**고**?

3. [묻는 말에 덧붙여] 그러한 일이 있었음을 의아해하는 것을 나타낸다.

예 ▪ 어머 웬 일이세요? 아침부터 학교에 다 나오시**고**.
▪ 어찌 된 일일까, 선생님이 화장을 다 하**고**.

3참 1. 약간 끄는 듯한 어조로 말한다. 2. 존대도 반말도 아닌 말로 쓰이기도 하므로 '-시-'를 붙여 쓰기도 한다.

4. 감탄을 나타낸다.

예 ▪ 마음은 또 얼마나 예쁘**고**!
▪ 노래 소리도 좋**고**!

5. ['-고'가 쓰인 절이 뒷절과 도치되어] 앞말에다가 보충하여 말하는 것을 나타낸다.

예 ▪ 여행할 때에는 간편하게 차려입는 게 제일이오. 짐도 가볍게 꾸리**고**.
▪ 우리도 전에 심하게 싸웠지. 지나고 보면 아무것도 아닌 일을 가지**고**.

-고4 【저녁을 먹**고** 커피를 마셔요.】

『동사, 형용사, '이다', '-았-' 뒤에 쓰인다』

어미 연결 어미

예 가**고**, 먹**고**, 예쁘**고**, 좋**고**, 학생이**고**, 보았**고**

1. 대등적 연결 어미

1. 두 가지 이상의 대등한 사실을 나열하는 것을 나타낸다.

전참 입말에서 [구]로 발음되기도 한다.

예 ▪ 우리는 길에서 떡볶이도 먹**고** 튀김도 먹었다.
▪ 어제부터 열이 나**고** 목도 아팠어요.
▪ 손이 부드럽**고** 따뜻하네요.

2. 두 가지 이상의 반대되는 사실을 맞세움을 나타낸다.

예 ▪ 바다 위에 떠 있는 크**고** 작은 배들.
▪ 길**고** 짧은 것은 대 봐야 안다.

3. 번갈아 나타나는 두 가지 동작을 나란히 이어 주는

것을 나타낸다.

예 ▪ 저 끝없는 바다 위를 오**고** 가는 고깃배들아.
▪ 하루 종일 읽**고** 쓰고 한다.
▪ 꽃은 다시 피**고** 진다.

4. ['-고 -ㄴ'의 꼴로 형용사가 반복적으로 쓰여] 상태나 성질 등을 강조하는 것을 나타낸다.

4참 '도'를 덧붙여 그 뜻을 강조할 수 있다.

예 ▪ 희**고** 흰 얼굴.
▪ 넓**고**도 넓은 바다.

5. [동사가 반복적으로 쓰여] 행위를 반복하는 것을 나타낸다.

예 ▪ 가슴에 쌓이**고** 쌓인 한.
▪ 먹**고** 또 먹어도 끝이 없겠다.

2. 부사형 어미

1. 앞의 행동이 뒤의 행동과 동시에 이루어짐을 나타낸다.

1참 비슷 -면서

예 ▪ 그는 시골에서 농사를 짓**고** 산다.
▪ 군인들이 온종일 비를 맞**고** 걸었다.
▪ 가슴을 조이**고** 그가 이기기를 기다렸다.

2. 앞의 행동이 뒤에 오는 동작보다 시간상 앞섬을 나타낸다. '-고 나서'의 뜻.

2참 비슷 -고서

예 ▪ 우선 세수를 하**고** 밥을 먹습니다.
▪ 그는 돈을 지갑에 넣**고** 옷을 갈아입었다.
▪ 그는 음식을 먹어 보**고** 맛이 없다고 했다.

3. 앞의 행동이나 그 결과가 뒤에 오는 행동에 그대로 지속되는 것을 나타낸다. '-은 채로'의 뜻.

예 ▪ 너 꼭 편한 신발 신**고** 가라.
▪ 그는 여행 가방을 들**고** 기차에 올랐다.
▪ 유미는 전등을 켜**고** 공부를 했다.
▪ 모자를 쓰**고** 나가라.

4. 앞의 행동이 뒤의 행동의 수단이나 방법임을 나타낸다.

예 ▪ 이번에는 차를 몰**고** 가자.

- 자전거를 타**고** 한 바퀴 돌자.
- 거기까지 버스를 타**고** 가요?

5. 앞의 사실이 뒤의 사실의 이유나 근거임을 나타낸다.

5참 뒤에 명령형이나 청유형이 쓰일 수 없다.
관련어 –어서

예 ▪ 잊어버리**고** 우산을 안 가져 왔어요.
- 기다리던 편지를 받**고** 반가웠습니다.
- 그 글을 읽**고** 생각이 달라졌다.

6. [의문문의 형식이지만 대답을 요구하지 않는 꼴로 쓰여] 앞의 사실이 다음 사실의 조건이 되는 것을 나타낸다.

6참 '어떻게, 어찌' 등의 말과 같이 쓰인다.

예 ▪ 남의 돈에 손 대**고** 어떻게 무사하길 바라니?
- 그렇게 화를 내**고** 어찌 미안하지 않겠소?

3. 보조적 연결 어미

1. 앞 동사의 어간과 '있다, 싶다, 말다, 나다' 등을 이어 준다

예 ▪ 연극을 보**고** 싶어요.
- 여자는 유심히 내 얘기를 듣**고** 있었다.
- 동생은 숨을 거두**고** 말았다.

–고 가다【모자를 쓰고 갑니다.】

관용구

결합정보 ☞–고

1. 앞의 행동의 결과를 가진 채로 가거나 오거나 하는 것을 나타낸다.

전참 1. 동작 동사와 쓰인다. 2. '–고 오다'의 꼴로도 쓰인다. 예 가방을 들**고 오세요**.

예 ▪ 모자를 쓰**고 갑니다**.
- 영하가 준원이 손을 잡**고 가요**.

2. 앞선 동작이 완결된 채로 가거나 오거나 하는 것을 나타낸다.

예 ▪ 저녁을 먹**고 왔어요**.
- 김 선생님을 만나**고 왔어요**.

도움말

'–고 가다'와 '–아 가다'의 비교:
'–고 가다/오다'는 어떤 동작이 완료되고 나서 가거나 오거나 하는 것을 나타내고(예 1), '–아 가다/오다'는 어떤 동작이 완료되고 그 결과를 지닌 채 가거나 오거나 하는 것을 나타낸다(예 2).

예 1: 책을 읽**고 오세요**.
예 2: 책을 읽**어 오세요**.

따라서 아래의 예문에서와 같이 완료된 동작의 결과를 지닌 채 가거나 오거나 하지 못할 때는 비문이 된다.(예 4)

예 3: 밥을 먹**고 오세요**.
예 4: 밥을 먹**어 오세요**.(×)

–고 계시다 【할머니께서 신문을 읽**고 계십니다.**】

관용구

결합정보 ☞–고

1. [동작이나 상황이] 계속 진행되는 것을 나타낸다.

예 ▪ 할아버지께서 신문을 읽**고 계십니다**.
▪ 어머니께서 불고기를 만들**고 계세요**.

2. [어떤 일을 한 결과의 상태가] 계속 지속되는 것을 나타낸다.

예 ▪ 모자를 쓰**고 계신** 분이 우리 선생님입니다.
▪ 아버지께서 집에서도 외투를 입**고 계십니다**.

관련어 –고 있다
전참 1. 동사에 쓰인다. 2. 주어가 존대의 대상인 경우에 쓰인다.
2참 '입다, 쓰다' 등의 동사와 쓰인다.

–고 나니 【잔뜩 먹**고 나니~**】

관용구

결합정보 ☞–고

1. [동사에 쓰여] '어떤 행동을 다 한 결과'의 뜻을 나타낸다.

예 ▪ 잔뜩 먹**고 나니** 배가 불렀다.
▪ 책을 다 읽**고 나니** 아침이 되어 버렸다.

-고 나면 【이 책을 읽**고 나면**~】

관용구

결합정보 ☞-고

1. [동사에 쓰여] 어떤 행동을 다 한 것이 뒷절의 조건이 되는 것을 나타낸다.

예 ▪ 이 책을 읽**고 나면** 생각이 달라질 거예요.
▪ 비가 오**고 나면** 날씨가 좀 서늘해지겠지요.

-고 나서 【밥 먹**고 나서**~】

관용구

결합정보 ☞-고

1. [동사에 쓰여] '어떤 행동을 다 한 후에'의 뜻을 나타낸다.

예 ▪ 밥 먹**고 나서** 과자를 먹어라.
▪ 샤워를 하**고 나서** 과일을 먹었다.

-고도 【듣**고도** 못 들은 척했다】

『동사 뒤에 쓰인다』

어미 연결 어미

예 가**고도**, 먹**고도**

1. ['못, 안' 등의 부정을 나타내는 말과 함께 쓰여] 앞에 이야기한 사실과 반대되는 내용이 이어지는 것을 나타낸다.

예 ▪ 엄마가 부르는데 듣**고도** 못 들은 척했다.
▪ 젊어서 하는 고생은 돈을 주**고도** 못 산다.
▪ 진수는 시험에 떨어지**고도** 놀기만 하네요.
▪ 아까 그렇게 많이 먹**고도** 벌써 배가 고프니?
▪ 먹**고도** 안 먹은 척했다.

-고도 남다 【이해하**고도 남아요.**】

관용구

결합정보 ☞-고도

1. [동사에 쓰여] '(앞의 내용이 뜻하는 바가) 아주 충분히 그럴 수 있다'의 뜻.

예 • 남편의 고충을 이해하**고도 남는다**.
• 스무 살이면 시집 가**고도 남지**.
• 당신의 마음을 알**고도 남아요**.

-고 들다 【자꾸 따지**고 들면~**】

관용구

결합정보 ☞-고

1. '앞말이 뜻하는 어떠한 행동을 계속 하려고 함'을 나타낸다.

관련어 -려고 들다

전참 동사에 쓰인다.

예 • 자꾸 따지**고 들면** 누가 널 상대하려고 하겠니?
• 그는 왜 그랬느냐고 아내를 다그치**고 들었다**.

-고 말겠다 【꼭 성공하**고 말겠어.**】

관용구

결합정보 ☞-고

1. 어떤 일을 꼭 하겠다는 말하는이의 의지를 나타낸다.

전참 '꼭, 반드시' 등의 말과 함께 쓰인다.

예 • 나는 꼭 성공하**고 말겠어**.
• 이번 시합에서 꼭 이기**고야 말겠어요**.

-고 말고 【알**고 말고**】

관용구

결합정보 ☞-고

친한사이 말낮춤 친구에게

1. 강조하여 말하는 것을 나타낸다. '(물론) -지'의 뜻.

존대 -고 말고요

관련어 -다마다

예 • 그럼, 되**고 말고**.
• 해 주**고 말고**.

-고 말고요 【정말이**고 말고요.**】

관용구

결합정보 ☞-고

친한사이 말높임 선배, 어른에게

1. 상대방의 질문이나 요구 등에 대하여 강하게 동의하거나 그렇게 하겠다고 말하는 것을 나타낸다. '(물론) -지요'의 뜻.

예 ▪ 정말이**고 말고요**.
▪ 당연히 투표를 해야 하**고 말고요**.
▪ 제인: 제 생일 파티에 오실 거지요? 진수: 가**고 말고요**.

-고 말았다 【이혼을 하**고 말았다.**】

관용구

결합정보 ☞-고

1. '어떤 일이 기어이 일어났음'의 뜻을 나타낸다.

예 ▪ 진수가 결국은 이혼을 하**고 말았어요**.
▪ 네가 결국 그 일을 하**고야 말았구나**.
▪ 어머니가 주신 목걸이를 잃어버리**고 말았어요**.
▪ 그 집 아들이 몇 해 전에 죽**고 말았다**.

전참 1. '-고야 말다'의 꼴로도 쓰인다. 2. 말하는이가 의도하지 않거나 기대하지 못한 의외의 결과를 낳게 되어서 유감임을 나타낸다.

-고 보니 【듣**고 보니~**】

관용구

결합정보 ☞-고

1. [동사나 '이다'에 붙어 쓰여] (알거나 듣거나 하는 것처럼) 앞의 내용이 이루어진 결과, 뒤에 오는 내용을 받아들이거나 비로소 알게 되는 것의 뜻을 나타낸다.

전참 '-고 보면'의 꼴로도 쓰인다. 예 알**고 보면** 나도 좋은 사람이야.

예 ▪ 알**고 보니** 사고를 낸 차는 바로 우리 뒤에 있었다.
▪ 준상이의 이야기를 듣**고 보니**, 내가 너무 내 생각만 한 것 같았다.
▪ 그러**고 보니** 오늘 일요일이잖아.

1참 동사에 쓰인 예

예 ▪ 이런 형편이**고 보니** 내가 그 일을 안 할 수가 없다.
▪ 그를 도운 것이 사실이**고 보니** 그런 소문이 날 법했다.

1참 '이다'에 쓰인 예

-고 보자 【우선 먹**고 보자.**】

관용구

결합정보 ☞-고

1. [동사에 쓰여] 어떤 행동을 먼저 해 놓고 다음 일을 생각하자는 뜻을 나타낸다.

전참 '-고 봅시다'의 꼴로도 쓰인다.

예 ▪ 배 고픈데 우선 먹**고 보자**.
▪ 시간이 없으니 우선 시작부터 하**고 봅시다**.

-고서 【문을 열**고서**~】

『동사 뒤에 쓰인다』

어미 연결 어미

예 가고서, 먹고서

1. '-고 나서'로 바꿔 쓸 수 없음

1. 앞의 행동의 결과로써 뒤의 행동을 진행하는 것을 나타낸다.

1참 '-고'의 힘줌말.

예 ▪ 누구를 믿**고서** 여기에 왔소?
▪ 내일 갈 사람인 것도 모르**고서** 크리스마스 때 줄 선물을 샀던 것이다.

2. 앞의 사실이 방법으로 작용한 채 뒤의 행동을 진행하는 것을 나타낸다. '-아 가지고'의 뜻.

2참 '-고'의 힘줌말.

예 ▪ 문을 열**고서** 보아라.
▪ 그가 지팡이를 짚**고서** 왔다 갔다 한다.
▪ 팔짱을 끼**고서** 진수가 말했다.

3. 앞의 사실이 뒤의 사실과 대립 관계에 있음을 나타낸다. '-았는데도'의 뜻.

3참 대립을 강조하기 위하여 '-고서도'의 꼴로도 자주 쓰인다.

예 ▪ 그는 이 사실을 알**고서** 모른다고 한다.
▪ 먹**고서**도 안 먹었다고 시치미 뗀다.
▪ 당신은 거기에 갔다 오**고서**도 그 사람을 못 봤다고 하면 어떻게 해요?

2. '-고 나서'로 바꿔 쓸 수 있음

1. 앞의 행동이 끝나고 뒤의 행동이 진행되는 것을 나타낸다. '-고 나서', '-ㄴ 다음에'의 뜻.

1참 앞의 행동이 끝났음을 강조하기 위하여 '-고서야'의 꼴로도 자주 쓰인다.

예 ▪ 목욕을 하**고서** 저녁을 먹었다.
▪ 하루의 일과를 끝내**고서**야 집으로 갈 준비를 했다.

2. 앞의 사실이 뒤의 사실의 근거임을 나타낸다. '-기 때문에'의 뜻.

2참 뒤에 명령형이나 청유형이 쓰이지 않는다. 예 그 약을 먹고서 나아라.(×)

예 ▪ 그 약을 먹**고서** 나았단다.

▪ 밤새도록 노래를 부르**고서** 목이 쉬었다.

-고서는 -ㄹ 수 없다 【바보가 아니**고서는 그럴 수 없다.**】

관용구

결합정보 ☞-고서

1. 앞의 사실이 없이는 뒤의 사실이 불가능함을 나타낸다.

예 ▪ 음식을 먹어 보지 않**고서는** 맛을 **알 수 없다**.
▪ 아무리 글자를 알아도 뜻을 모르**고서는** 글을 읽을 **수 없어요**.
▪ 개가 바보가 아니**고서는** 그럴 **수가 없지**.

-고서야 【밥을 다 먹**고서야~**】

『동사, '이다' 뒤에 쓰인다』

어미 연결 어미

예 가**고서야**, 먹**고서야**, 아니**고서야**

1. '-고 나서야'로 바꿔 쓸 수 없다.

1. [의문문의 형식이지만 대답을 요구하지 않는 꼴로 쓰여] 앞의 사실이 뒤의 사실을 일으키는 조건임을 나타낸다. '-다면 과연'의 뜻.

예 ▪ 바보가 아니**고서야** 그런 말을 할 수 있겠어?
▪ 저렇게 정성이 지극하**고서야** 안 될 일이 없지.

2. '-고 나서야'로 바꿔 쓸 수 있다.

1. 앞의 행동이 끝나고 뒤의 행동이 진행되는 것을 강조하는 것을 나타낸다. '-고 나서 비로소, -ㄴ 다음에'의 뜻.

예 ▪ 밥을 다 먹**고서야** 주문한 찌개가 나왔다.
▪ 설명을 듣**고서야** 비로소 그 뜻을 이해했다.
▪ 회사를 나오**고서야** 얻는 것도 있구나.

-고 싶다 【저는 집에 가**고 싶어요.**】

관용구

결합정보 ☞-고

1. [동사에 쓰여] 앞말이 뜻하는 행동을 하기를 원하는 것을 나타낸다. '-ㄹ 마음이 있다'의 뜻.

예 ▪ 저는 집에 가**고 싶어요**.
▪ 제가 저녁을 사**고 싶습니다**.
▪ 오늘 같은 날에는 술을 마시**고 싶은데**.
▪ 커서 변호사가 되**고 싶어요**.
▪ 이번 여름에는 꼭 호주에 가**고 싶어**.
▪ 어디에 가**고 싶으세요**?

전참 1. 일인칭 주어에 쓰인다. 그 외의 사람에 붙어 쓰일 때는 '-고 싶어하다'가 쓰인다. 예 언니가 밥을 먹**고 싶어해요** 2. 이인칭 주어와 쓰일 때에는 의문문에만 쓰인다. 예 너는 어디에 가**고 싶니**? 3. 동작 동사와만 쓰인다. 예 착하고 싶어요.(×)

-고 싶어하다 【유미가 집에 가**고 싶어해요.**】

관용구

결합정보 ☞-고

1. [동사에 쓰여] 3인칭 주어가 어떤 행동을 하기를 원한다고 보여짐을 나타낸다.

예 ▪ 유미가 집에 가**고 싶어해요**.
▪ 아내는 한국에서 살**고 싶어합니다**.
▪ 김 과장님은 술을 마시**고 싶어했습니다**.

전참 1. 3인칭 주어에 쓰인다. 2. 동작 동사와만 쓰인다. 예 착하고 싶어해요.(×)

-고요 【안녕하시**고요**?】

『동사, 형용사, '이다', '-았-' 뒤에 쓰인다』

어미 종결 어미

친한사이 말높임 선배, 어른에게

예 가**고요**, 먹**고요**, 예쁘**고요**, 좋**고요**, 먹었**고요**

1. [의문문에 쓰여] 물어 보는 뜻을 나타낸다. '(그런데) -어요'의 뜻.

예 ▪ 선생님도 안녕하시**고요**?
▪ 집은 어디에 있**고요**?
▪ 식사는 하셨**고요**?

전참 입말에서 [구요]로 발음되기도 한다.

2. 서술된 내용 외에도 다른 내용이 있음을 시사하면서 말을 맺음을 나타낸다.

예 ▪ 몸이 많이 가벼워졌어요. 기분도 좋**고요**.
▪ 방해가 된다면 다음에 또 오**고요**.
▪ 오늘 즐거웠어요. 음식도 맛있었**고요**.

-고 있는 참이다 【신문을 정리하**고 있는 참이다.**】

관용구

1. [동사에 쓰여] '무엇을 하고 있는 상황이다'의 뜻.

예 ▪ 지금 신문을 정리하**고 있는 참이다.**
▪ 생각 좀 하느라 망설이**고 있는 참이다.**
▪ 텔레비전을 보**고 있는 참이다.**

결합정보 ☞-고

관련어 -려던 참이다

전참 '-려는 참이다'의 꼴로도 쓰인다. 예 이제 막 다리 밑을 통과하**려는 참이다.**

-고 있다 【밥을 먹**고 있어요.**】

관용구

1. 어떤 동작이 진행 중임을 나타낸다.

예 ▪ 제인: 뭐 하세요?
존: 배가 고파서 밥을 먹**고 있어요.**
▪ 그 때 전화를 하**고 있었어요.**
▪ 준원이는 지금 테니스를 치**고 있어.**

2. 어떤 동작을 한 결과가 그대로 지속되는 것을 나타낸다.

예 ▪ 청바지를 입**고 있는** 여자.
▪ 우리 팀은 흰색 모자를 쓰**고 있어요.**
▪ 그 사고로 버스에 타**고 있던** 사람들이 많이 다쳤어요.

3. 어떤 지속적인 행위를 하는 것을 나타낸다.

예 ▪ 진수는 아직도 학교에 다니**고 있어요.**
▪ 저는 서울에 살**고 있습니다.**
▪ 그 친구는 삼성 전자에 다니**고 있지.**

결합정보 ☞-고

존대 -고 계시다 예아버님께서 진지를 드시**고 계세요.**

전참 동사에 쓰인다.

2참 '입다, 쓰다, 들다' 등의 동사와 함께 쓰인다.

도움말

'-고 있다'와 '-아 있다'의 비교:
'-고 있다'는 어떤 동작을 완료한 후의 상태가 그대로 지속되는 것을 나타내고(예 1), '-아 있다'는 동작의 상태가 그대로 지속되는 것을 나타낸다(예 2). '-고 있다'는 목적어가 있는 문장에, '-아 있다'는 목적어가 없는 문장에 쓰인다.

예 1: 버스를 타**고 있다.**(버스를 탄 결과 그 상태가 지속되는 것)

예 2: 버스에 앉**아 있다/서 있다**.('버스에 앉은 상태'로, '선 상태'로 있음을 나타낸다)

-고자 【의논을 하**고자~**】

『동사, '이다' 뒤에 쓰인다. '-겠-/-았-'과는 쓰일 수 없다』

어미 연결 어미

1. [동사에 쓰여] 행동의 목적을 나타낸다. '-려고', '-는 것을 목적으로 하여'의 뜻.

예 ▪ 그 일에 관해 의논을 하**고자** 찾아왔습니다.
▪ 선생님 은혜에 조금이나마 보답하**고자** 노력합니다.

2. ['-고자 하다'의 꼴로 동사에 쓰여] 의도를 나타낸다. '-려고'의 뜻.

예 ▪ 집을 지어 추위를 막고 더위를 피하**고자** 했다.
▪ 가능한 한 칭찬을 해 주**고자** 했다.
▪ 식사만으로 체중을 줄이**고자** 하는 것은 위험하다.
▪ 계속 작가이**고자** 한다면 열심히 글을 써야 한다.

예 가**고자**, 먹**고자**, 학생이**고자**

비슷 -려고

1참 1. 앞절과 뒷절의 주어가 같다. 2. 뒷절에 명령형이나 청유형이 쓰이지 않는다.

-고자 하다 【최선을 다하**고자 합니다.**】

관용구

1. [동사에 쓰여] 어떤 것을 하고 싶어하는 의도나 소망을 나타낸다.

예 ▪ 저는 모든 일에 최선을 다하**고자 합니다**.
▪ 날씬해지**고자 한다면** 운동을 해야 한다.

결합정보 ☞-고자

-고 하니 【돈도 많**고 하니~**】

관용구

1. 여러 가지 이유가 있는데 그 중에서 대표적인 이유를 들어 말하는 것을 나타낸다.

예 ▪ 시간도 많고 돈도 많**고 하니** 여행이나 가자.
▪ 명절 때라 길도 복잡하**고 하니** 다음 번에 가기로

결합정보 ☞-고

합시다.

▪ 오늘 할 일은 다 끝냈**고 하니** 집에 가야겠다.

–고 해서 【겁도 나고 해서~】

관용구

1. '어떠한 일이 있음으로 해서'의 뜻을 나타낸다.

예 ▪ 이러다 죽는 거 아닌가 하고 겁도 나**고 해서** 그를 꼭 껴안았다.

▪ 진수의 부탁도 있**고 해서** 한 번 들렀지.

▪ 기분도 울적하**고 해서** 산책을 나가기로 했어.

결합정보 ☞–고

전참 1. '–고 하여서'가 본말이지만 잘 쓰이지 않는다. 2. '~도 –고 해서'의 꼴로 쓰인다. 3. 언급한 것 외에도 다른 이유가 있을 수 있음을 나타낸다.

과 【밥과 반찬】

『**과**는 받침 있는 말 뒤에, **와**는 받침 없는 말 뒤에 쓰임』

예 밥**과**, 떡**과**, 언니**와**, 누나**와**

조사 접속 조사

1. [여러 개의 사물을 나타내는 말에 붙어] 그것들을 같은 자격으로 이어 주는 뜻을 나타낸다. '그리고, 또한, 및'의 뜻.

예 ▪ 이 집은 부엌**과** 목욕탕이 있어요.

▪ 서울**과** 중부 지방은 비가 오겠습니다.

▪ 흰색**과** 빨간색 티셔츠를 샀어요.

▪ 이 서점에는 잡지**와** 소설책이 아주 많습니다.

비슷 이랑, 하고

조사 부사격 조사

부사어를 나타낸다

1. 어떤 행동을 함께 하는 대상임을 나타낸다. '~하고 서로'의 뜻.

예 ▪ 부모님**과** 함께 삽니다.

▪ 친구들**과** 농구를 해요.

▪ 우리**와** 같이 영화 보러 가요.

1참 흔히 '~과 함께/같이'의 꼴로 쓰인다.

2. 상대로 하는 대상임을 나타낸다. '~하고 서로, ~를 상대로 삼아'의 뜻.

예 ▪ 친구들**과** 다투면 안 돼.

▪ 나는 언니들**과** 만나서 놀았다.

2참 '사귀다, 만나다, 싸우다'와 같은 동사와 함께 쓰인다.

▪ 나는 초등학교 동창생**과** 결혼했다.

3. 어떠한 관계에 있는 대상임을 나타낸다. '~하고 서로'의 뜻.

(3참) '가깝다, 밀접하다, 친하다'와 같은 동사와 함께 쓰인다.

(예) ▪ 이 섬들은 휴전선**과** 가깝다.
▪ 진수는 나**와** 나이가 같다.
▪ 그녀는 나**와** 사촌간이다.

4. 비교의 대상을 나타낸다. '~하고 서로, ~에 비할 때 서로'의 뜻.

(4참) '같다, 다르다, 비슷하다, 비교하다'와 같은 동사와 함께 쓰인다.

(예) ▪ 인간의 일생은 마라톤 경기**와** 비슷하다.
▪ 그**와** 비슷한 예는 또 있다.
▪ 옛날의 한강 모습은 오늘날**과** 매우 다르다.
▪ 분홍 치마는 진달래꽃**과** 같은 빛깔이다.
▪ 나는 너**와** 달라.

5. 기준으로 삼는 대상을 나타낸다. '~하고 서로', '~에 비추어 서로'의 뜻.

(5참) '어울리다, 맞다'와 같은 동사와 함께 쓰인다.

(예) ▪ 신맛은 단맛**과** 잘 어울린다.
▪ 너**와** 어울리는 색을 골라 봐.
▪ 저 사람은 나**와** 잘 맞는다.

도움말

접속 조사로 쓰이는 '과, 이랑, 하고'의 구별:

1. '과', '이랑', '하고'는 모두 여러 개의 사물을 연결할 때 쓰이는데 '과'는 글말과 입말에 두루 쓰이고 '이랑'과 '하고'는 주로 입말에 쓰인다. '이랑'은 또한 아이들이나 여자들의 입말이나 시적 표현에 주로 쓰인다.
2. 여러 개의 사물을 연결할 때 '과'는 '이랑'이나 '하고'와는 달리, 제일 끝에 연결되는 체언 뒤에는 쓰이지 않는다.
   예 1: 밥**과** 국을 먹어요.(○)
   /밥**과** 국**과** 먹어요.(×).
   예 2: 밥**하고** 국**하고**(국을) 먹어요.(○)
   /밥**이랑** 국**이랑**(국을) 먹어요.(○)
3. 여러 개의 사물을 연결할 때 경우에 따라 생략이 가능한데, 생략된 자리에는 쉼표를 찍는다.
   예: 이번 시간에는 기체, 액체, 고체의 변화에 대하여 공부합시다.

~과 같은【다음과 같은~】

관용구

1. [여러 개를 나열한 후 마지막 말에 붙어] '등등'의 뜻.

예 ▪ 눈, 코, 입**과 같은** 기관은 우리 몸의 앞쪽에 있다.
▪ 성공하려면 근면, 절약, 검소**와 같은** 미덕이 필요하다.

예 수박**과 같은**, 사과**와 같은**

~과 같이【그림과 같이~】

관용구

1. '바로 그대로'의 뜻.

예 ▪ 그림**과 같이** 가격에 따라 컴퓨터를 분류할 수 있다.
▪ 이**와 같이** 학생들의 수준이 매우 낮았다.

예 그림**과 같이**, 시**와 같이**

~과 다름없다【다른 집과 다름없다.】

관용구

1. '~와 비교하여 다르지 않다'의 뜻.

예 ▪ 분위기는 여느 집**과 다름없었다**.
▪ 찾기는 찾았으나 찾지 못한 것**과 다름이 없었다**.

예 사진**과 다름없다**, 영화**와 다름없다**

전참 '~과 다름이 없다'의 꼴로도 쓰인다.

~과 달리【다른 곳과 달리~】

관용구

1. '~에 비하여 다르게'의 뜻.

예 ▪ 서울은 다른 곳**과 달리** 일터가 많다.
▪ 한국 사람은 일본 사람**과 달리** 밥을 숟가락으로 떠 먹는다.

예 사진**과 달리**, 영화**와 달리**

전참 '~과 다름이 없다'의 꼴로도 쓰인다.

~과 마찬가지로【다른 나라들과 마찬가지로~】

관용구

1. '~과 같이'의 뜻.

예 사진**과 마찬가지로**, 영화**와 마찬가지로**

예 ▪ 다른 나라들**과 마찬가지로** 칠레는 독특한 사회, 경제 구조를 갖고 있다.
▪ 차량들**과 마찬가지로** 보행인 역시 교통 법칙을 지켜야 한다.

~과 반대로 【말한 것**과 반대로~**】

관용구

예 현실**과 반대로**, 영화**와 반대로**

1. '~에 비하여 반대로'의 뜻.

예 ▪ 위에서 말한 것**과 반대로** 다음과 같은 단점도 있다.
▪ 인간의 생활은 규칙적인 면이 있긴 하지만 그**와 반대로** 많은 예외를 또한 가지고 있다.

-구나 【키가 크**구나.**】

『형용사, '이다', '-았-', '-겠-' 뒤에 쓰인다. 동사 뒤에는 **-는구나**가 쓰인다.』

어미 종결 어미

말아주낮춤 할아버지가 아이에게

예 예쁘**구나**, 좋**구나**, 학생이**구나**, 먹었**구나**, 가겠**구나**

1. 새롭게 알게 된 사실에 대해 감탄하여 말하는 것을 나타낸다.

예 ▪ 진수야, 키가 크**구나**.
▪ 정말 경치가 좋**구나**.
▪ 야, 이 식당은 정말 맛있**구나**.
▪ 거기에 넣어 두고 잊어버렸**구나**.

예 ▪ 얘들아, 라디오 소리 좀 줄이면 좋겠**구나**.
▪ 오늘은 집에서 쉬고 싶**구나**.

2. 새롭게 알게 된 사실에 대해 확인하듯이 물어 보는 뜻을 나타낸다.

예 ▪ 학교에서 무슨 일이 있었**구나**?
▪ 이 학교 학생인 모양이**구나**?
▪ 유미야, 어린이 대공원에 갔었**구나**?

형태관련어 -는구나

전참 입말에 쓰인다.

1참 주어가 1인칭인 문장에서 새로이 알게 되는 사실이 아닌 것에는 '-구나'를 쓸 수 없다. 예 나는 집에 있구나.(×)/나는 학생이구나.(×)

1참 단순히 그러하다고 말할 자리에 쓰여 부드러운 느낌을 준다.

2참 의문을 나타내는 올라가는 억양과 함께 쓰인다.

3. [혼잣말에 쓰여] 새롭게 알게 된 사실에 대해 감탄하여 말하는 것을 나타낸다.

예 ▪ 속았**구나** 하는 생각이 들었다.
▪ 뭐가 잘못 되었**구나** 싶었다.
▪ 이 세상에 언니밖에 없**구나** 하는 생각이 들었어요.

3참 '-구나 하다/싶다'의 꼴로 쓰인다.

-군 【날씨가 좋**군.**】

『형용사, '이다', '-았-', '-겠-' 뒤에 쓰인다. 동사 뒤에는 **-는군**이 쓰인다.』

어미 **종결 어미**

친한사이 말낮춤 **친구에게**

예 예쁘**군**, 좋**군**, 학생이**군**, 먹었**군**, 가겠**군**

1. 새롭게 알게 된 사실에 대해 감탄하는 것을 나타낸다.

예 ▪ 새로 산 차가 좋**군**.
▪ 아, 저기 있**군**.
▪ 시간이 빠르기도 하**군**.

존대 -군요
형태관련어 -는군
전참 1. 입말에 쓰인다. 2. '-군그래'의 꼴로도 쓰인다. 예 저기있군그래.

2. [빈정거리는 어투로] 실제로는 잘못한 일에 대해 반대로 잘했다고 비꼬아 말하는 것을 나타낸다.

예 ▪ 접시를 잘도 깼**군**.
▪ 비가 올 거라면서? 그래 많이도 내렸**군**.

2참 일부러 상대방이 들으라고 하는 말이다.

3. 새롭게 알게 된 사실에 대해 확인하듯이 물어 보는 뜻을 나타낸다.

예 ▪ 그러니까 네가 잘못을 한 모양이**군**?
▪ 언니랑 또 싸웠**군**?
▪ 어머니가 보고 싶겠**군**?

4. [혼잣말처럼 쓰여] 어떠한 사실이 단순히 그러하다고 서술하는 것을 나타낸다.

예 ▪ 세상을 살기가 쉽지 않**군**그래.
▪ 애들까지 버릇이 나빠질까 봐 걱정이**군**.
▪ 이번 일은 내가 할걸, 잘못했**군**.

도움말1

'군'의 쓰임:

1. 주어가 1인칭인 문장에서 새로이 알게 되는 사실이 아닌 내용에는 '-군'을 쓸 수 없다.
   예: 나는 집에 있군.(×)/나는 학생이군.(×)
   그러나 말하는 이와 관련하여 새로이 알게 되는 사실을 나타낼 때에는 쓰일 수 있다. 즉, 아래 예를 보면 '너'의 나이를 알게 되면서 '내가 너보다 선배임'을 알게 되었으므로 '-군'을 쓸 수 있다.
   예: 네가 87년 생이면 내가 선배군.(○)
2. '-군'은 친한 사이 말 낮춤이고, '-구나'는 아주 낮춤이다.

-군요 【날씨가 좋**군요.**】

『형용사, '이다', '-았-', '-겠-' 뒤에 쓰인다. 동사 뒤에는 **-는군요**가 쓰인다.』

[어미] 종결 어미

[친한사이 말높임] 선배, 어른에게

예 예쁘**군요**, 좋**군요**, 학생이**군요**, 먹었**군요**, 가겠**군요**

1. 새롭게 알게 된 사실에 대해 감탄하는 것을 나타낸다.

[예] ▪ 날씨가 좋**군요**.
▪ 키가 크**군요**.
▪ 배가 고프**군요**.
▪ 일찍 오셨**군요**.

[형태관련어] -는군요

[전참] 입말에 쓰인다.

2. [빈정거리는 어투로] 실제로는 잘못한 일에 대해 반대로 잘했다고 비꼬아 말하는 것을 나타낸다.

[예] ▪ 참 잘도 했**군요**.
▪ 큰소리 치시더니 꼴 좋**군요**.

[2참] 일부러 상대방이 들으라고 하는 말이다.

3. [의문조의 억양과 함께 쓰여] 새롭게 알게 된 사실에 대해 확인하듯이 질문하는 것을 나타낸다.

[예] ▪ 그 집 음식이 맛이 있**군요**?
▪ 아버지가 돌아오셨**군요**?
▪ 그것 때문에 친구하고 싸웠**군요**?

–기【비가 오**기** 시작했다.】

『동사, 형용사, '이다', '–았–' 뒤에 쓰인다』

어미 명사처럼 쓰이게 만드는 어미

예 가**기**, 먹**기**, 예쁘**기**, 좋**기**, 먹었**기**

1. [동사에 쓰여] 진행(과정), 수법, 지향(목표) 등을 나타낸다.

예 ▪ 비가 오**기** 시작했다.
▪ 가루약은 먹**기** 싫어요.
▪ 날씨가 너무 더워서 공부하**기**도 힘들죠?
▪ 점심 먹**기**로 했잖아.
▪ 전화하**기**를 좋아합니다.

전참 이것이 붙은 말이 문장 안에서 명사처럼 주어, 목적어로 쓰인다.

관련어 –ㅁ

2. [형용사와 '이다'에 쓰여] 성질, 상태 등의 정도를 나타낸다.

예 ▪ 나는 그가 좋은 사람이**기**를 바란다.
▪ 사람들이 많**기**도 하다.
▪ 좀 멀**기**는 하지만 좋은 곳이죠.

3. [동사, 형용사에 쓰여] 그렇게 되기를 희망하는 사실을 나타낸다.

예 ▪ 행복하게 사시**기**를 진심으로 빕니다.
▪ 늘 건강하시**기** 바랍니다.
▪ 농부들은 비가 내리**기**를 기원했다.

3참 문장 전체의 서술어에는 '바라다, 희망하다, 기원하다' 등의 동사가 쓰인다.

4. ['–시기 바라다'의 꼴로, 안내 방송이나 안내문에 쓰여] 공손하게 어떠한 행동을 하도록 알리거나 부탁하는 뜻을 나타낸다.

예 ▪ 지하철이 들어오니 한 걸음 물러나시**기** 바랍니다.
▪ 잊으신 물건 없이 안녕히 가시**기** 바랍니다.

4참 '의미3'의 한 용법이다.

5. [표어나 속담 등에 쓰여] 사람들에게 그렇게 하는 것이 좋다고 권유를 하거나 일반화된 사실임을 나타낸다.

예 ▪ 한 줄 서**기** 운동.
▪ 누워서 떡 먹**기**.
▪ 스스로 공부하**기**.

도움말

'–기'와 '–ㅁ'의 비교: ☞ '–ㅁ'의 도움말(p. 303)

1. '–기'는 많은 동사, 형용사에 두루 쓰이지만, '–ㅁ'은 제한되어 쓰인다.
2. '–ㅁ'과 달리, '–기'는 관용 표현으로 많이 쓰인다. 관용 표현들 참고.
   (–기 때문에, –기 위하여, –기 쉽다 등)
3. '–기'는 일반화된 객관적 사실이나 앞으로 기대되는 가상적인 상황을 나타내고, '–ㅁ'은 동작이나 상태가 이미 완결된 구체적인 사실임을 나타낸다.
   예: 바다에서 수영하**기**가 더 힘들어요.
   /진수는 어젯밤에 맨몸으로 수영했**음**을 고백했다.

–기가 무섭게 【수업이 끝나**기가 무섭게**~】

결합정보 ☞–기

관용구

1. '어떤 일이 끝나자마자 곧'의 뜻을 과장하여 말하는 것을 나타낸다.

비슷 –기가 바쁘게

예 ▪ 수업이 끝나**기가 무섭게** 화장실로 달려갔다.
▪ 그는 만나**기가 무섭게** 돈부터 달라고 했다.

–기가 바쁘게 【식사가 끝나**기가 바쁘게**~】

결합정보 ☞–기

관용구

1. '어떤 일이 끝나자마자 곧'의 뜻을 과장하여 말하는 것을 나타낸다.

비슷 –기가 무섭게

예 ▪ 아침식사가 끝나**기가 바쁘게** 시내로 나갔다.
▪ 그는 수저를 놓**기가 바쁘게** 방으로 들어가 버렸다.

–기가 쉽다 【살이 찌**기가 쉽다.**】

결합정보 ☞–기

관용구

1. '그러한 경향이 있음'의 뜻.

비슷 –기 십상이다

전참 '가'가 생략되어 '–기 쉽다'의 꼴로도 쓰인다.

예 ▪ 늘 의자에 앉아 있으면 운동이 부족하**기 쉽다**.
▪ 운동이 부족하면 살이 찌**기가 쉽다**.

-기가 이를 데 없다 【슬프**기가 이를 데 없다.**】

관용구

결합정보 ☞-기

1. 어떠한 감정이 몹시 심함을 뜻한다.

예 ▪ 그 영화는 슬프**기가 이를 데 없다**.
▪ 버스에 앉아 있으면 답답하**기가 이를 데 없었다**.

-기 그지없다 【반갑**기 그지없다.**】

관용구

결합정보 ☞-기

1. [형용사에 쓰여] '이루 다 말할 수 없을 정도로 매우 그러하다'의 뜻.

예 ▪ 너를 만나니 반갑**기 그지없다**.
▪ 그의 대답은 실망스럽**기 그지없었다**.

전참 '-기 한이 없다'의 꼴로도 쓰인다. 예 혼자 있으니 쓸쓸하**기 한이 없다**.

-기까지 하다 【춥**기까지 해요.**】

관용구

결합정보 ☞-기

1. 어떤 것의 정도가 지나쳐 심함을 나타낸다.

예 ▪ 시원하다 못해 춥**기까지 해요**.
▪ 이럴 땐 유미가 정말 얄밉**기까지 해**.

-기 나름이다 【생각하**기 나름이다**】

관용구

결합정보 ☞-기

1. '그것의 정도나 하기에 달려 있음'의 뜻.

관련어 -ㄹ 나름이다

예 ▪ 모든 건 생각하**기 나름이다**.
▪ 공부도 하**기 나름이야**.

-기나 하다 【먹**기나 해요.**】

관용구

결합정보 ☞-기

1. (앞의 행동까지는 바라지 않으니) 최소한 뒤의 행동을 해 주기를 바라는 뜻을 나타낸다.

예 ▪ 그만 이야기하고 어서 먹**기나 해요**.
▪ 사지 않아도 괜찮으니까 한번 입어 보**기나 해요**.

-기는 【어리석**기는**.】

『동사, 형용사 뒤에 쓰인다』
어미 종결 어미
친한사이 말낮춤 친구에게

예 가**기는**, 먹**기는**, 예쁘**기는**, 좋**기는**

1. [혼잣말에 쓰여] 상대방의 행동에 대하여 가볍게 핀잔하면서 염려하는 것을 나타낸다.

준말 -긴
전참 입말에 쓰인다.

예 ▪ 미련한 것, 어리석**기는**.
▪ 천천히 먹어라. 성격도 급하**기는**.

2. [끝을 살짝 올렸다가 내리는 억양과 함께 쓰여] 뒷말이 생략된 채, 상대방을 가볍게 나무람을 나타낸다. '-기는 왜 그러느냐'의 뜻.

2참 '고맙기는 (뭐가 고맙니)'와 같이 뒤에 되묻는 말이 생략된 것으로 볼 수 있다.
존대 -기는요

예 ▪ 고맙**기는**?
▪ 웃**기는**? 싱겁게.
▪ 자기 일도 제대로 못하는 주제에 남을 비웃**기는**?
▪ 딸: 아빠, 잠이 안 오세요? 아빠: 잠이 안 오**기는**.
▪ 아니, 왜 대답을 안하니? 시간이 얼마나 걸리느냐고 물었잖아. 체, 답답하**기는**.

-기는 -다 【좋**기는** 좋**다**.】

관용구

결합정보 ☞-기

1. [형용사에 쓰여] 과연 그러하다고 강조하여 말하는 것을 나타낸다.

전참 '~기는 ~다'와 같이 ~에 같은 형용사가 반복되어 쓰인다.

예 ▪ 역시 비싼 물건이 좋**기는** 좋**다**.
▪ 진수가 키가 크**기는** 커**요**. 멀리서도 눈에 띄는 걸 보면.
▪ 외국물이 좋**기는** 좋**은가** 보지?

-기는요 【먹기는요?】

『동사, 형용사 뒤에 쓰인다』
어미 종결 어미
친한사이 말높임 선배, 어른에게

예 가기는요, 먹기는요, 예쁘기는요, 좋기는요

1. [뒷말이 생략된 채] 상대방의 의견에 가볍게 반박하는 뜻을 나타낸다. '-기는 왜 그러세요'의 뜻.

예 ▪ 제인: 점심 먹었어요? 김진수: 아직 12시도 안 됐는데 먹**기는요**?
▪ 메리: 고맙습니다. 이대성: 고맙**기는요**.
▪ 존슨: 노래를 잘 하시네요. 이영숙: 잘 하**기는요**.
▪ 하나꼬: 늦어서 죄송합니다. 마이클: 늦**기는요**. 겨우 10분 지났는데요.

전참 1. 입말에 쓰인다. 2. 끝을 살짝 올렸다가 내리는 억양과 함께 쓰인다. 3. 상대방의 말을 반복하여 표현한다. 4. 상대방의 칭찬에 대해서 고마움을 표시하거나 사과에 대해서 위로함을 나타내기도 한다.

-기는커녕 【행복하기는커녕~】

『동사, 형용사 뒤에 쓰인다』
어미 연결 어미

예 가**기는커녕**, 먹**기는커녕**, 예쁘**기는커녕**, 좋**기는커녕**

1. '-는 것은 말할 것도 없거니와, -는 것은 고사하고'의 뜻.

예 ▪ 행복하**기는커녕** 힘들기만 해.
▪ 학교에 가**기는커녕** 감기가 심해 자리에서 일어나지도 못했다.
▪ 비가 오**기는커녕** 구름 한 점 없네.

관련어 는커녕, 커녕

전참 1. 흔히 보조사 '도, 조차, 마저'와 함께 쓰인다. 2. 부정적인 의미를 담고 있다.

도움말

'-기는커녕'과 '는커녕':

1. 동사, 형용사 다음에는 '-기는커녕'이, 명사 다음에는 '는커녕'이 쓰인다.
   예 : 미안하다고 말하**기는커녕** 도리어 화를 냈다.
   미안하다는 말**은커녕** 도리어 화를 냈다.
2. '행복하기는커녕 불행해'와 같이 '~-기는커녕 ~'의 꼴로 쓰이는데, 뒤에는 앞의 내용과는 정반대의 내용이 연결되어 쓰인다.

-기는 하다 【비가 오**기는 하지만**~】

결합정보 ☞-기

관용구

1. [동작 동사나 형용사에 쓰여] 상대방의 말을 일부는 긍정하지만 뒤에서는 일부분 부정하는 뜻을 나타낸다. '과연 그러하다'의 뜻.

예 ▪ 비가 오**기는 하지만** 많이 오지는 않아요.
▪ 오리 고기를 먹**기는 먹어요**.(그렇지만 좋아하지는 않아요.)
▪ 그 배우가 예쁘**기는 하지만** 별로 개성이 없어요.
▪ 제인: 숙제 다 했어요? 리차드: 다 하**기는 했지요**.

전참 1. '~기는 ~다'와 같이 '~'에 같은 말이 반복되어 쓰이기도 한다. 2. 뒷절이나 뒷문장에는 앞의 내용을 일부 부정하는 내용이 올 것으로 예측된다.

-기도 하고 -기도 하다 【울**기도 하고** 웃**기도 한다**.】

결합정보 ☞-기

관용구

1. 앞의 것과 뒤의 것이 둘 다 일어나거나 그러함을 나타낸다.

예 ▪ 아내는 연속극을 보면서 울**기도 하고** 웃**기도 한다**.
▪ 신기하**기도 하고** 가지고 싶**기도 해서** 하나 샀어요.
▪ 일요일에는 친구를 만나**기도 하고** 집에서 낮잠을 자**기도 하지요**.

전참 서로 반대되는 말이 쓰이기도 하고, 서로 관련이 있는 말이 쓰이기도 한다.

-기도 하다 【크**기도 하구나**.】

결합정보 ☞-기

관용구

1. 정말 그러하다고 강조하여 말하는 것을 나타낸다.

예 ▪ 그 녀석, 씩씩하**기도 하구나**.
▪ 아유, 애가 크**기도 하다**.

-기도 하려니와 【그는 똑똑하**기도 하려니와**~】

결합정보 ☞-기

관용구

1. '앞말을 인정하지만 뒤에는 그보다 더한 것이 옴'의 뜻을 나타낸다.

예 • 그는 똑똑하**기도 하려니와** 정말 잘 생겼다.
• 진수는 돈이 많**기도 하려니와** 사람이 좋아서 착한 일을 많이 한다.

-기 때문에 【시끄럽기 때문에~】

관용구

결합정보 ☞-기

1. 원인을 나타낸다.

예 • 매운 걸 잘 못 먹**기 때문에** 김치찌개는 안 먹어요.
• 남편은 휴일에 잠만 자**기 때문에** 같이 이야기할 시간이 거의 없다.
• 시끄럽**기 때문에** 창문을 닫았어요.

전참 뒷절에 명령문이나 청유문은 쓰일 수 없다. 예 비가 오기 때문에 집에 있어라.(×)/있자.(×)

-기로 【아무리 덥기로~】

『동사, 형용사, '이다', '-았-' 뒤에 쓰인다』

어미 연결 어미

예 가**기로**, 먹**기로**, 예쁘**기로**, 좋**기로**, 잘했**기로**

1. [의문문의 형식이지만 대답을 요구하지 않는 꼴로 쓰여] '앞의 내용이 그러하다고 해도'의 뜻.

예 • 아무리 덥**기로** 얼음물로 목욕할 수야 없지 않은가?
• 아무리 돈이 좋**기로** 도둑질을 해서야 될 것인가?
• 아무리 바쁘**기로** 당신 생일을 잊었겠어요?

비슷 -기로서, -기로서니, -기로선들

-기로 들다 【일단 하기로 들면~】

관용구

결합정보 ☞-기

1. '앞말이 뜻하는 행동을 애써서 적극적으로 하려고 하다'의 뜻.

예 • 그 곳은 마음을 정하기까지가 어렵지 일단 가**기로 들면** 쉽게 갈 수 있는 곳이다.
• 원래 하**기로 들면** 며칠 안 걸리는 일이야.

관련어 -려고 들다, -자고 들다

전참 말하는이는 이러한 사실에 대해 부정적으로 생각함을 나타내기도 한다.

-기로서 【아무리 바쁘기로서~】

『동사, 형용사, '이다', '-았-' 뒤에 쓰인다』

어미 연결 어미

예 가기로서, 먹기로서, 예쁘기로서, 좋기로서, 먹었기로서

1. [의문문의 형식이지만 대답을 요구하지 않는 꼴로 쓰여] '앞의 내용이 그러하다고 하더라도 설마'의 뜻. 강조하여 말하는 것을 나타낸다.

예 ▪ 아무리 바쁘**기로서** 나하고의 약속도 잊었을까?
▪ 아무리 재주가 있**기로서** 이 일이야 해 낼 수 있을라구.
▪ 거짓말 좀 했**기로서** 화를 내기야 하겠어요?

본말 -기로서니
비슷 -기로

-기로 하다 【수영장에 가기로 했어요.】

관용구

결합정보 ☞-기

1. 그러할 것을 약속하거나 결정하거나 하는 것을 나타낸다.

예 ▪ 토요일에 수영장에 가**기로 했어요**.
▪ 오늘 신촌에서 모이**기로 했어**.
▪ 다시는 담배를 피우지 않**기로 약속했다**.

전참 '-기로 약속하다/결심하다' 등의 꼴로도 쓰인다.

-기를 바라다 【내 생일에 꼭 오기를 바라.】

관용구

결합정보 ☞-기

1. '이렇게 되었으면 하고 생각함'을 나타낸다.

예 ▪ 내 생일에 꼭 오**기를 바라**.
▪ 농부들은 비가 오**기를 바라면서** 하늘을 쳐다보았습니다.
▪ 새 학교에서 좋은 친구를 빨리 찾**기 바라요**.

전참 '-기 바라다'의 꼴로도 쓰인다.

-기 마련이다 【실수하기 마련이에요.】

관용구

결합정보 ☞-기

1. '그렇게 되도록 되어 있다'의 뜻.

예 ▪ 중요한 날에는 실수하**기 마련이에요**.
▪ 뭐든지 처음엔 힘들기 **마련이죠**.
▪ 연애를 하면 예뻐지**기 마련이래요**.

전참 '–게 마련이다'의 꼴로도 쓰인다.

–기만 –면 【건드리**기만** 하**면**~】

결합정보 ☞–기

관용구

1. '어떤 행동이나 상황이 생기면 반드시'의 뜻.

예 ▪ 이 시계는 건드리**기만** 하**면** 열린다.
▪ 김 선생은 돈을 꿔 달라**기만** 하**면** 짜증을 낸다.

–기만 하다 【그냥 귀엽**기만 하다.**】

결합정보 ☞–기

관용구

1. [형용사에 쓰여] (어떠한 상황에 영향을 받지 않고) '그러한 상태가 지속되는 것'의 뜻을 나타낸다.

예 ▪ 딸아이가 공부를 못해도 그냥 귀엽**기만 했다**.
▪ 걱정이 되어 그의 발걸음은 무겁**기만 했다**.
▪ 결혼 생활이 행복하기는커녕 힘들**기만 해**.

2. [동사에 쓰여] '오로지 그렇게 하다'의 뜻.

예 ▪ 삼촌은 매일 놀**기만 한다**.
▪ 선생님은 그저 웃**기만 하셨다**.

–기야 하다 【예쁘**기야 하지요.**】

결합정보 ☞–기

관용구

1. '물론 그러하다고 앞의 사실을 시인하지만 뒤에는 기대한 것과 다른 어떤 것이 있음'을 나타낸다.

전참 '–기야 –지만', '–기야 –지요'의 꼴로 많이 쓰인다.

예 ▪ 유미가 예쁘**기야 하지요**.
▪ 만나보**기야 하겠지만** 별 성과는 없을 거예요.
▪ 날씨가 좋**기야 하지만** 너무 더워서 아무것도 할 수 없어요.

–기에[1] 【그가 부탁하**기에**~】

『동사, 형용사, '이다', '–았–', '–겠–' 뒤에 쓰인다』

[어미] 연결 어미

예 가**기에**, 먹**기에**, 예쁘**기에**, 좋**기에**, 학생이**기에**, 먹었**기에**, 가겠**기에**

1. 원인을 나타낸다. '–기 때문에', '–어서'의 뜻.

[비슷] –므로

[예] ▪ 그가 부탁하**기에** 가 보았다.

▪ 도대체 얼마나 잤**기에** 그렇게 눈이 퉁퉁 부었니?

▪ 이디오피아의 어린이들은 무슨 죄를 지었**기에** 그렇게 비참하게 굶어 죽어야 하는가?

도움말 1

〔원인〕을 나타내는 어미들: –기에, –느라고, –니까, –므로, –어서

1. '–기에/–어서'는 명령문이나 청유문과 함께 쓰이지 않지만, '–니까'는 명령문, 청유문과 쓰일 수 있다.
   예 1: 날씨가 덥**기에** 창문을 열어라/열자.(×)
   예 2: 날씨가 더**워서** 창문을 열어라/열자.(×)
   예 3: 날씨가 더우**니까** 창문을 열어라/열자.(○)
2. '–기에'와 '므로'는 글말에 주로 쓰인다.
3. '–느라고'는 동사와만 쓰이고, 앞절과 뒷절의 주어가 동일해야 한다.
   예 4: 저는 학교에 다니**느라고** 돈을 못 벌었어요.(○)
   예 5: 제가 학교에 다니**느라고** 부모님께서 돈을 못 벌었어요.(×)

도움말 2

'–기에'와 '–아서'의 비교:

1. '–기에'는 '–았–/–겠–'의 뒤에 쓰일 수 있으나, '–아서'는 쓰일 수 없다.
   예 1: 진수가 거짓말을 했**기에** 화를 냈다.(○)
   예 2: 진수가 거짓말을 했어서(×)/해**서**(○) 화를 냈다.
2. '–기에'는 주로 뒤에 오는 동작 동사를 하게 된 이유를 나타내고, '–아서'는 뒷절의 상태에 대한 원인을 나타낸다. '–기에'는 뒷절에 상태를 나타내는 형용사와 쓰이지 않는다.
   예 3: 눈이 **와서** 길이 미끄러워요.(○)
   예 4: 눈이 왔기에 길이 미끄러워요.(×)

-기에² 【내가 생각하기에~】

『동사 뒤에 쓰인다』

기+에

1. ['생각하다, 판단하다, 보다' 등의 동사 뒤에 쓰여] 그 근거를 나타낸다.

예 ▪ 내가 생각하**기에** 누군가가 틀림없이 그 지갑을 훔쳐갔단 말이야.

▪ 이 도자기는 우선 겉으로 보**기에** 비싸 보인다.

예 생각하**기에**, 보**기에**, 판단하**기에**

전성 어미 '-기'에 조사 '에'가 붙어 쓰인 꼴

-기에 따라 【그 말은 듣기에 따라~】

관용구

1. 앞의 행동으로 인해 뒤의 결과가 달라질 수 있음을 나타낸다.

예 ▪ 그 말은 듣**기에 따라** 기분이 나쁠 수도 있어.

▪ 그 소식들은 읽**기에 따라** 얼마든지 달리 해석될 수 있다.

결합정보 ☞-기

전참 1. '-기에 따라서'의 꼴로도 쓰인다. 2. 형용사와는 쓰이지 않는다. 3. '명사+에 따라': 예기분이 날씨**에 따라** 달라져요.

-기에 망정이다 【비가 왔기에 망정이지~】

관용구

1. 마침 앞의 내용이 일어나서 뒤의 사실과 같이 되지 않았음을 다행으로 생각하는 것을 나타낸다.

예 ▪ 비가 왔**기에 망정이지** 농사를 망칠 뻔했다.

▪ 미리 그 사실을 알았**기에 망정이지** 그렇지 않았으면 큰 망신을 당했을 거야.

결합정보 ☞-기

전참 1. '-니(까) 망정이다'의 꼴로도 쓰인다. 예 돈이 있었**으니 망정이지** 큰일 날 뻔했다. 2. 뒷절에는 그러했을 것이라고 부정적으로 추측하는 내용이 온다.

-기에 앞서 【말을 하기에 앞서~】

관용구

1. 앞의 행위를 하기 전에 뒤의 행위를 먼저 하는 것을 나타낸다.

결합정보 ☞-기

관련어 -기 전에

전참 1. '-기에 앞서서'의

예 ▪ 그 사람을 욕하**기에 앞서** 우리의 잘못은 없는지 생각해 봐야겠습니다.
▪ 말씀을 시작하**기에 앞서** 여러분께 소개해 드릴 사람이 있습니다.

꼴로도 쓰인다. 2. '-기에 앞서'는 공식적인 자리에서 흔히 쓰이고, '-기 전에'는 일상 대화에서 쓰인다.

-기 위한 【놀이를 하**기 위한~**】

결합정보 ☞-기

관용구

1. [뒤에 오는 말을 꾸며] '어떤 목적은 이루려고 하는'의 뜻.

예 ▪ 놀이를 하기 **위한** 넓은 장소를 찾았다.
▪ 환경 오염을 줄이기 **위한** 방법을 알아보자.

전참 형용사와는 쓰일 수 없다.

-기 위해서 【한국말을 배우**기 위해서~**】

결합정보 ☞-기

관용구

1. 행동의 목적을 나타낸다.

예 ▪ 한국말을 배우**기 위해서** 한국에 가요.
▪ 나는 그를 만나**기 위해서** 노력을 했다.
▪ 돈을 벌**기 위해** 한국에 오는 중국사람들이 있다.
▪ 나는 의사가 되**기 위하여** 열심히 공부했다.
▪ 잘 살**기 위해** 노력한다.

관련어 ~를 위하여

전참 1. 형용사와는 쓰일 수 없다. 2. '-기 위하여'/'-기 위해'의 꼴로도 쓰인다.

-기 이를 데 없다 【평범하**기 이를 데 없었다.**】

결합정보 ☞-기

관용구

1. '매우 그러하여 더 말할 필요가 없다'의 뜻. 강조하여 서술하는 것을 나타낸다.

예 ▪ 그녀의 방은 평범하**기 이를 데 없었다**.
▪ 진수의 심정은 착잡하**기 이를 데 없었다**.

-기 일쑤다 【실수하**기 일쑤다.**】

결합정보 ☞-기

관용구

1. 그러한 일이 매우 자주 있음을 뜻한다.

예 ▪ 그렇게 하면 실수하**기 일쑤다**.
▪ 그는 걸핏하면 울**기 일쑤다**.

전참 주로 부정적인 내용에 쓰인다.

-기 전에 【세수를 하**기 전에**~】

관용구

결합정보 ☞-기

1. 어떤 행동이나 상태가 뒤에 오는 사실보다 앞섬을 나타낸다.

예 ▪ 세수를 하**기 전에** 이를 닦습니다.
▪ 날이 새**기 전에** 떠나자.
▪ 밥을 먹**기 전에** 손을 씻어라.
▪ 외출하**기 전에** 부모님께 알려야 한다.

반대 -ㄴ 후에
관련어 -기에 앞서
전참 과거를 나타내는 '-았-'과 쓰일 수 없어 뒤에 오는 문장에 '-았-'을 쓴다. 예 날이 새**기 전에** 떠**났**다.(○)./날이 **샜기 전에** 떠났다.(×)

-기 직전에 【잠을 깨**기 직전에** 꿈을 꾸었다.】

관용구

결합정보 ☞-기

1. 어떤 행동이나 상태가 뒤에 오는 사실 바로 앞에 있었음을 뜻한다.

예 ▪ 나는 책을 읽다가 잠이 들었고, 깨**기 직전에** 꿈을 꾸었다.
▪ 조 선생이 서울로 가**기** 바로 **직전에** 연애 사건이 났잖아.

전참 '-기'와 '직전에' 사이에 '바로'가 쓰이기도 한다.

-기 짝이 없다 【나는 부끄럽**기 짝이 없었다.**】

관용구

결합정보 ☞-기

1. '더할 수 없이 그 정도가 나쁘거나 심함'을 뜻한다.

예 ▪ 그런 말을 듣자 나는 부끄럽**기 짝이 없었다**.
▪ 김씨의 집은 초라하**기 짝이 없었다**.

-기 한이 없다 【기쁘**기 한이 없다.**】

관용구

결합정보 ☞-기

1. '그러한 정도가 매우 심함'의 뜻을 나타낸다.

예 ▪ 당신을 만나 보게 되어 기쁘**기 한이 없습니다**.
▪ 선생님에 비하면 나 자신이 부끄럽**기 한이 없습니다**.
▪ 그까짓 일로 방송에까지 나가게 되다니 정말 부담스럽**기 한이 없다**.

전참 '–기가 한이 없다'의 꼴로도 쓰인다. 예 이런 곳에서 너를 만나다니 기쁘기가 한이 없다.

–긴[1] 【어디 가**긴**.】

『동사, 형용사, '이다' 뒤에 쓰인다』

어미 종결 어미

친한사이 말낮춤 친구에게

예 가**긴**, 먹**긴**, 예쁘**긴**, 좋**긴**, 학생이**긴**

1. '–기는'의 준말. ☞ –기는(p. 76)

예 ▪ 영숙: 너 어디 갔었니? 진수: 어디 가**긴**.
▪ 유미: 시험을 잘 봤나 보지요? 대성: 잘 보**긴**.
▪ 원, 사람도 급하**긴**!
▪ 한심하**긴**. 다 그런 거지.

본말 –기는

존대 –긴요

–긴[2] 【바쁘**긴** 하지만~】

『동사, 형용사, '이다' 뒤에 쓰인다』

준꼴 (연결의 기능)

예 가**긴**, 먹**긴**, 예쁘**긴**, 좋**긴**, 학생이**긴**

'–기는'의 준꼴

1. 명사를 만드는 어미 '–기'와 조사 '는'이 합하여 줄어든 꼴.

예 ▪ 바쁘**긴** 하지만 할 일은 해야지.
▪ 놀**긴** 어디서 놀아?
▪ 비가 오**긴** 다 틀린 것 같아요.

까지 【처음부터 끝**까지**】

『반침이 있든 없든 **까지**가 쓰인다』

조사 부사격 조사

예 언니**까지**, 동생**까지**

1. ('까지'가 붙은 말이) 주어진 범위의 한계점임을 나타낸다.

예 ▪ 처음부터 끝**까지** 다 읽었어.

1참 1. 범위의 시작점을 나타내는 말과 함께 쓰인다. 〔~에서부터 ~(에)까지〕〔~에서 ~까지〕

- 언제부터 언제**까지** 공부해요?
- 집에서 학교**까지** 얼마나 걸려요?
- 어린이에서 성인에 이르기**까지** 모두 예방주사를 맞았다.
- 지하철로 시청**까지** 와요.

2. 어떤 한계의 끝점을 나타낸다.

예 ▪ 나는 머리끝**까지** 화를 냈다.
- 그는 한번 마음 먹으면 끝**까지** 해 낸다.

〔~부터 ~까지〕의 꼴로 쓰인다. 2. 시작점이 예측 가능하면 '~에서부터'가 생략된 채 '~까지'만 나타난다. ㉵ 지하철로 시청**까지** 와요

2참 시작점이 나타나지 않는다.

조사 보조사

1. ('까지'가 붙은 말을) 함께 포함시키는 것을 나타낸다. '그 위에 더하여', '그 밖에 더 첨가시키거나, 현재의 상태나 정도에서 더 나아감'의 뜻.

예 ▪ 추운 데다가 비**까지** 오다니.
- 원피스에 목걸이, 귀걸이, 거기다 화장**까지** 했네.
- 저녁에다가 커피**까지** 잘 먹었습니다.
- 막내**까지** 올해 대학에 들어가고 나니 시간이 많이 남아요.
- 너**까지** 정말 그러기냐?

2. 〔높은 정도에 미치거나 정상적인 정도를 지나치는 등의〕 극단적인 것을 나타낸다. '씩이나'의 뜻.

예 ▪ 요즘 세상에 된장**까지** 직접 만드세요?
- 대학원**까지** 나왔다는 사람이 그것도 몰라요?
- 좋게 얘기하면 되지 야단**까지** 칠 건 뭐 있어요?
- 이렇게**까지** 날 사랑하는 줄은 몰랐다.

관련어 조차, 도, 마저, 까지도

1참 1. '도'로 바꿔 쓸 수 있다. 2. '에서'나 '부터'가 쓰일 수 없다.

도움말

'까지', '마저', '조차'의 비교:

1. '마저'와 '조차'는 일반적으로 극단적인 상황을 나타낼 때 쓰인다.('까지(도)'는 그런 제약이 없다)

   예 1: 그 학생은 {(?)노래**마저** / (?)노래**조차** / 노래**까지**도} 잘 불렀다.

   예 2: 그 학생은 {노래**마저** / 노래**조차** / 노래**까지**도} 못 불렀다.

2. 아래의 예 3에서 '까지'는 말하는이가 싫어하는 경우이거나 좋아하는 경우이

거나 쓰일 수 있다. 그러나 '마저'나 '조차'를 쓰면 말하는이의 싫어하는 감정을 나타낸다.

예 3: 바람이 부는데 비**까지** 오는구나.

예 4: 바람이 부는데 비**마저**(/조차) 오는구나.

깨나 【돈**깨나** 있다.】

『반침이 있든 없든 **깨나**가 쓰인다』

조사 보조사

예 나이**깨나**, 힘**깨나**

1. (말하는이의 주관적인 판단에 근거한) '어느 정도는'의 뜻.

전참 주어나 목적어 자리에 쓰인다.

예 ▪ 그 노인은 젊었을 때는 돈**깨나** 있었다고 한다.
- 그는 힘**깨나** 있어 보였다.
- 나이**깨나** 든 사람이 김 선생님을 찾던데요.
- 심술**깨나** 부리게 생겼더라.

께 【선생님**께** 질문해요.】

『받침이 있든 없든 **께**가 쓰인다』

조사 부사격 조사

예 할머니**께**, 선생님**께**

부사어를 나타낸다

1. 행위자가 하는 행위를 받는 대상을 나타낸다.

전참 1. 높임을 나타내어야 할 사람에 붙어 쓰인다. 2. '에게'의 높임말.

1참 '주다, 가르치다, 알리다'와 같은 서술어와 함께 쓰인다.

예 ▪ 첫 월급을 타면 부모님**께** 내의를 사 드린다.
- 누나는 아버지**께** 커피를 갖다 드립니다.
- 선생님**께** 말씀 드렸니?
- 아버지**께** 편지를 보냈다.
- 부모님**께** 이 기쁜 소식을 알려야겠어요.

2. 어떠한 상태가 일어나는 고정된 위치나 소재지를 나타낸다.

2참 '있다, 남다'와 같은 서술어와 함께 쓰인다.

예 ▪ 김 선생**께** 무슨 일이 생겼니?
- 정 선생**께** 오해가 없도록 내가 다 풀어 줄 테니…
- 할머님**께** 다시는 이런 행운이 없을 거예요.

3. 어떤 행동을 일으키는 대상임을 나타낸다. '~에 의해'의 뜻.

3참 '맞다, 듣다'와 같은 서술어와 함께 쓰인다.

예 ▪ 아버지**께** 야단을 맞았다.
▪ 숙제를 안 해 왔다고 선생님**께** 꾸중을 들었다.

4. 비롯되거나 가져옴을 나타낸다. '~에게서'나 '~로부터'의 뜻.

4참 '받다, 얻다'와 같은 서술어와 함께 쓰인다.

예 ▪ 최 선생님**께** 수업을 듣고 있어요.
▪ 회장님**께** 양해를 얻도록 하지.
▪ 저는 그분**께** 많은 도움을 받았습니다.

5. 어떠한 느낌을 가지게 하는 대상을 나타낸다.

5참 '느끼다, 실망하다'와 같은 서술어와 함께 쓰인다.

예 ▪ 다만 아버님, 어머님**께** 미안해요.
▪ 부모님**께** 죄송스러웠다.
▪ 저도 사장님**께** 늘 고마워하고 있어요.
▪ 저는 늘 김 선생님**께** 열등 의식을 느끼고 있어요.

6. 어떠한 기준임을 나타낸다.

6참 '맞다, 알맞다, 어울리다'와 같은 서술어와 함께 쓰인다.

예 ▪ 한복이 교수님**께** 잘 어울려요.
▪ 지금은 선생님**께** 맞는 사이즈가 없어요.

7. [편지와 같은 글에서 받는 사람이 높여야 할 대상일 때] 그러한 대상을 나타내는 말.

예 ▪ 고마우신 부모님**께**!
▪ 권남혁 선생님**께**, 선생님 안녕하세요.
▪ 할아버님**께** 올립니다.

께서 【선생님**께서** 오세요.】

『받침이 있든 없든 **께서**가 쓰인다』

예 아버지**께서**, 손님**께서**

조사 주격 조사

주어를 나타낸다

1. [높여야 할 사람을 나타내는 말 뒤에 붙어] 그가 한 행위를 높여서 나타낸다.

전참 1. 높임을 나타내야 할 사람에 붙어 쓰인다. 2. '가'의 높임말. 3. 서술어에는 보통 높임을 나타내는 '-시-'를 붙인다.

예 ▪ 선생님**께서** 칠판에 글씨를 쓰십니다.
▪ 아주머니**께서** 웃으십니다.
▪ 아버지**께서** 신문을 보고 계십니다.
▪ 어머니**께서** 과일을 잡수십니다.

2. 어떤 상태에 있는 주체를 높여서 나타낸다.

예 ▪ 할머니**께서** 편찮으세요.
▪ 늘 선생님**께서** 건강하시길 빌겠어요.

도움말

'께서'의 조사 결합꼴:
주체 표시의 '가'는 다른 조사와 결합될 수 없으나, '께서'는 다른 조사와 결합하여 쓰인다.

예 1: 김 선생님**께서는** 아직 안 오셨어요.
예 2: 아주머니**께서만** 알고 계세요.
예 3: 그거야 형님**께서도** 잘 아십니다.

ㄴ 1 【난 몰라.】

『받침 없는 말에 붙어 쓰인다』

예 **난**(나는), **전**(저는)

조사 **보조사**

1. 조사 '는'의 준말. ☞ 는[1](p. 136)

전참 주로 입말에 쓰인다.

예 ▪ **난** 안 가.
▪ 사실 **전** 운전할 줄 몰라요.
▪ 누**난** 어디 갔니?
▪ 빨**린** 달린다만 위험하구나.
▪ 그리**곤** 아무 말도 없이 가 버렸어요.

-ㄴ 2 【예쁜 여자】

『**-ㄴ**은 받침 없는 형용사와 'ㄹ' 받침으로 끝나는 형용사와 '이다' 뒤에, **-은**은 받침 있는 형용사 뒤에 쓰인다. 동사 뒤에는 **-는**이 쓰인다.』

예 비**싼**, **긴**(길다), 학생**인**, 좋**은**

어미 **꾸미는 어미**

1. 수식되는 대상의 일반적 속성이나 현재 상태를 나타낸다.

형태관련어 -는

예 ▪ **긴** 머리, 짧**은** 치마, 예**쁜** 여자.
▪ 의사**인** 남편과 교수**인** 부인.
▪ 키가 작**은** 여자.
▪ 짧**은** 바지.

도움말

동사, 형용사에 쓰이는 '-ㄴ'의 비교:
동사에 쓰이는 '-ㄴ'은 과거를 나타내지만, 형용사에 쓰이는 '-ㄴ'은 시제와 관계없이 수식되는 대상의 속성이나 상태를 나타낸다.

예 1: 내가 어제 **산** 책(사다: 동사 - 과거)

예 2: 비**싼** 책(비싸다: 형용사 - 속성, 상태)

-ㄴ 3 【어제 그**린** 그림】

『-ㄴ은 받침 없는 동사와 'ㄹ' 받침으로 끝나는 동사 뒤에, -**은**은 받침 있는 동사 뒤에 쓰인다』

예 **간**, **산**(살다), 먹은

어미 꾸미는 어미

1. '앞의 행동이 뒤의 행동보다 먼저 있었음'을 나타낸다. '과거' 시제를 나타낸다.

예 ▪ 어제 그**린** 그림이 이제 다 말랐네.
▪ 그가 돌아**온** 시간은 새벽 2시였다.
▪ 우리들이 처음 만**난** 것은 지난 가을이었지.

2. 행동은 과거에 일어난 것이지만 그 결과로서의 상태가 현재까지 지속되고 있음을 나타낸다.

2참 '-아 있다'나 '-고 있다'로 풀이된다.

예 ▪ 저기 회색 모자를 **쓴** 사람이 바로 우리 아버지야.
▪ 눈 쌓**인** 길을 걸었다.
▪ 남**은** 것이라곤 동전 몇 닢뿐이다.

-ㄴ가 1 【자네 어디 아**픈가**?】

『-ㄴ**가**는 받침 없는 형용사와 'ㄹ' 받침으로 끝나는 형용사와 '이다' 뒤에, -**은가**는 받침 있는 형용사 뒤에 쓰인다. 동사 뒤에는 -**는가**이 쓰인다 』

예 비**싼가**, **긴가**(길다) 학생**인가**, 높**은가**

어미 종결 어미

말조금낮춤 스승이 제자에게, 장인·장모가 사위에게(어른말)

1. 물어 보는 뜻을 나타낸다.

형태관련어 -는가

전참 입말에 쓰인다.

예 ▪ 자네 어디 아**픈가**?

▪ 그 아이가 머리는 좋은 아이**인가**?
▪ 그 일에 대해 뭘 알고 싶**은가**?

–ㄴ가2 【인생이란 무엇**인가**?】

『–**ㄴ가**는 받침 없는 형용사와 'ㄹ' 받침으로 끝나는 형용사와 '이다' 뒤에, –**은가**는 받침 있는 형용사에 쓰인다. 동사 뒤에는 –**는가**가 쓰인다』

예 비**싼가**, **긴가**(길다), 학생**인가**, 높**은가**

[어미] 종결 어미

[말아주낮춤] 할아버지가 아이에게

1. [논문이나 신문 같은 글말에서] 일반적인 문제를 제기하는 것을 나타낸다.

[형태관련어] –는가
[전참] 글말에 쓰인다.

예 ▪ 인생이란 무엇**인가**?
▪ 우리 인생은 그 자체가 꿈이 아**닌가**.
▪ 환경, 무엇이 문제**인가**?

2. (상대방에게 물어 보는 뜻보다는) 스스로의 의심이나 의문을 나타낸다.

예 ▪ 이것이 하나님이 나에게 주신 운명**인가**?
▪ 집도 가족도 없는 나는 이제 어디로 가야 한단 말**인가**?
▪ 앞으로 나는 어떠한 길을 걸어야 좋을 것**인가**?

3. [의문문의 형식이지만 대답을 요구하지 않는 꼴로 쓰여] 문장의 내용을 강조하는 것을 나타낸다.

[3참] 주로 '얼마나, 어찌' 등과 함께 쓰인다.

예 ▪ 산다는 것은 얼마나 좋은 일**인가**?
▪ 이 얼마나 어이없는 일**인가**?

4. ['–ㄴ가 보다/싶다/하다'의 꼴로 쓰여] 자신의 생각이나 추측을 나타낸다.

예 ▪ 사람들은 무슨 일**인가** 싶어 모두 그를 지켜보았다.
▪ 미선 씨는 남자 친구들이 많**은가** 보죠?
▪ 역시 나는 길눈이 어두**운가** 보다.

-ㄴ가 보다 【아픈가 봐.】

관용구

결합정보 ☞ -ㄴ가

1. 앞말이 뜻하는 행동이나 상태에 근거하여 추측하는 것을 나타낸다.

형태관련어 -는가 보다

예 ▪ 얼굴을 안 좋은 걸 보니 아**픈가 봐요**.
▪ 벌벌 떨고 있는 걸 보니 몹시 추**운가 봐요**.

-ㄴ가 싶다 【꿈인가 싶다.】

관용구

결합정보 ☞ -ㄴ가

1. 앞말을 뜻하는 '그러한 생각이 들다'의 뜻.

형태관련어 -는가 싶다

예 ▪ 너무 기뻐서 꿈**인가 싶다**.
▪ 시골 아이들은 좀 순진**한가 싶어서** 그들을 만나 보고 싶었다.

-ㄴ가요 【집에 계신가요?】

『**-ㄴ가요**는 받침 없는 형용사와 'ㄹ' 받침으로 끝나는 형용사와 '이다' 뒤에, **-은가요**는 받침 있는 형용사 뒤에 쓰인다.』

예 비**싼가요**, **긴가요**(길다), 학생**인가요**, 높**은가요**

어미 종결 어미

친한사이 말높임 선배, 어른에게

1. 상대방에게 물어 보는 뜻을 나타낸다.

형태관련어 -는가요

전참 입말에 쓰인다.

예 ▪ 부모님은 집에 계**신가요**?
▪ 언제 출발하실 **건가요**?
▪ 한국 날씨는 항상 좋**은가요**?

2. [의문문의 형식이지만 대답을 요구하지 않는 꼴로 쓰여] 문장의 내용을 강조하는 것을 나타낸다.

2참 주로 '얼마나, 어떻게' 등과 함께 쓰인다.

예 ▪ 산다는 것은 얼마나 좋은 일**인가요**?
▪ 얼마나 다행한 일**인가요**?

-ㄴ 가운데【어리둥절**한 가운데~**】

결합정보 ☞ -ㄴ

관용구

1. '어떠한 상태가 계속되는 동안'의 뜻.

예 ▪ 어리둥절**한 가운데** 그가 불려 갔다.
▪ 그는 바쁜 **가운데에도** 가족들에게 전화하는 것을 잊지 않았다.
▪ 떠들썩**한 가운데**, 술 취한 사람들이 들어왔다.

2. [동사에 쓰여] '어떠한 일이 일어난 결과가 계속되는 동안'의 뜻.

예 ▪ 교통 사고가 **난 가운데** 운전자가 도망을 쳤다.
▪ 미처 정리되지 않**은 가운데** 사건이 발생했다.

형태관련어 -는 가운데

-ㄴ 감이 있다【늦은 **감이 있다.**】

결합정보 ☞ -ㄴ

관용구

1. '그러한 느낌이나 생각이 들지만'의 뜻.

예 ▪ 좀 늦은 **감이 있지만** 지금이라도 힘을 합쳐 해 봅시다.
▪ 안타깝게도 약간 순서가 뒤바**뀐 감이 있다**.
▪ 요즘은 그 의미가 퇴색해 버**린 감이 있다**.

형태관련어 -는 감이 있다, -은 감이 있다

-ㄴ 건가요【집에 **간 건가요?**】

❶ **간 건가요**, 먹은 **건가요**, 예**쁜 건가요**, 좋은**건가요**

관용구

1. [동사에 쓰여, 과거에] '그러한 일이 있었던 것입니까?'의 뜻.

예 ▪ 선생님 팔은 언제 다치**신 건가요**?
▪ 아직 결혼할 때가 안 **된 건가요**?

2. [형용사에 쓰여] '그런 것입니까?'의 뜻.

예 ▪ 학교가 그렇게 중요**한 건가요**?
▪ 이름 변경이 가능**한 건가요**?

형태관련어 -는 건가요, -은 건가요

전참 '-ㄴ 것인가요'의 준꼴

-ㄴ걸【물이 꽤 **찬걸.**】

『**-ㄴ걸**은 받침 없는 형용사와 'ㄹ' 받침으로 끝나는 형용사와 '이다' 뒤에, **-은걸**은 받침 있는 형용사 뒤에 쓰인다. 동사 뒤에는 **-는걸**이 쓰인다』

예 비**싼걸**, **긴걸**(길다), 학생**인걸**, 높**은걸**

[어미] 종결 어미

[친한사이 말낮춤] 친구에게

1. 새롭게 알게 된 것을 감탄하여 말하는 것을 나타낸다.

[예] ▪ 물이 꽤 **찬걸**.

▪ 녀석, 생긴 것보다는 꽤 힘이 **센걸**.

▪ 생각보다 많**은걸**.

2. 자기의 생각이나 느낌을 상대방에게 가볍게 주장하여 말하는 것을 나타낸다.

[예] ▪ 우리가 배워야 할 게 아주 많**은걸**.

▪ 김진수: 그 몸으로 갈 수 있을까? 이대성: 괜찮아, 이 정도쯤은 아무렇지도 않**은걸**.

[존대] -ㄴ걸요

[형태관련어] -는걸

[전참] 입말에 쓰인다.

도움말

'-ㄴ걸'과 '-ㄴ 걸'의 구별:

1. '-ㄴ걸'은 종결 어미이므로 붙여 쓴다. 첫째, 새롭게 알게 된 사실에 대해 감탄하는 것을 나타내고(예 1), 둘째, 자기의 생각을 상대방에게 가볍게 주장하여 말하는 것을 나타낸다(예 2).

   예 1: 물이 꽤 **찬걸**.

   예 2: 너무 많**은걸**.

   '-ㄴ 걸'은 '-ㄴ'은 명사를 꾸미는 어미이고 '걸'은 '것을'의 준꼴이다. 따라서 반드시 띄어 써야 한다.

   예 1: 물이 **찬 걸** 모르고 얼음을 또 넣었다.

   예 2: 너무 많**은 걸** 모르고 음식을 더 시켰다.

   구별이 잘 안 될 때는 '것을'로 바꾸어 봐서 되면 띄어 쓰고 안 되면 어미이므로 붙여 쓴다.

2. 종결 어미 '-ㄴ걸'에서 동사의 과거 시제를 나타낼 때는 '-았는걸'이라고 해야 한다. '-ㄴ걸'은 틀린 꼴이다.

   예 1: 그는 이미 떠난걸.(×)

   예 2: 그는 이미 떠**났는걸**.(○)

-ㄴ 걸요 【키가 **큰걸요.**】

『-ㄴ **걸요**는 받침 없는 형용사와 'ㄹ' 받침으로 끝나는 형용사와 '이다' 뒤에, -**은걸요**는 받침 있는 형용사 뒤에 쓰인다. 동사 뒤에는 -**는걸요**가 쓰인다』

[어미] 종결 어미

[친한사이 말높임] 선배, 어른에게

[예] 비**싼걸요**, **긴걸요**(길다), 학생**인걸요**, 높**은걸요**

1. 자기의 생각이나 느낌을 상대방에게 가볍게 주장하여 말하는 것을 나타낸다.

[예] ▪ 진수가 생각보다 키가 **큰걸요**.
▪ 아침에 퇴원했어요. 이제 괜찮**은걸요**.
▪ 오늘은 학교에 가기가 싫**은걸요**.

[형태관련어] -는걸요

[전참] 1. 입말에 쓰인다. 2. 흔히 [ㄴ걸료]로 발음된다.

-ㄴ 것 【큰 것】

관용구

[예] **간 것**, 먹**은 것**, 예쁜 **것**, 좋**은 것**

1. [동사에 쓰여 명사처럼 기능하게 하여] 과거의 행위나 사실을 나타낸다.

[예] ▪ 우리가 이**긴 것**은 다 선생님 덕이에요.
▪ 얼리지 않**은 것**을 생태라고 한다.

[형태관련어] -는 것

[관련어] -을 것

2. [형용사에 쓰여] 현재 사실에 대해 추측하는 것을 나타낸다.

[예] ▪ 선생님, 궁금**한 것**이 있어요.
▪ 미국에 대해서 더 알고 싶**은 것**은 무엇인가요?

[2참] '것이'는 '게'로 줄어들어 쓰이기도 한다. ⓔ 궁금한 **것**이→궁금**한 게**

-ㄴ 것 같다 【비가 많이 **온 것 같다.**】

관용구

[예] **간 것 같다**, 먹**은 것 같다**, 예쁜 **것 같다**, 좋**은 것 같다**

1. [동사에 쓰여] 과거 사실에 대해 추측하는 것을 나타낸다.

[예] ▪ 비가 많이 **온 것 같다**.
▪ 그는 이제 어느 정도 자신감을 얻**은 것 같다**.

[형태관련어] -는 것 같다

[관련어] -ㄹ 것 같다

2. [형용사에 쓰여] 현재 사실에 대해 추측하는 것을

나타낸다.

예 ▪ 얼른 보기에 문제는 간단**한 것 같은데**.

▪ 오늘은 기분이 좋**은 것 같군요**.

-ㄴ 것이다【결국 죽**은 것이다.**】

관용구

❿ **간 것이다**, 먹**은 것이다**, 예쁜 **것이다**, 좋**은 것이다**

1. [동사에 쓰여] ('-았다/-었다'라고 해도 될 것을 '-ㄴ 것이다'라고 하여) 과거의 일에 대해 말하는이의 생각을 객관화시켜 강조하여 말하는 것을 나타낸다.

예 ▪ 그는 힘들게 살다가 결국 죽**은 것이다**.

▪ 아직 아침밥도 못 먹**은 것이다**.

2. [형용사에 쓰여] ('-다'라고 해도 될 것을 '-ㄴ 것이다'라고 하여) 현재의 일에 대해 말하는이의 생각을 객관화시켜 강조하여 말하는 것을 나타낸다.

예 ▪ 고향이란 참으로 좋**은 것이다**.

▪ 사랑은 두 사람이 사이좋게 쌓아 올려 가는 성과 같**은 것이다**.

형태관련어 -는 것이다

관련어 -ㄹ 것이다, -았던 것이다

전참 주로 공식적인 글말에 쓰인다.

-ㄴ 게【가슴이 답답**한 게~**】

관용구

❿ 예쁜 **게**, 좋**은 게**

'-ㄴ 것이'의 준꼴

1. '-ㄴ 것으로 보아'의 뜻. 그러한 사실로 미루어 뒤에 오는 말의 근거로 삼는 데에 쓰인다.

예 ▪ 가슴이 답답**한 게** 체한 모양이에요.

▪ 이거 비행접시 같기도 **한 게** 좀 이상하게 생겼네.

전참 1. '게'는 '것'과 주격 조사 '이'가 줄어든 꼴이다. 2. 입말에서 쓰인다

-ㄴ 김에【시내에 나**온 김에~**】

관용구

결합정보 ☞ -ㄴ

1. [동사에 쓰여] '어떤 행동을 시작해 버린 순간에'의 뜻.

예 ▪ 시내에 나**온 김에** 영화나 한 편 볼까?

▪ 백화점에 **간 김에** 모자를 샀어요.

형태관련어 -는 김에

-ㄴ 끝에【한참 생각**한 끝에**~】

결합정보 ☞ -ㄴ

관용구

1. [동사에 쓰여] '어떤 행동이나 일이 있은 다음의 결과로'의 뜻.

예 ▪ 최 선생은 오랫동안 생각**한 끝에** 결론을 내렸다.
▪ 여러 가지로 궁리**한 끝에** 그는 다음과 같이 제안했다.

-ㄴ 나머지【놀**란 나머지**~】

예 놀**란 나머지**, 먹은 **나머지**, 바쁜 **나머지**, 좋은 **나머지**

관용구

1. [동사에 쓰여] '앞의 행동이 너무 지나쳐'의 뜻.

예 ▪ 그는 너무 놀**란 나머지** 소리도 못 질렀다.
▪ 부모님은 감격**한 나머지** 눈물까지 흘리셨다.

2. [형용사에 쓰여] '앞의 상황이 너무 지나쳐'의 뜻.

예 ▪ 너무나 기쁜 **나머지** 팔짝팔짝 뛰었다
▪ 그들은 너무나 좋은 **나머지** 어쩔 줄을 몰라했다.

-ㄴ다는 게【잠깐 **쉰다는 게**~】

결합정보 ☞ -ㄴ
'-ㄴ다고 하는 것이'의 준꼴

관용구

1. [동사에 쓰여] '그렇게 하려고 한 것이'의 뜻. 그럴 의도였지만 뜻한 바와는 다른 결과가 나왔을 때 사용한다.

예 ▪ 잠깐 **쉰다는 게**, 그만 잠이 들어 버렸어요.
▪ '선생님'을 부른**다는 게** 그만 영어가 나와 버렸다.

-ㄴ 다음에【울고 **난 다음에**~】

결합정보 ☞ -ㄴ

관용구

1. [동사에 쓰여] '어떤 일이나 과정이 끝난 뒤에'의 뜻.

예 ▪ 동생은 한동안 울고 **난 다음에** 곤히 잠이 들었다.
▪ 어른과 함께 식사할 때에는 어른께서 먼저 수저를

드**신 다음에** 먹어야 한다.

- 불을 **끈 다음에** 아내가 다시 말을 했다.

-ㄴ 다음에야 【제 입으로 약속을 **한 다음에야**~】

관용구

1. [동사에 쓰여] '그런 상황에서', '~에는'의 뜻. '과거에 어떤 일을 하고 났다면'의 뜻.

예 ▪ 제 입으로 약속을 **한 다음에야** 그럴 수가 없지 않은가.
▪ 돈을 받은 **다음에야** 일을 하겠지, 안 하겠어?

2. ['이다/아니다'에 쓰여] '-고서는'의 뜻.

예 ▪ 성인군자가 아닌 **다음에야** 참을 수 있겠어요?
▪ 정신 나간 사람이 아닌 **다음에야** 누가 이런 일을 하겠는가?

예 **간 다음에야**, 먹은 **다음에야**, 학생**인 다음에야**, 학생이 아닌 **다음에야**

비슷 -ㄴ 이상

전참 흔히 의문문의 형식으로 쓰인다.

-ㄴ 대신 【크기가 작은 **대신**~】

관용구

1. [형용사에 쓰여] 앞말이 나타내는 행동이나 상태와 다르거나 그와 반대임을 나타낸다.

예 ▪ 크기가 작은 **대신** 많이 드릴게요.
▪ 이 약은 안전성이 높은 **대신** 효과가 떨어져요.

결합정보 ☞ -ㄴ

형태관련어 -는 대신

-ㄴ데[1] 【이름이 멋**진데.**】

『**-ㄴ데**는 받침 없는 형용사와 'ㄹ' 받침으로 끝나는 형용사와 '이다' 뒤에, **-은데**는 받침 있는 형용사 뒤에 쓰인다. 동사 뒤에는 **-는데**가 쓰인다』

어미 종결 어미

친한사이 말낮춤 친구에게

예 비**싼데**, **긴데**(길다), 학생**인데**, 높**은데**

1. 의외라 느껴지는 어떤 사실을 감탄하여 말하는 것을 나타낸다.

예 ▪ 이름이 멋**진데**.

▪ 우리 딸이 제법**인데**.

▪ 이 노래 괜찮**은데**.

2. [‘얼마나, 무슨’과 같이 묻는 말과 물음을 나타내는 억양과 함께 쓰여] 일정한 설명을 요구하여 물어 보는 뜻을 나타낸다.

예 ▪ 부모님께서 얼마나 무서우**신데**?

▪ 그게 무슨 일**인데**?

3. [끝을 내리는 억양과 함께 쓰여] 어떠한 상황에 대해 이의가 있다는 듯이 혼잣말처럼 중얼거리는 것을 나타낸다.

예 ▪ 저만하면 괜찮**은데**.

▪ 내가 보기엔 꽤 쓸 만**한데**.

4. [끝을 올리는 억양과 함께 쓰여] 이러한 상황이라고 전달하여 말하면서 듣는이의 반응을 기대하는 것을 나타낸다.

예 ▪ 오늘 저녁엔 무척 추**운데**.

▪ 저쪽이 꽤 넓**은데**.

▪ 김진수: 유미 집에 있어요? 유미 엄마: 유미, 친구 만나러 나간 것 같**은데**.

형태관련어 -는데

존대 -ㄴ데요

전참 1. 입말에 쓰인다. 2. 어떠한 사실을 인정할 때 내는 올림조의 억양과 함께 쓰인다.

3,4참 연결 어미 ‘-ㄴ데’가 종결 어미처럼 쓰인 것. 뒤에 생략된 말이 있다. 예저만하면 괜찮**은데**(왜 그럴까).

-ㄴ데[2] 【저는 토마스**인데**~】

『**-ㄴ데**는 받침 없는 형용사와 ‘ㄹ’ 받침으로 끝나는 형용사와 ‘이다’ 뒤에, **-은데**는 받침 있는 형용사 뒤에 쓰인다. 동사 뒤에는 **-는데**가 쓰인다』

어미 연결 어미

예 비**싼데**, **긴데**(길다), 학생**인데**, 높**은데**

1. 상황이나 배경 등을 제시함

형태관련어 -는데

1. 뒤의 내용에 대한 설명이 되는 배경을 제시하는 것을 나타낸다.

예 ▪ 내일이 친구 생일**인데** 뭘 사면 좋을까요?

▪ 지금 슈퍼마켓에 갈 **건데** 뭐 부탁할 거 있어요?

▪ 저는 이 옷이 좋**은데** 진주 씨는 어때요?

2. 소개를 위하여 일반적 상황을 제시하는 것을 나타낸다.

예 ▪ 저는 리차드**인데** 잘 부탁드립니다.

▪ 이거 제가 만든 것**인데** 좀 드셔 보세요.

▪ 저는 일본 사람**인데** 한국에서 일하고 있어요.

3. 행동의 원인 등을 제시하는 것을 나타낸다.

예 ▪ 더**운데** 에어컨을 켭시다.

▪ 오늘은 바**쁜데** 내일 만날까요?

▪ 그 꽃은 시든 것 같**은데** 다른 걸로 주세요.

3참 뒤에는 명령형이나 청유형이 쓰인다.

관련어 -니까

2. 앞, 뒤에 대립되는 내용이 온다

1. '-지만', '-나'의 뜻.

예 ▪ 미스 김는 얼굴은 예**쁜데** 머리가 나빠.

▪ 햇빛은 따가**운데** 바람은 아직도 꽤 차가워.

2. '-ㄴ데도'의 뜻.

예 ▪ 정신은 멀쩡**한데** 몸이 말을 안 듣는다.

▪ 영민 씨는 키도 작**은데** 참 빠르네요.

3. '-ㄴ데야'의 뜻.

예 ▪ 엄연히 법치 국가**인데** 죄 없이 붙들려 가는 사람이 있겠소?

▪ 그렇게까지 친절**한데** 더 이상 악하게 나갈 도리가 없었다.

도움말

'-ㄴ데'와 '-ㄴ 데'의 구별:

1. '-ㄴ데'는 연결 어미이므로 붙여 쓴다. 일반적인 상황을 제시한다.

예 1: 저는 리차드**인데** 잘 부탁합니다.

'-ㄴ 데'는 '-ㄴ'은 명사를 꾸미는 어미이고 '데'는 '장소'를 뜻하는 의존 명사이므로 반드시 띄어 써야 한다.

예 2: 배 아**픈 데** 먹는 약 좀 주세요.

구별이 잘 안 될 때는 '데' 뒤에 조사 '에'를 붙여 본다. '에'가 붙을 수 있으면 명사이고 붙을 수 없으면 어미이다.

예 3: 배 아**픈 데에** 먹는 약.(○)

-ㄴ 데다가 【배가 아픈 데다가~】

관용구

예 간 데다가, 먹은 데다가, 예쁜 데다가, 좋은 데다가

1. [형용사, '이다'에 쓰여] 정도가 더 심해짐을 나타낸다. '그 위에 더하여'의 뜻.

형태관련어 -는 데다가

예 ▪ 배가 아픈 **데다가** 춥기도 해서 집에 일찍 갔어요.
▪ 먹을 게 많은 **데다가** 사람들도 많아서 정신이 없다.

2. [동사에 쓰여] 어떠한 행동이 완결된 뒤에 '그 위에 더하여'의 뜻.

예 ▪ 비가 **온 데다가** 눈까지 와서 길이 매우 미끄러웠다.
▪ 얼굴이 새까맣게 **탄 데다가** 작기도 해서 너무 초라해 보였다.

-ㄴ데도 【이른 아침인데도~】

『**-ㄴ데도**는 받침 없는 형용사와 'ㄹ' 받침으로 끝나는 형용사와 '이다' 뒤에, **-은데도**는 받침 있는 형용사 뒤에 쓰인다. 동사 뒤에는 **-는데도**가 쓰인다.』

예 비**싼데도**, **긴데도**(길다), 학생**인데도**, 높**은데도**

어미 연결 어미

1. '앞 내용에 상관없이'의 뜻.

형태관련어 -는데도

예 ▪ 이른 아침**인데도** 산에는 사람들이 많았다.
▪ 자고 싶지 않**은데도** 또 잠이 든 모양이다.

2. [뒷말이 생략된 채, 종결 어미처럼 쓰여] 상대방에게 의문을 나타낸다.

2참 존대 -ㄴ데도요

예 ▪ 더 먹자구? 배가 이렇게 부**른데도**?
▪ 저 아이를 유학 보낸다고? 아직 초등 학생**인데도**?

-ㄴ데도 불구하고 【밤인데도 불구하고~】

관용구

결합정보 ☞ -ㄴ

1. [형용사, '이다'에 쓰여] '~에 구애받지 아니하고'의 뜻.

형태관련어 -은데도 불구하고

예 ▪ 밤**인데도 불구하고** 그 남자는 선글라스를 쓰고

있었다.
- 넓은 실내**인데도 불구하고** 테이블이 많지 않았다.
- 전화 사정이 괜찮**은데도 불구하고** 그는 소리를 지르고 있었다.

-ㄴ데요 【이름이 근사**한데요.**】

『**-ㄴ데요**는 받침 없는 형용사와 'ㄹ' 받침으로 끝나는 형용사와 '이다' 뒤에, **-은데요**는 받침 있는 형용사 뒤에 쓰인다. 동사 뒤에는 **-는데요**가 쓰인다』

예 비**싼데요**, **긴데요**(길다), 학생**인데요**, 높**은데요**

[어미] 종결 어미

[친한사이 말높임] 선배, 어른에게

1. 의외라 느껴지는 어떤 사실에 대해 감탄하여 말하는 것을 나타낸다.

[예] ▪ 이름이 근사**한데요**.
- 말씀을 듣고 보니, 정말 그**런데요**.
- 맛이 정말 좋**은데요**.

[형태관련어] -는데요

[전참] 입말에 쓰인다.

2. 주어진 상대방의 질문과 같은 상황에 대하여 이러하다고 듣는이에게 전달하여 말하면서, 상대방의 반응을 기대하는 것을 나타낸다.

[예] ▪ 영숙: 이거 얼마예요? 주인: 그건 천 원**인데요**.
- 김진수: 마이클 씨 계십니까? 영숙: 지금 안 계**신데요**.
- 김진수: 오늘 회사에 안 가세요? 박유미: 지금 휴가중**인데요**.

[2참] 상대방의 말에 반박하거나 의의를 제기하는 느낌으로 말하기도 한다. 예 지금 휴가중**인데요**.(왜 회사를 가요?)

3. [물음을 나타내는 억양과 함께 쓰여] 물어 보는 뜻을 나타낸다.

[예] ▪ 이거 얼**만데요**?
- 거기가 어떤 곳**인데요**?
- 유미가 얼마나 키가 **큰데요**?

-ㄴ 동시에 【목사인 동시에 시인이다.】

관용구

결합정보 ☞ -ㄴ

1. [‘이다’에 쓰여] 어떤 사실을 겸하는 것을 나타낸다.

예 ▪ 그 사람은 목사**인 동시에** 시인이다.
▪ 새마을 운동은 잘살기 운동**인 동시에** 정신 개혁 운동이다.

형태관련어 -는 동시에

-ㄴ 둥 만 둥하고 【밥을 먹은 둥 만 둥하고~】

관용구

결합정보 ☞ -ㄴ

1. [동사에 쓰여] ‘그런 것 같기도 하고 그렇지 않은 것 같기도 함’의 뜻.

예 ▪ 밥을 먹**은 둥 만 둥하고** 뛰쳐나갔다.
▪ 그는 눈을 **뜬 둥 만 둥** 가늘게 떴다.

형태관련어 -는 둥 마는 둥하고

전참 ‘하고’를 생략하기도 한다.

-ㄴ 뒤에 【비가 온 뒤에~】

관용구

결합정보 ☞ -ㄴ

1. [동사에 쓰여] ‘시간이 얼마 지나간 후에’의 뜻.

예 ▪ 비가 **온 뒤에** 하늘이 맑게 갰다.
▪ 진수가 미국으로 떠**난 뒤에** 유미는 다른 남자와 결혼했다.

-ㄴ 듯 【짜증이 난 듯~】

관용구

예 **간 듯**, 먹**은 듯**, 예**쁜 듯**, 좋**은 듯**

1. [동사에 쓰여] 과거 사실에 대해 추측하는 것을 나타낸다. ‘그런 것 같이’의 뜻.

예 ▪ 그녀는 짜증이 **난 듯** 불쑥 말을 던졌다.
▪ 그는 밥 먹는 것도 잊**은 듯** 책만 읽었다.

2. [동사에 쓰여] 과거의 어떤 것에 비교하여 말하는 것을 나타낸다. ‘-ㄴ 것처럼’의 뜻.

예 ▪ **그린 듯** 앉아 있는 모습.

형태관련어 -는 듯

▪ 하늘에는 은모래를 뿌**린 듯** 별들이 총총했다.

3. [형용사에 쓰여] '마치 -ㄴ 것처럼'의 뜻.

예 ▪ 그녀는 수줍**은 듯** 잔잔한 미소로 대답했다.
▪ 그는 아무렇지도 않**은 듯** 슬쩍 나가 버렸다.

-ㄴ 듯 만 듯하다 【비가 온 듯 만 듯하다.】

결합정보 ☞ -ㄴ

관용구

1. [동사에 쓰여] '그런 것 같기도 하고 그렇지 않은 것 같기도 함'의 뜻.

예 ▪ 비가 **온 듯 만 듯하다**.
▪ 잠이 **든 듯 만 듯한** 상태에서 나는 어머니의 목소리를 들은 것 같다.

-ㄴ 듯싶다 【간이 나쁜 듯싶다.】

예 간 듯싶다, 먹은 듯싶다, 예쁜 듯싶다, 좋은 듯싶다

형태관련어 -는 듯싶다

관련어 -ㄹ 듯싶다

관용구

1. [형용사에 쓰여] 주관적인 추측을 나타낸다. '-ㄴ 것 같다, -ㄴ 것처럼 생각되다'의 뜻.

예 ▪ 얼굴이 검은 걸 보니 간이 나**쁜 듯싶어**.
▪ 네 얼굴을 보니 몹시 피곤**한 듯싶구나**.

2. [동사에 쓰여] 과거 일에 대한 추측을 나타낸다. '그러한 것 같다, 그러한 것처럼 생각되다'의 뜻.

예 ▪ 이 곳은 밤새 비가 많이 **온 듯싶어**.
▪ 이 일은 우리가 잘 **한 듯싶습니다**.

-ㄴ 듯하다 【잠이 든 듯하다.】

예 간 듯하다, 먹은 듯하다, 예쁜 듯하다, 좋은 듯하다

형태관련어 -는 듯하다

관련어 -ㄹ 듯하다

관용구

1. [동사에 쓰여] 과거 사실에 대해 추측하는 것을 나타낸다. '그런 것 같다'의 뜻.

예 ▪ 불러도 대답이 없는 걸 보니 대성이는 잠이 **든 듯하다**.
▪ 그의 얼굴을 보니 부탁을 하고자 찾아**온 듯했다**.

2. [형용사에 쓰여] 어떤 사실에 대해 추측하는 것을 나타낸다. '그러한 것 같다'의 뜻.

예 ▪ 그 여자의 수줍은 **듯한** 웃음이 아직도 기억에 남는다.
▪ 교장 선생님께서는 우리가 한 일에 대해 크게 실망하**신 듯하였습니다**.

-ㄴ 마당에 【이혼**한 마당에~**】

관용구

예 **간 마당에**, 먹**은 마당에**, 예쁜 **마당에**, 좋**은 마당에**

형태관련어 -는 마당에

1. [동사에 쓰여] '어떤 일이 일어난 상황이나 처지'를 나타낸다.

예 ▪ 이혼**한 마당에** '여보'라니요?
▪ 전쟁이 일어**난 마당에** 무슨 공부를 하겠니?

2. [형용사에 쓰여] '어떠한 상황이나 처지에'를 나타낸다.

예 ▪ 급**한 마당에** 이것저것 가릴 수가 있어요?
▪ 내 몸 아픈 **마당에** 무슨 일을 하겠어요?

-ㄴ 모양이다 【바쁜 **모양이다.**】

관용구

예 **간 모양이다**, 먹은 **모양이다**, 예쁜 **모양이다**, 좋은 **모양이다**

관련어 -ㄹ 모양이다

1. [형용사에 쓰여] 그러한 상태에 대한 짐작이나 추측을 나타낸다.

예 ▪ 그 친구는 요즘 매우 바쁜 **모양입니다**.
▪ 아버지는 몹시 기분이 좋은 **모양이었다**.

2. [동사에 쓰여] 이미 일어난 사실에 대한 짐작이나 추측을 나타낸다

예 ▪ 신발이 없는 걸 보니 벌써 **간 모양이다**.
▪ 화가 단단히 **난 모양이네**!
▪ 버스를 놓**친 모양이구나**.
▪ 오늘은 회의가 일찍 끝**난 모양이에요**.

-ㄴ 바와 같이 【위에서 말**한 바와 같이~**】

관용구

결합정보 ☞ -ㄴ

1. [동사에 쓰여] 이미 이야기된 내용을 앞에서 제시하는 것을 나타낸다.

형태관련어 -는 바와 같이

예 ▪ 위에서 말**한 바와 같이** 최근에 이르러 이런 현상이 부쩍 늘어나고 있다.
▪ 앞에서 언급**한 바와 같이** 한반도에서는 그 시기의 화석이 거의 나오지 않는다.

-ㄴ 반면에 【남자 농구는 이**긴 반면에~**】

관용구

예 **간 반면에**, 먹**은 반면에**, 예**쁜 반면에**, 좋**은 반면에**

1. [동사에 쓰여] '과거에 이야기된 사실과는 반대로'의 뜻.

형태관련어 -는 반면에

전참 '-은 반면에'의 꼴로도 쓰인다.

예 ▪ 남자 농구는 가볍게 이**긴 반면에** 여자 농구는 계속 지기만 했다.
▪ 수출품의 평균 가격은 오**른 반면** 수입품은 하락하였다.

2. [형용사, '이다'에 쓰여] '어떠한 사실과는 반대로'의 뜻.

예 ▪ 그는 자존심이 강**한 반면에** 뭘 이루고자 하는 마음은 약하다.
▪ 그 약품은 약효가 빨라서 좋**은 반면에** 사용상의 주의를 요한다.

-ㄴ 법이다 【기대가 크면 실망도 **큰 법이다.**】

관용구

결합정보 ☞ -ㄴ

1. [형용사에 쓰여] '~ㄴ 것이 당연하다'의 뜻.

예 ▪ 나이가 들면 작은 일에도 서운**한 법이란다**
▪ 사람은 다 그**런 법이란다**.
▪ 좋은 국일수록 기름이 많**은 법이야**.

-ㄴ 셈이다 【그 정도면 쉬운 셈이다.】
관용구

결합정보 ☞ -ㄴ

1. [동사에 쓰여] '(거의) ~나 마찬가지다'의 뜻.

예 ▪ 반이 끝났으면 이제 거의 다 **한 셈이다**.
▪ 이제 일은 대충 끝**난 셈이다**.
▪ 이 정도면 식구가 다 모**인 셈이다**.
▪ 오늘 아침은 사과로 아침밥을 대신해서 먹**은 셈입니다**.

형태관련어 -는 셈이다

전참 '이다'에 쓰이기도 한다. 예 세월이 약**인 셈이다**.

-ㄴ 셈 치고 【잃어버린 셈 치고~】
관용구

결합정보 ☞ -ㄴ

1. [동사에 쓰여] 이미 그런 것으로 생각하고 미루어 가정하는 것을 나타낸다.

예 ▪ 우리는 도둑 맞은 돈은 잃어버**린 셈 치고** 그 일을 잊기로 했다.
▪ 속**은 셈 치고** 양보를 하기로 했다.

형태관련어 -는 셈 치고

-ㄴ 양하다 【제일 예쁜 양하면서~】
관용구

예 간 양하다, 먹은 양하다, 예쁜 양하다, 좋은 양하다

1. [형용사에 쓰여] 거짓으로 그러한 것처럼 꾸밈을 나타낸다.

예 ▪ 나는 일부러 아무렇지도 않**은 양하고** 무심한 듯 들었다.
▪ 유미는 자기가 제일 예**쁜 양하면서** 거울 보기를 좋아한다.

2. [동사에 쓰여] 거짓으로 그런 것처럼 꾸밈을 나타낸다.

예 ▪ 차라리 못 들**은 양하는** 게 낫겠다.
▪ 영숙이는 점심을 굶고서도 먹**은 양한다**.
▪ 그는 감기에 걸**린 양하면서** 기침을 해 댔다.

형태관련어 -는 양하다

-ㄴ 이래【이 학교가 생**긴 이래~**】

관용구

1. [동사에 쓰여] '(어떤 일이 있었던) 때부터 지금까지'의 뜻.

예 ▪ 이 학교가 생**긴 이래** 많은 졸업생들이 사회로 진출했다.
▪ 결혼**한 이래**로 이렇게 깊은 잠에 빠져 보기는 처음이다.
▪ 건강이 나빠**진 이래로** 그는 외출을 삼가고 있었다.

결합정보 ☞ -ㄴ

전참 '-ㄴ 이래로'의 꼴로도 쓰인다.

-ㄴ 이상【가족을 가**진 이상~**】

관용구

1. [동사에 쓰여] '-ㄴ 것이 기정 사실이라면'의 뜻.

예 ▪ 그래도 가족을 가**진 이상** 가족 문제로부터 달아날 수 없습니다.
▪ 이왕 물러나기로 결심을 굳**힌 이상** 더 기다릴 필요가 없다고 판단했어요.

2. ['이다/아니다'에 쓰여] '-ㄴ 것이 기정 사실이라면'의 뜻.

예 ▪ 그것이 문학의 본질**인 이상** 중요하게 다루지 않을 수 없다.
▪ 노동 운동가라 할지라도 근로자가 아**닌 이상**은 노동조합의 구성원이 될 수 없다.

예 **간 이상**, 먹**은 이상**, 학생**인 이상**, 학생이 아**닌 이상**

비슷 -ㄴ 다음에야

형태관련어 -는 이상

전참 '-ㄴ 이상은'의 꼴로도 쓰인다.

-ㄴ 일이다【미안**한 일이다.**】

관용구

1. [형용사에 쓰여] '(누가 보아도) 정말 그러하다'의 뜻.

예 ▪ 정말 미안**한 일이다**.
▪ 생각만 해도 끔찍**한 일이다**.
▪ 그건, 참 다행**한 일이다**.
▪ 오늘 대성이가 없어진 것은 이상**한 일이다**.

결합정보 ☞ -ㄴ

전참 '미안하다'라고 할 자리에 '미안한 일이다'라고 함으로써 객관적으로 보아도 그렇다고 시인하는 것을 뜻한다.

-ㄴ 일이 있다 【김치를 먹은 **일이 있다.**】

결합정보 ☞ -ㄴ

관용구

1. [동사에 쓰여] 지난 일의 경험을 나타낸다.

예 ▪ 마이클 씨는 한국 음식을 먹은 **일이 있습니까**?
▪ 나는 외국 사람들에게 우리말을 가르친 **일이 있다**.
▪ 저는 지금까지 병원에 가 본 **일이 없어요**.
▪ 한국에서 기차를 타 본 **일이 있다**.

전참 '-ㄴ 일이 없다', '-아 본 일이 있다/없다'의 꼴로도 쓰인다.

-ㄴ 적이 없다 【비가 **온 적이 없다.**】

결합정보 ☞ -ㄴ

관용구

1. [동사에 쓰여] '어떤 상황이 벌어진 때가 있다/없다'의 뜻.

예 ▪ 여기는 며칠째 비가 **온 적이 없다**.
▪ 한때는 천재라는 소리를 들은 **적이 있지**.
▪ 오리 고기를 먹어 **본 적이 있어요**?

형태관련어 -는 적이 없다

전참 '-ㄴ 적이 있다'의 꼴로도 쓰인다

-ㄴ 줄 모르다 【비가 **온 줄 몰랐어.**】

예 **간 줄 모르다**, 먹은 **줄 모르다**, 예쁜 **줄 모르다**, 좋은 **줄 모르다**

관용구

1. [동사에 쓰여] '과거의 어떤 사실을 모르다'의 뜻.

예 ▪ 비가 **온 줄 몰랐어**.
▪ 네가 **간 줄 몰랐어**.

2. [형용사에 쓰여] '현재의 어떤 사실을 모르다'의 뜻.

예 ▪ 혼자인 게 이렇게 외로운 것**인 줄 몰랐어**.
▪ 배고픈 **줄도 모르고** 책만 읽었다.

형태관련어 -는 줄 모르다

-ㄴ 줄 알다 【내가 제일 일찍 **온 줄 알았다.**】

예 **간 줄 알다**, 먹은 **줄 알다**, 예쁜 **줄 알다**, 좋은 **줄 알다**

관용구

1. [동사에 쓰여] 과거의 어떤 일에 대해 '그런 것으로 여기다'의 뜻.

예 ▪ 내가 제일 일찍 **온 줄 알았는데**.

형태관련어 -는 줄 알다

전참 '사실은 그렇지 않다'는 의미를 담고 있다.

▪ 선생님께서는 벌써 댁으로 가**신 줄 알았는데요**.

2. [형용사에 쓰여] 현재의 어떤 일에 대해 '그러할 것으로 여기다'의 뜻.

예 ▪ 그 아이는 내가 엄마**인 줄 알고** 있어요.
▪ 아이들이 작**은 줄 알았는데** 그렇지도 않더군요.

-ㄴ지 【어떤 생각**인지** 말해 주세요.】

『**-ㄴ지**는 받침 없는 형용사와 'ㄹ' 받침으로 끝나는 형용사와 '이다' 뒤에, **-은지**는 받침 있는 형용사 뒤에 쓰인다. 동사 뒤에는 **-는지**가 쓰인다』

예 비**싼지**, **긴지**(길다), 학생**인지**, 높**은지**

어미 연결 어미

형태관련어 -는지

1. ['-ㄴ지 알다/모르다'의 꼴로 쓰여] 막연한 의문을 나타낸다.

예 ▪ 우리의 할 일이 무엇**인지** 아세요?
▪ 어떤 생각**인지** 말해 주세요.
▪ 이 강이 얼마나 깊**은지** 알 수가 없다.
▪ 제 키가 큰 편**인지** 작은 편**인지** 모르겠어요.

1참 1. 의문사 '무엇, 어떤, 얼마나' 등과 같이 쓰이거나 '-ㄴ지 ~ㄴ지'의 꼴로 쓰인다. 2. '-ㄴ지'가 뒤에 오는 '알다/모르다'의 목적어로 쓰인다.

2. ['얼마나 ~ -ㄴ지'의 꼴로 연결 어미처럼 쓰여] 매우 그러하다고 강조하는 것을 나타낸다.

2참 주로 '-ㄴ지 모르다'의 꼴로 쓰인다.

예 ▪ 이게 값이 얼마나 비**싼지** 몰라.
▪ 요즘 어린이들은 얼마나 똑똑**한지** 모릅니다.
▪ 책을 사 주면 얼마나 고마**운지** 이루 말할 수가 없었다.

3. 근거나 원인을 나타낸다.

예 ▪ 이 기계가 어쩐 일**인지** 갑자기 멈춰 섰다.
▪ 마침 점심 시간이기 때문**인지** 교실에는 아무도 없었다.
▪ 우리 딸아이가 궁금한 게 많**은지** 나를 자꾸 귀찮게 했다.

종결 어미처럼 쓰인다

1. 말하는이의 의심이나 의문을 나타낸다.

1참 존대 -ㄴ지요

예 ▪ 시간은 충분**한지**?

▪ 정말로 그 아이가 선생님의 아드님이**신지**?

▪ 어느 길로 가는 것이 더 빠**른지**?

2. 감탄하는 것을 나타낸다.

2참 존대 -ㄴ지요

예 ▪ 그대여, 그 얼마나 친절하**신지**!

▪ 오, 저를 구해 주신 여인, 그 얼마나 자비로**운지**!

도움말

'-ㄴ지'와 '-ㄴ 지'의 구별:

'-ㄴ지'는 연결 어미이므로 붙여 쓴다. 의문을 나타내는 데에 쓴다.

예 1: 이게 무엇**인지** 아세요?

'-ㄴ 지'는 '-ㄴ'은 명사를 꾸미는 어미이고 '지'는 '시간'을 뜻하는 의존명사이므로 반드시 띄어 써야 한다.

예 2: 한국에 **온 지** 벌써 1년이 되었어요.

'지'가 '시간'을 뜻하는 경우에만 띄어 쓴다.

-ㄴ 지 【이사**한 지~**】

관용구

예 **간 지**, 먹**은 지**

1. [동사에 쓰여] 어떤 일이 있었던 때로부터 지금까지의 동안을 나타낸다.

예 ▪ 오늘이 찬우가 태어**난 지** 일 년 되는 날이다.

▪ 약을 먹**은 지** 얼마나 되셨어요?

전참 이 때의 '지'처럼 '지'가 시간과 관련이 있을 때는 띄어 쓴다. 어미 '-ㄴ지' 참고할 것.

-ㄴ 지도 모르다 【아직 아침**인지도 몰라.**】

관용구

결합정보 ☞ -ㄴ

1. [형용사, '이다'에 쓰여] 그 내용이 실현될 가능성에 대하여 말하는이의 추측을 나타낸다.

예 ▪ 그 곳은 아직 아침**인지도 몰라**.

▪ 선생님께서 편찮으**신지도 몰라요**.

형태관련어 -는지도 모르다

관련어 -ㄹ지도 모르다

-ㄴ지요 【건강은 어떠**신지요**?】

『**-ㄴ지요**는 받침 없는 형용사와 'ㄹ' 받침으로 끝나는 형용사와 '이다' 뒤에, **-은지요**는 받침 있는 형용사 뒤에 쓰인다. 동사 뒤에는 **-는지요**가 쓰인다』

어미 종결 어미

친한사이 말높임 선배, 어른에게

예 비**싼지요**, **긴지요**(길다), 학생**인지요**, 높**은지요**

1. 상대방에게 완곡하게, 또는 정중하게 물어 보는 뜻을 나타낸다.

예 ▪ 선생님 건강은 어떠**신지요**?
▪ 아이가 혹시 아픈 건 아**닌지요**?
▪ 제가 자주 찾아와도 괜찮**은지요**?
▪ 부탁하실 일이 무엇**인지요**?

2. ['얼마나 ~ㄴ지요'와 같은 꼴로 쓰여] 매우 그러하다고 강조하는 것을 나타낸다.

예 ▪ 눈이 내리니까 얼마나 좋**은지요**.
▪ 이 곳에는 왜 그리 술집이 많**은지요**.

형태관련어 -는지요

전참 입말에 쓰인다.

-ㄴ 채로 【눈을 감**은 채로**~】

관용구

예 **선 채로**, 앉**은 채로**, 학생**인 채로**

1. [동사에 쓰여] '과거에 이미 있는 상태 그대로'의 뜻.

예 ▪ 할아버지께서 들어오시는데 누**운 채로** 있을 거니?
▪ 나는 눈을 감**은 채로** 잠시 누워 있었다.
▪ 음악을 틀어놓**은 채로** 공부가 되니?
▪ 잠옷만 입**은 채** 어디 가는 거야?
▪ 물 속에 얼굴을 담**근 채**로 숨을 내쉬었다.

2. [형용사, '이다'에 쓰여] '현재에 있는 상태 그대로'의 뜻.

예 ▪ 생선회는 생선을 날것**인 채로** 그냥 먹는 것이다.
▪ 두 사람은 여전히 서먹서먹**한 채로** 악수를 나누었다.
▪ 잎이 푸**른 채**로 겨울을 나는 식물에는 어떤 것이 있을까요?

전참 '-ㄴ 채'의 꼴로도 쓰인다.

–ㄴ 체하다 【나는 못 들은 체했다.】

관용구

결합정보 ☞ –ㄴ

1. [동사에 쓰여] 과거에 그럴 듯하게 꾸미는 거짓 태도를 나타낸다.

예 ▪ 친구들이 불러도 나는 못 들은 **체했다**.
▪ 진수는 친구들을 못 **본 체하고** 그냥 지나갔다.
▪ 나는 곰을 만났을 때 땅에 엎드려 죽은 **체하고** 있었다.

2. [형용사에 쓰여] 현재에 그럴 듯하게 꾸미는 거짓 태도를 나타낸다.

예 ▪ 잘**난 체하지** 마.
▪ 유미는 항상 예쁜 **척한다**.

형태관련어 –는 체하다

전참 '–ㄴ 척하다'의 꼴로도 쓰인다.

–ㄴ 탓이다 【비를 맞은 탓이다.】

관용구

예 **간 탓이다**, 먹은 **탓이다**, 예쁜 **탓이다**, 좋은 **탓이다**

1. [동사에 쓰여] 과거에 일어난 (주로 부정적 현상의) 원인을 나타낸다.

예 ▪ 내가 감기에 걸린 것은 어제 소나기를 맞은 **탓이다**.
▪ 영화를 보느라고 점심을 굶은 **탓인지** 배가 고파.

2. [형용사에 쓰여] 현재에 있는 (주로 부정적 현상의) 원인을 나타낸다.

예 ▪ 이 일을 마치지 못한 건 내가 게으른 **탓이었다**.
▪ 가난**한 탓에** 먹을 것도 제대로 못 먹는다.

형태관련어 –는 탓이다

전참 '–ㄴ 탓에'의 꼴로도 쓰인다.

–ㄴ 편이다 【매운 편이다.】

관용구

결합정보 ☞ –ㄴ

1. [형용사에 쓰여] '대체로 그러한 쪽에 속한다'의 뜻.

예 ▪ 짬뽕은 매운 **편이다**.
▪ 서울의 공기는 매우 나쁜 **편이다**.
▪ 이 방은 넓은 **편이다**.

형태관련어 –는 편이다

-ㄴ 후에 【수업이 끝난 후에~】

관용구

1. [동사에 쓰여] '앞의 일이 끝나고 난 다음에'의 뜻.

예 ▪ 수업이 끝난 **후에** 현관 앞에서 만나요.
▪ 식사를 **한 후에** 약을 드십시오.
▪ 밥을 먹은 **후에** 커피를 마십시다.

결합정보 ☞ -ㄴ

비슷 -ㄴ 다음에 예 밥을 먹은 **다음에** 커피를 마십니다.

반대 -기 전에 예 밥을 먹**기 전에** 물을 마십니다.

나[1] 【커피**나** 홍차】

『**나**는 받침 없는 말에, **이나**는 받침 있는 말에 붙어 쓰인다』

조사 접속 조사

1. ☞ 이나[1](p. 433)

예 ▪ 커피**나** 홍차가 있어요.
▪ 버스**나** 기차를 타고 가요.
▪ 담배**나** 술을 끊어야겠어요.

예 버스**나**, 기차**나**, 너**나**, 자가용**이나**, 밥**이나**

나[2] 【커피**나** 마시자.】

『**나**는 받침 없는 말에, **이나**는 받침 있는 말에 붙어 쓰인다』

조사 보조사

1. ☞ 이나[2](p. 433)

예 ▪ 우리 차**나** 한 잔 할까요?
▪ 까만 구두는 아무 옷에**나** 잘 맞아요.
▪ 혹시**나** 나에게 무슨 부탁이 있어요?
▪ 우선 먹고**나** 보자.

예 커피**나**, 홍차**나**, 과일**이나**, 떡**이나**

-나[3] 【자네 이제 오**나**?】

『동사, '있다/없다', '-았-', '-겠-' 뒤에 쓰인다』

어미 종결 어미

말조금낮춤 스승이 제자에게, 장인·장모가 사위에게(어른말)

예 가**나**, 먹**나**, 있**나**, 보았**나**, 하겠**나**

1. 물어 보는 뜻을 나타낸다. '-는가'의 뜻.

예 ▪ 자네, 이제 오**나**? 어서 들어가게.
▪ 돈은 가지고 왔**나**?
▪ 자네도 한 잔 하겠**나**?

2. [의문문의 형식이지만 대답을 요구하지 않는 꼴로 쓰여] 강조하여 말하는 것을 나타낸다.

예 ▪ 자네가 못 하는 게 어디 있**나**?
▪ 자네라면 그만둘 수 있겠**나**?
▪ 나라고 왜 고향에 안 가고 싶겠**나**?

관련어 -는가

전참 1. 입말에 쓰인다. 2. '이다'와 형용사에는 '-ㄴ가'가 쓰인다. 예 자네가 선생인가?(○)/자네가 선생이나?(×) 예 추운가?(○)/춥나(×)

-나[4] 【무슨 일이 있**나**?】

『동사, '있다/없다', '-았-', '-겠-' 뒤에 쓰인다』

예 가**나**, 먹**나**, 보았**나**, 하겠**나**

어미 종결 어미

친한사이 말낮춤 친구에게

1. 말하려는 내용에 대해 말하는이 자신이 의문을 가지고 있음을 나타낸다.

예 ▪ 무슨 사고가 생겼**나**?
▪ 시간이 벌써 이렇게 되었**나**?
▪ 이 사람이 어딜 갔**나**?
▪ 이 일을 어쩌**나**?

2. [의문문의 형식이지만 대답을 요구하지 않는 꼴로 쓰여] 강조하여 말하는 것을 나타낸다.

예 ▪ 누구는 그런 걸 몰라서 가만 있**나**?
▪ 누가 스포츠 정신을 모르**나**?
▪ 내가 먹고 싶어서 먹었**나**?

존대 -나요

전참 1. 입말에 쓰인다. 2. '이다'와 형용사에는 '-ㄴ가'가 쓰인다. 예 그이가 선생인가?(○) 그이가 선생이나?(×) 예 추운가?(○)/춥나(×)

-나[5] 【빨리 빨리 못하**나**?】

『동사, '있다/없다', '-았-', '-겠-' 뒤에 쓰인다』

예 가**나**, 먹**나**, 보았**나**, 하겠**나**

어미 종결 어미

말아주낮춤 할아버지가 아이에게

1. [격식적이고 상하 관계가 분명한 사람들 사이에서 쓰

여] 다그치듯이 묻는 뜻을 나타낸다.

예 ▪ 누가 너희들에게 명령했**나**?

▪ 빨리 못 들오겠**나**?

▪ 빨리 빨리 못하**나**?

1참 1. 높임이 없다. '–나요'(×) 2. 군인들처럼 상하 관계가 분명한 곳에서 흔히 쓰인다.

–나[6] 【비는 오**나** 바람은 불지 않는다】

『**–나**는 받침 없는 동사, 형용사와 'ㄹ' 받침으로 끝나는 동사, 형용사와 '이다' 뒤에, **–으나**는 받침 있는 동사, 형용사 뒤에 쓰인다』

예 가나, 사나(살다), 비싸나, 다나(달다), 학생이나, 먹으나, 높으나

어미 연결 어미

1. 대등적 연결 어미

1. 앞뒤의 사실을 대립적으로 이어 주는 것을 나타낸다.

예 ▪ 비는 오나 바람은 불지 않는다.

▪ 그는 유학을 갔**으나** 공부는 하지 않고 놀기만 했습니다.

▪ 옆자리에 앉은 필립을 힐끔 쳐다보았**으나** 필립은 그저 정면만을 바라보고 있었다.

1참 '–았–'이 쓰인다.

비슷 –지만

2. [주로 상대적인 뜻을 가진 두 말이 '–나 –나' 꼴로 쓰여] '언제든지', '항상'의 뜻을 나타낸다.

예 ▪ 미우**나** 고우**나** 그저 제 자식은 다 예쁜 법이야.

▪ 앉**으나** 서**나** 당신 생각.

▪ 들**으나** 안 들**으나** 마찬가지인 소리를 왜 하는 거요?

▪ 비가 오**나** 눈이 오**나** 하루도 빠지지 않고 운동을 했다.

2참 '–았–'이 안 쓰인다.

관련어 –거나

2. 종속적 연결 어미

1. ['어느, 어디, 무엇' 등과 같이 쓰여] '~을 가릴 것 없이, 모두'의 뜻.

예 ▪ 어느 집엘 가**나** 사는 건 다 비슷하다.

▪ 이 도시 어디를 가**나** 아름다운 동상들이 많다.

▪ 무엇을 먹**으나** 다 마찬가지다.

1참 '–았–'이 안 쓰인다.

비슷 –어도

나마 【이거**나마** 먹어라.】

『**나마**는 받침 없는 말에, **이나마**는 받침 있는 말에 붙어 쓰인다』

예 이**나마**, 이것**이나마**

조사 보조사

1. ☞ 이나마(p. 435)

예 ▪ 우선 이거**나마** 먹고 기다려.
▪ 그렇게**나마** 해 주시면 고맙겠습니다.
▪ 그**나마** 빨리 가지 않으면 한 개도 못 살 거예요.
▪ 잠시**나마** 즐거웠어요.

-나마나 【극장에 가**나마나**~】

『**-나마나**는 받침 없는 동사, 형용사와 'ㄹ' 받침으로 끝나는 동사, 형용사와 '이다' 뒤에, **-으나마나**는 받침 있는 동사, 형용사 뒤에 쓰인다』

예 가**나마나**, 사**나마나**(살다), 비싸**나마나**, 학생**이나마나**, 먹**으나마나**, 높**으나마나**

어미 연결 어미

1. 어떤 행동을 하여도 아니한 것이나 다름없을 정도로 뻔함의 뜻을 나타낸다.

예 ▪ 보**나마나** 아직도 자고 있을 거야.
▪ 극장에 가**나마나** 표가 없어서 못 들어갈 거야.
▪ 들**으나마나** 또 그 때문일걸.

-나 보다 【비가 오**나 봐요.**】

예 가**나 보다**, 먹**나 보다**

관용구

1. 그런 것 같다고 짐작하여 말하는 것을 나타낸다.

예 ▪ 밖에 비가 오**나 봐요**.
▪ 지금 퇴근하**나 보죠**?
▪ 너무나 충격이 심해서 그랬**나 보다**.

-나 싶다 【눈이 오**나 싶다.**】

예 가**나 싶다**, 먹**나 싶다**

관용구

1. '그렇게 생각됨'의 뜻.

예 ▪ 또 거짓말을 하면 어쩌**나 싶어** 가슴이 두근거렸다.

▪ 존: 이 아파트는 어때요?
제인: 너무 비싸지 않**나 싶어요**.

관련어 -ㄹ까 싶다

-나요 【무엇을 하**나요**?】

『동사, '있다/없다', '-았-' 뒤에 쓰인다』

어미 종결 어미

친한사이 말높임 선배, 어른에게

예 가**나요**, 먹**나요**, 보았**나요**

1. 물어 보는 뜻을 나타낸다. '-는가요'의 뜻.

예 ▪ 이번 휴가 때는 무엇을 하**나요**?

▪ 무슨 색을 좋아하**나요**?

▪ 이 건물은 오래되었**나요**?

▪ 선생님은 후회하신 적이 없**나요**?

2. [의문문의 형식이지만 대답을 요구하지 않는 꼴로 쓰여] 강한 긍정을 나타낸다.

예 ▪ 배움에 나이가 따로 있**나요**, 뭐?

▪ 이렇게 될 줄 누가 알았**나요**?

전참 1. 입말에 쓰인다.
2. 여성스러운 말이다.

-냐[1] 【너 어디 아프**냐**?】

『**-냐**는 받침 없는 형용사, 'ㄹ' 받침으로 끝나는 형용사와 '이다' 뒤에, **-으냐**는 받침 있는 형용사 뒤에 쓰인다. 동사 뒤에는 **-느냐**가 쓰인다』

어미 종결 어미

말아주낮춤 할아버지가 아이에게

예 비싸**냐**, 기**냐**(길다), 학생이**냐**, 높**으냐**

1. 반말로 물어 보는 뜻을 나타낸다.

예 ▪ 너 어디 아프**냐**?

▪ 네가 웬일이**냐**?

▪ 이럴 때 너희는 어찌 해야 옳**으냐**?

▪ 네 소원이 무엇이**냐**?

형태관련어 -느냐

전참 1. 입말에 쓰인다.
2. '어디 아프니?'에서의 '-니'가 '-냐'보다 더 정답고 부드러운 느낌을 준다.

도움말

'-냐'와 '-느냐'의 구별:
-**냐**와 -**느냐**는 다같이 종결 어미인데, 앞에 오는 말이 형용사인지 동사인지, 시간을 나타내는 어미가 어떤 것인지에 따라 결정되어 쓰인다.
-**냐**는 받침 없는 형용사, 'ㄹ' 받침으로 끝나는 형용사, '이다'에 쓰이고, -**으냐**는 받침 있는 형용사에 쓰이고, -**느냐**는 동사(받침이 있건 없건 상관없다), '있다/없다', '-았-', '-겠-' 뒤에 쓰인다.

예: -냐: 비싸**냐**, 기**냐**(길다), 학생이**냐**,
-으냐: 높**으냐**, 많**으냐**, 작**으냐**,
-냐: 가**느냐**/먹**느냐**, 있**느냐**, 먹었**느냐**, 오겠**느냐**.

따라서 주의해서 써야 한다. 아래의 경우에 입말에서 흔히 잘못 쓰고 있다.

예 1: 밥을 먹었냐(×)/먹었**느냐**?(○)
예 2: 할 수 있냐(×)/있**느냐**?(○)
예 3: 어디에 가냐(×)/가**느냐**?(○)

-냐[2] 【누가 그린 것이**냐** 하다.】

『-**냐**는 받침 없는 형용사와 'ㄹ' 받침으로 끝나는 형용사와 '이다' 뒤에, -**으냐**는 받침 있는 형용사 뒤에 쓰인다. 동사 뒤에는 -**느냐**가 쓰인다』

예 비**싸냐**, 기**냐**(길다) 학생이**냐**, 높**으냐**

[어미] 인용을 나타내는 어미

1. 의문형으로 표현된 내용을 간접적으로 옮겨 말하는 것을 나타낸다.

[예] ▪ 저 그림들을 누가 그린 것이**냐** 했더니 그저 웃기만 했다.
▪ 돈은 많**으냐** 살 집은 있느냐 하면서 꼬치꼬치 캐물었다.

[형태관련어] -느냐
[전참] 주로 '-냐고'의 꼴로 쓰인다
[주의] 많으냐(○)/많냐(×)
'-냐'의 [도움말] 참고

도움말

의문문의 간접 인용:
간접 인용에서 의문문은 모두 '-(느)냐'의 꼴로 바뀌고 여기에 인용을 나타내는 조사 '고'가 붙어 '-(느)냐고'의 꼴로 된다. '커?, 큽니까?, 크세요?' 등 높임말이건 반말이건 간에 모두 '-냐고'로 된다.

예 1: 그 집이 **커**? → 그 집이 크**냐고** 해요.
예 2: 그 집이 **큽니까**? → 그 집이 크**냐고** 해요.

–냐고[1] 【나 예쁘**냐고**.】

『**–냐고**는 받침 없는 형용사와 'ㄹ' 받침으로 끝나는 형용사와 '이다' 뒤에, **–으냐고**는 받침 있는 형용사 뒤에 쓰인다. 동사 뒤에는 **–느냐고**가 쓰인다』

예 비싸**냐고**, 기**냐고**(길다), 학생이**냐고**, 높**으냐고**

어미 종결 어미

친한사이 말낮춤 친구에게

1. 앞서 질문한 내용에 대해 다시 물어 보는 뜻을 나타낸다.

예 ▪ 진수: 여기가 어디야? 미선: 여기가 어디**냐고**?
▪ 박유미: 요즘 바빠? 김진수: 뭐? 바쁘**냐고**?
▪ 이대성: 얼마나 넓은데?
이영숙: 얼마나 넓**으냐고**?

2. 말하는이가 자신이 앞서 질문한 내용에 대하여 듣는이가 다시 말해 달라고 하여 다시 설명해 주는 것을 나타낸다.

예 ▪ 김진수: 네가 정말 대학생이야?
이대성: 뭐라고?
김진수: 네가 정말 대학생이**냐고**.
▪ 메리: 그게 사실이야?
영숙: 응, 뭐라고? 메리: 그게 사실이**냐고**.
▪ 미선: 당신은 행복해?
대성: 나더러 행복하냐고 그랬어?
미선: 응, 당신은 행복하**냐고**.

존대 –냐고요

전참 입말에서 [냐구]로 발음하기도 한다.

주의 넓으냐(○)/넓냐(×) '–냐' 의 도움말 참고

1참 올리는 억양과 함께 쓰인다.

2참 내리는 억양과 함께 쓰이는데 '고'를 강조하여 '고오'라고 끌면서 말을 한다.

–냐고[2] 【얼마나 비싸**냐고** 묻는다.】

『**–냐고**는 받침 없는 형용사와 'ㄹ' 받침으로 끝나는 형용사와 '이다' 뒤에, **–으냐고**는 받침 있는 형용사 뒤에 쓰인다. 동사 뒤에는 **–느냐고**가 쓰인다』

예 비싸**냐고**, 기**냐고**(길다), 학생이**냐고**, 높**으냐고**

어미 인용을 나타내는 어미

1. 의문형으로 표현된 내용을 간접적으로 옮김을 나타낸다.

예 ▪ 우리 언니도 예쁘**냐고** 해요.
▪ 이름이 뭐**냐고** 해요.
▪ 같이 가는 것이 좋으**냐고** 해요.

2. ['-냐고' 뒤에 '말하다/묻다/질문하다' 등과 함께 쓰여] 누가 물어 본 말을 인용하여 전달하는 것을 나타낸다.

예 ▪ 우리 중에서 누가 제일 크**냐고** 물었습니다.
▪ 소원이 무엇이**냐고** 물었다.
▪ 어느 것이 좋**으냐고** 해도 말을 안 하네요.

형태관련어 -느냐고
전참 입말에서 [냐구]로 발음하기도 한다.
잘못 넓으냐(○)/넓냐(×) '-냐'의 도움말 참고
1참 '-냐고 해'는 '-내'로 줄어든다. 예 예쁘냐고 해→예쁘내.

-냐고요 【비싸냐고요?】

『**-냐고요**는 받침 없는 형용사와 'ㄹ' 받침으로 끝나는 형용사와 '이다' 뒤에, **-으냐고요**는 받침 있는 형용사 뒤에 쓰인다. 동사 뒤에는 **-느냐고요**가 쓰인다』

어미 종결 어미

친한사이 말높임 선배, 어른에게

예 비싸**냐고요**, 기**냐고요**(길다), 학생이**냐고요**, 높**으냐고요**

1. [올리는 억양과 함께 쓰여] 앞서 질문한 내용에 대해 다시 물어 보는 뜻을 나타낸다.

예 ▪ 박영수: 요즘도 바쁘세요?
제인: 바쁘**냐고요**?
▪ 내가 정말 학생이**냐고요**? 왜 못 믿으세요?
▪ 이 곳 날씨는 선선하**냐고요**?

2. [내리는 억양과 함께 쓰여] 말하는이가 자신이 앞서 질문한 내용에 대하여 듣는이의 반복 요청을 받고 다시 말하는 것을 나타낸다.

예 ▪ 박유미: 학생이세요? 이대성: 네?
박유미: 학생이**냐고요**.
▪ 영숙: 지금 바쁘세요? 제인: 네? 뭐라고 하셨어요?
영숙: 지금 바쁘**냐고요**.

형태관련어 -느냐고요
전참 입말에서 [냐구요]로 발음되기도 한다.
잘못 넓으냐(○)/넓냐(×) '-냐'의 도움말 참고

-냐니 【몇 살이**냐니**?】

『-**냐니**는 받침 없는 형용사와 'ㄹ' 받침으로 끝나는 형용사와 '이다' 뒤에, -**으냐니**는 받침 있는 형용사 뒤에 쓰인다. 동사 뒤에는 -**느냐니**가 쓰인다』

어미 종결 어미

친한사이 말낮춤 친구에게

예 비싸**냐니**, 기**냐니**(길다), 학생이**냐니**, 높**으냐니**

1. 질문한 내용이 의심스럽거나 뜻밖의 사실로 느껴져서 다시 물어 보는 것을 나타낸다.

예 ▪ 몇 살이**냐니**? 자기 딸 나이도 몰라요?
▪ 같이 여행 가기로 하고선 그게 언제**냐니**?
▪ 내가 누구**냐니**? 너 왜 그래?
▪ 여기가 어디**냐니**?

2. 의심스럽거나 뜻밖의 사실로 느껴져서 믿을 수 없다는 듯이 말하는 것을 나타낸다.

예 ▪ 오늘이 출근 첫날인데 새 직장이 좋**으냐니**. 할 말이 없었다.
▪ 부탁할 때는 언제고 무슨 일이**냐니**.

존대 -냐니요

형태관련어 -느냐니

전참 입말에 쓰인다.

1참 뒤에는 의외라는 듯이 질문하는 말이 온다. 이 때에는 올라가는 억양과 함께 쓰인다.

2참 뒤에는 그래서 유감이라는 듯한 내용이 함축되어 있다. 이 때에는 주로 내려가는 억양과 함께 쓰인다.

-냐니까 【네 이름이 뭐**냐니까**?】

『-**냐니까**는 받침 없는 형용사와 'ㄹ' 받침으로 끝나는 형용사와 '이다' 뒤에, -**으냐니까**는 받침 있는 형용사 뒤에 쓰인다. 동사 뒤에는 -**느냐니까**가 쓰인다』

어미 종결 어미

친한사이 말낮춤 친구에게

예 비싸**냐니까**, 기**냐니까**(길다), 학생이**냐니까**, 높**으냐니까**

1. 앞서 물어 본 내용을 다시 한 번 다그쳐 물어 보는 뜻을 나타낸다.

예 ▪ 네 이름이 뭐**냐니까**?
▪ 이봐요, 당신 누구**냐니까**?
▪ 그게 언제**냐니까**?
▪ 어디가 싫**으냐니까**.

존대 -냐니까요

형태관련어 -느냐니까

전참 입말에 쓰인다.

-냐니까요 【누구**냐니까요**?】

『**-냐니까요**는 받침 없는 형용사와 'ㄹ' 받침으로 끝나는 형용사와 '이다'에, **-으냐니까요**는 받침 있는 형용사 뒤에 쓰인다. 동사 뒤에는 **-느냐니까요**가 쓰인다』

예 비싸**냐니까요**, 기**냐니까요**(길다), 학생이**냐니까요**, 높**으냐니까요**

[어미] 종결 어미

[친한사이 말높임] 선배, 어른에게

1. 앞서 물어 본 내용을 다시 한 번 다그쳐 물어 보는 뜻을 나타낸다.

[예] ▪ 아저씨 누구**냐니까요**?
▪ 그게 무슨 소리**냐니까요**?
▪ 뭐가 나쁘고 뭐가 좋**으냐니까요**.

[형태관련어] -느냐니까요
[전참] 입말에 쓰인다.

-냐니요 【오늘 갈 거**냐니요**?】

『**-냐니요**는 받침 없는 형용사와 'ㄹ' 받침으로 끝나는 형용사와 '이다' 뒤에, **-으냐니요**는 받침 있는 형용사 뒤에 쓰인다. 동사 뒤에는 **-느냐니요**가 쓰인다』

예 비싸**냐니요**, 기**냐니요**(길다), 학생이**냐니요**, 높**으냐니요**

[어미] 종결 어미

[친한사이 말높임] 선배, 어른에게

1. 질문한 내용이 의심스럽거나 하여 따지듯이 다시 물어 보는 것을 나타낸다.

[예] ▪ 오늘 갈 거**냐니요**? 비행기표까지 예매했는데.
▪ 여기가 안전하**냐니요**?
▪ 학생이**냐니요**? 교복을 보고도 몰라요?
▪ 이렇게 땀을 흘리고 있는데 시원하**냐니요**?

[형태관련어] -느냐니요
[전참] 1. 입말에 쓰인다. 2. 뒤에는 의외라는 듯이 묻는 등의 말이 온다. 이 때에는 주로 올라가는 억양과 함께 쓰인다.

-내 【갈 거**내**?】

『**-내**는 받침 없는 형용사와 'ㄹ' 받침으로 끝나는 형용사와 '이다' 뒤에, **-으내**는 받침 있는 형용사 뒤에 쓰인다. 동사 뒤에는 **-느내**가 쓰인다』

예 비싸**내**, 기**내**(길다), 학생이**내**, 높**으내**

준꼴 (종결 기능)

'-냐고 해'의 준꼴

[친한사이 말낮춤] 친구에게

1. 제삼자가 묻는 말을 상대방에게 확인하듯이 전달하여 물어 보는 뜻을 나타낸다.

예 ▪ 오늘 오후에 어디로 갈 거**내**?
▪ 이번 주말에 뭐 할 거**내**?
▪ 새로 오신 선생님이 어떠**내**?
▪ 너 이름이 뭐**내**?

2. 들어서 안 질문의 내용을 듣는이에게 알려 주는 것을 나타낸다.

예 ▪ 경미: 뭐래? 대성: 응, 어디 아프**내**.
▪ 제인: 내일 비가 오**내**.
▪ 치마가 얼마나 짧**으내**.

형태관련어 -느내
존대 -내요
전참 1. 입말에 쓰인다. 2.(상황설명) 예 경미→대성: 이름이 뭐예요? 제인→대성: 너 이름이 뭐내?

-내요 【어디가 아프**내요.**】

『**-내요**는 받침 없는 형용사와 'ㄹ' 받침으로 끝나는 형용사와 '이다' 뒤에, **-으내요**는 받침 있는 형용사 뒤에 쓰인다. 동사 뒤에는 **-느내요**가 쓰인다』

준꼴 (종결 기능)

친한사이 말높임 선배, 어른에게

예 비싸**내요**, 기**내요**(길다), 학생이**내요**, 높**으내요**

'-냐고 해요'의 준꼴

1. 들어서 안 질문의 내용을 듣는이에게 알려 주는 것을 나타낸다.

예 ▪ 어디가 아프**내요**.
▪ 우리보고 어떻게 하란 말이**내요**.
▪ 그 아파트가 얼마나 높**으내요**.

형태관련어 -느내요
전참 입말에 쓰인다.

-너라 【이리 오**너라.**】

『'오다'나 '오다'로 끝나는 동사 뒤에 쓰인다』

어미 종결 어미

말아주낮춤 할아버지가 아이에게

예 오**너라**, 돌아오**너라** 나오**너라**, 다녀오**너라**

1. 반말로 명령하는 뜻을 나타낸다.

예 ▪ 너는 할머니를 모시고 오**너라**.
▪ 지금 당장 돌아오**너라**!

관련어 -거라, -아라
전참 입말에 쓰인다.

- 그것을 들고 오**너라**.
- 네가 심부름 좀 갔다 오**너라**.

도움말

'오너라'와 '와라'의 비교:
'오너라'는 아랫사람에게 명령할 때 쓴다. 친구들 사이나 편한 사이에서 오라고 할 때에는 주로 '오너라' 대신에 '와라'를 쓴다. '와라'는 어간 '오–'에 명령형 어미 '–아라'가 붙어 쓰인 꼴이다. '오너라'는 '와라'에 비해 권위적이며 격식적인 경우에 사용한다.
예: 내가 지금 바쁘니까, 너희가 내 사무실로 오**너라/와라**.

–네[1] 【자네를 이해하**네.**】

『동사, 형용사, '이다', '–았–', '–겠–' 뒤에 쓰임』
[어미] 종결 어미
[말조금낮춤] 스승이 제자에게, 장인·장모가 사위에게(어른말)

예 오**네**, 먹**네**, 예쁘**네**, 좋**네**, 먹**었네**, 오**겠네**

1. 어떠한 사실을 알리면서 서술하는 것을 나타낸다.
[예] ▪ 이제는 자네를 이해하**네**.
▪ 나는 자네가 부럽**네**.
[예] ▪ 여보게, 나는 내일 아침 내려가**네**.
▪ 나는 집으로 가겠**네**.

[전참] 1. 입말에 쓰인다. 2. 상대방에게 하는 말은 '–네그려'의 꼴로도 쓰인다. ㉮자네가 부럽**네그려**. 3. 가리키는 말은 '자네'를, 부르는 말은 '여보게'를 쓴다.

–네[2] 【밖에 비가 오**네.**】

『동사, 형용사, '이다', '–았–', '–겠–' 뒤에 쓰인다』
[어미] 종결 어미
[친한사이 말낮춤] 친구에게

예 오**네**, 먹**네**, 예쁘**네**, 좋**네**, 학생이**네**, 먹**었네**, 오**겠네**

1. 말하는이가 직접 경험하여 새롭게 알게 된 사실을 감탄하여 말하는 것을 나타낸다.
[예] ▪ 어, 밖에 비가 오**네**.
▪ 벌써 7시**네**.
▪ 세월 참 빠르**네**.
▪ 이 꽃이 이렇게 예쁜 줄은 몰랐**네**.

[존대] –네요
[전참] 입말에 쓰인다.

2. ['-겠네'의 꼴로 쓰여] 말하는이가 추측한 것을 듣는이에게 동의를 구하여 물어 보는 뜻을 나타낸다.

[2참] 올리는 억양과 함께 쓰인다.

[예] ▪ 그럼 여기서도 가깝겠**네**?
▪ 내가 이거 먹어도 되겠**네**?

-네요 【세월 참 빠르**네요.**】

『동사, 형용사, '이다', '-았-', '-겠-' 뒤에 쓰인다』

[어미] 종결 어미

[친한사이 말높임] 선배, 어른에게

[예] 오**네요**, 먹**네요**, 예쁘**네요**, 좋**네요**, 먹었**네요**, 오겠**네요**

1. 말하는이가 직접 경험하여 새롭게 알게 된 사실을 감탄하여 말하는 것을 나타낸다.

[전참] 입말에 쓰인다.

[예] ▪ 세월 참 빠르**네요**.
▪ 정말 근사하**네요**.
▪ 어머, 선생님 오셨**네요**.

2. ['-겠네요'의 꼴로 쓰여] 말하는이가 추측한 것을 듣는이에게 동의를 구하여 물어 보는 뜻을 나타낸다.

[2참] 올리는 억양과 함께 쓰인다.

[예] ▪ 그럼 요즘은 매일 교회에 가시겠**네요**?
▪ 선생님도 우리 선생님 아시겠**네요**?
▪ 그 동안 여기에 한 번도 안 왔겠**네요**?

> **도움말**
>
> '-네요'와 '-군요'의 차이:
>
> '-네요'와 '-군요'는 모두 새롭게 알게 된 사실에 대하여 감탄할 때 쓰인다. 그런데 '-군요'는 과거 사실에 대해서 현재 시점에 새로이 깨닫게 되었을 때에도 쓰이지만 '-네요'는 그렇지 못하다.
>
> 예 1: 유미: 지난 주에 여기는 비가 많이 왔어요.
> 대성: 아, 그랬**군요**.(○)/그랬네요.(×)

-노라고 【내 딴에는 하**노라고~**】

『동사 뒤에 쓰인다. 형용사 뒤에는 쓰이지 않는다.』

[어미] 연결 어미

[예] 가**노라고**, 먹**노라고**

1. 어떤 목적을 이루기 위하여 자기 나름대로는 최선을 다하여 했다는 뜻을 나타낸다.

예 ▪ 내 딴에는 하**노라고** 하였다.
▪ 우리는 서로 노력하**노라고** 했지만 날이 갈수록 사이가 더 나빠질 뿐이었습니다.
▪ 쓰**노라고** 쓴 게 이 모양이다.
▪ 청소를 깨끗이 하**노라고** 했는데 그만….

쓰기주의 –느라고(×)

전참 1. 흔히 '–느라고'의 꼴로 잘못 쓰인다.
☞ '–느라고'
2. '쓰노라고 쓰다', '하노라고 하다'와 같이 동사를 반복하여 쓴다.

도움말

'–노라고'와 '–느라고'의 차이:
'–노라고'는 말하는이의 말로 '자기 나름으로는 한다고'란 뜻을 나타내고, '–느라고'는 '하는 일로 인하여'의 뜻으로 을 나타낸다.(☞ '–느라고'의 도움말(p. 135))

예 1: 쓰**노라고** 쓴 게 이 모양이다.
예 2: 소설을 읽**느라고** 밤을 새웠다.

–노라니【여기 저기 찾아다니**노라니~**】

『동사와 '있다/없다' 뒤에 쓰인다. 형용사에는 쓰이지 않는다』

예 가**노라니**, 먹**노라니**, 있**노라니**

어미 연결 어미

1. 말하는이 자신이 하고 있는 앞의 행위가 뒤의 일의 원인이나 조건이 되는 것을 나타낸다. '–니까'의 뜻.

예 ▪ 여기 저기 찾아다니**노라니** 차츰 다리가 아파졌다.
▪ 여기 저기 찾**노라니** 가지가 부러진 소나무를 찾아낼 수 있었다.
▪ 자리를 펴고 누워 있**노라니**, 오랜만에 기분이 좋았다.

2. '–고 있자니'의 뜻.

예 ▪ 한참 편지를 쓰**노라니** 다시 노크 소리가 났다.
▪ 얼마쯤 가**노라니** 오른편에 조그만 약수터가 있다.

쓰기주의 –느라니(×)

전참 1. 글말에 쓰인다.
2. 강조할 때에는 '–노라니까'를 쓰기도 한다.
예 여기 저기 찾아다니**노라니까** 다리가 아팠다.

-느냐[1] 【어디를 가**느냐**?】

『동사, '있다/없다', '-았-', '-겠-' 뒤에 쓰인다』

[어미] 종결 어미

[말아주낮춤] 할아버지가 아이에게

1. 반말로 물어 보는 뜻을 나타낸다.

[예] ▪ 애야! 어디를 가**느냐**?
▪ 무슨 특별한 취미는 없**느냐**?
▪ 무슨 일로 왔**느냐**?
▪ 이제부터는 열심히 하겠**느냐**?

예 가**느냐**, 먹**느냐**, 있**느냐**, 먹었**느냐**, 가겠**느냐**

[형태관련어] -냐[1]

[전참] 1. 입말에 쓰인다. 2. '어디 가니?'에서의 '-니'가 '-느냐'보다 더 정답고 부드러운 느낌을 준다. 3. ☞ '-냐'의 [도움말]. 예 먹느냐(○)/먹냐(×)

-느냐[2] 【어떻게 했으면 좋겠**느냐** 물었다.】

『동사, '있다/없다', '-았-', '-겠-' 뒤에 쓰인다』

[어미] 인용을 나타내는 어미

1. 누가 물어 본 말을 인용하여 전달하는 것을 나타낸다.

[예] ▪ 그녀는 어떻게 했으면 좋겠**느냐** 의논해 왔지.
▪ 점심은 드셨**느냐** 물어 보았다.
▪ 그런 일을 해서 무얼 하**느냐** 하며 화를 낸다.

예 오**느냐**, 먹**느냐**, 있**느냐**, 먹었**느냐**, 가겠**느냐**

[관련어] -다, -라, -자

[전참] 주로 '-느냐고'의 꼴로 쓰인다

-느냐고[1] 【뭐라고 부르**느냐고**?】

『동사, '있다/없다', '-았-', '-겠-' 뒤에 쓰인다. 형용사 뒤에는 **-냐고**, **-으냐고**가 쓰인다.』

[어미] 종결 어미

[친한사이 말낮춤] 친구에게

1. 질문한 내용에 대해 다시 물어 보는 뜻을 나타낸다.

[예] ▪ 진수: 이걸 뭐라고 부르니? 유미: 뭐라고 부르**느냐고**?
▪ 무슨 이득이 있**느냐고**?
▪ 밥 먹었**느냐고**?

2. 말하는이가 듣는이의 반복 요청을 받고 되풀이 서술하는 것을 나타낸다.

예 가**느냐고**, 있**느냐고**, 먹었**느냐고**, 살겠**느냐고**

[존대] -느냐고요

[1참] 1. 올리는 억양과 함께 쓰인다. 2. 입말에서 흔히 [냐구]로 발음되기도 한다.

예 • 유미: 어제 잘 들어갔어? 진수: 뭐라고?
유미: 어제 잘 들어갔**느냐고**.
• 너는 잘 할 수 있**느냐고**.

2참 1. 내리는 억양과 함께 쓰인다. 2. 입말에서 흔히 [냐구]로 발음되기도 한다.

–느냐고² 【언제 가**느냐고**~】

『동사, '있다/없다', '–았–', '–겠–' 뒤에 쓰인다. 형용사 뒤에는 **–냐고**, **–으냐고**가 쓰인다.』

예 가**느냐고**, 먹**느냐고**, 있**느냐고**, 먹었**느냐고**, 살겠**느냐고**

어미 인용을 나타내는 어미

1. 누가 물어 본 말을 인용하여 전달하는 것을 나타낸다.

예 • 진수는 영숙이에게 언제 가**느냐고** 물었다.
• 유미: 여행에 대해 어떻게 생각해?
영숙: 재가 뭐라고 하니?
진수: 여행에 대해 어떻게 생각하**느냐고** 해.
• 존슨: 명동에 어떻게 가요?
이영숙: 뭐라고요?
존슨: 명동에 어떻게 가**느냐고** 했어요.

1참 '–느냐고 해'가 '–느냬'로 줄어들어 쓰인다. 예 가느냐고 해→가느냬

2. 절을 목적 대상으로 필요로 하는 일부 동사와 쓰인다.

예 • 아버지한테 어디 가시**느냐고** 물었다.
• 주인이 나에게 무엇을 찾**느냐고** 물었다.

2참 '묻다, 질문하다' 등에 쓰인다.

–느냐고요 【어디 가**느냐고요**?】

『동사, '있다/없다', '–았–', '–겠–' 뒤에 쓰인다. 형용사 뒤에는 **–냐고요**, **–으냐고요**가 쓰인다』

예 가**느냐고요**, 있**느냐고요**, 먹었**느냐고요**, 살겠**느냐고요**

어미 종결 어미

친한사이 말높임 선배, 어른에게

1. [올리는 억양과 함께 쓰여] 앞서 질문한 내용에 대해 다시 물어 보는 뜻을 나타낸다.

예 • 메리: 지금 어디 가세요? 존슨: 지금 어디 가**느냐고요**?
• 싸움을 왜 했**느냐고요**?

2. [내리는 억양과 함께 쓰여] 말하는이가 자신이 앞서 질문한 내용에 대하여 듣는이의 반복 요청을 받고

전참 1. 입말에 쓰이며, 흔히 [–느냐구요]로 발음되기도 한다. 2. 입말에서 흔히 '–느냐고요'에서 '–느'를 빼고 '–냐고요'로 쓴다. 잘못이다. 예 가느냐고요→가**냐고요**

되풀이 서술하는 것을 나타낸다.

예 ▪ 저더러 어디 사**느냐**고요.
▪ 어제 왜 안 왔**느냐**고요.

-느냐니 【이제 가**느냐니**?】

『동사, '있다/없다', '-았-', '-겠-' 뒤에 쓰인다. 형용사 뒤에는 **-냐니**, **-으냐니**가 쓰인다』

어미 종결 어미

친한사이 말낮춤 친구에게

예 가느냐니, 있느냐니, 먹었느냐니, 살겠느냐니

1. 질문한 내용에 대해 의심스럽거나 뜻밖의 사실로 느껴 놀라거나 하여 반문하는 것을 나타낸다.

예 ▪ 이제 가**느냐니**? 지금이 몇 신데 그런 소릴 하는 거요?
▪ 뭘 먹**느냐니**? 나는 점심도 못 먹나?
▪ 무얼 하**느냐니**? 일하는 게 안 보이나?

2. 의심스럽거나 뜻밖의 사실로 느껴 믿을 수 없다는 듯이 감탄조로 말하는 것을 나타낸다.

예 ▪ 왜 하루 세 끼 밥을 먹**느냐니**. 그럼 날 더러 한 끼만 먹으라는 건가?
▪ 왜 아무도 오지 않았**느냐니**. 그럼 나는 사람이 아닌가?

존대 -느냐니요

전참 입말에 쓰인다.

1참 뒤에는 의외라는 듯이 묻거나 그러함을 나타내는 내용이 온다. 이 때에는 주로 올리는 억양과 함께 쓰인다.

2참 뒷절에는 그래서 유감이라는 듯한 내용이 함축되어 있다. 이 때에는 주로 내리는 억양과 함께 쓰인다.

-느냐니까 【무슨 일이 있**느냐니까.**】

『동사, '있다/없다', '-았-', '-겠-' 뒤에 쓰인다. 형용사 뒤에서는 **-냐니까**, **-으냐니까**가 쓰인다』

어미 종결 어미

친한사이 말낮춤 친구에게

예 가느냐니까, 있느냐니까, 먹었느냐니까, 살겠느냐니까

1. 앞서 물어 본 내용을 다시 한 번 다그쳐 물어 보는 뜻을 나타낸다.

예 ▪ 무슨 일이 있**느냐니까**.
▪ 누구를 찾**느냐니까**.
▪ 그 사람들이 언제 왔**느냐니까**.

존대 -느냐니까요

관련어 -다니까, -라니까, -자니까

전참 입말에 쓰인다.

-느냐니까요 【왜 그러**느냐니까요**!】

『동사, '있다/없다', '-았-', '-겠-' 뒤에 쓰인다. 형용사 뒤에서는 **-냐니까요**, **-으냐니까요**가 쓰인다.』

[어미] 종결 어미

[친한사이 말높임] 선배, 어른에게

1. 앞서 물어 본 내용을 다시 한 번 다그쳐 물어 보는 뜻을 나타낸다.

[예] ▪ 왜 그러**느냐니까요**!
▪ 유미 어디 갔**느냐니까요**!
▪ 무슨 일이 있었**느냐니까요**?

예 가**느냐니까요**, 있**느냐니까요**, 먹었**느냐니까요**, 살겠**느냐니까요**

[관련어] -다니까요, -라니까요, -자니까요

[전참] 입말에 쓰인다.

-느냐니요 【뭘 먹**느냐니요**?】

『동사, '있다/없다', '-았-', '-겠-' 뒤에 쓰인다. 형용사 뒤에서는 **-냐니요**, **-으냐니요**가 쓰인다.』

[어미] 종결 어미

[친한사이 말높임] 선배, 어른에게

1. 질문한 내용이 의심스럽거나 하여 반문하는 것을 나타낸다.

[예] ▪ 뭘 먹**느냐니요**? 좀 전에 절더러 이걸 먹으라고 하지 않았나요?
▪ 퇴근 후에는 무얼 하**느냐니요**? 몰라서 물어요?
▪ 왜 왔**느냐니요**? 전화해서 오라고 할 때는 언제고?

예 가**느냐니요**, 있**느냐니요**, 먹었**느냐니요**, 살겠**느냐니요**

[관련어] -다니요, -라니요, -자니요

[전참] 1. 입말에 쓰인다. 2. 뒷문장에는 의외라는 듯이 묻거나 그러함을 나타내는 내용이 오는데, 이 때에는 주로 올리는 억양과 함께 쓰인다.

-느내 【어디로 가**느내**?】

『동사, '있다/없다', '-았-', '-겠-' 뒤에 쓰인다. 형용사 뒤에서는 **-내**, **-으내**가 쓰인다.』

준꼴 (종결 기능)

[친한사이 말낮춤] 친구에게

1. 제삼자가 묻는 말을 상대방에게 전달하여 물어 보는 뜻을 나타낸다.

예 가**느내**, 있**느내**, 먹었**느내**, 살겠**느내**

'-느냐고 해'의 준꼴

예 • 오늘 회식은 어디로 가**느내**?
• 정말로 도시락을 싸 왔**느내**?
• 아무려면 일부로 그랬겠**느내**? 그러니까 화 풀어.

존대 -느내요
관련어 -대, -래, -재
전참 입말에 쓰인다.

-느내요 【뭘 먹**느내요**.】

『동사, '있다/없다', '-았-', '-겠-' 뒤에 쓰인다. 형용사 뒤에서는 **-내요**, **-으내요**가 쓰인다.』

준꼴 (종결 기능)

친한사이 말높임 선배, 어른에게

예 가**느내요**, 있**느내요**, 먹었**느내요**, 살겠**느내요**

'-느냐고 해요'의 준꼴

1. 들어서 안 질문의 내용을 듣는이에게 알려 주는 것을 나타낸다.

예 • 뭘 먹**느내요**.
• 담배도 술도 안 하고 무슨 재미로 사**느내요**?
• 어떻게 자기 이름을 알았**느내요**?

관련어 -대요, -래요, -재요

전참 입말에 쓰인다.

-느니[1] 【그런 사람과 결혼하**느니~**】

『동사 뒤에 쓰인다. 모음으로 끝나건 자음으로 끝나건 '-느니'만 쓰인다』

어미 연결 어미

예 가**느니**, 사**느니**(살다), 먹**느니**, 잡**느니**

1. [동사의 현재 시제에만 쓰여] 앞의 것보다 뒤의 것이 나음의 뜻을 나타낸다. '-할 바에야 차라리 뒤의 것을 하겠다'의 뜻.

예 • 그런 사람과 결혼하**느니** 차라리 혼자 살겠어요.
• 앓**느니** 죽겠네.
• 라면을 먹**느니** 차라리 안 먹고 말 거야.

관련어 -느니보다는

전참 1. '-느니보다는'의 꼴로도 쓰인다. 예그 사람과 결혼하**느니보다는** 차라리 혼자 살겠어요.
2. 뒤에 '차라리, 아예' 등이 쓰인다.

-느니[2] 【극장에 가**느니** 마**느니~**】

『동사, '있다/없다', '-았-', '-겠-' 뒤에 쓰인다. 형용사 뒤에서는 **-니**, **-으니**가 쓰인다.』

어미 연결 어미

예 가**느니**, 있**느니**, 먹었**느니**, 살겠**느니**

1. [흔히 '-느니 -느니'의 꼴로 쓰여] 서로 대립되는 말 등을 나열하는 뜻을 나타낸다.

예 ▪ 극장에 가느니 마느니 저마다 의견이 달랐다.
▪ 그 옷이 어울리느니 안 어울리느니 해 봤자 제 마음에 들어야지.
▪ 남편 직업에 따라 시집을 잘 갔느니 못 갔느니 따지는 사람들도 있다.

형태관련어 -니[4]

전참 1. 앞뒤에 대립되는 말이 쓰인다. 2. 인용하는 것을 나타낼 때에는 '-다느니'나 '-라느니' 등의 꼴로 쓰인다.

-느니만 못하다 【제 눈으로 보느니만 못하다.】

결합정보 ☞-느니[1]

관용구

1. 차라리 뒤에 오는 상황이나 행동이 더 나음을 강조하여 말하는 뜻을 나타낸다.

예 ▪ 듣는 것은 눈으로 보느니만 못하다.
▪ 이렇게 사는 것은 죽느니만 못하지 않습니까?

-느라 【농장을 돌보느라~】

『동사의 현재형에만 쓰인다. 모음으로 끝나건 자음으로 끝나건 '-느라'만 쓰인다』

예 가느라, 공부하느라, 걷느라, 먹느라

어미 연결 어미

1. 앞 문장이 뒷문장에 대한 이유나 원인임을 나타낸다. '~하는 일로 말미암아'의 뜻.

예 ▪ 저희 부모님은 농장을 돌보시느라 바쁘십니다.
▪ 아이 손을 잡고 걷느라 그녀는 자꾸 걸음이 처졌다.
▪ 남편을 기다리느라 하루가 너무도 길었습니다.
▪ 아버지께서는 사냥 나갈 준비를 하느라 분주하셨다.

2. 앞 문장이 뒷문장의 목적임을 나타낸다. '-기 위해'의 뜻.

예 ▪ 방을 구하러 다니느라 뛰어다녀요.
▪ 마음을 가다듬느라 조용히 앉아 있었다.
▪ 그녀는 눈물을 감추느라 한참 눈을 감고 있었다.
▪ 우리는 비를 피하느라 원두막으로 들어갔다.

본말 -느라고

전참 뒤에 명령문이나 청유문이 올 수 없다.

–느라고 【영화를 보느라고~】

『동사의 현재형에만 쓰인다. 모음으로 끝나건 자음으로 끝나건 '–느라고'만 쓰인다』

예 가느라고, 먹느라고

어미 연결 어미

1. 이유를 나타낸다. '~하는 일로 말미암아'의 뜻.

예 ▪ 영화를 보**느라고** 점심을 굶었다.
▪ 그 동안 어머니 모시**느라고** 고생 많았지?
▪ 대학 다니**느라고** 돈을 못 벌었어요.
▪ 어제는 손님 대접하**느라고** 수고했어요.

2. 목적을 나타낸다. '–기 위해'의 뜻.

예 ▪ 학비를 대**느라고** 시골 땅을 다 팔았다.
▪ 돼지를 키우**느라고** 먹이를 구하러 다녔다.

준말 –느라

전참 1. 앞절, 뒷절의 주어가 동일해야 한다.
2. 뒷절에 명령문이나 청유문이 올 수 없다.

1참 '이유'를 나타내는 경우, '–느라고'절의 내용이 뒷절에 부정적인 영향을 끼친다.

도움말

'–느라고'와 '–아서'의 차이:

예1: 어제 텔레비전을 보느라고 공부를 못했다.
예2: 어제 텔레비전을 봐서 공부를 못했다.

예1은 공부를 해야 할 시간에 텔레비전을 봤다는 얘기이고, 예2는 텔레비전을 본 결과 공부를 못했다는 얘기다. 즉 '느라고'는 '아서'와 달리 뒷 동작과 시간적으로 일치되는 동작의 진행을 나타낸다.

예3: 더 드세요. 아니요 너무 많이 먹어서 배가 불러요.
예4: 더 드세요. 아니요 너무 많이 먹느라고 배가 불러요.(×)

많이 먹는 것과 배가 부른 것은 두 문장 사이에 시간의 선후 관계가 있다. 그래서 '–느라고'를 쓸 수 없다.

예5: 필기를 하느라고 듣지 못했어요.
예6: 필기를 해서 듣지 못했어요.(×)

설명하는 시간과 듣는 시간이 동시적이므로 '–느라고'가 자연스럽다.

도움말

'–느라고'와 '–려고'의 차이:

예1: 누가 이 추운 날 문을 열었지?
a. 제가 청소하느라고 열었어요.
b. 제가 청소하려고 열었어요.

둘 다 자연스럽지만 의미 차이가 있다. a는 창문을 열고 청소를 하고 있거나, 또는 이미 했다는 상황이 추측되는 것이고, b는 창문은 이미 열었지만 아직 청소는 하지 않은 상태일 수 있다. 즉 동작의 진행상의 차이가 있다.

-느라니

어미 연결 어미

1. '-노라니'의 잘못. ☞ -노라니(p. 128)

는1 【저는 안 가요.】

『**는**은 받침 없는 말에, **은**은 받침 있는 말에 붙어 쓰인다』 예 나는, 이것은

조사 보조사

1. '주제'를 나타낸다

1. (상황에서) 주어진 것에 대해 말할 때 '는'을 사용한다. '~에 대해 말할 것 같으면'의 뜻.

예 ▪ 저**는** 요시꼬라고 합니다.
▪ 여기**는** 2123국에 1234번입니다.
▪ 저것**은** 한국말로 뭐라고 해요?

2. (이야기에서) 앞에서 말한 것을 다음 문장에서 그것에 대해 다시 말할 때 '는'을 사용한다.

예 ▪ 옛날에 황봉이라는 사람이 살고 있었습니다. 그**는** 물건들을 사고 파는 일을 하였습니다. 어느 해, 봉**은** 멀리 장삿길을 떠났습니다. 며칠 뒤, 봉**은** 바다 한가운데에서 큰 바람을 만났습니다.

3. 일반적인 상식에 근거하여 이를 주제로 쓸 때 사용된다.

예 ▪ 해**는** 동쪽에서 뜬다.
▪ 지구**는** 둥글다.
▪ 인간**은** 생각하는 동물이다.

관련어 가

전참 입말에서는 'ㄴ'으로 줄어들어 쓰이기도 한다. 예 저는 → **전**

1참 이때 '는' 대신에 '가'를 쓰지 못한다. 예 제가 요시꼬라고 합니다.(×)

2참 이때 '는' 대신에 '가'를 쓰지 않는다.

2. '대조'를 나타낸다

1. [문장의 어디에서나 쓰여] 어떤 사실이 다른 것과

대조되는 것을 나타낸다.

예 ▪ 집에 편지**는** 자주 보내요.
▪ 학교가 좀 멀기**는** 해요.
▪ 그렇지만 어쨌든 재미**는** 있었어.
▪ 먹어**는** 보았어.

예 ▪ 앞머리**는** 조금만 다듬고, 뒷머리**는** 짧게 잘라 주세요.
▪ 말**은** 잘하는데 실천**은** 안 해.

1참 '편지는 자주 보내요'에 대조되는 내용인 '전화는 자주 못해요' 따위가 문맥 속에 있다.

1참 앞절과 뒷절에 대조되는 내용이 올 때 '뭐뭐는 ~, 뭐뭐는 ~'의 꼴로 쓰인다.

3. 특수 용법

1. [연결 어미 뒤에 쓰여] 강조를 나타낸다.

예 ▪ 농부는 친구의 말을 듣고**는** 그러면 되겠다고 생각했다.
▪ 고양이는 땅을 파서 똥을 누고**는** 묻어 버린다.
▪ 그는 옷을 입고**는** 나가 버렸다.

2. ['가기는 간다', '인물은 인물이다'와 같이 반복되는 두 말을 잇는 곳에 쓰여] 앞의 사실이 전제되기는 하지만 어느 정도 조건이 뒤따름을 나타낸다.

예 ▪ 가기**는** 간다마는 금방 올 거다.
▪ 사기**는** 샀는데 별로 마음에 들지는 않아.
▪ 역시 김 군이 인물**은** 인물이야.

2참 '무엇은 무엇이다'의 꼴이나 '가기는 간다'와 같이 반복의 꼴로 쓰인다.

도움말

'가'와 주제를 나타내는 '는'의 쓰임의 차이:

1. 이야기에서 처음으로 등장하여 소개되는 대상을 나타내는 데에는 '가'가 쓰이고(예: '아이들 여러 명이'), 이것이 다시 나올 때에는 '는'이 쓰인다.('아이들은, 개구쟁이 아이들은') 실제 글에서는 새로운 대상만 서술하는 것이 아니므로, 일단 등장한 그 대상에 대하여 기술하게 된다. 따라서 이들이 주어로 쓰일 때 이를 나타내는 표지로 '는'이 '가'보다 많이 쓰인다.('아이들은, 개구쟁이 아이들은')

<허준>

아이들 여러 명이 닭을 쫓아다닙니다. **닭은** 아이들에게 쫓겨 이리저리 달아납니다. **아이들은** 뒤뚱거리며 달아나는 닭의 뒷모습이 재미있다는 듯이 킥킥 웃으며 닭을 쫓아갑니다.

"닭아, 같이 놀자. 여기 맛있는 모이도 있어."

개구쟁이 아이들은 닭을 잡아 데리고 놀고 싶습니다. 그러나 닭은 그저 달아나기만 합니다.

2. 앞에 나온 것을 다시 받아서 이야기할 때에 '는'이 쓰인다.
예: 아이들 여러 명이 **닭을** 쫓아다닙니다. **닭은** ……
3. 일반적으로 통하는 진리 등을 나타내는 주체에 해당하는 말에 '는'이 쓰임.
예: **지구**는 둥글다. **해**는 서쪽에서 뜬다. **삼각형의 세 각의 합**은 180도이다.

–는[2] 【지금 쓰는 편지】

『동사, '있다/없다' 뒤에 쓰인다. 모음으로 끝나건 자음으로 끝나건 '–는'만 쓰인다. 형용사에는 **–ㄴ, –은**이 쓰인다.』

예 가는, 먹는, 걷는, 있는, 없는

어미 꾸미는 어미

1. 어떤 동작이나 상태가 현재 진행 중임을 나타낸다.
예 ▪ 지금 쓰는 편지를 진수에게 보낼 거야.
▪ 어디에 가는 길이세요?
▪ 자전거를 타고 가는 사람이 있었다.
2. (구체적인 시간을 떠나서) 일반적인 행동이나 상태 그 자체만을 나타낸다.
예 ▪ 이 옷에 어울리는 구두를 살 거예요.
▪ 모르는 게 있으면 언제든지 물어 보세요.
▪ 쌀을 주식으로 하는 민족도 상당히 많다.

전참 1. 형용사에는 '–ㄴ 은'이 쓰인다. 예 비싼 옷/짧은 치마. 2. '쓰는 편지, 가는 사람'처럼 뒤의 말을 꾸민다.

주의 'ㄹ'받침으로 끝나는 동사의 활용. 예 '날다: 나는(○)/날으는(×)'

–는가[1] 【자네 어디 가는가?】

『동사, '있다/없다', '–았–', '–겠–' 뒤에 쓰인다. 형용사 뒤에는 **–ㄴ가, –은가**가 쓰인다.』

예 가는가, 먹는가, 있는가, 없는가, 갔는가

어미 종결 어미

말조금낮춤 스승이 제자에게, 장인·장모가 사위에게(어른말)

1. 물어 보는 뜻을 나타낸다.
예 ▪ 자네 어디 가는가?
▪ 여보게, 이리 좀 오겠는가?
▪ 자네 취직은 어떻게 되었는가?

관련어 –나[3]

전참 1.입말에 쓰인다.

2. [의문문의 형식이지만 대답을 요구하지 않는 꼴로 쓰여] 강조하여 말하는 것을 나타낸다.

2. '–나'로 바꿔 쓸수있다. 예 자네 어디 가나?/가는가? 3. 가리키는 말은 '자네'를, 부르는 말은 '여보게'를 쓴다.

예 ▪ 자네라고 왜 못하겠는가.
▪ 왜 이리 무례하게 구는가.

–는가2 【환경 문제는 왜 나타나**는가**?】

『동사, '있다/없다', '–았–', '–겠–' 뒤에 쓰인다. 형용사 뒤에는 **–ㄴ가**, **–은가**가 쓰인다.』

예 가는가, 먹는가, 있는가, 없는가, 갔는가

어미 종결 어미

높임없음 누구에게: 글에서 독자에게

1. [논문이나 신문 같은 글말에서] 일반적인 문제를 제기하는 것을 나타낸다.

전참 글말에만 쓰인다.

예 ▪ 환경 문제는 왜 나타나는가?
▪ 현대 과학은 환경 문제를 해결할 수 있는가?
▪ 지구상에서 어떻게 생명이 비롯되었는가?

2. (상대방에게 물어 보는 뜻보다는) 스스로의 의문을 나타낸다.

예 ▪ 나는 어디에서 왔으며 또한 어디로 향하여 가는가?
▪ 나는 왜 항상 바보 같은 행동만 하는가?
▪ 나는 그렇게 할 수밖에 없었는가?

3. [의문문의 형식이지만 대답을 요구하지 않는 꼴로 쓰여] 문장의 내용을 강조하는 것을 나타낸다.

3참 '어찌, 얼마나' 등과 함께 쓰인다.

예 ▪ 세상에 그런 사람이 또 어디 있는가?
▪ 돈과 명예를 다 얻는다 해도 건강을 잃으면 무슨 소용이 있겠는가?

–는가 보다 【누가 오**는가 보다**.】

결합정보 ☞ –는가2

관용구

1. [동사, '있다/없다' 뒤에 쓰여] 자기 스스로에게 묻는 물음이나 추측을 나타낸다.

전참 말하는 사람의 추측을 나타내므로 '나, 우리'와는 쓰이지 않는다. 예 나는/우리는 돈이 있는가 봐요(×).

예 ▪ 누가 오는가 보다.
▪ 먼저 먹는가 봐요.

–는가 싶다 【아직도 있**는가 싶었다.**】

관용구

1. [동사, '있다/없다' 뒤에 쓰여] '그러한 생각이 들다'의 뜻.

예 ▪ 학생들이 아직도 있**는가 싶어** 가 보았다.
▪ 잘 자고 있**는가 싶었는데**, 소녀가 몸을 뒤척였다.

결합정보 ☞ –는가

형태관련어 –ㄴ가 싶다

–는 가운데 【내가 보**는 가운데~**】

관용구

1. [동사, '있다/없다' 뒤에 쓰여] '어떠한 일이 일어난 결과가 계속되는 동안'의 뜻.

예 ▪ 그를 만나는 **가운데** 그가 훌륭한 사람이라는 것을 알았다
▪ 살아가는 **가운데** 자연스럽게 이루어지는 교육도 있다.

결합정보 ☞ –는

전참 '–는 가운데서', '–는 가운데서도'의 꼴도 쓰인다. 예 그 경황없는 **가운데서도** 선생님의 노래는 감동적이었다.

–는가 하고 【언제 오**는가 하고** 궁금했어요.】

관용구

1. 자기 스스로에게 묻는 물음이나 추측을 나타낸다.

예 ▪ 언제 진수가 오**는가 하고** 궁금했어요.
▪ 앉을 만한 곳이 있**는가 하고** 둘러보았다.
▪ 무슨 일**인가 하고** 가까이 가 보았다.
▪ 여기가 바로 천국이 아**닌가 하고** 생각했어요.
▪ 그렇지 않아도 웬일**인가 하고** 걱정하고 있었어요.

결합정보 ☞ –는가

전참 1. 뒷절에는 '생각하다, 걱정하다, 궁금하다' 등의 동사가 쓰인다. 2. '–나 하고'의 꼴로도 쓰인다. 예 교통사고가 났**나 하고** 걱정했어요.

–는가 하면 【언덕을 넘었**는가 하면~**】

관용구

1. [동사, '있다/없다' 뒤에 쓰여] '그런 한편, 그런 반면'의 뜻.

예 ▪ 언덕을 넘었**는가 하면** 또 그 앞에 언덕이 있다.

결합정보 ☞ –는가

전참 '–았–' 뒤에도 쓰인다.

- 만화 영화에 나오는 악당들은 죽었**는가 하면** 또 살아난다.

[1참] 앞절과 뒷절에 대립적인 내용이 쓰인다.

2. [동사, '있다/없다' 뒤에 쓰여] 어떤 내용을 언급하여 말하면서, 이를 부연 설명하는 것을 나타낸다.

[예] • 그림을 그릴 때 어떻게 하**는가 하면**, 먼저 구도를 잡아야 한다.
- 이건 또 어디서 나왔**는가 하면**, 저번에 광에서 굴러나왔어.

-는 건가요 【이제 가는 건가요?】

관용구

[결합정보] ☞ -는

'-는 것인가요'의 준꼴

1. [동사, '있다/없다' 뒤에 쓰여] '그러한 사실 또는 그렇게 하는 것입니까?'의 뜻.

[형태관련어] -ㄴ 건가요, -은 건가요

[예] • 그럼 누구 돈으로 먹**는 건가요**?
- 이제 가시**는 건가요**?
- 내게 묻**는 건가요**?

-는걸 【날씨가 추워지는걸.】

『동사, '있다/없다', '-았-', '-겠-' 뒤에 쓰인다. 형용사 뒤에는 **-ㄴ걸**, **-은걸**이 쓰인다』

[어미] 종결 어미

[친한사이 말낮춤] 친구에게

[예] 가**는걸**, 먹**는걸**, 있**는걸**, 하겠**는걸**, 갔**는걸**

1. 새롭게 알게 된 것을 감탄하여 말하는 것을 나타낸다.

[예] • 날씨가 점점 추워지**는걸**.
- 장사도 잘 하겠**는걸**.
- 이 정도는 쉽게 들겠**는걸**.

2. 자기의 생각을 상대방에게 가볍게 주장하여 말하는 것을 나타낸다.

[예] • 아무래도 믿어지지 않**는걸**.
- 조금 실망했**는걸**.
- 도대체 어째야 좋을지 전혀 모르겠**는걸**.

[존대] -는걸요

[관련어] -는데

[전참] 1. 입말에 쓰인다. 2. 동사의 과거 시제를 나타낼 때에는 '-았는걸'을 써야 한다. '-은걸'은 틀린 것이다. ㉠ 내가 벌써 다 먹은걸(×)/먹었는걸(○)

-는걸요 【얼마든지 있**는걸요.**】

『동사, '있다/없다', '-았-', '-겠-' 뒤에 쓰인다. 형용사 뒤에는 **-ㄴ걸요**, **-은걸요**가 쓰인다』

어미 종결 어미

친한사이 말높임 선배, 어른에게

예 가는걸요, 먹는걸요, 있는걸요, 없는걸요, 갔는걸요

1. 자기의 생각을 상대방에게 가볍게 주장하여 말하는 것을 나타낸다.

예 ▪ 식료품점에는 갖가지 김치가 얼마든지 있**는걸요.**
▪ 안 그래요? 난 그렇게 생각되**는걸요.**
▪ 그렇습니다. 좀 어렵겠**는걸요.**
▪ 선생님의 솜씨를 보고 모두들 놀랐**는걸요.**

관련어 -는데요

전참 1. 입말에 쓰인다. 2. 흔히 [는걸료]로 발음한다.

-는 것 【먹**는 것**】

관용구

결합정보 ☞ -는[2]

1. [동사, '있다/없다'에 붙어서, 이를 명사로 쓰일 수 있게 하는 것으로] 어떤 동작이나 사실, 사물을 설명하는 것을 나타낸다.

예 ▪ 음식물은 천천히 골고루 씹어 먹**는 것**이 좋습니다.
▪ 갑자기 차도로 뛰어나오**는 것**은 매우 위험합니다.
▪ 나는 공부하**는 것**을 싫어합니다.
▪ 평화는 온 인류가 함께 만들어 가**는 것**이다.

형태관련어 -ㄴ 것

관련어 -ㄹ 것

-는 것 같다 【비가 오**는 것 같다.**】

관용구

결합정보 ☞ -는[2]

1. [동사, '있다/없다' 뒤에 쓰여] 어떤 현재의 사실에 대해 추측하는 것을 나타낸다.

예 ▪ 어쩐지 그 소리가 차츰 가까워지**는 것 같다.**
▪ 너는 나를 이해하지 못하**는 것 같아.**
▪ 밖은 비가 오**는 것 같아요.**
▪ 전화를 안 받는 걸 보니 지금 집에 아무도 없는

형태관련어 -ㄴ 것 같다

비슷 -는 듯하다

전참 과거사실의 추측은 '-은 것 같다'를 쓴다. 예 비가 온 것 같다(○) '-았는 것 같다'는 틀린 말이다./비가 왔는 것 같다(×)

것 같네.

-는 것이다 【쓰레기를 만들지 않**는 것이다.**】

관용구

1. [동사, '있다/없다' 뒤에 쓰여] ('-는다'라고 해도 될 것을 '-는 것이다'라고 하여) 말하는이의 생각을 객관화시켜 강조하여 말하는 것을 나타낸다.

예 ▪ 그들은 도대체가 쓰레기를 만들지 않는 **것이다.**
▪ 여자도 남자만큼 어려운 일을 하는 **것이다.**
▪ 에어컨 등으로 인해 지구의 환경이 오염되고 있는 **것이다.**

결합정보 ☞ -는[2]

형태관련어 -ㄴ 것이다

관련어 -았던 것이다

전참 다소 공식적인 글말에 주로 쓰인다.

-는 격이다 【닭 쫓던 개 지붕 쳐다보**는 격이에요.**】

관용구

1. [동사에 쓰여] (주로 속담 등에) 비유하는 것을 나타낸다. '그러한 셈이다'의 뜻.

예 ▪ 이렇게 되면 저는 닭 쫓던 개 지붕 쳐다보는 **격이에요.**
▪ 장님 코끼리 더듬는 **격이네.**
▪ 그런데 엎친 데 덮치는 **격으로** 아빠가 몸이 아프기 시작했습니다.

결합정보 ☞ -는[2]

전참 '-는 격으로'의 꼴로도 쓰인다

~는 고사하고 【금반지**는 고사하고~**】

관용구

1. [명사와 쓰여] '앞에 말한 것은 말할 것도 없고'의 뜻.

예 ▪ 금반지는 **고사하고** 은반지도 없다.
▪ 월급 받아도 저축은 **고사하고** 먹고 사는 것도 어려웠다.
▪ 진수를 만나기는 **고사하고** 목소리도 못 들어 봤어요.

예 반지는 고사하고, 선물은 고사하고

전참 동사와 함께 쓰일 때는 '-기는 고사하고'의 꼴로 쓰인다. 예 만나기는 고사하고...

-는 관계로【비가 오는 관계로~】

관용구

결합정보 ☞ -는

1. [동사에 쓰여] '어떠한 것 때문에'의 뜻.

예 ▪ 비가 오는 **관계로** 운동회를 할 수 없었습니다.
▪ 전공은 달랐지만 같은 대학에 근무하는 **관계로** 그와는 가깝게 지내고 있다.
▪ 인터넷 사업을 하는 **관계로** 그 방면에 아는 사람이 좀 있습니다.

전참 형용사에는 '-ㄴ 관계로'의 꼴로 쓰인다. ㉥ 유미는 진수와 사이가 나쁜 **관계로** 직장을 옮기려고 한다.

-는구나【밥을 잘 먹는구나.】

『동사 뒤에 쓰인다. 형용사 뒤에는 **-구나**가 쓰인다』

예 가는구나, 먹는구나

어미 종결 어미

말아주낮춤 할아버지가 아이에게

1. 새롭게 알게 된 사실에 대해 감탄하는 것을 나타낸다.

예 ▪ 너희들 밥을 참 잘 먹**는구나**.
▪ 음, 그래서 음식 냄새가 나**는구나**.
▪ 그게 아니래도 그러**는구나**.

전참 1. 입말에 쓰인다. 2. '-구나'와 달리 의문을 나타내는 용법이나 빈정거리는 것에는 잘 쓰이지 않는다.

-는군【눈이 오는군.】

『동사 뒤에 쓰인다. 형용사 뒤에는 **-군**이 쓰인다』

예 가는군, 먹는군

어미 종결 어미

친한사이 말낮춤 친구에게

1. 새롭게 알게 된 사실에 대해 새로이 감탄하는 것을 나타낸다.

예 ▪ 아, 눈이 오**는군**.
▪ 벌써 꽃이 피**는군**.
▪ 아이들이 재미있게 노**는군**.

형태관련어 -군

존대 -는군요

전참 1. 입말에 쓰인다. 2. '-는군그래'의 꼴로도 쓰인다.

2. [빈정거리는 어투로] 실제로는 잘못한 일에 대해 반대로 잘했다고 비꼬아 말하는 것을 나타낸다.

2참 일부러 상대방이 들으라고 하는 말이다.

예 ▪ 왜, 오늘 비 온다면서? 그래 잘도 오**는군**.
▪ 일은 안 하면서 많이도 먹**는군**.

3. [혼잣말로] 단순히 그러하다고 서술하는 것을 나타낸다.

예 ▪ 운동은 제법 잘 하**는군**.
▪ 음, 요리도 꽤 하**는군**.

-는군요 【길이 막히**는군요.**】

『동사 뒤에 쓰인다. 형용사 뒤에는 **-군요**가 쓰인다』

어미 종결 어미

친한사이 말높임 선배, 어른에게

예 가**는군요**, 먹**는군요**

1. 새롭게 알게 된 사실에 대해 감탄하듯이 말하는 것을 나타낸다.

예 ▪ 길이 많이 막히**는군요**.
▪ 어려운 책을 읽으시**는군요**.
▪ 고맙게도 저를 기억해 주시**는군요**.

형태관련어 -군요

전참 입말에 쓰인다.

-는 길에 【목욕탕에 갔다 오**는 길에~**】

관용구

결합정보 ☞ -는

1. ['가다, 오다' 뒤에 쓰여] '가거나 오는 도중이나 기회에'의 뜻을 나타낸다.

예 ▪ 목욕탕에 갔다 오는 **길에** 동네사람을 만났다.
▪ 우체국에 가는 **길에** 편지 좀 부쳐 주세요.

전참 '-는 길이다'의 꼴로도 쓰인다. 예 난 고향으로 가는 **길이야**.

-는 김에 【부엌에 가**는 김에~**】

관용구

결합정보 ☞ -는

1. [동사 뒤에 쓰여] 어떤 행동을 시작하는 순간을 나타내어 '그렇게 하는 기회에'의 뜻.

예 ▪ 부엌에 가는 **김에** 물 한 잔 가져다 줄래?
▪ 하는 **김에** 내 것도 좀 해 주면 안 될까?

형태관련어 -ㄴ김에

–는다[1] 【학생들이 책을 많이 읽**는다.**】

『**–는다**는 받침 있는 동사 뒤에, **–ㄴ다**는 받침 없는 동사와 'ㄹ' 받침으로 끝난 동사 뒤에 쓰인다. 형용사 뒤에는 **–다**가 쓰인다』

예 먹는다, 잡는다, 간다, 본다, 산다(살다)

어미 종결 어미

말아주낮춤 할아버지가 아이에게

1. [글말에서] 어떠한 사실을 중립적으로 서술하는 것을 나타낸다.

형태관련어 –다[3]

1참 글말에 쓰이는 것은 높임, 낮춤이 없다.

예 ▪ 학생들이 책을 많이 읽**는다**.
▪ 봄에 뿌린 씨앗은 가을에 열매를 맺**는다**.
▪ 우리 나라의 여름에는 대체로 비가 많이 내린**다**.

2. [입말에서] 어떠한 행위를 현재형으로 서술하는 것을 나타낸다.

예 ▪ 진수: 엄마, 뭐 하세요? 엄마: 밥 먹**는다**.
▪ 미선아, 내가 잡**는다**.
▪ 야, 저기 아빠 오신**다**.

3. [입말에서] 계획하고 있거나 확정된 미래의 사실을 알리는 것을 나타낸다.

예 ▪ 난 다음 주에 우리 아빠랑 동물원에 간**다**.
▪ 난 이제 초등 학교 학생이 된**다**.

–는다[2] 【밥을 먹**는다** 합디다.】

『**–는다**는 받침 있는 동사 뒤에, **–ㄴ다**는 받침 없는 동사와 'ㄹ' 받침으로 끝난 동사 뒤에 쓰인다. 형용사 뒤에는 **–다**가 쓰인다』

예 먹는다, 잡는다, 간다, 본다, 산다(살다)

어미 인용을 나타내는 어미

1. 서술형으로 표현된 내용을 간접적으로 옮겨 말하는 것을 나타낸다.

형태관련어 –다[5]

전참 흔히 '–는다고'의 꼴로 쓰인다.

예 ▪ 부인은 나를 믿**는다** 하지 않았소.
▪ 저 집 아이는 벌써 밥을 먹**는다** 합디다.

2. ['–는다 하다'의 꼴에 쓰여] '하다'의 내용절을 나타

낸다.

예 ▪ 내일 당장 죽**는다** 하더라도, 이것은 해야 한다.
▪ 설혹 그런 날이 영원히 우리에게 오지 않**는다** 할지라도 노력해 봅시다.
▪ 콩으로 메주를 **쑨다** 해도 네 말은 안 믿어.
▪ 현대의 우리 생활에 맞지 않**는다** 하여 무조건 나쁘다고 하면 안 됩니다.

2참 주로 '-는다 해도/할지라도/해서'의 꼴로 쓰인다.

-는다거나 【꾸짖**는다거나** 타이**른다거나** 하는 말투】

『**-는다거나**는 받침 있는 동사 뒤에, **-ㄴ다거나**는 받침 없는 동사와 'ㄹ' 받침으로 끝난 동사 뒤에 쓰인다. 형용사 뒤에는 **-다거나**가 쓰인다』

어미 연결 어미

예 먹는다거나, 간다거나, 산다거나(살다)

1. [주로 '-는다거나 -는다거나 하다'의 꼴로 쓰여] 두 가지 이상의 행위를 나열하면서 설명하는 것을 나타낸다.

예 ▪ 꾸짖**는다거나** 타이**른다거나** 하는 말투가 아니다.
▪ 그는 책을 읽**는다거나** 텔레비전을 **본다거나** 하면서 주말을 보냈다.
▪ 손님이 윗방에서 걷**는다거나** 어떤 소리를 낸다면 큰일이 납니다.

형태관련어 -다거나

-는다고[1] 【얼마나 잘 먹**는다고.**】

『**-는다고**는 받침 있는 동사 뒤에, **-ㄴ다고**는 받침 없는 동사와 'ㄹ' 받침으로 끝난 동사 뒤에 쓰인다. 형용사 뒤에는 **-다고**가 쓰인다』

어미 종결 어미

친한사이 말낮춤 친구에게

예 먹는다고, 간다고, 산다고(살다)

1. 말하는이 자신의 말을 되풀이하거나 강조하여 말하는 것을 나타낸다. '-아'의 뜻.

예 ▪ 그렇게 작게 말하면 들리지 않**는다고.**

형태관련어 -다고[1]

존대 -는다고요

▪ 대성: 뭐라고 하셨어요?
미선: 다음 주에 여행을 떠**난다고**.
▪ 우리 삼촌은 미국에서 **산다고**.

전참 흔히 입말에서 [는다구]로 발음한다.

2. 상대방에게 자랑하듯이 말하는 것을 나타낸다.
예 ▪ 내가 얼마나 잘 먹**는다고**.
▪ 우리 형이 얼마나 축구를 잘 **한다고**.

2참 '얼마나'와 같이 쓰인다.

3. 상대방에게 들은 사실을 반복하여 말하면서 확인하여 물어 보는 뜻을 나타낸다.
예 ▪ 누굴 찾**는다고**? 난 그런 사람 모르는데.
▪ 그 애가 그렇게 공부를 잘 **한다고**?
▪ 벌써 미선이가 걷**는다고**?

3참 이 때에는 말끝을 올린다.

4. 어떠한 사실이 말하는이가 예상했던 것과 어긋난 데 대해 깨닫듯이 서술하는 것을 나타낸다.
예 ▪ 난 또 왜 웃**는다고**. 사람이 실수할 수도 있는 거지.
▪ 에이, 난 정말 많이 먹**는다고**.

5. 상대방에게 반문하면서 빈정거리는 것을 나타낸다.
예 ▪ 네가 그 많은 걸 혼자 다 먹**는다고**? 정말 웃기네.
▪ 네가 뭘 대단한 일을 **한다고**?

5참 이 때에는 말끝을 올린다.

-는다고[2] 【떡국을 많이 먹**는다고~**】

『**-는다고**는 받침 있는 동사 뒤에, **-ㄴ다고**[2]는 받침 없는 동사와 'ㄹ' 받침으로 끝난 동사 뒤에 쓰인다. 형용사 뒤에는 **-다고**가 쓰인다』

예 먹**는다고**, 간**다고**, 산**다고**(살다)

어미 연결 어미

1. 이유를 나타낸다. '-는다고 해서'의 뜻.
예 ▪ 떡국을 많이 먹**는다고** 나이를 더 먹는 거 아니야.
▪ 감기 좀 앓**는다고** 결석해서는 안 되지.
▪ 좀 **안다고** 그러는 게 아니야.

형태관련어 -다고

2. [속담처럼 이미 있는 말을 인용하여] 그에 빗대어 다음 사실을 주장하는 것을 나타낸다. '-는다는 말이 있듯이', '-는다고 하더니'의 뜻.
예 ▪ 팔은 안으로 굽**는다고** 내 아이의 말만 듣게 된다.

▪ 고기도 먹어 본 사람이 잘 먹**는다고**, 자꾸 해 주면 잘 먹게 되지 않을까요?

-는다고[3] 【널 찾**는다고**~】

『**-는다고**는 받침 있는 동사 뒤에, **-ㄴ다고**[3]는 받침 없는 동사와 'ㄹ' 받침으로 끝난 동사 뒤에 쓰인다. 형용사 뒤에는 **-다고**가 쓰인다』

예 먹**는다고**, 간**다고**, 산**다고**(살다)

[어미] 인용을 나타내는 어미

1. 서술형으로 표현된 내용을 간접적으로 옮겨 말하는 것을 나타낸다.

[예] ▪ 진수가 선생님께서 널 찾**는다고** 말하던데.
▪ 곧 오**신다고** 여쭈어라.
▪ 내일 비가 **온다고** 해요.

[형태관련어] -다고

[전참] '-는다'의 꼴로도 쓰인다. 예 곧 오**신다** 여쭈어라.

2. [절을 목적 대상으로 필요로 하는 일부 동사와 함께 쓰여] 그 내용절을 나타낸다.

[예] ▪ 그는 내일 아침 일찍 출발**한다고** 연락해 왔다.
▪ 화물차에 대해서는 어느 회사에도 뒤지지 않**는다고** 봅니다.

-는다고요 【비빔밥을 먹**는다고요.**】

『**-는다고요**는 받침 있는 동사 뒤에, **-ㄴ다고요**는 받침 없는 동사와 'ㄹ' 받침으로 끝난 동사 뒤에 쓰인다. 형용사 뒤에는 **-다고요**가 쓰인다』

예 먹**는다고요**, **간다고요**, **산다고요**(살다)

[어미] 종결 어미

[친한사이 말높임] 선배, 어른에게

1. 말하는이 자신의 말을 되풀이하거나 강조하여 말하는 것을 나타낸다. '-아요'의 뜻.

[예] ▪ 대성: 뭘 드시겠다고요?
영희: 저는 비빔밥을 먹**는다고요**.
▪ 대성: 뭐라구요? 영희: 잘 보이지 않**는다고요**.
▪ 주말마다 영화를 **본다고요**.

[형태관련어] -다고요

[전참] 입말에서는 [는다구요]로 발음하기도 한다.

2. [의문문의 형식이지만 대답을 요구하지 않는 꼴로 쓰여] 강조하여 말하는 것을 나타낸다.

예 ▪ 그거 팔아 봤자 얼마나 남**는다고요**?
▪ 얘가 무슨 영화를 볼 줄 안**다고요**? 그냥 우리끼리 가요.

3. 이미 들은 것을 다시 한 번 확인하듯이 질문하는 것을 나타낸다.

예 ▪ 그래서 안 죽**는다고요**?
▪ 자기가 스스로 어려운 일을 만든**다고요**?
▪ 일부러 숙제를 안 한**다고요**?

-는다고 해서 【아파트에 **산다고 해서~**】

결합정보 ☞ -는다고[2]

관용구

1. [동사에 쓰여] '그러한 것을 이유로 해서'의 뜻.

예 ▪ 아이가 밥을 많이 먹**는다고 해서** 건강한 것은 아니에요.
▪ 아파트에 산**다고 해서** 다 편리해지는 것도 아니야.

전참 '-다고 해서'의 꼴로도 쓰인다. 예 한자를 폐지했**다고 해서** 한자 교육까지 완전히 없애 버린 것은 아니다.

-는다느니 【이렇게 먹**는다느니** 저렇게 먹**는다느니~**】

『**-는다느니**는 받침 있는 동사 뒤에, **-ㄴ다느니**는 받침 없는 동사와 'ㄹ' 받침으로 끝나는 동사 뒤에 쓰인다. 형용사 뒤에는 **-다느니**가 쓰인다』

예 먹는다느니, 간다느니, 산다느니(살다)

어미 연결 어미

형태관련어 -다느니

1. [흔히 '-는다느니~-는다느니'의 꼴로 쓰여] 생각한 행위 내용을 나열하거나 이러고 저러고 이야기하는 것을 나타낸다.

예 ▪ 이렇게 먹**는다느니** 저렇게 먹**는다느니** 의견이 분분했다.
▪ 날더러 너무한**다느니** 어쩐**다느니** 그래 봐야 소용이 없지.
▪ 자기가 먼저 들어가겠**다느니** 안 된**다느니** 실랑이

를 하고 있었다.

-는다는구나【나무를 심**는다는구나.**】

『**-는다는구나**는 받침 있는 동사 뒤에, **-ㄴ다는구나**는 받침 없는 동사와 'ㄹ' 받침으로 끝나는 동사 뒤에 쓰인다. 형용사 뒤에는 **-다는구나**가 쓰인다』

어미 종결 어미

말아주낮춤 할아버지가 아이에게

예 먹는다는구나, 간다는구나, 산다는구나(살다)

1. 들어서 안 사실에 대해 책임을 전가하듯이 서술하는 것을 나타낸다.

예 ▪ 정원에다 나무를 많이 심**는다는구나**.
▪ 오늘 저녁에는 냉면을 먹**는다는구나**.
▪ 그 집도 오늘 떠**난다는구나**.
▪ 이번에 네 언니가 선생님이 **된다는구나**.

형태관련어 -다는구나
형용사와 '-았-', '-겠-' 뒤에서는 '-다는구나'를 쓴다. 예 예쁘다는구나, 먹었다는구나, 가겠다는구나

전참 입말에 쓰인다.

-는다든가【밥을 먹**는다든가~**】

『**-는다든가**는 받침 있는 동사 뒤에, **-ㄴ다든가**는 받침 없는 동사와 'ㄹ' 받침으로 끝나는 동사 뒤에 쓰인다. 형용사 뒤에는 **-다든가**가 쓰인다』

어미 연결 어미

예 먹는다든가, 간다든가, 산다든가(살다)

1. ['-는다든가 -는다든가 하다'의 꼴로 쓰여] 여러 사실들 중에서 어떠한 것을 가리켜도 상관 없음을 뜻한다.

예 ▪ 밥을 먹**는다든가** 책을 읽**는다든가** 뭐든지 자유로이 하는 시간이다.
▪ 그 후보를 지지**한다든가** 아니라든가 입장을 밝혀야 한다.

형태관련어 -다든가

-는다든지【함부로 약을 먹**는다든지~**】

『**-는다든지**는 받침 있는 동사 뒤에, **-ㄴ다든지**는 받침 없는 동사와 'ㄹ' 받침으로 끝나는 동사 뒤에 쓰인다』

어미 연결 어미

예 먹는다든지, 간다든지, 산다든지(살다)

1. [‘-는다든지 -는다든지 (하다)’의 꼴로 쓰여] 여러 사실을 나열하여 그 중 어떠한 것을 가리켜도 상관 없음을 뜻한다.

형태관련어 -다든지

예 ▪ 아무 약이나 함부로 먹**는다든지**, 아픈 몸을 함부로 **쓴다든지** 하면 안 된다.
▪ 요즘 아이들은 흔히 밥을 안 먹**는다든지** 안 씻**는다든지** 하면서 부모 속을 태운다.
▪ ‘공책’이라는 우리말이 있는데도 ‘노트’라고 **한다든지**, ‘열쇠’를 ‘키’라고 **한다든지** 하는 것은 분명 잘못이다.
▪ 일본인은 차를 마심으로써 정신을 수양**한다든지** 하는 효과를 얻는다.

-는다면 【아들만 낳**는다면**~】

『**-는다면**은 받침 있는 동사 뒤에, **-ㄴ다면**은 받침 없는 동사와 ‘ㄹ’ 받침으로 끝나는 동사 뒤에 쓰인다』

예 먹**는다면**, 간**다면**, 산**다면**(살다)

어미 연결 어미

1. 어떤 사실이나 상황을 가정하여 조건으로 삼는다는 뜻을 나타낸다.

형태관련어 -다면

예 ▪ 아들만 낳**는다면** 무슨 소원이나 들어 준단다.
▪ 사진이나 그림 자료를 넣**는다면** 어느 부분에 넣는 것이 좋을까요?
▪ 만약 제가 열심히 공부**한다면** 성공할 수 있을까요?
▪ 비가 그**친다면** 당장이라도 나가자.

2. 예를 들어 설명하는 말들과 어울려 뒷문장을 설명하는 것을 나타낸다.

예 ▪ 참고로 덧붙**인다면** 심각한 환경 문제를 들 수 있다.
▪ 이러한 예를 건축에서 **든다면** 그것은 더욱 더 명확하다.
▪ 좀더 정확하게 말**한다면** 대답을 찾지 못해 머뭇거리고 있다.

-는다면서 【이제 점심을 먹**는다면서**?】

『-**는다면서**는 받침 있는 동사 뒤에, -ㄴ**다면서**는 받침 없는 동사와 'ㄹ' 받침으로 끝나는 동사 뒤에 쓰인다』

[어미] 종결 어미

[친한사이 말낮춤] 친구에게

예 먹**는다면서**, 간**다면서**, 산**다면서**(살다)

1. 말하는이가 이미 알고 있거나 들은 사실을 다시 한 번 확인하여 물어 보는 뜻을 나타낸다.

[예] ▪ 이제 점심을 먹**는다면서**?
▪ 그 애는 노래도 잘 **한다면서**?
▪ 요즘 한국말을 배운**다면서**?

[존대] -는다면서요
[관련어] -다면서, -라면서
[전참] 1. 입말에 쓰인다. 2. '-는다며'로 쓰이기도 한다. 예 제인 씨가 고추장도 먹**는다며**?

-는다면서요 【뭐든지 잘 먹는**다면서요**?】

『-**는다면서요**는 받침 있는 동사 뒤에, -ㄴ**다면서요**는 받침 없는 동사, 'ㄹ' 받침으로 끝나는 동사 뒤에 쓰임』

[어미] 종결 어미

[친한사이 말높임] 선배, 어른에게

예 먹**는다면서요**, 간**다면서요**, 산**다면서요**(살다)

1. 말하는이가 이미 알고 있거나 들은 사실을 다시 한 번 확인하여 물어 보는 뜻을 나타낸다.

[예] ▪ 제인 씨, 한국 음식을 뭐든지 잘 먹**는다면서요**?
▪ 아저씨는 혼자 사**신다면서요**?
▪ 아주머니는 오늘 내려가**신다면서요**?

[형태관련어] -다면서요
[전참] 입말에 쓰인다.

-는단다 【복을 받**는단다**.】

『-**는단다**는 받침 있는 동사 뒤에, -ㄴ**단다**는 받침 없는 동사와 'ㄹ' 받침으로 끝나는 동사 뒤에 쓰인다』

[어미] 종결 어미

[말아주낮춤] 할아버지가 아이에게

예 먹**는단다**, 간**단다**, 산**단다**(살다)

1. 어떤 사실을 듣는이에게 친근하게 말하여 주는 것을 나타낸다.

[예] ▪ 마음이 착한 사람은 복을 받**는단다**.

[형태관련어] -단다
[전참] 1. 입말에 쓰인다. 2. 자랑하여 말하는 것을 나타내기도 한다.

- 아무도 날 만나려 하지 않는단다.
- 이제 우리도 우리집을 갖는단다.
- 오늘 나도 상을 **탄단다.**

-는단 말이다 【마음이 내키지 않**는단 말이야.**】

관용구

결합정보 ☞ -는[2]

1. 자기가 한 말을 강조하는 것을 나타낸다.

예 ▪ 그 일은 썩 마음이 내키지 않는단 **말이야.**
- 그러니까 짚신도 제 짝이 있다는 걸 믿는단 **말이니?**
- 나 지금 숙제한단 **말이야.**

전참 1. 입말에 쓰인다. 2. '-는단'을 '-는다는'으로 바꿔 쓸 수 없다. 3. '-ㄴ단 말이다'의 꼴로도 쓰인다.

-는답니까 【그 쓴 것을 왜 먹**는답니까?**】

『**-는답니까**는 받침 있는 동사 뒤에, **-ㄴ답니까**는 받침 없는 동사와 'ㄹ' 받침으로 끝나는 동사 뒤에 쓰인다』

예 먹는답니까, 간답니까, 산답니까(살다)

어미 종결 어미

말아주높임 직장상사, 어른에게(공식적)

1. [의문문의 형식이지만 대답을 요구하지 않는 꼴로 쓰여] 말한 내용을 강조하는 것을 나타낸다.

예 ▪ 그 쓴 것을 도대체 왜 먹**는답니까?**
- 이런 글을 누가 읽**는답니까?**
- 돈 벌어서 어디다 **쓴답니까?**

관련어 -답니까

전참 입말에 쓰인다.

-는답니다 【밥을 먹**는답니다.**】

『**-는답니다**는 받침 있는 동사 뒤에, **-ㄴ답니다**는 받침 없는 동사와 'ㄹ' 받침으로 끝나는 동사 뒤에 쓰인다』

예 먹는답니다, 간답니다, 산답니다(살다)

어미 종결 어미

말아주높임 직장상사, 어른에게(공식적)

1. 어떤 사실을 친근하게 설명하여 말하는 것을 나타낸다.

예 ▪ 우리는 마당에 꽃을 심**는답니다.**
- 우리 학교는 축구를 아주 잘 **한답니다.**
- 우리 회사는 수출을 많이 **한답니다.**

관련어 -답니다

전참 1. 입말에 쓰인다. 2. 자랑하는 느낌을 나타낸다.

–는대[1] 【혼자만 자장면 먹**는대.**】

『–**는대**는 받침 있는 동사 뒤에, –ㄴ**대**는 받침 없는 동사와 'ㄹ' 받침으로 끝나는 동사 뒤에 쓰인다. 형용사 뒤에서는 –**대**가 쓰인다』

예 먹는대, 간대, 산대(살다)

[어미] 종결 어미

[친한사이 말낮춤] 친구에게

1. [끝을 살짝 올렸다가 내리는 억양과 함께 쓰여] 상대방의 일을 다른 사람에게 일러 주는 것을 나타낸다.

[예] ▪ 누나, 유미가 혼자만 자장면 먹는대.
▪ 엄마, 누나가 자꾸 나 때린대.
▪ 형, 얘가 자꾸 말 안 듣는대.

[형태관련어] –대[1]
[존대] –는대요[1]
[전참] 입말에 쓰인다.
[1참] 주로 아이들의 말에 쓰인다.

2. [의문문의 형식이지만 대답을 요구하지 않는 꼴로 쓰여] 어떤 사실을 주어진 것으로 치고 그 사실에 대한 의문을 나타낸다.

[예] ▪ 누가 그런 걸 먹는대? 어서 가져가!
▪ 앤, 내가 그런 소리를 듣는대?

[2참] 놀라거나 못마땅하게 여기는 뜻이 담겨 있다.

–는대[2] 【그 집을 다시 찾**는대.**】

『–**는대**는 받침 있는 동사 뒤에, –ㄴ**대**는 받침 없는 동사와 'ㄹ' 받침으로 끝나는 동사 뒤에 쓰인다』

예 먹는대, 간대, 산대(살다)

준꼴 (종결 기능)

'–는다고 해'의 준꼴

[친한사이 말낮춤] 친구에게

1. 겪거나 들은 사실을 근거로 설명하거나 전달하는 것을 나타낸다.

[예] ▪ 한번 갔던 사람들은 꼭 그 집을 다시 찾는대.
▪ 오늘 비 온대.
▪ 엄마가 학교에 가신대.

[형태관련어] –대[2]
[존대] –는대요[2]
[전참] 입말에 쓰인다.

2. 상대방이 듣거나 겪은 사실을 근거로 물어 보는 뜻을 나타낸다.

[예] ▪ 그 사람 소리는 듣는대?
▪ 그 땅에 기어이 사과나무를 심는대?

▪ 그나저나 미선이는 서울에서 뭘 한대?

-는 대로 【퇴근하는 대로 만납시다.】

결합정보 ☞ -는[2]

관용구

1. [동사에 쓰여] '어떤 일이 나타나는 그 즉시'의 뜻.

예 ▪ 퇴근하는 대로 같이 가 보자.
▪ 손님들이 오는 대로 음식을 주세요.
▪ 이 편지 받는 대로 답장 써.

2. [동사에 쓰여] '어떤 일이나 상태가 나타날 때마다' 뜻.

예 ▪ 같은 동네 사니까 틈이 나는 대로 놀러 와.
▪ 아이가 사 달라는 대로 다 사 주면 버릇이 나빠진다.
▪ 돈이 생기는 대로 써 버리는 게 취미다.

3. [동사에 쓰여] '어떤 모양이나 상태와 같이' 뜻.

예 ▪ 내가 시키는 대로 해.
▪ 아는 대로 다 말해 봐.

~는 ~대로 【학교는 학교대로~】

결합정보 ☞ 는[1]

관용구

1. '서로 구별되게 따로따로'의 뜻.

예 ▪ 학교는 학교대로 쉬고 고생은 고생대로 했다.
▪ 좋은 것은 좋은 것대로 따로 모아라.
▪ 난은 난대로 좋고 돌은 돌대로 좋다.

전참 '~'에 같은 말이 반복되어 쓰인다.

-는 대신 【대답을 하는 대신~】

결합정보 ☞ -는[2]

관용구

1. [동사, '있다/없다' 뒤에 쓰여] 앞말이 나타내는 행동이나 상태와 다르거나 그와 반대임을 나타내는 말.

예 ▪ 그는 대답을 하는 대신 전화를 끊어 버렸다.

형태관련어 -ㄴ 대신

전참 '-는 대신에'의 꼴로도 쓰인다. ㉥ 대성이는 대답을 하는 대신에 전화를 끊었다.

- 수녀는 웃는 **대신** 울상이 되어 버렸다.
- 사람들은 열심히 일하는 **대신** 재미있게 즐기려고 한다.

2. [동사, '있다/없다' 뒤에 쓰여] 앞선 행동으로 인해 그것에 해당하는 다른 것을 하는 것을 나타낸다.

예 ▪ 용돈을 주는 **대신** 설거지는 내가 하기로 했다.
▪ 숙제를 해 주는 **대신** 옷을 빌려 주기로 했다.

-는대요1 【형이 혼자만 갖**는대요.**】

『**-는대요**는 받침 있는 동사 뒤에, **-ㄴ대요**는 받침 없는 동사와 'ㄹ' 받침으로 끝나는 동사 뒤에 쓰인다』

예 먹**는대요**, **간대요**, **산대요**(살다)

어미 종결 어미

친한사이 말높임 선배, 어른에게

1. [끝을 살짝 올렸다가 내리는 억양과 함께 쓰여] 상대방의 일을 다른 사람에게 일러 주는 것을 나타낸다.

예 ▪ 할머니, 형이 만날 혼자만 장난감 다 갖**는대요**.
▪ 엄마, 언니가 자꾸 나 때**린대요**.

형태관련어 -대요

전참 입말에 쓰인다.

1참 주로 아이들의 말에 쓰인다.

2. [의문문의 형식이지만 대답을 요구하지 않는 꼴로 쓰여] 어떤 사실을 주어진 것으로 치고 그 사실에 대한 의문을 나타낸다.

예 ▪ 이 돈으로 어떻게 집을 얻**는대요**?
▪ 저 애가 왜 저렇게 화를 **낸대요**?

2참 놀라거나 못마땅하게 여기는 뜻이 섞여 있다.

-는대요2 【집에서 푹 쉬면 낫**는대요.**】

『**-는대요**는 받침 있는 동사 뒤에, **-ㄴ대요**는 받침 없는 동사와 'ㄹ' 받침으로 끝나는 동사 뒤에 쓰인다』

예 먹**는대요**, **간대요**, **산대요**(살다)

준꼴 (종결 기능)

'-는다고 해요'의 준꼴

친한사이 말높임 선배, 어른에게

1. 들은 사실을 근거로 전달하여 말하는 뜻을 나타낸다.

예 ▪ 의사가 집에서 푹 쉬면 낫**는대요**.
▪ 옆집은 오늘 동물원 구경을 **간대요**.

형태관련어 -대요

전참 입말에 쓰인다.

▪ 아저씨께서 수술을 받으셔야 **한대요**.

2. 상대방이 듣거나 해서 알고 있는 사실에 대해 물어 보는 뜻을 나타낸다.

예 ▪ 언제 아기를 낳**는대요**?
▪ 할머니 언제 오**신대요**?
▪ 지금도 보리밥만 먹**는대요**?

–는데[1] 【정말 잘 먹**는데.**】

『동사, '있다/없다', '–았–' 뒤에 쓰인다. 동사는 받침이 있건 없건 '–는데'가 쓰인다. 형용사 뒤에는 **–ㄴ데, –은데**가 쓰인다.』

예 가는데, 먹는데, 사는데(살다), 있는데, 갔는데

어미 **종결 어미**

친한사이 말낮춤 **친구에게**

1. [어떠한 사실을 인정할 때 내는 올림조의 억양과 함께 쓰여] 의외라 느껴지는 어떤 사실을 감탄하여 말하는 것을 나타낸다.

예 ▪ 정말 잘 먹**는데**.
▪ 영어도 잘 하**는데**.
▪ 네가 음식을 잘 하는 줄은 몰랐**는데**.
▪ 그러다가 정말 1등 하겠**는데**.

존대 –는데요

전참 입말에 쓰인다.

1참 '–겠–' 뒤에도 쓰인다.

2. [물음을 나타내는 억양과 함께 쓰여] 일정한 설명을 요구하며 물어 보는 뜻을 나타낸다.

예 ▪ 부모님께서 어디에 가시**는데**?
▪ 돈이 얼마나 있**는데**?
▪ 너는 언제 올라왔**는데**?
▪ 점심에 뭘 먹었**는데**?

2참 1. '–겠–'뒤에 안 쓰인다. 2. 종결 어미 '–아'의 뜻이지만, '–아'와 달리 '왜 그래' 등과 같이 상대방의 반응을 기대하는 것을 나타낸다.

3. [끝을 내리는 억양과 함께 쓰여] 어떠한 상황에 대해 납득할 수 없다는 듯이 혼잣말처럼 중얼거리는 것을 나타낸다.

예 ▪ 무슨 소리가 들리는 듯했**는데**.
▪ 예전에는 이러지 않았**는데**.
▪ 이 시간에 길이 막힐 이유가 없**는데**.

3참 연결 어미 '–는데'가 종결 어미처럼 쓰인 것. 뒤에 생략된 말이 있다. 예 소리가 들리는 듯했는데 (내가 잘못 들었나).

4. [끝을 올리는 억양과 함께 쓰여] 이러한 상황이라고 전달하여 말하면서 듣는이의 반응을 기대하는 것을 나타낸다.

예 ▪ 저녁 때까지 꼭 시내로 가야 하는데.
▪ 연극이나 볼까 생각 중이었는데.
▪ 나는 한국말을 배우려고 했는데.
▪ 진수 : 대성아, 너 내 동생 유미 봤니?
대성 : 아니, 못 봤는데.

-는데2 【비가 오는데~】

『동사, '있다/없다', '-았-', '-겠-' 뒤에 쓰인다. 동사는 받침이 있건 없건 '-는데'가 쓰인다. 형용사 뒤에는 -ㄴ데, -은데가 쓰인다.』

예 먹는데, 가는데, 사는데(살다), 있는데, 갔는데

어미 연결 어미

1. 상황이나 배경 등을 제시한다

1. 뒤의 내용에 대한 설명이 되는 배경을 제시하는 것을 나타낸다.

예 ▪ 나 사실은 부탁이 하나 있는데 들어줄래?
▪ 친구한테 선물을 주려고 하는데 뭘 주면 좋겠어요?
▪ 지금 시장에 가는데 뭘 사 올까요?

2. 어떠한 것을 소개하거나 설명하기 위하여 일반적 상황을 제시하는 것을 나타낸다.

예 ▪ 옛날에 한 공주가 있었는데, 아주 예쁘고 착했어요.
▪ 어떤 마을에 한 부부가 있었는데, 나이가 들도록 자식이 없었다.
▪ 회사에 취직을 했는데, 월급이 아주 많았다.
▪ 저는 일본에서 왔는데, 한국에서 공부하고 있습니다.

2참 '-는데'만의 고유 기능으로서, 뒷절이 생략된 채 쓰이지 못한다. 흔히 동화, 옛날이야기 등의 처음에서 뒤의 이야기를 끌어가기 위한 배경이 되는 상황을 설명하는 데에 쓰인다.

3. 뒤에서 일어나는 행동의 원인, 근거 등을 제시하는 것을 나타낸다.

예 ▪ 비가 오는데 우산을 가지고 갑시다.
▪ 지금 다들 모여서 기다리는데 빨리 가자고.

3참 뒷절에 주로 청유문이나 명령문이 온다.

관련어 -니까

4. 뒤에 표현되는 내용에서 설명하거나 더 자세히 말할 대상을 제시하는 것을 나타낸다.

예 ▪ 무언가를 말할 듯이 보였**는데** 그게 어떤 것인지는 짐작도 못했었지.
▪ 나는 웃어 보려고 했**는데** 그게 잘 되지 않았다.

4참 '-는데'만의 고유 기능으로서, 뒷절이 생략된 채 쓰이지 못한다. 앞 문장에 제시된 주어, 목적어 또는 이에 준하는 요소 및 문장 전체 내용이 뒷문장의 주어로 표현된다.

2. 뒷절과 대립되는 사실을 제시한다.

1. 뒤에 오는 사실과 대립되는 사실을 제시하는 것을 나타낸다. '-지만'이나 '-나'의 뜻.

예 ▪ 저도 공부를 하고 싶었**는데** 할 수가 없었습니다.
▪ 힘들 것 같았**는데** 우수한 성적으로 합격했다.
▪ 사탕을 먹지 않았으면 좋겠**는데** 안 먹는 아이가 없다.

2. '-는데도'의 뜻.

예 ▪ 시간이 늦었**는데** 굳이 가셔야겠어요?
▪ 푹 잤**는데** 왜 이리 피곤하지?
▪ 떡 줄 놈은 생각도 않**는데** 김칫국부터 마신다.

3. '-는데야'의 뜻.

예 ▪ 아무리 야단쳐도 먹**는데** 어쩌겠어요.
▪ 내 충고를 받아들이지 않**는데** 낸들 어쩌겠어?

-는 데다가 【비가 오는 **데다가~**】

관용구

결합정보 ☞ -는

형태관련어 -ㄴ 데다가

1. [동사, '있다/없다' 뒤에 쓰여] 앞 문장의 행위나 상태에 더하여 다른 행위나 상태가 더 심해지는 것을 나타낸다. '그 위에 더하여', '앞의 것은 물론이고 뒤의 것까지'의 뜻.

예 ▪ 비가 오는 **데다가** 바람까지 불기 시작했다.
▪ 그 사람은 집도 없는 **데다가** 직업도 없었다.
▪ 영하는 공부를 잘하는 **데다가** 운동도 잘해요.
▪ 이 식당은 음식도 맛있는 **데다가** 값도 싸서 늘 사람이 많아요.

전참 1. 말하는이는 앞의 것보다 뒤의 것에 더 가치를 두고 있다.
2. '비가 오고 바람이 부는 것'처럼 비슷한 성질의 것을 말해야 한다.

> **도움말**
>
> '-ㄴ 데다가'의 설명:
> 완료를 나타내는 관형사형이 '데' 앞에 올 경우, '-ㄴ 데다가'라고 해야 한다. '-았는 데다가'는 틀린 것이다.
>
> 예: 비가 **온 데다가**(○)/비가 왔는 데다가(×) 얼어붙기까지 했다.

-는데도 【내가 가**는데도**~】

『동사, '있다/없다', '-았-' 뒤에 쓰인다. 동사는 받침이 있건 없건 '-는데도'가 쓰인다. 형용사 뒤에는 **-ㄴ데도**, **-은데도**가 쓰인다.』

예 먹**는데도**, 가**는데도**, 있**는데도**, 갔**는데도**

[어미] 연결 어미

1. 앞의 사실에 얽매이거나 거리끼지 않고 뒤의 사실이 전개되는 것을 나타낸다. '~에 상관없이'의 뜻.

[예] ▪ 내가 가**는데도** 그는 듣지 못했다.
▪ 선영아 뭘 하니? 친구가 왔**는데도** 내다보지 않고.
▪ 이를 빼고 이틀이 되었**는데도** 계속 아프다.

2. [뒷말이 생략된 채 종결 어미처럼 쓰여] 표현된 상황을 근거로 상대방에게 반박하는 것을 나타낸다.

[예] ▪ 너 정말 안 갈 거야? 선생님께서 부르시**는데도**?
▪ 나가자구? 비가 오**는데도**?

[형태관련어] -ㄴ데도
[전참] 강조할 때는 '-ㄴ데도 불구하고'를 쓴다. ㉵ 밥을 먹었**는데도 불구하고** 배가 고팠다.

[2참] [존대] -는데도요

-는데도 불구하고 【이름이 있**는데도 불구하고**~】

[결합정보] ☞ -는데도

관용구

1. [동사, '있다/없다' 뒤에 쓰여] '앞의 사실이 있지만 그에 상관없이'의 뜻.

[예] ▪ 버젓이 이름이 있**는데도 불구하고** 별명으로 불리기도 한다.
▪ 시내로 가는 버스가 있**는데도 불구하고**, 그녀는 일부러 걸어갔다.
▪ 밥을 먹었**는데도 불구하고** 배가 고파요.

[형태관련어] -ㄴ데도 불구하고
[전참] '-는데도'만을 써도 된다. ㉵ 밥을 먹었**는데도** 배가 고팠다.

–는데요 【노래도 잘 하**는데요.**】

『동사, '있다/없다', '–았–' 뒤에 쓰인다. 동사는 받침이 있건 없건 '–는데요'가 쓰인다. 형용사 뒤에는 **–ㄴ데요**, **–은데요**가 쓰인다.』

예 먹**는데요**, 가**는데요**, 있**는데요**, 갔**는데요**

어미 종결 어미

친한사이 말높임 선배, 어른에게

형태관련어 –ㄴ데요

전참 입말에 쓰인다.

1. 의외라 느껴지는 사실에 대해 감탄하듯이 말하는 것을 나타낸다.

1참 '–겠–' 뒤에 쓰인다.

예 ▪ 노래도 잘 하**는데요**.
▪ 믿어지지 않**는데요**.
▪ 아주 맛있**는데요**.

2. 이러한 상황이라고 전달하여 말하면서, 상대방의 반응을 기대하는 것을 나타낸다.

2참 '–겠' 뒤에 쓰인다.

예 ▪ 질문이 하나 있**는데요**.
▪ 기억이 잘 안 나**는데요**.
▪ 잘 모르겠**는데요**.
▪ 대성: 김 선생님 계세요? 유미: 학교에 가셨**는데요**.

3. [물음을 나타내는 억양과 함께 쓰여] 물어 보는 뜻을 나타낸다.

3참 '–겠' 뒤에 안 쓰인다.

예 ▪ 거긴 왜 가**는데요**?
▪ 어떤 방을 구하시**는데요**?
▪ 어제가 무슨 날이었**는데요**?

–는 도중에 【이야기하는 **도중에~**】

결합정보 ☞ –는

관용구

1. [동사에 쓰여] '일이 계속되고 있는 과정이나 일의 중간에'의 뜻.

전참 '–는 도중'의 꼴로도 쓰인다. 예 신문사로 가는 **도중** 차를 세웠다.

예 ▪ 그가 이야기하는 **도중에** 나에게 담배를 권했지만 거절했다.
▪ 최 노인은 내가 말하는 **도중에** 소주병을 꺼냈다.

-는 동시에 【지식을 배우는 동시에~】

관용구

1. [동사에 쓰여] '어떤 행동과 함께'의 뜻.

예 ▪ 사람은 누구나 한 가정의 가족이 되는 **동시에** 한 국가의 국민이 된다.
▪ 어린이는 지식을 배우는 **동시에** 인생관, 세계관도 만들고 있는 것이다.

결합정보 ☞ -는

형태관련어 -ㄴ 동시에

-는 동안 【차를 타고 가는 동안~】

관용구

1. [동사, '있다/없다' 뒤에 쓰여] '앞의 동작이나 상태가 계속되는 사이에'의 뜻.

예 ▪ 차를 타고 가는 **동안** 아내는 거의 말이 없었다.
▪ 음식을 차리는 **동안** 당신은 술 좀 준비해 주세요.
▪ 네가 없는 **동안** 많은 일이 있었어.

결합정보 ☞ -는

전참 '-는 동안에'의 꼴로도 쓰인다.
예 네가 없는 **동안에** 많은 일이 있었어.

~는 둘째 치고 【우리는 둘째 치고~】

관용구

1. '그것이 중요한 것이 아니고 (뒤의 것이 더 문제다)'의 뜻.

예 ▪ 우리는 **둘째 치고** 너희들은 이제 어쩌니.
▪ 떡은 **둘째 치고** 굿을 볼 흥미조차 없어.

결합정보 ☞ 는

-는 둥 마는 둥하고 【먹는 둥 마는 둥하고~】

관용구

1. [동사에 쓰여] 그렇게 하는 것 같기도 하고 그렇지 않은 것 같기도 하여 제대로 하지 않는 것을 나타낸다.

예 ▪ 우리들은 설렁탕 한 그릇을 먹는 **둥 마는 둥하고** 다시 버스에 올랐다.

결합정보 ☞ -는

형태관련어 -ㄴ둥 만 둥하고

전참 '하고'를 생략한 꼴도 쓰인다. 예 그는 듣는 **둥 마는 둥** 건성으로 대답했다.

▪ 얼굴에 비누칠을 하는 **둥 마는 둥하고** 물을 끼얹었다.

-는 듯 【퍼붓는 **듯** 쏟아지는 비】

관용구

결합정보 ☞ -는

1. [동사, '있다/없다' 뒤에 쓰여] 비교하여 비슷함을 나타낸다. '-는 것처럼'의 뜻.

예 ▪ 퍼붓는 **듯** 쏟아지는 비.
▪ 저녁노을에 산봉우리가 은은히 타 들어가는 **듯** 보였지요.

-는 듯하다 【무언가를 때리는 **듯한** 소리】

관용구

결합정보 ☞ -는

1. [동사, '있다/없다' 뒤에 쓰여] 현재 사실에 대해 추측하는 것을 나타낸다. '그러는 것 같다'의 뜻.

예 ▪ 그것은 무언가를 때리는 **듯한** 소리였다.
▪ 화창한 날씨가 오늘 두 사람의 결혼을 축복해 주는 **듯합니다**.

비슷 -는 것 같다.
예 그것은 무언가를 때리는 **것 같은** 소리였다.

-는 마당에 【헤어지는 **마당에~**】

관용구

결합정보 ☞ -는

1. [동사에 쓰여] '어떤 일이 이루어지는 상황이나 처지'를 나타낸다.

예 ▪ 헤어지는 **마당에** 이제 와서 잘잘못을 따질 것도 없었다.
▪ 떠나가는 **마당에** 무슨 참견이에요?

형태관련어 -ㄴ 마당에

-는 모양이다 【누구를 기다리는 **모양이다.**】

관용구

결합정보 ☞ -는

1. [동사, '있다/없다' 뒤에 쓰여] 현재 일어나고 있는

사실에 대한 짐작이나 추측을 나타낸다. '그렇게 짐작되다'의 뜻.

예 • 누구를 기다리시는 **모양이에요**.
• 자기만 두고 갈까 봐 겁이 나는 **모양이다**.
• 이번에는 네 부모도 어쩔 수 없는 **모양이다**.

형태관련어 -ㄴ 모양이다
관련어 -ㄹ 모양이다
전참 앞절에는 뒷절을 말하는 근거가 되는 '~보니(까)' 등의 말이 쓰이기도 하다.

~는 물론이고 【학교는 **물론이고~**】

관용구

결합정보 ☞ 는

1. [받침 없는 말에 붙어] '앞에 말한 것은 말할 것도 없고'의 뜻.

예 • 학교는 **물론이고** 가정에까지 컴퓨터가 퍼졌다.
• 집안의 큰 행사는 **물론** 시시한 일에도 서로 돕습니다.
• 제인은 한국말은 **물론이고** 일본말도 잘한다.

전참 1. '~는 물론'의 꼴로도 쓰인다. 예 낮에는 **물론** 밤에도 계속 걸었다. 2. 받침이 있으면 '~은 물론이고'가 쓰인다. 예 밥은 **물론이고** 반찬도 할 줄 알아.

-는 바람에 【교통 사고가 나는 **바람에~**】

관용구

결합정보 ☞ -는

1. [동사에만 쓰여] '그것 때문에'의 뜻.

예 • 그 근처에서 큰 교통사고가 나는 **바람에** 차들이 많이 밀렸다.
• 그가 우는 **바람에** 모두들 따라 울었다.

전참 흔히 예기치 못한 부정적인 일에 대해 쓰인다.

-는 바와 같이 【알고 있는 **바와 같이~**】

관용구

결합정보 ☞ -는

1. [동사, '있다/없다' 뒤에 쓰여] 이야기되고 있는 내용을 앞에서 제시하는 것을 나타낸다.

예 • 우리가 알고 있는 **바와 같이** 그 소문은 사실이었다.
• 그 모양은 사진에서 보는 **바와 같다**.

형태관련어 -ㄴ 바와 같이
전참 '-는 바와 같다'의 꼴로도 쓰인다.

–는 반면에 【열심히 일하는 사람이 있는 **반면에~**】
관용구

결합정보 ☞ –는

1. [동사, '있다/없다' 뒤에 쓰여] '앞의 사실과는 반대로 (뒤의 내용은 ~)'의 뜻.

예 ▪ 열심히 일하는 사람이 있는 **반면에**, 놀기만 하는 사람도 있다.
▪ 과학의 발달로 생활이 편해지는 **반면**, 이로 인한 부작용도 적지 않다.

형태관련어 –ㄴ 반면에
전참 '에'가 생략되어 '–는 반면'의 꼴로도 쓰인다. 예 그는 말이 많은 **반면**, 실천이 부족하다.

–는 법이다 【아이들은 부모를 닮는 **법이다.**】
관용구

결합정보 ☞ –는

1. [동사, '있다/없다' 뒤에 쓰여] '그렇게 정해져 있다'의 뜻.

예 ▪ 아이들은 그 부모를 닮는 **법이다**.
▪ 진정한 자유란 반드시 이에 책임이 따르는 **법이다**.

–는 법이 없다 【혼자 숙제를 하는 **법이 없다.**】
관용구

결합정보 ☞ –는

1. [동사에 쓰여] 어떤 일을 습관적으로 결코 하지 않음을 나타낸다.

예 ▪ 사자나 호랑이는 배가 부를 때 사냥을 하는 **법이 없다**.
▪ 그녀는 제 시간에 나타나는 **법이 없다**.
▪ 우리 아이는 혼자 숙제를 하는 **법이 없어요**.

전참 '–는 법이 있다'는 의문문 형식의 꼴로 쓰인다. 예 진수가 언제 한 번이라도 지각하는 **법이 있었니**? (강한 긍정의 뜻)

–는 사이에 【나도 모르는 **사이에~**】
관용구

결합정보 ☞ –는

1. [동사, '있다/없다' 뒤에 쓰여] '앞의 일이 진행되거나 그러한 동안에'의 뜻.

예 ▪ 나도 모르는 **사이에** 나는 한국 사람이 되어 가고

전참 과거를 나타낼 때는 '–ㄴ 사이에'의 꼴을 쓴다. 예 딸이 잠깐 방을

있었다.
▪ 자신도 알지 못하는 **사이에** 병이 들 수 있다.
▪ 나 없는 **사이에** 자기네끼리 파티를 했단 말이지?

나간 **사이에** 아이의 가방을 열어 봤다.

-는 셈이다 【내 고향은 서울이 되는 **셈이다.**】

관용구

1. [동사, '있다/없다' 뒤에 쓰여] 어떤 형편이나 결과를 나타낸다.

예 ▪ 서울서 이렇게 오래 살았으니, 이제 나의 고향은 서울이 되는 **셈이구나**.
▪ 결국 나만 나쁜 사람이 돼 버리는 **셈이군**.

결합정보 ☞ -는

형태관련어 -ㄴ 셈이다

-는 셈 치고 【소풍 가는 **셈 치고~**】

관용구

1. [동사, '있다/없다' 뒤에 쓰여] 그러한 사실에 대해 미루어 가정하는 것을 나타낸다.

예 ▪ 소풍 가는 **셈 치고** 교외에 집을 보러 가자고 했다.
▪ 그럼 우리 속는 **셈 치고** 가 볼까.

결합정보 ☞ -는

형태관련어 -ㄴ 셈치고

전참 '-은/는/을 셈 치고'의 꼴로도 쓰인다.

-는 수밖에 없다 【질문을 하는 **수밖에 없어요.**】

관용구

1. '어쩔 수 없이 그렇게 하다', '그것 외에 다른 방법이 없다'의 뜻.

예 ▪ 수업이 끝날 때까지 여기서 기다리는 **수밖에 없습니다**.
▪ 뭔가를 배우려면 자꾸 질문을 하는 **수밖에 없어요**.

결합정보 ☞ -는

관련어 -ㄹ 수밖에 없다

-는 이상 【눈이 오는 **이상~**】

관용구

1. [동사, '있다/없다' 뒤에 쓰여] '-는 것이 기정 사실이

결합정보 ☞ -는

형태관련어 -ㄴ 이상

라면'의 뜻.

예 ▪ 눈이 오는 **이상** 밖에서 만날 수는 없다.

▪ 우리는 선택을 해야 하는 **이상** 올바른 선택을 해야 한다.

전참 '-는 이상은'의 꼴로도 쓰인다. 예 이 조직에 속해 있는 **이상은** 이 조직의 규칙에 따라야 한다.

-는 일이 없다 【그는 화를 내**는 일이 없다.**】

결합정보 ☞ -는

관용구

1. [동사에 쓰여] 그러한 행위를 이루는 동작이나 상태가 일어나지 않음의 뜻을 나타낸다.

반대 -는 일이 있다

예 ▪ 그는 이런 일에 화를 내는 **일이 없다**.

▪ 그는 아무리 필요해도 먼저 전화 거는 **일이 없었다**.

-는 일이 있다 【싸움이 더 커지**는 일이 있다.**】

결합정보 ☞ -는

관용구

1. [동사에 쓰여] '그러한 행위를 이루는 동작이나 상태가 일어남'의 뜻을 나타낸다.

반대 -는 일이 없다

예 ▪ 구경꾼이 있어 싸움이 더 커지는 **일이 있다더니** 우리가 바로 그랬다.

▪ 돈을 못 받게 되는 **일이 있더라도** 너를 믿을 것이다.

-는 적이 없다 【외출을 하**는 적이 없었다.**】

결합정보 ☞ -는

관용구

1. [동사, '있다/없다' 뒤에 쓰여] '어떤 행동이 일어났거나 상태가 일어난 때가 있다/없다'의 뜻.

형태관련어 -ㄴ 적이 없다

반대 -는 적이 있다

예 ▪ 그녀는 외출이라고는 하는 **적이 없었다**.

▪ 진수는 한겨울에도 뜨거운 물로 목욕을 하는 **적이 없었다**.

-는 줄 모르다 【구경하다가 시간 가**는 줄 몰랐어요.**】

결합정보 ☞ -는

관용구

1. [동사, '있다/없다' 뒤에 쓰여] '그러한 사실에 대해 모르고 있는 것'을 나타낸다.

예 ▪ 사고 난 것을 구경하다가 시간 가는 **줄 몰랐어요**.
▪ 엄마가 돌아오시는 **줄도 모르고** 우리는 게임에 열중했다.
▪ 네가 음식을 잘 하는 **줄은 몰랐는데**.
▪ 유미 씨가 유학가시는 **줄은** 미처 **몰랐어요**.

형태관련어 -ㄴ 줄 모르다

전참 '-는 줄'에 '도, 은' 등의 조사가 쓰이기도 한다.

-는 줄 알다 【젓가락질을 어떻게 하**는 줄 아세요**?】

관용구

결합정보 ☞ -는

1. '그러한 방법에 대해 알다'의 뜻.

예 ▪ 젓가락질을 어떻게 하는 **줄 아세요**?
▪ 시내에 어떻게 가는 **줄 알아**?
▪ 김장을 어떻게 하는 **줄 알지**?

2. '어떠한 사실을 그러한 것으로 알다'의 뜻.

예 ▪ 수녀원으로 들어가면 기도만 하는 **줄 알았지**.
▪ 추운 바닷물에 들어갔을 때에는 정말 얼어 죽는 **줄 알았다**.

3. ['(-면) -는 줄 알아(라)'의 꼴로 쓰여] 협박하는 것을 나타낸다.

예 ▪ 내 말 안 들으면 혼나는 **줄 알아라**!
▪ 너 이제 나한테 죽는 **줄 알아라**.

형태관련어 -ㄴ 줄 알다

전참 동사와 '있다/없다' 뒤에 쓰인다.

1참 '-는 줄로 알다'의 꼴로도 쓰인다.

3참 관련어 -ㄹ 줄 알다

-는 중이다 【시내에 가는 **중이다.**】

관용구

결합정보 ☞ -는

1. [동사에 쓰여] '무엇이 계속 진행되는 과정이다'의 뜻.

예 ▪ 친구와 약속이 있어서 시내에 나가는 **중이에요**.
▪ 전자레인지에 음식을 데우고 있는 **중이에요**.
▪ 사장님은 지금 회의를 하시는 **중입니다**.

전참 '-는 중에'의 꼴도 쓰인다. 예 김밥을 사 오는 **중에** 누나를 만났다.

-는지[1] 【얼마나 창피했**는지.**】

『동사, '있다/없다', '-았-', '-겠-' 뒤에 쓰인다. 동사는 받침이 있건 없건 '-는지'가 쓰인다. 형용사 뒤에는 **-ㄴ지**, **-은지**가 쓰인다.』

예 먹**는지**, 가**는지**, 있**는지**, 갔**는지**

어미 종결 어미

친한사이 말낮춤 친구에게

1. 말하는이의 의심이나 의문을 나타낸다.

존대 -는지요

예 ▪ 이것이 시간과 경비를 절약하는 데 도움이 되**는지**?
▪ 이들은 서로 잘 어울리**는지**?
▪ 나 없으면 이 동네 사람들 어떻게 살려고 그러**는지**.

2. 감탄을 나타낸다.

예 ▪ 이 사실을 알았을 때 그가 얼마나 화를 냈**는지**!
▪ 나는 얼마나 얼굴이 화끈거리고 창피했**는지**!

-는지[2] 【어디에 가**는지~**】

『동사, '있다/없다', '-았-', '-겠-' 뒤에 쓰인다. 동사는 받침이 있건 없건 '-는지'가 쓰인다. 형용사 뒤에는 **-ㄴ지**, **-은지**가 쓰인다.』

예 먹**는지**, 가**는지**, 있**는지**, 갔**는지**

어미 연결 어미

1. ['-는지 알다/모르다'나 의문사 '무엇, 어디, 누구'와 같이 쓰이거나 '-는지 ~ -는지'의 꼴로 쓰여] 막연한 의문을 나타낸다.

형태관련어 -ㄴ지

관련어 -ㄹ지

1참 '-는지'가 뒤에 오는 '알다/모르다'의 목적어로 쓰인다. 예 네가 어디에 있었**는지**를 말해.

예 ▪ 먼저 뭘 하고 계시**는지** 말씀해 주십시오.
▪ 네가 어디에 있었**는지** 말해.
▪ 왜 여기에 왔**는지** 알고 있습니까?
▪ 그 사람이 어디에 갔**는지** 모르겠어요.
▪ 밖에 비가 오**는지** 안 오**는지** 알 수 있어요?

2. ['얼마나/어찌나 ~ -는지 모르다'의 꼴로 쓰여] 매우 그러하다고 강조하는 것을 나타낸다.

예 ▪ 그 분이 얼마나 일을 잘 하**는지** 몰라요.
▪ 그 영화가 얼마나 슬펐**는지** 몰라.

▪ 얼마나 고생을 했**는지** 몰라.

3. 뒤의 사실에 대한 근거나 원인을 나타낸다.

[3참] '-겠-' 뒤에 안 쓰인다.

[예] ▪ 누가 오**는지** 밖이 시끌벅적하다.

▪ 형이 말을 어찌나 빨리 하**는지** 아무도 알아듣지 못했다.

▪ 진수가 방에 있는데 뭘 하**는지** 꼼짝도 안 해.

▪ 수도가 고장이 났**는지** 물이 한 방울도 안 나와요.

-는지도 모르다 【비가 오**는지도 몰라.**】

관용구

[결합정보] ☞ -는지

1. [동사, '있다/없다' 뒤에 쓰여] 그 내용이 실현될 가능성에 대해 말하는이 스스로의 추측을 나타낸다.

[예] ▪ 지금쯤 비가 오**는지도 모르겠다**.

▪ 마이클이 왔**는지도 몰라**.

-는지 모르다 【잘 했**는지 모른다.**】

관용구

[결합정보] ☞ -는지

1. [동사, '있다/없다' 뒤에 쓰여] 어떠한 상황이 어떻게 되었는지에 대해 걱정하는 뜻을 나타낸다.

[전참] '-ㄹ지 모르다'의 꼴로도 쓰인다.

[예] ▪ 진수가 밥이나 잘 먹**는지 몰라**.

▪ 죽지나 않았**는지 모르겠네**.

-는지요 【무얼 하고 계시**는지요?**】

『동사, '있다/없다', '-았-', '-겠-' 뒤에 쓰인다. 동사는 받침이 있건 없건 '-는지요'가 쓰인다. 형용사 뒤에는 **-ㄴ지요**, **-은지요**가 쓰인다.』

[어미] 종결 어미

[친한사이 말높임] 선배, 어른에게

[예] 먹**는지요**, 가**는지요**, 있**는지요**, 갔**는지요**

1. 상대방에게 완곡하게, 또는 정중하게 물어 보는 뜻을 나타낸다.

[형태관련어] -ㄴ지요

[전참] 입말에 쓰인다.

예 ▪ 밖에 비가 오**는지요**?
▪ 이런 재료를 다 어디서 구하시**는지요**?
▪ 아이들이 둘이라 하셨는데 어디 있**는지요**?
▪ 선생님께서는 댁으로 가시지 않았**는지요?**

2. ['얼마나 ~는지요'의 꼴로 쓰여] 매우 그러하다고 강조하는 것을 나타낸다.

예 ▪ 요새 애들은 얼마나 약았**는지요**.
▪ 미선이가 얼마나 예쁘게 자랐**는지요**!

-는 척하다 【모르는 척한다.】

관용구

결합정보 ☞ -는

1. [동사에 쓰여] 앞 말이 뜻하는 행동을 거짓으로 그럴듯하게 꾸미는 것을 나타낸다.

비슷 -체 하다

예 ▪ 유미는 나를 잘 알면서도 모르**는 척한다**.
▪ 영숙이는 계속 창 밖을 보**는 척한다**.

-는 체하다 【자기 아내를 사랑하는 체한다.】

관용구

결합정보 ☞ -는

1. [동사에 쓰여] '(어떠한 것처럼 그럴 듯하게) 거짓으로 꾸미다'의 뜻.

형태관련어 -ㄴ 체하다
비슷 -는 척하다

예 ▪ 그는 자기 아내를 사랑하**는 체한다**.
▪ 제발 저를 모르**는 척하십시오**.
▪ 아는 **체한다든지** 있는 **체한다든지** 해서는 안 됩니다.

도움말

'아는 체하다'와 '알은체하다':
'아는 체하다'는 '거짓으로 그러는 것'으로 두 단어이고, '알은체하다'는 한 단어로 '사람을 보고 인사하다'의 뜻이다.
예: 모르면서 그렇게 아는 체하지 마.
예: 날 보면 제발 알은체해 줘.

는커녕 【차**는커녕** 자전거도 없어.】

『**는커녕**은 받침 없는 말에, **은커녕**은 받침 있는 말에 붙어 쓰인다』

예 카드**는커녕**, 돈**은커녕**

[조사] 보조사

1. 〔부정을 나타내는 문장에 쓰여〕 그만 못한 사실을 들어 비교하는 뜻을 나타낸다. '~은 말할 것도 없거니와', '~는 고사하고'의 뜻.

[예] ▪ 차**는커녕** 버스 타고 다닐 돈도 없어요.
▪ 돈**은커녕** 버스표도 없어요.
▪ 저축**은커녕** 먹고 살 돈도 없어요.
▪ 실수를 하고도 사과**는커녕** 오히려 화를 낸다.

[관련어] -기는커녕

[전참] 1. '커녕'의 힘줌말. 2. '~은커녕 ~의' 꼴로 자 쓰인다. 뒤에는 앞의 명사와 대비되는 말이 오는데 여기에 흔히 보조사 '도, 조차, 마저'가 쓰인다. ㉠ 차**는커녕** 버스표**도** 없어요.

–는 탓이다 【자기들만이 옳다고 생각하**는 탓이다.**】

[결합정보] ☞ -는

관용구

1. 〔동사, '있다/없다' 뒤에 쓰여〕 (주로 부정적 현상의) 원인을 나타낸다. '~기 때문이다'.

[예] ▪ 그들이 그렇게 행동한 것은 자신들만이 옳다고 생각하**는 탓이다.**
▪ 네가 자꾸 시험에 떨어지는 것은 열심히 노력을 하지 않**는 탓이다.**

[형태관련어] -ㄴ 탓이다

[전참] 1. '-는 탓에'의 꼴로도 쓰인다. ㉠ 끈기가 없**는 탓에** 제대로 되는 게 없다. 2. '탓'에 바로 명사가 붙어 쓰인다. ㉠ 안 되면 조상 **탓.**

173

–는 통에 【저마다 떠드**는 통에**~】

[결합정보] ☞ -는

관용구

1. 〔동사에 쓰여〕 (부정적인 결과를 가져오는) 뒤에 일어나는 상황의 원인을 나타낸다. '(무슨 일로) 정신을 차릴 수 없을 정도의 상황'의 뜻.

[예] ▪ 저마다 떠드**는 통에** 교실은 무척 시끄러웠다.
▪ 위에서 비밀로 하**는 통에** 정확히 알 수가 없어요.
▪ 바빠서 서두르**는 통에** 지갑을 두고 나왔어요.

-는 편이다 【공부를 잘하는 편이다.】

관용구

1. [동사, '있다/없다' 뒤에 쓰여] '대체로 그러한 쪽에 속한다'의 뜻.

예 ▪ 유미는 공부를 잘하는 **편이다**.
▪ 우리 집은 좀 못사는 **편이다**.
▪ 저는 아무거나 잘 먹는 **편이에요**.

결합정보 ☞ -는

형태관련어 -ㄴ 편이다

전참 1. '잘', '좀'처럼 비교하는 말과 쓰인다.
2. '-는 편'의 꼴로도 쓰인다. 예 너와 사느니 차라리 혼자 사는 **편**이 낫다.

-는 한 【네가 살아 있는 한~】

관용구

1. [동사, '있다/없다' 뒤에 쓰여] '이러한 조건에서는'의 뜻.

예 ▪ 네가 살아 있는 **한** 그들이 우리를 무시하지는 못할 거야.
▪ 이런 사람들이 있는 **한** 우리의 미래는 어둡지 않다.
▪ 이번 주 안으로 비가 오지 않는 **한** 농사가 잘 되기는 틀렸다.

결합정보 ☞ -는

-는 한이 있더라도 【굶어 죽는 한이 있더라도~】

관용구

1. [동사에 쓰여] '어떠한 극단적인 조건이나 상황에서도'의 뜻.

예 ▪ 그는 굶어 죽는 **한이 있더라도** 구걸하지 않겠다고 했다.
▪ 욕을 먹는 **한이 있더라도** 남을 속이는 일만은 할 수 없다.

결합정보 ☞ -는

전참 '-는 한이 있어도'의 꼴로도 쓰인다.
예 굶어 죽는 **한이 있어도** 얻어 먹지 않겠다.

-는 한편 【공부를 열심히 하**는 한편**~】

관용구

결합정보 ☞ -는

1. [동사에 쓰여] '어떤 일이나 행동을 하면서 동시에 다른 쪽에서도'의 뜻.

예 ▪ 그는 공부를 열심히 하**는 한편** 아르바이트도 게을리 하지 않았다.

▪ 교통 정책으로 정부는 길을 넓히**는 한편**, 지하철 공사도 하였습니다.

니[1] 【과자**니** 빵**이니**】

『**니**는 받침 없는 말에, **이니**는 받침 있는 말에 붙어 쓰인다』

예 종이**니**, 지우개**니**, 책이**니**, 연필**이니**

조사 접속 조사

1. ☞ 이니(p. 436)

예 ▪ 과자**니** 빵**이니** 잔뜩 사 들고 친구 집으로 갔다.

▪ 창고에는 옥수수**니** 보리**니** 쌀**이니** 온갖 곡식들이 가득하였다.

▪ 책**이니** 신문**이니** 가릴 것 없이 마구 찢어 버렸다.

-니[2] 【너 뭐 먹**니**?】

『**-니**는 받침이 있건 없건 동사와 받침 없는 형용사와 'ㄹ' 받침으로 끝나는 동사, 형용사와 '이다', '-았-', '-겠-' 뒤에, **-으니**는 받침 있는 형용사 뒤에 쓰인다』

예 가**니**, 먹**니**, 비싸**니**, 사**니**(살다), 다**니**(달다), 학생이**니**, 먹었**니**, 높으**니**

어미 종결 어미

말아주낮춤 할아버지가 아이에게

1. 상대방에게 물어 보는 뜻을 나타낸다.

예 ▪ 너 뭐 먹**니**?

▪ 돈 좀 가진 거 있**니**?

▪ 많이 아프**니**?

▪ 너 어제 하루 종일 어디 갔었**니**?

전참 1. 'ㅂ'불규칙 형용사의 경우는 '춥니(춥다)'라고 한다. 2. 입말에서는 '-느냐'보다 '-니'를 많이 쓴다. 3. '-느냐'보다 정답고 부드러운 느낌을 나타낸다.

- 이거 너무 짧**으니**?

2. [의문문의 형식이지만 대답을 요구하지 않는 꼴로 쓰여] 강조하여 말하는 것을 나타낸다.

예 ▪ 이 돈을 어떻게 받을 수 있겠**니**?
▪ 너도 알다시피 유미가 남다른 데가 있잖**니**?

-니3 【지금 생각하**니** 우습다.】

『-**니**는 받침 없는 동사, 형용사와 'ㄹ' 받침으로 끝나는 동사, 형용사와 '이다' 뒤에, -**으니**는 받침 있는 동사, 형용사, '-았-' 뒤에 쓰인다』

예 가**니**, 비싸**니**, 사**니**(살다), 다**니**(달다), 학생이**니**, 먹**으니**, 높**으니**

어미 **연결 어미**

1. '-니까'로 바꿔 쓸 수 있다

관련어 -므로

1. 뒤에 오는 말에 대하여 원인이나 근거를 나타낸다.

예 ▪ 지금 생각하**니** 우습다.
▪ 힘들 테**니** 좀 쉬어.
▪ 어제 그렇게 놀았**으니** 안 피곤할 리가 없지요.

2. 앞의 사실이나 행동이 진행된 결과 뒤의 사실이 그러하는 것을 나타낸다.

2참 '-니' 앞에 시제 어미가 오지 않는다.

예 ▪ 목욕탕에 가 보**니** 욕조 안에 물이 가득 있었다.
▪ 이상한 예감에 열어 보**니** 편지가 들어 있었다.
▪ 집안에 들어서**니** 이상한 소리가 들렸다.

3. ['-고 보니'의 꼴로 쓰여] 앞에 기술된 사실로 인하여 뒤의 사실이 그러하는 것을 나타낸다.

3참 '-니' 앞에 시제 어미가 오지 않는다.

예 ▪ 그런 비참한 얘기고 보**니** 동정하지 않을 수 없다.
▪ 안사람 전공도 나와 같은 심리학이고 보**니** 우리는 자주 서로를 탓하게 된다.

4. ['-다고 하니'의 꼴에 쓰여] 뒤에 오는 말에 대하여 원인이나 근거를 나타낸다.

예 ▪ 네가 결혼한다고 하**니** 기분이 이상하구나.
▪ 과자에는 방부제가 들어 있다고 하**니** 마음놓고 사 줄 수가 있어야죠.

2. '-니까'로 바꿔 쓸 수 없다

1. 앞에 기술된 사실을 뒤에서 자세히 덧붙여 설명하는 것을 나타낸다.

예 ▪ 그가 국회의원에 당선되**니** 그 때 나이가 서른넷이었다.
▪ 한강은 대단히 큰 강이**니** 유럽의 그 어느 강도 이만 못하다.
▪ 그 때 나타난 사람이 있**으니** 그가 바로 진수였다.

-니[4] 【내가 크**니** 네가 크**니**~】

『**-니**는 받침 없는 형용사와 'ㄹ' 받침으로 끝난 형용사와 '이다' 뒤에, **-으니**는 받침 있는 형용사 뒤에 쓰인다. 동사 뒤에는 **-느니**가 쓰인다』

예 비싸**니**, 다**니**(달다), 학생이**니**, 높**으니**

어미 연결 어미

1. [흔히 '-니 -니'의 꼴로 쓰여] 서로 대립되는 말이나 생각을 나열하거나 이러고 저러고 이야기하는 것을 나타낸다.

형태관련어 -느니

예 ▪ 내가 크**니** 네가 크**니** 떠들어 봤자 별 수 있니?
▪ 싸**니** 비싸**니** 하며 실랑이를 벌인다.
▪ 잘하**니** 못하**니** 해도 그 사람만한 사람도 없어요.
▪ 지금 와서 검**으니** 희**니** 해 봤자 소용없다구요.

-니까 【결혼하**니까** 행복하다.】

『**-니까**는 받침 없는 동사, 형용사와 'ㄹ' 받침으로 끝난 동사, 형용사와 '이다' 뒤에, **-으니까**는 받침 있는 동사, 형용사 뒤에 쓰인다』

예 가**니까**, 비싸**니까**, 사**니까**(살다), 다**니까**(달다), 학생이**니까**, 먹**으니까**, 좋**으니까**

어미 연결 어미

1. 뒤에 오는 말에 대하여 이유나 원인을 나타낸다.

전참 '-니'로 쓸 수 있다

1참 1. '-았-' 뒤에도 쓰인다. 2. 종결어미처럼 쓰인다. 예 왜 영어 공부

예 ▪ 결혼하**니까** 행복하다.
▪ 가루약은 먹기 힘드**니까** 알약으로 주세요.
▪ 점심 시간도 다 됐**으니까** 같이 점심이나 먹읍시다.

▪ 오늘 월급을 받았**으니까** 차값은 내가 낼게.

예 ▪ 네가 없을 때의 일이**니까** 너는 잘 모르겠구나.

▪ 너는 남자**니까** 남자들이 어떤 선물을 좋아하는지 잘 알 거 아니니?

2. [주어가 일인칭인 문장에 쓰여] 앞의 사실이나 행동이 진행된 결과 뒤의 사실이 그러하거나 어떠한 행동이 일어나는 것을 나타낸다.

예 ▪ 물 속에 손을 넣어 보**니까** 너무나 차가웠다.

▪ 버스를 타고 보**니까** 자리가 없었다.

▪ 말씀을 듣고 보**니까** 제가 틀렸군요.

▪ 막 물건을 사고 나오**니까** 비가 내리고 있었다.

3. [주어가 일인칭인 문장에 쓰여] 앞 내용과 뒤의 내용이 서로 엇갈리는 상황임을 나타낸다.

예 ▪ 멍석을 찾아 깔고 나**니까** 놀 사람이 다 떠나는군.

▪ 이제 살 만하**니까** 아내가 세상을 떠나더라구.

▪ 결혼 상대자를 구하고 나**니까** 결혼 비용이 없어요.

4. ['(알고/듣고) 보니까, 듣자니까, 보자 보자 하니까' 등의 꼴로 쓰여] 이야기되는 내용의 근거를 나타낸다.

예 ▪ 알고 보**니까** 회사에 다니고 있었어요.

▪ 가만히 보**니까**, 이름만 달라요.

▪ 듣자**니까** 그 사람이 부자라네.

▪ 보자 보자 하**니까**, 너 정말 까불래?

를 하세요? 미국에 갈지도 모르**니까.**

1참 '이다' 뒤에도 쓰인다.

2참 '–니까' 앞에 시제 어미가 올 수 없고, 뒷절에는 대부분 현재나 완료가 온다.

4참 '–니까' 앞에 시제 어미가 올 수 없고, 뒷절에는 대부분 현재나 완료가 온다.

도움말 1

[원인]이나 [이유]를 나타내는 '–니까'와 '–므로'의 차이:

1. '–니까'는 입말에서, '–므로'는 입말보다는 논리적 표현을 하는 글말에서 주로 쓰인다.
2. '–니까'는 '요'와 결합하여 종결 어미처럼 쓰일 수 있으나 '–므로'는 그렇지 않다.

도움말2

'–니까'와 '–아서', '–기 때문에'의 차이:

뒷절에 명령형 '–십시오', 청유형 '–ㅂ시다, –ㄹ까요'가 쓰인 경우에는 '–니까'만 이 쓰일 수 있고, '–아서', '–기 때문에'는 쓰일 수 없다.

예: 비가 오**니까** 우산을 가지고 가십시오.(○)
비가 **와서** 우산을 가지고 가십시오.(×)
오늘은 바쁘**니까** 내일 만납시다.(○)
오늘은 바쁘**기 때문에** 내일 만납시다.(×)

도움말3

'–니'와 '–니까'의 차이:

1. '–니까'는 '–니'의 힘줌말이다.
2. '–니'는 글말에 많이 쓰이는 데 비해, '–니까'는 상대적으로 입말과 글말에 두루 쓰인다.

–니까요 【회사에 가**니까요.**】

『**–니까요**는 받침 없는 동사, 형용사와 'ㄹ' 받침으로 끝난 동사, 형용사 뒤에, **–으니까요**는 받침 있는 동사, 형용사, '–았–' 뒤에 쓰인다』

[어미] 종결 어미

[친한사이 말높임] 선배, 어른에게

예 가**니까요**, 비싸**니까요**, 사**니까요**(살다), 다**니까요**(달다), 학생이**니까요**, 먹**으니까요**, 좋**으니까요**

1. 앞말에 대하여 원인, 근거 등을 나타낸다.

[전참] 입말에 쓰인다.

[예] ▪ 겁 주지 마세요. 저는 아주 소심하**니까요**.
▪ 너무 서두르지 마세요. 기회는 얼마든지 있**으니까요**.
▪ 저만 알아요. 제가 그이한테 그걸 주었**으니까요**.

다[1] 【사과**다** 귤**이다**】

『**다**는 받침 없는 말에, **이다**는 받침 있는 말에 붙어 쓰인다』

[조사] 접속 조사

예 종이**다**, 지우개**다**, 연필**이다**, 책**이다**

1. ☞ 이다[1](p. 436)

예 ▪ 사과**다** 귤**이다** 잔뜩 사 왔다.
▪ 영하는 수영**이다** 테니스**다** 못 하는 운동이 없다.
▪ 여기는 책**이다** 노트**다** 없는 게 없구나.

–다[2] 【가**다**】

『받침이 있든 없든 **다**가 쓰인다』

예 하**다**, 먹**다**, 싫**다**

어미 기본형을 나타내는 어미

1. [동사, 형용사, '이다'의 어간에 붙어 쓰여] 기본형임을 나타낸다.

예 ▪ 가**다**/먹**다**/좋**다**/예쁘**다**/싶**다**/않**다**/이**다**

전참 사전에서 표제어로 쓰이는 동사, 형용사, '이다'를 나타낼 때 쓰인다.

–다[3] 【이것은 책이**다.**】

『형용사, '이다', '–았–', '–겠–' 뒤에 쓰인다』

예 예쁘**다**, 책이**다**, 먹었**다**, 살겠**다**

어미 종결 어미

말아주낮춤 할아버지가 아이에게

1. [신문, 교과서와 같은 글말에 쓰여] (격식을 갖추어) 사실을 서술하는 것을 나타낸다.

예 ▪ 저것이 국립 박물관이**다**.
▪ 한 남자가 의자에 앉아 있**다**.
▪ 나는 한평생을 선생으로 살았**다**.

1참 가장 일반적으로 쓰이는 격식체의 서술형 어미이다.

2. ['–았–', '–겠–' 뒤에 붙어, 입말에서 반말로] 어떠한 사실을 서술하는 것을 나타낸다.

예 ▪ 대성아, 우리 어제 놀이 공원에 갔**다**.
▪ 얘야, 나 밥 먹었**다**. 상 차릴 필요 없**다**.
▪ 지금쯤은 집에 도착했겠**다**. 전화 좀 해 봐라.

2참 현재형일 때에는 '–는다'와 '–ㄴ다'가 쓰인다. 예 먹**는다**. 간**다**.

3. [입말에서] 들었거나 알고 있는 사실에 대해 혼잣말처럼 되묻거나 빈정거리거나 되새겨 보는 뜻을 나타낸다.

예 ▪ 니가 그렇게 했**다**.(↗) 음….
▪ 돈이 없**다**.(↗) 그럼 어떻게 하지?

3참 끝을 올리면서 약간 길게 끄는 듯한 어조로 어느 정도 강세를 두는 등의 일정한 억양과 함께 쓰인다.

▪ 버스가 벌써 떠나 버렸**다**.(↗) 그것 참 큰일이로군.

–다[4] 【한국 축구 올림픽 티켓 따**다**.】

『동사 뒤에 쓰인다』

[어미] 종결 어미

[높임없음] 누구에게: 글에서 독자에게

예 가**다**, 승리하**다**, 먹**다**

1. 〔신문의 머릿기사와 같은 글말에 쓰여〕 말하는이가 정해지지 않은 듣는이에게 어떤 사실을 객관적이고 중립적으로 알리는 것을 나타낸다.

[예] ▪ 한국 축구 올림픽 티켓 따**다**.
▪ 한국 원정대 드디어 에베레스트 정복하**다**.

2. 〔일기와 같은 글말에 쓰여〕 어떤 사실을 단지 기록하는 것을 나타낸다.

[예] ▪ 오늘 오후 2시 학교에서 진수를 만나**다**.
▪ 어제 고향엘 다녀오**다**.

[전참] 1. 어떠한 시제 형태도 취하지 않는다.
2. 글말에서만 쓰인다.

–다[5] 【화가 나셨**다** 합니다.】

『형용사, '–았–', '–겠–' 뒤에 쓰인다』

[어미] 인용을 나타내는 어미

예 예쁘**다**, 짧**다**, 살았**다**, 좋겠**다**

1. 서술형으로 표현된 내용을 간접적으로 옮겨 말하는 것을 나타낸다.

[예] 아버지가 매우 화가 나셨**다** 합니다.
▪ 태국 음식은 맛도 좋고 값도 싸**다** 합니다.
▪ 대성이는 어제 길을 잃었**다** 합니다.

[전참] 주로 '–다고'의 꼴로 쓰인다.

[1참] [관련어] –냐, 라, 자

2. 〔'–다 하다'의 꼴에 쓰여〕 '하다'의 내용절을 나타낸다.

[예] ▪ 아무리 서울이 가깝**다** 해도 어두워졌으니 자고 가자.
▪ 그런 일이 가능하**다** 하더라도 엄청난 희생이 뒤따를 거야.

[2참] 주로 '–다 해도/할지라도/해서'의 꼴로 쓰인다.

도움말

서술문의 간접 인용:
서술하는 내용의 말이 간접 인용에 쓰일 때는 화계(높고 낮음)에 상관없이 모두 '–다'의 꼴로 되고 이에 인용을 나타내는 조사 '고'가 붙어 '–다고'의 꼴로 사용된다.

예 1: 오늘 추**워요**. → 오늘 춥**다고** 해요.
예 2: 오늘 춥**습니다**. → 오늘 춥**다고** 해요.
예 3: 오늘 춥**네**. → 오늘 춥**다고** 해요.

–다[6] 【크**다** 작**다** 말들이 많다.】

『형용사, '–았–', '–겠–' 뒤에 쓰인다』

[어미] 연결 어미

1. '–다느니'의 준말. ☞ 다느니(p. 190)

예 짜**다**, 좋**다**, 먹었**다**, 죽겠**다**

[본말] –다느니

–다[7] 【먹**다** 남긴 밥】

『동사, 몇몇 형용사, '–았–' 뒤에 쓰인다』

[어미] 연결 어미

1. '–다가'의 준말. ☞ 다가(p. 182)

예 가**다**, 먹**다**, 갔**다**

[본말] –다가

–다가 【비가 오**다가** 이제는 눈이 온다.】

『동사, 일부 형용사, '–았–' 뒤에 쓰인다』

[어미] 연결 어미

예 가**다가**, 먹**다가**, 잡았**다가**

[준말] –다

[1참] '–았다가'의 꼴로 쓰이면 그 행위를 끝낸 후 다른 행위로 옮겨가는 것을 나타낸다.

1. 상황이 중단되고, 바뀌는 것을 나타낸다

1. 어떠한 행위가 진행되어 가는 도중에 그 행위를 그치고 다른 행위로 옮겨가는 것을 나타낸다.

[예] ▪ 아까는 비가 오**다가** 이제는 눈이 온다.
▪ 술 마시**다가** 어딜 가!
▪ 그는 선수였**다가** 이제는 감독 노릇을 한다.
▪ 양손을 머리 위로 올렸**다가** 내리는 동작.

2. [‘–다가 말다/그만두다/그치다/두다’의 꼴로 쓰여] 어떠한 행위나 상태가 진행되어 가는 도중에 그것이

그치는 것을 나타낸다.

예 ▪ 어제 하**다가** 그만둔 나머지 일을 끝냈다.
▪ 옷을 벗으려고 하**다가** 말았다.
▪ 비가 오**다가** 그쳤다.

3. 어떠한 행위가 진행되어 가는 도중에 다른 행위나 상황이 벌어짐을 나타낸다. '~는(던) 중에'의 뜻.

예 ▪ 집에 오**다가** 백화점에 들렀어.
▪ 나는 커피를 마시**다가** 그 생각을 했다.
▪ 잠을 자**다가** 꿈을 꾸었다.

4. 어떠한 상황의 전환을 나타낸다.

예 ▪ 샴푸를 쓰**다가** 얼마 전부터 비누로 바꿨어요.
▪ 잘 나가시**다가** 또 저러신다니깐.
▪ 처음에는 제임스하고 둘만 가려고 하**다가** 제인도 와서 같이 가게 됐어.

5. 뒷문장의 행위를 하기 바로 전까지 어떤 행위를 지속하고 있었음을 나타낸다.

예 ▪ 내 그냥 얘기나 하**다가** 가지.
▪ 진수 아버지께서 암으로 오래 전부터 고생하시**다가** 오늘 새벽에 돌아가셨대.
▪ 아저씨는 아줌마와 한참 이야기를 나누**다가** 밖으로 나가셨다.
▪ 너희들이나 즐기**다가** 오너라.

2. 행위의 반복을 나타낸다

1. [주로 '–다가 –다가 하다'의 꼴로 쓰여] 두 가지 사실이 번갈아 일어나는 것을 나타낸다.

예 ▪ 오**다가** 가**다가** 만나는 고향 사람도 외지에서는 참 반갑다.
▪ 버스는 가**다가** 서**다가** 하였다.
▪ 부모의 기분대로 야단치**다가** 안 치**다가** 하면 아이의 교육에 안 좋다.
▪ 듣는 둥 마는 둥 눈을 감았**다가** 떴**다가** 했다

2. ['–다(가) –다(가)'의 꼴로 쓰여] 행위가 계속되는 것

1참 1. 주로 대립되는 동작을 나타내는 동사가 쓰인다. 2. 입말에서는 준말인 '–다'가 '–다가'보다 더 잘 쓰인다.
예 오다 가다 만난 사람

을 강조하여 나타낸다.

예 ▪ 쫓기**다가** 쫓기**다가** 힘이 다했다.

▪ 정말이지 그렇게 예쁜 여자는 보**다가** 보**다가** 처음 이었다니까요.

▪ 하**다가** 하**다가** 못해 드디어는 포기하고 말았다.

2참 1. 동일한 동작을 나타내는 동사와 결합된다. 2. '–다가'보다 '–다' 꼴로 더 자주 쓰인다.

3. 원인, 조건, 근거 등을 나타낸다

1. 앞의 일이 뒤에 일어나는 일의 나쁜 쪽으로의 이유나 원인을 나타낸다.

예 ▪ 노름을 하**다가** 재산을 다 날렸다.

▪ 진수는 늦게까지 밖에서 놀**다가** 꾸중을 들었다.

▪ 나는 지난 번에 구두를 신고 갔**다가** 발이 아파서 죽을 뻔했어.

2. 조건을 나타낸다. 앞의 행위를 계속하게 되면 뒤 내용의 결과가 생김을 나타낸다.

예 ▪ 욕심을 내**다가**는 본전도 잃어.

▪ 까딱 잘못하**다가**는 다 된 밥도 못 얻어먹겠다.

▪ 이대로 두었**다가**는 큰 낭패를 보게 될 거야.

▪ 잠들었**다가**는 깨어나지 못할지도 몰라.

2참 주로 보조사 '는'과 결합된 '–다가는', '–다간'의 꼴로 자주 쓰인다. 예 욕심을 내**다간** 본전도 잃어.

3. ['–았다가'의 꼴로 쓰여] 뒷말의 근거를 나타낸다.

예 ▪ 기계의 내용도 모르고 손을 댔**다가** 완전히 망가지면 안 돼요.

▪ 그냥 갔**다가** 없으면 허탕 치니까 전화해 보고 가세요.

–다가 못해[1] 【배가 고프**다가 못해**~】

관용구

결합정보 ☞ –다가

1. [몇몇 형용사에 쓰여] 앞의 상태가 매우 심하여 그것을 더 이상 유지할 수 없음을 나타낸다. '~ 정도가 극도에 다다른 나머지'의 뜻.

예 ▪ 배가 고프**다가 못해** 이젠 쓰리다.

▪ 그녀의 얼굴은 희**다가 못해** 푸르스름한 빛까지 띠었다.

전참 '–다 못해'의 꼴로도 쓰인다. 예 머리가 아프**다 못해** 죽을 지경이야.

–다가 못해[2] 【보다가 못해~】

관용구

결합정보 ☞ –다가

1. ［동사에 쓰여］ 앞의 행위가 매우 심하여 그것을 더 이상 유지할 수 없음을 나타낸다. (앞의 행동을) '더 이상 계속할 수 없다'의 뜻.

예 ▪ 그녀는 보**다가 못해** 달려갔다.
▪ 참**다가 못한** 선생님이 달려가 그를 붙잡았다.

전참 '–다가 못한'의 꼴로도 쓰인다.

–다가 보니까 【자주 싸우다가 보니까~】

관용구

결합정보 ☞ –다가

1. 앞의 행위를 하던 중에 새로운 사실을 알게 되는 것을 나타낸다. '~을 한참 하니까'의 뜻.

예 ▪ 이런 사소한 일로 자주 싸우**다가 보니까** 부부 싸움은 버릇이 되었다.
▪ 돈을 벌**다가 보니** 점점 더 욕심이 생긴다.
▪ 먹**다 보니** 혼자 다 먹어 버렸다.

전참 '–다가 보니, –다 보니'의 꼴로도 쓰인다.

–다가 보면 【피아노를 치다가 보면~】

관용구

결합정보 ☞ –다가

1. 앞의 행위가 근거가 되어 새로운 사실을 알게 되는 것을 나타낸다. '–는 행동을 한참 하면'의 뜻.

예 ▪ 피아노를 오래 치**다가 보면** 피로하기도 하다.
▪ 수입보다 지출이 많은 생활을 계속 하**다가 보면** 큰일 난다.
▪ 시골길을 걷**다가 보면** 옛날 일들이 떠올라요.

–다거나 【예쁘다거나 귀엽다거나~】

『형용사, '–았–', '–겠–' 뒤에 쓰인다』

어미 연결 어미

예 쓰**다거나**, 좋**다거나**, 먹었**다거나**, 보겠**다거나**

1. ［주로 '–다거나 –다거나 하다'의 꼴로 쓰여］ 두 가지

관련어 –라거나

이상의 사실들을 나열하는 것을 나타낸다.

예 ▪ 그 여자는 예쁘**다거나** 귀엽**다거나** 하는 것과는 거리가 멀었다.
▪ 그 일에 대해 억울하**다거나** 기막히**다거나** 하는 것을 느낄 수도 없었다.

–다고[1] 【그래, 알았**다고.**】

『형용사, '–았–', '–겠–' 뒤에 쓰인다』

어미 종결 어미

친한사이 말낮춤 친구에게

예 예쁘**다고**, 좋**다고**, 먹었**다고**, 가겠**다고**

1. 강하게 서술하거나 자기가 한 말을 다시 말하는 것을 나타낸다.

예 ▪ 그래, 알았**다고**.
▪ 아내: 뭐라고요?
남편: 나한텐 당신밖에 없**다고**. 정말이야.
▪ 그 사람은 영화 배우 빰치는 미남이었**다고**.

2. ['얼마나, 몇, 왜'와 같은 묻는 말과 함께 쓰여] 그러하다고 강조하여 말하는 것을 나타낸다.

예 ▪ 우리 엄마가 얼마나 예쁘**다고**.
▪ 내가 얼마나 당황했**다고**.
▪ 내가 그 동안 몇 번이나 얘기했**다고**.
▪ 왜 화를 내? 내가 뭘 어쨌**다고**?

3. [끝을 내리는 억양과 함께 쓰여] 말하는이가 예상했던 것과 사실이 다르다는 것을 알고 걱정했다거나 하였음을 나타낸다.

예 ▪ 에이, 난 또 영숙이가 결혼했**다고**.
▪ 난 또 유미가 혼자 갔**다고**. 언니가 같이 갔지?

4. [올리는 억양과 함께 쓰여] 상대방에게 들은 사실을 반복하여 말하면서 확인하여 물어 보는 뜻을 나타낸다.

예 ▪ 뭐라고? 아빠한테 무슨 일이 있었**다고**?

존대 –다고요

관련어 라고, –자고

전참 1. 입말에 쓰인다. 2. 흔히 [다구]로 발음된다.

- 뭘 먹었**다고**? 그게 어디서 났는데?
- 네가 저녁을 사겠**다고**? 왜?
- 뭐, 진수가 다쳤**다고**?

-다고[2] 【그는 바쁘**다고**~】

『형용사, '-았-' 뒤에 쓰인다』

어미 연결 어미

예 예쁘**다고**, 좋**다고**, 먹었**다고**

1. 앞의 일이 뒤의 일의 원인이나 이유인 것을 나타낸다.

예 ▪ 그는 바쁘**다고** 몹시 서둘렀다.
- 우리 엄마가 내가 마땅히 입을 만한 옷이 없**다고** 한 벌 사 주셨어.
- 수업 시간에 떠들었**다고** 선생님께 혼났어.
- 대성이가 아까부터 집에 가겠**다고** 야단이에요.

2. [뒷절에 주로 명령이나 부정을 나타내는 말 등이 쓰여] 앞의 일이 뒤의 일의 근거인 것을 나타낸다. '-ㄴ 이유로 해서'의 뜻.

예 ▪ 우리 엄마가 전화할 데 있**다고** 빨리 끊으래.
- 책상에 앉아만 있**다고** 공부가 잘 될 리가 있나?
- 얼굴이 예쁘**다고** 좋은 여자는 아니야.

관련어 -라고

전참 '-다고'과 달리 '-다'로 바꿔 쓸 수 없다.

1참 1. 뒷절에 명령, 청유형이 올 수 없다. 예 바쁘**다고** 서둘러라.(×) 2. '-겠-' 뒤에 쓰인다.

2참 '-겠-' 뒤에 안 쓰인다.

-다고[3] 【밥을 먹었**다고** 했다.】

『형용사, '-았-', '-겠-' 뒤에 쓰인다』

어미 인용을 나타내는 어미

예 예쁘**다고**, 좋**다고**, 먹었**다고**, 죽겠**다고**

1. 서술형으로 표현된 내용을 간접적으로 옮겨 말하는 것을 나타낸다.

예 ▪ 너 조금 전에 밥을 먹었**다고** 했잖아.
- 엄마: 네 형 언제 가겠**다고** 하더냐? 아들: 다음 주에 가겠**다고** 하던데요.
- 남편은 휴일에도 피곤하**다고** 하면서 하루종일 잠만 잔다.

관련어 -냐고, -라고, -자고

1참 '-다'의 꼴로 쓰이기도 한다. 예 밥을 먹었**다** 했잖아.

▪ 서울역에 공항 버스가 있**다고** 들었습니다.

2. 어떠한 행위의 '무엇을'에 해당하는 내용절을 나타낸다.

예 ▪ 너 다시는 안 그러겠**다고** 엄마하고 약속했잖아.
▪ 유미가 전화했었**다고** 전해 주세요.
▪ 그는 약이 효과가 있**다고** 생각했다.
▪ 그 사건은 사실이 아니었**다고** 여기는 사람들이 많다.

2참 1. '보고하다, 약속하다, 명령하다, 생각하다, 보다, 여기다' 등의 동사와 쓰인다. 2. '-다'의 꼴로 쓰이기도 한다.

3. 속담이나 일반적인 사실에 근거하여 설명적 내용을 이끄는 것을 나타낸다.

예 ▪ 열 손가락 깨물어 아프지 않은 손가락이 없**다고** 부모님의 자식 사랑은 한결같다.
▪ 먼 친척보다 이웃사촌이 낫**다고** 정말 고마워요.

3참 '-다'의 꼴로 안 쓰인다. 예 먼 친척보다 이웃사촌이 낫**다** 정말 고마워요.(×)

-다고요 【알고 있**다고요.**】

『형용사, '-았-', '-겠-' 뒤에 쓰인다』

어미 종결 어미

친한사이 말높임 선배, 어른에게

예 예쁘**다고요**, 좋**다고요**, 먹었**다고요**, 가겠**다고요**

1. 강하게 서술하거나 자기가 한 말을 다시 말하는 것을 나타낸다.

예 ▪ 난 다 알고 있**다고요**.
▪ 우리 형님은 학교 다닐 때 축구 선수까지 했**다고요**.
▪ 내 친구들 보면 자기 부모님의 생신을 알고 있는 애가 하나도 없**다고요**.
▪ 유미: 뭐라고요?
대성: 학교 생활을 더 열심히 하겠**다고요**.

관련어 -냐고요, -라고요, -자고요

전참 입말에서 쓰이며 흔히 [다구요]로 발음되기도 한다.

2. ['얼마나, 몇, 왜'와 같은 묻는 말과 함께 쓰여] 그러하다고 강조하여 말하는 것을 나타낸다.

예 ▪ 엄마 오시길 얼마나 기다렸**다고요**.
▪ 내가 무슨 잘못을 했**다고요**.
▪ 그러면 얼마나 시원하**다고요**.

3. 이미 들은 것을 다시 한 번 확인하듯이 혹은 미심쩍다는 듯이 질문하는 것을 나타낸다.

예 ▪ 저더러 한국 사람이 다 됐**다고요**?
▪ 요즘도 바쁘시**다고요**?
▪ 진수가 그 집에 살았**다고요**?

-다나 【내가 오빠 같**다나.**】

『형용사, '-았-', '-겠-' 뒤에 쓰인다』

어미 종결 어미

친한사이 말낮춤 친구에게

예 예쁘**다나**, 좋**다나**, 먹었**다나**, 가겠**다나**

1. 어떤 사실에 대해 무관심한 태도로, 확신 없이 말하는 것을 나타낸다.

예 ▪ 내가 오빠 같**다나**.
▪ 내가 너무 건방지**다나**?
▪ 병원에 안 가도 다 나았**다나**.
▪ 어제 이사를 갔**다나**.
▪ 도둑인 줄 알고 깜짝 놀랐**다나**.
▪ 요즘은 무조건 예뻐야 시집을 잘 갈 수 있**다나**.

2. ['-다나 보다'의 꼴로 쓰여] 어떤 일에 대해 무관심한 태도로, 확신 없이 말하는 것을 나타낸다.

예 ▪ 김진수: 정말 오늘 여기에 가수가 오나요?
박유미: 그렇**다나** 봐요.
▪ 아들이 부산에서 큰 회사를 경영하고 있**다나** 봐요.
▪ 할머니께서 오늘 새벽에 돌아가셨**다나** 봐.

관련어 -라나, -자나

전참 입말에 많이 쓰이며, 흔히 [대나]로 발음하기도 한다.

1참 말한 사실에 대해 책임을 회피하려는 듯이 말을 흐리는 표현으로 '-다나 어쨌다나'와 같은 표현으로 쓰기도 한다. 예 진수를 만났**다나 어쨌다나**.

-다네 【내가 요즘 바쁘**다네.**】

『형용사, '-았-', '-겠-' 뒤에 쓰인다』

어미 종결 어미

말조금낮춤 스승이 제자에게, 장인·장모가 사위에게(어른말)

예 예쁘**다네**, 좋**다네**, 먹었**다네**, 가겠**다네**

1. 듣는이에게 친근하게 어떠한 사실을 알려 주는 것을 나타낸다.

예 ▪ 내가 요즘 바쁘**다네**.
▪ 자네 친구가 왔다 갔**다네**.

관련어 -네

전참 입말에 쓰인다.

- 사실은 요즘 돈이 없**다네**.

도움말

'–네'와 '–다네'의 비교:
'–네'는 자신의 생각이나 상황을 객관화하여 말하는 반면, '–다네'는 그것을 다소 친근하게 말하는 것을 나타낸다.

예 1: 자네 친구가 왔다 갔**네**./자네 친구가 왔다 갔**다네**.

예 2: 내가 요즘 무척 바쁘**네**./내가 요즘 무척 바쁘**다네**.

–다느니 【땅이 적**다느니** 가난하**다느니**~】

『형용사, '–았–', '–겠–' 뒤에 쓰인다』

어미 연결 어미

1. [흔히 '–다느니 ~ –다느니'의 꼴로 쓰여] 이러고 저러고 이야기하는 것을 나타낸다.

예
- 땅이 넓**다느니** 좁**다느니** 하지만 그건 다 배부른 사람들의 얘기일 뿐이다.
- 나는 나비 같**다느니** 선녀 같**다느니** 하는 칭찬을 들어왔다.
- 늦게까지 술을 마셨**다느니**, 밤잠을 못 잤**다느니** 하는 거예요.

예 예쁘**다느니**, 좋**다느니**, 먹었**다느니**, 가겠**다느니**

관련어 –라느니

전참 '–느니'보다 더 강조하여 말하는 것을 나타낸다.

–다니[1] 【놀다가 가**다니**?】

『동사, 형용사, '–았–', '–겠–' 뒤에 쓰인다』

어미 종결 어미

친한사이 말낮춤 친구에게

1. 의심스럽거나 뜻밖의 사실로 느껴져 놀라서 다시 물어 보는 뜻을 나타낸다.

예
- 조금 놀다가 가**다니**? 그럼 점심도 안 먹고 가려고?
- 부모님이 저토록 애쓰시는데 공부를 안 하**다니**?
- 별안간 시집을 가**다니**?
- 친구 : 그럼 이걸 그냥 버리란 말이니?

예 가**다니**, 먹**다니**, 예쁘**다니**, 좋**다니**, 먹었**다니**, 가겠**다니**

존대 –다니요

관련어 –냐니, –라니, –자니

전참 1. 입말에 쓰인다. 2. 뒷절에는 의외라는 듯이 묻는 등의 내용이 오는데, 이 때에는 주로 올리는 억양이 쓰인다.

유미 : 버리**다니**? 네가 가지면 되잖아.

2. [혼잣말에 쓰여] 의심스럽거나 뜻밖의 사실로 느껴져 믿을 수 없다는 듯이 감탄하여 말하는 것을 나타낸다.

예 ▪ 우산도 없는데 비까지 오**다니**!
▪ 그런 사람을 남편이라고 믿고 기다리다가 죽**다니**.
▪ 그렇게 심한 말씀을 하시**다니**!
▪ 저렇게 약해 보이는 사람이 권투를 하**다니**.
▪ 참 이상하군요. 던진 사람도 없는데 돌이 저절로 떨어졌**다니**.

2참 뒷절에는 앞 내용에 대한 평가를 나타내는 말이 흔히 쓰인다. 이 때에는 주로 내리는 억양과 함께 쓰인다. 예저렇게 약한 사람이 권투를 하**다니** (놀랍다).

–다니[2] 【유미 씨를 만나**다니~**】

『동사, 형용사, '–았–' 뒤에 쓰인다』

어미 연결 어미

예 가**다니**, 먹**다니**, 예쁘**다니**, 좋**다니**, 먹었**다니**

1. [혼잣말에 쓰여] 주어진 어떤 사실을 깨달으면서 놀람, 감탄, 분개 따위의 감정을 나타낸다.

예 ▪ 이런 곳에서 유미 씨를 만나**다니** 뜻밖인데요.
▪ 비가 오**다니** 큰일이에요.
▪ 이렇게 예쁜 반지를 사 주시**다니** 너무 기뻐요.

전참 동사 뒤에 쓰일 때 '–ㄴ다니', '–는다니'가 아니라 '–다니'가 쓰인다. 예가다니, 먹다니(○)/간다니, 먹는다니(×)

–다니[3] 【가족들이 건강하**다니~**】

『형용사, '–았–', '–겠–' 뒤에 쓰인다』

준꼴 (연결 기능)

예 예쁘**다니**, 좋**다니**, 먹었**다니**, 가겠**다니**
'–다고 하니'의 준꼴

1. 들은 사실이 원인이나 이유가 되어 그에 근거하여 말하는 것을 나타낸다.

예 ▪ 가족들이 건강하**다니** 무엇보다 다행이다.
▪ 채 선생이 남으시겠**다니** 나도 남겠습니다.
▪ 영숙이가 개인전을 열었**다니** 당연히 우리가 가서 축하해 줘야지.
▪ 할머니, 편찮으셔서 걱정 많이 했습니다. 좋아지셨**다니** 다행입니다.

관련어 –냐니, –라니, –자니

–다니까 【이게 좋**다니까.**】

『형용사, '–았–', '–겠–' 뒤에 쓰인다』

어미 종결 어미

친한사이 말낮춤 친구에게

예 예쁘**다니까**, 좋**다니까**, 먹었**다니까**, 가겠**다니까**

1. 듣는이가 의심할지도 모를 말에 대해 말하는이가 자신의 말을 강조하여 말하는 것을 나타낸다.

예 ▪ 난 이게 좋**다니까**.
▪ 이번에는 틀림없**다니까**.
▪ 내가 저녁을 사겠**다니까**.

존대 –다니까요

관련어 –냐니까, –라니까, –자니까

전참 입말에 쓰인다.

–다니까요 【집이 텅 빈 것 같**다니까요.**】

『형용사, '–았–', '–겠–' 뒤에 쓰인다』

어미 종결 어미

친한사이 말높임 선배, 어른에게

예 예쁘**다니까요**, 좋**다니까요**, 먹었**다니까요**, 가겠**다니까요**

1. 듣는이가 의심할지도 모를 말에 대해 말하는이가 자신의 말을 강조하여 말하는 것을 나타낸다.

예 ▪ 집이 텅 빈 것 같**다니까요**.
▪ 나를 이해해 주는 사람은 엄마밖에 없**다니까요**.
▪ 나도 똑같은 생각을 했**다니까요**.

관련어 –냐니까요, –라니까요, –자니까요

전참 입말에 쓰인다.

–다니요 【같이 가**다니요?**】

『동사, 형용사, '–았–', '–겠–' 뒤에 쓰인다』

어미 종결 어미

친한사이 말높임 선배, 어른에게

예 가**다니요**, 먹**다니요**, 예쁘**다니요**, 좋**다니요**, 먹었**다니요**, 가겠다**니요**

1. [뒷문장에는 의외라는 듯이 묻는 내용을 담고 있으면서] 의심스럽거나 뜻밖의 사실로 느껴져 놀라서 반문하는 것을 나타낸다.

예 ▪ 같이 가**다니요**? 어딜요?
▪ 다치**다니요**? 누가요?
▪ 돈이 모자랐**다니요**?

관련어 –냐니요, –라니요, –자니요

전참 입말에 쓰인다.

-다던 【할 말이나 있**다던**?】

『형용사, '-았-' 뒤에 쓰인다』

[어미] 종결 어미

[말아주낮춤] 할아버지가 아이에게

예 예쁘**다던**, 좋**다던**, 먹었**다던**

1. [의문문의 형식이지만 대답을 요구하지 않는 꼴로 쓰여] 말한 내용을 강조하는 것을 나타낸다.

[예] ▪ 나야 어디 할 말이나 있**다던**?
▪ 너 말고 대성이가 또 있**다던**?
▪ 정치가들이 언제는 나라 걱정했**다던**?

[관련어] -라던

[전참] 입말에 쓰인다.

-다든가 【옳**다든가** 그르**다든가**~】

『형용사, '-았-' 뒤에 쓰인다』

[어미] 연결 어미

예 예쁘**다든가**, 좋**다든가**, 먹었**다든가**, 가겠**다든가**

1. [주로 '-다든가 -다든가 하다'의 꼴로 쓰여] 가능한 여러 명제적 내용을 나열하여 그 중 어떠한 것을 가리켜도 상관 없음을 나타낸다.

[예] ▪ 옳**다든가** 그르**다든가** 하는 판단.
▪ 이에 대하여 불편하**다든가** 부당하**다든가** 하는 생각을 하지 않는다.
▪ 이제 와서 내가 잘했**다든가** 네가 잘했**다든가** 따져도 소용없다.

[관련어] -라든가

-다든지 【직업이 있**다든지**~】

『형용사, '-았-' 뒤에 쓰인다』

[어미] 연결 어미

예 예쁘**다든지**, 좋**다든지**, 먹었**다든지**, 가겠**다든지**

1. [주로 '-다든지 -다든지 하다'의 꼴로 쓰여] 가능한 여러 명제 내용을 나열하여 그 중 어떠한 것을 가리켜도 상관 없음을 나타낸다.

[예] ▪ 엄마가 직업이 있**다든지** 병이 들었**다든지** 하면 아이를 돌보는 일이 어려워진다.
▪ 시민의 미적 수준이 낮**다든지** 공공 정신이 부족하

[관련어] -라든지

다든지 하는 이야기.

- 명랑하고 활동적이던 사람이 사업에 실패해서 우울해졌**다든지** 하는 경우가 있다.

-다마는 【키는 크**다마는**~】

『형용사, '이다', '-았-', '-겠-' 뒤에 쓰인다』

어미 연결 어미

1. '-다만'의 본말. ☞ -다만(p. 194)

예 ▪ 키는 크**다마는** 너무 말랐구나.
▪ 나도 같이 가고 싶**다마는** 지금은 시간이 없다.
▪ 나도 할 수 있겠**다마는** 돈이 없구나.

예 예쁘**다마는**, 좋**다마는**, 학생이**다마는**, 먹었**다마는**, 가겠**다마는**

준말 -다만

-다만 【모양은 예쁘**다만**~】

『형용사, '이다', '-았-', '-겠-' 뒤에 쓰인다』

어미 연결 어미

1. [어미 '-다'에 보조사 '만'이 결합한 꼴로] 앞의 내용을 인정하되 그것이 뒤의 내용에 영향을 미치지 아니함을 나타낸다.

예 ▪ 모양은 예쁘**다만** 너무 비싸구나.
▪ 하숙할 생각이**다만**, 지금은 친구집에 있다.
▪ 같이 가고 싶**다만** 오늘은 바쁘구나.

예 예쁘**다만**, 좋**다만**, 먹었**다만**, 가겠**다만**

본말 -다마는

관련어 -습니다만

전참 1. 입말에 쓰인다. 2. 어른말. 3. '-다마는'보다 '-다만'이 더 많이 쓰인다. 4. 문장 끝에는 아주 낮춤의 종결 어미가 온다.

-다며 【요즘 바쁘**다며**?】

『형용사, '-았-', '-겠-' 뒤에 쓰인다』

어미 종결 어미

친한사이 말낮춤 친구에게

1. 직접, 간접으로 들은 사실에 대해 상대방에게 확인하듯이 되물어보는 뜻을 나타낸다.

예 ▪ 요즘 바쁘**다며**?
▪ 여자 친구가 예쁘**다며**?

예 예쁘**다며**, 좋**다며**, 먹었**다며**, 하겠**다며**

본말 -다면서

관련어 라며, -자며

전참 1. 입말에 쓰인다. 이 때는 [다매]로 발음하기도 한다.

- 너도 같이 보았**다며**?

2. 빈정거리는 느낌을 나타내기도 한다.

-다면 【가능하**다면~**】

『형용사, '-았-', '-겠-' 뒤에 쓰인다』

어미 연결 어미

1. 어떤 사실을 가정하여 조건으로 하는 것을 나타낸다.

예 ▪ 가능하**다면** 여기에서 제 꿈을 키워 보고 싶습니다.
▪ 네가 도와주지 않았**다면** 나 혼자서 혼났을 거야.
▪ 월급만 많**다면** 그 일을 해 보고 싶어요.
▪ 진수: 모르겠습니다.
선생님: 모르겠**다면** 내가 가르쳐 줄까?

예 예쁘**다면**, 좋**다면**, 먹었**다면**, 하겠**다면**

관련어 -냐면, -라면, -자면

전참 입말에서 〔담〕으로 쓰이기도 한다. 예 보았다면 〔보았담〕 말해 봐.

-다면서 【고생이 많**다면서?**】

『형용사, '-았-', '-겠-' 뒤에 쓰인다』

어미 종결 어미

친한사이 말낮춤 친구에게

1. 말하는이가 이미 알고 있거나 들은 사실을 다시 한 번 확인하여 물어 보는 뜻을 나타낸다.

예 ▪ 우리 동생이 제일 고생이 많**다면서**?
▪ 너 회사에 근무한 적도 있**다면서**?
▪ 너희들 지난 주에 여행 갔다왔**다면서**?

예 예쁘**다면서**, 좋**다면서**, 먹었**다면서**, 하겠**다면서**

존대 -다면서요

준말 -다며

관련어 -라면서, -자면서

전참 입말에 쓰인다.

-다면서요 【배고프**다면서요?**】

『형용사, '-았-', '-겠-' 뒤에 쓰인다』

어미 종결 어미

친한사이 말높임 선배, 어른에게

1. 말하는이가 이미 알고 있거나 들은 사실을 다시 한 번 확인하여 물어 보는 뜻을 나타낸다.

예 ▪ 배고프**다면서요**?

예 예쁘**다면서요**, 좋**다면서요**, 먹었**다면서요**, 하겠**다면서요**

관련어 -라면서요, -자면서요

전참 입말에 쓰인다.

- 여자친구가 있**다면서요**?
- 아이들과 같이 바닷가에 가셨**다면서요**?

–다 못해 【생각**다 못해~**】

관용구

결합정보 ☞ –다

1. '어떠한 상태의 정도가 다 하고 더 심한 정도로 넘어감'의 뜻.

예 ▪ 생각하**다 못해** 미선이는 교수님을 찾아뵈었다.
- 이 천은 희**다 못해** 파랗구나.
- 고맙**다 못해** 눈물이 다 날 지경이다.
- 참**다 못해** 영숙이는 이혼하기로 했다.

전참 본말인 '–다가 못해'는 잘 안 쓰인다.

–다 보니 【계속 하**다 보니~**】

관용구

결합정보 ☞ –다

1. '~그러한 이유로 해서'의 뜻.

예 ▪ 계속 하**다 보니** 재미가 생기던데요.
- 살기가 어렵**다 보니** 어쩔 수 없었노라고 했다.
- 제가 게으르**다 보니** 전화도 못했네요.

전참 1. 본말인 '–다가 보니'는 잘 안 쓰인다.
2. '–다 보니까'의 꼴로도 쓰인다. 예 돈을 마구 쓰**다 보니까** 빚만 졌어요.

–다 보면 【병원에 있**다 보면~**】

관용구

결합정보 ☞ –다

1. '앞의 일이 일어난 결과로 인하여'의 뜻.

예 ▪ 병원에 있**다 보면** 별별 환자들이 다 찾아온다.
- 시간이 흐르**다 보면** 차차 잊혀지겠지.
- 아이를 기르**다 보면** 가끔 엉뚱한 일 때문에 놀라기도 하고 웃기도 한다.

전참 본말인 '–다가 보면'은 잘 안 쓰인다.

–다손 치더라도 【힘이 있**다손 치더라도~**】

관용구

예 있**다손 치더라도**, 없**다손 치더라도**

1. 앞말을 가정하되 그것이 뒷말에 영향을 미치지 아니

관련어 –라손 치더라도

함을 나타낸다.

예 • 힘이 있**다손 치더라도** 옛날 같기야 하겠니?
• 아무리 시간이 없**다손 치더라도** 밥은 먹어야지요.
• 설사 엄마를 속일 수 있**다손 치더라도** 그게 무슨 소용이 있나?
• 설령 약간의 변형이 있었**다손 치더라도** 분명히 이 노래의 원형은 있었을 것이다.

전참 앞말을 극한 정도까지 가정하는 '~야'나 '제 아무리~' 등의 말과 함께 쓰이거나 '설사, 설혹, 설령, 비록' 등의 부사와 함께 쓰인다.

–다시피 【너도 알**다시피**~】

『동사 뒤에 쓰인다』

어미 연결 어미

예 보**다시피**, 알**다시피**, 먹**다시피**

1. ['알다, 보다' 등과 쓰여] '–는 바와 같이'의 뜻.

예 • 너도 알**다시피** 내가 요즘 좀 바쁘잖니?
• 보시**다시피** 이렇습니다.
• 당신도 아시**다시피** 이 지경이 되었습니다.

2. ['–다시피 하다'의 꼴로 동사 뒤에 쓰여] 실제로 그렇게 하는 것은 아니지만 그것에 가깝게 하는 것을 나타낸다. '–는 것과 거의 같이'의 뜻.

예 • 문법서를 읽거나 해서 혼자 배우**다시피** 했습니다.
• 내 친구 미선이는 우리 집에서 살**다시피** 했어.
• 어제 거의 밤을 새우**다시피** 했거든.
• 거의 뛰**다시피** 했다.

–단다 【좋은 책들이 아주 많**단다.**】

『형용사, '–았–', '–겠–' 뒤에 쓰인다. 동사 뒤에는 **–는단다**가 쓰인다』

어미 종결 어미

말아주낮춤 할아버지가 아이에게

예 예쁘**단다**, 좋**단다**, 먹었**단다**, 죽겠**단다**

1. 어떤 사실을 듣는이에게 친근하게 말하여 주는 것을 나타낸다.

예 • 세상엔 좋은 책들이 아주 많**단다**.

관련어 –란다

형태관련어 –는단다

전참 1. 입말에 쓰인다.

▪ 아빠는 요즘 무척 바쁘시**단다**.
▪ 우리 학교에 큰 등나무가 있었**단다**.
▪ 꿈에 내가 정말 하늘을 날았**단다**.

2. 자랑하여 말하는 것을 나타내기도 한다. 3. 높임 표현은 '-답니다'.

-단 말이다 【나도 할 수 있**단 말이에요.**】

관용구

1. 서술한 내용을 다잡아 말하는 것을 나타낸다.

예 ▪ 그 정도는 나도 할 수 있**단 말이에요**.
▪ 이 일을 어째야 옳**단 말이냐**?
▪ 어제 비를 맞아서 감기에 걸렸**단 말이지**?

예 좋**단 말이다**, 먹었**단 말이다**, 잡겠**단 말이다**

관련어 -냔 말이다, -란 말이다, -잔 말이다

전참 입말에 쓰인다.

-답니까 【무슨 소용이 있**답니까?**】

『형용사, '-았-', '-겠-' 뒤에 쓰인다. 동사 뒤에는 **-는답니까**가 쓰인다』

어미 종결 어미

말아주높임 직장상사, 어른에게(공식적)

예 예쁘**답니까**, 좋**답니까**, 먹었**답니까**, 하겠**답니까**

1. [의문문의 형식이지만 대답을 요구하지 않는 꼴로 쓰여] 말의 내용을 강조하여 말하는 것을 나타낸다.

예 ▪ 이름이 무슨 소용이 있**답니까**?
▪ 무슨 인심이 이리 야박하**답니까**?
▪ 우리만 당하란 법 있**답니까**?

형태관련어 -는답니까

관련어 -랍니까

전참 입말에 쓰인다.

-답니다 【이사를 했**답니다.**】

『형용사, '-았-', '-겠-' 뒤에 쓰인다. 동사 뒤에는 **-는답니다**가 쓰인다』

어미 종결 어미

말아주높임 직장상사, 어른에게(공식적)

예 예쁘**답니다**, 좋**답니다**, 먹었**답니다**, 하겠**답니다**

1. 말하는이가 이미 알거나 들은 사실을 객관적으로 친근하게 설명하여 말하는 것을 나타낸다.

예 ▪ 우리 사무실이 이사를 했**답니다**.

형태관련어 -는답니다

관련어 -랍니다

전참 1. 입말에 쓰인다.

- 세상 일은 다 마음먹기에 달렸**답니다**.
- 옛날 어느 마을에 착한 소녀가 살고 있었**답니다**.
- 제가 우승을 했**답니다**.

2. 어떤 사실을 강조하거나 자랑하는 것을 나타내기도 한다.

–대[1] 【진수가 나 놀렸**대.**】

『형용사, '–았–' 뒤에 쓰인다. 동사 뒤에는 **–는대**가 쓰인다』

예 예쁘**대**, 좋**대**, 먹었**대**, 하겠**대**

어미 종결 어미

친한사이 말낮춤 친구에게

1. 상대방이 한 일을 다른 사람에게 일러 주는 것을 나타낸다.

예 ▪ 엄마, 진수가 나 놀렸**대**.
- 누나가 엄마 몰래 화장했**대**.
- 엄마, 형이 숙제도 안 했**대**.
- 아빠, 형이 나 또 때렸**대**.

2. [의문문의 형식이지만 대답을 요구하지 않는 꼴로 쓰여] 그 사실을 강하게 부정하거나 주장하는 것을 나타낸다.

예 ▪ 누가 그걸 먹겠**대**? 어서 가져 가!
- 얜, 내가 그런 소리 듣겠**대**?
- 내가 언제 결혼했**대**?

형태관련어 –는대

존대 –대요

관련어 –래

전참 입말에 쓰인다.

1참 1. 주로 아이들의 입말에 쓰인다. 2. '–겠–' 뒤에 안 쓰인다. 3. 끝을 살짝 올렸다가 내리는 억양과 함께 쓰인다.

2참 1. 놀라거나 못마땅하게 여기는 뜻이 섞여 있다. 2. '–겠–' 뒤에 쓰인다.

–대[2] 【건강이 안 좋**대.**】

『형용사, '–았–', '–겠–' 뒤에 쓰인다. 동사 뒤에는 **–는대**가 쓰인다』

예 예쁘**대**, 좋**대**, 먹었**대**, 하겠**대**

준꼴 (종결 기능)

'–다고 해'의 준꼴

친한사이 말낮춤 친구에게

1. 듣거나 겪은 사실을 근거로 설명하여 말하는 것을 나타낸다.

예 ▪ 진수가 건강이 안 좋**대**.
- 영숙이가 어제 일본에 갔**대**.

형태관련어 –는대

존대 –대요

관련어 –내, –래, –재

전참 입말에 쓰인다.

- 유럽 사람들도 그렇**대**.

2. 들거나 겪은 사실을 근거로 물어 보는 뜻을 나타낸다.

예 - 부모님께서 유학을 안 보내 주시겠**대**?
- 그걸 어떻게 알았**대**?
- 저 친구는 그걸 어디서 들었**대**?

대로 【내 말**대로** 합시다.】

『받침이 있든 없든 **대로**가 쓰인다』

조사 보조사

예 내 말**대로**, 명령**대로**, 순서**대로**

1. [‘가르침, 명령, 지시’와 같은 명사 뒤에 쓰여] 앞에 오는 말에 근거하거나 달라지는 것이 없음을 나타낸다.

예 - 일단 내 말**대로** 해 봐.
- 오늘 예정**대로** 극장에 갑니까?
- 순서**대로** 셋을 말해 보시오.
- 평소**대로** 하는 것이 제일 좋을 것 같습니다.
- 오늘은 제가 한 턱 낼 테니까, 마음**대로** 시키세요.

2. [‘~은 ~대로의 꼴로 쓰여] 따로따로 구별되는 것을 나타낸다.

예 - 작은 것은 작은 것**대로** 따로 골라 두세요.
- 잠은 잠**대로** 다 자고 언제 공부하니?

3. [‘말, 속담, 이야기’와 같은 말에 붙어] ‘그 내용이 뜻하는 바와 같이’, ‘그처럼’의 뜻.

예 - 가난한 집에 자식이 많다는 속담**대로** 그들은 자식을 많이도 낳았다.
- 눈 큰 애가 그렇다는 말**대로**, 유미는 겁이 많고 착한 애였다.
- 좋은 약이 입에 쓰다는 말**대로** 이 말이 지금의 당신에게는 큰 도움이 될 것입니다.

전참 ‘대로’는 명사에 바로 붙는 조사다. 그러나 ‘퇴근하는 **대로** 오세요’, ‘좋을 **대로** 해’의 ‘대로’는 꾸미는 어미 ‘-는’, ‘-을’ 뒤에 쓰인 의존명사로서 띄어 써야 한다.

–대요[1] 【진수가 또 거짓말했**대요.**】

『형용사, '–았–', '–겠–' 뒤에 쓰인다. 동사 뒤에는 **–는대요**가 쓰인다』

어미 종결 어미

친한사이 말높임 선배, 어른에게

예 예쁘**대요**, 좋**대요**, 먹었**대요**, 하겠**대요**

1. 상대방의 일을 다른 사람에게 일러 주는 것을 나타낸다.

예 ▪ 선생님, 진수가 또 거짓말했**대요**.
▪ 엄마, 누나가 혼자만 라면 먹었**대요**. 나는 안 주고.
▪ 대성이가 동생을 또 때렸**대요**.

2. [의문문의 형식이지만 대답을 요구하지 않는 꼴로 쓰여] 그 사실을 강하게 부정하거나 주장하는 것을 나타낸다. 놀라거나 못마땅하게 여기는 뜻이 섞여 있다.

예 ▪ 누가 결혼하겠**대요**?
▪ 내가 언제 화났**대요**?

형태관련어 –는대요

관련어 –래요

전참 입말에 쓰인다.

1참 1. 주로 아이들의 말에 쓰인다. 2. '–겠' 뒤에 안 쓰인다. 3. 끝을 살짝 올렸다가 내리는 억양과 함께 쓰인다.

–대요[2] 【월급이 아주 많**대요.**】

『형용사, '–았–', '–겠–' 뒤에 쓰인다. 동사 뒤에는 **–는대요**가 쓰인다』

준꼴 (종결 기능)

친한사이 말높임 선배, 어른에게

예 예쁘**대요**, 좋**대요**, 먹었**대요**, 하겠**대요**

'–다고 해요'의 준꼴

1. 듣거나 겪은 사실을 근거로 설명하여 말하는 것을 나타낸다.

예 ▪ 그 직장은 월급이 아주 많**대요**.
▪ 요즘 하숙집을 구하기가 힘들**대요**.
▪ 친구들이랑 농구를 하다가 다쳤**대요**.

2. 듣거나 겪은 사실을 근거로 물어 보는 뜻을 나타낸다.

예 ▪ 집에 무슨 일이 있**대요**?
▪ 지갑 주인은 찾았**대요**?

형태관련어 –는대요

관련어 –내요, –래요, –재요

전참 입말에 쓰인다.

▪ 그런데 누가 아버지를 모시고 가겠**대요**?

–더– 【집에 없**더**라.】

『동사, 형용사, '이다', '–았–', '–겠–' 뒤에 쓰인다』

어미 선어말 어미

예 가**더**라, 먹**더**라, 예쁘**더**라, 좋**더**라, 학생이**더**라

1. 말하는이가 직접 보고 경험했거나 들어서 알게 된 것을 회상하는 것을 나타낸다.

예 ▪ 너 어제 어디 갔었니? 전화했는데 집에 없**더**라.
▪ 이것 저것 샀더니 용돈이 모자라**더**라.
▪ 요 며칠 잠을 못 잤**더**니 좀 피곤하군요.

전참 '–더군, –더냐, –더라, –더이다' 등과 같은 종결 어미의 꼴, 또는 '–더니, –더라면, –더라도, –더니만큼' 등과 같은 연결 어미의 꼴에 쓰인다.

2. 말하는이가 비로소 알게 되었음을 나타낸다.

예 ▪ 군밤을 천 원어치 샀는데 얼마 안 되**더**군요.
▪ 영숙이의 노래 솜씨가 대단하**더**라.

3. 말하는이 자신의 일에 대하여 그것을 객관화시켜 다른 사람들에게 알려 주는 것을 나타낸다.

3참 주어의 의도나 의지가 나타나지 않아야 한다.

예 ▪ 내가 그래도 꽤 잘 먹**더**군.
▪ 나는 그 술집에 자주 가게 되**더**라.
▪ 내가 어젯밤 꿈에서 미국에 가**더**라.

도움말

'–더–'의 설명:

1. 심리 형용사의 경우, 주어는 일인칭으로 말하는이 자신이어야 한다.
   예 1: 그 영화가 (나는) 몹시 슬프**더**라.(○)
   예 1': 그 영화가 우리 언니는 몹시 슬프**더**라.(×)
2. 심리 형용사가 아닌 다른 동사의 경우, 주어가 말하는이 자신일 때는 쓰이지 않는다.(예 2) 그러나 예 3, 4와 같이 말하는이가 자신의 일일지라도 그것을 객관화하여 이야기할 때는 '–더–'를 쓰기도 한다.(예 3, 예 4)
   예 2: 내가 밥을 먹더라.(×)
   예 3: 내가 꿈속에서 하늘을 날**더**라.
   예 4: 내가 그런 실수를 하다니, 그 순간에는 내가 정말 밉**더**라.
3. 명령문이나 청유문에는 '–더–'가 쓰일 수 없다.
4. 말하는이가 직접 경험한 일이어야 한다.

예 5: 나는 안 보았지만 그 영화가 재미있**더**라.(×)

5. '–더–'에는 말하는이가 직접 경험한 것을 장면을 달리하여서 상대방에게 말해 주는 뜻이 있다. 즉, 말하는이가 어떤 것을 경험한 장면과 그것을 보고하는 장면이 달라야 한다. 예 6의 말하는 이가 너를 본 것은 '어제', '종로'이고, 그 사실을 이야기하는 것은 '어제', '종로'가 아닌 다른 시간, 다른 장소이다.

예 6: 너, 어제 여자랑 종로에서 손 잡고 가**더**라.

–더군요【집이 그리워지**더군요.**】

『동사, 형용사, '이다', '–았–', '–겠–' 뒤에 쓰인다』

어미 종결 어미

친한사이 말높임 선배, 어른에게

예 가**더군요**, 먹**더군요**, 예쁘**더군요**, 좋**더군요**, 갔**더군요**, 재미있겠**더군요**

1. 과거 지속의 의미를 가지면서 말하는이가 자기가 겪은 지난 일을 회상하여 알리는 것을 나타낸다.

예 ▪ 집이 그리워지**더군요**.
▪ 주위 사람들이 먹을거리를 주**더군요**.
▪ 이 댁 따님이 어머니를 닮아서 상냥하**더군요**.
▪ 도로가 포장되고 자동차가 많아졌**더군요**.

관련어 –군요

전참 1. 입말에 쓰인다. 2. 말하는이가 새롭게 알게 된 사실에 대한 감탄의 느낌이 더해진다.

–더니【하루종일 날이 흐리**더니~**】

『동사, 형용사, '이다', '–았–' 뒤에 쓰인다』

어미 연결 어미

예 가**더니**, 먹**더니**, 예쁘**더니**, 좋**더니**, 갔**더니**

1. 듣거나 경험한 사실이 다른 사실의 이유(원인, 조건, 전제)가 되는 것을 나타낸다.

예 ▪ 하루종일 날이 흐리**더니** 밤부터 비가 내리기 시작했다.
▪ 며칠 잠을 못 잤**더니** 좀 피곤하네요.
▪ 어제 술을 많이 마셨**더니** 속이 쓰려서 아침밥을 못 먹겠어요.
▪ 오랜만에 만났**더니** 많이 컸구나!

2. 어떤 사실에 이어서 다른 사실이 일어남을 설명하는 것을 나타낸다.

예 ▪ 어둠 속에서 한 여자가 나타나**더니** 재빠른 동작으로 어느 집으로 들어갔다.
▪ 그녀가 바짝 다가서**더니** 귓속말로 소곤거렸다.
▪ 어제도 술 마시고 들어오**더니** 오늘 또 마신 거야?

3. 앞서 겪었거나 있었던 사실이 어떤 사실과 대립 관계에 있음을 나타낸다.

3참 앞절과 뒷절에 대립적인 내용이 나타난다.

예 ▪ 어제는 덥**더니** 오늘은 시원하다.
▪ 물에 빠진 놈 건져 줬**더니** 내 보따리 내놔라 한다.
▪ 어젠 전화 목소리가 힘이 없**더니**, 오늘은 꽤 기분 좋은 것 같군요.

4. 어떤 사실에 더하여 또 다른 사실이 있음을 나타낸다.

예 ▪ 약수터에도 그리 사람이 많지 않**더니** 오늘은 종일 산이 조용하였다.
▪ 얼굴이 예쁘**더니** 마음까지 곱다.
▪ 빛깔이 곱**더니** 그 맛까지 매우 좋다.

5. [종결 어미처럼 쓰여] (뒷절이 생략된 채로) 지난 일을 회상하여 일러 주거나, 여운을 남기면서 말하는 것을 나타낸다.

예 ▪ 처음 보았을 때부터 왠지 꺼림칙하**더니**.
▪ 어째 좀 잠잠하다 싶**더니**.
▪ 아까는 영화 보러 오지 않겠다고 하**더니**.

도움말

'–더니'와 '–았더니':

'현재형 + –더니'는 1인칭 주어와 쓰이지 않는다. '–았더니'는 2인칭 주어와 쓰이지 않는다. 따라서 아래의 문장에서 생략된 주어는 아래와 같다.

예 1: (네가) 빵을 사오**더니** 왜 (네가) 밥을 먹니?

예 2: (내가) 빵을 사왔**더니** 왜 (네가) 밥을 먹니?

예 3: (네가) 유미를 오랫만에 만나**더니** 할 이야기가 그렇게도 많았니? 열두 시가 넘어서 들어오게?

예 4: (내가) 유미를 오랫만에 만났**더니** 못 알아보겠어.

–더라 【나를 찾아왔**더라**.】

『동사, 형용사, '–았–', '–겠–' 뒤에 쓰인다』

어미 종결 어미

말아주낮춤 할아버지가 아이에게

예 가**더라**, 먹**더라**, 예쁘**더라**, 좋**더라**, 갔**더라**

1. 경험하여 새로 알게 된 일을 회상하여 말하는 것을 나타낸다.

예 ▪ 어제는 그 사람이 나를 찾아왔**더라**.
▪ 참! 네 시계가 고장 났**더라**.

2. 지난 일을 감탄하듯이 말하는 것을 나타낸다.

예 ▪ 나도 가 봤는데 아주 좋**더라**.
▪ 네 생각이 많이 나**더라**.
▪ 난 집에 어머니가 안 계신 게 제일 싫**더라**.
▪ 수제비를 정말 맛있게 끓였**더라**.

3. ['누구, 무엇, 언제' 등의 묻는 말과 같이 쓰여] 지난 일의 기억을 더듬으면서 스스로에게 물어 보듯이 말하는 뜻을 나타낸다.

예 ▪ 그러니까 그게 언제**더라**?
▪ 그 사람이 뭘 부탁했**더라**?
▪ 누구시**더라**. 잘 생각이 안 나는데요.
▪ 거기가 어디**더라**. 강원도 어디인데.

전참 입말에 쓰인다.

1참 주어가 이인칭, 삼인칭인 경우에만 쓰인다. 주어가 일인칭인 경우에는 쓰일 수 없다. 예 나는 집에 가더라(×)

2참 주어가 일인칭이고 서술어가 주어의 심리를 나타내는 경우에 쓰인다.

도움말

'–더라'의 인칭 제약:

경험하여 새로 알게 된 일을 회상하여 말할 때는 일반적으로 일인칭 주어가 올 수 없다. 그러나 꿈 속의 일이라든가, 자신이 경험한 사실을 시간이 한참 지난 뒤에 재확인한다든가 하여 자신을 객관적으로 관찰할 때는 일인칭 주어도 쓰일 수 있다. 이를 '시점 옮기기'라고 하기도 한다.

예 1: 내가 꿈속에서 참 잘 달리**더라**.
예 2: 나도 모르게 손이 올라가**더라**.
예 3: 나중에 보니 내가 괜한 간섭을 했**더라**.

–더라고 【자기가 화를 내**더라고.**】

『동사, 형용사, '이다', '–았–', '–겠–' 뒤에 쓰인다』

어미 종결 어미

친한사이 말낮춤 친구에게

1. 과거에 직접 경험하여 새로 알게 된 사실을 듣는이에게 알리는 것을 나타낸다.

예 ▪ 오히려 자기가 화를 내**더라고**.
▪ 나도 어떻게 그런 곳에까지 갔는지 모르겠**더라고**.
▪ 쉬운 줄 알았는데 생각보다 어렵**더라고**.
▪ 유미가 생각보다 많이 컸**더라고**.
▪ 제인 씨는 한국말을 참 잘하**더라고**.
▪ 한밤중에 비가 왔**더라고**.

예 가**더라고**, 먹**더라고**, 예쁘**더라고**, 좋**더라고**, 갔**더라고**

존대 –더라고요

전참 1. 입말에서는 흔히 [더라구]로 발음한다.
2. '인용'의 뜻이 없이 '–더라'로 끝나도 될 문장에 단순히 입버릇처럼 '고'를 붙여 말한 꼴이다.
3. '–더군'에 비해서 일상적인 입말에 많이 쓰인다.

–더라고요 【내 말을 안 믿어 주**더라고요.**】

『동사, 형용사, '이다', '–았–' 뒤에 쓰인다』

어미 종결 어미

친한사이 말높임 선배, 어른에게

1. 과거에 직접 경험하여 새로 알게 된 사실을 듣는이에게 알리는 것을 나타낸다.

예 ▪ 전화 건 게 나라니까 안 믿어 주**더라고요**.
▪ 하룻밤을 자고 나면 내일이 오늘이 되**더라고요**.

예 가**더라고요**, 먹**더라고요**, 예쁘**더라고요**, 좋**더라고요**, 갔**더라고요**

관련어 –다고요

전참 입말에서는 흔히 [더라구요]로 발음한다.

–더라도 【화 나는 일이 있**더라도~**】

『동사, 형용사, '이다', '–았' 뒤에 쓰인다』

어미 연결 어미

1. 앞의 사실을 인정하지만, 그것이 뒤의 사실에 매이지 않음을 나타낸다.

예 ▪ 화 나는 일이 있**더라도** 소리 지르지 마십시오.
▪ 형제들이라 하**더라도** 성장하고 나면 여기 저기 흩어져서 살게 된다.

예 가**더라도**, 먹**더라도**, 예쁘**더라도**, 좋**더라도**, 학생이**더라도**, 갔**더라도**

쓰기주의 –더래도(×)

전참 '–아도' 보다 가정의 뜻이 더 강하다.

1참 '–았–' 뒤에 쓰인다.

- 아무리 아는 것이 많**더라도** 올바로 사용하지 않으면 오히려 나쁜 것이다.

2. [부정 대명사 '누가, 어디' 등과 같이 쓰여] 뒤의 사실이 과연 그러함을 강조하여 나타낸다.

예 ▪ 메추리는 누가 보**더라도** 예쁘게 생긴 새가 아니다.
- 어떠한 일이 있**더라도** 그 은혜 잊지 않겠습니다.
- 다음에는 아무리 급하**더라도** 전화부터 하세요.

더러 【저**더러** 오래요.】

『받침이 있든 없든 **더러**가 쓰인다』

조사 부사격 조사

예 언니**더러**, 동생**더러**

부사어를 나타낸다

1. [주로 간접화법의 인용 내용에서 '누구에게'에 해당되는 말에서 '누구'에 붙어] '에게'의 뜻.

예 ▪ 우리 엄마가 저**더러** 그저 많이 먹으래요.
- 애들 외삼촌**더러** 한 번 놀러 오시라 그래라.
- 누가 너**더러** 그러라고 했니?

2. 묻는 따위의 행동이 미치는 대상임을 나타낸다. '에게'의 뜻.

예 ▪ 행인**더러** 물었다.
- 그 얘기는 우리 집사람**더러** 물어 보세요.

3. 어떤 일을 하도록 시킴을 받는 대상을 나타낸다.

예 ▪ 이 군**더러** 한 번 찾아보게 하지요.
- 아내**더러** 술을 더 사오도록 했다.
- 동욱은 권 비서**더러** 봉투를 두 장 가져오게 했다.

비슷 보고

관련어 에게, 한테

전참 입말에서 사람에게 쓴다.

1참 뒤에 '-다', '-냐', '-라', '-자' 꼴의 절이 옴.

2참 '묻다, 하다'와 같은 서술어와 함께 쓰인다.

3참 '-게/-도록 하다'와 같이 시킴을 나타내는 말과 함께 쓰인다.

도움말

'더러'의 설명:

1. 입말에서 대명사 '나, 너'에 붙어 '날더러, 널더러'와 같이 'ㄹ더러'의 꼴로도 쓰인다.
   예1: 누가 **널더러** 오래?
   예2: **날더러** 학교에 가지 말래.
2. '더러'는 '에게', '한테'보다 쓰이는 범위가 좁다. '더러'는 간접인용문이나 말

하는 것과 관련된 동사와 함께 쓰일 때에 한해서 '에게', '한테', '보고'로 바꿔 쓸 수 있다.

예1: 그가 나**더러**/나**에게**/나**한테**/나**보고** 가자고 했다.

예2: 김 선생님**더러** 전화했다.(×)

예3: 김 선생님**에게** 전화했다.(○)

☞ '보고'의 도움말(p. 327)

–던[1] 【언니가 결혼하**던** 날】

『동사, 형용사, '이다', '–았–' 뒤에 쓰인다』

[어미] 꾸미는 어미

예 가던, 먹던, 예쁘던, 좋던, 학생이던, 갔던

1. 지나간 일을 다시 떠올리는 것을 나타낸다.

예 ▪ 언니가 결혼하**던** 날도 눈이 내렸다.
▪ 진수가 떠나**던** 날 영숙이는 많이 울었다.
▪ 화실에서 밤새워 그림을 그리**던** 일이 생각나.

2. 과거의 어느 때까지 어떤 동작이나 상태가 계속되는 것을 나타낸다.

예 ▪ 읽고 싶었**던** 책이나 읽으면서 푹 쉴까 해요.
▪ 어렸을 때 친하**던** 친구들을 만났어요.
▪ 가만히 보고만 있**던** 남편이 말했다.
▪ 나는 우리가 자주 만나**던** 그 여인이 걱정스러웠다.
▪ 네가 툭하면 자랑하**던** 그 삼촌이구나.

3. [주로 '–었던, –았었던' 꼴로 쓰여] 과거에 지속되던 행동이나 상태 등이 중단되는 것을 나타낸다.

예 ▪ 추적추적 내리**던** 비는 멈췄다.
▪ 제가 전에 있었**던** 학교에서도 그런 일이 있었지요.
▪ 잘 놀**던** 아이가 갑자기 울기 시작했다.
▪ 사이가 좋**던** 두 사람이 요즘은 자주 싸우는 편이다.
▪ 나무 위에 올라갔**던** 친구가 내려왔습니다.
▪ 인간이 살았**던** 최초의 낙원.

-던[2] 【일본말을 배우**던**?】

『동사, 형용사, '이다', '-았-' 뒤에 쓰인다』

(어미) 종결 어미

(말아주낮춤) 할아버지가 아이에게

예 가**던**, 먹**던**, 예쁘**던**, 좋**던**, 학생이**던**, 갔**던**

1. 직접 경험하여 알게 된 사실을 회상하여 물어 보는 뜻을 나타낸다.

(예) ▪ 진수가 일본말을 배우**던**?
▪ 영숙이가 벌써 유아원에 다니**던**?
▪ 물이 차**던**?
▪ 그가 언제 왔**던**?

2. [의문문의 형식이지만 대답을 요구하지 않는 꼴로 쓰여] 지난 일을 회상하게 하여 앞의 내용을 강하게 부정하거나 강조하는 뜻을 나타낸다.

(예) ▪ 누가 너처럼 부모님한테 말대꾸하**던**?
▪ 내가 언제 약속 안 지키**던**?

(전참) 1. '-더냐'보다 친근함을 나타낸다. 2. 입말에 쓰인다. 3. '-디'로 바꿔 쓸 수 있다. ㉠ 물이 차**디**?

-던가[1] 【그 사람 좀 어떻**던가**?】

『동사, 형용사, '이다', '-았-' 뒤에 쓰인다』

(어미) 종결 어미

(말조금낮춤) 스승이 제자에게, 장인·장모가 사위에게(어른말)

예 가**던가**, 먹**던가**, 예쁘**던가**, 좋**던가**, 갔**던가**

1. 상대방의 경험을 회상시켜 그에 대해 물어 보는 뜻을 나타낸다.

(예) ▪ 여보게, 그 사람 좀 어떻**던가**?
▪ 그 사람이 술에 취했**던가**?
▪ 자네, 서울에는 온 적이 없**던가**?
▪ 그 책방에는 읽고 싶은 책이 없**던가**?

(전참) 1. 입말에 쓰인다. 2. 가리키는 말은 '자네'를, 부르는 말은 '여보게'를 쓴다.

-던가[2] 【내가 말 안 했**던가**?】

『동사, 형용사, '이다', '-았-' 뒤에 쓰인다』

(어미) 종결 어미

(친한사이 말낮춤) 친구에게

예 가**던가**, 먹**던가**, 예쁘**던가**, 좋**던가**, 갔**던가**

1. 지나간 일을 회상하면서 스스로에게 묻는 형식을 취하여 상대방의 주의를 환기시키는 것을 나타낸다.

존대 -던가요
전참 입말에 쓰인다.

예 ▪ 참, 내가 너한테 말 안 했**던가**?
▪ 이런 것을 이상 기온이라고 하**던가**?
▪ 오늘이 며칠이**던가**?
▪ 오 년이란 세월이 그렇게 길었**던가**?
▪ 일 년을 보고 농사를 짓고, 십 년을 보고 나무를 심고, 백 년을 보고 인재를 기른다고 하지 않**던가**?

2. [의문문의 형식이지만 대답을 요구하지 않는 꼴로 쓰여] 문장의 내용을 강조하는 것을 나타낸다.

2참 '얼마나'와 같이 쓰인다.

예 ▪ 시내 버스를 탈 때 얼마나 요동이 심했**던가**?
▪ 이 얼마나 매혹적인 이야기였**던가**?
▪ 영숙이의 그 눈이 얼마나 사랑스러웠**던가**?

3. ['-던가 보다/싶다'의 꼴로 쓰여] 말하는이의 짐작이나 추측을 나타낸다.

예 ▪ 선생님들의 지시가 있었**던가** 보았다.
▪ 원래 학교의 기숙사가 아니었**던가** 싶을 정도로 그 건물의 구조는 좀 특이했다.
▪ 내가 그 때 왜 그런 심한 말을 그녀에게 했**던가** 모르겠다.

도움말

'-던가'와 '-든가'의 비교:
'-던가'는 '-더-'와 '-ㄴ가'가 결합한 것으로서 과거에 경험한 사실을 회상하여 물어 보는 뜻을 나타낸다. '-든가'는 주로 '~-든가 ~-든가'의 꼴로 쓰여 둘 이상을 열거하면서 그 중의 하나를 택하는 것을 나타낸다.

예 1: 먹**든가** 말**든가** 마음대로 해.(○)
먹던가 말던가 마음대로 해.(×)

예 2: 내가 밥을 먹었**던가**.(○)
내가 밥을 먹었든가.(×)

-던가요 【값이 얼마나 하**던가요**?】

『동사, 형용사, '이다', '-았-' 뒤에 쓰인다』

[어미] 종결 어미

[친한사이 말높임] 선배, 어른에게

예 가**던가요**, 먹**던가요**, 예쁘**던가요**, 좋**던가요**, 갔**던가요**

1. 상대방의 경험을 회상하게 하여 그에 대해 물어 보는 뜻을 나타낸다.

[예] ▪ 그 책은 값이 얼마나 하**던가요**?
▪ 그 사람은 학교에 잘 다니**던가요**?
▪ 진수가 밥은 먹었**던가요**?
▪ 어디가 제일 마음에 드시**던가요**?
▪ 그 사람이 한 말이 정말이**던가요**?

[전참] 입말에 쓰인다.

2. [의문문의 형식이지만 대답을 요구하지 않는 꼴로 쓰여] 문장의 내용을 강조하는 것을 나타낸다.

[예] ▪ 아가의 그 눈이 얼마나 사랑스러웠**던가요**?
▪ 도대체 어디서 이런 걸 공짜로 주**던가요**?

[2참] 주로 '얼마나, 어떻게' 등과 같이 쓰인다.

-던데[1] 【날씨가 좋**던데.**】

『동사, 형용사, '이다', '-았-', '-겠-' 뒤에 쓰인다』

[어미] 종결 어미

[친한사이 말낮춤] 친구에게

예 가**던데**, 먹**던데**, 예쁘**던데**, 좋**던데**, 갔**던데**

1. 과거의 사실을 떠올려, 듣는이의 반응을 기대하지 않는다는 듯이 말하는 것을 나타낸다.

[예] ▪ 그 식당 괜찮**던데**.
▪ 날씨 참 좋**던데**.
▪ 아, 거기 물건도 좋고, 가격도 싸**던데**.

[존대] -던데요

2. 과거의 사실을 말하면서 '듣는이의 반응을 기대하는 것'을 나타낸다.

[예] ▪ 대성: 유미 오면 같이 먹어야지.
영숙: 유미 아까 먹는 것 같**던데**.
▪ 지난주에 만났을 때 아무 얘기도 없**던데**.
▪ 나는 조용하지 않으면 공부가 잘 안 되**던데**.

[2참] '-데'를 끌듯이 강조하여 말한다.

–던데[2] 【밥을 먹**던데**~】

『동사, 형용사, '이다', '–았–', '–겠–' 뒤에 쓰인다』

어미 연결 어미

예 가**던데**, 먹**던데**, 예쁘**던데**, 좋**던데**, 갔**던데**

1. 뒤에 표현될 이야기를 끌어가기 위한 설명적 지식이 되는 지난 사실을 먼저 회상하여 말하는 것을 나타낸다.

예 ▪ 다른 사람들은 밥을 먹**던데** 우리는 안 먹어요?
▪ 신문을 보니까 기자 모집을 하**던데**, 다시 응시해 봐요.
▪ 사장님이 부탁하시**던데** 사무실로 가 봐요.
▪ 그 근처에 있는 섬이 관광지로 유명하다고 하**던데** 가 보셨어요?

2. 뒤에 오는 사실과 대립되는 사실을 제시하는 것을 나타낸다. '–지만', '–나'의 뜻.

예 ▪ 소설은 아주 좋**던데** 사람은 약간 이상해.
▪ 남들은 잘도 기다리**던데** 나는 기다리는 게 싫다.

3. 앞의 사실을 인정하면서 그와 맞서는 사실을 이어 준다. '–거늘'의 뜻.

3참 뒤에는 의문 형식이 쓰인다.

예 ▪ 배우들은 선글라스를 잘도 쓰고 다니**던데**, 나라고 쓰지 못할 까닭이 어디 있어!
▪ 평소엔 그렇지도 않**던데** 오늘 저녁엔 왜 이렇게 조용하지?
▪ 제주도에서는 벌써 꽃소식이 들리**던데**, 이제 추우면 얼마나 더 춥겠어요?

–던데요 【그 식당 참 좋**던데요.**】

『동사, 형용사, '이다', '–았–', '–겠–' 뒤에 쓰인다』

어미 종결 어미

친한사이 말높임 선배, 어른에게

예 가**던데요**, 먹**던데요**, 예쁘**던데요**, 갔**던데요**

1. 말하는이가 경험한 어떤 사실을 감탄하며 보고하듯이 말하는 것을 나타낸다.

비슷 –거들랑요

전참 1. 입말에 쓰인다.

예 ▪ 그 식당 참 좋**던데요**.
▪ 모두들 그러**던데요**.
▪ 몹시 기다리시**던데요**.
▪ 진수는 모르는 게 없**던데요**.
▪ 시골 풍경은 많이 변했**던데요**.

2. 말하는이 자신의 행동에 대해서는 쓸 수 없다. 예 제가 그 영화를 보던데요.(×)

–던지 【거기서 뭘 샀**던지~**】

『동사, 형용사, '이다', '–았–' 뒤에 쓰인다』

어미 연결 어미

예 가**던지**, 먹**던지**, 예쁘**던지**, 좋**던지**, 갔**던지**

1. 과거의 일에 대해 막연한 의문이나 의심을 나타낸다.

예 ▪ 거기서 뭘 샀**던지** 생각이 안 난다.
▪ 그 날 비가 왔**던지** 기억할 수가 없다.

1참 '–던지'가 이끄는 절이 주어나 목적어의 기능을 한다.

2. [주로 '어찌나/얼마나/어떻게나 –던지'의 꼴로 쓰여] 지난 일을 회상하되, 그것이 뒤 내용의 근거나 원인이 되는 것을 나타낸다.

예 ▪ 나는 그 광경을 보면서 어찌나 무서웠**던지** 그만 넘어졌지요.
▪ 그 엄청난 소리에 얼마나 놀랐**던지** 모두가 제정신이 아니었다.
▪ 그는 얼마나 심사숙고 했**던지** 마침내 털썩 주저앉고 말았다.
▪ 아줌마께서 어찌나 웃어 대**던지** 어리둥절했었다.
▪ 어찌나 당황했**던지** 연락할 새도 없었어요.

2참 1. 연결 어미처럼 쓰인다. 2. '어찌나, 얼마나' 등으로 그 당시의 상황이 대단했음이나 그 정도가 매우 심했음을 나타낸다.

3. ['–던지(도) 모르다'의 꼴로 쓰여] 그 내용이 실현될 가능성에 대한 말하는이 스스로의 추측을 나타낸다.

예 ▪ 그것은 교감으로 승진하기 위한 절차였**던지**도 몰랐다.

4. [종결 어미처럼 쓰여] 감탄하여 말하는 것을 나타낸다.

예 ▪ 그 날 따라 날씨는 왜 그리 춥**던지**.
▪ 어찌나 아프**던지**.

4참 존대 –던지요

도움말

'–던지'와 '–든지'의 비교:
'–던지'는 과거에 경험한 사실을 회상하는 것을 나타내는 데 반해, '–든지'는 주로 둘 이상에서 그 중의 하나를 선택하는 것을 나타낸다.

예 1: 집에 있**든지** 나가**든지** 네 맘대로 해라.(○)
집에 있던지 나가던지 네 맘대로 해라.(×)

예 2: 어찌나 아프**던지**.(○)
어찌나 아프든지.(×)

–던 참이다 【일거리를 찾**던 참이다.**】

관용구

1. '무엇을 하려던 작정이다'의 뜻.

예 ▪ 그렇지 않아도 일거리를 찾**던 참이었어요**.
▪ 밥을 먹**던 참이다**.
▪ 힘들어서 쉬**던 참이었어요**.

결합정보 ☞ –던

관련어 –고 있는 참이다, –려던 참이다

–데요 【눈물을 글썽이**데요.**】

『동사, 형용사, '이다', '–았–', '–겠–' 뒤에 쓰인다』

어미 종결 어미

친한사이 말높임 선배, 어른에게

1. 말하는이가 자신이 경험한 사실을 회상하여 비로소 일러 주는 것을 나타낸다.

예 ▪ 학생들이 눈물을 글썽이**데요**.
▪ 남들이 부러워하는 높은 자리에 있으면 그걸 성공이라고 하**데요**.
▪ 나중에 보니, 그 사람이 바로 부장님이었**데요**.

2. 말하는이가 자신이 경험한 사실을 회상하여 비로소 그렇게 생각하게 되었음을 나타낸다.

예 ▪ 계속 악몽을 꾸는 기분이**데요**.
▪ 그 때 생각이 많이 나**데요**.

예 가**데요**, 먹**데요**, 예쁘**데요**, 좋**데요**, 갔**데요**

비슷 –거들랑요

전참 입말에 쓰인다.

1참 자신이 경험한 사실임을 알리고자 '~ 보니까', '~ 보니' 등의 말과 같이 쓰인다. 예 알고 보니까 그 사람이 바로 우리 사촌이**데요**.

- 그것도 못 할 노릇이**데요**.
- 누가 불쌍한지 모르겠**데요**.

도 【친구**도** 같이 가요.】

『받침이 있든 없든 **도**가 쓰인다. 명사, 대명사, 부사 등에 붙어 쓰인다』

조사 보조사

예 언니**도**, 동생**도**, 학교에서**도**, 집에**도**, 너**도**

1. 나열하는 것을 나타낸다. '동일함'의 뜻.

1. [같은 행위나 어떠한 것이 같음을 나열할 때 쓰여] '또한', '역시'의 뜻.

예
- 나**도** 학교에 가요.
- 콜라**도** 있어요?
- 너**도** 같이 갈래?
- 지금은 김치**도** 잘 먹어요.
- 다른 여행사**도** 마찬가지예요?

2. [주로 '~도 ~도'의 꼴로 쓰여] 나열된 사실들이 다 같은 사정임을 나타낸다.

2참 '밑도 끝도 없이', '시도 때도 없이', '더도 덜도 말고'와 같은 관용 표현에 쓰인다.

예
- 돈**도** 명예**도** 외모**도** 사랑에 비길 만한 것은 못 됩니다.
- 지금은 그의 얼굴**도** 이름**도** 기억하지 못한다.
- 친구**도** 만나고 도서관에서 공부**도** 해요.
- 물건**도** 사고 신나게 놀고 싶은데 돈이 없어.
- 술값**도** 싸고, 분위기**도** 좋다.

3. ['-지도 -지도 못하다/않다'의 꼴로 쓰여] 반대되는 사실을 나란히 들어 전체 부정을 나타낸다.

예
- 죽지**도** 살지**도** 못한다.
- 달지**도** 시지**도** 않아요.
- 그의 충청도 사투리는 느리지**도** 빠르지**도** 않았으며, 막힘이 없었다.

2. '맨 마지막 것'의 뜻

1. 가장 가능성이 희박하다고 생각되는 것까지도 포함

되는 것을 나타낸다. '심지어 ~까지도'의 뜻.

1참 비슷 조차, 까지도

예 ▪ 개**도** 주인의 은혜를 갚는다고 한다.
▪ 작별인사**도** 없이 가 버렸다.
▪ 집**도** 없이 떠도는 신세.

2. [부정문에만 쓰여] 강한 부정을 나타낸다.

2참 비슷 조차

예 ▪ 전혀 상상**도** 할 수 없었다.
▪ 말**도** 안 된다.
▪ 그 여학생은 눈**도** 깜짝 안 했다.
▪ 생각**도** 하지 마라.
▪ 손**도** 까딱 안 하고 누워 있기만 한다.

3. [부정문에만 쓰여] 전체를 부정하는 것을 나타낸다.

예 ▪ 배탈이 나서 아무것**도** 먹지 못해요.
▪ 그에게는 아무런 잘못**도** 없어요.
▪ 나는 그 어느 쪽 편**도** 들 수 없었다.
▪ 모기나 파리가 한 마리**도** 없다.

3. '양보'의 뜻

비슷 라도

1. 별로 마음에 들지는 않으나 그보다 더 나은 것이 없으므로 양보하여 그것이라도 괜찮음의 뜻을 나타낸다.

1참 '괜찮다, 상관없다, 개의치 않다'와 같은 서술어와 함께 쓰인다.

예 ▪ 복사 상태가 좀 안 좋은 것**도** 괜찮지요?
▪ 베개가 없으면 방석**도** 괜찮아요.

2. '아무리 ~라도', '아무리 ~ -ㄹ지라도'의 뜻.

예 ▪ 돌다리**도** 두들겨 보고 건너라.
▪ 아는 길**도** 물어 가라.
▪ 어린 아이 매**도** 많이 맞으면 아프다.
▪ 사람**도** 사람 나름이다.

3. ['누구, 무엇, 어느' 따위와 긍정문에 쓰여] 전체 긍정을 나타낸다.

예 ▪ 그는 어떤 문제**도** 혼자 풀 수 있다고 자신한다.
▪ 그 어느 누구**도** 그런 일은 할 수 있다.
▪ 사랑도, 그 무엇**도** 모두 떠나게 하는 이유가 되는 것으로 인식한다.

4. '정도'의 뜻

1. [정도를 나타내는 말에 붙어] 그 정도가 기대보다 많거나 적음을 나타낸다.

예 ▪ 한 뼘**도** 채 못 되는 발.
▪ 이 한 권의 책은 10분**도** 안 걸려 다 읽을 수 있다.
▪ 결혼한 지 1년**도** 못 되어 이혼을 했다.
▪ 10킬로미터**도** 넘는 길을 걸어다녀야 했다.

5. '강조'의 뜻

1. [일부 부사 등에 붙어 쓰여] 강조하는 것을 나타낸다.

1참 '아마, 아직, 잘' 등의 부사에 붙어 쓰인다.

예 ▪ 아마**도** 숙제를 안 한 모양이에요.
▪ 영진 씨 왜 아직**도** 안 오죠?
▪ 유난히**도** 날씨가 좋은 아침이었다.
▪ 그는 모든 일을 척척 잘**도** 처리한다.

6. '감탄'의 뜻

1. [감탄문 등에 쓰여] '감탄'의 뜻을 더한다.

예 ▪ 달**도** 참 밝구나.
▪ 원, 별 쓸데없는 생각**도** 다 하는구나!
▪ 아이, 김 선생님**도** 별 말씀을 다하세요.

2. ['~도 ~도'와 같이 반복적으로 쓰여] '감탄'의 뜻을 강조하는 것을 나타낸다.

2참 '~'에 같은 말이 쓰인다.

예 ▪ 어제 시장에 갔었는데 사람**도** 사람**도** 그렇게 많을 수가 없구나.
▪ 고생**도** 고생**도** 지지리도 많이 했구나.
▪ 바람**도** 바람**도** 어떻게나 불어 대던지….

3. ['~기도 하다'의 꼴로 쓰여] 그러하다고 인정하는 것을 강조하는 것을 나타낸다.

예 ▪ 세상에, 사람이 많기**도** 하구나.
▪ 유미는 예쁘기**도** 하구나.
▪ 오, 가엾기**도** 하여라.

~도 ~다【너도 너다.】

관용구

결합정보 ☞ 도

1. '언급된 사람이나 되니까 그렇지 다른 사람 같으면 그러지 않을 것'이라는 뜻을 나타낸다.

예 ▪ 참, 너**도** 너**다**.
▪ 참, 언니**도** 언니**다**, 그 새를 못 참아서 전화했어요?

전참 '~'에 '엄마도 엄마에요'와 같이 사람을 나타내는 말이 반복하여 쓰인다.

-도록【제가 그 일을 하**도록**~】

『동사, 일부 형용사 뒤에 쓰인다』

어미 연결 어미

예 가**도록**, 먹**도록**, 아프**도록**, 좋**도록**

1. 뒤의 내용이 일어나게끔, 의도적으로 이끌어 가는 방향이나 목적을 나타낸다. '-게끔'의 뜻.

1참 관련어 -게

예 ▪ 제발 제가 그 일을 하**도록** 허락해 주세요.
▪ 들기 쉽**도록** 싸 드릴까요?
▪ 나는 그들에게 발견되지 않**도록** 몸을 숨겼다.
▪ 주인은 개가 편안히 죽을 수 있**도록** 주사를 놓아 주기를 부탁했다.
▪ 이번에는 실수하지 않**도록** 조심하세요.

2. [주로 자동사의 어간에 붙어서] 이르러 미치는 한계나 정도를 나타낸다. '~ㄹ 정도로'의 뜻.

예 ▪ 그는 몸살이 나**도록** 열심히 일했다.
▪ 그는 고개가 휘**도록** 뒤를 돌아보았다.
▪ 진수는 마을 사람들에게 입에 침이 마르**도록** 칭찬을 받고 있었다.

3. 시간의 한계를 나타낸다. '~ㄹ 때까지'의 뜻.

예 ▪ 밤 새**도록** 일해야 될 때도 있어.
▪ 목이 아프**도록** 이야기해도 아이들은 떠들기만 합니다.
▪ 진수는 담배 한 대가 다 타**도록** 앉아 있었다.
▪ 그는 해가 지**도록** 보이지 않았다.
▪ 그는 한 달이 넘**도록** 병원에 누워 있었다.

4. [주로 '하다, 만들다' 등과 쓰여] '그렇게 하게 함'의 뜻.

예 ▪ 그는 그녀가 섬을 떠나지 않을 수 없**도록** 만들어 버렸다.
▪ 그는 부인이 저녁을 빨리 짓**도록** 했다.
▪ 내가 거짓말을 하**도록** 옆에서 부추긴 건 바로 세상 사람들이었다.
▪ 제가 여기서 묵**도록** 해 주세요.

4참 '-게 하다/만들다'에 비해 시킴의 의미가 약하지만, '그러한 환경을 만들어 주는 것'의 의미를 나타낸다.

관련어 -게

5. ['-도록 하다'의 꼴로 쓰여] 어떠한 것을 명령하거나 권하는 것을 나타낸다.

예 ▪ 소화가 안 될지도 모르니, 조금씩 먹**도록** 해.
▪ 가시거든 몸조심하**도록** 하시오.
▪ 그럼 오늘 좀 일찍 들어가서 쉬**도록** 해요.
▪ 맵거나 짠 음식을 삼가**도록** 하세요.

5참 이 때 '하다'의 명령형이 쓰인다.

6. [종결 어미처럼 쓰여] 어떠한 말의 마지막에서 명령하는 것을 나타낸다.

예 ▪ 끝나는 대로 바로 보고하**도록**.
▪ 잠깐 나갔다 올 테니까 자습하**도록**.
▪ 그러면 각자의 임무에 임하**도록**.
▪ 나머지는 이 지역을 찾아보**도록**.

6참 1. '-도록 할 것'의 꼴로도 쓰인다. 예 끝나는 대로 바로 보고**하도록 할 것**. 2. 주로 군대나 학교 등과 같이 명령을 하달하는 집단에서 사용한다.

도움말

'-게'와 '-도록'의 비교: ☞ '-게[4]'의 도움말 참고(p. 48).

~도 ~이려니와 【추위**도** 추위**려니와**~】

결합정보 ☞ 도

관용구

1. '앞말을 인정하지만 뒤에는 그보다 더한 것이 옴'의 뜻을 나타낸다.

예 ▪ 추위**도** 추위**려니와** 피곤함을 더 견디기 힘들었어요.
▪ 돈**도** 돈**이려니와** 우선 시간이 절대적으로 부족했다.

전참 '~'에 같은 말이 쓰인다.

~도 ~이지만 【돈도 돈이지만~】

관용구

결합정보 ☞ 도

1. '언급된 것이 해당하는 것은 물론이고 그 외에도'의 뜻.

전참 '~'에 같은 말이 쓰인다.

예 ▪ 돈도 돈**이지만** 우선 사람이 살아야지.
▪ 참, 너**도** 너**지만** 네 신랑한테 내가 뭐 사 줄까?
▪ 엄마**도** 엄마**지만** 아빠가 더 걱정이었다.

든[1] 【뭐든 먹어요.】

『**든**은 받침 없는 말에, **이든**은 받침 있는 말에 쓰인다』

조사 보조사

예 고기든, 사과든, 국**이든**, 밥**이든**

1. ☞ 이든(p. 438)

본말 든가, 든지

예 ▪ 뭐든 괜찮으니까 많이만 사 와.
▪ 송아지든 어미소든 간에 소는 다 몰아 오너라.
▪ 사과든 배든 어느 것이나 먹어라.
▪ 어떤 이유든 간에 꼭 와야 한다.

-든[2] 【어딜 가든~】

『동사, 형용사, '이다' 뒤에 쓰인다. '-겠-' 뒤에는 안 쓰인다』

어미 연결 어미

예 가든, 먹든, 예쁘든, 좋든, 책**이든**

1. ['어떤, 어느, 어디, 누가' 등과 함께 쓰여] 어떤 것에 대하여도 가리지 않음을 나타낸다.

본말 -든가, -든지

예 ▪ 요새는 어딜 **가든** 물건이 풍부하다.
▪ 문장은 어떤 것이**든** 언어의 기록이다.
▪ 제가 누굴 만나**든** 참견하지 마세요.

2. ['-든 -든 (간에)'의 꼴로 쓰여] 상반되거나, 대립되는 두 가지의 사실 중에서 어느 하나를 택하여도 가리지 않음을 나타낸다.

2참 '-든' 뒤에 '간에'나 '상관없이'가 쓰여 뜻을 분명하게 한다.
예 사람은 원하**든** 원하지 않**든** **간에** 사람들 속에서 살아가고 있다.

예 ▪ 결과가 좋**든** 나쁘**든** 받아들여야 한다.

▪ 싫든 좋든 그 일을 하지 않을 수 없다.
▪ 많든 적든 간에 그 중의 일부는 사실이 아니다.

든가[1] 【사과**든가** 귤**이든가**】

『**든가**는 받침 없는 말에, **이든가**는 받침 있는 말에 붙어 쓰인다』

예 고기**든가**, 사과**든가**, 밥**이든가**, 국**이든가**

[조사] 접속 조사

1. ☞ 이든가(p. 439)

[예] ▪ 사과**든가** 귤**이든가** 가지고 오너라.
▪ 누구**든가** 한 사람은 가야 한다.
▪ 어디**든가** 나가 보아라.
▪ 언제**든가** 그를 찾아보아야 한다.

[준말] 든

-든가[2] 【네가 오**든가**~】

『동사, 형용사, '이다' 뒤에 쓰인다. '-겠-' 뒤에는 안 쓰인다』

예 가**든가**, 먹**든가**, 예쁘**든가**, 좋**든가**, 책이**든가**

[어미] 연결 어미

1. ['-든가 -든가'의 꼴로 쓰여] 대립되는 두 가지의 사실 중에서 어느 하나를 택하여도 상관 없음을 나타낸다.

[예] ▪ 네가 오**든가** 내가 가**든가** 하자.
▪ 사람을 보내**든가** 편지를 하**든가** 하시오.
▪ 내가 죽**든가** 네가 죽**든가**, 둘 중의 하나다.
▪ 재가 공부하는 걸 보니, 판검사가 되**든가** 변호사가 되**든가** 무엇이든 한자리 할 것 같네.

2. ['누가, 어디, 무엇' 등의 말과 함께 쓰여] 어떤 것도 가리지 않음을 나타낸다.

[예] ▪ 누가 보**든가** 상관없다.
▪ 어디를 가**든가** 그 광고가 눈에 띄었다.
▪ 제가 무엇을 하**든가** 참견하지 마세요.

[준말] -든
[비슷] -든지
[전참] ☞ '-던가'의 [도움말].
[쓰기주의] 내려오던가 내려가던가(×)

든지[1] 【잡지**든지** **책**이든지】

『**든지**는 받침 없는 말에, **이든지**는 받침 있는 말에 붙어 쓰인다』

㉠ 고기**든지**, 사과**든지**, 국**이든지**, 밥**이든지**

조사 보조사

1. ☞ 이든지(p. 439)

준말 든

예 ▪ 잡지**든지** 책**이든지** 아무거나 가지고 오면 돼요.
▪ 뭐**든지** 고비라는 게 있단다.
▪ 커피**든지** 홍차**든지** 마시고 싶은 대로 마셔라.

–든지[2] 【가**든지** 말**든지**~】

『동사, 형용사, '이다', '-았-' 뒤에 쓰인다』

㉠ 가**든지**, 먹**든지**, 예쁘**든지**, 좋**든지**, 잡았**든지**

어미 연결 어미

1. ['-든지 -든지'의 꼴로 쓰여] 대립되는 두 가지의 사실 중에서 어느 하나를 택하여도 상관 없음을 나타낸다.

준말 –든

1참 '-든지 말든지'의 꼴로 쓰이기도 한다.

예 ▪ 가**든지** 말**든지** 내버려 둬.
▪ 배가 고프**든지** 몸이 아프**든지** 하면 집 생각이 난다.
▪ 약을 먹**든지** 주사를 맞**든지** 해야 하지 않소?
▪ 더 이상은 깎아 줄 수 없으니까, 사**든지** 말**든지** 마음대로 하세요.

2. ['누가, 어디, 무엇' 등과 함께 쓰여] 어떤 것도 가리지 않음을 나타낸다.

2참 '-든지' 뒤에 '간에'나 '상관없이'가 쓰여 뜻을 분명하게 한다. ㉠ 어딜 가**든지** **간에** 상관하지 않겠다.

예 ▪ 네가 어딜 가**든지** 상관 않겠다.
▪ 겉모양이야 어떠하**든지** 상관 있나?
▪ 전공 책이면 무엇이**든지** 간에 다 사겠다.

–듯 【땀이 비 오**듯** 쏟아진다.】

『동사, 형용사, '이다' 뒤에 쓰인다』

㉠ 가듯, 먹듯, 예쁘듯, 좋듯

어미 연결 어미

1. '-듯이'의 준말. ☞ -듯이(p. 223)

본말 –듯이

예 ▪ 얼굴에 땀이 비 오**듯** 쏟아진다.
▪ 의사는 나를 마치 어린아이 다루**듯** 했다.
▪ 그 결과야 불을 보**듯** 뻔하지 않은가?

전참 '–었듯이'는 쓰이지만 '–었듯'은 안 쓰인다. 예 앞에서 이야기했듯(×)/이야기**했듯이** (○)

–듯이 【얼굴이 다르**듯이**~】

『동사, 형용사, '이다', '–았–' 뒤에 쓰인다』

어미 연결 어미

예 가**듯이**, 먹**듯이**, 예쁘**듯이**, 좋**듯이**, 잡았**듯이**

1. 앞 내용처럼 뒤 내용도 그러함을 나타낸다. '~ 하는 것과 같이'의 뜻.

예 ▪ 사람들마다 얼굴이 다르**듯이** 나라마다 풍습도 다르다.
▪ 앞에서 이야기했**듯이** 광고는 하나의 예술이다.

2. [관용 표현에 쓰여] 비슷한 사실을 비교하여 말할 때 쓰인다.

예 ▪ 땀이 비 오**듯이** 쏟아진다.
▪ 이 잡**듯이** 뒤져도 지갑을 찾을 수가 없었다.
▪ 돈을 물 쓰**듯이** 쓴다.

준말 –듯

전참 '–듯이'는 어간에 바로 붙는 어미다. 그러나 '죽은 **듯이** 누워 있다'의 '듯이'는 꾸미는 어미 '–은' 뒤에 쓰인 의존명사로서 띄어 써야 한다.

–디 【뭐라고 하**디**?】

『동사, 형용사, '–았–', '–겠–' 뒤에 쓰인다』

어미 종결 어미

말아주낮춤 할아버지가 아이에게

예 가**디**, 먹**디**, 예쁘**디**, 갔**디**, 하겠**디**

1. 듣는이가 직접 경험하여 새롭게 알게 된 사실에 대해 물어 보는 뜻을 나타낸다.

예 ▪ 진수 씨가 뭐라고 하**디**?
▪ 할머니가 그러시**디**?
▪ 엄마가 너한테 그 얘기를 해 주**디**?
▪ 아빠가 집에 오셨**디**?
▪ 해 보니까 할 수 있겠**디**?

2. [의문문의 형식이지만 대답을 요구하지 않는 꼴로 쓰여] 지난 일을 다시 떠올려 강하게 부정하거나 주

관련어 –더냐

전참 입말에 쓰인다.

장하는 뜻을 나타낸다.

예 ▪ 너희 선생님이 그렇게 가르치**디**?
▪ 그거 먹고 배부르**디**?
▪ 그 사람이 화가 나서 그러**디**?

따라 【오늘**따라** 운이 좋다.】

『받침이 있든 없든 **따라**가 쓰인다』

예 오늘**따라**, 그 날**따라**,

조사 보조사

1. [‘오늘’, ‘그 날’과 같이 시간을 나타내는 일부 명사 뒤에 붙어] ‘여느 때와 달리 별나게’의 뜻.

예 ▪ 그 날**따라** 휴일이어서 어디나 사람이 많았다.
▪ 오늘**따라** 운이 좋았던 것 같습니다.
▪ 금년**따라** 더위가 더 유난스러운 것 같습니다.

도움말

보조사 ‘따라’와 동사 활용꼴 ‘따라’의 구별:
다음과 같이 조사 ‘에’가 복원되는 ‘따라’는 동사 ‘따르다’의 활용꼴이다.
예 1: 무게에 **따라** 값이 달라요.
예 2: 철 **따라** 고운 옷 갈아입는 산.(철에 따라)

ㄹ1 【널 좋아해.】

『받침 없는 말 뒤에 붙어 쓰인다』

예 날, 널, 뭘

조사 목적격 조사

1. ‘를’의 준말. ☞ 를(p. 296)

전참 입말에 쓰인다.

예 ▪ **널** 좋아해.
▪ **절** 따라오세요.
▪ 지금 **뭘** 해요?
▪ 어**딜** 가려고 그래?
▪ 학교**엘** 가요.

-ㄹ2 【지금쯤 대학교에 다**닐** 너】

『-ㄹ은 받침 없는 동사, 형용사와 '이다' 뒤에, -**을**은 받침 있는 동사, 형용사와 '-았-' 뒤에 쓰인다』

예 **갈**, 비**쌀**, 학생**일**, 먹**을**, 좋**을**, 먹었**을**, 좋았**을**

어미 꾸미는 어미

1. 앞으로 일어날 일에 대한 추측, 예정, 의도를 나타낸다

1. 추측이나 예정을 나타낸다.

예 ▪ 지금쯤 대학교에 다**닐** 너를 상상해 보곤 해.
▪ 이 가방 안에 돈이 들어 있**을** 것 같다.
▪ 그렇게 말하면 믿**을** 사람은 너밖에 없다.

1참 추측을 나타낸다.

예 ▪ 곧 떠**날** 사람이 어디를 돌아다니는 거야?
▪ 출발**할** 시간이 다가오고 있다.
▪ 도착**할** 시간을 알려 주세요.

1참 예정을 나타낸다.

2. 말하는이의 의도를 나타낸다.

예 ▪ 책을 **살** 사람은 서점에 같이 갑시다.
▪ 나는 여기를 떠**날** 생각이 없어.
▪ 나는 이 책을 읽**을** 마음으로 샀다.
▪ 그리스도에 대하여 이만큼이라도 믿**을** 생각이 없다면 스스로 기독교도라 할 권리가 없다.

2참 '의도'를 나타낼 때는 '생각, 마음, 뜻' 등의 명사와 함께 쓰인다.

3. ['-았을/었을'의 꼴로 쓰여] 어떤 일이 과거에 일어났으리라고 추측하는 것을 나타낸다.

예 ▪ 외국 생활에서 있었**을** 어려움을 이야기하였다.
▪ 이웃이 도움을 주었**을** 때, 감사의 말을 해야 한다.

3참 '-았/었-' 뒤에 쓰인다.

2. 시간을 나타내는 의미가 없다

1. 뒤에 오는 말을 꾸미는 기능만을 나타낸다.

예 ▪ 내가 **할** 말이 없다.
▪ 이름 모**를** 꽃들
▪ 지금은 바람만 **불** 뿐, 비는 오지 않는다.
▪ 유미는 웃**을** 때가 제일 예쁘다.

-ㄹ 거야 【난 부산에 갈 거야.】

『**-ㄹ 거야**는 받침 없는 동사와 형용사 뒤에, **-을 거야**는 받침 있는 동사와 형용사 뒤에 쓰인다』

관용구

친한사이 말낮춤 친구에게

발음 [ㄹ 꺼야]

예 **갈 거야**, 비**쌀 거야**, 먹을 **거야**, 좋을 **거야**, 학생**일 거야**

'-ㄹ 것이야'의 준꼴

1. 그럴 것이라고 추측하는 것을 나타낸다.

예 ▪ 아직도 그 아이는 자고 있을 **거야**.
▪ 너라면 해 낼 수 있을 **거야**.
▪ 선교사가 되어 아프리카에서 살아도 좋을 **거야**.
▪ 제인은 지금쯤 미국에 도착했을 **거야**.

2. [1인칭 주어와 함께 쓰여] 의지를 나타낸다.

예 ▪ 난 만두는 안 먹을 **거야**.
▪ 나는 절대로 이번 일을 후회하지 않을 **거야**.

3. [의문문에 쓰여] 상대방의 의사를 물어 보는 뜻을 나타낸다.

예 ▪ 너는 언제 **갈 거야**?
▪ 점심에 뭐 먹을 **거야**?

쓰기주의 -ㄹ 꺼야(×)

전참 1. 입말에 쓰인다. 2. 추측을 나타낼 때에만 '-았-'과 쓰일 수 있다.

-ㄹ 거예요 【비가 올 거예요.】

『**-ㄹ 거예요**는 받침 없는 동사와 형용사 뒤에, **-을 거예요**는 받침 있는 동사와 형용사 뒤에 쓰인다』

관용구

친한사이 말높임 선배, 어른에게

발음 [ㄹ 꺼예요]

예 **갈 거예요**, 비**쌀 거예요**, 먹을 **거예요**, 좋을 **거예요**, 학생**일 거예요**

'-ㄹ 것이어요'의 준꼴

1. 그럴 것이라고 추측하는 것을 나타낸다.

예 ▪ 내일 비가 **올 거예요**.
▪ 인삼은 꽤 비**쌀 거예요**.
▪ 그 때가 밤 열 시쯤 되었을 **거예요**

2. [1인칭 주어와 함께 쓰여] 의지를 나타낸다.

예 ▪ 저는 내일 떠**날 거예요**.
▪ 저는 학원에 다닐 **거예요**.

3. [의문문에 쓰여] 상대방의 의사를 물어 보는 뜻을

쓰기주의 -ㄹ 꺼예요(×)

전참 1. 입말에 쓰인다. 2. 추측을 나타낼 때에만 '-았-'과 쓰일 수 있다. 3. 흔히 [ㄹ꺼에요]로 발음한다.

나타낸다.

예 ▪ 무슨 영화를 **볼 거예요**?
▪ 선생님께서는 언제 떠나**실 거예요**?
▪ 밤새 안 주무**실 거예요**?

-ㄹ 건가요 【뭘 하**실 건가요**?】

관용구

발음 [ㄹ 껀가요]

예 **갈 건가요, 살 건가요**(살다), 먹을 **건가요**

전참 1. 입말에 쓰인다. 2. '-ㄹ 것인가요'의 준꼴

1. [동사에 쓰여] '그럴 사실 또는 계획입니까?'의 뜻.

예 ▪ 뭘 하**실 건가요**?
▪ 정말 사표를 **낼 건가요**?
▪ 어디 가**실 건가요**.
▪ 돈은 누가 **낼 건가요**?
▪ 고향에 편지를 보**낼 건가요**?

-ㄹ걸[1] 【많이 아**플걸.**】

『**-ㄹ걸**은 받침 없는 동사, 형용사와 '이다' 뒤에, **-을걸**은 받침 있는 동사와 형용사 뒤에 쓰인다』

어미 종결 어미

친한사이 말낮춤 친구에게

발음 [ㄹ껄]

예 **갈걸**, 비**쌀걸**, 학생**일걸**, 먹**을걸**, 좋**을걸**

쓰기주의 -ㄹ껄(×)

존대 -ㄹ걸요

전참 입말에 쓰인다.

1. 확실하지 않은 것을 짐작하거나 추측하는 것을 나타낸다.

예 ▪ 이를 뽑을 때 많이 아**플걸**.
▪ 영하는 지금쯤 대학교에 다니**걸**.
▪ 그 영화 재미있**을걸**.
▪ 내가 좀 참**을걸**.

2. ['-았을걸'의 꼴로 쓰여] 어떤 일이 과거에 일어났으리라고 추측하는 것을 나타낸다.

예 ▪ 부산에는 비가 많이 왔**을걸**.
▪ 준원이는 학교를 벌써 졸업했**을걸**.
▪ 제시카는 지금쯤 미국에 도착했**을걸**.
▪ 조금만 조심했더라면 그런 일이 일어나지 않았**을걸**.

도움말

'-ㄹ걸[1]'과 '-ㄹ걸[2]', '-ㄹ 걸'의 구별:

'**-ㄹ걸**[1]'과 '**-ㄹ걸**[2]'는 종결 어미이므로 붙여 쓴다. **-ㄹ걸**[1]은 추측을 뜻하고 (예 1), '**-ㄹ걸**[2]'는 후회를 뜻하는 어미이다.(예 2).

예 1: 많이 아**플걸**.

예 2: 밥을 먹고 **올걸**.

예1은 많이 아플 것이라고 추측하는 뜻을 나타내고, 예2는 '밥을 먹고 오지 않은 것'에 대해 후회함을 뜻한다.

'**-ㄹ 걸**'의 '-ㄹ'은 명사를 꾸미는 어미이고 '걸'은 '것을'이 줄어든 꼴이다. 따라서 반드시 띄어 써야 한다.

예 3: 먹**을 걸** 사 왔니?

예3의 '먹을 걸'은 '먹을 것을'로 바꿔 쓸 수 있다. 이와 같이 '걸'을 '것을'로 바꿔 쓸 수 있으면 띄어 쓰고, 바꿔 쓸 수 없으면 어미이므로 붙여 쓴다.

예 4: 많이 아**플걸**. 〔아플 것을.(×)〕

예 5: 먹**을 걸** 사 왔니? 〔먹을 것을.(○)〕

-ㄹ걸[2] 【밥을 먹고 **올걸.**】

『**-ㄹ걸**은 받침 없는 동사 뒤에, **-을걸**은 받침 있는 동사 뒤에 쓰인다』

[어미] 종결 어미

1. 〔혼잣말에 쓰여〕 지난 번에 하지 않은 일이나 하지 못한 일에 대해서 달리 했으면 좋았을 것이라고 후회함을 나타낸다.

[예] ▪ 이럴 줄 알았으면 밥이라도 많이 먹고 **올걸**.
▪ 오면서 땅콩이나 사**올걸**.
▪ 손이나 잡**을걸**.

[발음] [ㄹ껄]

예 **갈걸**, 먹**을걸**

[쓰기주의] -ㄹ껄(×)

[전참] 1. 입말에 쓰인다. 2. 'ㄹ걸 그러다/하다'로도 쓰인다. 예 낮잠이나 **잘걸 그랬어**.

-ㄹ걸요 【그 사람은 못 **올걸요.**】

『**-ㄹ걸요**는 받침 없는 동사, 형용사와 '이다' 뒤에, **-을걸요**는 받침 있는 동사, 형용사와 '-았-' 뒤에 쓰인다』

[어미] 종결 어미

[친한사이 말높임] 선배, 어른에게

예 **갈걸요**, 예**쁠걸요**, 학생**일걸요**, 먹**을걸요**, 좋**을걸요**, 먹었**을걸요**

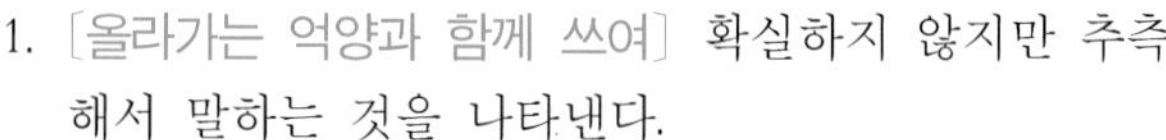

1. [올라가는 억양과 함께 쓰여] 확실하지 않지만 추측해서 말하는 것을 나타낸다.

예 ▪ 그 사람은 못 **올걸요**.
 ▪ 이를 뽑을 때 아주 아**플걸요**.
 ▪ 얼마 전만 해도 여기 물이 맑았**을걸요**.
 ▪ 제인: 진수 씨가 총각일까요?
 하나꼬: 아**닐걸요**. 결혼했**을걸요**.

전참 1. 입말에 쓰인다. 2. 상대방의 말과 반대되는 것을 추측하여 말하는 것을 나타내기도 한다. 3. 흔히 [ㄹ껄료]로 발음한다.

-ㄹ 겁니다 【비가 **올 겁니다.**】

『**-ㄹ 겁니다**는 받침 없는 동사와 형용사 뒤에, **-을 겁니다**는 받침 있는 동사와 형용사 뒤에 쓰인다』

관용구

말아주높임 직장상사, 어른에게(공식적)

발음 [ㄹ 껌니다]

예 **갈 겁니다**, 예**쁠 겁니다**, 먹**을 겁니다**, 좋**을 겁니다**, 학생**일 겁니다**, 학생이 아**닐 겁니다**

1. 그러할 것이라고 추측하는 것을 나타낸다.

예 ▪ 부산에는 지금쯤 비가 **올 겁니다**.
 ▪ 한 시간쯤 후에 도착**할 겁니다**.
 ▪ 진수는 아마 지금쯤 집에 갔**을 겁니다**.

2. [1인칭 주어와 함께 쓰여] 의지를 나타낸다.

예 ▪ 이번 휴가 때 고향에 **갈 겁니다**.
 ▪ 다음 주에 유미 씨를 만나서 청혼**할 겁니다**.
 ▪ 다시는 그 사람 말을 듣지 않**을 겁니다**.

쓰기주의 -ㄹ 껍니다(×)

전참 1. 입말에 쓰인다. 2. 추측을 나타낼 때에만 '-았-'과 쓰인다.

1참 부사 '아마'와 같이 쓰여서 추측이 불확실함을 나타낸다.

-ㄹ 것[1] 【회의에 참석**할 것.**】

『**-ㄹ 것**은 받침 없는 동사 뒤에, **-을 것**은 받침 있는 동사 뒤에 쓰인다』

관용구

발음 [ㄹ 껏]

예 **갈 것**, 먹**을 것**

1. [알리는 글에 쓰여] 지시하거나 명령함을 나타낸다.

예 ▪ 회의에 참석**할 것**.
 ▪ 보고서 올**릴 것**.
 ▪ 밥을 먹은 후에 반드시 이를 닦**을 것**.

전참 메모할 때 주로 쓴다.

-ㄹ 것[2] 【마실 것】

『-ㄹ 것은 받침 없는 동사 뒤에, -을 것은 받침 있는 동사 뒤에 쓰인다』

관용구

발음 [ㄹ 껃]

예 갈 것, 먹을 것

1. [앞에 오는 동사의] 기능을 하는 사물을 나타낸다.

예 ▪ 등산을 가려면 **마실 것**, 먹을 **것**을 준비해.
▪ 나는 백화점에 가서 사야 **할 것**들을 미리 적는다.
▪ 아무거나 읽을 **것**을 좀 줘.

전참 입말에서 '-ㄹ 거'로 줄어들어 쓰인다. 예 마**실 거**, 먹을 **거** 좀 사오세요.

-ㄹ 것 같다 【비가 올 것 같다.】

관용구

발음 [ㄹ 껃 갇따]

결합정보 ☞ -ㄹ

1. 말하는이의 추측을 나타낸다.

예 ▪ 하늘을 보니 곧 비가 **올 것 같다**.
▪ 결혼을 하면 참 행복**할 것 같다**.
▪ 영하는 크면 참 예**쁠 것 같아**.
▪ 토요일에는 극장에 사람이 많을 **것 같아요**.

비슷 -ㄹ 듯싶다, -ㄹ 듯하다

전참 단정적인 표현 대신에 '-ㄹ 것 같다'를 일반적으로 많이 쓴다.

230

-ㄹ 것이다 【버스가 곧 올 것이다.】

『-ㄹ 것이다는 받침 없는 동사와 형용사 뒤에, -을 것이다는 받침 있는 동사와 형용사 뒤에 쓰인다』

관용구

말아주낮춤 할아버지가 아이에게

발음 [ㄹ 꺼시다]

예 갈 것이다, 비쌀 것이다, 먹을 것이다, 좋을 것이다

1. 말하는이가 추측하거나 짐작하는 것을 나타낸다.

예 ▪ 버스가 곧 **올 것이다**.
▪ 내일도 추울 **것이다**.
▪ 지금 가면 문을 안 열었을 **것이다**.

2. [1인칭 주어와 함께 쓰여] 말하는이의 강한 의지나 확신을 나타낸다.

예 ▪ 나는 이 일을 기어이 해 내고야 **말 것이다**.
▪ 나는 지금 당장 집에 **갈 것이다**.
▪ 나는 꼭 성공**할 것이다**.

전참 '-겠다'로 바꿔 쓸 수 있다. 예 버스가 곧 오**겠다**.

1참 '-았-'과 쓰일 수 있다.

-ㄹ게 【맛있는 것 사 **줄게.**】

『**-ㄹ게**는 받침 없는 동사 뒤에, **-을게**는 받침 있는 동사 뒤에 쓰인다』

[어미] 종결 어미

[친한사이 말낮춤] 친구에게

[발음] [ㄹ께]

㉮ **갈게**, 먹**을게**

1. 그렇게 하겠다고 상대편에게 약속하는 것을 나타낸다.

[예] ▪ 내가 맛있는 것 사 **줄게**.
▪ 다음에는 내가 피자를 만들어 **줄게**.
▪ 내가 한턱 **낼게**.
▪ 내가 서울에 가서 전화**할게**.
▪ 이따가 현관에서 기다**릴게**.

2. 그렇게 하겠다고 상대방에게 알리는 것을 나타낸다.

[예] ▪ 나 먼저 **갈게**.
▪ 화장실에 다녀**올게**.
▪ 여기 소식 좀 알려 **줄게**.

[쓰기주의] -ㄹ께(×)

[존대] -ㄹ게요

[비슷] -마

[전참] 1. 일인칭 주어에만 쓰인다. 2. 서술문에만 쓰인다. 3. 입말에 쓰인다.

[1참] 약속하는 내용이 듣는이에게 이익이 될 때만 쓰인다. ㉮ 내가 널 미워할게.(×)/내가 네 돈을 안 갚을게.(×)

도움말 1

'-ㄹ게'의 인칭 제약:

'-ㄹ게'는 주어가 '나'인 경우에만 쓰인다.

예 1: 내가 **갈게**.(○)
예 2: 네가 맛있는 걸 사 줄게.(×)
예 3: 그가 맛있는 걸 사 줄게.(×)

도움말 2

'-ㄹ'로 시작되는 어미들의 맞춤법:

'-ㄹ'로 시작되는 어미들은 뒷소리가 된소리로 나므로 쓸 때 주의해야 한다.

1. 의문을 나타내지 않는 것들: '-ㄹ게, -ㄹ걸, -ㄹ수록, -ㄹ지' 등은 된소리로 적지 않는다.

   예 1: 이따가 먹**을게**.(○)/먹을께(×)

2. 의문을 나타내는 것들: '-ㄹ까'는 된소리로 적는다.

   예 2: 언제 **올까**?(○)

-ㄹ게요 【꼭 돌아**올게요.**】

『**-ㄹ게요**는 받침 없는 동사 뒤에, **-올게요**는 받침 있는 동사 뒤에 쓰인다』

[어미] 종결 어미

[친한사이 말높임] 선배, 어른에게

[발음] [ㄹ께요]

예 **갈게요**, 먹**을게요**

1. 그렇게 할 것을 상대편에게 약속하는 것을 나타낸다.

예 ▪ 제가 내년에는 꼭 돌아**올게요**.
▪ 할머니, 제가 신문을 읽어 드**릴게요**.
▪ 다음 달에 꼭 **갈게요**.

2. 그렇게 하겠다고 상대방에게 알리는 것을 나타낸다.

예 ▪ 그럼 먼저 **갈게요**.
▪ 화장실 좀 갔다 **올게요**.
▪ 저 미선인데요, 나중에 다시 전화**할게요**.

[쓰기주의] -ㄹ께요(×)

[전참] 1. 일인칭 주어에만 쓰인다. 2. 서술문에만 쓰인다. 3. 입말에 쓰인다.

-ㄹ 겸 【운동도 **할 겸** 걸어다녀요.】

관용구

[발음] [ㄹ 껌]

예 **갈 겸**, **살 겸**(살다), 먹**을 겸**

1. [동사에 쓰여] 두 가지 이상의 동작이나 행위를 아울러 하는 것을 나타낸다.

예 ▪ 운동도 **할 겸** 학교까지 걸어 다녀요.
▪ 머리도 식**힐 겸** 산책이나 갑시다.
▪ 옷도 사고 구경도 **할 겸** 남대문 시장에 갔습니다.

[전참] 명사와 명사를 잇기도 한다. 예 유미 씨는 안내 **겸** 통역관이에요.

-ㄹ까 【인생이란 무엇**일까?**】

『**-ㄹ까**는 받침 없는 동사, 형용사와 '이다' 뒤에, **-을까**는 받침 있는 동사, 형용사와 '-았-' 뒤에 쓰인다』

[어미] 종결 어미

[친한사이 말낮춤] 친구에게

예 **갈까**, 비**쌀까**, 학생**일까**, 먹**을까**, 좋**을까**, 잡**았을까**

1. [신문이나 책에 쓰여] 일반적인 문제를 제기하는 것을 나타낸다.

[존대] -ㄹ까요

예 ▪ 인생이란 무엇**일까**?
▪ 이 이야기의 주제는 무엇**일까**?
▪ 인간에게 고향이란 어떤 것**일까**?

2. 상대방에게 제안하거나 의견을 물어보는 것을 나타낸다.

예 ▪ 이번 기회에 한 번 가 **볼까**?
▪ 우리 같이 극장에 **갈까**?
▪ 우리, 같이 걸**을까**.

예 ▪ 점심으로 라면을 먹**을까** 밥을 먹**을까**?
▪ 어디로 **갈까**?
▪ 언제 만**날까**?

3. 추측하는 것을 나타낸다.

예 ▪ 정말 그 사람이 범인**일까**?
▪ 내일도 비가 **올까**?
▪ 몇 시나 됐**을까**?

4. [의문문의 형식이지만 대답을 요구하지 않는 꼴로 쓰여] 강한 긍정을 나타낸다. '매우 그러하다'의 뜻.

예 ▪ 이 아이들이 없다면 내 삶은 얼마나 쓸쓸**할까**?
▪ 물이 이렇게 맛있을 수 있**을까**?

5. ['-ㄹ까 ㄹ까' 또는 '-ㄹ까 말까'의 꼴로 쓰여] 말하는이가 확고하게 결정을 내리지 못한 채 무엇을 할 것인지 망설이는 것을 나타낸다.

예 ▪ 졸업하면 결혼을 **할까** 취직을 **할까** 고민 중이에요.
▪ 대학을 **갈까** 취직**할까** 생각하고 있어요.
▪ 진수 씨를 만**날까 말까** 결정을 내리지 못했어요.

6. ['-ㄹ까 염려되다/걱정되다'의 꼴로 쓰여] 그러한 일이 일어날지도 몰라서 걱정하는 것을 나타낸다.

예 ▪ 잘못하면 사고가 **날까** 염려되는군요.
▪ 아이를 너무 귀엽게만 키우면 버릇이 없어**질까** 걱정이 돼요.
▪ 비가 너무 많이 **올까** 걱정됩니다.

1참 신문이나 책에 쓰일 때는 듣는이가 명확하게 지정되지 않아 높고 낮음을 따지기 어렵다.

2참 의문사와 같이 쓰이거나 '-ㄹ까 -ㄹ까'의 꼴로 쓰인다.

4참 '얼마나', '어떻게' 등과 같이 쓰인다.

-ㄹ까 말까 하다【키가 1미터 **될까 말까 했다.**】

관용구

결합정보 ☞ -ㄹ까

1. 어떤 수량이 일정한 정도에 가까운 것을 나타낸다.

예 ▪ 그 꼬마는 키가 1미터 **될까 말까 했다**.
▪ 국수는 5인분이 **될까 말까 했다**.
▪ 영희는 스무 살이 **될까 말까 한** 나이로 보인다.

2. 어떤 일이 일어날 듯 말 듯한 것을 나타낸다.

예 ▪ 어디에서 귀를 기울여야 들**릴까 말까 할** 정도의 소리가 났다.
▪ 버스는 한 시간에 한 번 정도 **올까 말까 했다**.

-ㄹ까 보다【집에 **갈까 보다.**】

관용구

예 **갈까 보다**, **살까 보다**(살다), 먹**을까 보다**

1. [동사에 쓰여] 확실하지는 않으나 그럴 생각이 있음을 나타낸다.

예 ▪ 이제 그만 집에 **갈까 보다**.
▪ 이 약을 먹어도 안 나으면, 병원에 가야 **할까 봐요**.
▪ 우리도 저기에 **갈까 보다**.
▪ 우리도 서울로 이사를 **갈까 봐요**.

-ㄹ까 봐【아플**까 봐** 걱정했다.】

관용구

예 **갈까 봐**, **살까 봐**(살다), 아플**까 봐**, 먹**을까 봐**, 좋**을까 봐**

전참 1. '-ㄹ까 봐서'의 꼴로도 쓰인다. 2. 말하는이는 그러한 상황에 대해 부정적으로 생각하며 피하고 싶은 마음을 담고 있다.

1. 어떤 일이 일어날 것을 짐작하면서 의심스러워 하는 것을 나타낸다.

예 ▪ 외국에서 배가 아플**까 봐** 약을 준비했어요.
▪ 친구는 내가 병이 **날까 봐** 걱정했다.
▪ 마이클이 날 두고 혼자 **갈까 봐** 막 달려왔다.
▪ 제시카가 화를 **낼까 봐서** 얘기를 못 하겠어요.
▪ 대성이가 김밥을 다 **먹을까 봐** 몇 줄 따로 두었다.
▪ 다른 사람이 들**을까 봐** 작은 소리로 말했다.

–ㄹ까 싶다 【그를 만나게 **될까 싶다.**】

관용구

예 갈까 싶다, 살까 싶다(살다), 먹을까 싶다

1. [동사에 쓰여] 앞말대로 될 것 같아서 걱정하는 마음이 있음을 나타낸다.

예 ▪ 철수를 만**날까 싶어** 도망 다녔다.
▪ 시험에 떨어지게 **될까 싶어서** 밤을 새워 공부했다.

2. [동사에 쓰여] 어떠한 행동을 할 의도를 가지고 있음을 나타낸다.

예 ▪ 시간도 많은데 그냥 걸어 **갈까 싶어**.
▪ 할 일도 없는데 영화나 **볼까 싶다**.

3. '말하는이가 그러할 것 같지 않다고 생각함'의 뜻을 나타낸다.

예 ▪ 하늘이 이렇게 맑은데 비가 **올까 싶어**.
▪ 벌써 열 시인데 유미가 제시간에 올 수 있**을까 싶다**.

3참 뒤에는 앞과 반대되는 내용이 올 것으로 생각된다. 예 하늘이 이렇게 맑은데 비가 올**까 싶어**. (비가 오지 않을 것 같다.)

–ㄹ까요 【차나 한 잔 **할까요?**】

『**–ㄹ까요**는 받침 없는 동사, 형용사와 '이다' 뒤에, **–을까요**는 받침 있는 동사, 형용사와 '–았–' 뒤에 쓰인다』

어미 종결 어미

친한사이 말높임 선배, 어른에게

예 갈까요, 비**쌀까요**, 학생**일까요**, 학생이 아**닐까요**, 먹**을까요**, 좋**을까요**

1. 상대방에게 같이 하자고 제안하거나 상대방의 의견을 물어 보는 것을 나타낸다.

예 ▪ 우리 다방에 가서 차나 한 잔 **할까요?**
▪ 그럼 시내에서 만**날까요?**
▪ 점심이나 같이 먹**을까요?**

예 ▪ 영화를 **볼까요?** 박물관에 **갈까요?**
▪ 점심에 무엇을 먹**을까요?**
▪ 어디로 **갈까요?**

2. [1인칭 주어 '저'와 함께 쓰여] 말하는이가 어찌할지를 상대방에게 물어 보는 것을 나타낸다.

전참 입말에 쓰인다.

1참 1. 주어가 '우리'이다. 2. 물어 보는 꼴이므로 일방적으로 제안함을 나타내는 '–ㅂ시다'보다 상대방의 의견을 존중하는 표현이다. 3. '–ㄹ까요? –ㄹ까요?'의 꼴로도 쓰인다. 예 영화를 **볼까요?** 연극을 **볼까요?**

예 ▪ 제가 언제 댁에 **갈까요**?
▪ (제가) 무엇을 만**들까요**?
▪ 무거워 보이는데, (제가) 들어 드**릴까요**?

3. [주로 '어디, 왜'와 같은 의문사와 함께 묻는 꼴로 쓰여] 추측하는 것을 나타낸다.

예 ▪ 그 남자는 어떤 사람**일까요**?
▪ 저 사람이 학생**일까요**?
▪ 그 사람들이 지금쯤 어디까지 갔**을까요**?
▪ 제가 그 일을 잘 할 수 있**을까요**?

3참 주어가 3인칭이거나, 상태를 나타내는 동사, 또는 '-ㄹ 수 있다'와 함께 쓰인다.

4. [의문문의 형식이지만 대답을 요구하지 않는 꼴로 쓰여] 강한 긍정을 나타낸다. '매우 그러하다'의 뜻.

예 ▪ 그런 처지라면 산다는 게 얼마나 힘이 **들까요**?
▪ 부모라면 어떻게 그런 일을 할 수 있**을까요**?

-ㄹ까 하다 【선물을 좀 **살까 해서~**】

관용구

예 **갈까 하다, 살까 싶다**(살다), **먹을까 하다**

1. [동사에 쓰여] 말하는이가 그렇게 하고 싶어함을 나타낸다.

예 ▪ 내일이 친구 생일이라서 선물을 좀 **살까 해서** 왔어요.
▪ 제인을 깨**울까 하다가** 피곤해 보여서 안 깨웠어요.
▪ 오늘은 운동 좀 할**까 했는데** 비가 오네요.

전참 '-려고/-고자 하다'에 비해 말하는이의 의도가 덜 확고하다.

2. 말하는이가 그럴 것 같다고 추측하여 뒤의 행동을 하는 이유임을 나타낸다.

예 ▪ 너무 더워서 시원**할까 하고** 창문을 열었어요.
▪ 좀더 빠**를까 해서** 택시를 탔다가 길이 막혀서 혼났어요.

-ㄹ께

어미 종결 어미

1. '-ㄹ게' 의 잘못. ☞ -ㄹ게(p. 231)

-ㄹ께요

어미 종결 어미

1. '-ㄹ게요'의 잘못. ☞ -ㄹ게요(p. 232)

-ㄹ 나름이다【네가 할 나름이다.】

관용구

1. [주로 '하다'와 써서] '어떤 일을 하기에 달려 있다'의 뜻.

예 ▪ 성공하느냐 못 하느냐는 네가 **할 나름이다**.
▪ 사랑을 받고 못 받고는 자기 **할 나름이다**.
▪ 어떤 아이로 자라느냐는 부모가 교육**할 나름이지**.

예 할 나름이다

관련어 -기 나름이다

전참 '명사 나름이다'의 꼴로 써서 '그 명사에 달려 있다'는 의미를 나타낸다. 예 선생도 **선생 나름이야**.

-ㄹ 나위도 없다【말할 나위도 없다.】

관용구

1. [주로 '말하다'와 써서] '-ㄹ 필요가 없다'의 뜻.

예 ▪ 어른을 공경해야 함은 말**할 나위도 없다**.
▪ 학교에 지각하지 말아야 하는 건 두말 **할 나위도 없어**.

예 말할 나위도 없다

-ㄹ는지【비가 올는지 모르겠어요.】

『**-ㄹ는지**는 받침 없는 동사, 형용사와 '이다' 뒤에, **-을는지**는 받침 있는 동사, 형용사와 '-았-' 뒤에 쓰인다』

어미

발음 [ㄹ른지]

예 **갈는지**, 비**쌀는지**, 학생**일는지**, 먹**을는지**, 높**을는지**, 잡았**을는지**

1. ['-ㄹ는지 알다/모르다'의 꼴로 쓰여] 불확실한 사실에 대해 의문을 가지는 것을 나타낸다.

예 ▪ 비가 **올는지** 모르겠어요.
▪ 유미가 **올는지** 안 **올는지** 모르겠다.
▪ 그 사람이 또 무슨 말을 **할는지** 알 수가 없다.

쓰기주의 -ㄹ런지(×)/-ㄹ른지(×)

1참 '-ㄹ는지'가 목적어로 쓰인다.

2. [연결 어미처럼 쓰여] 어떤 사실이 일어날 가능성이나 그 실현 여부에 대하여 말하는이가 추정하는 근

거나 원인을 나타낸다.

예 ▪ 비가 **올는지** 하늘이 먹구름으로 덮였다.

▪ 복권이라도 당첨**될는지** 돼지꿈을 꾸었다.

-ㄹ는지도 모르다【시험을 **볼는지도 몰라요.**】

발음 [ㄹ른지도 모르다]
결합정보 ☞ -ㄹ는지

관용구

1. 어떤 내용이 실현될 가능성에 대한 말하는이 스스로의 의문을 나타낸다.

예 ▪ 내일 시험을 **볼는지도 몰라요**.

▪ 일부러 그렇게 만든 연극이었**을는지도 모른다**.

▪ 그 사람들이 이미 도착했**을는지도 몰라요**.

-ㄹ는지요【지금 **올는지요?**】

발음 [ㄹ른지요]

『**-ㄹ는지요**는 받침 없는 동사, 형용사와 '이다' 뒤에, **-을는지요**는 받침 있는 동사, 형용사와 '-았-' 뒤에 쓰임』

예 **갈는지요**, 비**쌀는지요**, 학생**일는지요**, 먹**을는지요**, 높**을는지요**, 잡았**을는지요**

어미 종결 어미

친한사이 말높임 선배, 어른에게

쓰기주의 -ㄹ른지요(×)/-ㄹ런지요(×)

전참 입말에 쓰인다.

1. 어떤 가능성에 대하여 의문을 나타낸다.

예 ▪ 진수가 지금 **올는지요**?

▪ 교실에 가서 찾아보면 유미가 있**을는지요**?

▪ 할아버지께서 지금쯤 도착하셨**을는지요**?

2. 상대방의 의사를 물어 보는 뜻을 나타낸다.

예 ▪ 영화를 지금 보**실는지요**?

▪ 언제쯤 출발하**실는지요**?

-ㄹ 대로 -아서【지**칠 대로** 지**쳐서**~】

결합정보 -ㄹ

관용구

1. 어떤 상태가 매우 심하다는 뜻을 나타낸다.

예 ▪ 영숙이는 지**칠 대로** 지**쳐서** 누가 건드리기만 해도 그대로 쓰러질 것 같았다.

전참 1. '~-ㄹ 대로 ~-아서'의 꼴로 ~에는 같은 말이 반복된다. 2. '~-ㄹ

- 신발이 닳을 **대로** 닳**아** 구멍이 났다.
- 옷이 낡을 **대로** 낡**아서** 버릴 수밖에 없어요.
- 시들 **대로** 시든 장미꽃.

대로 ~-ㄴ'의 꼴로도 쓰인다. ㉠ 지**칠 대로** 지**친** 상태야.

-ㄹ 듯 말 듯하다 【비가 **올 듯 말 듯하다.**】

관용구

1. [동사에 쓰여] '그럴 것 같기도 하고 그렇지 않을 것 같기도 함'의 뜻.

예 ▪ 비가 **올 듯 말 듯하네요.**
- 그 문제는 **알 듯 말 듯한데요.**
- **들릴 듯 말 듯한** 목소리로 말했다.
- **웃을 듯 말 듯한** 표정.

발음 [-ㄹ 뜯 말 뜨타다]
예 **갈 듯 말 듯하다**, 먹**을 듯 말 듯하다**

-ㄹ 듯싶다 【그 사람이 **올 듯싶다.**】

관용구

1. [앞으로의 일에 대한 주관적인 추측을 나타내어] '어떠할 것 같다, 그러할 것처럼 생각되다'의 뜻.

예 ▪ 오늘쯤 그 사람이 **올 듯싶어요.**
- 곧 소나기가 **올 듯싶다.**
- 갓 스무 살을 넘겼을 **듯싶은** 남자가 문을 열었다.

발음 [-ㄹ 뜯십따]
결합정보 ☞ -ㄹ
비슷 -ㄹ 것 같다, -ㄹ 듯하다

-ㄹ 듯하다 【비가 **올 듯해요.**】

관용구

1. 그러할(그렇게 하는/그러한) 것 같다고 추측하는 것을 나타낸다.

예 ▪ 이 옷이 우리 아이에게 맞을 **듯해요.**
- 유미가 이혼했다니 가슴이 찢어**질 듯해요.**
- 하늘을 보니 비가 **올 듯하다.**

발음 [-ㄹ 뜨타다]
결합정보 ☞ -ㄹ
비슷 -ㄹ 것 같다, -ㄹ 듯싶다
관련어 -는 듯하다, -은 듯하다, -ㄴ 듯하다

-ㄹ 따름이다【내가 할 일만 **할 따름이야.**】

관용구

결합정보 ☞ -ㄹ

1. 현재의 상황 이외에 다른 상황의 가능성은 없고, 다른 선택은 없다는 뜻을 나타낸다. '오직 그것뿐이다'의 뜻.

예 ▪ 나는 그저 내가 할 일만 **할 따름이야.**
▪ 이렇게 매번 도와주시니 감사**할 따름입니다.**
▪ 오늘은 유미 씨를 만나러 **왔을 따름이에요.**

비슷 -ㄹ 뿐이다

-ㄹ 때【점심을 먹고 있**을 때~**】

관용구

예 **갈 때, 살 때**(살다), 비**쌀 때, 먹을 때, 좋을 때**

1. 어떤 일이 일어나고 있는 시간의 순간이나 동안을 나타낸다.

예 ▪ 점심을 먹고 있**을 때** 대성이가 찾아왔다.
▪ 사람들은 누구나 보람 있는 일을 **할 때에** 행복을 느끼게 된다.

2. 어떤 조건이나 상황을 나타낸다

예 ▪ 어른의 입장에서 **볼 때** 아무것도 아닌 것을 가지고 아이들은 싸우기 마련이다.

비슷 -ㄹ 적에

전참 1. '-ㄹ 때에'의 꼴로 쓰이기도 한다. 2. '-았을 때'의 꼴로 쓰여 '어떤 동작이 완료된 상황에'의 뜻을 나타내기도 한다. 예 발을 밟았을 **때**에는 "미안합니다."라고 하세요.

240

-ㄹ라【감기에 걸**릴라.**】

『**-ㄹ라**는 받침 없는 동사와 몇몇 형용사 뒤에, **-을라**는 받침 있는 동사 뒤에 쓰인다』

어미 종결 어미

말아주낮춤 할아버지가 아이에게

예 **다칠라, 늦을라**

1. 그렇게 될까 걱정하는 것을 나타낸다.

예 ▪ 감기에 걸**릴라.**
▪ 이러다 병**날라.**
▪ 학교에 지각**할라.**
▪ 늦잠 자다가 늦**을라.**

전참 입말에 쓰인다.

▪ 아직 바람이 차니까 따뜻하게 입어, 너무 추**울라**.

-ㄹ래 【수영하러 **갈래.**】

『**-ㄹ래**는 받침 없는 동사 뒤에, **-을래**는 받침 있는 동사에만 쓰인다』

예 **갈래**, 먹**을래**

어미 종결 어미

친한사이 말낮춤 친구에게

1. [말하는 이의 동작을 나타내는 동사와 함께 쓰여] 앞으로 어떤 일을 하고 싶다고 자기의 의사를 말하는 것을 나타낸다.

예 ▪ 나, 수영하러 **갈래**.
▪ 나는 엄마하고 같이 **잘래**.
▪ 엄마, 나 집에 **갈래**.
▪ 나는 지금 밥 먹**을래**.

존대 -ㄹ래요

전참 입말에 쓰인다.

1참 1인칭 주어하고만 쓰인다.

2. 상대방의 의사를 물어 보는 것을 나타낸다.

예 ▪ 같이 안 **갈래**?
▪ 부탁이 있는데 들어 **줄래**?
▪ 오늘 나 저녁 사 **줄래**?

2참 '-ㄹ래, -ㄹ래'의 꼴로 쓰이기도 한다. 예 청소 **할래**, 안 **할래**?

3. 상대방을 못마땅하게 생각하여 위협하거나 야단치는 것을 나타낸다.

예 ▪ 너 혼 좀 **날래**?
▪ 너 한번 맞아 **볼래**?
▪ 너 정말 욕심 부**릴래**?
▪ 너 나한테 정말 이**럴래**?

3참 의문문에 쓰이고 협박하는 어조를 띤다.

-ㄹ래요 【저는 먼저 **잘래요.**】

『**-ㄹ래요**는 받침 없는 동사 뒤에, **-을래요**는 받침 있는 동사 뒤에 쓰인다』

예 **갈래요**, 먹**을래요**

어미 종결 어미

친한사이 말높임 선배, 어른에게

1. 앞으로 할 일에 대해 자기의 의사를 말하는 것을 나

전참 입말에 쓰인다.

타낸다.

예 ▪ 저는 먼저 **잘래요**.

▪ 엄마, 나 화장실에 **갈래요**.

▪ 저는 지금 점심을 먹**을래요**.

2. 상대방의 의사를 물어 보는 뜻을 나타낸다.

예 ▪ 일요일에 등산 같이 안 **갈래요**?

▪ 주스 마**실래요**?

-ㄹ 리가 없다 【그럴 리가 없어.】

관용구

결합정보 ☞ -ㄹ

1. 일반적인 사실에 비추어 볼 때 불가능하다고 생각하는 것을 나타낸다.

예 ▪ 아니야, 그럴 **리가 없어**.

▪ 대성이가 이번 시험에 떨어**질 리가 없어**.

▪ 그런 사람이 선생**일 리가 없어요**.

▪ 밤새워 놀았으니 피곤하지 않을 **리가 없지요**.

비슷 -ㄹ 턱이 없다

전참 '-ㄹ 리(가) 있다'를 써서 수사의문문으로도 쓴다. 예 선생님이 시험 날짜를 모를 **리가 있나요**?/영희가 화를 낼 **리 있니**?

-ㄹ 만하다 【볼 만하다.】

관용구

예 갈 만하다, 살 만하다(살다), 먹을 만하다

1. 그러한 정도이거나 그러한 가치가 있음을 나타낸다.

예 ▪ 선생님의 설명을 들으니 이해**할 만해요**.

▪ 밤을 샜다니 병이 **날 만해**.

▪ 이 정도는 혼자 먹을 **만하다**.

예 ▪ 그 가격이라면 **살 만하지**.

▪ 영숙이라면 만나 볼 **만해**.

▪ 제주도는 꼭 가볼 **만한** 곳이에요.

-ㄹ 모양이다 【비가 올 모양이다.】

관용구

결합정보 ☞ -ㄹ

1. 앞으로 일어날 일에 대한 짐작이나 추측을 나타낸다.

예 ▪ 밖을 보니 비가 **올 모양이에요**.
▪ 진수는 아빠 닮아서 키가 **클 모양이야**. 밥도 저렇게 많이 먹는 걸 보니...
▪ 유미는 오늘밤도 들어오지 않을 **모양이었다**.

-ㄹ 뻔하다 【큰일**날 뻔했어요.**】

관용구

❶ **갈 뻔하다, 살 뻔하다**(살다), 먹을 **뻔하다**

1. [동사에 쓰여] '거의 그러한 일이 벌어질 것 같아 걱정함'을 나타낸다.

예 ▪ 아까는 사고 **날 뻔했어요**.
▪ 너 때문에 지각**할 뻔했잖아**.
▪ 길이 미끄러워서 두 번이나 넘어**질 뻔했다**.

2. 매우 그러하다고 과장해서 말하는 것을 나타낸다.

예 ▪ 화가 나서 미**칠 뻔했어**.
▪ 숙제가 많아서 다 하느라고 죽을 **뻔했어요**.
▪ 어제 오랜만에 등산 갔다가 다리가 아파서 죽을 **뻔했어**.

전참 주로 부정적인 내용과 같이 쓰인다.

1참 '하마터면, 자칫하면, 까딱하면' 등과 같이 쓰인다. 예 **하마터면** 사고 날 뻔했어요.

2참 '죽다, 미치다' 등과 같이 쓴다.

-ㄹ 뿐만 아니라 【비가 **올 뿐만 아니라~**】

관용구

결합정보 ☞ -ㄹ

1. '앞의 사실에서 더 나아가'의 뜻.

예 ▪ 내일은 비가 **올 뿐만 아니라** 바람도 분대.
▪ 그 회사는 일이 많을 **뿐만 아니라** 월급도 적다.
▪ 유미는 얼굴이 예쁠 **뿐만 아니라** 마음씨도 고왔다.
▪ 오늘은 날씨가 더울 **뿐만 아니라** 습도도 매우 높다.
▪ 학생들**뿐만 아니라** 선생님들도 윷놀이를 했다.

비슷 -ㄹ 뿐더러

전참 1. '-ㄹ 뿐만 아니라 명사+도'의 꼴로 쓰인다. 2. '명사 뿐만 아니라'의 꼴로도 쓰인다. 예 **너뿐만 아니라** 나도 화가 났어.

-ㄹ 뿐이다 【울기만 **할 뿐이다.**】

관용구

결합정보 ☞ -ㄹ

1. 앞의 행동만 계속하거나 그러한 사실만임을 나타낸다.

비슷 -ㄹ 따름이다

예 ▪ 아까부터 아무리 달래도 울기만 **할 뿐이다**.
▪ 그가 단지 나를 이해해 주기만을 바**랄 뿐이다**.
▪ 초대라니요, 그저 놀러 오시라고 했을 **뿐이에요**.

전참 '그저, 단지, 오로지' 등과 같이 쓰인다.

-ㄹ 생각이다 【열심히 해 **볼 생각이다.**】
관용구

예 **갈 생각이다**, **살 생각이다**(살다), 먹**을 생각이다**

1. [동사에 쓰여] '-려고 한다'의 뜻.

예 ▪ 내일부터는 한번 열심히 공부해 **볼 생각이다**.
▪ 나는 오늘밤에는 끝까지 남**을 생각이다**.
▪ 이번 여름 휴가에는 꼭 동남아에 가 **볼 생각이다**.

-ㄹ 셈으로 【금방 **갈 셈으로~**】
관용구

발음 [ㄹ 쎄므로]
예 **갈 셈으로**, **살 셈으로**(살다), 먹**을 셈으로**

1. [동사에 쓰여] '그러할 것이라는 생각에서'의 뜻.

예 ▪ 금방 **갈 셈으로** 돈을 안 가지고 왔어요.
▪ 떼어먹을 **셈으로** 돈을 빌린 것은 아니었다.

-ㄹ 셈이다 【어**쩔 셈이냐?**】
관용구

발음 [ㄹ 쎄미다]
예 **갈 셈이다**, **살 셈이다**(살다), 먹**을 셈이다**

1. [동사에 쓰여] 어떻게 하겠다는 생각을 나타낸다.

예 ▪ 어**쩔 셈인지** 모르겠다.
▪ 그렇게 놀아서 대학은 어떻게 **갈 셈이냐**?
▪ 돌을 멀리 던**질 셈이었으나** 바로 앞에 떨어지고 말았다.

-ㄹ 셈 치고 【반**은 줄 셈 치고~**】
관용구

발음 [ㄹ 셈 치고]
예 **갈 셈 치고**, **살 셈치고**(살다), 먹**을 셈 치고**

1. [동사에 쓰여] 앞으로의 사실에 대해 미루어 가정함을 나타낸다.

예 ▪ 고생**할 셈치고** 시집 한 권을 모두 외우기로 했다.

- 대성이는 나중에 혼**날 셈치고** 일단 숙제를 안 하기로 했다.

-ㄹ 수가 있다 【도대체 시끄러워서 **살 수가 있나?**】

관용구

1. [의문문의 형식이지만 대답을 요구하지 않는 꼴로 쓰여] 주장하는 내용을 강조해서 말하는 뜻을 나타낸다.

예
- 도대체 시끄러워서 **살 수가 있나**?
- 궁금증이 생겨서 견**딜 수가 있어야지요**?
- 그렇게 돈을 써 대니 어떻게 돈을 모을 **수 있겠니**?

발음 [ㄹ 쑤가 읻따]

결합정보 ☞ -ㄹ

전참 같은 의미로 '-ㄹ 수가 없다'의 꼴로도 쓰인다. 예 말을 하고 싶어 견**딜 수가 없어요**./집에 가고 싶어 참을 **수가 없었다**.

-ㄹ수록 【날이 **갈수록~**】

『-ㄹ**수록**은 받침 없는 동사, 형용사와 '이다' 뒤에, -을**수록**은 받침 있는 동사와 형용사 뒤에 쓰인다』

어미 연결 어미

1. 어떤 일이 더하여 감에 따라 다른 일이 그에 비례하여 더하거나 덜하여 가는 것을 나타낸다.

예
- 생각하면 **할수록** 답답하였다.
- 나이를 먹어 **갈수록** 아내가 소중하게 느껴진다.
- 꿈이 높으면 높**을수록** 이루기 어려운 것은 당연한 것이다.

발음 [ㄹ쑤록]

예 **살수록**, 비**쌀수록**, 학생**일수록**, 먹**을수록**, 높**을수록**

전참 '-면 -ㄹ수록'의 꼴로도 쓰인다. 예 세월이 가**면 갈수록**

-ㄹ 수밖에 없다 【여기서 기다**릴 수밖에 없다.**】

관용구

1. '어쩔 수 없이 그렇게 하다', '그러할 뿐이다', '그것 외에 다른 방법이 없다'의 뜻.

예
- 수업이 끝날 때까지 여기서 기다**릴 수밖에 없습니다**.
- 우리가 참을 **수밖에 없어요**.

발음 [ㄹ 쑤바께 업따]

결합정보 ☞ -ㄹ

관련어 -는 수밖에 없다

▪ 살다 보면 부부싸움을 **할 수밖에 없어**.

-ㄹ 수 없다【갈 수 없어요.】
관용구

발음 [ㄹ 쑤 업따]
결합정보 ☞ -ㄹ

1. [어떠한 이유 때문에] '그러할 형편이 되지 않는 것'을 나타낸다.

예 ▪ 지금은 술을 마셔서 운전**할 수 없어요**.
▪ 지금 **갈 수 없습니다**.
▪ 수업 시간에는 영어로 말**할 수 없어요**.

반대 -ㄹ 수 있다
예 지금은 갈 수 없지만, 저녁에는 **갈 수 있어요**.

-ㄹ 수 있는 대로【될 수 있는 대로~】
관용구

발음 [ㄹ 쑤 인는 대로]
결합정보 ☞ -ㄹ

1. [동사에 쓰여] '할 수 있는 만큼 최대한'의 뜻.

예 ▪ **될 수 있는 대로** 빨리 회사로 오세요.
▪ 돈을 모**을 수 있는 대로** 모아서 여행을 가자.
▪ 사람들을 구**할 수 있는 대로** 구해서 데려 와.

-ㄹ 수 있다【한국말로 편지를 쓸 수 있어요.】
관용구

발음 [ㄹ 쑤 읻따]
예 **갈 수 있다, 살 수 있다**(살다), **먹을 수 있다**

1. [동사에 쓰여] 능력을 나타낸다. '-ㄹ 줄 알다'의 뜻.

예 ▪ 저는 한국말로 편지를 **쓸 수 있어요**.
▪ 수영**할 수 있어요**?
▪ 데이비드 씨는 영어, 독어, 불어를 **할 수 있다**.

2. 어떠한 상황이 가능한 것을 나타낸다.

예 ▪ 방학 동안에는 아르바이트를 **할 수 있어요**.
▪ 오늘 퇴근 후에 술 한잔 **할 수 있어**?
▪ 지금 잠깐 집 앞으로 나**올 수 있어요**?

반대 -ㄹ 수 없다
예 몸이 아파서 술 마시러 **갈 수 없어요**.

-ㄹ 적에【해가 뜰 적에~】
관용구

발음 [ㄹ 쩌게]
결합정보 ☞ -ㄹ

1. [동사와 '-았을'에 쓰여] '그 동작이 진행되고 있는 때에', '지나간 어떤 때에'의 뜻.

예 ▪ 해가 뜰 **적에** 일어나, 달이 **질 적에** 잠자리에 들었다.
▪ 내가 방황**할 적에** 곁에 있어 준 사람이 있었다.
▪ 젊었**을 적에** 세상에 무서운 것이 없었지.

2. [형용사의 미래형에 쓰여] '그 상태가 나타나 있는 때에'의 뜻.

예 ▪ 정신이 맑**을 적에** 얘기를 해 두어야겠다.
▪ 농사철에 일손이 모자**랄 적에** 도와 주세요.

비슷 -ㄹ 때에

-ㄹ 줄 모르다 【피아노를 **칠 줄 몰라요.**】

관용구

1. [동사에 쓰여] '방법'의 뜻.

예 ▪ 제인은 운전**할 줄 몰라요**.
▪ 저는 피아노를 **칠 줄 몰라요**.
▪ 마이클은 김밥을 만**들 줄 몰라요**.

2. 그러한 일이 일어나리라고 생각도 못했음을 나타낸다.

예 ▪ 진수가 정말 우리 집에 **올 줄 몰랐어요**.
▪ 제가 결혼하게 **될 줄 몰랐어요**.
▪ 제가 한국에 오게 **될 줄은 몰랐어요**.
▪ 마이클이 유부남**일 줄은 생각도 못했어요**.

발음 [ㄹ 쭐 모르다]
예 **갈 줄 모르다**, 먹**을 줄 모르다**

관련어 -ㄴ 줄 모르다, -는 줄 모르다

반대 -ㄹ 줄 알다

참고 1. '-ㄹ 줄은'의 꼴로도 쓰인다. 2. '모르다' 대신에 '생각도 못하다, 꿈도 못 꾸다' 등이 쓰이기도 한다.

-ㄹ 줄 알다 【수영**할 줄 알아요?**】

관용구

1. [동사에 쓰여] '방법'의 뜻.

예 ▪ 수영**할 줄 알아요**?
▪ 춤 **출 줄 알아**?
▪ 담배를 피**울 줄 알지만** 안 피우겠습니다.

2. '어떠한 사실이 그러할 것으로 여기다'의 뜻.

발음 [ㄹ 쭐 알다]
예 **갈 줄 알다**, 먹**을 줄 알다**

반대 -ㄹ 줄 모르다
예 저는 담배 피**울 줄 몰라요**

예 ▪ 누가 비가 이렇게 **올 줄 알았나**?
▪ 내 그럴 **줄 알았지**.
▪ 나는 수업이 곧 끝**날 줄 알았어**.

3. ['-면 -ㄹ 줄 알다'의 꼴로만 쓰여] 협박하는 것을 나타낸다.

예 ▪ 너희들 오늘 놀러 나가면 혼**날 줄 알아**!
▪ 고자질하면 너 죽을 **줄 알아**!

-ㄹ지 【언제 **올지~**】

『**-ㄹ지**는 받침 없는 동사, 형용사와 '이다' 뒤에, **-을지**는 받침 있는 동사, 형용사와 '-았-' 뒤에 쓰인다』

어미

발음 [ㄹ찌]

예 **갈지**, 예**쁠지**, 학생**일지**, 먹**을지**, 높**을지**, 잡았**을지**

1. ['-ㄹ지 알다/모르다'의 꼴로 쓰여] 막연한 의문을 나타낸다.

예 ▪ 유미가 언제 **올지** 알아요?
▪ 언제 무슨 일이 일어**날지** 몰랐다.
▪ 시험이 언제 끝**날지** 몰라요.
▪ 그가 오늘은 **올지** 안 **올지** 모르겠다.
▪ 우리한테도 그런 일이 생**길지** 누가 알아요?

2. [연결 어미처럼 쓰여] 어떤 사실이 일어날 가능성이나 그 실현 여부에 대하여 말하는이가 추정하는 것을 나타낸다.

예 ▪ 누가 너를 데려**갈지** 고생깨나 하겠다.
▪ 과연 어느 팀에 승리가 돌아**갈지** 경기는 열기를 더해 갔다.

쓰기주의 -ㄹ찌(×)

1참 1. 의문사 '언제, 어디, 누가' 등과 같이 쓰이거나 '-ㄹ지 -ㄹ지'의 꼴로 쓰인다. 2. '-ㄹ지'가 이끄는 절이 뒤에 오는 서술어 '알다/모르다'의 목적어로 쓰인다.

2참 '-ㄹ지' 뒤에 '모르겠지만' 정도의 단어가 생략된 채 연결 어미처럼 쓰이는 것으로 보인다. 예 누가 너를 데려**갈지** (모르겠지만) 참 걱정이다.

-ㄹ 지경이다 【서 있기조차 힘이 **들 지경이다.**】

관용구

발음 [ㄹ 찌경이다]

결합정보 ☞ -ㄹ

1. '그럴 형편 또는 정도이다'의 뜻.

예 ▪ 피곤해서 서 있기조차 힘이 **들 지경이다**.
▪ 사람이 너무 많아 누가 누군지 이름조차 모를 **지**

경이다.

- 이 돈으로는 자기 혼자 먹고 살기도 어려울 **지경이다.**

-ㄹ지도 모르다 【비가 **올지도 모르겠다.**】

발음 [ㄹ찌도 모르다]

결합정보 ☞ -ㄹ지

관용구

1. 그 내용이 실현될 가능성에 대한 말하는이 스스로의 의문을 나타낸다.

예 ▪ 비가 **올지도 모르겠다.**

▪ 진수는 오늘 안 **올지도 모른다.**

▪ 그 이야기를 들으면 친구가 화**낼지도 몰라요.**

-ㄹ지 모르다 【잘 **할지 모르겠어.**】

발음 [ㄹ찌 모르다]

결합정보 ☞ -ㄹ지

관용구

1. 어떠한 상황이 어떻게 되었는지에 대해 걱정하는 뜻을 나타낸다.

관련어 -는지 모르다, -ㄴ지 모르다

예 ▪ 철수가 밥이나 잘 먹**을지 모르겠어.**

▪ 제시카가 그 때 한국에 올 수 있**을지 모르겠어요.**

▪ 내일쯤 소포가 **올지 모르겠다.**

-ㄹ지요 【비가 **올지요?**】

발음 [ㄹ찌요]

『**-ㄹ지요**는 받침 없는 동사, 형용사와 '이다' 뒤에, **-을지요**는 받침 있는 동사, 형용사와 '-았-' 뒤에 쓰인다』

예 갈**지요**, 비**쌀지요**, 학생**일지요**, 먹**을지요**, 높**을지요**, 잡았**을지요**

어미 종결 어미

친한사이 말높임 선배, 어른에게

1. 막연하게 의심하거나 추측하는 것을 나타낸다.

쓰기주의 -ㄹ찌요(×)

전참 입말에 쓰인다.

예 ▪ 이렇게 날씨가 좋은데 비가 **올지요?**

▪ 대성이가 전화한 게 아니었**을지요?**

2. 상대방에게 완곡하게, 또는 정중하게 물어 보는 뜻을 나타낸다.

예 ▪ 미안하지만 나하고 같이 우리 집에 가 줄 수 없**을지요**?
▪ 이것도 경쟁이라고 해도 좋**을지요**?

3. ['얼마나 -ㄹ지요'의 꼴로 쓰여] 강조하는 것을 나타낸다.

예 ▪ 이 아이가 이대로 자라 준다면 얼마나 사랑스러울**지요**.
▪ 당신이 저에게 꽃을 주신다면 얼마나 기**쁠지요**.
▪ 그런 광경을 보셨으니 마음이 얼마나 아프**실지요**.

-ㄹ 참이다【만나 보고 **갈 참이다.**】

관용구

예 **갈 참이다**, 먹을 **참이다**

1. [동사에 쓰여] '무엇을 할 생각이나 의향이다'의 뜻.

예 ▪ 온 김에 그 사람을 만나 보고 **갈 참이다**.
▪ 내일은 동대문 시장에도 나가 **볼 참이다**.
▪ 사람들의 의견도 들어 **볼 참이다**.

-ㄹ 턱이 없다【그 사람이 지각**할 턱이 없다.**】

관용구

결합정보 ☞ -ㄹ

1. 일반적으로 생각해서 불가능하다고 생각하는 것을 나타낸다.

비슷 -ㄹ 리가 없다

전참 '-ㄹ 턱이 있나'의 꼴로도 쓰인다. 예 진수가 그만한 일에 화를 **낼 턱이 있나**?

예 ▪ 그 사람이 지각**할 턱이 없지**.
▪ 아무 근거도 없이 그런 소문이 **날 턱이 없지**.
▪ 유미가 그런 것도 모를 **턱이 없어**.

-ㄹ 테고【진수도 **올 테고~**】

『**-ㄹ 테고**는 받침 없는 동사와 형용사 뒤에, **-을 테고**는 받침 있는 동사, 형용사와 '-았-' 뒤에 쓰인다』

관용구 (연결의 기능)

예 갈 **테고**, 비쌀 **테고**, 먹을 **테고**, 좋을 **테고**, 잡았을 **테고**

1. '그러할 것이고'의 뜻.

예 ▪ 진수도 **올 테고** 그러면 영숙이도 올 텐데요.

- 멀리 가 봤자 뭐 없을 **테고**, 1층에 있는 식당으로나 가지요.
- 그 사람도 바빴을 **테고**, 저도 바빴어요.

[전참] '-ㄹ 테고' 뒤에는 앞의 내용에 따르게 되는 결과나 앞의 말에 덧붙이는 말이 온다.

-ㄹ 테냐 【너도 커피를 마**실 테냐**?】

『**-ㄹ 테냐**는 받침 없는 동사 뒤에, **-을 테냐**는 받침 있는 동사 뒤에 쓰인다』

예 갈 **테냐**, 먹을 **테냐**

관용구 (종결의 기능)

[말아주낮춤] 할아버지가 아이에게

1. 상대방의 의사를 물어 보는 뜻을 나타낸다. '그러할 것이냐'의 뜻.

[전참] 입말에 쓰인다.

[예] ▪ 너도 커피를 마**실 테냐**?
▪ 이래도 안 믿을 **테냐**?
▪ 너 정말 말 안 들을 **테냐**?

-ㄹ 테니 【내가 저녁을 **살 테니~**】

『**-ㄹ 테니**는 받침 없는 동사와 형용사 뒤에, **-을 테니**는 받침 있는 동사와 형용사 뒤에 쓰인다』

예 갈 **테니**, 비쌀 **테니**, 먹을 **테니**, 좋을 **테니**

관용구 (연결의 기능)

1. 뒤에 오는 내용에 대한 조건과 함께 말하는이의 생각을 나타낸다.

[1참] '-았-' 뒤에 쓰이지 않는다. ⓔ 내가 저녁을 샀을 테니...(×)

[예] ▪ 내가 저녁을 **살 테니** 나가자.
▪ 그럼 우선 하루치 약을 지어 드**릴 테니** 드세요.
▪ 집은 내가 **볼 테니**, 염려마세요.

2. 뒤에 오는 내용에 대한 조건과 함께 추측하는 것을 나타낸다. '그러할 것이니'의 뜻.

[2참] '-았-' 뒤에 쓰인다.

[예] ▪ 힘들 **테니** 좀 쉬어.
▪ 이제는 별 일 없을 **테니** 안심해.
▪ 당시에는 나무가 많았을 **테니**, 지금보다 공기도 좋았을 것이다.

-ㄹ 테니까 【건강이 차차 좋아**질 테니까~**】

『**-ㄹ 테니까**는 받침 없는 동사와 형용사 뒤에, **-을 테니까**는 받침 있는 동사와 형용사 뒤에 쓰인다』

관용구 (연결의 기능)

예 **갈 테니까**, 비**쌀 테니까**, 먹을 **테니까**, 좋을 **테니까**

1. 추측을 나타낸다. '-ㄹ 것이므로'의 뜻.

예 ▪ 건강이 곧 좋아**질 테니까** 너무 실망하지 마세요.
▪ 너는 합격**할 테니까** 걱정하지 마.
▪ 지금 다들 퇴근했**을 테니까**, 내일 다시 오세요.

1참 '-았-' 뒤에 쓰인다.

2. 〔1인칭 주어와 동작을 나타내는 동사에 쓰여〕 말한는 이의 의지를 나타낸다. '그렇게 할 것이므로'의 뜻.

예 ▪ 나는 들어**갈 테니까**, 일이 다 끝나면 내게 전화해라.
▪ 나는 할머니하고 여기서 자고 **갈 테니까** 그렇게 알아.
▪ 내가 적극 밀어 **줄 테니까** 한번 해 봐요.
▪ 제가 다 준비**할 테니까** 선생님은 그냥 오세요.

2참 1. '-았-' 뒤에 안 쓰인다. 2. 뒤의 말이 생략되어 종결 어미처럼 쓰이기도 한다. 예 늦게 들어오기만 해 봐라. 일찍 문 걸고 자 버**릴 테니까**.

-ㄹ 테니까요 【꼭 **올 테니까요.**】

관용구 (종결의 기능)

친한사이 말높임 선배, 어른에게

예 **갈 테니까요**, 비**쌀 테니까요**, 먹을 **테니까요**, 좋을 **테니까요**

1. 자기가 한 앞말에 추측을 더함을 나타낸다. '그럴 것이에요'의 뜻.

예 ▪ 잘 보관하세요. 나중에 주인이 꼭 **올 테니까요**.
▪ 그런 생각도 결코 쉬운 것은 아**닐 테니까요**.

2. 자기가 한 말에 의도를 더함을 나타낸다. '그렇게 할 것이에요'의 뜻.

예 ▪ 일찍 들어오세요. 저녁을 해 놓**을 테니까요**.
▪ 내일까지 특별히 봐 **줄 테니까요**.
▪ 걱정 마세요. 조심해서 다**룰 테니까요**.

-ㄹ 테다【대통령이 될 테다.】

『**-ㄹ 테다**는 받침 없는 동사 뒤에, **-을 테다**는 받침 있는 동사 뒤에 쓰인다』

관용구 (종결의 기능)

말아주낮춤 할아버지가 아이에게

예 **갈 테다**, 먹을 **테다**

1. [1인칭 주어와 함께 쓰여] 확고한 의지를 나타낸다.

예 • 나는 지금 집에 **갈 테다**.
• 내년에 미국에 꼭 **갈 테다**.
• 나 혼자라도 반드시 찾을 **테다**.

-ㄹ 테야【난 나중에 갈 테야.】

『**-ㄹ 테야**는 받침 없는 동사 뒤에, **-을 테야**는 받침 있는 동사 뒤에 쓰인다』

관용구(종결의 기능)

친한사이 말낮춤 친구에게

예 **갈 테야**, 먹을 **테야**

1. [1인칭 주어와 함께 쓰여] 의지를 나타낸다.

비슷 -ㄹ 거야

전참 입말에 쓰인다.

예 • 난 나중에 먹을 **테야**.
• 오늘은 목욕하지 않을 **테야**.
• 네가 죽으면 나도 따라 죽을 **테야**.

2. [의문문에 쓰여] 상대방의 생각을 물어 보는 뜻을 나타낸다

예 • 영화 보러 **갈 테야**?
• 누가 먼저 밥을 먹을 **테야**?
• 날씨도 좋은데 집에만 있을 **테야**?

-ㄹ 테지만【학교에는 갈 테지만~】

『**-ㄹ 테지만**은 받침 없는 동사와 형용사 뒤에, **-을 테지만**은 받침 있는 동사, 형용사와 '-았-' 뒤에 쓰인다』

관용구 (연결의 기능)

예 **갈 테지만**, 비**쌀 테지만**, 먹을 **테지만**, 좋을 **테지만**, 잡았을 **테지만**

1. '-ㄹ 것이지만'의 뜻.

예 ▪ 너는 이런 걸 싫어**할 테지만** 그래도 해야 한다.
▪ 너는 아직 운명을 믿지 않**을 테지만** 나는 믿는다.

-ㄹ 텐데 【바쁠 **텐데** 가 보세요.】

『**-ㄹ 텐데**는 받침 없는 동사와 형용사 뒤에, **-을 텐데**는 받침 있는 동사, 형용사와 '-았-' 뒤에 쓰인다』

관용구 (연결의 기능)

예 **갈 텐데**, 비**쌀 텐데**, 먹을 **텐데**, 좋을 **텐데**, 잡았을 **텐데**

1. 그럴 것이라 추측하여 상황을 제시함을 나타낸다.

예 ▪ 바쁠 **텐데** 가 보세요.
▪ 조금만 노력하면 한국말을 잘 **할 텐데**, 왜 하려고 하지를 않아요?
▪ 손님들이 곧 **올 텐데** 언제까지 기다리란 말이에요?

전참 뒤에 오는 말이 생략된 채 종결어미처럼 쓰이기도 한다. 예 어떡하죠? 손님들이 곧 **올 텐데**.

-ㄹ 텐데도 【술을 많이 마셨**을 텐데도**~】

『**-ㄹ 텐데도**는 받침 없는 동사와 형용사 뒤에, **-을 텐데도**는 받침 있는 동사, 형용사와 '-았-' 뒤에 쓰인다』

관용구 (연결의 기능)

예 **갈 텐데도**, 비**쌀 텐데도**, 먹을 **텐데도**, 좋을 **텐데도**, 잡았을 **텐데도**

1. '-ㄹ 것 같음에도 불구하고'의 뜻.

예 ▪ 진수는 술을 꽤 많이 마셨을 **텐데도** 취한 것처럼 보이지 않았다.
▪ 김 선생은 연락을 받았을 **텐데도** 오지 않았다.

-ㄹ 텐데요 【그 옷이 꽤 비**쌀 텐데요.**】

『**-ㄹ 텐데요**는 받침 없는 동사와 형용사 뒤에, **-을 텐데요**는 받침 있는 동사, 형용사와 '-았-' 뒤에 쓰인다』

관용구

친한사이 말높임 선배, 어른에게

예 **갈 텐데요**, 비**쌀 텐데요**, 먹을 **텐데요**, 좋을 **텐데요**, 잡았을 **텐데요**

1. 그럴 것 같다고 추측하여 서술하는 것을 나타낸다.

예 ▪ 그 옷이 꽤 비**쌀 텐데요**.
▪ 진수는 여행을 갔을 **텐데요**.

전참 1. 입말에 쓰인다. 2. 연결의 기능을 하는 '-ㄹ 텐데'가 뒤에 오는 말이 생략된 채 종결어

2. 그럴 것 같다고 추측하여 물어 보는 뜻을 나타낸다.

예 ▪ 그 곳에는 비가 많이 왔을 **텐데요**?

▪ 선생님께서는 저녁을 아직 안 드셨을 **텐데요**?

미처럼 쓰이기도 한다. 여기에 '요'가 붙은 꼴이다.

-라[1] 【대자연을 보**라!**】

『**-라**는 받침 없는 동사와 'ㄹ' 받침으로 끝나는 동사 뒤에, **-으라**는 받침 있는 동사 뒤에 쓰인다』

예 보**라**, 살**라**(살다), 먹**으라**

어미 종결 어미

높임없음 누구에게: 글에서 독자에게

1. [신문 등의 글에서] 정해지지 않은 사람들을 상대로 명령하거나 행동하라고 요구하는 것을 나타낸다.

예 ▪ 눈을 들어 대자연을 보**라**!

▪ 항상 기뻐하**라**, 모든 일에 감사하**라**.

▪ 다음에서 알맞은 답을 고르**라**.

1참 존대가 나타나지 않는다. '하라체'라고도 한다.

2. [명령의 뜻 없이] 희망하거나 기원하는 것을 나타낸다.

예 ▪ 사랑하는 조국이여, 길이 번영하**라**.

▪ 사랑하는 벗들이여, 그대들에게 축복이 있**으라**.

3. 상대방에게 어느 정도의 존경을 표하면서 명령과 권유를 동시에 나타낸다.

예 ▪ 독자들이여, 생각해 보**라**.

▪ 기대하시**라**, 개봉박두.

▪ 이 손에서 뭐가 나올 것인지 기대하시**라**.

3참 명령의 어미 '-아라'는 '-시-'와 같이 쓰일 수 없지만, '-라'는 반말이 아니므로 존대의 '-시-'와 함께 쓰일 수 있다. 예 자, 여기를 보**시라**.

-라[2] 【그는 학생이 아니**라~**】

『'아니다' 뒤에 쓰인다』

예 학생이 아니**라**

어미 연결 어미

1. 앞의 사실과 뒤의 사실이 대립되는 것을 나타낸다.

예 ▪ 유미는 학생이 아니**라** 회사원이야.

▪ 그 책은 교과서가 아니**라** 사전이야.

▪ 그 아이는 대성이가 아니**라** 진수야.

전참 '명사+이/가 아니라 명사 이다'의 꼴로 쓰인다.

▪ 리차드 씨는 미국 사람이 아니**라** 영국 사람이에요.

–라[3] 【남편은 변호사**라** 늘 바빠요.】

『'이다/아니다' 뒤에 쓰인다』

어미 연결 어미

1. 원인이나 근거를 나타낸다.

예 ▪ 내일은 휴일이**라** 수업이 없어요.
▪ 남편은 변호사**라** 늘 바빠요.
▪ 칭찬이 아니**라** 좀 서운했다.

예 학생이**라**, 학생이 아니**라**

본말 –라서 예 내일은 휴일이**라서** 수업이 없어요.

라고[1] 【"싫어."**라고** 했다.】

『**라고**는 인용되는 문장의 끝에 쓰인 말이 받침이 없는 경우에, **이라고**는 받침이 있는 경우에 쓰인다』

조사 인용격 조사

1. 다른 사람의 말을 직접 인용하는 것을 나타낸다.

예 ▪ 최 선생은 간단하게 "싫어."**라고** 했다.
▪ 아나운서가 "내일 비가 올 겁니다."**라고** 말했어요.
▪ 영민씨가 미라에게 "밥 먹어요!"**라고** 말했습니다.
▪ 누군가가 "불이야!"**라고** 외쳤다.
▪ 선생님께서는 "비가 오겠군."**이라고** 말씀하셨다.

2. 표지판 등에 써 있는 말이나 속담을 인용하는 것을 나타낸다.

예 ▪ 산 입구에는 '입산금지'**라고** 써 있었다.
▪ 메모지에다 '2시에 회의 있음'**이라고** 써 두세요.
▪ 교실에는 '금연'**이라고** 써 있었다.

예 "싫어."**라고**, "좋군."**이라고**

관련어 하고, 고

전참 1. '라고'도 '라고'와 같이 '라고/이라고'와 같은 이형태를 가지지만 종결 어미가 보통 받침 없는 말로 끝나므로 주로 '라고'가 쓰인다. 2. '말하다'류의 서술어와 같이 쓰인다. 3. 조사이므로 앞말에 붙여 쓴다.

라고[2] 【너**라고** 별 수 있어?】

『**라고**는 받침 없는 말 뒤에, **이라고**는 받침 있는 말 뒤에 붙어 쓰인다』

조사 보조사

예 너**라고**, 동생**이라고**

1. ☞ 이라고[2](p. 440)

예 ▪ 너**라고** 별 수 있겠니?
▪ 아이, 작기도 해라, 딸기**라고** 원!
▪ 철수**라고** 다른 사람만 못하겠냐?
▪ 이걸 음식**이라고** 먹으라니.

-라고[3] 【다 작전이**라고.**】

『'이다/아니다' 뒤에 쓰인다』

어미 종결 어미

친한사이 말낮춤 친구에게

예 학생이**라고**, 학생이 아니**라고**

1. 말하는이가 듣는이에게 자신의 생각을 주장하듯이 말하는 것을 나타낸다. '~이야'의 뜻.

예 ▪ 그것도 다 작전이**라고**.
▪ 나도 잘 나가는 사람이**라고**.
▪ 내가 그런 게 아니**라고**.

형태관련어 -다고

존대 -라고요

전참 입말에 많이 쓰이며, 흔히 [라구]로 발음한다.

2. ['얼마나'와 함께 쓰여] 자랑하듯이 강조하여 말하는 것을 나타낸다.

예 ▪ 내가 얼마나 좋은 부모**라고**.
▪ 대성이가 얼마나 착한 학생이**라고**.
▪ 이 사람이 얼마나 좋은 남편이**라고**.

3. [앞서 말한 서술의 내용을 반복하여 말하거나 다시 확인할 때] 어떤 사실을 다시 물어 보는 것을 나타낸다.

3참 문장의 끝을 올리는 억양과 함께 쓰인다.

예 ▪ 네 이름이 뭐**라고**?
▪ 내가 진짜 학생이 아니**라고**?
▪ 이게 누구 거**라고**?

4. [대답을 요구하는 것이 아니라] 상대방의 말에 대한 놀라움이나 믿어지지 않음, 부정적인 견해 등을 나타낸다.

4참 문장의 끝을 올리는 억양과 함께 쓰인다.

예 ▪ 뭐, 네가 학생이 아니**라고**?
▪ 나보고 아줌마**라고**? 기가 막혀서.

5. 앞선 말을 반복하면서 그 말에 관심을 보이거나, 말하는이가 잘못 알았음을 깨달음을 나타낸다.

예 ▪ 난 또 네가 우리 학교 학생이**라고**.
▪ 이게 바로 노루**라고**. 난 또 사슴인 줄로만 알았네.
▪ 난 또 누구**라고**. 선생님이신 줄 알았네.

5참 문장의 끝을 내리면서 잠시 끄는 듯한 어조로 쓰인다.

-라고[4] 【먼저 가**라고**?】

『**-라고**는 받침 없는 동사와 'ㄹ' 받침으로 끝나는 동사 뒤에, **-으라고**는 받침 있는 동사 뒤에 쓰인다』

예 가**라고**, 살**라고**(살다), 먹**으라고**

어미 종결 어미

친한사이 말낮춤 친구에게

1. 말하는이가 자신의 생각을 강조하거나 반복하여 말하면서 명령하는 것을 나타낸다.

예 ▪ 너 먼저 가, 먼저 가**라고**.
▪ 청소 좀 깨끗이 하**라고**.
▪ 집에 가서 좀 쉬**라고**.
▪ 너희들끼리 먹**으라고**.

존대 -라고요
관련어 -냐고, 다고, 자고
전참 입말에서 많이 쓰이며, 흔히 [라구]로 발음된다.

2. 상대방이 먼저 말한 명령의 내용을 반복하여 말하거나 다시 확인하기 위해 물어 보는 것을 나타낸다.

예 ▪ 유미: 너 당장 학교로 가.
진수: 뭐, 나더러 어디로 가**라고**?
▪ 나더러 나가**라고**? 그러지 뭐.
▪ 어디 있는 걸 먹**으라고**?

2참 문장의 끝을 올리는 억양과 함께 쓰인다.

3. [대답을 요구하는 것이 아니라] 앞선 말에 대한 놀라움이나 믿어지지 않음, 부정적인 견해 등을 나타낸다.

예 ▪ 사과하**라고**? 내가 뭘 잘못했는데?
▪ 기껏 한다는 소리가 나보고 도망을 치**라고**?
▪ 나만 바보처럼 살아가**라고**?

4. 앞선 말을 반복하면서 그 말에 관심을 보이거나, 말하는이가 잘못 알았다고 알게 되는 것을 나타낸다.

4참 문장의 끝을 내리면서 잠시 끄는 듯한 어조로 쓰인다.

예 ▪ 지금 오지 말고 밤에 오**라고**. 알았어.
▪ 진수더러 이 약을 먹**으라고**. 난 또 날보고 먹으라는 줄 알았네.

5. 그렇게 될까 봐 조심스러워 하면서 다시 물어 보는 것을 나타낸다.

예 ▪ 그러다가 소문나**라고**?
▪ 그렇게 미루다가 결국 나만 혼나**라고**?

-라고[5] 【의사**라고**~】

『'이다/아니다' 뒤에 쓰인다』

예 학생이**라고**, 학생이 아니**라고**

어미 연결 어미

1. 원인을 나타낸다. '-라고 해서'의 뜻.

예 ▪ 의사**라고** 모든 병을 다 고치는 것은 아니다.
▪ 장관님이시**라고** 인사하는 법까지 달라졌어.
▪ 이제는 대학생이**라고** 온갖 멋을 다 부린다니까.

2. '-ㄴ데'의 뜻.

예 ▪ 그게 어떤 돈이**라고** 네가 함부로 쓰려고 해?
▪ 어느 앞이**라고** 감히 반말이야?

-라고[6] 【구경을 많이 하**라고**~】

『**-라고**는 받침 없는 동사와 'ㄹ' 받침으로 끝나는 동사 뒤에, **-으라고**는 받침 있는 동사 뒤에 쓰인다』

예 가**라고**, 살**라고**(살다), 먹**으라고**

어미 연결 어미

1. 목적을 나타낸다. 앞의 사실이 이루어지기를 바라면서 뒤의 행동을 하는 것을 나타낸다.

예 ▪ 네가 구경을 많이 하**라고** 여행가는 거야.
▪ 이게 다 너희들 잘되**라고** 하는 일인 줄 몰라서 그러니?
▪ 시험에 합격하**라고** 떡을 사 주는 거예요.
▪ 보기에 좋**으라고** 꽃을 꽂았어.

전참 1. 몇몇 형용사에 쓰일 수 있다. 예 이게 다 너 **좋으라고** 하는 일이야. 2. '-라'에는 명령이나 전달의 의미가 없다.

-라고[7] 【외교관이**라고** 해요.】

『'이다/아니다' 뒤에 쓰인다』

[어미] 인용을 나타내는 어미

예 선생님이**라고**, 선생님이 아니**라고**

1. '무엇이 무엇이다/무엇이 무엇이 아니다' 꼴의 들은 문장을 간접적으로 옮겨 말하는 것을 나타낸다.

[준말] -라

[관련어] -다고

예 ▪ 저 사람은 직업이 외교관이**라고** 해요.
▪ 박유미: 몇 시래요? 김진수: 9시 반이**라고** 해요.
▪ 가을은 독서의 계절이**라고** 해요.
▪ 용 모양의 고려 청자는 모든 사람들이 사용한 것은 아니**라고** 한다.

2. 절(주어+서술어)을 필요로 하는 일부 동사의 자리를 나타낸다. '-ㄴ/-는 것으로'의 뜻.

예 ▪ 그는 이것이 다툼이**라고** 말했다.
▪ 김 선생님은 그런 일은 학자가 할 일이 아니**라고** 생각하였다.
▪ 모두들 그 애를 짱구**라고** 불렀다.
▪ 물을 모든 생명의 근원이**라고** 믿어 왔다.

[2참] '말하다/고백하다, 보다/여기다/생각하다, 믿다/주장하다' 등과 함께 쓰인다.

예 ▪ 그의 말씨로 보아서, 나는 민수가 선생이**라고** 추측했다.
▪ 우리는 내일은 해가 뜰 것이**라고** 기대한다.

[2참] '기대하다, 추측하다' 등과 쓰여 미정의 사실을 이끈다.

도움말 1

'이다' 서술문의 간접 인용:

'이다'로 쓰는 평서형의 문장은 높임이든 낮춤이든 상관없이 모두 '-라'의 꼴로 되고 이에 인용을 나타내는 조사 '고'가 붙어 '-라고'의 꼴이 사용된다.

예 1: 유미: 저는 회사원이에요. → 진수: 유미가 회사원이**라고** 해요.

예 2: 유미: 저건 내 게 아니야. → 진수: 저건 유미 게 아니**라고** 해요.

예 3: 유미: 저게 내 거야. → 진수: 저게 유미 거**라고** 해요.

'-라고 해요'는 '-래요'로 줄어들어 쓰인다.

예 4: 저분은 회사원이라고 해요 → 저분은 회사원이**래요**.

도움말2

서술의 인용을 나타내는 '-라고'와 줄어든 꼴 '-라':
서술형으로 표현된 내용을 간접적으로 옮게 말함(인용)을 나타내는 '-라고'는 '-라'로 줄여 쓰기도 한다:

예 1: 나는 이 말이 틀린 말은 아니**라고** 생각합니다.
→ 나는 이 말이 틀린 말은 아니**라** 생각합니다.

-라고[8] 【몇 시까지 오**라고**~】

『**-라고**는 받침 없는 동사와 'ㄹ' 받침으로 끝나는 동사 뒤에, **-으라고**는 받침 있는 동사 뒤에 쓰인다』

예 가**라고**, 살**라고**(살다), 먹**으라고**

어미 인용을 나타내는 어미

관련어 -다고, -냐고, -자고

전참 '라'로 줄어들어 쓰기도 한다. (도움말2 p. 262 참고)

1. 명령형으로 쓰인 문장의 내용을 간접적으로 옮기는 것을 나타낸다.

예 ▪ 유미: 몇 시까지 오래요? 진수: 오전 10시까지 모이**라고** 하는데요.
▪ 영숙: 과장님이 뭐래요? 대성: 1층에서 기다리**라고** 해요.

2. ['명령하다, 당부하다, 요구하다' 등과 함께 쓰여] 목적 대상임을 나타낸다. '-ㄹ 것을', '-도록'의 뜻.

예 ▪ 그는 영숙이에게 대신 가**라고** 명령했다.
▪ 한 친구가 나에게 술을 그만 마시**라고** 충고를 했다.
▪ 모두 나에게 잘해 보**라고** 격려를 했다.

2참 '-ㄹ 것을'로 바꿔 쓸 수 있다.
예 그는 영숙이에게 대신 **갈 것을** 명령했다.

3. ['손짓하다, 아우성이다' 등과 함께 쓰여] 이의 내용절을 이끄는 것을 나타낸다.

예 ▪ 구미코에게 안으로 들어가**라고** 손짓했다.
▪ 친구들이 한턱을 내**라고** 아우성들이에요.

3참 '-ㄹ 것을'로 바꿀 수 없다. 예 구미코에게 안으로 들어<u>갈 것을</u> 손짓했다.(×)

4. 명령하는 내용의 속담을 인용하면서 이를 들어 다음 행동에 대한 이야기를 함을 나타낸다.

예 ▪ 돌다리도 두들기고 건너**라고** 매사에 조심하세요.
▪ 아는 길도 물어 가**라고** 항상 신중하게 행동해야지.
▪ 너 자신을 알**라고** 너무 나서면 사람들이 싫어해.

4참 '-라'로 줄여 쓸 수 없다. 예 돌다리도 두드리고 건너<u>라</u> 매사에 조심하세요.(×)

도움말 1

명령문의 간접 인용:
명령의 문장을 간접적으로 옮겨 말할 때 높임이든, 낮춤이든 상관없이 모두 '–라'의 꼴로 되고 이에 인용을 나타내는 조사 '고'가 붙어 '–라고'의 꼴이 사용된다.

예 1: 유미: 내일 꼭 오세요. → 진수: 유미가 나를 내일 꼭 오**라고** 해요.
예 2: 언니: 너도 같이 오너라. → 유미: 언니가 저도 같이 오**라고** 해요.

'–라고 해요'는 '–래요'로 줄어들어 쓰인다.

예 3: 꼭 오라고 해요. → 꼭 오**래요**.

도움말 2

명령의 인용을 나타내는 '–라고'와 줄어든 꼴 '–라':
명령형으로 표현된 내용을 간접적으로 옮겨 말하는 것을 나타내는 '–라고'는 '–라'로 줄여 쓰기도 한다.

예 1: 선생님은 진수에게 손을 들**라고** 명령했다.
→ 선생님은 진수에게 손을 들**라** 명령했다.

–라고요[1] 【정말이**라고요.**】

『'이다/아니다' 뒤에 쓰인다』
어미 종결 어미
친한사이 말높임 선배, 어른에게

예 학생이**라고요**, 학생이 아니**라고요**

1. 말하는이가 듣는이에게 자기의 주장을 펴듯이 말하는 것을 나타낸다. '이에요'의 뜻

예 ▪ 그 분은 훌륭하신 선생님이**라고요**.
▪ 우리들 인생이 걸린 일이**라고요**.
▪ 한국말 공부해야지, 아르바이트 해야지, 너무 바빠서 죽을 지경이**라고요**.

2. ['얼마나'와 함께 쓰여] 강조하여 말하거나 자랑하듯이 말하는 것을 나타낸다.

예 ▪ 그럼요, 그 사람 얼마나 나쁜 사람이**라고요**.
▪ 이게 얼마나 비싼 거**라고요**.

관련어 –다고요

전참 입말에 많이 쓰이며, 흔히 [라구요]로 발음된다.

- 제가 얼마나 좋은 딸이**라고요**.

3. [앞서 말한 내용을 반복하여 말하거나 다시 확인할 때] 어떤 사실을 다시 물어 보는 것을 나타낸다.

[3참] 문장의 끝을 올리는 억양과 함께 쓰인다.

[예] ▪ 그 사람이 미국 사람이**라고요**?
▪ 마이클이 소설가**라고요**?
▪ 그 분이 여자 친구**라고요**?

4. [대답을 요구하는 것이 아니라] 앞선 말에 대한 놀라움이나 믿어지지 않음, 부정적인 견해 등을 나타낸다.

[4참] 문장의 끝을 올리는 억양과 함께 쓰인다.

[예] ▪ 내가 먼저 화를 내도 시원찮은데, 뭐**라고요**?
▪ 그런 사람이 박사**라고요**?
▪ 아니, 그런 사람들이 소설을 쓰는 사람들이**라고요**?

5. 앞선 말을 반복하면서 그 말에 관심을 보이거나, 말하는이가 잘못 알았다고 알게 되는 것을 나타낸다.

[5참] 문장의 끝을 내리면서 잠시 끄는 듯한 어조로 쓰인다.

[예] ▪ 아, 그 때는 저녁 식사할 시간이**라고요**.
▪ 그럼, 누구의 부탁이시**라고요**.

-라고요[2] 【조심하**라고요**.】

『**-라고요**는 받침 없는 동사와 'ㄹ' 받침으로 끝나는 동사 뒤에, **-으라고요**는 받침 있는 동사 뒤에 쓰인다』

[어미] 종결 어미

[친한사이 말높임] 선배, 어른에게

예 가**라고요**, 살**라고요**(살다), 먹**으라고요**

1. 말하는이가 듣는이에게 자기의 주장을 펴듯이 말하는 것을 나타낸다.

[관련어] -다고요, -냐고요, -자고요

[전참] 입말에서 많이 쓰이며, 흔히 [라구요]로 발음된다.

[예] ▪ 저처럼 되지 않으려면 조심하**라고요**.
▪ 저어, 그게 아니고요, 저한테도 기회를 달**라고요**.
▪ 바쁘면 어서 가 보시**라고요**.

2. [앞서 말한 내용을 반복하여 말하거나 다시 확인할 때] 명령의 내용의 사실을 다시 물어 보는 것을 나타낸다.

[2참] 문장의 끝을 올리는 억양과 함께 쓰인다.

예 • 선생님: 내일도 수업하러 오세요.
학생: 네? 내일 또 오**라고요**?
• 다시 학교로 돌아가**라고요**?
• 이런 것 다 버리**라고요**?

3. [대답을 요구하는 것이 아니라] 앞선 말에 대한 놀라움이나 믿어지지 않음, 부정적인 견해 등을 나타낸다.

3참 문장의 끝을 올리는 억양과 함께 쓰인다.

예 • 남편: 진정해, 여보.
부인: 진정하**라고요**?
• 우리 아버지가 당신한테 사과를 하**라고요**? 그게 말이 돼요?

4. 앞선 말을 반복하면서 그 말에 관심을 보이거나, 말하는이가 잘못 알았다고 알게 되는 것을 나타낸다.

4참 문장의 끝을 내리면서 잠시 끄는 듯한 어조로 쓰인다.

예 • 일회용품을 쓰지 말**라고요**. (난 또 이걸 쓰지 말라는 줄 알았지.)
• 아, 이걸로 달**라고요**.

-라고 해서 【어린아이**라고 해서**~】

관용구

예 학생이**라고 해서**, 학생이 아니**라고 해서**

1. '그러한 것을 이유로 해서'의 뜻.

관련어 -는다고 해서

예 • 어린아이**라고 해서** 다 봐 주면 안 돼요.
• 방학이**라고 해서** 놀기만 해서야 되겠니?
• 한국 사람이**라고 해서** 한국말을 가르칠 수 있는 건 아니다.

-라기보다는 【거짓말이**라기보다는**~】

관용구

예 학생이**라기보다는**, 학생이 아니**라기보다는**

1. '뭐라고 말하느니 차라리 뒤의 내용으로 표현하는 것이 더 나음'의 뜻.

관련어 -다기보다는

예 • 이건 공부**라기보다는** 놀이 같다.
• 김 선생님은 선생이**라기보다는** 학생처럼 보여.

-라 놔서 【원래 고집이 센 아이**라 놔서**~】

관용구

1. 앞의 사실 때문에 뒤의 사실과 같은 결과가 생기는 것을 나타낸다. '~기 때문에'의 뜻.

예 ▪ 원래 고집이 센 아이**라 놔서** 다른 사람 말을 듣지 않아요.
▪ 워낙 바쁜 때**라 놔서** 정신이 없어요.
▪ 자동차는 질색이**라 놔서** 사기가 싫어요.

예 학생이**라 놔서**

본말 -라 놓아서

전참 1. '이다'에만 쓰인다. 2. 입말에 쓰인다. 3. '워낙, 원래' 등과 같이 쓰인다.

-라는[1] 【기다림이**라는** 것은~】

『'이다/아니다' 뒤에 쓰인다』

어미 꾸미는 어미

1. ['것, 듯, 생각, 점' 등의 명사 앞에 쓰여] 그 내용을 나타내는 절을 이끄는 데에 쓰인다.

예 ▪ 우리가 동갑내기**라는** 거 알고 있어요.
▪ 자신이 얼마나 잘못했는지에 대해서는 알 바 아니**라는** 듯이 행동했다.
▪ 결코 내 잘못이 아니**라는** 점을 분명히 합시다.

예 학생이**라는**, 학생이 아니**라는**

전참 이 '-라는'에는 인용의 뜻이 없다(줄어든 꼴인 '-라는'는 기본적으로 '인용'의 뜻이 있다).

-라는[2] 【미국인이**라는** 사람도~】

『'이다/아니다' 뒤에 쓰인다』

준꼴 (뒤에 오는 말을 꾸미는 기능)

1. 다른 사람의 말을 인용하여 옮김을 나타낸다. '그러할 것이라고 말하는'의 뜻.

예 ▪ 존슨이 미국인이**라는** 사람도 있었고 캐나다인이**라는** 사람도 있었다.
▪ 우리 회사가 문을 닫을 것이**라는** 사람도 있어.

2. [명사 앞에 쓰여] 그 내용을 나타내는 절을 이끄는 데에 쓰인다.

예 ▪ 사장님의 공장 방문은 현장 감시를 겸한 것이**라는**

예 학생이**라는**, 학생이 아니**라는**
서술형의 '-라고 하는'의 준꼴

관련어 -다는

전참 일상대화에서는 '-란'으로 줄여 말하기도 한다. 예 존슨이 미국인이**란** 사람도 있다.

소문이 있다.
- 티끌 모아 태산이**라는** 말이 있다.
- 나이가 들어 가면서 돈이 인생의 전부가 아니**라는** 생각을 하게 되었다.

3. 어떤 대상을 특별히 집어서 드러냄을 나타낸다.

예 ▪ 어느 날 박유미**라는** 사람이 찾아왔다.
- 과장이**라는** 사람들도 그래.
- 그들은 대성이**라는** 아들이 하나 있다.
- 이쪽은 내 대학 동창인 김진수**라는** 친구입니다.

2참 '얘기/말, 내용/뜻, 것' 등의 명사와 쓰인다.

3참 1. 앞의 말과 뒤의 말이 동격이다. 예 김진수라는 친구 → 김진수 = 친구. 2. 잘 모르는 사람들에게 자기를 소개할 때 쓴다. 예 저는 김유미**라는** 사람입니다.

-라는[3] 【나를 오**라는** 데가~】

『-**라는**은 받침 없는 동사와 'ㄹ' 받침으로 끝나는 동사 뒤에, -**으라는**은 받침 있는 동사 뒤에 쓰인다』

준꼴 (뒤에 오는 말을 꾸미는 기능)

예 가**라는**, 살**라는**(살다), 먹**으라는**

명령형의 '-라고 하는'의 준꼴

1. 다른 사람이 하는 명령의 내용의 말을 인용하여 전달함을 나타낸다. '그렇게 하라고 말하는'의 뜻.

예 ▪ 나를 오**라는** 데가 두 군데 있어.
- 나한테 명함을 달**라는** 사람이 별로 없다.
- 공부 좀 열심히 하**라는** 부모님의 말씀이 생각난다.

2. [명사 앞에 쓰여] 그 명령이나 신호, 연락 등의 내용을 나타내는 절을 이끄는 데에 쓰인다.

예 ▪ 머리를 짧게 자르**라는** 명령을 내렸다.
- 그는 나에게 잘 가**라는** 말도 없이 들어가 버렸다.
- 손으로 가**라는** 신호를 한다.
- 어머니는 잠자코 있**으라는** 눈짓을 하셨다.
- 하루는 대사관에서 잠깐 왔다 가**라는** 연락이 왔다.
- 기도를 하려면 나라를 위하여 기도하**라는** 것이다.
- 아버님의 유언은 게으른 우리 형제들에게 부지런히 땅을 가꾸고 일하**라는** 가르침이셨어.

관련어 -다는, -냐는, -자는

전참 일상대화에서는 '-란'으로 줄여 말하기도 한다. 예 나를 오**란** 데가 두 군데 있어.

2참 '얘기/말, 내용/뜻, 것/점, 눈짓/시늉' 등의 명사와 쓰인다.

–라니[1] 【수고**라니**?】

『'이다/아니다' 뒤에 쓰인다』

[어미] 종결 어미

[친한사이 말낮춤] 친구에게

예 학생이**라니**, 학생이 아니**라니**

1. 의심스럽거나 뜻밖의 사실로 느껴져 놀라서 다시 물어 보는 것을 나타낸다.

[예] ▪ 수고**라니**? 그 말은 아랫사람에게나 하는 말이야.
▪ 김진수: 사장님!
이대성: 사장님이**라니**? 나 말이요?
▪ 글쎄요**라니**? 그러지 말고 얘길 해 봐.
▪ 부인: 어머, 그거 웬 거예요?
남편: 웬 거**라니**? 선물로 사 왔지.

2. 의심스럽거나 뜻밖의 사실로 느껴져 믿을 수 없다는 듯이 감탄하듯이 말하는 것을 나타낸다.

[예] ▪ 엊그제 결혼한 것 같은데 벌써 아기 돌이**라니**.
▪ 이 나이에 새삼스레 공부**라니**.
▪ 아니 저렇게 못생긴 게 내 얼굴이**라니**.

[존대] –라니요

[관련어] –다니

[전참] 입말에 쓰인다.

[1참] 뒷문장에는 의외라는 듯이 묻거나 그러함을 나타내는 내용이 오는데, 이 때에는 주로 올라가는 억양과 함께 쓰인다.

[2참] 뒷문장에는 그래서 유감이라는 듯한 내용이 함축되어 있는데, 이 때에는 주로 내려가는 억양과 함께 쓰인다.

–라니[2] 【알아서 하**라니**?】

『**–라니**는 받침 없는 동사와 'ㄹ' 받침으로 끝나는 동사 뒤에, **–으라니**는 받침 있는 동사 뒤에 쓰인다』

[어미] 종결 어미

[친한사이 말낮춤] 친구에게

예 가**라니**, 살**라니**(살다), 먹**으라니**

1. [동사에 쓰여] 의심스럽거나 뜻밖의 사실로 느껴져 놀라서 다시 물어 보는 것을 나타낸다.

[예] ▪ 알아서 하**라니**? 그럼 안 해도 된단 말이네.
▪ 갈 길로 가**라니**, 그럼 집을 나가란 말이우?
▪ 김진수: 여기 있는 꽃 좀 꺾어. 이대성: 꽃을 꺾**으라니**? 이게 너네 거니?

2. 의심스럽거나 뜻밖의 사실로 느껴져 믿을 수 없다는 듯이 감탄하여 말하는 것을 나타낸다.

[존대] –라니요

[관련어] –다니, –자니

[전참] 입말에 쓰인다.

[1참] 뒷문장에는 의외라는 듯이 묻거나 그러함을 나타내는 내용이 오는데, 이 때에는 주로 올라가는 억양과 함께 쓰인다.

예 ▪ 우리더러 또 기다리**라니**, 벌써 세 시간을 기다렸는데.
▪ 이걸 다시 쓰**라니**. 몇 번이나 써야 하지?
▪ 기다리지 말고 자고 있**으라니**.

2참 뒷문장에는 그래서 유감이라는 듯한 내용이 함축되어 있는데, 이 때에는 주로 내려가는 억양과 함께 쓰인다.

-라니까[1] 【내 거**라니까.**】

『'이다/아니다' 뒤에 쓰인다』
어미 종결 어미
친한사이 말낮춤 친구에게

예 학생이**라니까**, 학생이 아니**라니까**

1. 듣는이가 의심할지도 모를 말에 대해 말하는이가 자신의 말을 강조하여 말하는 것을 나타낸다.

예 ▪ 그건 내 거**라니까**.
▪ 내가 제일이**라니까**!
▪ 길에서 파는 물건은 사는 게 아니**라니까**!

존대 -라니까요
관련어 -다니까
전참 입말에 쓰인다.

-라니까[2] 【좀 앉아 보**라니까.**】

『**-라니까**는 받침 없는 동사와 'ㄹ' 받침으로 끝나는 동사 뒤에, **-으라니까**는 받침 있는 동사 뒤에 쓰인다』
어미 종결 어미
친한사이 말낮춤 친구에게

예 가**라니까**, 살**라니까**(살다), 먹**으라니까**

1. 듣는이가 의심할지도 모를 명령의 내용에 대해 말하는이가 자신의 말을 강조하여 말하는 것을 나타낸다.

예 ▪ 앉아! 좀 앉아 보**라니까**.
▪ 일어서**라니까**.
▪ 그거 이리 내놔. 내놓**으라니까**.
▪ 내 얘기를 들**으라니까**.

존대 -라니까요
관련어 -다니까, -냐니까, -자니까
전참 입말에 쓰인다.

-라니요[1] 【점심이**라니요?**】

『'이다/아니다' 뒤에 쓰인다』
어미 종결 어미
친한사이 말높임 선배, 어른에게

예 학생이**라니요**, 학생이 아니**라니요**

1. 의심스럽거나 뜻밖의 사실로 느껴져 놀라서 다시 물어 보는 것을 나타낸다.

예 ▪ 점심이**라니요**? 지금 11시밖에 안 됐는데요.
▪ 숙제**라니요**? 무슨 말이세요? 숙제 없었는데요.
▪ 손에 낀 반지가 결혼 반지가 아니**라니요**?

관련어 -다니요

전참 1. 입말에 쓰인다. 2. 뒷문장에는 의외라는 듯이 묻거나 그러함을 나타내는 내용이 오는데, 이때에는 주로 올라가는 억양과 함께 쓰인다.

-라니요[2] 【가**라니요**?】

『**-라니요**는 받침 없는 동사와 'ㄹ' 받침으로 끝나는 동사 뒤에, **-으라니요**는 받침 있는 동사 뒤에 쓰인다』

어미 종결 어미

친한사이 말높임 선배, 어른에게

예 가**라니요**, 살**라니요**(살다), 먹**으라니요**

1. 명령의 내용에 대하여 의심스럽거나 뜻밖의 사실로 느껴져 놀라서 다시 물어 보는 것을 나타낸다.

예 ▪ 가**라니요**? 지금 말이에요?
▪ 오지 말**라니요**? 제 마음이에요.
▪ 잡**으라니요**? 뭘요?
▪ 더 먹**으라니요**? 제가 돼지인 줄 아세요?

관련어 -다니요, -냐니요, -자니요

전참 1. 입말에 쓰인다. 2. 뒷문장에는 의외라는 듯이 되물어 보는 내용이 오는데, 이때에는 주로 올라가는 억양과 함께 쓰인다.

라도[1] 【숙제**라도** 하세요.】

『**라도**는 받침 없는 말 뒤에, **이라도**는 받침 있는 말 뒤에 붙어 쓰인다』

조사 보조사

예 사과**라도**, 라면**이라도**

1. ☞ 이라도(p. 441)

예 ▪ 공부할 시간이 없으면 숙제**라도** 하세요.

-라도[2] 【내가 선생님이**라도**~】

『'이다/아니다' 뒤에 쓰인다』

어미 연결 어미

예 학생이**라도**, 학생이 아니**라도**

1. 어떤 사실을 그렇다고 가정해도 뒤에 오는 내용은 그것과 상관없음을 나타낸다.

예 ▪ 내가 선생님이**라도** 그런 학생은 혼내겠어.
▪ 내가 유미**라도** 화를 내겠다.
▪ 그 사람이 부자가 아니**라도** 괜찮아.
▪ 아무리 네가 천재**라도** 이 문제는 풀 수 없다.

관련어 -어도

전참 '-어도'와 뜻이 같지만, 입말에서는 '-라도'가 더 자연스럽다. 예 내가 유미어도 화를 내겠다.(??)

라면[1] 【영어**라면** 내가 최고다.】

『**라면**은 받침 없는 말 뒤에, **이라면**은 받침 있는 말 뒤에 붙어 쓰인다』

예 영어**라면**, 한국말**이라면**

조사 보조사

1. ☞ 이라면(p. 442)

예 ▪ 달리기**라면** 자신있어요.

-라면[2] 【하루가 48시간**이라면~**】

『'이다/아니다' 뒤에 쓰인다』

예 학생**이라면**, 학생이 아니**라면**

어미 연결 어미

1. 어떤 상황을 가정하여 그것이 조건이 되는 것을 나타낸다.

예 ▪ 하루가 48시간이**라면** 더 열심히 일을 할 텐데.
▪ 내가 학생이 아니**라면** 돈을 많이 벌 수 있겠지.
▪ 내가 너**라면** 진수를 사귈 거야.

관련어 -다면

1참 입말에서 '-라면'이 '-람'으로 쓰이기도 한다. 예 내가 너**람** 진수를 사귈 거야.

2. ['~라면 ~이다'의 꼴로 쓰여] '단정적으로 말하는 것은 아니지만, 양보하여 그렇다고 치는 것'의 뜻.

예 ▪ 이사도 큰일이**라면** 큰일이다.
▪ 그만한 것도 다행이**라면** 다행이야.
▪ 진수를 만난 것이 행운이**라면** 행운이었다.

2참 '~'에 같은 명사를 반복하여 쓴다. 예 문제라면 문제/행복이라면 행복

-라면[3] 【내가 정치가**라면~**】

『'이다/아니다' 뒤에 쓰인다』

준꼴 (연결의 기능)

예 학생이**라면**, 학생이 아니**라면**

서술형의 '-라고 하면'의 준꼴

1. '그러한 조건인 경우에는'의 뜻.

관련어 -다면

예 ▪ 내가 정치가**라면** 뭘 하는 게 좋을까?
▪ 자기가 세상에서 제일 예쁜 사람이**라면** 뭐든지 다 사 준대요.
▪ 네가 내 친구가 아니**라면** 내가 무엇 때문에 너를 만나겠니?
▪ 그는 몸에 좋다는 음식이**라면** 뭐든지 가리지 않고 잘 먹었다.

-라면[4] 【가**라면**~】

『**-라면**은 받침 없는 동사와 'ㄹ' 받침으로 끝나는 동사 뒤에, **-으라면**은 받침 있는 동사 뒤에 쓰인다.

예 가**라면**, 살**라면**(살다), 먹**으라면**

명령형의 '-라고 하면'의 준꼴

준꼴 (연결의 기능)

1. 명령의 내용을 전달함과 동시에 그것이 뒤의 사실의 조건이 되는 것을 나타낸다. '그와 같은 명령의 조건에서는'의 뜻.

관련어 -다면, -냐면, -자면

예 ▪ 네가 지금 가**라면** 갈게.
▪ 돈을 달**라면** 돈을 주겠어요.
▪ 가져오**라면** 가져와.
▪ 먹**으라면** 먹지, 뭐.

-라서 【친구 생일이**라서**~】

『'이다/아니다' 뒤에 쓰인다』

예 학생이**라서**, 학생이 아니**라서**

어미 연결 어미

1. 앞의 사실이 뒤의 사실의 원인이나 근거가 되는 것을 나타낸다. '-기 때문에'의 뜻.

준말 -라

관련어 -어서

전참 '-어서'와 뜻이 같지만, 입말에서는 '-라서'가 더 자연스럽다.
예 요즘은 방학이어서 별로 바쁘지 않아요.(??)

예 ▪ 내일이 친구 생일이**라서** 선물 좀 살까 해서요.
▪ 토요일이**라서** 극장에 사람이 많을 것 같은데.
▪ 요즘은 방학이**라서** 별로 바쁘지 않아요.
▪ 그 과학관은 미래 세계에 대한 다양한 프로그램이 있는 곳이**라서** 더욱 유명하다.

란[1] 【공부**란**~】

『**란**은 받침 없는 말 뒤에, **이란**은 받침 있는 말 뒤에 붙어 쓰인다』

조사 보조사

예 공부**란**, 사랑**이란**

1. ☞ 이란[1](p. 443)

예 ▪ 공부**란** 자기 스스로 하는 것이다.
▪ 사랑이**란** 두 사람이 주고 받는 것이다.
▪ 인간이**란** 사회 속에서 다른 사람들과 같이 살아가는 존재이다.
▪ 컴퓨터**란** 사람이 중간에 개입되지 않고 산술 및 논리적 계산을 수행하여 정보를 처리하는 데 사용되는 기계를 말한다.

전참 1. '란'을 '는'으로 쓰기도 한다. '란'을 쓰면 '는'보다 더 강조하여 말하는 뜻을 나타낸다. 예 공부는 자기 스스로 하는 것이다.

란[2] 【택시**란** **택**시는】

『**란**은 받침 없는 말 뒤에, **이란**은 받침 있는 말 뒤에 붙어 쓰인다』

조사 '~란 ~'의 꼴로 쓰인다.

예 버스**란** 버스는, 트럭**이란** 트럭은

1. ☞ 이란[2](p. 444)

예 ▪ 여기는 택시**란** 택시는 전부 모범택시뿐이에요.
▪ 이 동네 어머니**란** 어머니들은 모두 다 오신 것 같다.
▪ 온 섬의 배**란** 배는 모두 모인 모양이다.

전참 1. '~이란 ~'의 꼴로 쓰인다. 2. 뒤에는 '모두, 전부, 다'와 같이 앞의 것을 모두 아우르는 말이 쓰인다.

-란[3] 【네가 학생이 아니**란** 말】

『'이다/아니다' 뒤에 쓰인다』

준꼴 (뒤에 오는 말을 꾸미는 기능)

예 학생이**란**, 학생이 아니**란**
서술형의 '-라고 하는'의 준꼴

1. '앞 내용이 말하는 것과 같은'의 뜻.

예 ▪ 네가 학생이 아니**란** 말을 아무도 안 했어.
▪ 김민식이**란** 사람을 아니?
▪ '가을여행'이**란** 영화가 좋대.

관련어 -단

-란[4] 【지금 오란~】

『-란은 받침 없는 동사와 'ㄹ' 받침으로 끝나는 동사 뒤에, -으란은 받침 있는 동사 뒤에 쓰인다』

준꼴 (꾸미는 기능)

1. '앞의 명령이 뜻하는 것과 같은'의 뜻.

예 ▪ 나는 못하면서 다른 사람더러 이웃을 사랑하**란** 말을 어떻게 할 수 있는가?
▪ 잘못을 깨닫기까지 혼자 방안에 있**으란** 말을 들었다.
▪ 아, 그러니까 이렇게 돌리**란** 말이구나.

예 가**란**, 살**란**(살다), 먹**으란**

명령형의 '-라고 하는'의 준꼴

관련어 -단, -냔, -잔

전참 '-란'을 '-라는'으로 바꿔 쓸 수 있다.

-란 말이다[1] 【그런 것이 아니**란 말이오.**】

관용구

1. 말하는이 자신의 서술의 말을 강조하여 말하는 것을 나타낸다.

예 ▪ 그런 것이 아니**란 말이야**.
▪ 너는 하나밖에 없는 내 아들이**란 말이다**.

예 학생이**란 말이다**, 학생이 아니**란 말이다**

형태관련어 -단 말이다

전참 1. 입말에 쓰인다. 2. '-란'을 '-라는'으로 바꿔 쓸 수 없다.

-란 말이다[2] 【지금 당장 가**란 말이다.**】

관용구

1. 명령의 내용을 강조하여 말하는 것을 나타낸다.

예 ▪ 지금 당장 가**란 말이야**.
▪ 빨리 내 놓**으란 말이야**.
▪ 그럼 이걸 그냥 썩히**란 말이니**?

예 가**란 말이다**, 먹**으란 말이다**

관련어 -단 말이다, -냐 말이다, -란 말이다

전참 1. 입말에 쓰인다. 2. '-란'을 '-라는'으로 바꿔 쓸 수 없다.

-랍니까 【누가 아니**랍니까**?】

『'이다/아니다' 뒤에 쓰인다』

어미 종결 어미

말아주높임 직장상사, 어른에게(공식적)

1. [의문문의 형식이지만 대답을 요구하지 않는 꼴로 쓰

예 학생이**랍니까**, 학생이 아니**랍니까**

형태관련어 -답니까

여] 그럴 리가 없음을 강조하여 말하는 것을 나타낸다.

[전참] 입말에 쓰인다.

[예] ▪ 누가 아니**랍니까**? 그 녀석이 그런 꿍꿍이를 다 갖고 있었다니.
▪ 그런 사기꾼이 어떻게 형사**랍니까**?

–랍니다 【건강이 제일이**랍니다.**】

『'이다/아니다' 뒤에 쓰인다』

[어미] 종결 어미

[말아주높임] 직장상사, 어른에게(공식적)

[예] 학생이**랍니다**, 학생이 아니**랍니다**

1. 어떤 사실을 친근하게 설명하는 것을 나타낸다.

[예] ▪ 나이 들수록 건강이 제일이**랍니다**.
▪ 제 아들이 고등학교 선생님이**랍니다**.
▪ 우리 아이는 장학생이**랍니다**.
▪ 제 신랑은 월급쟁이가 아니**랍니다**. 이제는 어엿한 사장님이시죠.

[형태관련어] –답니다

[전참] 1. 입말에 쓰인다. 2. 강조하거나 자랑함을 나타내기도 한다.

랑 【너**랑** 나**랑**】

『**랑**은 받침 없는 말 뒤에, **이랑**은 받침 있는 말 뒤에 붙어 쓰인다』

[조사] 접속 조사

[예] 사과**랑**, 밥**이랑**

1. ☞ 이랑(p. 444)

[예] ▪ 무**랑** 호박**이랑** 한 개씩 주세요.

–래[1] 【누가 아니**래**?】

『'이다/아니다' 뒤에 쓰인다』

[어미] 종결 어미

[친한사이 말낮춤] 친구에게

[예] 학생이**래**, 학생이 아니**래**

1. [의문문의 형식이지만 대답을 요구하지 않는 꼴로 쓰여] 상대방에게 가볍게 반박하거나 핀잔을 주는 것

을 나타낸다.

예 ▪ 저 사람 왜 저 모양이**래**?
▪ 유미: 아유, 재 얄미워 죽겠어.
영숙: 누가 아니**래**.
▪ 미선: 재는 왜 그렇게 잘난 척만 하니?
유미: 누가 아니**래**.

존대 –래요
전참 1. 입말에 쓰인다. 2. 끝을 살짝 올렸다가 내리는 억양과 함께 쓰인다.

–래[2] 【선생님이**래.**】

『'이다/아니다' 뒤에 쓰인다』

준꼴(종결의 기능)

친한사이 말낮춤 친구에게

예 학생이**래**, 학생이 아니**래**

서술형의 '–라고 해'의 준꼴

1. 들어서 안 사실이나 다른 사람의 말을 옮겨 말하는 것을 나타낸다.

예 ▪ 존슨 씨는 선생님이**래**.
▪ 우리 인간의 조상이 원숭이**래**. 정말 그럴까?
▪ 전시회가 오늘부터 열흘간이**래**.

형태관련어 –대
존대 –래요
전참 입말에 쓰인다.

2. 제삼자에 관한 이야기를 상대방에게 확인하여 물어보는 뜻을 나타낸다.

예 ▪ 그 사람은 어느 나라 사람이**래**?
▪ 어제 그 아이가 진수 동생이 아니**래**?

3. [의문문의 형식이지만 대답을 요구하지 않는 꼴로 쓰여] 가볍게 반박하는 것을 나타낸다.

예 ▪ 누가 바보**래**? 좀 모자란다 그거지.
▪ 누가 널 못난이**래**? 아빠한테는 네가 이 세상에서 제일 예쁜데.

3참 올리는 억양과 함께 쓰인다.

–래[3] 【거기서 기다리**래.**】

『**–래**는 받침 없는 동사와 'ㄹ' 받침으로 끝나는 동사 뒤에, **–으래**는 받침 있는 동사 뒤에 쓰인다』

준꼴(종결의 기능)

친한사이 말낮춤 친구에게

예 가**래**, 살**래**(살다), 먹으**래**

명령형의 '–라고 해'의 준꼴

1. 다른 사람이 명령한 내용을 옮겨 말하는 것을 나타낸다.

예 ▪ 엄마가 거기서 기다리**래**.
▪ 나보고 그 회사에서 일하**래**.
▪ 나보고 엄마가 전화할 데 있다고 빨리 끊**으래**.

2. 제삼자가 명령한 내용의 말을 듣는이에게 확인하여 물어 보는 뜻을 나타낸다.

예 ▪ 날더러 대신 들어가**래**?
▪ 엄마가 너도 그 집에서 저녁 먹**으래**?

3. [의문문의 형식이지만 대답을 요구하지 않는 꼴로 쓰여] 상대방의 말을 가볍게 반박하는 것을 나타낸다.

예 ▪ 유미: 아유, 다리 아파. 달리기를 했더니 죽겠어.
영숙: 누가 하**래**?
▪ 누가 널더러 그런 데 가**래**? 나처럼 집에서 책이나 보지.

존대 -래요
관련어 -대, -내, -재
전참 입말에 쓰인다.

-래요[1] 【누가 아니**래요.**】

『'이다/아니다' 뒤에 쓰인다』
어미 종결 어미
친한사이 말높임 선배, 어른에게

예 학생이**래요**, 학생이 아니**래요**

1. [의문문의 형식이지만 대답을 요구하지 않는 꼴로 쓰여] 상대방에게 가볍게 반박하거나 핀잔을 주는 것을 나타낸다.

예 ▪ 유미: 아유, 쟤 얄미워 죽겠어.
영숙: 누가 아니**래요**.
▪ 미선: 쟤는 왜 그렇게 잘난 척만 하니?
유미: 누가 아니**래요**.

형태관련어 -대요
전참 입말에 쓰인다.

-래요[2] 【아기 돌이**래요.**】

『'이다/아니다' 뒤에 쓰인다』
준꼴(종결의 기능)
친한사이 말높임 선배, 어른에게

예 학생이**래요**, 학생이 아니**래요**
서술형의 '-라고 해요'의 준꼴

1. 들어서 알거나 다른 사람이 말한 서술의 내용을 옮겨 말하는 것을 나타낸다.

예 ▪ 이번 일요일이 아기 돌이**래요**.
▪ 그 날이 공휴일이**래요**.
▪ 거기서 만화만 읽는 게 아니**래요**.

2. 들어서 알고 있거나 한 서술의 내용에 대해 상대방에게 확인하여 물어 보는 뜻을 나타낸다.

예 ▪ 그건 무슨 꽃이**래요**?
▪ 이번 달 시험은 며칠이**래요**?
▪ 퇴원은 언제**래요**?

3. [의문문의 형식이지만 대답을 요구하지 않는 꼴로 쓰여] 상대방의 말을 가볍게 반박하는 것을 나타낸다.

예 ▪ 누가 저만 제일이**래요**? 이번에는 제 의견이 낫다는 거지요.

형태관련어 -대요

전참 입말에 쓰인다.

-래요[3] 【여기에 왔다 가**래요**.】

『**-래요**는 받침 없는 동사와 'ㄹ' 받침으로 끝나는 동사 뒤에, **-으래요**는 받침 있는 동사 뒤에 쓰인다』

준꼴(종결의 기능)

친한사이 말높임 선배, 어른에게

예 가**래요**, 살**래요**(살다), 먹**으래요**

명령형의 '-라고 해요'의 준꼴

1. 다른 사람이 명령한 것을 옮겨 말하는 것을 나타낸다.

예 ▪ 여기 한번 왔다 가**래요**.
▪ 식사 후 30분마다 한 봉지씩 잡수시**래요**.
▪ 들어올 때 과일이라도 사 오**래요**.

2. 제삼자가 한 명령의 내용의 말을 듣는이에게 다시 확인하여 물어 보는 뜻을 나타낸다.

예 ▪ 몇 시까지 나오**래요**?
▪ 저는 어디서 먹**으래요**?

3. [의문문의 형식이지만 대답을 요구하지 않는 꼴로 쓰여] 상대방의 말을 가볍게 반박하는 것을 나타낸다.

관련어 -대요, -내요, -재요

전참 입말에 쓰인다.

예 ▪ 누가 그렇게 급하게 드시**래요**? 그러다가 체하겠어요.

-러 【운동을 하**러**~】

『**-러**는 받침 없는 동사와 'ㄹ' 받침으로 끝나는 동사 뒤에, **-으러**는 받침 있는 동사 뒤에 쓰인다』

예 가**러**, 살**러**(살다), 먹**으러**

어미 연결 어미

1. ['-러 가다/오다'의 꼴로 쓰여] '행동의 목적'을 나타낸다.

예 ▪ 저는 운동을 하**러** 체육관에 가요.
▪ 유미를 만나**러** 다방에 가.
▪ 우리 수영하**러** 가자.
▪ 주말에 우리 집에 차 마시**러** 오세요.
▪ 밥 먹**으러** 가자.

관련어 -려, -려고

전참 '-러' 절의 주어와 문장 전체의 주어가 동일해야 한다. 예 나는 운동하러 영희가 체육관에 가요.(×)

도움말

'-러'와 '-려고'의 비교:

1. '-러'와 '-려고'는 의도를 나타낼 수 있는 동사와만 쓰인다(예: 먹다, 보다 등). '지치다'처럼 상태를 나타내는 동사와는 쓰이지 않는다.
   예 1: 밥 먹**으러**/먹**으려고** 간다.(○)/지치려고 공부했다.(×)
2. '-러'가 쓰인 전체 문장에는 '가다, 오다, 다니다' 등의 이동 동사가 쓰이지만, '-려고'에는 다양한 동사가 쓰일 수 있다.
   예 1: 유미는 공부하러 책을 샀다.(×)/유미는 공부**하려고** 책을 샀다.(○)
3. '-려고'는 명령문과 청유문에 쓰일 수 없으나, '-러'는 쓰일 수 있다.
   예 1: 네가 먼저 배 타**러** 가라.(○)/네가 먼저 배 타려고 가라.(×)
   예 2: 우리 배 타**러** 가자.(○)/우리 배 타려고 가자.(×)
4. '-러'는 이동을 나타내는 동작을 나타내는 동사와 쓰일 수 없지만 '-려고'는 쓰일 수 있다.
   예 1: 그는 학교에 가**러** 버스를 탔다.(×)
   예 2: 그는 학교에 가**려고** 버스를 탔다.(○)
5. '-려고'는 '-려고 하다/들다'의 꼴로 자주 쓰이지만, '-러'는 '-러 하다/들다'의 꼴로 쓰이지 않는다.

예 1: 진수는 체육관에 가**려고** 했다.(○)/진수는 체육관에 가**러** 했다.(×)
예 2: 강아지가 주인을 물**려고** 든다.(○)/강아지가 주인을 물**러** 든다.(×)
6. '–려고'는 '의도'와 '목적'을 나타내지만, '–러'는 주로 행동의 목적을 나타낸다.

–려 【무언가를 나에게 주**려**~】

『**–려**는 받침 없는 동사와 'ㄹ' 받침으로 끝나는 동사 뒤에, **–으려**는 받침 있는 동사 뒤에 쓰인다』

예 가**려**, 팔**려**(팔다), 먹**으려**

어미 연결 어미

1. [주로 '–려 하다/들다'의 꼴로 쓰여] 장차 그렇게 하고자 하는 주어의 의지를 나타낸다.

예 ▪ 너는 항상 무언가를 나에게 주**려** 했지.
▪ 아이들이 뭔가 말하**려** 하였다.
▪ 선생님이 시험을 보**려** 했지만 학생들이 말을 듣지 않았어요.
▪ 너는 왜 자꾸 그 일을 숨기**려** 드니?

2. ['–려 하다'의 꼴로 쓰여] '앞으로 그런 일이 일어날 것 같다'의 뜻을 나타낸다.

예 ▪ 눈이 오**려** 하네요.
▪ 꽃이 피**려** 한다.
▪ 기침이 나오**려** 해서 혼났어요.

본말 –려고
관련어 –러, –고자
전참 '–려'는 '–려고'와 달리 뒤에 절이 올 수 없다.

–려고[1] 【학교에 가 보**려고.**】

『**–려고**는 받침 없는 동사와 'ㄹ' 받침으로 끝나는 동사 뒤에, **–으려고**는 받침 있는 동사 뒤에 쓰인다』

예 가려고, 살**려고**(살다), 먹**으려고**

어미 종결 어미
친한사이 말낮춤 친구에게

1. 말하는이가 장차 어떤 행동을 하고자 하는 것을 나타낸다.

예 ▪ 학교에 가 보**려고**.
▪ 영숙: 너 어디 가니? 미선: 겨울 바다나 보**려고**.
▪ 집에 가서 동생들과 나눠 먹**으려고**.

존대 –려고요
전참 1. 입말에 쓰인다.
2. '–려고' 뒤에 '하다' 등의 말이 생략된 채 종결 어미로 쓰이는 것이다.

2. 듣는이에게 어떤 행동을 할 것인지를 물어 보는 뜻을 나타낸다.

예 ▪ 이 시간에 어딜 가**려고**?
▪ 왜, 화장실에 가**려고**?
▪ 아니, 벌써 퇴근하**려고**?

3. [의문문의 형식이지만 대답을 요구하지 않는 꼴로 쓰여] 설마 그럴 리는 없음을 강조하여 나타낸다.

예 ▪ 내가 이런 줄 누가 알**려고**.
▪ 우리끼리 있는데 엄마가 설마 안 오시**려고**.
▪ 아무리 그렇게 이상한 일이 일어나**려고**.

4. [물어 보는 뜻 없이] 사태가 그리 될까 염려하는 것을 나타낸다.

예 ▪ 그러다가 소문이라도 나쁘게 나면 어쩌**려고**?
▪ 감기 든 사람이 집에 있어야지. 나가서 찬바람을 쐬면 어쩌**려고**?

예 집에 가려고 해./숙제는 내일 하려고 한다.
3. '-ㄹ라고/-ㄹ라구'는 잘못인데, 입말에서 흔히 쓰인다. 예 벌써 갈라고(○)/갈라구?(×)

-려고[2] 【저녁을 먹으러 가**려고**~】

『**-려고**는 받침 없는 동사와 'ㄹ' 받침으로 끝나는 동사 뒤에, **-으려고**는 받침 있는 동사 뒤에 쓰인다』

예 가**려고**, 살**려고**(살다), 먹**으려고**

어미 연결 어미

1. 앞으로 어떤 행동을 하려는 주어의 의도를 나타낸다. '-기 위하여'의 뜻.

예 ▪ 저녁을 먹으러 가**려고** 시내 버스를 탔다.
▪ 유미 씨한테 주**려고** 꽃을 샀어요.
▪ 내일부터는 다시 학교에 가**려고** 해요.
▪ 남대문 시장에 가서 옷을 사**려고** 해요.

2. ['-려고 하다'의 꼴로 쓰여] 앞으로 그런 일이 일어날 것 같음을 나타낸다.

예 ▪ 벌써 꽃이 피**려고** 하네.
▪ 비가 오**려고** 해.
▪ 곧 해가 뜨**려고** 한다.
▪ 기차가 막 출발하**려고** 한다.

준말 -려
관련어 -러, -고자
전참 1. '-려고' 절의 주어와 문장 전체의 주어가 동일해야 한다. 2. '-려고 하다/들다'의 꼴로 쓰이기도 한다. 3. '-ㄹ려고/-ㄹ려구'는 잘못. 예 열심히 공부할려고(×)/공부할려구(×) 한다. 4. '-러'의 도움말 참고.

-려고 들다 【뭐든지 자기가 하**려고 든다.**】

관용구

> **예** 가**려고 들다**, 먹**으려고 들다**

1. [동사에 쓰여] '앞말이 뜻하는 행동을 애써서 적극적으로 하려고 하다'의 뜻.

예 ▪ 진수는 뭐든지 자기가 하**려고 든다**.
▪ 박 과장님과 김 과장님은 만나기만 하면 싸우**려고 들어요**.
▪ 도와주지는 못하면서 오히려 방해하**려 든다**.
▪ 마이클 씨는 어디에서든 나서**려고 들어요**.

관련어 -고 들다, -기로 들다, -자고 들다

전참 1. '-려 들다'의 꼴로도 쓰인다. 예 진수는 뭐든지 자기가 하려 든다.
2. 말하는이는 이러한 사실에 대해 부정적으로 생각하는 것을 나타내기도 한다.

-려고요 【전화를 하**려고요.**】

『**-려고요**는 받침 없는 동사와 'ㄹ' 받침으로 끝나는 동사 뒤에, **-으려고요**는 받침 있는 동사 뒤에 쓰인다』

어미 종결 어미

친한사이 말높임 선배, 어른에게

> **예** 가**려고요**, 팔**려고요**(팔다), 먹**으려고요**

1. 말하는이가 장차 어떤 행동을 하고자 하는 것을 나타낸다.

예 ▪ 전화를 하**려고요**.
▪ 다른 게 아니라, 이야기 좀 하**려고요**.
▪ 뭐 좀 물어 보**려고요**.
▪ 대성: 너는 어딜 가는 길이니?
진수: 약국에 좀 가**려고요**.

2. 듣는이에게 어떤 행동을 할 것인지를 물어 보는 뜻을 나타낸다.

예 ▪ 어디로 가**려고요**?
▪ 이번에는 외국으로 가시**려고요**?
▪ 벌써 그만 먹**으려고요**?

3. [의문문의 형식이지만 대답을 요구하지 않는 꼴로 쓰여] 설마 그럴 리가 없다고 강조하여 말하는 것을 나타낸다.

예 ▪ 설마 이 곳까지 찾아오**려고요**?

전참 입말에 쓰인다.

- 이 의자의 주인이 어디 따로 있**으려고요**?

4. [물어 보는 뜻 없이] 사태가 그리 될까 염려하는 것을 나타낸다.

예 ▪ 오늘따라 손님이 저렇게 많이 오시는데 혼자서 어쩌시**려고요**?
- 그렇게 함부로 말하다가 남이 들으면 어쩌**려고요**?
- 남에게 그 죄를 씌워서 어쩌**려고요**?

-려고 하다 【백화점에 가**려고 해요.**】

예 가**려고 하다**, 살**려고 하다**(살다), 먹**으려고 하다**

관용구

1. [일인칭 주어의 행동을 나타내면서] 앞으로 그렇게 하고자 하는 주어의 의지를 나타낸다.

예 ▪ 옷을 사러 백화점에 가**려고 해요**.
- 한국말 공부를 열심히 하**려고 합니다**.
- 졸업하면 한국말 선생님이 되**려고 한다**.

2. '어떠한 일이 곧 일어날 것 같음'을 나타낸다.

예 ▪ 비가 오**려고 해요**.
- 벌써 해가 지**려고 한다**.
- 촛불이 꺼지**려고 하자** 손으로 바람을 막았다.

-려면[1] 【끝나**려면**~】

『**-려면**은 받침 없는 동사와 'ㄹ' 받침으로 끝나는 동사 뒤에, **-으려면**은 받침 있는 동사 뒤에 쓰인다』

예 가**려면**, 살**려면**(살다), 먹**으려면**

어미 연결 어미

1. '장차 어떤 일이 일어날 것 같으면'의 뜻.

예 ▪ 수업이 끝나**려면** 아직 멀었는데요.
- 물 끓**으려면** 잠시 기다려야 돼.
- 옛날에는 아이들이 어른이 되**려면** 반드시 성년식을 거쳐야 했다.

-려면[2] 【옷을 사**려면**~】

『**-려면**은 받침 없는 동사와 'ㄹ' 받침으로 끝나는 동사 뒤에, **-으려면**은 받침 있는 동사 뒤에 쓰인다』

준꼴 (연결의 기능)

예 가**려면**, 살**려면**(살다), 먹**으려면**

'-려고 하면'의 준꼴

1. '주어의 의도를 나타내면서 그것이 조건이 되어'의 뜻.

예 ▪ 남자 옷을 사**려면** 4층으로 가세요.
▪ 버스를 타**려면** 잔돈이 있어야 돼.
▪ 모르는 것을 알**려면** 누구한테든지 바로 바로 물어 보는 게 좋아요.

쓰기주의 '-ㄹ라면', '-ㄹ려면', '-ㄹ래면'(×) 예 갈라면(×)/갈려면(×) /갈래면(×) 지금 가야지.

관련어 -려거든

-려면 멀었다 【끝나**려면** 아직 **멀었어요.**】

관용구

결합정보 ☞ -려면

1. '어떤 것이 완성되거나 목표 상태에 도달하기에는 부족하다'의 뜻.

예 ▪ 운전에 익숙해지**려면** 아직도 **멀었습니다**.
▪ 부모님 마음을 이해하**려면** 아직 **먼** 것 같습니다.
▪ 한국말을 잘 하**려면** 아직 **멀었죠**?

전참 1. 흔히 '아직(도)'와 같이 쓰인다. 2. '-기엔 멀었다'의 꼴로도 쓰인다. 예 어른이 **되기엔** 아직 **멀었어요**.

-려 하다 【기침이 나오**려 해서** 혼났어.】

관용구

예 가**려 하다**, 살**려 하다**(살다), 먹**으려 하다**

1. [동사에 쓰여] '앞으로 어떠한 일이 곧 일어날 것 같음'의 뜻을 나타낸다.

예 ▪ 기침이 나오**려 해서** 혼났어.
▪ 벌써 꽃이 피**려 하는구나**.

2. [동사에 쓰여] 앞으로 그렇게 하고자 하는 주어의 의지를 나타낸다.

예 ▪ 진수는 뭐든지 유미에게 주**려 한다**.
▪ 보약을 먹**으려 해서** 먹은 게 아니고 엄마가 권해서 먹게 됐어.

- 좋은 자리에만 취직을 하**려 해서** 자리가 없는 거야.

로 【학교**로** 가요.】

『**로**는 받침 없는 말과 'ㄹ' 받침으로 끝나는 말 뒤에, **으로**는 받침 있는 말 뒤에 붙어 쓰인다』

예 학교로, 서울로, 집으로

조사 부사격 조사

부사어를 나타낸다

1. 방향이나 목표 장소를 나타낸다

전참 '로'와 '에'의 비교 '에'의 도움말2(p. 394) 참고

1. [‘집’, ‘운동장’과 같이 일정한 면적을 가진 장소를 나타내는 말에 붙어] 무엇을 하러 이동하는 것을 나타낸다. ‘~을 목적지가 되게 하여’의 뜻.

예
- 우리는 학교**로** 갔다.
- 민수는 마당**으로** 내려섰다.
- 저녁에 우리집**으로** 와.
- 경찰이 운전석**으로** 다가갔다.
- 김 선생이 미국**으로** 간 이유를 모르겠다.

1참 1. '가다, 내려서다, 오다, 오르다, 올라가다'와 같은 서술어와 함께 쓰인다. 2. '에'로 바꿔 쓸 수 있다. 예 저녁에 우리집**에** 와.

2. [‘쪽’, ‘방면’을 나타내는 말에 붙어] 행동이나 상태의 방향을 나타낸다. ‘~의 쪽으로’, ‘~을 향하여’의 뜻.

예
- 대성이는 문쪽**으로** 걸어갔다.
- 진수는 이제 새로운 곳**으로** 떠난다.
- 우리는 골목길**로** 접어들었다.
- 유미는 얼른 창쪽**으로** 몸을 당겼다.

2참 1. '떠나다, 돌다, 향하다, 통하다, 가다'와 같은 서술어와 함께 쓰인다. 2. '에'로 바꿔 쓸 수 없다.

예
- 길이 안쪽**으로** 굽더니 갑자기 넓어졌다.
- 자세가 나빠 몸이 약간 오른 쪽**으로** 휘어 있다.
- 할머니의 등허리가 앞**으로** 굽어 있다.

2참 '굽다, 휘다' 등의 서술어와 함께 쓰인다.

3. 일정한 지점을 기준으로 한 방향을 나타낸다.

예
- 우리 마을은 부산에서 남쪽**으로** 13킬로미터 지점에 있다.
- 교문을 들어서면 오른쪽**으로** 학생회관이 있다.
- 마당 쪽**으로** 나무가 한 그루 있다.

3참 기준을 나타내는 '~에서', '~을 기준으로 하여'와 같은 것은 흔히 생략되기도 한다.

2. 행동의 경로를 나타낸다

1. [‘길’, ‘다리’, ‘문’과 같은 말에 붙어] ‘~을 통하여’의 뜻.

예 ▪ 이 곳에서는 반드시 횡단 보도**로** 건너야 한다.
▪ 이 길**로** 가야 더 빨리 도착할 수 있어.
▪ 강에 다리를 놓아 다리**로** 건너다닌다.
▪ 우리는 뒷문**으로** 빠져나갔다.

1참 1. ‘걸어다니다, 건너다, 지나가다’ 등 이동의 의미를 지닌 서술어와 함께 쓰인다. 2. 관용구 ‘~로 해서’ 참고.

2. [행동의 구체적인 경로를 나타내는 말에 붙어] ‘~을 통과하여’의 뜻.

예 ▪ 아파트 단지 안**으로** 셔틀버스가 다니다.
▪ 송충이들이 이 소나무, 저 소나무**로** 옮겨다닌다.
▪ 나는 바지를 걷어올리고 물속**으로** 걸었다.
▪ 나는 물속**으로** 헤엄치며 다녔다.
▪ 시위대열은 시청 앞 광장**으로** 지나갔다.

2참 1. ‘다니다, 지나가다, 날아다니다’와 같은 서술어와 함께 쓰인다. 2. ‘를’로 바꿔 쓸 수 있다.

3. 방식, 양상을 나타낸다

1. [행동의 방식/양상을 나타내는 말에 붙어] ‘~을 가지고’, ‘~로써’의 뜻.

예 ▪ 계속해서 이러한 태도**로** 나오면 곤란해.
▪ 대뜸 반말**로** 나오는데 고향 사투리다.
▪ 그들은 엄숙한 태도**로** 김 박사를 맞았다.
▪ 그는 늘 웃는 얼굴**로** 사람들을 대한다.

1참 ‘나오다, 맞다, 맞이하다, 대하다’와 같은 서술어와 함께 쓰인다.

2. [몸에 걸치는 옷 등에 붙어 쓰여] ‘그러한 차림을 한 채’의 뜻.

예 ▪ 그들은 양복 차림**으로** 회사 정문 앞에 줄을 섰다.
▪ 누나는 잠옷 바람**으로** 누워 있었다.
▪ 유미는 언제나 청바지 차림**으로** 회사에 간다.

4. 재료, 원료를 나타낸다

1. [어떠한 상태를 이루는 재료를 나타내는 말에 붙어] ‘~를 재료로 하여’, ‘~을 가지고’의 뜻.

예 ▪ 나무**로** 된 지팡이.
▪ 떡은 쌀**로** 만든다.
▪ 실크**로** 만든 옷은 집에서 빨면 안 돼요.

1참 ‘다(가)’를 덧붙여 그 의미를 강조하기도 한다. ㉠ 돌**로다가** 만든 그릇

▪ 하늘은 흰 구름**으로** 뒤덮여 있었다.
▪ 나무**로** 불을 땔 때면 좋은 냄새가 난다.

5. 도구, 수단을 나타낸다

1. [도구를 나타내는 말에 붙어] '~를 가지고', '~로써'의 뜻.

예 ▪ 그는 쥐구멍을 휴지**로** 틀어막았다.
▪ 문을 열쇠**로** 잠갔다.
▪ 낙서를 지우개**로** 지워 버렸다.
▪ 배추를 칼**로** 썰었다.
▪ 볼펜**으로** 쓰세요.

1참 '다(가)'를 덧붙여 그 의미를 강조하기도 한다. 예 망치**로다** 못을 쳤다.

관련어 로다(가), 로써

2. [구체적인 운송 수단을 나타내는 말에 붙어] '~을 이용하여', '~을 가지고'의 뜻.

예 ▪ 지하철**로** 동대문 운동장까지 가요.
▪ 제 차**로** 같이 가시죠?
▪ 난 택시**로** 갈 거야.

2참 관련어 로써

6. 변화를 나타낸다

1. [변화되어 이루어진 대상을 나타내는 말에 붙어] '~이 되도록/되게'의 뜻.

예 ▪ 올챙이가 개구리**로** 되었다.
▪ 물이 수증기**로** 변한다.
▪ 담배가 연기**로** 변해요?
▪ 우리 회사를 주식회사**로** 바꾸었다.

1참 1. '변하다, 바꾸다, 바뀌다' 등 '변화'의 의미를 지닌 서술어와 함께 쓰인다. 2. '~에서 ~으로'의 꼴로 쓰인다. '~에서'는 생략되기도 하나 그것이 무엇인지 알 수 있다. 예 고체에서 기체**로** 변하는 모습

7. 자격, 신분, 명성을 나타낸다

1. [신분, 지위, 자격을 나타내는 말에 붙어] '~의 신분/지위/자격을 가지고'의 뜻.

예 ▪ 나는 농부의 아들**로** 태어났다.
▪ 그는 그 아가씨를 아내**로** 삼았다.
▪ 최 씨는 나를 형님**으로** 받든다.
▪ 나는 한국인**으로** 행세했어요.
▪ 우리 삼촌은 한국 대표 선수**로** 활약하고 있다.

1참 '삼다, 태어나다, 받들다, 행세하다, 부르다, 칭하다'와 같은 서술어와 함께 쓰인다.

관련어 로서

2. [명성을 나타내는 말에 붙어] '~이라고 알려져서'의

뜻.

예 ▪ 김 선생은 우리 사이에서 돼지**로** 통한다.
▪ 원래 그 사람은 구두쇠**로** 소문난 사람이야.
▪ 이 곳은 옛날부터 아름다운 고장**으로** 이름나 있는 곳이야.
▪ 파리는 에펠탑**으로** 유명하다.
▪ 마이클은 책벌레**로** 유명하다.

2참 '통하다, 소문나다, 명성을 높이다/얻다, 유명하다, 이름나다'와 같은 말과 함께 쓰인다.

3. [명칭을 나타내는 말에 붙어] '~이라고'의 뜻.

예 ▪ 저도 당신을 형님**으로** 부르겠습니다.
▪ 태조는 국호를 고려**로** 칭했다.

3참 '부르다, 칭하다'와 같은 서술어와 함께 쓰인다.

관련어 로서

8. 판단을 나타낸다

1. [판단의 결과를 나타내는 말에 붙어] '~이라고', '~의 자격으로 셈하여'의 뜻.

예 ▪ 나는 그의 말을 진담**으로** 알아들었다.
▪ 김진수 씨가 이번 사건의 범인**으로** 밝혀졌다.
▪ 가장 훌륭한 어머니**로** 존경 받는 사람은 신사임당이다.
▪ 어머니는 그를 나의 신랑감**으로** 생각해 두셨다.

1참 '밝혀지다, 치다, 손꼽다'와 같은 서술어와 함께 쓰인다.

2. [그와 같다고 보는 대상임을 나타내는 말에 붙어] '~이라고'의 뜻.

예 ▪ 인삼은 한국 것을 최고**로** 친다.
▪ 몸이 떨리는 것**으로** 보아 많이 아픈가 보다.
▪ 아이를 독립된 인격체**로** 생각해 주어야 해요.

2참 '치다, 생각하다, 여기다, 보다'와 같이 판단을 뜻하는 서술어와 함께 쓰인다.

9. 모양을 나타낸다

1. [모양을 나타내는 말에 붙어] '~처럼'의 뜻.

예 ▪ 진수 씨는 씨름 선수**로** 생긴 몸집에 목소리도 아주 컸다.
▪ 김 선생님은 상자 모양**으로** 생긴 가방에서 안경을 꺼냈다.

1참 '생기다'와 같은 서술어와 함께 쓰인다.

10. 원인, 이유를 나타낸다

1. ['원인, 이유, 근거'가 되는 말에 붙어] '~가 원인이

되어'의 뜻.

예 ▪ 감기**로** 발생한 폐렴.
▪ 부부싸움은 늘 하찮은 일**로** 생긴다.
▪ 무슨 일**로** 그다지 걱정이 많으십니까?
▪ 시골길을 달려온 탓**으로** 유미는 온통 먼지를 뒤집어썼다.
▪ 선생님 덕택**으로** 이 논문을 쓸 수 있었습니다.

2. ['생각, 마음'과 같이 행동의 동기를 나타내는 말에 붙어] '~할 작정으로'의 뜻.

예 ▪ 밥을 사 먹을 생각**으로** 나오긴 했는데 마땅히 먹고 싶은 게 없네.
▪ 그는 이를 악물고 독한 마음**으로** 참았다.

1참 [~로 인하여/인해서/인해] [~로 말미암아] [~로 하여]의 꼴로 자주 쓰이는데 '인하여', '말미암아' 등은 생략되기도 한다.

11. 선택을 나타낸다

1. [선택되는 대상임을 나타내는 말에 붙어] '~을 (골라서)'의 뜻.

예 ▪ 나는 우리 학교 대표**로** 뽑혀 태권도 대회에 나갔다.
▪ 아기한테는 연하고 부드러운 것**으로** 줘야 한다.
▪ 아기 이름을 뭘**로** 정했어?

예 ▪ 이걸**로** 주세요.
▪ 전 물냉면**으로** 하겠어요.
▪ 저도 같은 걸**로** 주세요.
▪ 비지니스 클래스**로** 예약하겠어요.

1참 '고르다, 선택하다, 뽑다'와 같은 서술어와 함께 쓰인다.

1참 흔히 입말에서 쓰이는 예들이다.

12. 시간을 나타낸다

1. [행동이 계속적으로 이루어지는 시간을 나타내는 말에 붙어] '~그러한 때에'의 뜻.

예 ▪ 어부들이 밤**으로** 배를 타고 나가 고기를 잡는다.
▪ 봄·가을**로** 포도를 재배하고 수확한다.
▪ 아침저녁**으로**는 벌써 쌀쌀해졌다.

2. [시간을 나타내는 말에 붙어] '~까지 포함해서 말하면'의 뜻.

예 ▪ 그는 오늘**로** 마지막 근무라고 한다.

1참 관련어 에

- 우리 모임은 오는 12일**로** 30돌을 맞는다.
- 올해**로** 고생은 끝이다.
- 오늘**로** 벌써 엿새째나 붙잡고 있건만 겨우 반도 못 끝냈다.

3. [몇몇 시간을 나타내는 말에 붙어] '~부터', '~를 기점으로 하여'의 뜻.

예 ▪ 그 이후**로** 빌려간 사람이 없어요.
▪ 춘향전은 조선 후기 이래**로** 서민들에게 가장 많이 읽힌 소설이다.
▪ 누님은 남편이 죽은 후**로** 아이들을 혼자 키웠다.

2참 동작, 상황이 끝나거나 시작됨을 나타내는 말과 함께 쓰인다.
비슷 로써
관련어 로부터

13. 설명을 나타낸다

1. [설명 또는 제시하는 말에서] '~인 바', '~인데'의 뜻.

예 ▪ 이 술은 가장 오래된 술의 하나**로**, 그 맛이 일품이다.
▪ '춘향전'은 판소리 열두 마당 중의 하나**로**, 줄거리는 다음과 같다.

1참 1. 주로 문두에서 '~는 ~로'의 문형으로 많이 쓰인다. 2. '로서'로 바꿔 쓸 수 있다.

14. 강조 용법을 나타낸다

참고 강조를 나타내는 '로'는 생략될 수 있다.

1. [시간이나 순서를 나타내는 말에 붙어] 그 시간성이나 순서를 강조한다.

1참 '시간'을 나타내는 말과 쓰인다.

예 ▪ 그는 점차**로** 자포자기적인 상태에 빠져들었다.
▪ 시시각각**으로** 날씨가 변했다.
▪ 차차**로** 적응하겠지.

예 ▪ 첫째**로** 손을 깨끗이 씻어야 한다.
▪ 둘째**로** 일찍 자야 한다.

1참 '순서'를 나타내는 말과 쓰인다.

2. [방식, 양상 등을 나타내는 말에 붙어] 그 방식이나 양상 등을 강조한다.

예 ▪ 너 진짜**로** 그럴래?
▪ 그는 다짜고짜**로** 나를 끌어안았다.
▪ 유미가 피자를 통째**로** 다 먹어 버렸다.
▪ 그것은 참**으로** 어처구니없는 일이었다.

로까지 【이혼 문제**로까지** 번졌다.】

『**로까지**는 받침 없는 말과 'ㄹ' 받침으로 끝나는 말 뒤에, **으로까지**는 받침 있는 말 뒤에 붙어 쓰인다』

조사 로+까지

예 이혼문제**로까지**, 병**으로까지**

'로'와 '까지'가 결합한 말

1. 어떠한 것의 극단적인 경우에 이르게 된 것을 나타낸다. '그러한 상태에 이를 정도로'의 뜻.

예 ▪ 사소한 말다툼이 이혼 문제**로까지** 확대되었다.
▪ 스트레스가 쌓이면 병**으로까지** 되지요.

전참 '까지'를 쓰면 '로'만 쓸 때보다 상황이 더 나빠졌다거나 극단적이 되었다는 느낌을 나타낸다.

로는 【듣기**로는** 괜찮다고 해요.】

『**로는**은 받침 없는 말과 'ㄹ' 받침으로 끝나는 말 뒤에, **으로는**은 받침 있는 말 뒤에 붙어 쓰인다』

조사 보조사 ('로는'의 꼴로만 쓰인다)

예 보기**로는**, 말**로는**, 말씀**으로는**

1. ['-기로는'의 꼴로, 판단이나 그러한 근거를 뜻하는 말에 붙어] '~에는'의 뜻.

예 ▪ 듣기**로는** 괜찮다고 합니다.
▪ 내가 알기**로는** 그 곳은 물가가 비싸다고 합니다.

전참 '론'으로 줄어들어 쓰이기도 한다.

2. [그렇게 판단하는 근거가 되는 것을 나타내는 '말, 말씀, 얘기'와 같은 명사 뒤에 붙어 쓰여] '~에 비추어 보면'의 뜻.

예 ▪ 들리는 말**로는** 유미가 내년에 이민 간대요.

3. '앞에 말한 것에 해당하는 일이라면'의 뜻.

예 ▪ 부지런하기**로는** 우리 반에서 대성이를 따를 사람이 없을 것이다.

조사 로+는

'명사 + 로' 항에 보조사 '는'이 붙어 쓰인 것

1. 방향, 방법 따위를 나타내는 '명사으로' 항에 대조의 뜻을 나타내는 보조사 '는'이 붙어 쓰인 것이다.

예 ▪ 내 수입**으로는** 서울에서 집을 살 수가 없다.

~로 말미암아 【인구의 증가**로 말미암아**~】

관용구

예 문제**로 말미암아**, 싸움**으로 말미암아**

1. 원인 또는 계기가 되는 대상을 나타낸다.
예 ▪ 산업화**로 말미암아** 도시가 거대해졌다.
▪ 그는 여러 가지 일**로 말미암아** 사표를 냈다.

로다 【막대기**로다** 찔러요.】

『**로다**는 받침 없는 말과 'ㄹ' 받침으로 끝나는 말에, **으로다**는 받침 있는 말에 붙어 쓰인다』

예 방패**로다**, 창**으로다**

조사 부사격 조사

1. '로다가'의 준말. ☞ 로다가(p. 291)
예 ▪ 막대기**로다** 모래사장 위에 하트를 그렸다.

본말 로다가

로다가 【막대기**로다가** 써요.】

『**로다가**는 받침 없는 말과 'ㄹ' 받침으로 끝나는 말에, **으로다가**는 받침 있는 말에 붙어 쓰인다』

예 방패**로다가**, 창**으로다가**

조사 부사격 조사

부사어를 나타낸다

1. 도구, 수단, 방법을 나타낸다

1. [도구를 나타내는 말에 붙어] '그러한 방편을 유지하여 가지고'의 뜻.
예 ▪ 지우개**로다가** 지워 버렸다.
▪ 가방**으로다가** 모기를 내리쳤다.
2. [어떠한 행위를 하는 데에 요구되는 말을 나타내는 것에 붙어] '~를 재료로 하여 가지고'의 뜻.
예 ▪ 강철**로다가** 기계를 만들었다.
▪ 이 공장에서는 카바이트**로다가** 천을 짭니다.

2. 원인, 이유를 나타낸다

1. '~ 때문에'의 뜻을 강조함을 나타낸다.
예 ▪ 도로교통법 위반**으로다가** 딱지를 떼였다.
▪ 그 사람이 간첩 혐의**로다가** 붙들렸단다.

준말 로다

전참 1. 입말에 쓰인다. 2. 주로 '도구, 방법, 재료'와 '이유, 원인'의 뜻으로 쓰이는 '로'에 '다가'가 붙어 쓰인다.

로라야 【막대기**로라야** 팔 수 있다.】

『**로라야**는 받침 없는 말과 'ㄹ' 받침으로 끝나는 말에, **으로라야**는 받침 있는 말에 붙어 쓰인다』

예 방패**로라야**, 창**으로라야**

조사 로+라야

부사어를 나타낸다

1. [도구를 나타내는 말에 붙어] '~를 가지고서 비로소'의 뜻.

예 ▪ 칼**로라야** 베어지지 안 그러면 어림도 없어.

2. [방법, 방식을 나타내는 말에 붙어] '바로 ~이어야'의 뜻.

예 ▪ 아니 단연코 그 반대**로라야** 한다.

로부터 【나무**로부터** 떨어진다.】

『**로부터**는 받침 없는 말과 'ㄹ' 받침으로 끝나는 말 뒤에, **으로부터**는 받침 있는 말 뒤에 붙어 쓰인다』

예 위**로부터**, 하늘**로부터**, 땅**으로부터**

조사 부사격 조사

부사어를 나타낸다

1. [일이 시작되는 데를 나타내는 말에 붙어] '~에서'의 뜻.

예 ▪ 로마는 각지**로부터** 관광객이 많이 온다
▪ 나뭇잎이 가지**로부터** 떨어진다.

2. [근원을 나타내는 말에 붙어] '~에게서', '~한테서'의 뜻.

예 ▪ 내일 소풍을 간다는 말을 친구**로부터** 들었을 뿐 어디로 가는지는 몰라요.
▪ 가정교사**로부터** 불어를 배운다.

3. [행위를 하는 사람을 나타내는 말에 붙어] '~에게서, 한테서'의 뜻.

3참 '받다, 당하다' 등과 같이 쓰인다.

예 ▪ 경찰**로부터** 여러 가지 질문을 받았다.
▪ 삼촌**으로부터** 초청을 받아 미국으로 갑니다.

조사 '~로부터 ~'의 꼴로 쓰인다

1. [시작하는 시간을 나타내는 말에 붙어] '~을 시작으로 하여', '~을 헤아리는 첫 기점으로 하여'의 뜻.

1참 1. '지금으로부터 3개월 전'과 같이 끝나는 시간을 나타내는 말과 함께 쓰인다.

예 ▪ 지금**으로부터** 삼 개월 전, 비가 오는 날이었다.

- 그가 말한 때**로부터** 이미 반 세기의 세월이 더 흘러갔다.

2. 〔어떤 일의 범위가 펼쳐지기 시작하는 지점을 나타내는 말에 붙어〕 '~에서 시작하여'의 뜻.

예 • 어린이**로부터** 노인에 이르기까지 열심히 돌과 흙을 날라다 둑을 쌓았다.
- 환경 보호 운동은 작게는 가정**으로부터** 크게는 국가에서까지 함께 해야 한다.

2. '지금부터'와 같이 '으로' 없이 쓰이기도 한다.

2참 주로 〔~로부터 ~에 이르기까지〕의 꼴로 쓰여, 일이나 사건의 범위 전체를 나타낸다.

로서 【아내**로서** 말한다.】

『**로서**는 받침 없는 말과 'ㄹ' 받침으로 끝나는 말 뒤에, **으로서**는 받침 있는 말 뒤에 붙어 쓰인다』

예 아내**로서**, 딸**로서**, 남편**으로서**

조사 부사격 조사

부사어를 나타낸다

관련어 로

1. 〔사람을 나타내는 말에 붙어〕 '~의 자격으로'의 뜻.

예 • 그 얘기는 아내**로서**가 아니라 친구**로서** 말한 거다.
- 부모**로서** 의무를 다하여야 한다.
- 내가 학교 대표**로서** 방송국에 간 일이 있었다.

1참 '로'로 바꿔 쓸 수 있기도 하고 없기도 하다.

2. 〔사실이나 사물을 나타내는 명사 뒤에 붙어 쓰여〕 '~의 지위나 자격으로'의 뜻.

예 • 드디어 우리도 전문가**로서** 승인을 받았다.
- 남대문 시장은 우리나라의 명물**로서** 최근 들어 더욱 큰 인기를 얻고 있다.

3. 〔사람을 나타내는 말에 붙어〕 '~의 입장으로 볼 때'의 뜻.

3참 1. '로'로 바꿔 쓸 수 없다. 2. '로서는, 로서야'의 꼴로도 쓰인다.

예 • 외국인인 저**로서**는 이웃 사람들의 도움이 고마울 뿐이에요.
- 축구 팬의 한 사람**으로서** 월드컵 경기가 기다려진다.

4. 〔시간을 나타내는 말에 붙어〕 '~의 형편으로 볼 때'의 뜻.

예 • 현재**로서** 에이즈는 완전히 치료되기는 어렵다고 한다.

도움말

'로서'의 쓰임: '로서'는 보조사 '는, 도, 야' 등의 조사와 함께 '로서는, 로서도, 로서야' 등의 꼴로도 쓰인다.

예 1: 학생인 저로서는 일자리 구하는 게 어려워요.
에이즈는 현재로서도 완치가 불가능하다.
나로서야 네가 와 주면 좋지.

로써 【이메일**로써** 안부를 주고받아요.】

『**로써**는 받침 없는 말과 'ㄹ' 받침으로 끝나는 말 뒤에, **으로써**는 받침 있는 말 뒤에 붙어 쓰인다』

[조사] 부사격 조사

예 전화**로써**, 글**로써**, 운동**으로써**
부사어를 나타낸다

1. [도구나 수단을 나타내는 말에 붙어] '~를 가지고', '~에 의하여'의 뜻.

[비슷] 로

[예] ▪ 유학을 간 유미는 이메일**로써** 친구들과 안부를 주고받아요.
▪ 인간은 언어**로써** 생각을 한다.

[예] ▪ 미안하다는 말**로써** 화가 풀린다면 얼마나 좋겠니?
▪ 운동**으로써** 살을 빼야지 굶어서 빼면 안 된다.
▪ 국민은 투표**로써** 자신의 의견을 표시한다.

2. [근거를 나타내는 말에 붙어] '~를 바탕으로 하여'의 뜻.

[예] ▪ 그가 날 얼마나 사랑하는지는 이 사실**로써** 알 수 있다.
▪ 그것은 그가 이 시간에 여기에 왔다는 사실**로써** 충분히 증명되었다.

3. [문장 앞에서 '이로써', '이것으로써', '이상으로써' 등의 꼴로 쓰여] '이제까지 말한 내용이나 일어난 것을 끝으로 하여'의 뜻.

[예] ▪ 이것**으로써** 결혼식을 모두 마치겠습니다.
▪ 이상**으로써** 제 발표는 모두 끝났습니다.

[조사] '~로써 ~'의 꼴로 쓰인다.

1. [시간을 나타내는 말에 붙어] 시간이 끝나는 지점을 나타낸다.

예 ▪ 우리는 오늘**로써** 열흘째 휴가를 즐기고 있다.
▪ 수업은 오늘**로써** 끝을 맺겠습니다.
▪ 바로 올해**로써** 30년이 되었습니다.

비슷 로
1참 '오늘로써 12일째'와 같이 끝나는 시간을 나타내는 말과 함께 쓰인다.

~로 인하여 【그 일**로 인하여**~】

관용구

결합정보 ☞ 로

1. 원인이 되는 대상을 나타낸다.

예 ▪ 그 일**로 인하여** 소영이는 많은 어려움을 겪었다.
▪ 이번 지진**으로 인해서** 많은 피해를 입었다.
▪ 원화 강세**로 인해** 수출에 어려움을 겪고 있다.
▪ 운전자의 부주의**로 인한** 교통사고.
▪ 처음에는 고혈압**으로 인한** 두통이 아닌가 했어요.

전참 1. '~로 인해서/인해/인한'의 꼴로도 쓰인다. 2. '인하여' 없이 '로'만 쓸 수도 있다. 예 그 일**로** 소영이는 많은 어려움을 겪었다./이번 지진**으로** 많은 피해를 입었다.

~로 해서[1] 【어디**로 해서**~】

관용구

예 학교**로 해서**, 운동장**으로 해서**

1. '어떤 곳을 거쳐 지나서'의 뜻.

예 ▪ 어디**로 해서** 갈까요?
▪ 시청앞**으로 해서** 갈 생각이에요.
▪ 부산**으로 해서** 제주도에 왔어요.

전참 1. 장소를 나타내는 명사와 같이 쓰인다. 2. '가다/오다'와 같이 쓰인다.

~로 해서[2] 【이 일**로 해서**~】

관용구

예 일**로 해서**, 싸움**으로 해서**

1. '~이 원인이나 이유가 되어'의 뜻.

예 ▪ 어쨌든 이 일**로 해서** 회사 전체가 힘들어졌어요.
▪ 그 일**로 해서** 그도 정신 차렸을 거예요.
▪ 비만**으로 해서** 생기는 여러 질병들.

를 【구두를 사요.】

『**를**은 받침 없는 말 뒤에, **을**은 받침 있는 말 뒤에 쓰이고, 입말에서는 흔히 **ㄹ**로 줄어들어 쓰이기도 한다』

[조사] **목적격 조사**

예 구두를, 가방을, 연필을, **널**(너), **날**(나)
목적어를 나타낸다

1. 움직임의 행위가 직접적으로 영향을 미치는 대상임을 나타낸다.

[예] ▪ 엄마가 구두를 샀어요.
▪ 우리는 영화를 봤다.
▪ 다방에서 커피를 마셨어요.
▪ 밀가루로 수제비를 만들어 먹었다.
▪ 나는 식구들에게 편지를 썼다.

[1참] '사다, 먹다, 보다, 만들다, 쓰다, 부르다' 등과 같이 움직임의 성질이 구체적인 서술어와 함께 쓰인다.

2. 대상이 어떤 행위를 받는 신체의 일부임을 나타낸다.

[예] ▪ 그 부인은 고개를 힘차게 끄덕였다.
▪ 옥녀는 머리를 끄덕였다.
▪ 나는 눈**을** 감았다.
▪ 그는 눈물**을** 흘렸다.
▪ 나는 숨**을** 크게 들이켰다.

3. 소원을 나타내는 동사의 대상임을 나타낸다.

[예] ▪ 나는 소설가로의 성공**을** 희망했다.
▪ 그 눈빛은 구원**을** 바라는 간절한 눈빛이었다.
▪ 아들의 건강**을** 빌었다.

[3참] '바라다, 빌다, 기대하다, 좋아하다'와 같은 서술어와 함께 쓰인다.

4. 인지 동사와 같이, 내적인 행동성을 띠는 동사의 대상임을 나타낸다.

[예] ▪ 나는 추위를 느꼈다.
▪ 인간은 세계를 알기 전에 먼저 가정**을** 안다.
▪ 하느님**을** 두려워할 줄 알아야 한다.
▪ 나는 그 날의 감격**을** 잊을 수 없다.
▪ 그는 수많은 고통**을** 겪었다.

[4참] '잊다, 알다, 느끼다' 와 같은 서술어와 함께 쓰인다.

5. 상호성 동사의 일방적 행위를 입는 대상이거나 상태 동사의 대상임을 나타낸다.

[5참] [관련어] 과

예 ▪ 철이가 순이를 만났다.
▪ 그는 그녀를 좋아하는 것 같다.
▪ 아기는 아빠를 많이 닮았다.
▪ 영하는 엄마보다 아빠를 닮았어.

5참 '만나다, 닮다, 마주치다, 좋아하다' 등의 상호성의 의미를 지닌 서술어와 함께 쓰인다.

6. ['어디를 사퇴하다', '어디를 나오다'와 같은 표현에서] '어디'에 해당하는 말로서, 누가 그 장소에서 멀어질 때 대상으로서의 장소를 나타낸다.

6참 관련어 에서, 로부터

예 ▪ 그는 오랫동안 다니던 직장을 사퇴했다.
▪ 고등학교를 나와서 대기업에 취직했다.
▪ 집을 나와서 회사로 갔다.
▪ 학교를 떠나니 홀가분하다.

7. 어떤 동작의 행위를 받는 객체(사람)임을 나타낸다.

예 ▪ 우리가 옥순이를 돕겠습니다.
▪ 주인 여자는 곧 하녀를 집으로 보냈다.
▪ 나는 아줌마를 불렀다.

8. 움직임이 지향하는 곳을 나타낸다.

8참 목적지를 향해 가는 움직임을 나타내는 것으로 '에서'와 반대 방향으로의 움직임을 가리킨다.

예 ▪ 그는 학교를 향해 말없이 걸어갔다.
▪ 조그만 시골역을 지나 기차는 대구를 향해 달리고 있었다.
▪ 그들은 탑고개를 향하여 내려갔다.
▪ 학생들은 강당을 향해 달려가기 시작했다.

목적 대상을 나타내는 격 조사 외의 쓰임

1. [움직임이 이루어지는 곳 전부를 나타내어] 행동이 진행되는 장소를 나타낸다.

1참 '가다, 걷다, 다니다, 달리다, 건너다, 날다, 오르다' 등 이동을 뜻하는 서술어와 함께 쓰인다.
관련어 에서

예 ▪ 캄캄한 하늘을 비행기가 날고 있다.
▪ 길을 가고 있는데 누군가 다가와서 인사를 했다.
▪ 사람들이 차도를 그대로 다니고 있기 때문에 몹시 위험하다.
▪ 거리를 헤매는 청소년들.
▪ 강을 헤엄쳐 건넜다.

2. [움직임이 이루어지는 곳 전부를 나타내어] 행동이 이루어져야 할 목표 장소를 나타낸다.

2참 관련어 에

예 ▪ 아침 일찍 회사를 나왔다.
▪ 오전에 산을 오르기로 했다.
▪ 우리는 지금 부산을 가는 길입니다.
▪ 집에 오는 길에 약국을 들렀다 오너라.

3. 행동이 시작되는 곳을 나타낸다.

예 ▪ 우리는 아침 아홉 시에 서울을 떠났다.
▪ 해가 지자 우리는 서둘러 산을 내려왔다.
▪ 그는 어제 부산을 출발했다.
▪ 집을 나온 고양이가 도둑고양이다.

4. 움직임의 경로를 나타낸다.

예 ▪ 우리는 홍콩에서 배로 하노이를 거쳐 캄보디아로 갔다.
▪ 아이들이 이 길을 통하여 달아났다.
▪ 이 버스는 여러 정류장을 경유한다.

5. [‘여행, 소풍, 유학’ 등의 명사와 함께 쓰여] 어떤 행위를 실행하기 위한 움직임을 나타낸다. ‘~하기 위하여’, ‘~할 목적으로’, ‘~을 하러’의 뜻.

예 ▪ 할머니는 날마다 새벽에 미사를 가신다.
▪ 주말에 낚시를 갔다.
▪ 여의도로 꽃놀이를 갔다.
▪ 오늘 영하네 학교는 서울랜드로 소풍을 간다.
▪ 농부들은 아침 일찍부터 일을 나간다.
▪ 유미도 유학을 떠났대.

6. [‘학교, 교회, 회사’와 같이 구체적인 장소를 나타내는 명사 뒤에 쓰여] 어떤 행위를 반복적으로 또는 습관적으로 하는 것을 나타낸다. ‘~하기 위하여’, ‘~할 목적으로’, ‘~을 하러’의 뜻.

예 ▪ 우리 아빠는 회사를 다니신다.
▪ 어릴 적부터 그는 부모의 손에 이끌려 교회를 가게 되었다.
▪ 이발소를 다니기도 번거로운 일의 하나였다.
▪ 그녀는 병원 옆 와이 미용실을 다닌다.

2참 ‘가다, 걷다, 다니다, 달리다, 건너다, 날다, 오르다’ 등 이동을 뜻하는 서술어와 함께 쓰인다.

3참 ‘떠나다, 출발하다’와 같은 서술어와 함께 쓰인다.

관련어 에서

5참 1. ‘다니다, 가다, 오다, 떠나다’ 등 이동의 의미를 나타내는 서술어와 함께 쓰이나 이동의 의미보다는 행동의 내용에 초점이 놓인다. 2. ‘에’로 바꿔 쓸 수 없다.

6참 1. ‘다니다, 가다, 오다, 떠나다’ 등 이동의 의미를 나타내는 서술어와 함께 쓰이나 이동의 의미보다는 행동의 내용에 초점이 놓인다. 2. ‘에’로 바꿔 쓸 수 있다.

7. 서술어의 행위에 기준점이 되는 대상임을 나타낸다.

7참 관련어 에

예 ▪ 그는 그 회의를 불참했다.
▪ 오늘도 철수는 학교를 지각했다.
▪ 그는 입학 시험을 합격했다.

8. [‘~를 ~로’의 꼴로 쓰여] 기준이 되는 대상임을 나타낸다.

8참 ‘명사를’ 항과 ‘명사로’ 항이 의미상의 주어-술어 관계를 이룬다. 예 합격을 목적으로 공부하였다.→ 합격**이** 목적이다.

예 ▪ 인기를 목숨으로 살아 가는 연예인들.
▪ 기성 세대들의 가치관을 기준으로 요즘 아이들에 대해 이야기할 수 없다.
▪ 합격을 목적으로 공부하였다.
▪ 김 씨를 끝으로 모두 나갔다.
▪ 진수는 연세대를 목표로 삼아 열심히 공부했다.

9. 몇몇 동사에서 그 동사와 꼴이 같은 명사형을 목적어로 쓸 때에 쓰인다.

9참 ‘동족 목적어’라고도 한다. 예 꿈을 꾸다/잠을 자다/춤을 추다

예 ▪ 괴로운 꿈을 꾼 유미꼬는 잠에서 깼다.
▪ 민속 의상을 입은 여자들이 춤을 추기 시작했다.
▪ 그는 씁쓸한 웃음을 웃었다.

10. [한자어 명사와 ‘하다’의 사이에 쓰여] 한자어 명사를 지정하여 드러냄을 나타낸다.

예 ▪ 영하는 항상 늦게까지 공부를 한다.
▪ 당신도 옛날에 자취를 했다면서요?
▪ 누가 설명을 해도 마찬가지이다.

11. 움직임이 계속되는 시간을 나타낸다. ‘동안’의 뜻.

예 ▪ 그는 쉬면서 저녁 한때를 지냈다.
▪ 한참을 바위에 걸터앉아 쉬었다.
▪ 일 년을 나는 미경이한테 얹혀 살았다.
▪ 우리는 하룻밤을 그 집에서 묵었다.
▪ 하루에 세 시간을 걸어도 힘들지 않아요.

화용적 의미의 첨가

1. 선택하거나 지정하여 말하는 뜻을 나타낸다.

1참 강조하는 억양이 있다.

예 ▪ 배말고 사과를 주세요.
▪ 오늘은 누구를 만나니?

▪ 오늘은 밥을 안 먹고 빵을 먹을래.

2. [어미 '-지' 뒤에 붙어서 '않다', '못하다' 등과 함께 쓰여] '-지' 앞에 오는 말을 강조하는 것을 나타낸다.

2참 입말에 쓰인다.

예 ▪ 나는 그 꽃이 예쁘지를 않다.
▪ 아무리 깨워도 깨어나지를 않았다.
▪ 너무 바빠서 오지를 못했습니다.
▪ 왜 약속 장소에 나오지를 않았지?
▪ 아이가 잠시도 가만히 있지를 못한다.

3. [일부 부사나 동사, 형용사의 연결 어미 뒤에 붙어 쓰여] 그 행위나 상태를 대상화하는 것을 나타낸다.

예 ▪ 빨리를 가거라.
▪ 그러구 섰지 말고 좀 깊이를 들여다봐라.
▪ 우선 먹어를 보아라.
▪ 목이 아파서 많이를 못 먹어요.

4. ['말하기를, 이르기를' 따위의 꼴로] 다른 사람의 말이나 생각의 내용을 직접 인용하는 것을 나타낸다.

예 ▪ 옛말에 자녀들을 가르치는 말에 이르기를….
▪ 예수 말씀하시기를, "천국은 너희 마음에 있다."
▪ 짐작하기를, 그렇다면 그들이 나를 미워하는 것이 아닌가 한다.

도움말

조사 '를'의 생략과 의미:

1. 입말에서 목적격 조사가 나타날 자리에 '를'이 생략되기도 한다.

    예 1: 밥Ø 안 먹을래.
    예 2: (가게에서) 사과Ø 주세요.
    예 3: 오늘은 누구Ø 만나니?

위의 문장에 다음과 같이 '를'이 쓰이게 되면 선택하거나 지정하여 말하는 의미가 더해진다.

    예 1': 밥을 안 먹을래.
    예 2': (가게에서) 사과를 주세요.
    예 3': 오늘은 누구를 만나니?

2. '를'은 'ㄹ'로 줄여 쓰기도 한다.
   예 1: 선생님, **절** 부르셨어요? (저를)
   제인은 마이클보다 **날** 좋아해. (나를)

~를 가지고 【나를 가지고~】

관용구

결합정보 ☞ 를

1. '그것을 대상으로 하여'의 뜻.

예 ▪ 우리 부모님이 나를 **가지고** 싸우실 때 제일 화가 난다.
▪ 너는 늘 사소한 문제를 **가지고** 화를 내니?
▪ 이 정도 추위를 **가지고** 뭘 그러세요?

2. 수단이나 도구, 방법을 나타낸다.

예 ▪ 유치원에서 아이들이 종이상자를 **가지고** 자동차를 만들었다.
▪ 쌀을 **가지고** 국수나 빵을 만든다.

전참 'ㄹ 가지고'의 꼴로 줄어들어 쓰인다. 예 가만있는 **날 가지고** 왜들 난리야?

~를 두고 【한 여자를 두고~】

관용구

결합정보 ☞ 를

1. '그것을 대상으로 하여'의 뜻.

예 ▪ 이 드라마는 한 여자를 **두고** 두 남자가 사랑하게 되는 이야기이다.
▪ 신혼부부는 가사 문제를 **두고** 밤새 싸웠다.
▪ 아니, 이렇게 예쁜 우리 아기를 **두고** 밉다고 하다니.

~를 막론하고 【이유 여하를 막론하고~】

관용구

결합정보 ☞ 를

1. 어느 것이든 '따지거나 묻지 않고'의 뜻.

예 ▪ 이유 여하를 **막론하고** 법에 따라 다스리겠다.
▪ 현대 사회에서는 남녀노소를 **막론하고** 스트레스를 받는다.
▪ 그들은 지위의 고하를 **막론하고** 모두 처벌되었다.

비슷 ~를 불문하고 예 남녀노소를 **불문하고** 다이아몬드를 좋아한다.

~를 불문하고 【지위 고하를 불문하고~】

관용구

1. 어느 것이든 '따지거나 묻지 않고'의 뜻.

예 ▪ 지위 고하를 **불문하고** 부정부패는 없애야만 한다.
▪ 난 틈만 나면 장소를 **불문하고** 조는 버릇이 있다.

결합정보 ☞ 를

비슷 ~를 막론하고

~를 비롯하여 【저를 비롯하여~】

관용구

1. '여럿 가운데서 처음으로 삼다'의 뜻. '~부터 시작해서'의 뜻.

예 ▪ 저를 **비롯하여** 여섯 사람으로 실천 위원회를 구성하였습니다.
▪ 널뛰기는 설날을 **비롯하여** 단오나 추석에 즐긴다.
▪ 서울은 남산을 **비롯하여** 여러 산들이 빙 둘러 있다.

결합정보 ☞ 를

전참 1. '~를 비롯해/비롯해서/비롯한'의 꼴로도 쓰인다. 2. '~'에는 가장 대표적인 예가 쓰인다.

~를 위하여 【나라를 위하여~】

관용구

1. 그것을 '목표로 해서'의 뜻.

예 ▪ 이들은 나라를 **위하여** 무엇을 할 수 있을 것인지를 먼저 생각한다.
▪ 출세를 **위해서** 일하는 사람들은 행복하지 않을 것이다.

결합정보 ☞ 를

관련어 -기 위해서

전참 '~를 위해/위해서/위한'의 꼴로도 쓰인다. 예 불쌍한 사람을 **위해** 봉사하며 살고 싶다.

~를 통하여 【교과서를 통하여~】

관용구

1. '그것을 수단으로 하여'의 뜻.

예 ▪ 동물들은 싸움을 **통하여** 왕을 뽑는다.
▪ 이것이 여러분이 교과서를 **통해서** 잘 알고 있는 한국의 관습입니다.

2. '어떤 과정이나 경험을 거쳐'의 뜻.

결합정보 ☞ 를

전참 '~를 통해/통해서/통한'의 꼴로도 쓰인다

예 ▪ 속담이란 옛날 사람들이 오랜 경험을 **통해** 얻은 것이다.
▪ 사람들은 실수를 **통해서** 성숙해진다.

-ㅁ 【학생**임**】

『**-ㅁ**은 받침 없는 동사, 형용사와 '이다' 뒤에, **-음**은 받침 있는 동사, 형용사와 '-았-' 뒤에 쓰인다』

예 **감**, 비**쌈**, 학생**임**, 먹**음**, 높**음**, 잡았**음**

어미 **명사처럼 쓰이게 만드는 어미**

1. 동사나 형용사에 붙어서 문장의 주어나 목적어가 되게 한다.

예 ▪ 너의 신분이 학생**임**을 잊지 마라.
▪ 성공하고 못 하고는 노력**함**에 달렸다.
▪ 그분은 세월이 빨리 **감**을 한탄했다.
▪ 며칠이 지나서야 그 답이 틀렸**음**을 알아차렸다.
▪ 그 사내는 독신 시절이 좋았**음**을 고백했다.
▪ 그가 이 길로 지나갔**음**이 확실하다.

관련어 -기

1참 명사에 해당하는 기능을 하므로 뒤에 조사가 붙는다. 예 너는 한국인임을 자랑스럽게 생각해야 해.

2. 〔알림문이나 메모 등에 쓰여〕 어떤 사실을 기록적으로 서술하거나 알리는 것을 나타낸다.

예 ▪ 이상의 사항을 위반하는 자는 법에 의해 처리**함**.
▪ 오늘 아침 6시에 서귀포 역을 떠**남**.
▪ 출입을 금**함**.
▪ 1998년 5월 5일 청송대에서 저자 **씀**.
▪ 오전 10시에 회의 있**음**.
▪ 마이클 씨가 전화**함**.

2참 존대가 나타나지 않는 '중화체'라고도 한다.

도움말 1

'-ㅁ'과 '-기'의 비교:

1. '-ㅁ'이 이끄는 절이 주어로 쓰일 때:
'옳다, 나쁘다, 이롭다' 등의 평가나 판정을 나타내는 형용사나 '분명하다, 확실하다, 틀림없다' 등의 형용사, 그리고 '드러나다, 알려지다, 밝혀지다' 등의 '알아서 깨닫는' 뜻을 나타내는 자동사 등이 함께 쓰일 수 있다. 그러나, '-기'가 이끄는 절은 이런 서술어를 취하지 않는다.

예 1: 우리가 이 유산을 간직**함**이(○)/간직하기가(×) 옳지 않겠나?

예 2: 그들은 학생**임**이(○)/학생이기가(×) 틀림없다.

예 3: 이 사건은 그 사람이 조작했**음**이(○)/조작했기가(×) 드러났다.

2. '-기'가 이끄는 절이 주어로 쓰일 때:

'쉽다, 어렵다, 힘들다' 등의 평가를 나타내는 형용사나, '좋다, 싫다, 즐겁다' 등의 심리 상태를 나타내는 형용사와 함께 쓰일 수 있으나, '-ㅁ'이 이끄는 절은 이런 서술어를 취하지 않는다.

예 1: 어린아이들일수록 말을 배우**기**가(○)/배움이(×) 쉽다.

예 2: 다른 사람들이 놀고 있으면 일하**기**가(○)/일함이(×) 싫다.

3. '-ㅁ'이 이끄는 절이 목적어로 쓰일 때:

'발견하다, 깨닫다, 알다' 등의 '알아서 깨닫는' 뜻을 나타내는 동사나, '주장하다, 보고하다, 알리다' 등의 정보 전달을 나타내는 동사와 함께 쓰일 수 있으나, '-기' 절은 이러한 서술어를 취하지 않는다.

예 1: 영숙이는 진수가 떠나고 나서야 그를 사람했**음**을(○)/사랑했기를(×) 깨달았다.

예 2: 그는 자신이 이 일의 적임자**임**을(○)/적임자이기를(×) 주장했다.

4. '-기'가 이끄는 절이 목적어로 쓰일 때:

'좋아하다, 싫어하다, 두려워하다' 등의 심리를 나타내는 동사나 '바라다, 희망하다, 기원하다' 등의 소원이나 소망을 나타내는 동사, '시작하다, 계속하다, 그치다, 멈추다' 등의 시간과 관련된 동사, 그리고 '명령하다, 약속하다' 등의 명령이나 약속을 나타내는 동사와 함께 쓰일 수 있으나, '-ㅁ' 절은 이런 서술어를 취하지 않는다.

예 1: 그는 남을 도와 주**기**를(○)/도와 줌을(×) 좋아한다.

예 2: 일이 뜻대로 잘 되**기**를(○)/잘 됨을(×) 희망한다.

예 3: 드디어 자동차들이 조금씩 움직이**기**를(○)/움직임을(×) 시작했다.

예 4: 이번에는 청팀이 먼저 출발하**기**를(○)/출발하는 것을(×) 명령했다.

도움말2

전성 어미 '-ㅁ'과 접미사 '-ㅁ'의 비교:

전성 어미 '-ㅁ'이 붙어서 명사처럼 쓰이는 것과 동사와 형용사의 어근에 접미사 '-ㅁ'이 붙어서 명사로 파생된 단어와는 구별된다. 전자는 수식어로 부사어를 가질 수 있으나 관형어를 가질 수 없고, 후자는 수식어로 관형어를 가질 수 있으나 부사어를 가질 수 없다. 즉, 아래 예에서 '그림[1]'은 명사로서 '아름다운'

이라는 관형어의 수식을 받고, '그림[2]'는 동사의 명사형이므로 '열심히'라는 부사어의 수식을 받는다.

예: 그는 아름다운 **그림**[1]을 열심히 **그림**[2]으로써 여가 활용을 하고 있다.

-ㅁ으로써【이 일을 **함으로써~**】

관용구

결합정보 ☞ -ㅁ

1. '그것을 수단으로 하여 가지고'의 뜻을 나타낸다.

예 ▪ 이 일을 **함으로써** 밥값을 한다.
▪ 네덜란드는 여러 종와 같은 꽃을 가꾸어 수출**함으로써** 소득을 올리고 있다.
▪ 직업을 가**짐으로써** 돈을 버는 것도 중요하다.
▪ 약속을 못 지**킴으로써** 친구들한테서도 믿음을 잃고 말았다.

쓰기주의 -므로써(×)

전참 1. 명사형 전성 어미 '-ㅁ'에 조사 '으로써'가 붙은 꼴. 2. 동작을 나타내는 동사에 쓰이고 뒤에도 동작을 나타내는 동사만이 쓰인다. 3. '-므로'의 도움말 참고.

-ㅁ으로 해서【네가 거짓말을 **함으로 해서~**】

관용구

결합정보 ☞ -ㅁ

1. 뒤의 사실에 대한 원인이나 근거를 나타낸다.

예 ▪ 네가 거짓말을 **함으로 해서** 얼마나 많은 일들이 벌어졌는가를 봐라.
▪ 오늘 내가 한 이 말을 듣지 않**음으로 해서** 언젠가 후회하는 날이 올 것이다.

-마【편지를 보내**마.**】

『**-마**는 받침 없는 동사 뒤에, **-으마**는 받침 있는 동사 뒤에 쓰인다』

예 가**마**, 먹**으마**

어미 종결 어미

말아주낮춤 할아버지가 아이에게

1. 말하는이가 듣는이에게 기꺼이 약속하는 것을 나타낸다.

예 ▪ 서울에 가는 대로 편지를 보내**마**.
▪ 자세한 것은 나중에 말하**마**.

관련어 -ㄹ게

전참 입말에 쓰인다.

- 네가 공부를 열심히 하면 대학까지라도 보내 주**마**.

도움말

'–마'와 '–을게'의 비교:
요즘에는 '–마'보다 '–을게'를 더 많이 사용한다.
예 1: 아버지가 아들에게: 내가 내일 장난감 사 **줄게**.
내가 내일 장난감 사 주**마**.
'–마'를 사용하면 더 권위를 가지고 말하는 느낌을 주게 된다.

마는 【고맙다**마는** 사양하겠다.】

조사 보조사

예 갑니다**마는**, 먹습니다**마는**

1. '만'의 본말. ☞ 만[2](p. 310)

예
- 얘기가 길어졌습니다**마는** 다음과 같이 잘라 말할 수 있겠지요.
- 가고는 싶다**마는** 시간이 없구나.
- 말씀은 고맙습니다**마는** 혼자 할 수 있습니다.

쓰기주의 만은(×)
준말 만

마다 【사람**마다** 달라요.】

『받침이 있든 없든 **마다**가 쓰인다』

조사 보조사

예 해**마다**, 날**마다**, 아침**마다**

1. [똑같이 관련되는 대상을 나타내는 말에 붙어] '낱낱이 모두', '하나도 빠짐없이'의 뜻.

예
- 주말**마다** 야외로 나가요.
- 피곤해서 아침**마다** 일어나기가 무척 힘들어요.
- 한국은 각 계절**마다** 좋은 점이 많아요.
- 오늘은 가는 곳**마다** 사람이 많군요.
- 친구들을 생각할 때**마다** 고향이 그립습니다.

1참 '항상'의 의미로 '날이면 날마다, 밤이면 밤마다'의 꼴로 쓰이기도 한다. 예 **날이면 날마다** 찾아오는 반가운 손님./**밤이면 밤마다** 울어 대는 부엉이.

2. [시간을 나타내는 말에 붙어 쓰여] 일정한 기간에 비슷한 행동이나 상태가 되풀이되는 것을 뜻한다. '~당', '~에 한 번씩'의 뜻.

예
- 버스는 5분**마다** 한 대씩 다녀요.

- 이 곳은 닷새**마다** 한 번씩 장이 선다.
- 매 2년**마다** 정기 검사를 받는다.

마따나 【네 말**마따나** 담배를 끊어야겠다.】

『받침이 있든 없든 **마따나**가 쓰인다』

[조사] 보조사

예 네 말**마따나**, 선생님 말씀**마따나**

1. [‘누구의 말/말씀’ 따위에 붙어 쓰여] 여러 말 가운데에서 바로 그것에 해당하는 말에 동의하는 뜻을 나타낸다. ‘말한 바와 같이’의 뜻.

[예]
- 아내의 말**마따나** 술을 조금만 마셔야겠다.
- 어머니 말씀**마따나** 먹고 할 일이 없어서 문제인 것 같다.
- 네 말**마따나** 지금 이 순간에도 굶어 죽는 사람들이 있다.

[관련어] 처럼, 대로

마저 【너**마저** 나를 떠나다니.】

『받침이 있든 없든 **마저**가 쓰인다』

[조사] 보조사

예 너**마저**, 선생님**마저**

1. ‘어떠한 사실에 더 첨가하여’, ‘그러한 사실에서 더 나아가서’의 뜻.

[예]
- 추운 데다가 바람**마저** 세차게 불었다.
- 빛**마저** 제법 붉은 흙탕물이었다.
- 요즘 젊은이를 보면 두려움**마저** 생긴다.

2. ‘최후의 것까지 모두’의 뜻. 하나 남은 마지막임을 나타낸다.

[예]
- 집**마저** 남의 손에 넘어갔다.
- 그렇게 믿었던 너**마저** 나를 배신하다니.
- 김 박사는 끼니**마저** 잊은 채 연구를 하고 있었다.
- 진수는 우리에게 말도 걸지 않고 인사**마저** 하지 않는다.

[관련어] 까지, 조차

도움말 1

'마저'의 사용법:

'마저'는 부정적인 상황에서 사용되고 긍정적인 상황에서는 사용되지 않는다.

예 1: 마이클 씨는 영어와 불어, 독어, 3개 국어를 유창하게 말하고, 일본어**마저** 잘 한다.(?)

예 2: 마이클 씨는 듣기, 쓰기도 잘 못하고 읽기**마저** 잘 못한다.

도움말 2

'마저'와 '까지, 조차'의 비교': ☞ '까지'의 도움말(p. 87)

만[1] 【너**만** 오너라.】

『받침이 있든 없든 **만**이 쓰인다』

예 회사**만**, 직장**만**

조사 보조사

1. '유일함'을 뜻한다

1. 어느 것을 선택하고 다른 것을 제외하는 것을 나타낸다. '단지', '오직'의 뜻.

예
- 아빠는 동생**만** 데리고 가셨다.
- 오늘은 아저씨**만** 우리 집에 오셨어요.
- 그는 서류 가방**만** 들고 있었다.
- 친한 친구끼리**만** 놀면 안 돼요.

2. '다른 것으로부터 제한함'의 뜻

1. ['딱 한 번' 등과 같이 제한하는 것을 나타내는 말에 붙어 쓰여] 말하는이의 기대에서 가장 낮은 것을 뜻한다. '최소로 제한하여'의 뜻.

예
- 그는 딱 한 번**만** 세상 사람들의 부러움을 받았을 뿐이다.
- 딱 한 잔**만** 하세요.
- 그럼 단돈 이천 원**만** 내십시오.

3. '비교함'의 뜻

1. ['~만 같지 못하다'의 꼴로 부정의 서술어와 함께 쓰

여] 뒤에 말한 행위나 상태가 앞의 것보다 나쁘거나 덜하는 것을 뜻한다.

예 ▪ 차라리 떠나지 않은 것**만** 같지 못해.

▪ 그 어떤 것도 네가 준 이 꽃 하나**만** 같지 못해.

2. ['~만 같다'의 꼴로 쓰여] '~인 것', '~과'의 뜻.

예 ▪ 그의 말은 거짓말**만** 같았다.

▪ 나에게는 서울 애가 인간이 아닌 천사**만** 같았다.

▪ 그거 말인데 마치 만든 조화**만** 같아서 생명이 없어 보였어.

3. ['~만(은) 못하다'의 꼴로 쓰여] '~에 비하여 그에 못 미치다'의 뜻.

예 ▪ 아우가 암만해도 형**만**은 못하다.

▪ 일본**만**은 못하더라도 최소한 경기장만큼은 다 준비해 두어야 하지 않을까.

3참 대조적인 내용이 오므로 이러한 뜻을 나타내는 보조사 '은'과 함께 쓰인다.

4. 강조의 뜻을 덧붙인다

1. 앞말의 의미를 강조하여, 그러한 행위나 상태가 지속됨의 뜻을 나타낸다.

예 ▪ 구경꾼들이 자꾸**만** 바뀌면서 공연은 계속되었다.

▪ 그는 그저 웃고**만** 있었다.

▪ 밤은 점점 깊어**만** 간다.

▪ 기쁜 소식을 듣고도 그는 웬일인지 마냥 울고**만** 있었다.

1참 흔히 '그저, 마냥, 그냥, 점점'과 같은 부사와 함께 쓰인다.

2. ['-ㄹ/-ㄴ 것만 같다'의 꼴로 쓰여] '마치 정말 그런 듯하다'의 뜻.

예 ▪ 배가 너무 불러 숨이 막힐 것**만** 같았다.

▪ 나는 이미 한 사람의 당당한 작가가 된 것**만** 같았다.

▪ 노래를 듣고 나의 가슴은 기쁨으로 터질 것**만** 같았습니다.

▪ 정말 당장이라도 저의 집은 망할 것**만** 같습니다.

▪ 다른 사람들도 모두 부자가 되고 싶어 미칠 것**만** 같은 모양이었다.

만[2] 【미안합니다**만** 안 돼요.】

『'-다', '-더라', '-냐' 등의 어미 뒤에 쓰인다』

조사 보조사

예 좋다**만**, 가더라**만**

1. ['-다', '-더라' 등의 어미 뒤에 쓰여] 앞의 사실을 인정하면서 그와 대립되는 다른 사실을 말하거나, 그와 더불어 다른 사실을 더 들어 말하는 것을 나타낸다.

예 ▪ 산이 험하기는 합니다**만** 못 오를 정도는 아닙니다.
▪ 가고는 싶다**만** 시간이 없구나.
▪ 비가 오기는 온다**만** 그리 많이 올 것 같지 않아 걱정이구나.
▪ 얼마 되겠느냐**만** 받아 두어라.

2. ['-다', '-더라' 등의 어미 뒤에 쓰여] 어떤 사실을 말하는 데 있어서 전제가 되는 사실을 제시하기 위하여 이미 알고 있는 사실을 다시 한 번 말하는 뜻을 나타낸다.

예 ▪ 여러분도 이미 다 아시는 일입니다**만** 제가 일전에 중국에 갔을 때입니다.
▪ 돌고 도는 게 돈이더라**만**, 이렇게 돈이 없으니 정말 괴롭다.

3. ['미안하다, 실례하다, 고맙다' 등의 인사말에 관용적으로 쓰여] 겸손을 나타낸다.

예 ▪ 미안합니다**만** 말씀 좀 묻겠습니다.
▪ 실례합니다**만** 길 좀 가르쳐 주십시오.
▪ 고맙습니다**만** 괜찮습니다.

본말 마는

전참 '마는'보다 '만'의 꼴로 더 많이 쓰인다.

~만 같아도 【중학생**만 같아도**~】

관용구

결합정보 ☞ 만

1. 어떠한 상태를 비교하여 가정하는 것을 나타낸다. '-였으면'의 뜻.

예 ▪ 중학생**만 같아도** 데리고 갈 텐데.

▪ 작년 이맘때**만 같아도** 내 신세가 이렇지는 않았는데…

~만 아니면 【공부**만 아니면**~】

관용구

결합정보 ☞ 만

1. 어떤 것이 피할 수 없는 조건이나 이유인 것을 나타낸다. '그것이 이유/원인이 되어'의 뜻. '(하필) ~때문에'의 뜻.

예 ▪ 애들 공부**만 아니면** 시골에 가서 살고 싶어요.
▪ 그는 흰머리**만 아니면** 청년이라고 해도 믿을 정도로 젊어 보였다.
▪ 너**만 아니면** 내가 한국에 오지 않았어.

~만 -어도 【고개**만** 들**어도**~】

관용구

결합정보 ☞ 만

1. 어떤 것이 이루어지기 위한 최소한의 것임을 나타낸다.

전참 '명사 + 만 ~'이나 '동사 + -기만 ~'의 꼴로 쓰인다.

예 ▪ 고개**만 들어도** 보이는 곳.
▪ 이젠 냄새**만 맡아도** 알지.
▪ 상상**만 해도** 아찔하다.
▪ 그런 말을 듣**기만 해도** 고맙습니다.

만큼 【하늘 땅**만큼** 사랑해.】

『받침이 있든 없든 **만큼**이 쓰인다』

조사 부사격 조사

예 아내**만큼**, 남편**만큼**
부사어를 나타낸다

1. [정도가 비슷하거나 그에 아주 가까울 때, 그 정도를 나타내는 말에 붙어 쓰여] '~처럼 같은 정도로'의 뜻.

예 ▪ 그 사나이는 눈이 왕방울**만큼** 컸다.
▪ 트럭은 공룡**만큼** 거대해 보였다.
▪ 해바라기가 창 높이**만큼** 자라 창을 가리고 있었다.

관련어 만큼도, 만

전참 1. 의미 차이 없이 '만치'로도 쓸 수 있다.
예 그 사나이는 눈이 왕방울**만치** 컸다./나**만치** 약을 많이 먹는 사람도 없을 겁니다.

- 비가 병아리 눈물**만큼** 왔다.

2. [‘~만큼 ~도 없다’와 같은 구문에 쓰여] ‘비교되는 대상이 가장 그러함’의 뜻.

예 ▪ 나**만큼** 약을 많이 먹는 사람도 없을 겁니다.
- 아마 우리나라**만큼** 아들을 좋아하는 나라도 없을 겁니다.
- 시어머니한테 나**만큼** 잘 하는 사람도 없을 거야.

3. [‘어느, 얼마’와 같은 의문 대명사에 붙어 쓰여] ‘어느 정도로/얼마 정도로’의 뜻.

예 ▪ 형님이 저를 얼마**만큼** 아끼는지 충분히 알았습니다.
- 어느**만큼** 잘 사느냐가 문제입니다.

도움말

‘만큼, –는 만큼, –는만큼’의 구별:

만큼은 조사이므로 붙여 쓴다. **–는 만큼**은 동사의 관형사형 어미 ‘–는’에 의존 명사 ‘만큼’이 쓰인 것이므로 띄어 쓴다. **는만큼**은 ‘–느니만큼’과 같은 것으로 ‘–므로’의 뜻을 나타내는 어미이므로 붙여 쓴다.

예 1: 나도 너**만큼** 먹어.

예 2: 나도 네가 먹**는 만큼** 먹을 수 있어.

예 3: 잘못한 것이 없**는만큼** 떳떳해야 해.

예 2를 구별할 때는 ‘네가 먹는 것만큼’으로 바꾸어 봐서 ‘것’이 자연스러우면 의존 명사이므로 띄어 쓴다. 어미로 쓰인 예 3은 ‘–므로’로 바꿔 쓸 수 있다.

예 3': 잘못한 것이 없**으므로** 떳떳해야 해.

~만 하더라도 【그 때**만 하더라도**~】

관용구

결합정보 ☞ 만

1. ‘~의 경우를 한정해서 들어 얘기한다 해도’의 뜻.

예 ▪ 그 때**만 하더라도** 학생들은 틈만 있으면 헌책방에 들락거렸다.
- 우리 삼촌**만 하더라도** 살아 계신지 돌아가셨는지 모릅니다.

비슷 ~만 해도 예 얼마 전까지**만 해도** 우리 집이 부자였어.

~만 해도 【어제까지**만 해도**~】

관용구

결합정보 ☞ 만

1. '이것 하나를 한정해서 들어 얘기한다 하더라도'의 뜻.

예 ▪ 어제까지**만 해도** 멀쩡했었는데 무슨 일이야.
▪ 내가 학교 다닐 때**만 해도** 안 그랬는데.
▪ 여기**만 해도** 공기가 다르네.

비슷 ~만 하더라도 예 여기**만 하더라도** 공기가 다르네.

말고 【그것**말고** 다른 것을 주세요.】

『받침이 있든 없든 **말고**가 쓰인다』

조사 보조사

예 나**말고**, 그것**말고**

1. '~가 아니라' (뒤의 것)의 뜻.

예 그것**말고** 다른 거 없어요?
▪ 아냐, 아냐. 거기**말고** 왼쪽으로 더 가.
▪ 차**말고** 물 좀 주시겠어요?

1참 뒤에는 명령이나 요구, 질문 등의 내용이 온다.

2. '~을 제외하고'의 뜻.

예 ▪ 저**말고** 또 누가 오지요?
▪ 그것**말고** 제가 할 수 있는 일이란 아무것도 없어요.
▪ 방금 말한 사람**말고** 또 없어?
▪ 버스에는 나**말고** 다섯 사람이 타고 있었다.

도움말1

보조사 '말고'의 특성:
체언 바로 뒤에 쓰이는 '말고'를 동사 '말다'의 활용꼴로 보는 견해도 있으나, 체언에 바로 붙고, 조사가 전혀 복원되지 않고, 동사 '말다'와는 그 의미도 매우 다르므로 조사로 처리한다.

도움말2

보조사 '말고'와 동사 '말고'의 비교:
다음의 '말고'는 '~하지 말고'로 바꿔 쓸 수 있는 것으로서 용언의 활용형이므로 띄어 써야 한다.

예: 남의 걱정 **말고** 술이나 들어./꼼짝 **말고** 기다려./아무 소리 **말고** 가만히 있어./상관 **말고** 네 일이나 잘 해./잔소리 **말고** 어서 가!

며[1] 【코**며** 눈**이며**】

『**며**는 받침 없는 말 뒤에, **이며**는 받침 있는 말 뒤에 쓰인다』

예 귀**며**, 입**이며**

조사 접속 조사

1. ☞ 이며(p. 445)

예 ▪ 유미는 오뚝한 코**며** 커다란 눈**이며** 웃을 때 주름이 생기는 모습까지도 그대로 제 엄마를 닮았다.
▪ 청자**며** 백자**며** 중국 골동품이라는 대형 화병도 있었다.

–며[2] 【누나는 의사**며** 엄마는 약사다.】

『**–며**는 받침 없는 동사, 형용사와 '이다' 뒤에, **–으며**는 받침 있는 동사, 형용사와 '–았–' 뒤에 쓰인다』

예 가**며**, 비싸**며**, 학생이며, 먹**으며**, 높**으며**, 잡았**으며**

어미 연결 어미

1. 대등적 연결 어미의 용법

1. 두 가지 이상의 사실을 같은 자격으로 나열하는 것을 나타낸다.

예 ▪ 누나는 의사이**며** 엄마는 약사다.
▪ 배가 아프고 소화가 안 되**며** 술을 과음했을 때.
▪ 인간은 누구나 행복을 원하**며**, 모두가 행복해지려고 애를 쓰고 있습니다.
▪ 큰형은 직장에 다니**며** 작은형은 대학에 다닌다.

1참 앞의 사실과 뒤의 사실의 순서를 바꾸어도 전체 문장의 의미가 변하지 않는다.
비슷 –고

2. 앞의 사실과 뒤의 사실이 서로 대립되는 것을 나타낸다.

예 ▪ 저는 나쁜 짓을 하**며** 남은 못 하게 한다.
▪ 저는 맥주를 마시**며** 부하는 막걸리를 마시게 한다.

2참 비슷 –면서

3. 앞의 사실과 뒤의 사실을 같은 자격으로 이어 주되, 순차적임을 나타낸다.

예 ▪ 마침내 신을 찾아내고 사랑했**으며** 큰 기쁨을 느껴 보았나요?
▪ 우리는 항상 승리했**으며** 앞으로 더욱 큰 승리를

3참 앞의 사실과 뒤의 사실이 시간적인 순서를 나타내므로 그 순서를 바꿀 수 없다.

할 것입니다.

2. 동시 동작을 나타낸다

1. [동작을 나타내는 동사에 쓰여] 앞의 사실과 뒤의 사실의 동작이 동시에 일어남을 나타낸다.

1참 비슷 -면서

예 ▪ 주인은 미소를 지**으며** 말했다.
▪ 풍뎅이 한 마리가 누워서 빙빙 소리를 내**며** 맴돌고 있다.
▪ 유미는 밥을 먹**으며** 텔레비전을 본다.
▪ 계단이 너무 높아서 우리는 덜덜 떨**며** 내려왔다.

3. 두 가지 사실이 겸하여 있는 것을 나타낸다

1. [형용사나 '이다'에 쓰여] 두 가지 이상의 사실이나 상태를 아울러 나타낸다.

예 ▪ 영하는 얼굴도 예쁘**며** 키도 크다.
▪ 가을은 책을 읽기에 알맞은 계절이**며** 사색을 하는 데 좋은 계절이다.
▪ 사랑이란 시시각각 죽는 일이**며** 시시각각으로 태어나는 일입니다.

2. 어떤 동작이나 상태가 지속되면서 아울러 나타나는 것을 뜻한다.

예 ▪ 이 만화의 주인공은 우주를 날아다니**며** 신나게 모험을 한다.
▪ 어째서 인간은 유토피아에서도 속고 속이**며** 살아야 한단 말인가.
▪ 그이는 지갑을 열어 보**며** 깜짝 놀랐다.

4. 단어 연결 어미

1. ['-며 -며'의 꼴로 쓰여] 두 가지 이상의 행동을 엇바꾸어 잇달아 하는 것을 나타낸다.

1참 주로 반대가 되는 두 동사를 연결한다.

예 ▪ 우리가 울**며** 웃**으며** 함께 지내 온 시간이 어느덧 3년이나 지났다.
▪ 오**며** 가**며** 만나는 사람들.

도움말 1

'–고'와 '–며'의 비교:
셋 이상의 절을 나열할 때, '–며'가 더 큰 단위를 이어 주고, '–고'는 '–며'가 쓰인 절 내의 작은 단위를 이어 준다. 예 1과 1'의 쉼표의 위치가 다르다.

예 1 : 선생님께서는 항상 사람됨이 우선이**고** 공부는 그 다음이**며**, 출세나 명예는 가장 나중의 것이라고 하셨습니다.

예 1' : 선생님께서는 항상 사람됨이 우선이**며**, 공부는 그 다음이**고** 출세나 명예는 가장 나중의 것이라고 하셨습니다.

도움말 2

'–며'와 '–면서'의 비교:
'–면서'는 주어가 유정물일 경우, 앞 · 뒤의 사실의 주어가 동일해야 하지만, '–며'에는 이런 제약이 없다.

예 1: 유미가 노래를 부르**면서** 미선이가 춤을 춘다.(×)

예 2: 유미가 노래를 부르**며**, 미선이가 춤을 춘다.(○)

이런 특징 때문에 '–면서'가 '–며'보다 '동시 동작'의 뜻을 강하게 드러낸다.

예 3: 유미가 노래를 부르**면서** 춤을 춘다.

예 4: 유미가 노래를 부르**며** 춤을 춘다.

면[1] 【공부**면** 공부】

『**면**은 받침 없는 말 뒤에, **이면**은 받침 있는 말 뒤에 붙어 쓰인다』

예 노래**면** 노래, 얼굴**이면** 얼굴

[조사] '~면 ~'의 꼴로 쓰인다.

1. ☞ 이면(p. 445)

[예] ▪ 영하는 공부**면** 공부, 운동**이면** 운동, 못하는 게 없다.
▪ 요즘 초등학생들은 수학**이면** 수학, 영어**면** 영어, 전 과목을 다 잘해야 한다고 한다.

–면[2] 【배가 고프**면**~】

『**–면**은 받침 없는 동사, 형용사와 '이다' 뒤에, **–으면**은 받침 있는 동사와 형용사 뒤에 쓰인다』

예 가**면**, 비싸**면**, 학생이**면**, 먹**으면**, 높**으면**

[어미] 연결 어미

1. 조건을 나타낸다

1. 뒤에 오는 행동에 대한 조건을 나타낸다.

예 ▪ 배가 고프**면** 식사하러 가세요.
▪ 바쁘지 않**으면** 우리 집에 놀러 오세요.
▪ 극장에 가고 싶**으면** 토요일까지 전화해 주세요.

1참 뒤에 오는 내용에 명령문이나 청유문이 쓰이며, '-거든'으로 바꿔 쓸 수 있다.
관련어 -거든

2. 뒤에 오는 사실에 대한 조건을 나타낸다.

예 ▪ 저는 커피를 마시**면** 잠이 안 와요.
▪ 너무 많이 울**면** 눈이 퉁퉁 부어.
▪ 추울 때 뜨거운 걸 먹**으면** 좀 덜 추워요.

3. [시간을 나타내는 명사와 '이다'에 쓰여] 시간적 조건을 나타낸다.

예 ▪ 김장 날이**면** 동네 아주머니들이 일을 거들었다.
▪ 나는 주말이**면** 유적지를 찾아 나선다.
▪ 더운 여름이**면** 냇가에서 물놀이를 한다.
▪ 얼마 안 있**으면** 추석이다.

4. 으레 그렇게 된다는 법칙적인 조건을 나타낸다.

예 ▪ 꼬리가 길**면** 밟히는 법이다.
▪ 누구나 세월이 가**면** 늙는 법이야.
▪ 노인이 따로 있는 것이 아니고 젊은이가 늙**으면** 노인이 되는 것이다.

4참 '-게 되다, -는 것이다/법이다' 등의 단정을 나타내는 말과 같이 쓰인다.

5. 습관적이고 반복적인 조건을 나타낸다.

예 ▪ 평소에는 잘 하다가도 시험장에만 가**면** 긴장되고 떨려.
▪ 거기 가기만 하**면** 꼭 그를 만나게 되네.
▪ 길에서 개를 만나**면** 언제나 쓰다듬는 버릇이 있다.

5참 '-면 꼭', '-면 반드시'의 꼴로 자주 쓰인다.

2. 가정을 나타낸다

1. [가능성이 별로 없는 일에 대해] 그러하고 싶다는 가정을 나타낸다.

예 ▪ 내가 백만장자가 되**면** 너한테 비싼 자동차 사 줄게.
▪ (여름에) 지금이 겨울이**면** 스키 타러 갈 텐데.
▪ 내가 미국에서 태어났**으면** 영어를 잘 했겠지.

1참 이 경우 '-는다면, -라면' 등으로 바꿔 쓸 수 있다. 의미 차이에 대해서는 아래 도움말(p. 319) 참고.

2. ['-면 하다/싶다/좋겠다 등'의 꼴로 쓰여] 희망이나 바람을 나타낸다.

예 ▪ 바닷가에 한 번 다녀오**면** 좋을 텐데.
▪ 아빠, 우리도 한국에서 살**면** 좋겠어.
▪ 저 아이에게 청소라도 좀 시켰**으면** 해요.
▪ 나는 네가 우리 집에 자주 왔**으면** 해.
▪ 이번 가을에 이사를 했**으면** 좋겠어요.
▪ 너무 답답해서 어디라도 좀 다녀왔**으면** 싶은 마음이 생겼다.

2참 '-았-' 뒤에 쓰이기도 하는데 이 때의 '-았-'은 과거 시제를 나타내는 것이 아니라, 희망하는 내용이 완전히 이루어지기(완료)를 나타내는 것이다.

관련어 -았으면 싶다, -았으면 하다

3. 뒤의 사실의 근거 등을 나타낸다

1. 뒤의 사실의 내용을 말하는 데에 근거가 되는 것을 나타낸다.

예 ▪ 자세히 뜯어보**면** 결코 잘 생긴 얼굴이 아니다.
▪ 진수가 오늘 잘 노는 것을 보**면** 병이 좀 나은 모양이다.
▪ 나도 알고 보**면** 좋은 사람이야.

1참 뒤의 사실에 서술문이 쓰이며, '-거든'과 바꿔 쓸 수 없다.

2. [예를 들어 설명하는 말들과 어울려 쓰여] 뒷내용을 설명하는 것을 나타낸다.

예 ▪ 다시 말하**면** 진리는 말로 표현할 수 없다는 것이다.
▪ 일반적으로 말하**면** 한국이 이에 속한다.
▪ 바꿔 말하**면** 성공하기 위해서는 끊임없이 노력해야 한다.
▪ 한마디로 요약하**면** 다음과 같다.
▪ 생각해 보**면** 너도 참 좋은 사람이다.

4. 종결 어미처럼 쓰인다

1. [뒷말이 생략된 채 '-았으면'의 꼴로 쓰여] 그렇게 되기를 바라거나 희망하는 것을 나타낸다.

예 ▪ 나도 너처럼 운동을 잘 했**으면**.
▪ 올해는 꼭 고향에 가 봤**으면**.
▪ 이번에는 꼭 합격했**으면**.
▪ 남북이 모두 행복하고 사이좋게 잘 살았**으면**.

1참 '꼭 합격했으면 좋겠어.'와 같이 뒷말이 생략된 채 쓰인다.

도움말

'조건'을 나타내는 '-면'과 '-다면'의 비교:

-면은 현실성을 쉽게 믿을 수 있는 조건을 나타내므로 직접적인 데 반해, **-다면**은 가정하여 조건으로 삼는 것이므로 그런 일이 일어날 가능성이 적거나 별로 없는 것, 사실이 아닌 것을 가정하는 의미를 나타낸다.

예 1: 비가 오**면** 소풍을 안 간다.

예 2: 비가 **온다면** 소풍을 안 간다.

예 1은 사실적인 조건의 뜻을 나타내고, 예 2는 가정하여 조건으로 삼는 뜻을 나타낸다.

예 3: 21세기가 되**면** 과학이 발달할 것이다.

예 4: 21세기가 **된다면** 과학이 발달할 것이다.(??)

예 3은 자연스러운 조건이 되지만, 예 4의 경우, 시간의 흐름은 가정적인 사실이 아니므로 이를 가정적인 조건으로 이야기하였기 때문에 어색하다.

-면 되다 【그냥 오**면 돼요.**】

결합정보 ☞ -면

관용구

1. '다른 것은 그냥 두고 그것만 갖추어지기를 원하는 것'을 나타낸다.

예 ▪ 진수: 제가 뭘 가지고 갈까요? 유미: 그냥 오시**면 돼요**.
▪ 신용 카드를 잃어버렸어요. 어디로 전화하**면 돼요**?
▪ 은행으로 가**면 돼요**.
▪ 저는 교통만 편리하**면 돼요**.

도움말

'-면 되다'와 '-아도 되다'의 비교:

'-면 되다'는 어떤 조건을 갖추기만 하면 되는 것을 나타내는 데 반해, '-아도 되다'는 '허락'이나 '허용'을 나타내는 것으로 혼동하지 말아야 한다.

예1: 카드로 계산**해도 됩니다**.

지금 나**가도 돼요**?

내일은 학교에 오지 않**아도 돼요**.

위의 예문들은 카드로 계산해도 되고, 지금 나가도 되고, 내일 학교에 오지 않아도 되는 것을 허용하는 것이다.

-면 -ㄹ수록【하면 할수록~】

관용구

1. 그 정도가 심해지는 것을 나타낸다.

예 ▪ 방송국 일은 하**면** **할수록** 어려운 것 같아요.
▪ 해가 가**면** **갈수록** 우리의 문명은 더욱 복잡해지고 있다.

예 가면 **갈수록**, 먹으면 먹**을수록**, 하면 **할수록**

-면 몰라도【그 쪽에서 오**면** **몰라도**~】

관용구

1. 실현되기 어려운 조건을 들어 말하면서 그 뒤에 오는 내용을 강조하여 말하는 것을 나타낸다.

예 ▪ 그 쪽에서 오**면** **몰라도** 우리가 갈 수는 없어요.
▪ 거짓말을 하**면** **몰라도** 진수가 일등 했을 리는 없을 것이다.
▪ 숙제를 다 했**으면** **몰라도** 그 전에는 친구랑 놀 수 없어.
▪ 너**라면** **몰라도** 다른 사람이랑은 같이 안 갈래.

결합정보 ☞ -면

전참 1. '-라면 몰라도/-는다면 몰라도/-자면 몰라도'의 꼴로도 쓰인다. 예 그 쪽에서 **온다면** **몰라도** 우리가 갈 수는 없어요. 2. '-는다면/라면/자면 몰라도'를 쓰면 실현되기 어려운 가정을 나타낸다.

-면서【텔레비전을 보**면서**~】

『**-면서**는 받침 없는 동사, 형용사와 '이다' 뒤에, **-으면서**는 받침 있는 동사와 형용사 뒤에 쓰인다』

어미 연결 어미

예 가**면서**, 비싸**면서**, 학생이**면서**, 먹**으면서**, 높**으면서**

1. 동시에 동작이 이루어지는 것을 나타낸다

1. [동작을 나타내는 동사에 쓰여] 앞의 사실과 뒤의 사실의 동작이 동시에 일어나는 것을 나타낸다.

예 ▪ 나는 텔레비전을 보**면서** 밥을 먹었다.
▪ 차를 마시**면서** 이야기를 할까요?
▪ 운전하**면서** 전화하지 마십시오.
▪ 진수는 비를 맞**으면서** 택시를 기다리고 있었다.
▪ 그녀가 웃**으면서** 말했다.

1참 앞에 오는 주어와 뒤에 오는 주어가 같다.
비슷 -며

2. 두 가지 사실이 겸하여 있는 것을 나타낸다

1. [형용사에 쓰여] 두 가지 이상의 사실이나 상태가 동시에 나타나는 것을 뜻한다.

예 ▪ 부드러우**면서** 가벼운 옷감.
▪ 바다는 푸르**면서**도 검은 물빛을 반짝이고 있었다.
▪ 그런데 참 신기하**면서**도 고마운 것이 있습니다.

1참 보조사 '도'가 함께 쓰여 그 의미를 강하게 나타내기도 하다.
비슷 -며

예 ▪ 자연은 인간의 어머니이**면서** 삶의 고향이다.
▪ 그 분은 좋은 학자이**면서** 경건한 신앙인이기도 했다.

1참 ['이다'에 쓰여] 두 가지 이상의 자격을 동시에 겸함을 나타낸다.
비슷 -며

2. 어떤 동작이나 상태가 지속되면서 또 다른 동작이나 상태가 아울러 나타나는 것을 뜻한다.

예 ▪ 사랑을 잃**으면서** 자신을 잃었다.
▪ 돈도 못 받**으면서** 그런 일까지 왜 해요?
▪ 이 약 저 약 사 먹**으면서** 견뎌 보았다.

3. 앞의 동작이나 상태가 비롯됨으로써 뒤의 사실의 동작이나 상태가 아울러 나타나는 것을 뜻한다.

예 ▪ 5월이 되**면서** 벌써 더워지기 시작했다.
▪ 나는 나이가 들어가**면서** 돈이 전부가 아니라는 생각을 하게 되었다.
▪ 날씨가 풀리**면서**부터 여기저기 물웅덩이가 생겨났다.

3참 1. 앞의 사실과 뒤의 사실의 내용이 동시에 일어나는 것은 아니다. 2. '-면서부터'의 꼴로도 쓰인다.
비슷 -며

3. 맞서는 관계를 나타낸다

1. [앞의 사실과 뒤의 사실에 대립되는 내용이 쓰여] 두 가지 이상의 사실이나 동작, 상태가 맞서 있는 것을 나타낸다.

예 ▪ 자기는 놀**면서** 우리만 청소를 시킨다.
▪ 제가 바보이**면서** 남을 바보라고 한다.
▪ 그 사람은 부자이**면서**도 늘 헌옷만 입고 다녀요.
▪ 유미는 나를 알**면서**도 모르는 척했다.
▪ 그 사람을 미워하**면서**도 한편으로는 그리워하는 마음이 들어요.
▪ 나는 그 소리를 들었**으면서**도 못 들은 척 가만히

1참 1. '-았' 뒤에 쓰인다. 예 자기도 놀**았**으면서... 2. 보조사 '도'가 함께 쓰여 그 의미를 강조하기도 한다. 예 지금 화를 내면서**도** 아니라고 한다.

있었다.

도움말

'-면서'와 '-며'의 비교: ☞ '-며'의 도움말(p. 316).

-면 안 되다 【이 곳에 주차하**면 안 됩니다.**】

결합정보 ☞ -면

관용구

1. 어떠한 행동을 하지 말라고 금지하는 것을 나타낸다.

예 ▪ 이 곳에 주차하**면 안 돼요**.
▪ 도서관에서는 떠들**면 안 됩니다**.
▪ 이 영화는 미성년자가 보**면 안 된다**.

비슷 -아서는 안 되다

전참 '-아도 되다'는 허락의 의미를 나타낸다. 예 이곳에는 주차**해도 됩니다**.

-면 좋겠다 【우리 집에 오**면 좋겠다.**】

결합정보 ☞ -면

관용구

1. 말하는이의 소망이나 바람을 나타낸다.

예 ▪ 네가 우리 집에 오**면 좋겠다**.
▪ 이 옷에 어울리는 구두를 사**면 좋겠는데요**.
▪ 내일은 비가 안 왔**으면 좋겠어**.
▪ 이런 마을에서 살**면 좋겠어**.

전참 현실과 다르거나 현실에서 이루어질 수 없는 상황을 가정하기도 한다. 예 키가 5센티미터만 더 컸**으면 좋겠다**.

-면 -지 【잠을 자**면** 잤**지~**】

결합정보 ☞ -면

관용구

1. ['-면 -지 ~않다'의 꼴로 쓰여] 앞의 내용을 가정하더라도 뒤의 내용이 되지 않음을 강조하여 말하는 것을 나타낸다.

예 ▪ 돈이 모자라**면** 모자라**지** 남지는 않아요.
▪ 옷을 사**면** 사**지** 빌려 입지는 않겠어요.

2. ['-면 -았지 ~않겠다'의 꼴로 쓰여] 앞의 사실의 행동을 할지라도 뒤의 사실에 오는 내용을 하지 않으

리라는 뜻을 나타낸다.

예 ▪ 잠을 자**면** **잤지** 그런 데에는 가지 않겠다.
▪ 죽**으면** 죽**었지** 항복하지 않겠다.
▪ 굶**으면** 굶**었지** 빌어먹지는 않겠다.

-므로 【사계절이 뚜렷하**므로**~】

『**-므로**는 받침 없는 동사, 형용사, '이다' 뒤에, **-으므로**는 받침 있는 동사, 형용사와 '-았-', '-겠-' 뒤에 쓰임』

어미 연결 어미

1. 앞의 사실이 뒤의 사실의 근거가 되는 것을 나타낸다. '-기 때문에'의 뜻.

예 ▪ 한국은 사계절이 뚜렷하**므로** 지내기가 좋다.
▪ 위의 사람은 타의 모범이 되**므로** 이에 표창함.
▪ 진수는 고등학생이**므로** 술집에 갈 수 없다.
▪ 중국에 갔을 때에는 11월이었**으므로** 나뭇잎이 다 떨어져 있었다.
▪ 그의 말이 사실이겠**으므로** 더 이상 논의할 필요가 없다.

예 가**므로**, 비싸**므로**, 학생이**므로**, 먹**으므로**, 높**으므로**, 잡았**으므로**, 잡겠**으므로**

비슷 -기에

관련어 -아서, -니까, -느라고

전참 1. 뒤의 사실에는 앞의 사실의 결과를 나타내는 내용이 온다. 2. 일상적인 말에는 잘 쓰이지 않고 논리적인 글말에 주로 쓰인다.

도움말 1

1. '-기에'와 '-므로'의 비교: ☞ '-기에'의 도움말 (p. 82).
2. '-므로'는 '-아서'와 같이 단순한 원인 제시가 아니므로 최초의 발화에는 쓸 수 없다.

도움말 2

'-므로'와 '-ㅁ으로써'의 구별:
'-므로'는 까닭의 의미를 나타내고, '-ㅁ으로써'는 수단, 방법의 의미를 나타낸다. '-므로'는 '-므로써'가 되지 않지만, '-ㅁ으로'는 '-ㅁ으로써'가 가능하다.

예 1: 꽃을 수출**함으로써** 돈을 번다.(○)
예 2: 꽃을 수출하므로써 돈을 번다.(×)

-므로써

가표제어

1. '-ㅁ으로써'의 잘못. ☞ -ㅁ으로써(p. 305)

예 ▪ 사람이란 사람다운 지조가 있**음으로써**(○)/있으므로써(×) 사람인 것이 아닙니까?

▪ 토의를 **함으로써**(○)/하므로써(×) 서로 경험을 나누게 된다.

전참 명사처럼 쓰이게 만드는 어미 '-ㅁ'에다가 조사 '으로써'가 쓰인 '-ㅁ으로써'를 잘못 분석한 것이다.

-ㅂ니까 【무엇을 **합니까**?】

『**-ㅂ니까**는 받침 없는 동사, 형용사, '이다' 뒤에, **-습니까**는 받침 있는 동사, 형용사, '-았-', '-겠-' 뒤에 쓰임』

어미 종결 어미

말아주높임 직장상사, 어른에게(공식적)

예 **갑니까**, 공부**합니까**, 예**쁩니까**, 학생**입니까**, 먹**습니까**, 좋**습니까**, 먹었**습니까**, 먹겠**습니까**

1. 말하는이가 듣는이에게 어떤 동작이나 상태, 사실을 (정중하게) 물어 보는 뜻을 나타낸다.

예 ▪ 진수는 지금 무엇을 **합니까**?

▪ 저 사람이 누구**입니까**?

▪ 이것은 무엇**입니까**?

▪ 화장실은 어디에 있**습니까**?

형태관련어 -습니까

2. [의문문의 형식이지만 대답을 요구하지 않는 꼴로 쓰여] 그 내용을 더 강조하여 말하는 것을 나타낸다.

예 ▪ 우리 가족이 이렇게 건강한 것이 얼마나 감사**합니까**?

▪ 앞으로 수많은 인력과 인재가 필요할 텐데 왜 인구를 줄**입니까**?

▪ 세상에 그런 법이 어디 있**습니까**?

-ㅂ니다 【미안**합니다.**】

『**-ㅂ니다**는 받침 없는 동사, 형용사, '이다' 뒤에, **-습니다**는 받침 있는 동사, 형용사, '-았-', '-겠-' 뒤에 쓰임』

어미 종결 어미

말아주높임 직장상사, 어른에게(공식적)

예 **갑니다**, 공부**합니다**, 예**쁩니다**, 학생**입니다**, 먹**습니다**, 좋**습니다**, 먹었**습니다**, 먹겠**습니다**

1. 말하는이가 듣는이에게 현재의 동작이나 상태, 사실을 정중하게 설명하여 알리는 것을 나타낸다.

예 ▪ 저는 학교에서 일**합니다**.
▪ 사람을 기다**립니다**.
▪ 저는 야구를 좋아**합니다**.
▪ 미안**합니다**.
▪ 사랑**합니다**.

형태관련어 -습니다

-ㅂ시다 【우리 같이 **갑시다**.】

『**-ㅂ시다**는 받침 없는 동사와 몇몇 형용사에, **-읍시다**는 받침 있는 동사 뒤에 쓰인다』

어미 종결 어미

말조금높임 늙은 부부 사이, 아랫사람을 조금 높여서(어른말)

예 **갑시다**, 부지런**합시다**, 충실**합시다**, 먹**읍시다**

1. 어떤 행동을 같이 하자고 권유하는 것을 나타낸다.

예 ▪ 우리 같이 **갑시다**.
▪ 당장 나**갑시다**.
▪ 자, 우리 한 잔 **합시다**.
▪ 우리 먼저 먹**읍시다**.

관련어 -자, -세

전참 1. 입말에 쓰인다. 2. 존대의 '-시-'가 쓰인 '-십시다'는 '-ㅂ시다'보다 더 높여 말하는 뜻을 나타낸다. 예 형님, 우리 하고 같이 **갑시다/가십시다**.

2. 듣는이에게 그렇게 할 것을 요구하는 것을 나타낸다.

예 ▪ 나 좀 **봅시다**.
▪ 거 좀 조용히 **합시다**.
▪ 표 좀 **팝시다**.
▪ 담배 좀 피우지 **맙시다**.

3. 말하는 이가 그렇게 하는 것에 대해 듣는이의 양해를 얻고자 할 때 쓰인다.

3참 주어가 일인칭이다.

예 ▪ 택시 좀 같이 **탑시다**.
▪ 담뱃불 좀 빌**립시다**.
▪ 운전사 양반, 나 좀 내**립시다**.
▪ 그렇다면 하나 더 물어 **봅시다**.

4. ['치다, 하다' 등과 함께 쓰여] 청유하는 뜻 없이 그러하다고 가정하는 것을 나타낸다.

예 ▪ 당신 말이 백 번 다 옳다고 **칩시다**.
▪ 여보, 산책 나온 셈 **칩시다**.
▪ 여기 사랑하는 사람이 있다고 **합시다**.

밖에 【조금**밖에** 없어요.】

『받침이 있든 없든 **밖에**가 쓰인다』

예 너**밖에**, 지금**밖에**

조사 보조사

1. [반드시 부정의 내용을 나타내는 문장에서, 명사, 부사, '-아서', '-기' 등에 붙어] '~ 이외에는', '~ 말고는'의 뜻.

예 ▪ 다섯 명**밖에** 안 왔어요.
▪ 점심 시간이 20분**밖에** 안 남았어요.
▪ 짐은 트렁크 하나**밖에** 없어요.
▪ 그렇게**밖에** 할 수 없었어.
▪ 회사까지는 두 정류장**밖에** 안 된다.

관련어 만, 뿐

전참 말하는이가 이것에 대해 만족스럽게 생각하지 않음의 뜻을 나타낼 수도 있다.

도움말 1

'밖에'와 '만'의 비교:
'밖에'가 쓰인 부정 표현과 '만'이 쓰인 긍정 표현이 같은 뜻을 나타낸다.

예 1: 우리 반에는 여자들**밖에** 없다. → 우리 반에는 여자들**만** 있다.
예 2: 그들은 노는 것**밖에** 모른다. → 그들은 노는 것**만** 안다.

도움말 2

'밖에'와 '외에':
일정한 범위 안에 들지 않는 것을 가리키는 의미로 '밖 + 에'를 사용하기도 하는데, 이것은 '외에'로 바꿔 쓸 수 있다. 이 때의 '밖'은 명사이다. 그 뜻은 '일정한 한도나 범위에 들지 않는 나머지 다른 부분이나 일'이다.

예 1: 이 교실에는 학생들과 선생님들, 그 **밖에**/그 **외에** 학부모들까지 있어 발 디딜 틈이 없다.
예 2: 이 **밖에도** 다른 가설이 많다.

보고 【너보고 오래.】

『받침이 있든 없든 **보고**가 쓰인다』

조사 부사격 조사

예 아내**보고**, 남편**보고**

부사어를 나타낸다

1. [주로 사람을 나타내는 말 뒤에서, 간접 인용의 내용에서 가리킴의 대상이 되는 말에 붙어 쓰여] '더러', '에게'의 뜻.

예 ▪ 토마스 씨**보고** 몸조리 잘 하라고 전해 주세요.
▪ **나보고** 같이 가자고?
▪ 누가 너**보고** 가랬니?
▪ **나보고** 어떡하란 말이에요.
▪ 누가 당신**보고** 먹지 말라고 했어.

2. [행동이 미치는 대상이 되는 말에 붙어 쓰여] '에게', '를'의 뜻.

예 ▪ **나보고** 욕하지 마세요.
▪ **나보고** 손가락질하더니 혹 너마저 나를 조롱하는 것은 아니겠지?
▪ 누구**보고** 원망하겠니.

3. 묻는 따위의 행동이 미치는 대상임을 나타낸다. '에게'의 뜻.

예 ▪ 왜 자꾸 **나보고** 물어 봐.
▪ 누구**보고** 하는 소린지 모르겠네.
▪ 당신**보고** 한 말이 아니니까 그만둡시다.

비슷 더러, 에게, 한테

전참 입말에 쓰인다.

1참 뒤에 '-다', '-냐', '-라', '-자' 꼴의 절이 온다.

2참 '욕하다, 손가락질하다'와 같이 '-다고' 꼴의 절을 취하는 서술어와 함께 쓰인다.

3참 '묻다, 하다'와 같은 서술어와 함께 쓰인다.

도움말

'보고'와 '에게'의 비교:
'보고'는 '에게'의 뜻이지만 '에게'에 비해 함께 쓰이는 동사가 제약된다. 간접 인용문이나 '말하다, 묻다, 욕하다' 등과 함께 쓰이고, 직접 대면하여 이야기하는 상황에서만 쓸 수 있다.

예 1: 김 선생님**보고** 전화했다./편지를 썼다. (×)

예 2: 김 선생님**에게** 전화했다./편지를 썼다. (○)

'전화를 하거나 편지를 쓰는 것'과 같이 직접 대면하지 않는 것에는 '보고'는 쓸 수 없고, '에게'만 쓸 수 있다.

보다 【버스**보다** 빠르다.】

『받침이 있든 없든 **보다**가 쓰인다』

조사 부사격 조사

예 아내**보다**, 남편**보다**
부사어를 나타낸다

1. 〔서로 차이가 있는 것을 비교하는 경우, 비교의 대상이 되는 말에 붙어 쓰여〕 '~에 비해서'의 뜻.

예 ▪ 제가 제임스**보다** 6개월 빨리 왔어요.
▪ 제 방이 그 방**보다** 좀 더 커요.
▪ 여자가 남자**보다** 더 오래 산다.
▪ 지하철이 버스**보다** 조금 빠릅니다.
▪ 생각**보다** 돈이 많이 들어요.

전참 1. '더, 더욱, 훨씬' 등의 부사가 자주 나타나기도 한다. 2. 비교하면서 특별히 대조를 나타낼 때는 '보다는', '보담'의 꼴이 쓰이기도 한다. 예 생각**보다는/보담** 돈이 많이 들어요.

도움말

'보다'의 특성:
나이를 비교한다든가 할 때에는 그 정도를 비교하는 것이 아니기 때문에 '더, 더욱, 훨씬' 등의 부사가 쓰이지 않는다.

예 1: 우리**보다** 3년 선배였던 그 언니(○)/우리보다 3년 **더** 선배(×)
예 2: 우리 언니는 나**보다** 두 살 위이다.(○)/우리 언니는 나보다 두 살 **더** 위이다.(×)

부터 【내일**부터** 휴가다.】

『받침이 있든 없든 **부터**가 쓰인다』

조사 '~부터 ~'의 꼴로 쓰인다.

예 어제**부터**, 오늘**부터**, 내년**부터**

1. 〔시간을 나타내는 말에 붙어〕 어떤 일에 관련된 범위의 시작점을 나타낸다. '어떤 시기가 시작되는 때에 이어서 그 후에'의 뜻.

예 ▪ 정문에서 오후 세 시**부터** 네 시까지 기다리겠습니다.
▪ 13세**부터** 59세 사이의 남자.
▪ 오늘**부터** 날마다 편지를 쓸지도 모릅니다.
▪ 사춘기**부터** 남녀의 모습은 뚜렷하게 차이가 난다.

전참 1. '에서부터'나 '로부터'의 꼴로도 쓰인다. 2. 〔~에서부터 ~까지〕〔~에서 ~까지〕〔~부터 ~까지〕의 꼴로 쓰인다. 예 봄에서부터 가을까지/봄에서 가을까지/봄부터 가을까지.

조사 보조사

1. 〔어떤 행동이나 행동의 주체나 대상을〕 시작으로 하여'의 뜻.

예 ▪ 집에 들어오면 손**부터** 씻어라.
▪ 화가 났는지 여자는 뺨**부터** 한 차례 때렸다.
▪ 사랑하지도 않으면서 결혼**부터** 하면 어떻게 하니?
▪ 우리는 자리에 앉자마자 술**부터** 마셔 댔다.

1참 1. 시간의 의미를 나타내지 않는 말에 붙어 쓰인다. 2. '우선, 먼저' 등과 함께 쓰이기도 한다.

2. 그것이 다른 행위나 상태의 기본이 되는 것을 나타낸다.

예 ▪ 우선 생각**부터** 옳아야 할 것이다.
▪ 제비가 박씨를 물어다 준 일**부터** 예사롭지 않다.

3. 말하는이가 어떤 행해진 행위에 대해 기준시보다 이르게 행해졌다고 생각했을 경우에 쓰인다.

3참 1. '까지'와 함께 쓰일 수 없다. 2. '서부터'의 꼴로도 쓰인다.

예 ▪ 피곤한지 초저녁**부터** 졸렸다.
▪ 대낮**부터** 웬일이세요?
▪ 그런데 식전**부터** 웬일이니?

4. ['당초, 본시, 원래' 등 '처음'을 뜻하는 말에 붙어 쓰여] 앞말을 단순히 강조하는 것을 나타낸다.

4참 '부터'가 생략될 수 있다. 예 나는 **본래** 그런 사람이야.

예 ▪ 그래, 난 본래**부터** 그런 사람이야.
▪ 아버지는 원래**부터** 남을 야단치지 못할 만큼 마음이 약하시다.

뿐 【오직 네 생각**뿐**이다.】

『받침이 있든 없든 **뿐**이 쓰인다』

예 소리뿐, 말뿐, 소문뿐

조사 보조사

관련어 만

1. ['~뿐이다'의 꼴로 쓰여] '~만 있고 다른 것은 없다'는 뜻.

예 ▪ 우리가 믿고 의지할 것은 가족**뿐**이다.
▪ 제가 할 줄 아는 한국말은 인사말**뿐**이에요.
▪ 휴가가 일 년에 5일**뿐**이다.

2. ['이다' 연결문에서 '이다'가 생략된 채 쓰여] '~만 있고'의 뜻.

2참 '뿐' 뒤에 쉼이 있다.

예 ▪ 주룩주룩 떨어지는 빗소리**뿐** 사방이 조용했다.
▪ 어둠과 바람 소리**뿐** 어디에도 불빛 하나 없었다.

3. ['~뿐 아니다'의 꼴로 쓰여] '~만 한정하여 말하는

것'의 뜻.

예 ▪ 제인이 놀라운 것은 한국말 솜씨**뿐**만은 아니었다.
▪ 급한 것은 너**뿐** 아니야.

4. ['~뿐(만) 아니라'의 꼴로 쓰여] '그것 외에도 더'의 뜻.

예 ▪ 저는 경주**뿐** 아니라 부여에도 여러 번 다녀왔어요.
▪ 서울의 남대문 시장은 한국에서**뿐**만 아니라 세계적으로 잘 알려진 곳입니다.

3참 흔히 '비단 ~뿐만 아니다'의 꼴로 쓰인다.

도움말

의존 명사 '뿐':
'-ㄹ 뿐이다'에 쓰인 '뿐'은 의존명사이므로 띄어 쓴다.
예 1: 아까부터 아무리 달래도 울기만 **할 뿐이다**.
/그가 나를 이해해 주기만을 바**랄 뿐이다**.

서[1] 【혼자**서** 살아요.】

『몇몇 받침 없는 말 뒤에 쓰인다』

조사 주격 조사

예 혼자**서**, 둘**이서**, 셋**이서**
주어를 나타낸다

1. ['혼자', '둘이', '셋이', '넷이' 등 사람이 주어인 말에 붙어 쓰여] 그 말이 주어임을 나타내고, 그 '수'를 강조한다.

예 ▪ 우리 둘이**서** 살고 있어요.
▪ 혼자**서** 식사를 할 때면 집 생각이 난다.
▪ 친구끼리 셋이**서** 자취하기로 했어요.

서[2] 【어디**서** 만날까.】

조사 부사격 조사

예 어디**서**, 저기**서**
부사어를 나타낸다

1. '에서'의 준말. ☞ 에서(p. 405)

본말 에서
전참 입말에 쓰인다.

예 ▪ 나는 시골**서** 삽니다.
▪ 어디**서** 왔습니까?
▪ 멀리**서** 성당의 종소리가 들려왔다.

조사 주격 조사

주어를 나타낸다

1. '에서'의 준말. ☞ 에서(p. 405)

예 ▪ 배구 시합은 삼성**서** 이겼어.
▪ 이번 시합은 우리 학교**서** 이겼어.
▪ 장 사장네 회사**서** 도와 준대.

서부터 【여기**서부터** 하자.】

조사 부사격 조사

예 거기**서부터**, 서울**서부터**

1. '에서부터'의 준말. ☞ 에서부터(p. 407)

본말 에서부터

예 ▪ 거기**서부터** 산 밑까지는 밭이었다.
▪ 대전**서부터** 호남선과 경부선은 갈라진다.
▪ 어디**서부터** 얘기를 해야 될지 모르겠어요.
▪ 여기**서부터** 앞으로만 곧장 가면 돼요.

-세 【한 잔 하러 가**세**.】

『**-세**는 받침 없는 동사와 '하다'로 끝나는 몇몇 형용사 뒤에, **-으세**는 받침 있는 동사 뒤에 쓰인다』

예 가**세**, 부지런하**세**, 잡**으세**

어미 종결 어미

말조금낮춤 스승이 제자에게, 장인·장모가 사위에게(어른말)

1. 함께 하자고 권유하는 것을 나타낸다.

전참 입말에 쓰인다.

예 ▪ 한 잔 하러 가**세**.
▪ 우리 서로 마음껏 마시고 즐겨 보**세**.
▪ 자, 우리 모두 좀 더 침착하**세**.
▪ 자, 이쪽으로 앉**으세**.

2. 듣는이에게 그렇게 할 것을 요구하는 것을 나타낸다.

예 ▪ 김 서방, 나 좀 보**세**.
▪ 좀 조용하**세**.

3. 말하는이가 자신의 행동에 대해 듣는이의 양해를 얻고자 할 때 쓰인다.

3참 일인칭 주어와 쓰인다.

예 ▪ 자, 나 좀 지나가**세**.
▪ 내가 먼저 시작하**세**.

4. [‘치다, 하다’와 같이 쓰여] 청유의 의미 없이 그러하다고 가정하는 것을 나타낸다.

예 ▪ 그래, 복권에 당첨이 되었다고 치**세**. 그 돈으로 뭘 하고 싶은가?
▪ 우리가 이겼다고 하**세**.

-세요 【김 선생님도 오**세요.**】

『-**세요**는 받침 없는 동사, 형용사와 ‘이다’ 뒤에, -**으세요**는 받침 있는 동사와 형용사 뒤에 쓰인다』

어미 종결 어미

친한사이 말높임 선배, 어른에게

예 가**세요**, 예쁘**세요**, 학생이**세요**, 잡**으세요**, 좋**으세요**

1. 문장의 주어를 높여서, 현재의 동작이나 상태에 대해 알리는 것을 나타낸다.

예 ▪ 내일 김 선생님도 오**세요**. 그러니까 같이 갑시다
▪ 할머니께서는 시골에서 사**세요**.
▪ 부모님들께선 자기 자식이 잘 되는 걸 가장 기뻐하**세요**.

2. [일정한 억양과 함께 쓰여] 감탄을 나타낸다.

예 ▪ 아, 형님이**세요**.
▪ 아휴, 선생님 이제 오**세요**.

3. 문장의 주어를 높여서, 듣는이에게 물어 보는 뜻을 나타낸다.

예 ▪ 할머니도 어디 가**세요**?
▪ 선생님, 무슨 음식을 좋아하**세요**?
▪ 내일 저녁 때 시간 있**으세요**?

4. [의문문의 형식이지만 대답을 요구하지 않는 꼴로 쓰여] 단정하거나 강하게 부정하는 것을 나타낸다.

예 ▪ 진수 씨의 실수가 그뿐인 줄 아**세요**?
▪ 내 꼴이 우습지 않**으세요**?

5. [동사에 쓰여] 명령하거나 권유하거나 요청하는 것을 나타낸다.

예 ▪ 엄마, 저거 사 주**세요**.

전참 1. 존대를 나타내는 어미 ‘-시-’와 종결 어미 ‘-어요’가 결합된 ‘-시어요’가 줄어서 된 말. ‘-셔요’보다 ‘-세요’의 꼴이 더 많이 쓰인다. 예 김 선생님도 오**셔요**.
2. 입말에 쓰인다.

- 저 은행 앞에서 내려 주**세요**.
- 여기들 앉**으세요**.

–소 【이만 가겠**소**.】

『–**소**는 받침 있는 동사, 형용사와 '–았–', '–겠–' 뒤에, –**오**는 받침 없는 동사, 형용사와 '이다' 뒤에 쓰인다. 받침 있는 동사, 형용사 뒤에서 더러 –**으오**가 쓰인다』

예 받**소**, 고맙**소**, 잡았**소**, 잡겠**소**, 가**오**, 바쁘**오**, 학생이**오**, 잡**으오**

어미 종결 어미

말조금높임 늙은 부부 사이, 아랫사람을 조금 높여서(어른말)

1. 현재의 동작이나 상태에 대한 알리는 것을 나타낸다.

예
- 그럼 이만 가겠**소**.
- 날씨가 생각보다 추운 것 같**소**.
- 여보, 다녀왔**소**.
- 빨리 마치고 돌아오겠**소**.
- 내 힘이 닿는 데까지 노력하겠**소**.

전참 1. 입말에 쓰인다.
2. '–소'는 '–시–'와 같이 쓰이지 않지만 '–오'는 '–시–'와 같이 쓰인다.
예 같이 안 가시소?(×)
같이 안 가시오?(○)

2. 감탄하여 말하는 것을 나타낸다.

예
- 세상에 별 험한 일도 다 있**소**.
- 걱정했는데 칭찬해 주니 고맙**소**.
- 오랜만에 산에 오르니 참 좋**소**그려.

2참 '그려'와 함께 쓰이기도 한다.
비슷 –구려

3. 듣는이에게 물어 보는 뜻을 나타낸다.

예
- 무슨 일이 있**소**?
- 냄새를 맡아도 모르시겠**소**?
- 같이 안 가시겠**소**?
- 건강은 괜찮**소**?

4. [의문문의 형식이지만 대답을 요구하지 않는 꼴로 쓰여] 말하고자 하는 사실을 강조하는 것을 나타낸다.

예
- 왜 그리 눈치가 없**소?**
- 설마 이 힘든 생활이 오래야 가겠**소**?
- 거지가 찬 밥 더운 밥 가리겠**소?**

–습니까 【어디에 있**습니까**?】

『**–습니까**는 받침 있는 동사, 형용사와 '–았–', '–겠–' 뒤에, **–ㅂ니까**는 받침 없는 동사, 형용사와 '이다' 뒤에 쓰인다』

예 먹**습니까**, 좋**습니까**, 잡았**습니까**, 잡겠**습니까**, **갑니까**, 비**쌉니까**, 학생**입니까**

어미 종결 어미

말아주높임 직장상사, 어른에게(공식적)

1. 말하는이가 듣는이에게 (현재의) 동작이나 상황 등을 (정중하게) 물어 보는 뜻을 나타낸다.

쓰기주의 –읍니까(×)

예 ▪ 주차장이 어디에 있**습니까**?
▪ 요즘 건강은 어떻**습니까**?
▪ 언제 한국에 오셨**습니까**?
▪ 수업은 몇 시에 시작**합니까**?

2. [의문문의 형식이지만 대답을 요구하지 않는 꼴로 쓰여] 문장의 내용을 더 강조하여 말하는 것을 나타낸다.

예 ▪ 세상에 그런 법이 어디 있**습니까**?
▪ 발 없는 말이 천 리 간다고 하지 않**습니까**?

–습니다 【만나서 반갑**습니다**.】

『**–습니다**는 받침 있는 동사, 형용사와 '–았–', '–겠–' 뒤에, **–ㅂ니다**는 받침 없는 동사, 형용사와 '이다' 뒤에 쓰인다』

예 먹**습니다**, 좋**습니다**, 잡았**습니다**, 잡겠**습니다**, **갑니다**, 비**쌉니다**, 학생**입니다**

어미 종결 어미

말아주높임 직장상사, 어른에게(공식적)

1. 말하는이가 듣는이에게 현재의 동작이나 상황을 정중하게 설명하여 알리는 것을 나타낸다.

쓰기주의 –읍니다(×)

예 ▪ 만나서 반갑**습니다**.
▪ 영숙이는 지금 학교에 있**습니다**.
▪ 저는 한국어 공부를 하고 있**습니다**.
▪ 우리 집 마당에는 나무가 많**습니다**.

–시– 【할머니께서 오**시**네.】

『**–시–**는 받침 없는 동사, 형용사와 '이다' 뒤에, **–으시–**는 받침 있는 동사와 형용사 뒤에 쓰인다』

예 가**시**–, 예쁘**시**–, 학생이**시**–, 잡**으시**–, 높**으시**–

어미 선어말 어미

1. 행동이나 상태의 주체를 높여 존대하는 것을 나타낸다.

예 ▪ 할머니께서 오**신**다.
▪ 선생님은 내 말을 들**으시**고 즐거워하**셨**다.
▪ 하느님은 가장 높**으시**고 전지전능하**시**다.

2. [높임의 대상이 되는 인물과 관련된 신체의 일부나 소유물 등이 주체인 문장에 쓰여] 그 인물을 간접적으로 높이는 것을 나타낸다.

예 ▪ 선생님, 어디 아프**신**가요?
▪ 선생님 댁이 학교에서 꽤 머**시**지요?
▪ 형님이 하시는 일이 잘 되**셔**야 할 텐데….

도움말 1

'–시–'의 쓰임:

1. 주체 존대를 나타낸다. 말하는이보다 나이가 많거나 사회적으로 손윗사람인 주체에게 사용한다.
2. '–시–'는 동사, 형용사의 어간 바로 다음에, 시간을 나타내는 '–았–'이나, '–겠–' 등보다 앞에 붙는다.
   예: 하**시**겠습니다
   하**시**었다 > 하셨다.
3. '–시–'가 사용된 문장의 주어에는 '이/가'보다 '께서'를 사용한다.
   예: 선생님**께서** 가르치**십**니다.

도움말 2

'–시–'에 의한 높임법:

1. 한국어는 '–시–'를 서술어의 어간에 붙여 주체를 높인다.
   예 1: 이분이 선생님이다.→이분이 선생님이**시**다.
   예 2: 가는 사람→가**시**는 사람.
   예 3: 할아버지가 건강하다.→할아버지께서 건강하**시**다.

2. 몇몇 동사는 '–시–'를 붙여 높임을 나타지 않고 높임말이 따로 있다.
   예: 먹다 – **잡수시다**/먹으시다(×)
   예: 자다 – **주무시다**/자시다(×)
3. 다음의 동사들은 두 가지 높임꼴이 다 쓰이는데 다음과 같은 차이가 있다.
   예: 있다 – 계시다/있으시다
   예: 아프다 – 편찮으시다/아프시다
   예 1 : 선생님은 돈이 많이 있**으시**다.(선생님의 소유물을 높임)
   예 1' : 선생님께서 댁에 **계신다**.(선생님 자체에 대한 존대 표현)
   예 1" : 선생님은 돈이 계신다.(×)/선생님께서 댁에 있으시다.(×)

   예 2 : 할머니께서 **편찮으시다**.(할머님 자체에 대한 존대 표현)
   예 2' : 할머님이 치아가 아프**시**다.(할머님의 신체 일부를 높임)
   예 2" : 할머님이 아프시다.(×)/할머님이 치아가 편찮으시다.(×)

–십시오 【이리로 내려오**십시오.**】

『**–십시오**는 받침 없는 동사와 'ㄹ'로 끝난 동사 뒤에, –**으십시오**는 받침 있는 동사 뒤에 쓰인다』

[어미] 종결 어미

[말아주높임] 직장상사, 어른에게(공식적)

예 가**십시오**, 사**십시오**(살다), 잡**으십시오**

1. 윗사람에게 공손하게 명령하거나 권유하는 것을 나타낸다.

[예] ▪ 자, 이리로 오**십시오**.
   ▪ 어서 밖으로 나가**십시오**.
   ▪ 여러분은 항상 열심히 일하는 사람이 되도록 노력하**십시오**.
   ▪ 그런 말은 하지 마**십시오**.
   ▪ 비가 많이 오는 날에는 운전하지 마**십시오**.

2. [시험문제 등과 같은 글말에서] 지시하는 것을 나타낸다.

[예] ▪ 보기와 같이 적당한 자리에 넣**으십시오**.
   ▪ 맞는 것을 고르**십시오**.
   ▪ 질문에 대답하**십시오**.

[쓰기주의] –십시요(×)

[전참] 1. 입말에 쓰인다. 2. 높임의 '–시–'와 명령을 나타내는 '–ㅂ시오'가 붙어 쓰이는 꼴이다. 3. '안녕히 계십시요'나 '어서 오십시요'는 틀린다. '–십시오'나 '–세요'라고 해야 한다. 4. 부정꼴은 '–지 마십시오'이다. ㉓ 담배를 피우**십시오**. →담배를 피우**지 마십시오**.

3. [명령의 뜻 없이] 관용적인 인사말에 쓰인다.

예 ▪ 안녕히 계**십시오**.
▪ 어서 오**십시오**.
▪ 안녕히 주무**십시오**.
▪ 새해 복 많이 받**으십시오**.
▪ 안녕히 가**십시오**.
▪ 이름 좀 말씀해 주**십시오**.

아[1] 【대성아】

『**아**는 받침 있는 말 뒤에, **야**는 받침 없는 말 뒤에 붙어 쓰인다』

예 영숙**아**, 진수**야**

조사 **부르는 말에 붙어 쓰이는 조사**

1. 친구나 자기보다 나이가 어린 사람을 부를 때 사용한다.

예 ▪ 대성**아**, 같이 가자.
▪ 영숙**아**, 숙제 다 했니?
▪ 예슬**아**, 너는 물건을 어떻게 고르겠니?

2. 동물, 사물 등을 사람인 것처럼 부르는 뜻을 나타낸다.

예 ▪ 달**아** 달**아** 밝은 달**아**.
▪ 바람**아** 불어라.
▪ 거북**아** 안녕?

높임 이여, 이시여

전참 1. 외국사람 이름에는 잘 붙이지 않고 그냥 이름만 부른다.
예 마이클**아**(?)/하나코**야**(?)/마이클!(○)/하나코!(○)

도움말

한국에서 이름 부르기:
한국에서는 어른이 되면 서로의 이름을 잘 부르지 않는다. 어릴 때부터 친구 사이인 경우에만 서로의 이름을 부를 수 있다. 더구나 상대방의 나이가 더 많은 경우, 언제나 '**과장님, 사장님, 선생님**' 등과 같이 직업과 관련된 호칭어를 사용하거나, '**선배님**'이라고 불러야 한다. 또한 어른이 되어서 만난 직장의 동료나 아랫사람에게도 이름만 부르면 안 되고, '~ 씨'를 사용하여 '**영숙 씨**, **진수 씨**'라고 불러야 한다.

–아[2] 【편지를 받**아**.】

『–**아**는 모음 'ㅏ, ㅗ' 로 끝난 동사, 형용사 뒤에, –**어**는 'ㅏ, ㅗ' 이외의 모음으로 끝난 동사, 형용사와 '–았–', '–겠–' 뒤에, –**여**는 '하다' 뒤에 쓰인다』

[어미] 종결 어미

[친한사이 말낮춤] 친구에게

예 잡**아**, 높**아**, 먹**어**, 싫**어**, 잡았**어**, 잡겠**어**, **해**

1. 평서문이나 의문문에 쓰인다

[존대] –아요

[전참] 1. 입말에 쓰인다. 2. 주로 입말에서 '같다'의 어간 뒤의 '–아'가 '–애'로 쓰이는데 이는 틀린 것이다. 예 비가 올 것 같애(×)/같**아**(○)

1. 서술하여 알리는 것을 나타낸다.

[예] ▪ 나도 자주 편지를 받**아**.
▪ 배가 고픈 것 같**아**.
▪ 나도 네가 얼마나 힘든지 알**아**.
▪ 저것보다는 이것이 더 좋**아**.
▪ 나는 어제 한숨도 못 잤**어**.

[1참] '–았–, –겠–' 뒤에 쓰인다.

2. 감탄하여 말하는 것을 나타낸다.

[예] ▪ 어머나, 차들이 저렇게 많**아**!
▪ 엄마랑 같이 있으니까 참 좋**아**!
▪ 아이, 일어나기 귀찮**아**.

3. 듣는이에게 물어 보는 뜻을 나타낸다.

[3참] '–았–, –겠–' 뒤에 쓰인다.

[예] ▪ 내가 가도 괜찮**아**?
▪ 은행에서 돈 찾을 줄 알**아?**
▪ 어디 갔다 지금 **와**?
▪ 언제 집에 **가**?

4. [의문문의 형식이지만 대답을 요구하지 않는 꼴로 쓰여] 강하게 부정하는 것을 나타낸다.

[4참] '–았–, –겠–' 뒤에 쓰인다.

[예] ▪ 놀긴 어디서 놀**아**?
▪ 하지만 나도 가만히 있을 줄 알**아**?
▪ 내가 지금 이 시간에 가긴 어딜 **가**?
▪ 나쁜 일이야 생기겠**어**?

2. 명령문이나 청유문에 쓰인다

1. 명령하는 것을 나타낸다.

[예] ▪ 너, 이리 따라**와**!

▪ 지금 당장 거기에 가 **봐**.
▪ 먼저 눈을 감**아**.
▪ 빨리 빨리 걸**어**.
▪ 모르면 잠자코 있**어**. 함부로 나서지 말고.

2. 상대방에게 청유하는 것을 나타낸다.

예 ▪ 우리 모두 같이 **가**.
▪ 너도 같이 먹**어**.
▪ 잠깐만 기다렸다가 같이 떠**나**.

1참 1. 동사에만 쓰인다. 2. '말다'의 '-아' 결합꼴은 '마'이다. 예 가지 **마**(○)/가지 말아(×).

2참 동사에만 쓰인다.

도움말 1

문장 종결을 나타내는 '-아':

1. 존대를 나타내는 '-시-'와 어미 '-어'가 만나서 '-셔'의 꼴로 쓰인다.
   예 1: 선생님께서 지금 수업 중이**셔**.
   선생님께서 어디 가**셔**?
2. 동사, 형용사의 어간이 '-아'나 '-어' 로 끝나는 경우에는, 같은 모음이 반복되므로 둘 중의 하나가 생략된다.
   예 2: 가다 + 아 → **가**
   서다 + 어 → **서**
3. 금지를 나타내는 동사 '말다'와 '-아'가 만나면 '말아'가 아니라 '마'가 된다.
   예 : 가지 **마**(○) / 가지 말아(×)
4. '하다'의 종결 어미 '-여' 결합꼴은 '해'이다. '하여'는 쓰이지 않는다.

도움말 2

'-아'와 '-지'의 비교:

1. '-아'는 이 자체가 가진 어휘적 의미가 거의 없이, 문법적인 의미를 나타내는 어미이고, '-지'는 말하는이가 미리 알고 있는 사실을 듣는이에게 다시 한 번 확인하거나 동의를 구하거나 하는 것을 나타낸다. 따라서 '-아'가 상대방의 의사가 이것인지 저것인지 물어볼 수 있는 데 반해, '-지'는 이미 한 가지를 전제하는 것이므로 그럴 수 없다.
   예 1: 너 내일 학교에 **가**, 안 **가**?(○)
   너 내일 학교에 가**지**, 안 가**지**?(×)
2. 서술문에서 '-겠-'과 결합할 때, 그 의미가 달라진다. '-겠어'는 말하는이의 '의도'나 '추정'을 나타내지만, '-겠지'는 '추정'의 의미만을 나타낸다.

예 2: 나는 내일 학교에 가**겠어**.(의도) / 내일 비가 오**겠어**.(추정)
나는 내일 학교에 가**겠지**.(추정) / 내일 비가 오**겠지**.(추정)

3. 명령이나 청유를 나타내는 문장에서 '–아'는 상대방에게 직접 명령하는 의미를 나타내지만, '–지'는 직접 명령하기보다는 간접적으로 권유하는 의미를 나타내어 '–어'보다 친근하고 부드럽게 느껴져 듣는이의 부담이 작아진다.

예 3: 네가 먼저 **가**.
네가 먼저 **가지**.

그러나 청유의 의미일 때는 청유의 정도가 훨씬 강하게 느껴져 듣는이가 거절하기가 쉽지 않다.

예 4: 내일 저녁에 술 한잔 **해**.
내일 저녁에 술 한잔 **하지**.

–아[3] 【물고기를 잡**아**~】

『**–아**는 모음 'ㅏ, ㅗ'로 끝난 동사, 형용사 뒤에, **–어**는 'ㅏ, ㅗ' 이외의 모음으로 끝난 동사, 형용사 뒤에, **–여**는 '하다' 뒤에 쓰인다』

예 잡**아**, 높**아**, 먹**어**, 싫**어**, 하**여**/**해**

어미 연결 어미

1. 종속적 연결 어미로 쓰인다

1. 시간의 앞뒤 순서를 나타낸다. 앞의 행동이나 사실과 뒤의 행동이나 사실이 시간 순서에 따라 일어나는 것을 나타낸다.

예 ▪ 물고기를 잡**아** 매운탕을 끓였다.
▪ 그녀는 조용히 일어**나** 밖으로 나갔다.
▪ 그는 자기 의자에 **가** 힘없이 앉았다.
▪ 진수는 옷을 벗**어** 옷걸이에 걸었다.
▪ 창문을 열**어** 밖을 내다보세요.

1참 1. '–아서'와 바꿔 쓸 수 있다. 예 물고기를 잡**아서** 매운탕을 끓였다. 2. 앞·뒤의 사실이 동일 주어이어야 하고, 서술어는 동작을 나타내는 동사이어야 한다. 3. 뒤에 오는 사실의 서법에 제약이 없다.

2. '–아'가 연결된 동사, 형용사의 동작이 뒤에 오는 동사, 형용사가 나타내는 시간 이전에 완료되어 그 때까지 지속되는 것을 나타낸다. '–은 상태로', '–인 채로'의 뜻.

예 ▪ 우리는 물가에 앉**아** 흐르는 물을 바라보았다.

2참 동작을 나타내는 동사, 상태를 나타내는 동사 모두 쓸 수 있다.

- 깨**져** 흩어진 그릇들.
- 그는 마당에 앉**아** 흙장난을 하고 있었다.
- 그는 마루에 벌렁 드러누**워** 노래를 불러 댔다.

예 - 그는 대통령이 되**어** 정치를 잘 했다.
- 살**아** 숨쉬는 동물.

3. 뒤에 오는 사실의 원인이나 이유를 나타낸다.

예 - 내가 동생 생일도 기억하지 못할 것 같**아** 화가 났니?
- 오늘은 바람이 많이 불**어** 정말 춥다.
- 개울 바닥이 눈에 덮**여** 희게 빛나고 있었다.
- 우리는 아직 어**려** 힘든 일을 못 했다.
- 남편이 집안일을 많이 도와주**어** 별로 힘들지 않다.

3참 1. 뒤의 사실에 명령문과 청유문은 쓰이지 못한다. 2. 앞의 문장과 뒤의 문장에 다른 주어가 쓰일 수 있다. 예 진수가 먼저 소리를 질**러** 나도 따라서 소리를 질렀다.

4. 앞의 사실이 뒤에 오는 사실의 목적이 되는 것을 나타낸다: '–기 위하여, –아서'의 뜻.

예 - 나는 그 시험에 합격하기 위**해** 1년을 더 공부해야 했다.
- 그들은 자유를 찾**아** 힘을 합쳐 싸운 것이었다.

2. 부사적 기능

1. 방법이나 수단을 나타낸다.

예 - 사과를 깎**아** 먹어라.
- 비둘기는 하늘을 날**아** 둥지로 돌아갔다.
- 적군을 총으로 쏘**아** 죽였다.
- 우리는 걸**어** 걸**어** 십 리 길을 갔다.

1참 1. '–아서'와 바꿔 쓸 수 있다. 2. 앞의 사실과 뒤의 사실의 주어가 동일해야 한다.

2. 앞의 사실이 뒤에 오는 사실의 시간적인 상황이나 배경을 나타낸다. 시간의 범위나 공간의 벌림을 나타낸다.

예 - 지리산은 여러 도에 걸**쳐** 있다.
- 몽고는 여러 차례에 걸**쳐** 침입해 왔다.

3. 시간의 경과를 나타낸다.

예 - 그 노인은 설교가 시작되면 얼마 되지도 않**아** 잠이 들어 버렸다.
- 그러나 얼마 안 **가** 나는 그에게 가장 귀찮은 존재가 되어 버렸지.

3참 '며칠, 얼마' 등과 '안, 못' 등의 부정을 나타내는 말과 함께 쓰여 시간이 얼마 지나지 않았음을 나타낸다.

▪ 얼마 지나지 않**아** 진수가 다시 돌아왔다.

4. [‘말하다, 예를 들다’ 등과 같이 부사적으로 쓰여] 설명하는 것을 나타낸다.

예 ▪ 예를 들**어** 서울역으로 가는 길을 설명해 보자.
▪ 다시 말**해** 설명을 해 달라는 말이다.

3. 보조적 연결 어미

1. 본용언과 ‘있다, 보다, 주다, 가다, 내다, 두다, 버리다’ 등의 보조 용언을 이어 주는 것을 나타낸다.

예 ▪ 눈을 잠시 감**아** 보라.
▪ 머리를 어떻게 깎**아** 드릴까요?
▪ 음식을 접시에 담**아** 주세요.
▪ 창문을 닫**아** 보세요.
▪ 문을 열**어** 둘까요?

2. 합성 동사는 아니나 두 개의 동사를 이어 주는 데에 쓰인다.

2참 ‘-아서’로 바꿔 쓸 수 없다.

예 ▪ 와, 한꺼번에 웃음이 터**져** 나왔다.
▪ 그녀의 얼굴에서 눈물이 솟**아** 흘렀다.
▪ 길 가던 아이가 나에게 웃**어** 보인다.

3. ‘어림잡아, 애써, 줄잡아, 연이어…’ 등과 같이 부사형을 만드는 데에 쓰인다.

예 ▪ 돼지 한 마리당 어림잡**아** 80만 원입니다.
▪ 그는 애**써** 아무렇지도 않은 척했다.
▪ 우리는 큰 대회에서 연달**아** 우승했다.
▪ 머지 않**아** 다가올 봄.

4. ‘에, 로, 와’ 등의 조사와 몇몇 용언들과 함께 관용적 표현에 쓰인다.

4참 [~에 관해] [~에 대해] [~에 따라] [~에 반해] [~에 비해] [~에 의해] [~에 있어] [~로 인해] [~로 미루어] [~로 보아] [~와 더불어] [~를 통해] 등.

예 ▪ 이 일로 형**에 대해** 믿음을 갖게 되었다.
▪ 성경이 선교사**에 의해** 번역되었다.
▪ 홍수**로 인해** 논밭이 물에 잠겼다.
▪ 그는 나이**에 비해** 어려 보인다.
▪ 이성계는 학자들**과 더불어** 토론하기를 좋아했다.

도움말 1

단어를 만드는 '–아'의 쓰임:

1. '–아'는 용언과 용언을 이어서 합성어를 만드는 단어 연결 어미로도 쓰인다. 이 때는 '–아서'와 바꿔 쓸 수 없다.
   예: 올**라**오너라./돌**아**오너라.
2. 감정을 나타내는 형용사와 '–아하다'가 결합하여 동사를 만든다.
   예: 철수가 좋다. → 철수를 좋**아한다**.
   우리 딸이 자랑스럽다 → 우리 딸을 자랑스러**워한다**.

도움말 2

'–아'와 '–고'의 비교:

1. '방식'이나 '수단'의 의미를 나타내는 '–고'와 '–아'의 차이는 다음과 같다. '–고'는 동시적이고 지속적인 의미를 나타내는 데 반해, '–아'는 지속적인 의미를 나타내지 않는다.
   예 1: ㄱ. 손을 잡**고** 간다.(○)
   ㄴ. 손을 잡아 간다.(×)
   예 2: ㄱ. 책상을 끌고 당긴다.(×)
   ㄴ. 책상을 끌**어** 당긴다.(○)
2. '–아 있다'는 '완료'의 의미를, '–고 있다'는 '진행'의 의미를 나타낸다.
   예 3: ㄱ. 총이 이쪽을 향하**여** 있다. ('완료'의 뜻)
   ㄴ. 총이 이쪽을 향하**고** 있다. ('진행'의 뜻)

–아 가다 【하루하루를 살**아 간다.**】

관용구

결합정보 ☞ –아

1. 동작이나 상태 등이 계속 진행되는 것을 나타낸다.

예
- 거의 다 **와 가요**.
- 일이 잘 되**어 가니**?
- 유미는 대성이와 5년째 사귀**어 오고** 있다.
- 점점 머리가 아**파 온다**.
- 날씨가 점점 추**워 온다**.
- 졸음을 참**아 가면서** 운전을 했다.

2. 어떤 동작을 끝내고 그 결과를 가지고 가거나 오거

전참 '–아 오다'의 꼴로도 쓰인다.

1참 동작을 나타내는 동사뿐만 아니라 상태를 나타내는 동사와도 쓰이는데, 이 때에도 그 상태가 동작을 나타내는 동사처럼 계속 진행되는 것을 나타낸다.

나 하는 것을 나타낸다.

예 ▪ 선물을 **사 가세요**.

▪ 책을 읽**어 오세요**.

▪ 샌드위치를 만들**어 왔습니다**.

2참 동작을 나타내는 동사와 쓰인다.

–아 가면서 【살**아 가면서** 배운다.】

관용구

결합정보 ☞ –아

1. 뒤에 오는 일을 하는 동안 중간 중간에 앞의 동작을 하는 것을 나타낸다.

예 ▪ 물 좀 마**셔 가면서** 잡수세요.

▪ 메모**해 가면서** 들으세요.

▪ 마이클 씨가 이제는 농담도 **해 가면서** 한국말을 해요.

전참 1. 동작을 나타내는 동사와 쓰인다. 2. '–아 가며'의 꼴로도 쓰인다. ㉠ 물 좀 마**셔 가며** 잡수세요./쉬**어 가며** 공부해.

–아 가지고 【고기를 잡**아 가지고~**】

관용구

결합정보 ☞ –아

1. 방법이나 수단, 이유 등을 나타내는 '–아서'의 의미를 강조하여 나타낸다.

예 ▪ 물고기를 잡**아 가지고** 찌개를 끓였다.

▪ 엄마가 과일을 쟁반에 담**아 가지고** 들어오셨다.

▪ 이걸 접**어 가지고** 종이학을 만들 거야.

▪ 화가 **나 가지고** 죽겠어.

▪ 배가 고**파 가지고** 밥을 두 그릇이나 먹었어요.

전참 1. '–아서'의 입말. 2. '–아 갖고'로 줄여 쓰기도 한다. ㉠ 물고기를 잡**아 갖고** 찌개를 끓였다./이걸 접**어 갖고** 꽃을 만들 거야.

–아 계시다 【할머니께서 앉**아 계십니다.**】

관용구

㉠ 앉**아 계시다**, **서 계시다**

1. [동사에 쓰여] 동작이나 상황이 끝난 상태가 지속되는 것을 나타낸다.

예 ▪ 할머니께서 하루 종일 가게에 앉**아 계신다**.

▪ 집에 도착했을 때, 할아버지께서는 깨**어 계셨습니다**.

전참 주어가 존대의 대상인 경우에 쓰인다.

–아 내다 【아무리 힘들어도 참**아 내라.**】
관용구

ⓔ 참**아 내다**, 읽**어 내다**

1. 어떤 일을 끝마쳐서 이루거나 완성하는 것을 나타낸다.
예 ▪ 아무리 힘들어도 참**아 내라**.
▪ 이 일은 꼭 제 힘으로 **해 내겠어요**.
▪ 이 책은 너무 재미가 없어서 읽**어 내기**가 힘들어요.
2. 어떤 추상적인 일의 결과를 드러내는 것을 나타낸다.
예 ▪ 무슨 일이 있어도 유미의 연락처를 알**아 내세요**.
▪ 그 사람을 기억**해 내려고** 애를 썼다.

1참 '–아 내야 하다, –아 내고 말다, –아 내 버리다'의 꼴로 쓰여 그 의미를 더욱 강조하기도 한다. 예 아무리 힘들어도 참**아내야 해**./무슨 일이 있어도 유미의 연락처를 알**아 내고 말겠어**.

–아 놓다 【여기에 모**아 놓으세요.**】
관용구

ⓔ 잡**아 놓다**, 먹**어 놓다**, 하여/**해 놓다**

1. [동사에 쓰여] 어떤 동작이나 과정이 완성되고 그 결과가 그대로 남아 있는 것을 나타낸다.
예 ▪ 자전거를 여기에 세**워 놓으세요**.
▪ 제가 그 선물을 포장**해 놓을게요**.
▪ 잡채는 미리 만들**어 놓으면** 맛이 없어요.

관련어 –아 두다

–아 놔서 【밥을 많이 먹**어 놔서~**】
관용구

결합정보 ☞ –아

1. [어떤 일정한 상태가 되어 있음을 강조하여] 뒷말의 내용에 대한 이유나 원인을 말할 때 쓰인다. '그러한 형편이나 상태가 되어 있어서'의 뜻.
예 ▪ 워낙 밥을 많이 먹**어 놔서** 배가 고프지 않아요.
▪ 워낙 버릇 없는 애가 **돼 놔서** 아무도 상대를 하지 않는다.
▪ 워낙 할 일이 많**아 놔서** 그 부탁을 들어 줄 수 없을 것 같아요.
▪ 가뭄이라 채소가 원체 비**싸 놓으니** 사다 먹을 수가 없어요.

전참 1. '–아 놓아서'가 줄어든 꼴이다. '–아 놔서'의 꼴로 더 많이 쓰인다. 예 밥을 많이 먹**어 놓아서** 배가 안 고프구나. 2. '–아 놓으니/놓아도'의 꼴로도 쓰인다. 예 채소가 비**싸 놓으니** 살 수가 없다. 3. 흔히 '워낙'과 함께 쓰인다.

-아다 【고기를 잡**아다**~】

『**-아다**는 모음 'ㅏ, ㅗ'로 끝난 동사 뒤에, **-어다**는 'ㅏ, ㅗ' 이외의 모음으로 끝난 동사 뒤에, **-여다**는 '하다' 뒤에 쓰인다.』

예 잡**아다**, 찾**아다**, 먹**어다**, 입**어다**, 하**여다**/**해다**

어미 연결 어미

1. 어떤 장소에서 앞의 행동을 하고 난 후 그 행동의 결과물을 가지고 또 다른 장소에서 뒤의 행동을 이어 하는 것을 나타낸다.

본말 -아다가

예 ▪ 고기를 잡**아다** 어항에 넣자.
▪ 아직도 물을 길**어다** 먹는 곳이 있단 말이야?
▪ 그 많은 책을 가**져다** 하룻밤 만에 다 읽을 수 있다구?

2. ['-아다 주다'의 꼴에 쓰여] 남을 위하여 어떠한 일을 하다.

2참 '바래다, 데리다, 모시다, 태우다' 등의 동사 뒤에 쓰인다.

예 ▪ 선생님께서 집까지 데**려다** 주셨어요.
▪ 좀 태**워다** 주세요.
▪ 역까지 바**래다** 주지.
▪ 우리 어머니 좀 모**셔다** 주세요.

-아다가 【아기를 안**아다가**~】

『**-아다가**는 모음 'ㅏ, ㅗ'로 끝난 동사 뒤에, **-어다가**는 'ㅏ, ㅗ' 이외의 모음으로 끝난 동사 뒤에, **-여다가**는 '하다' 뒤에 쓰인다』

예 잡**아다가**, 찾**아다가**, 먹**어다가**, 입**어다가**, 하**여다가**/**해다가**

어미 연결 어미

1. 어떤 장소에서 앞의 행동을 하고 난 후 그 행동의 결과를 가지고 또 다른 장소에서 뒤의 행동을 이어 하는 것을 나타낸다.

준말 -아다

전참 1. '-아다가'의 앞과 뒤에 타동사가 쓰인다. 2. 이 때의 '다가'는 '물건을 옮기는' 뜻을 나타낸다.

예 ▪ 엄마는 아기를 안**아다가** 침대에 눕혔다.
▪ 꽃을 꺾**어다가** 꽃병에 꽂았다.
▪ 그 경찰은 범인을 잡**아다가** 경찰서로 보냈다.
▪ 은행에 있는 돈을 다 찾**아다가** 써 버렸다.

도움말

'–아다가'의 쓰임:
'–아다가'가 쓰인 문장에서 앞의 행위가 이루어지는 장소와 뒤의 행위가 이루어지는 장소가 다르다. 즉 예 1에서와 같이 아기를 '안는 장소'와 '눕히는 장소'가 다른 것이다.

예 1: 엄마는 아기를 안**아다가** 침대에 눕혔다.

이 때 앞과 뒤에는 동일한 행위자가 와야 하고(동일 주어) 앞과 뒤의 목적 대상 역시 동일한 것이며, 이동 가능한 것이어야 한다.
'–아다가'는 타동사에 연결되어 쓰이는데 타동사 중에도 목적어를 동작의 결과로 남기는 것에만 연결될 수 있다.

예 2: 밥을 먹어다가~(×)

먹는 동작의 결과로 '밥'이 남지 않고 없어지므로 '–다가'가 붙으면 비문이 된다.

–아 대다 【그렇게 떠들**어 대니~**】

관용구

예 잡**아 대다**, 먹**어 대다**, **하여/해 대다**

1. [동사에 쓰여] 어떤 행동을 계속 심하게 반복하는 것을 나타낸다.

예 ▪ 그렇게 떠들**어 대니** 목이 아프지.
▪ 그만 좀 먹어 **대**.
▪ 폭죽을 쏘**아 대는** 바람에 시끄러워서 잠을 못 잤어요.
▪ 유미는 유학을 보내 달라고 계속 졸**라 댔다**.

전참 말하는이는 그러한 행동에 대해 부정적으로, 또는 못마땅하게 생각하는 것을 나타낸다.

–아도 【아무리 그를 막**아도~**】

『**–아도**는 모음 'ㅏ, ㅗ'로 끝난 동사, 형용사 뒤에, **–어도**는 'ㅏ, ㅗ' 이외의 모음으로 끝난 동사, 형용사와 '–았–' 뒤에, **–여도**는 '하다' 뒤에 쓰인다』

예 잡**아도**, 높**아도**, 먹**어도**, 싫**어도**, 잡았**어도**, 하**여도**/**해도**

어미 연결 어미

1. 가정하여 양보하는 것을 나타낸다

관련어 –ㄹ지라도

1. 아직 일어나지 않은 일을 가정하지만, 뒤에는 그와 반대되거나 기대에 어긋나는 부정적인 사실이 오는 것을 나타낸다.

1참 '아무리, 설사' 등과 함께 쓰인다.

예 ▪ 아무리 그를 막**아도** 그는 꼭 이 일을 할 거야.
▪ 비바람이 불**어도** 운동회를 할 겁니다.
▪ 아무리 비**싸도** 꼭 사고 싶어요.

2. 과거 사실의 반대를 가정하는 것을 나타낸다.

예 ▪ 그는 병원에 갔**어도** 살아나지 못했을 것이다.
▪ 그 때 진수랑 결혼했**어도** 곧 이혼했을 것 같아.

3. 극단의 사실을 가정하여, 그렇다고 하여도 뒤의 사실이 될 수는 없음을 나타낸다.

예 ▪ 태산이 무너**져도** 내 마음은 결코 흔들리지 않는다.
▪ 나는 죽**어도** 그 사실을 말하지 않겠다.
▪ 아인슈타인이 풀**어도** 이 문제는 풀 수 없다.
▪ 하늘이 무너**져도** 솟아날 구멍은 있다.

4. 앞의 사실을 인정하지만, 그 사실이 뒤의 사실에 구속되지 않음을 나타낸다.

예 ▪ 채찍을 들**어도** 사랑을 바탕으로 해야 한다.
▪ 하루쯤은 굶**어도** 죽지 않을 겁니다.
▪ 미선이는 얼굴은 예**뻐도** 마음씨는 곱지 않다.

2. 단순히 가정을 나타낸다

1. 단순 가정을 나타낸다.

예 ▪ 나 같**아도** 서운했겠는데.
▪ 다이아몬드는 세월이 흘**러도** 그 빛을 잃지 않는다.
▪ 하루에 세 시간쯤은 걸**어도** 힘들지 않아요.
▪ 나이가 마흔 살이 넘**어도** 장가를 못 가는 사람이 있다.

2. ['-만 -아도'의 꼴로 쓰여] 최소한의 조건을 과장하여 나타낸다.

예 ▪ 그 사람의 이름만 들**어도** 치를 떨 정도였다.
▪ 그 무서움은 생각만 **해도** 소름이 끼칠 지경이었다.
▪ 그 일은 생각만 **해도** 아찔하다.

3. [의문사 '누가, 어디' 등과 같이 쓰여] 뒤에 오는 내용이 과연 그러하다는 것을 강조하여 나타낸다.

예 ▪ 붉은 색은 누가 보**아도** 똑같이 붉고, 찬 얼음은 누가 만**져도** 똑같이 차다.
▪ 이 문제는 누가 다루**어도** 동일하다.
▪ 이런 경치라면 누가 보**아도** 싫증이 나지 않을 거요!

4. ['좋다, 되다, 괜찮다' 등의 서술어와 함께 쓰여] 그럴지라도 괜찮다는, 허락이나 허용을 나타낸다.

예 ▪ 남자는 좀 키가 **커도** 괜찮다.
▪ 여기에서 담배를 피**워도** 괜찮아요?
▪ 지금 유미한테 전화**해도** 될까?
▪ 이 옷 입어 **봐도** 돼요?

4참 부정 표현은 '–면 안되다'이다. 예 이 곳에 주차**해도** 됩니까?/주차하**면 안 됩니다**.

3. 가정이 아니라 사실을 나타낸다

1. 대립적인 사실을 나타낸다.

예 ▪ 그 닭이 크지는 않**아도** 살은 쪘을 거예요.
▪ 호텔을 모두 둘러보**아도** 빈 방이 없어요.
▪ 비가 **와도** 바람은 불지 않는다.
▪ 나는 대입 시험에 합격했**어도** 집안 사정 때문에 진학할 수 없었다.
▪ 공부를 열심히 **해도** 시험을 잘 보지 못해요.

1참 흔히 대립의 뜻을 나타내는 보조사 '는'과 같이 쓰인다.

관련어 –지만, –으나

2. [시간의 경과를 뜻하는 '지나다'와 같은 서술어와 함께 쓰여] '–도록'의 뜻.

예 ▪ 사흘이 지**나도** 그 편지는 나에게 오지 않았다.
▪ 오전 7시가 지**나도** 온도계는 영하 4도를 가리킨 채로였다.
▪ 진통이 일어난 지 6, 7시간이 지**나도** 아이는 태어나지 않았다.

3. ['아무리 –아도'의 꼴로 쓰여] 가정하는 내용을 강하게 표현하는 것을 나타낸다.

예 ▪ 노인이 아무리 코를 골**아도** 그 소년은 조용히 앉아 있었다.
▪ 아내의 모습은 아무리 찾**아도** 보이지 않았다.

- 아무리 소리**쳐도** 누구 한 사람 달려오지 않는다.

4. [시간을 나타내는 말 뒤에서 '-만 해도'의 꼴로 쓰여] '그 때에는'의 뜻.

예 ▪ 그 때만 **해도** 칼라 사진이 어디 있었어?
- 우리 때만 **해도** 대학에 다닌 사람이 별로 없었잖아요.
- 며칠 전만 **해도** 땀을 뻘뻘 흘렸는데….

5. ['-라고 해도'의 꼴로 쓰여] '어떠한 것을 조건으로 들어 말한다고 해도'의 뜻.

예 ▪ 같은 종과 같은 나무라고 **해도**, 미국에서는 잘 자라는 나무가 한국에서는 잘 자라지 못하는 경우가 있다.
- 말이라고 **해도** 지금의 말과는 달리 발굽이 세 개 있는 것도 있었다.

6. ['~를 보아도'의 꼴로 쓰여] 어떤 일의 근거를 들어 말하는 것을 나타낸다.

예 ▪ 배가 고픈 걸 보**아도** 열두 시가 된 것 같은데요.
- 축구 시합 같은 걸 보**아도** 멕시코 사람들은 열광적으로 응원한다.
- 안경을 쓰고 있는 것을 보**아도** 분명히 대성이 아버지였다.

7. ['너무, 더' 등의 부사와 같이 쓰여] 어떤 상태나 상황을 들어 말하면서 그 정도가 지나침을 강조하여 나타낸다.

예 ▪ 배가 불**러도** 너무 부르다.
- 사람이 못났**어도** 너무 못났다.
- 바람이 불**어도** 몹시 분다.

8. ['-어도 -어도'의 꼴로 쓰여] 강조하여 말하는 것을 나타낸다.

예 ▪ **가도 가도** 끝없는 바다가 펼쳐진다.
- 먹**어도** 먹**어도** 끝이 없다.
- 걸**어도** 걸**어도** 끝이 없는 사막.

8참 앞뒤에 같은 동사나 형용사가 쓰인다.
예 잡아도 잡아도/비싸도 비싸도

▪ 돈은 벌**어도** 벌**어도** 더 벌고 싶은 법이다.

–아도 되다 【손을 잡**아도 돼요.**】

관용구

1. '어떤 동작을 허락하거나 허용하는 것을 나타낸다.

예 ▪ 문제를 다 풀면 교실 밖으로 나**가도 돼요**.
▪ 모르는 게 있으면 언제든지 질문**해도 됩니다**.
▪ 이제 집에 **가도 돼요**.

2. [의문문에 쓰여] 허락을 요청하는 것을 나타낸다.

예 ▪ 여기서 사진 찍**어도 됩니까**?
네, 찍어도 돼요./아니오, 찍으면 안 돼요.
▪ 엄마, 이거 먹**어도 되나요**.?
▪ 여기에 주차**해도 돼요**.?

결합정보 ☞ –아도

전참 1. '–아도 괜찮다, 좋다'의 꼴로도 쓰인다. 예 집에 가**도 괜찮아요/좋아요**. 2. 금지를 나타내는 표현은 '–면 안 되다'이다. 예 교실 밖으로 나가**면 안 돼요**./여기서 사진 찍**으면 안 됩니다**.

–아 두다 【여기에 놓**아 두세요.**】

관용구

1. [동사에 쓰여] '어떤 동작이나 과정의 결과를 그 상대로 있게 하다'의 뜻.

예 ▪ 이 표현을 꼭 외**워 두세요**.
▪ 잊어버리지 않게 적**어 두었는데**.
▪ 내가 그걸 어디에 놓**아 두었더라**?
▪ 한국 사람들은 겨울 동안 먹을 김치를 한꺼번에 담**가 둡니다**.

예 잡**아 두다**, 먹**어 두다**, 하**여**/**해 두다**

관련어 –아 놓다

전참 1. 동작을 나타내는 동사와 쓰인다. 2. '–아 놓다'에 비해 '–아 두다'가 그 결과를 더 오래 지키는 의미가 있다.

–아 드리다 【물건을 찾**아 드립니다.**】

관용구

1. [동사에 쓰여] 자기보다 나이가 많거나 손위인 사람을 위해 어떤 일 하는 것을 나타낸다. '–아 주다'의 높임말.

예 ▪ 유미는 부모님께 선물을 **사 드립니다**.

결합정보 ☞ –아

관련어 –아 주다
예 아버지가 아들에게: 내가 이 책 **사 줄게**.
예 아들이 아버지에게: 제가 이 책 **사 드릴게요**.

- 선생님을 도**와 드리세요**.
- 할머니, 제가 문을 열**어 드릴까요**?

도움말

'–아 드릴까요'와 '–아 주세요':
상대방이 '~ –아 드릴까요?'라고 말하면 '네, ~ –아 주세요.'라고 대답한다.
예 1: 영희: 제가 도와 드릴까요?
철수: 네, 도와 주세요.
예 2: 마이클: 무거워 보이는데, 제가 들어 드릴까요?
제시카: 네, 들어 주세요.

–아라[1] 【여기 앉**아라.**】

『**–아라**는 모음 'ㅏ, ㅗ'로 끝난 동사 뒤에, **–어라**는 'ㅏ, ㅗ' 이외의 모음으로 끝난 동사 뒤에, **–여라**는 '하다' 뒤에 쓰인다.』

예 잡**아라**, 놓**아라**, 먹**어라**, 입**어라**, 하**여라/해라**

[어미] 종결 어미

[말아주낮춤] 할아버지가 아이에게

1. 명령을 나타낸다.

[예] ▪ 여기 앉**아라**.
▪ 이걸 접시에 담**아라**.
▪ 어머니께는 나를 만났다는 얘기를 하지 **마라**.
▪ 노래를 불**러라**.

2. [주로 소원을 비는 말에 쓰여] (명령하는 뜻 없이) 그리되기를 소망하거나 기원하는 것을 나타낸다.

[예] ▪ 새해는 아들이나 낳**아라**.
▪ 부디 오래오래 행복하게 잘 살**아라**.
▪ 너희들도 소원 성취하고 복 많이 받**아라**.

3. [욕이나 위협하는 말에 쓰여] 그렇게 되기를 바람을 나타낸다.

[예] ▪ 너 오늘 혼 좀 나 **봐라**!
▪ 어디 죽는 맛 좀 **봐라**.
▪ 이런 바보를 봤나, 아예 죽어 버**려라**.

[전참] 1. 입말에 쓰인다. 2. 동사의 어간이 '–아'이면, 명령형의 어미 '–아라'가 쓰인 뒤 같은 소리 중 하나가 생략되어 '–라'로 나타난다. 예 네가 먼저 가**라**. 3. '말다'의 '–아라' 결합꼴은 '마라'이다. 예 가지 **마라**(○)/가지 말아라(×).

–아라[2] 【아이, 좋**아라**.】

『**–아라**는 모음 'ㅏ, ㅗ'로 끝난 형용사나 몇몇 자동사 뒤에, **–어라**는 'ㅏ, ㅗ' 이외의 모음으로 끝난 형용사나 몇몇 자동사 뒤에, **–여라**는 '하다' 뒤에 쓰인다』

어미 종결 어미

예 작**아라**, 높**아라**, 없**어라**, 늦**어라**, 하**여라**/**해라**

1. [일상적인 입말에 쓰여] 말하는이의 느낌이나 감정을 강하게 드러낸다.

예 ▪ 아이, 좋**아라**.
▪ 어휴, 더**워라**.
▪ 무서**워라**.
▪ 아이구, 뜨거**워라**.

관련어 –구나

전참 '–았–' 뒤에 쓰이지 않는다. 예 좋았어라.(×)

–아라도 【일단 잡**아라도**~】

『**–아라도**는 모음 'ㅏ, ㅗ'로 끝난 동사 뒤에, **–어라도**는 'ㅏ, ㅗ' 이외의 모음으로 끝난 동사 뒤에, **–여라도**는 '하다' 뒤에 쓰인다』

어미 연결 어미

예 잡**아라도**, 먹**어라도**, 하**여라도**/**해라도**

1. 다른 것보다는 마음에 들지 않으나, 그것이나마 하는 것을 나타낸다.

예 ▪ 위험하지 않으니, 일단 잡**아라도** 보아라.
▪ 얼마든지 장난삼**아라도** 애인의 애를 태우게 할 수 있었다.
▪ 그는 인사 삼**아라도** 물 한 잔 주는 법이 없었다.

2. 극단적인 예를 들면서 '그것까지도'의 뜻.

예 ▪ 금방 잡**아라도** 먹을 듯한 기세였다.
▪ 아낙네들은 당장 애기를 빼앗**아라도** 올 듯이 화를 내었다.

–아 버리다 【구멍을 막**아 버려요**.】

관용구

예 잡**아 버리다**, 먹**어 버리다**

1. '어떤 행동을 다 함, 다 끝냄'을 나타낸다.

예 ▪ 쥐가 나오지 못하게 구멍을 막**아 버려요**.

▪ 기차역에 도착해 보니 기차는 벌써 떠**나 버렸다**.

2. '어떤 행동을 하게 되는 것, 저지르게 되는 것'의 뜻을 나타낸다.

예 ▪ 자기 뜻대로 안 되면 울**어 버려요**.

▪ 너 자꾸 그러면 나 죽**어 버린다**.

전참 동작을 나타내는 동사와 쓰인다.

1참 동작을 끝냈기 때문에 말하는이가 시원하다든가, 섭섭하다든가 하는 감정을 나타낸다.

–아 보다 【받아 보세요.】

예 잡**아 보다**, 먹**어 보다**

관용구

1. [동사에 쓰여] 어떤 행위를 한번 시도하는 것을 나타낸다.

예 ▪ 제 공을 받**아 보세요**.

▪ 마음에 들면 한번 신**어 보세요**.

▪ 저 옷을 입**어 볼까**?

▪ 도서관에서 유미를 찾**아 보세요**.

–아 보이다 【좋아 보인다.】

예 작**아 보이다**, 예쁘 **보이다**

관용구

1. [형용사에 쓰여] 겉으로 보아서 그러하다고 짐작하여 말하는 것을 나타낸다. '–는 것처럼 보이다/는 것 같이 보이다'의 뜻.

예 ▪ 얼굴이 좋**아 보이는구나**.

▪ 너 아**파 보인다**.

▪ 유미는 나이보다 어**려 보여**.

▪ 제인 씨, 오늘 따라 더 예**뻐 보여요**.

전참 '–게 보이다'로 바꿔 쓸 수도 있다.

예 유미는 나이보다 어리**게 보여**./오늘따라 더 예쁘**게 보여요**.

–아 봤자 【잡아 봤자~】

결합정보 ☞ –아

관용구

1. 어떤 행동을 해도 소용없음을 나타낸다. '그렇게 시

도를 해 본다고 하여도'의 뜻.

예 ▪ 너희들이 싸**워 봤자**, 누가 이기겠어?

▪ 그런 애들은 아무리 야단**쳐 봤자**, 눈도 깜짝 않는 걸.

▪ 이렇게 서로 싸**워 봤자**, 무슨 소용이 있을까.

▪ 손 **대 본댔자** 별 수 없을걸.

▪ 내가 아무리 이야기를 **해 본댔자** 소용없을 거야.

전참 1. '-아 봤자'는 '-아 보았자'가 줄어든 말이다. 2. '-아 봤자'의 꼴로 더 많이 쓰인다. 예 싸**워 보았자** 누가 이기겠어? 3. '-아 본댔자'의 꼴로도 쓰인다.

-아 빠지다 【낡**아 빠진** 청바지】

관용구

예 낡**아 빠지다**, 썩**어 빠지다**

1. 그 정도가 아주 심한 것을 나타낸다.

예 ▪ 흔**해 빠진** 사랑 이야기.

▪ 마이클은 낡**아 빠진** 청바지를 입고 있었다.

▪ 썩**어 빠진** 사람들.

전참 말하는이의 부정적인 느낌을 담고 있다. 긍정적인 것과는 쓰이지 않는다. 예 예뻐 빠진 여자(×)

-아서 【새를 잡**아서**~】

『**-아서**는 모음 'ㅏ, ㅗ'로 끝난 동사, 형용사 뒤에, **-어서**는 'ㅏ, ㅗ' 이외의 모음으로 끝난 동사, 형용사 뒤에, **-여서**는 '하다' 뒤에 쓰인다』

예 잡**아서**, 높**아서**, 먹**어서**, 싫**어서**, 하**여서**/**해서**

어미 연결 어미

1. 연결 어미

준말 -아

1. 시간의 앞뒤 순서를 나타낸다. 앞의 사실과 뒤의 사실이 순서대로 일어나는 것을 나타낸다.

예 ▪ 그는 미국에 **가서** 경영학을 공부했다.

▪ 집에 **와서** 샤워를 했어요.

▪ 영숙이가 편지를 **써서** 부쳤다.

▪ 그림을 그**려서** 벽에 붙인다.

1참 1. 앞과 뒤의 주어가 동일하고, 서술어에는 주로 동작을 나타내는 동사가 쓰인다. 2. 뒤에 오는 문장의 서법에 제약이 없다.

2. 앞의 동작이나 상태가 뒤에까지 지속되는 것을 나타낸다. '-은 상태로' 또는 '-ㄴ 채로'의 뜻.

예 ▪ 여기 앉**아서** 조금만 기다리세요.

▪ 대성이가 의자에 앉**아서** 신문을 읽는다.

- 그는 기쁨에 넘**쳐서** 편지를 쓰고 있다.

3. 앞에 오는 내용이 뒤에 오는 내용의 원인이나 이유가 되는 것을 나타낸다.

예 ▪ 이 댁 따님이 어머니를 닮**아서** 상냥하더군요.
- 한국어 실력이 늘지 않**아서** 걱정이에요.
- 그 부자는 도둑 맞**아서** 빈털터리가 되었다.
- 어제는 배가 고**파서** 죽을 지경이었어요.
- 눈이 **와서** 길이 미끄러워요.

예 ▪ 그녀는 잔뜩 화가 **나서** 입술을 꼭 다물었다.
- 숙제가 많**아서** 늦게 잤어요.
- 길에 차가 많**아서** 빨리 달릴 수 없어요.

4. [관용적으로 '미안하다/죄송하다/반갑다/고맙다' 등의 말과 같이 쓰여] 앞의 사실에 대해서 어떠하다고 인삿말로 말하는 것을 나타낸다.

예 ▪ 회의에 늦**어서** 죄송합니다.
- 파티에 못 **가서** 미안합니다.
- 파티에 초대해 주**셔서** 고맙습니다.
- 만**나서** 반가웠어요.

5. 목적을 나타낸다. '–기 위해서'의 뜻.

예 ▪ 그는 다시 보물을 찾**아서** 각지를 걸어 다녔다.
- 우리는 공룡의 화석을 찾**아서** 길을 떠났다.

3참 1. 앞에는 주로 상태를 나타내는 동사가 온다. 2. 뒤에는 명령문과 청유문이 오지 못한다. 3. 앞의 내용과 뒤의 내용에 다른 주어가 쓰일 수 있다. 예 <u>진수가</u> 집을 나**가서** <u>엄마가</u> 걱정하신다.

2. 부사적인 기능

1. 뒤의 사실이 일어난 시간을 나타낸다. '–(었)을 때'의 뜻.

예 ▪ 저 아이는 어**려서** 예뻤다.
- 저녁이 되**어서** 사람들이 집으로 돌아왔다.
- 밤이 어둑**해서** 영숙이가 우리를 찾아왔다.

2. '어느 시기에 이르러'의 뜻.

예 ▪ 20세기 후반에 들**어서** 사회는 눈부시게 발달했다.
- 근래에 **와서** 서울 근처에 새로운 도시들이 많이 생겼다.
- 그의 작품 세계는 후기에 **와서** 많은 변화가 있었

1참 '–아'로 바꿔 쓸 수 없다. 예 저 아이는 어려 예뻤다.(×)

다.

3. 시간이나 공간의 범위를 나타낸다.

예 ▪ 이 소설을 그는 3개월 동안에 걸**쳐서** 썼다.

▪ 그 해 겨울부터 23년 봄에 걸**쳐서** 그 곡을 썼다.

▪ 민속 자료를 통**해서** 조상들의 생활 모습을 짐작할 수 있다.

3참 1. '-아'로 바꿔 쓸 수 있다. 2. 시간의 범위를 나타낸다.

예 ▪ 고대 인간이 살았던 흔적은 구대륙으로부터 신대륙에 걸**쳐서** 퍼져 있다.

▪ 이 지역 전반에 걸**쳐서** 많은 유물이 발견되었다.

3참 공간의 범위를 나타낸다.

4. 시간의 경과를 나타낸다.

예 ▪ 그녀는 자정이 조금 지나**서** 집으로 돌아왔다.

▪ 세 시가 지나**서** 회의가 끝났다.

▪ 그는 날이 저물**어서** 풀려났다.

▪ 열 시가 넘**어서** 순이가 왔다.

4참 보조사 '야'가 붙어 뜻을 더 강조해 준다. 예 열시가 넘**어서야** 순이가 왔다.

5. ['며칠, 얼마' 등과 '안, 못' 등의 부정을 나타내는 말과 함께 쓰여] 시간이 얼마 지나지 않았음을 나타낸다.

예 ▪ 며칠 안 **가서** 나는 파리로 되돌아왔네.

▪ 얼마 안 **가서** 미선이는 그 사실을 알게 되었다.

6. 행동의 방식이나 수단을 나타낸다.

예 ▪ 밥을 물에 말**아서** 먹어도 돼?

▪ 냄새 맡**아서** 모르시겠소?

▪ 그들은 걸**어서** 국경을 넘어갔다.

7. ['말하다, 예를 들다' 등에 쓰여] 설명하는 것을 나타낸다.

예 ▪ 예를 들**어서** 한국 음식을 만들어 보라.

▪ 다시 말**해서** 간단하게 말하는 것이 중요하다.

▪ 넓게 말**해서** 이것도 포함된다.

3. 관용적인 쓰임

1. ['-서(는) 없다'의 꼴로 쓰여] 조건을 나타낸다.

예 ▪ 정치는 국가를 떠**나서** 존재할 수 없다.

▪ 나는 시간을 공간과 따로 떼**어서** 생각할 수 없다.

▪ 네가 그렇게 덜렁거**려서**는 우등생이 될 수 없다.

1참 보조사 '는'이 붙어 쓰여 그 의미를 더 강조하기도 한다.

2. ['-아서(야) 되겠는가'의 꼴로 쓰여] '그리하여서는 아니 됨'을 강조하는 것을 나타낸다.

예 ▪ 우리가 벌써 이렇게 소비적인 생활을 **해서**야 되겠는가?
▪ 학문에 힘쓰겠다는 사람이 다른 일에 관심을 두**어서**야 되겠는가?
▪ 이 정도 비에 하늘을 탓하고 일손을 놓**아서**야 되겠는가?

3. '계속해서, 다투어서(앞다투어서), 더불어서, 덧붙여서, 번갈아서, 연달아서, 줄잡아서, 풀어서' 등과 같이 부사형을 만드는 데에 쓰인다.

예 ▪ 나는 아이의 발달 과정을 **계속해서** 기록했다.
▪ **더불어서** 늘어나느니 차뿐이었다.
▪ 여왕은 지배하는 방법도 알고 있었지만, 더 **나아가서** 국민의 심중을 익히고 있었다.
▪ 좀 더 **풀어서** 이야기해 보자.
▪ 적군은 **연달아서** 쳐들어왔다.

4. '에, 로, 와' 등의 조사와 몇몇 용언들과 함께 관용적 표현에 쓰인다.

예 ▪ 주말을 보내는 방법은 사람**에 따라서** 다르다.
▪ 그 사람은 나이**에 비해서** 경험이 많다.
▪ 인간**에 의해서** 이루어지는 역사 창조.
▪ 동양과 서양은 자연에 대한 생각**에 있어서** 커다란 차이점이 있다.

4참 [~에 관해서] [~에 대해서] [~에 따라서] [~에 반해서] [~에 비해서] [~에 의해서] [~에 있어서] [~로 인해서] [~로 미루어서] [~로 보아서] [~와 더불어서]…

도움말 1

'-아서'와 '-고'의 비교:
'-아서'가 '시간의 앞뒤 순서'를 나타내는 경우, '-고'('-고[4]' 참고)로 바꿔 쓸 수 있으나 그 의미가 조금 다르다. '-고'는 단순히 시간적인 앞뒤 순서를 드러내지만, '-아서'는 앞의 사실의 행동이 뒤의 사실의 전제가 되고 뒤의 사실의 행동이 앞의 사실의 행동의 목적이 된다. 아래의 예 1과 같이 '-고'를 사용하면 '영숙이가 친구를 만난 것'과 '학교에 간 것', 두 행동이 순차적으로 일어난 것이고 서로 관련되지 않은 사건이 된다. 그러나 예 2와 같이 '-아서'를 사용하면 '친구를 만난 것'이 '학교를 가기' 위한 전제가 되는 것으로 풀이된다. 따라서 '-아서'는 앞의 사실과 뒤의 사실의 행동이 긴밀한 관계를 나타내는 경우에 쓰이고, '-고'는 상대적으로 이 둘의 관계가 덜 긴밀한 경우에 쓰인다.

예 1: 영숙이는 친구를 만나**고** 학교에 갔다.

예 2: 영숙이는 친구를 만나**서** 학교에 갔다.

도움말2

'-아서'와 '-니까'의 비교:

1. '-아서'가 '원인'이나 '이유'를 나타낼 때, '-니까'와 바꿔 쓸 수 있다. 그러나 '-니까'는 뒤에 명령문이나 청유문이 올 수 있지만, '-아서'는 그렇지 않다.

   예 1: 눈이 많이 오**니까** 집안에서 놀아라(○)/놀자.(○)

   예 2: 눈이 많이 와**서** 집안에서 놀아라(×)/놀자.(×)

2. '미안하다, 고맙다, 반갑다' 등의 감정을 나타내는 형용사는 '-아서'와 쓰이고, '-니까'와는 쓰이지 않는다.

   예 1: 늦**어서**(○)/늦으니까(×) 미안합니다.

   예 2: 만**나서**(○)/만나니까(×) 반가워요.

도움말3

'-아서'와 '-아 가지고'의 비교:

'-아서'는 기본적으로 "가짐"의 의미를 가지고 있어서, 많은 경우에 '-아 가지고'로 바꿔 쓸 수 있다.

예 1: 영숙이는 편지를 **써서** 부모님께 부쳤다. (시간의 앞뒤 순서)
→ 영숙이는 편지를 **써 가지고** 부모님께 부쳤다.

예 2: 우리들은 그 짐승의 배를 창으로 찔**러서** 죽였다. (수단)
→ 우리들은 그 짐승의 배를 창으로 찔**러 가지고** 죽였다.

예 3: 그녀는 잔뜩 화가 **나서** 입술을 꼭 다물었다. (이유)
→ 그녀는 잔뜩 화가 **나 가지고** 입술을 꼭 다물었다.

-아서는 안 되다 【이 곳에 주차**해서는 안 돼요.**】

관용구

결합정보 ☞ -아서

1. 그러한 행동을 하지 말라고 금지하는 것을 나타낸다. 비슷 -면 안 되다

예 ▪ 이곳에 주차**해서는 안 돼요.**
▪ 운전할 때는 술을 마셔**서는 안 됩니다.**
▪ 부모님께 그런 말을 **해서는 안 된다.**

예 이 곳에 주차하**면 안 돼요.**/운전할 때는 술을 마시**면 안 됩니다.**

–아서야 【날이 밝**아서야**~】

『**–아서야**는 모음 'ㅏ, ㅗ'로 끝난 동사, 형용사 뒤에, –**어서야**는 'ㅏ, ㅗ' 이외의 모음으로 끝난 동사, 형용사 뒤에, –**여서야**는 '하다' 뒤에 쓰인다』

예 잡**아서야**, 높**아서야**, 먹**어서야**, 싫**어서야**, 하**여서야**/**해서야**

어미 연결 어미

1. 시간을 나타내는 '–아서'를 강조하는 것을 나타낸다. '어떠한 때에 이르러서야'의 뜻.

관련어 –아서

예 ▪ 날이 밝**아서야** 그녀는 깨어났다.
▪ 수많은 이야깃거리에 샛별이 돋**아서야** 잠자리에 들었다.
▪ 조카들은 언니가 방으로 쫓**아서야** 마지못해 나간다.

2. ['–아서(야) 되겠는가'의 꼴로 쓰여] '그리하여서는 아니 됨'을 강조하는 것을 나타낸다.

예 ▪ 세상은 넓은데 언제까지 이렇게 갇혀 살**아서야** 되겠습니까?
▪ 하지만 너한테까지 알리지 않**아서야** 되겠니?
▪ 사람이 자기 뿌리를 모르고 살**아서야** 되겠느냐?

–아서요 【너무 많**아서요.**】

『**–아서요**는 모음 'ㅏ, ㅗ'로 끝난 동사, 형용사 뒤에, –**어서요**는 'ㅏ, ㅗ' 이외의 모음으로 끝난 동사, 형용사 뒤에, –**여서요**는 '하다' 뒤에 쓰인다』

예 잡**아서요**, 높**아서요**, 먹**어서요**, 싫**어서요**, **해서요**

어미 종결 어미

친한사이 말높임 선배, 어른에게

1. 상대방의 말에 그 원인이나 이유를 들어 대답하는 것을 나타낸다.

전참 입말에 쓰인다.

예 ▪ 아버지: 뭘 그렇게 놀라느냐? 아들: 사람들이 너무 많**아서요**.
- 엄마: 아직 안 잤어? 영숙: 별로 졸리지 않**아서요**.
- 영숙: 왜 이사하시려는데요? 유미: 지금 사는 집이 좀 작**아서요**.

–아서 죽겠다 【아**파서 죽겠어요.**】

관용구

결합정보 ☞ –아서

1. '어떠한 상태가 매우 그러함'을 강조하여 표현하는 말.

예 ▪ 아**파서 죽겠어요**.
▪ 힘들**어서 죽겠어요**.
▪ 배가 고**파서 죽겠어요**.
▪ 얄미**워 죽겠어요**.
▪ 더**워서 죽겠어**.

전참 1. 입말에서만 쓰인다. 2. '–아/어/여 죽겠다'의 꼴로도 쓰인다. 예 아**파 죽겠다**./힘들**어 죽겠어**. 3. '죽겠다' 대신에 '미치겠다'도 쓴다. 예 더**워서 미치겠어**.

–아야 【편지를 받**아야~**】

『**–아야**는 모음 'ㅏ, ㅗ'로 끝난 동사, 형용사 뒤에, **–어야**는 'ㅏ, ㅗ' 이외의 모음으로 끝난 동사, 형용사와 '–았–' 뒤에, **–여야**는 '하다' 뒤에 쓰인다』

어미 연결 어미

예 잡**아야**, 높**아야**, 먹**어야**, 싫**어야**, 잡았**어야**, 하**여야**/**해야**

1. 뒷말에 대한 필수 조건임을 나타낸다.

예 ▪ 편지를 받**아야** 답장을 쓰지.
▪ 신발을 사러 갈 때는 좋은 신발을 신고 **가야** 대접을 받는다고 한다.
▪ 진수가 **와야** 비로소 일이 다 끝나게 되는 것이다.

1참 보조사 '만'이 덧붙어 그 의미를 강조하기도 한다. 예 편지를 받아야**만** 답장을 쓰지.

2. ['–아야 하다/되다'의 꼴로 쓰여] 마땅히 그래야 하는 것을 나타낸다.

예 ▪ 외국어를 배우려면 공부를 열심히 **해야** 된다.
▪ 인간은 자연과 더불어 살**아야**만 한다.
▪ 등산을 가려면 나침반을 가져**가야** 합니다.

2참 보조사 '만'이 쓰일 수 있다. 예 외국어 배우려면 공부를 열심히 해야**만** 한다.

3. ['–아야 하다'의 꼴로 쓰여] 그런 상황에 처할 수밖

에 없음을 나타낸다.

예 ▪ 오늘은 학교에 가**야** 해요.
▪ 일이 너무 많아서 야근을 **해야** 합니다.
▪ 지금 형편으로는 아르바이트라도 **해야** 한다.

3참 반대 –지 않아도 되다. 예 학교에 가**지 않아도 돼요**.

4. 가정한 것이 결국에는 아무 소용이 없음을 나타낸다. '–아 봤자'의 뜻.

예 ▪ 아무리 좋**아야** 그림의 떡.
▪ 아무리 졸라 보**아야** 소용없다.
▪ 아무리 좋**아야** 제 집만 하겠소?

4참 1. 보조사 '만'이 쓰일 수 없다. 2. 주로 '아무리'와 같은 말과 함께 쓰인다. 3. '–아도'와 바꿔 쓸 수 있다. 예 아무리 좋**아도** 그림의 떡.

도움말

'–아야'와 '–면'의 비교:
어미 '–면'이 단순히 조건이나 근거를 나타내는 데 반해, '–아야'는 뒤의 사실이 성립되기 위해 반드시 있어야 하는 필수 조건을 나타낸다.

예 1: 비가 적당히 오**면** 농사가 잘 된다.
비가 적당히 **와야** 농사가 잘 된다.

예 2: 성인이**면** 결혼할 수 있다.
성인이**어야** 결혼할 수 있다.

–아야겠– 【꼭 대학교에 **가야겠**다고~】

『**–아야겠**은 모음 'ㅏ, ㅗ'로 끝난 동사, 형용사 뒤에, **–어야겠**은 'ㅏ, ㅗ' 이외의 모음으로 끝난 동사, 형용사 뒤에, **–여야겠**은 '하다' 뒤에 쓰인다』

준꼴

예 잡**아야겠–**, 높**아야겠–**, 먹**어야겠–**, 없**어야겠–**, 하**여야겠–**/해**야겠–**

'–아야 하겠–'의 준꼴

1. [1인칭 주어와 함께 쓰여] 마땅히 그래야 할 일에 대한 말하는이의 의지를 나타낸다.

예 ▪ 나는 꼭 대학교에 가**야겠**다고 생각했다.
▪ 나도 끝까지 살아남**아야겠**다.
▪ 나도 이제부터는 할 말은 하고 살**아야겠**어요!

전참 '–아야겠구나, –아야겠다, –아야겠지…' 등의 꼴로 쓰인다.

2. 그런 상황에 처할 수밖에 없는 것에 대한 말하는이의 추측을 나타낸다.

예 ▪ 너 매 좀 맞**아야겠**구나.

▪ 할 수 없이 그 일을 내가 맡**아야겠**더군.

–아야 되다 【숙제를 꼭 **해야 돼요.**】

관용구

1. 어떤 행동을 꼭 해야 할 필요가 있음을 나타낸다.

예 ▪ 숙제를 꼭 **해야 돼요**.
▪ 내일 오전 회의에 꼭 **와야 됩니다**.
▪ 올여름에는 꼭 고향에 **가야 되는데요**.
▪ 담배를 끊으**셔야 됩니다**.
▪ 어제 철수를 만났**어야 되는데**.

예 잡**아야 되다**, 먹**어야 되다**, **해야 되다**

전참 '–았–'과 같이 쓸 수 있는데, 이 경우에는 그렇게 하지 못한 것에 대한 아쉬움을 나타낸다. 예 그때 집에 **갔**어야 됐는데.

–아야만 【도움을 받**아야만~**】

『**–아야만**은 모음 'ㅏ, ㅗ'로 끝난 동사, 형용사 뒤에, **–어야만**은 'ㅏ, ㅗ' 이외의 모음으로 끝난 동사, 형용사와 '–았–' 뒤에, **–여야만**은 '하다' 뒤에 쓰인다』

어미 연결 어미

예 잡**아야만**, 높**아야만**, 먹**어야만**, 싫**어야만**, 잡았**어야만**, 하**여야만**/**해야만**

1. 뒷말에 대한 필수 조건임을 나타낸다.

예 ▪ 그는 나의 도움을 받**아야만** 걸을 수 있었다.
▪ 어려움을 참**아야만** 발전이 있단다.
▪ 부부가 성격이 같**아야만** 산다면 이 세상에 같이 사는 사람들이 몇이나 되겠니?

2. ['–아야만 하다/되다'의 꼴로 쓰여] 마땅히 그래야 하는 것을 나타낸다.

예 ▪ 네 죄를 용서 받겠다는 마음으로 다 참**아야만** 하는 거야.
▪ 우리는 이성을 되찾**아야만** 합니다.
▪ 무엇을 하든지 간에 최선을 다**해야만** 된다.

3. ['–아야만 하다'의 꼴로 쓰여] 그런 상황에 처할 수밖에 없음을 나타낸다.

예 ▪ 소년은 그냥 비를 맞**아야만** 했다.
▪ 나는 담임선생님에게 불려가서 맞**아야만** 했다.

▪ 나는 왜 이렇게 어리석게 살**아야만** 하는가.

–아야죠 【저도 살**아야죠.**】

『**–아야죠**는 모음 'ㅏ, ㅗ'로 끝난 동사, 형용사 뒤에, **–어야죠**는 'ㅏ, ㅗ' 이외의 모음으로 끝난 동사, 형용사 뒤에, **–여야죠**는 '하다' 뒤에 쓰인다』

예 잡**아야죠**, 높**아야죠**, 먹**어야죠**, 싫**어야죠**, 하**여야죠/해야죠**

어미 종결 어미

친한사이 말높임 선배, 어른에게

본말 –아야지요

전참 입말에 쓰인다.

1. 〔일인칭 주어의 행동을 나타내면서〕 말하는이의 의지를 나타낸다.

예 ▪ 저도 살**아야죠**.
▪ 다들 가는데 저도 가 **봐야죠**.
▪ 저는 이젠 학교에 **가야죠**.

2. 상대방의 의사를 물어 그렇게 행동하기를 제안하는 것을 나타낸다.

예 ▪ 어서 병원으로 가**셔야죠**.
▪ 뭘 좀 드시고 가**셔야죠**.
▪ 선생님, 희망을 가**져야죠**.
▪ 대성: 별로 심하게 다치지도 않았는데 그냥 퇴원할 걸 그랬어요.
유미: 그래도 조심하**셔야죠**.

3. 어떤 일의 정도를 강조하는 것을 나타낸다.

예 ▪ 살기가 힘들어서 다른 데 신경 쓸 겨를이 있**어야죠**.
▪ 요즘 같은 현대 사회에서야 부족한 게 있**어야죠**.
▪ 바빠서 시간이 **나야죠**.

4. 마땅히 그래야 할 텐데 그러지 못해 안타깝다는 뜻을 나타낸다.

예 ▪ 고등 학교는 겨우 마쳤는데 진학할 수가 있**어야죠**.
▪ 내가 어디 상냥**해야죠**.
▪ 주소가 써 있지 않으니까 어디 답장을 보낼 수가 있**어야죠**.

–아야지[1] 【잠이나 푹 **자야지.**】

『**–아야지**는 모음 'ㅏ, ㅗ'로 끝난 동사, 형용사 뒤에, **–어야지**는 'ㅏ, ㅗ' 이외의 모음으로 끝난 동사, 형용사 뒤에, **–여야지**는 '하다' 뒤에 쓰인다』

예 잡**아야지**, 높**아야지**, 먹**어야지**, 싫**어야지**, **해야지**

[어미] 종결 어미

[친한사이 말낮춤] 친구에게

1. 〔일인칭 주어의 행동을 나타내면서〕 말하는이의 결심이나 의지를 나타낸다.

[존대] –아야지요

[전참] 입말에 쓰인다.

[예] ▪ 집에 가서 잠이나 푹 **자야지**.
▪ 다시는 영어를 하지 말**아야지**.
▪ 진수한테 빌린 돈을 오늘은 갚**아야지**.

2. 〔이인칭 주어의 행동을 나타내면서 말하는이의 생각을 강하게 드러내어〕 상대방에게 그렇게 하도록 권유하거나 명령하는 것을 나타낸다.

[예] ▪ 우리 집에서 자고 **가야지**.
▪ 진수야, 이제 침실로 **가야지**.
▪ 아저씨께 인사를 드**려야지**.

3. 상대방의 의사를 떠보거나 물어 보는 뜻을 나타낸다.

[예] ▪ 우리도 이제 아이를 하나 낳**아야지**?
▪ 너도 이제 군대 갔다 와서 장가를 들**어야지**?

4. 어떤 일의 정도를 강조하는 것을 나타낸다.

[4참] '여간'과 함께 쓰인다.

[예] ▪ 할 수 없이 혼자 그 일을 하자니 여간 힘들**어야지**.
▪ 그 녀석이 여간이**어야지**.
▪ 작아도 여간 작**아야지**.

5. 마땅히 그래야 할 텐데 그러지 못해, 다음 행동에 제약을 받는다는 뜻을 나타낸다.

[5참] 그래서 '유감이라거나 안타깝다'라는 의미를 나타내기도 한다.

[예] ▪ 창피해서 할 말이 있**어야지**.
▪ 애가 잠을 **자야지**.
▪ 아무리 인기척을 내도 누가 내다**봐야지**.

[예] ▪ 내가 왔으면 만사 제치고 나**와야지**. 무슨 소리야.

▪ 사람이 부르면 대답이 있**어야지**. 원 요즘 애들은 버르장머리가 없어.

–아야지[2] 【좋은 기회가 있을 때 잡**아야지**~】

『**–아야지**는 모음 'ㅏ, ㅗ'로 끝난 동사, 형용사 뒤에, **–어야지**는 'ㅏ, ㅗ' 이외의 모음으로 끝난 동사, 형용사 뒤에, **–여야지**는 '하다' 뒤에 쓰인다』

예 잡**아야지**, 높**아야지**, 먹**어야지**, 싫**어야지**, 하**여야지/해야지**

어미 연결 어미

1. 앞의 사실과 뒤의 사실에 상반되는 내용을 이어 주는 것을 나타낸다.

전참 주로 입말에서 쓰인다.

예 ▪ 아프면 집에서 쉬**어야지**, 나가서 찬바람을 쐬면 어쩌려고.
▪ 구워서 먹**어야지**, 날 것으로 먹으면 안 돼.

2. 앞의 내용이 뒤에 오는 내용의 필수조건이 되는 것을 나타낸다.

예 ▪ 한국말을 좀 해**야지** 취직을 하지.
▪ 공부를 해**야지** 시험을 잘 볼 수 있다.
▪ 한국에서는 예뻐**야지** 배우가 될 수 있어.

–아야지요 【고향에 **가야지요.**】

『**–아야지요**는 모음 'ㅏ, ㅗ'로 끝난 동사, 형용사 뒤에, **–어야지요**는 'ㅏ, ㅗ' 이외의 모음으로 끝난 동사, 형용사 뒤에, **–여야지요**는 '하다' 뒤에 쓰인다』

예 잡**아야지요**, 높**아야지요**, 먹**어야지요**, 싫**어야지요**, 해**야지요**

어미 종결 어미

친한사이 말높임 선배, 어른에게

1. [일인칭 주어의 행동을 나타내면서] 말하는이의 결심이나 의지를 나타낸다.

준말 –아야죠

전참 입말에 쓰인다.

예 ▪ 올해는 고향에 **가야지요**.
▪ 금년에는 무슨 일이 있어도 시험을 **봐야지요**.
▪ 저도 내년에는 취직해**야지요**.

2. [이인칭 주어의 행동을 나타내면서 말하는이의 생각

을 강하게 드러내어] 상대방에게 그렇게 하도록 권유하거나 명령하는 것을 나타낸다.

예 ▪ 선생님, 저쪽으로 가 보**셔야지요**.
▪ 입장하려면 표를 **사야지요**.

3. 상대방의 의사를 물어 보는 뜻을 나타낸다.

예 ▪ 선생님도 코트를 벗**어야지요**?
▪ 선생님께서는 지금 출발하**셔야지요**?

4. 어떤 일의 정도를 강조하는 것을 나타낸다.

예 ▪ 무거워서 어디 가져갈 수가 있**어야지요**.
▪ 그 놈의 행동을 보고 참을 수가 있**어야지요**!

5. 마땅히 그래야 할 텐데 그러지 못해 유감이라거나 안타깝다는 뜻을 나타낸다.

예 ▪ 선물이 왔는데 누가 보냈는지 알 수가 있**어야지요**.
▪ 휴일에 집에 있을 사람이 있**어야지요**?

–아야 하다 【먼저 집에 **가야 한다.**】

관용구

1. 의무나 '그렇게 하는 것이 마땅함'을 나타낸다.

예 ▪ 네가 잘못했다면 먼저 사과를 **해야 한다**.
▪ 학기가 끝날 때 꼭 시험을 **봐야 해요**.
▪ 내일은 집에서 쉬**어야 해**.
▪ 이런 때일수록 우리는 최선을 다**해야 합니다**.

예 잡**아야 하다**, 먹**어야 하다**, **해야 하다**

전참 1. '–어야/여야 하다'의 꼴로도 쓰인다. 2. '–았–', '–겠–'과 같이 쓰이기도 한다. 예 시험을 봐야 하**겠**다./시험을 봐야 **했**다.

–아 오다 【날이 밝**아 온다.**】

관용구

1. [동사에 쓰여] 어떠한 행동이나 상태가 현재를 향하여 계속 진행되는 것을 나타낸다.

예 ▪ 오랫동안 사귀**어 온** 애인.
▪ 그 노인은 자식들을 위해 장사를 하면서 늙**어 왔다**.
▪ 마이클은 한국에 오면서 오랫동안 키**워 온** 개를 친구에게 주고 왔다.

예 잡**아 오다**, 먹**어 오다**, **해 오다**

2. [동사, 형용사에 쓰여] 일정한 상태나 현상이 시작되어 진행되는 것을 나타낸다.

예 ▪ 새 날이 밝**아 온다**.
▪ 찬물에 손을 넣으니 뼈까지 시**려 왔다**.
▪ 새벽이 가까**워 오고** 있다.

3. [동사에 쓰여] '말하는 사람에게 어떤 행위가 일어나다'의 뜻.

예 ▪ 진수는 날마다 나에게 전화를 걸**어 왔다**.
▪ 무얼 먹겠느냐며 물**어 왔다**.

-아요 【서울에서 살**아요.**】

『**-아요**는 모음 'ㅏ, ㅗ'로 끝난 동사, 형용사 뒤에, **-어요**는 'ㅏ, ㅗ' 이외의 모음으로 끝난 동사, 형용사 뒤에, **-여요**는 '하다' 뒤에 쓰인다』

예 잡**아요**, 높**아요**, 먹**어요**, 싫**어요**, **해요**

어미 종결 어미

친한사이 말높임 선배, 어른에게

1. 듣는이에게 말하는이가 알고 있는 사실을 알리는 것을 나타낸다.

예 ▪ 저는 서울에서 살**아요**.
▪ 그 서점에는 좋은 책이 많**아요**.
▪ 감기에 걸린 것 같**아요**.
▪ 정말 저도 몰랐**어요**.

전참 1. 입말에 쓰인다. 2. '이다/아니다'에서는 '-에요'가 쓰인다. 예 학생이에요, 학생이 아니에요 3. '같다'의 어간 뒤에서 '같애요'로 쓰이는 것은 잘못이다. 예 바보 같애요.(×)/같아요(○)

1참 '-았-, -겠-' 뒤에 쓰인다.

2. 듣는이에게 물어 보는 뜻을 나타낸다.

예 ▪ 머리를 비누로 감**아요**?
▪ 국이 좀 싱겁지 않**아요**?
▪ 선생님은 어렸을 때부터 키가 크셨**어요**?
▪ 몇 등이나 했**어요**?

2참 '-았-, -겠-' 뒤에 쓰인다.

3. [의문문의 형식이지만 대답을 요구하지 않는 꼴로 쓰여] 강하게 부정하는 것을 나타낸다.

예 ▪ 부모님한테 미안하지도 않**아요**?
▪ 제가 잘못한 거라면 그 사람이 가만히 있었겠**어요**?

3참 '-았-, -겠-' 뒤에 쓰인다.

- 이 말은 흠 없는 사람이 없다는 말이 아니겠**어요**?
- 저라고 그 일을 못하겠**어요**?

4. 완곡하거나 덜 강압적으로 명령하는 것을 나타낸다.

예 • 저길 보**아요**.
- 가지 **마요**.
- 나 좀 **봐요**.
- 잠깐만 기다**려요**.

4참 1. 동사에만 쓰인다. 2. 부정 명령을 나타내는 '말다'와 '-아요'가 쓰이면 '말아요'가 아니라 '마요'가 된다. 예 가지 **마요**./하지 **마요**

5. 권하는 것을 나타낸다.

예 • 같이 차 한 잔 하고 **가요**.
- 우리 지금 떠**나요**. 제발.
- 지금 시내에 나가는 길인데, 같이 **가요**.

5참 동사에만 쓰인다.

-아 있다 【침대에 앉**아 있어요.**】

관용구

예 **가 있다**, 앉**아 있다**, **서 있다**

1. 어떤 행위가 끝나고 그 완료된 상태가 지속되는 것을 나타낸다.

예 • 철수는 침대에 누**워 있어요**.
- 교실에서 학생들은 앉**아 있고** 선생님은 **서 계신다**.
- 슈퍼에 가면 김치가 병에 들**어 있어요**.

존대 -아 계시다
예 할머니께서 병원에 입원**해 계십니다**.

369

도움말

'-아 있다'와 '-고 있다'의 비교: ☞ '-고 있다'의 도움말(p. 65).

-아 주다 【문 좀 열**어 주세요.**】

관용구

예 잡**아 주다**, 들**어 주다**, **해 주다**

1. [동사에 쓰여] 다른 사람을 위해 어떤 행동을 하는 것을 나타낸다.

예 • 문 좀 열**어 주세요**.
- 우리 남편은 잘 도**와 줘요**.
- 아이들의 말을 들**어 주세요**.
- 이것 좀 들**어 주시겠어요**?

존대 -아 드리다

전참 1. 행동을 받는 대상이 손위 사람이면 '-아 드리다'의 꼴을 쓴다. 예 할머니를 도**와 드렸다**.

▪ 저 좀 도**와 줄래요**?

2. 강조하여 말하는 것을 나타낸다

예 ▪ 그렇게 말 안 들으면 혼**내 준다**.

▪ 저런 애들은 때**려 주세요**.

▪ 너 자꾸 거짓말하면 엄마한테 일**러 준다**.

2. '–아 주시겠어요?'에 대해서 '네, –아 드리겠어요'로 대답한다. 예 영희: 도와 주시겠어요? 철수: 네, 도와 드리겠어요.

–아지다 【날씨가 점점 추**워집니다.**】

관용구

예 작**아지다**, 길**어지다**, 따뜻**해지다**

1. [형용사에 쓰여] 저절로 조금씩 변화하는 것을 나타낸다.

예 ▪ 날씨가 점점 **추워집니다**.

▪ 해가 점점 길**어지고** 있어요.

▪ 영하가 점점 예**뻐지네요**.

▪ 준수가 많이 착**해졌어요**.

▪ 평균 기온이 높**아지면**, 극지방의 빙산이 녹는다.

주의 '–아지다'는 항상 붙여 쓴다. 예 추워지다(○)/추워 지다(×)

2. [동사에 쓰여] 어떠한 동작이 잘 되어 가는 것을 나타낸다.

예 ▪ 이 볼펜이 글씨가 잘 **써지네**.

▪ 차가 잘 **가진다**.

▪ 맞춤구두를 신으니 잘 걸**어진다**.

2참 피동의 의미라고도 한다.

–아 치우다 【숙제를 **해 치웠다.**】

관용구

예 팔**아 치우다**, 먹어 치우다, **해 치우다**

1. '어떤 행동을 다 하여서 남은 것이 없게 하다'의 뜻.

예 ▪ 숙제를 다 **해 치우니** 기분이 홀가분했다.

▪ 많던 논밭도 다 팔**아 치우고** 집 한 채 없답니다.

▪ 그 많은 김밥을 진수 혼자 다 먹**어 치웠어요**.

▪ 담당자를 갈**아 치운다**고 뭐가 달라지겠어요?

전참 말하는이가 어떤 일을 빠르게 해 버렸다고 생각했을 때 사용한다.

-았- 【사진을 찾았어요.】

『**-았-**은 모음 'ㅏ, ㅗ'로 끝난 동사, 형용사 뒤에, **-었-**은 'ㅏ, ㅗ' 이외의 모음으로 동사, 형용사 뒤에, **-였-**은 '하다' 뒤에 쓰인다』

예 잡**았**-, 높**았**-, 먹**었**- 싫**었**-, 학생이**었**-, 가수**였**-, 아니**었**-, **하였**-/**했**-

어미 선어말 어미

1. 말하는 때보다 과거에 있었던 것을 나타낸다.

1참 동사와 함께 쓰여 어떤 행동이 과거에 일어났음을 나타낸다.

예 ▪ 제가 어제 할머니 옛날 사진을 찾**았**어요.
▪ 어제 시험을 보**았**어요.
▪ 네가 보내 준 편지 반갑게 읽어 보**았**다.

1참 형용사와 함께 쓰여 어떤 상태가 과거에 있었음을 나타낸다.

예 ▪ 어제는 날씨가 안 좋**았**어요.
▪ 나도 어렸을 때는 예**뻤**다.
▪ 어제 본 영화가 재미있**었**다.

2. 어떤 행동이 과거에 완결되었음을 나타낸다.

예 ▪ 영숙아, 감기 다 나**았**니?
▪ 지금 대성이네 집에 다녀**왔**습니다.
▪ 그들은 모두 운동장에 모여 있**었**다.

3. 과거에 일어난 행동의 결과가 현재까지 지속되고 있음을 나타낸다.

예 ▪ 작년에 그 사람을 알**았**어요.
▪ 그녀는 흰 블라우스에 빨간 스커트를 입**었**고 흰 운동화를 신**었**다.

4. 앞으로 일어날 일에 대하여 단정하는 것을 나타낸다.

예 ▪ 너 이제 큰일**났**다.
▪ 그 정도라면 당선되**었**다.
▪ 너 내일 나한테 죽**었**다.

5. ['다 -았다'의 꼴로 쓰여] 다시는 할 수 없게 되었음을 반어적으로 나타낸다.

5참 옆의 문장들은 각각, '예 오늘 비가 오니 소풍을 못 가겠다, 예 배탈이 났으니 요리를 못 먹겠다, 예 하늘을 보니 비가 올 것 같지 않다'를 나타낸다.

예 ▪ 오늘 비가 오는 것을 보니 소풍은 다 **갔**다.
▪ 배탈이 났으니 요리는 다 먹**었**구먼.
▪ 하늘을 보니 비는 다 **왔**네.

6. 현재의 어떤 사실에 대하여 관용적으로 '-았-'을 사

용한다.

예 ▪ 선생님: 내가 한 말을 이제는 이해하겠니? 학생: 네, 잘 알**았**습니다.

▪ 집에 도착하려면 아직 멀**었**니?

–았구나 싶다 【내가 심**했구나 싶었다.**】

결합정보 ☞ –았–

관용구

1. '그러한 생각이 들다'의 뜻.

예 ▪ 내가 유미에게 너무 심**했구나 싶어서** 사과하기로 했다.

▪ 말을 잘못 **했구나 싶자** 후회가 되었다.

–았기에 망정이지 【비가 **왔기에 망정이지~**】

결합정보 ☞ –았–

관용구

1. '그나마 일이 그렇게 되었으니(그러하였으니) 다행이지'의 뜻.

예 ▪ 비가 **왔기에 망정이지** 눈이 왔으면 길이 다 얼었을 것이다.

▪ 친구가 그 때 **왔기에 망정이지** 안 왔더라면 난 벌써 죽었을 거야.

–았댔자 【만**났댔자~**】

『**–았댔자**는 모음 'ㅏ, ㅗ'로 끝나는 동사, 형용사에, **–었댔자**는 'ㅏ, ㅗ' 이외의 모음으로 끝나는 동사, 형용사에, **–였댔자**는 '하다' 뒤에 쓰임』

예 잡**았댔자**, 높**았댔자**, 먹**었댔자**, 싫**었댔자**, 하**였댔자**/**했댔자**

어미 연결 어미

1. 앞의 사실을 인정하는 경우에도 뒤의 사실을 인정해야 하는 것을 나타내거나, 가정한 것이 결국에는 아무 소용이 없는 것을 나타낸다.

예 ▪ 만**났댔자** 말 한 마디도 못했을는지도 모른다.

- 한국말을 배**웠댔자** 막상 하려면 잘 안 된다.
- 모기약은 **샀댔자** 마구 써 버리는 바람에 금방 떨어진다.

2. [주로 '-아 보았댔자/봤댔자'의 꼴로 쓰이어] '그렇게 한다고 하여도'의 뜻.

예 ▪ 동전은 흔한 것이어서 아껴 보**았댔자** 별 것 아니라고 생각하기 쉽다.
- 이제 와서 떠들어 **봤댔자** 소용없는 노릇이지.
- 가 **봤댔자** 별 소득은 없을 거다.

-았더니 【회사에 **갔더니**~】

예 잡**았더니**, 먹**었더니**, 하**였더니**/**했더니**

어미 연결 어미

1. [동사에 쓰여] 과거의 사실과 다른 새로운 사실이 있음을 나타내거나, 앞의 사실이 원인이나 이유가 되어서 뒤의 사실에 이르게 되었음을 나타낸다.

예 ▪ 토요일에 회사에 **갔더니** 아무도 없었다.
- 어제 비를 맞**았더니** 감기에 걸렸다.
- 공부를 안 하고 시험을 **봤더니** 답을 쓸 수가 없었다.

-았던 【어릴 때 내가 살**았던** 동네】

예 살**았던**, 좋**았던**, 먹**었던**, 예**뻤던**, 하**였던**/**했던**

어미 꾸미는 어미

1. 뒤에 오는 명사를 꾸미면서, 과거에 완성되지 못하고 중단되었음을 나타낸다.

예 ▪ 어릴 때 내가 살**았던** 동네에 다시 가 보았다.
- 초등학교 때 키가 작**았던** 친구가 지금은 나보다 크다.
- 이게 옛날 사람들이 먹**었던** 음식이다.

-았던 것이다 【그림자조차 보이지 않**았던 것이다.**】

결합정보 ☞ -았-

관용구

1. 말하는이의 확신이나 생각 등을 객관화시켜 강조하여 말하는 것을 나타낸다.

예 ▪ 사람은 그림자조차 보이지 않**았던 것이다**.
▪ 천주교 신부니까 아내와 자식이 없**었던 것이다**.
▪ 그 사실을 비로소 깨닫게 되**었던 것이다**.

관련어 -는 것이다
전참 1. '-었던/였던 것이다'의 꼴로도 쓰인다. 2. 다소 공식적인 글말에 주로 쓰인다.

-았었- 【여기에 살**았었**다.】

『**-았었**-은 모음 'ㅏ, ㅗ'로 끝난 동사, 형용사 뒤에, **-었었**-은 'ㅏ, ㅗ' 이외의 모음으로 끝난 동사, 형용사 뒤에, **-였었**은 '하다' 뒤에 쓰인다』

예 잡**았었**-, 높**았었**- 먹**었었**-, 싫**었었**-, 하**였었**-/**했었**-, 학생이**었었**-, 가수**였었**-, 아니**었었**-

어미 선어말 어미

1. 어떤 행동이나 사건이 과거의 어느 시점에 완료되었음을 나타낸다.

예 ▪ 내가 모자를 어디에 벗어 놓**았었**죠?
▪ 보트를 타다가 강물에 빠져 죽을 뻔하다가 살**았었**다.
▪ 어린 나이에 대성이는 벌써 그런 것을 쓸 줄 알**았었**다.

2. 과거의 어느 시점에 완료된 행동이나 상태가 그 뒤에 오는 과거의 어느 시점까지 지속되고 있었음을 나타낸다.

예 ▪ 그 때 방안은 연기로 가득 **찼었**다.
▪ 어제 그것을 대충 만들어 놓**았었**다.

3. 과거의 사실이 현재와는 달리 변하였음을 나타낸다.

예 ▪ 우리가 어릴 때 이 동네 살**았었**거든요.
▪ 부산에 살**았었**어요. 그렇지만 지금은 서울에 살아요.
▪ 아내는 분명히 생선을 식탁 위에 올려놓**았었**다고 말했다.

3참 언급된 사실이 더 이상 그렇지 않음을 나타낸다. '단속, 단절'의 뜻.

예 ▪ 처녀 시절에는 꿈도 많**았었**다.
▪ 나는 널 아까부터 보**았었**어.
▪ (지금은 그렇지 않지만) 진수는 중고등 학교 때 공부를 잘 **했었**다.

3참 '대조'를 나타낸다.

- 어렸을 때는 키가 **컸었**는데 지금 보니 별로 안 크네.

4. '회상'이나 '경험'을 나타낸다.

예 ▪ 그 때 대관령 정상에서 보았던 설경이 너무 좋**았었**다.

4참 '회상'을 나타낸다.

- 힘들었지만 그래도 그 때가 좋**았었**지.
- 여름이면 자주 언니는 콩국수를 내놓**았었**다.

예 ▪ 우리는 말타기를 하고 놀**았었**다.

4참 '경험'을 나타낸다.

- 몇 년 전에 유럽을 다녀**왔었**다.
- 그 식당에서 친구들과 함께 스파게티를 먹**었었**다.

-았으면 【좀 쉬**었으면** 출발합시다.】

어미 연결 어미

예 잡**았으면**, 좋**았으면**, 먹**었으면**, 싫**었으면**, 하**였으면**/**했으면**

1. 과거의 사실을 조건으로 하는 것을 나타낸다.

예 ▪ 좀 쉬**었으면** 이제 출발합시다.

- 시간이 되**었으면** 회의를 시작해요.
- 집에 도착**했으면** 전화를 하세요.

2. 과거나 현재의 사실과 반대되는 상황을 가정하며 현재는 그렇지 않은 것에 대해 안타까워 하거나 후회하는 것을 나타낸다.

예 ▪ 대학교 다닐 때 더 열심히 공부**했으면** 좋은 회사에 취직했을 텐데.

- 날씨가 좋**았으면** 산책을 갔을 거야.
- 김 선생님이 내일 오**셨으면** 우리를 못 만났겠지.

-았으면 싶다 【좀 쉬**었으면 싶어요.**】

관용구

결합정보 ☞ -았으면

1. '그렇게 된다면 좋을 것 같다'의 뜻.

예 ▪ 오늘은 좀 쉬**었으면 싶어요**.

- 그들이 빨리 돌아가 **줬으면 싶었다**.
- 빨리 어른이 되**었으면 싶어서** 어른 흉내를 내기도 했어요.

-았으면 하다 【비가 **왔으면 해요.**】

관용구

결합정보 ☞ -았으면

1. '그렇게 되기를 가정하여 바라는 것'을 나타낸다.

예 ▪ 비가 **왔으면 하고** 밖을 내다보았다.
▪ 선생님, 바쁘시지 않으면 잠깐만 저희 집에 다녀가**셨으면 해요**.
▪ 나는 늘 형이 많**았으면 하는** 생각을 하곤 했다.

-았자 【도망을 쳐 보**았자**~】

『**-았자**는 모음 'ㅏ, ㅗ'로 끝난 동사, 형용사 뒤에, **-었자**는 'ㅏ, ㅗ' 이외의 모음으로 끝난 동사, 형용사 뒤에, **-였자**는 '하다' 뒤에 쓰인다』

예 잡**았자**, 높**았자**, 먹**었자**, 싫**었자**, 하**였자**/**했자**

어미 연결 어미

1. [주로 '-아 보았자'의 꼴로 쓰여] 앞의 사실을 인정하는 경우에도 뒤의 사실을 인정해야 하는 것을 나타내거나, 가정한 것이 결국에는 아무 소용이 없는 것을 나타낸다.

예 ▪ 도망을 쳐 보**았자** 근처에서 잡힐 것이 뻔했다.
▪ 가 보**았자** 아무런 일도 없을 것이므로 그대로 서 있었다.
▪ 우리끼리 논쟁을 해 보**았자** 뾰족한 수가 있을 턱이 없다.

관련어 -댔자, -랬자, -았댔자

전참 뒤에 명령문이나 청유문은 올 수 없다.

야[1] 【유미**야**】

『**야**는 받침 없는 말 뒤에, **아**는 받침 있는 말 뒤에 붙어 쓰인다』

예 유미**야**, 대성**아**

조사 부르는 말에 붙어 쓰이는 조사

1. 친구나 자기보다 나이가 어린 사람을 부를 때 사용한다.

예 ▪ 철수**야**, 학교 가자.

높임 이여, 이시여

관련어 아

- 유미**야**, 밥 먹었니?
- 얘**야**, 넌 내가 좋으냐?

2. 동물, 사물 등을 사람인 것처럼 부르는 뜻을 나타낸다.

예 ▪ 나무**야**, 나무**야**, 누워서 자라.
- 나의 사랑 한반도**야**.
- 토끼**야**, 안녕?

도움말

한국에서 이름 부르기: ☞ '아[1]'의 도움말(p. 337).

야[2] 【너**야** 물론 예쁘지.】

조사 보조사

예 너**야**, 선생님**이야**

1. ☞ 이야(p. 446)

예 ▪ 너**야** 물론 누구나 좋아하지.
- 나**야** 늘 그렇지 뭐.
- 더위 따위에 질 수**야** 있나요?
- 이제**야** 조금 알 것 것 같아요.

–야[3] 【미국 사람이**야.**】

『'이다/아니다'에 쓰인다』

어미 종결 어미

친한사이 말낮춤 친구에게

예 사실이**야**, 사실이 아니**야**

1. 단정하여 서술하는 것을 나타낸다.

예 ▪ 존슨 씨는 미국 사람이**야**.
- 무슨 사고가 난 모양이**야**.
- 그 소문은 사실이 아니**야**.
- 친구하고 약속이 있어서 시내에 가는 길이**야**.

2. 감탄하여 말하는 것을 나타낸다.

예 ▪ 이 곳은 참 아름다운 곳이**야**!
- 그건 절대로 사실이 아니**야**.
- 당신은 행복한 사람이**야**!

형태관련어 –아

전참 높일 때는 '–에요'가 쓰인다. 예 학생이**에요**. 단, 받침 없는 명사 뒤에서는 '이에요'가 '예요'로 줄어들기도 한다. 예 가수**예요**.

1참 강한 서술성 때문에 '명령'처럼 보이기도 한다. 예 조용히 하란 말이**야**!

3. 듣는이에게 물어 보는 뜻을 나타낸다.

예 ▪ 진수가 아직도 학생이**야**?
▪ 그게 사실이 아니**야**?
▪ '한글'이라는 이름은 누가 붙인 거**야**?

4. [의문문의 형식이지만 대답을 요구하지 않는 꼴로 쓰여] 강하게 부정하는 것을 나타낸다.

예 ▪ 너 같은 애도 학생이**야**?
▪ 이것도 밥이**야**?
▪ 네가 뭔데 나서는 거**야**?
▪ 누구한테 욕을 하는 거**야**?

야말로 【너**야말로** 정말 친절하다.】

조사 보조사

예 누나**야말로**, 동생이**야말로**

1. ☞ 이야말로(p. 447)

예 ▪ 그 친구**야말로** 정말 천재다.
▪ 나**야말로** 이 직장에 꼭 필요한 사람이다.
▪ 이 일**이야말로** 나한테 딱 맞는 일이다.

-어[1] 【싫**어**.】

『**-어**는 'ㅏ, ㅗ' 이외의 모음으로 끝난 동사, 형용사와 '-았-', '-겠-'의 뒤에, **-아**는 모음 'ㅏ, ㅗ' 로 끝난 동사, 형용사 뒤에, **-여**는 '하다' 뒤에 쓰인다』

어미 종결 어미

친한사이 말낮춤 친구에게

예 먹**어**, 싫**어**, 먹었**어**, 먹겠**어**, 잡**아**, 좋**아**, **해**

1. ☞ -아[2](p. 338)

예 ▪ 싫**어**.
▪ 오늘은 좀 일찍 나왔**어**.
▪ 운전할 수 있겠**어**?
▪ 빨리 걸**어**.
▪ 어휴, 더**워**.

전참 주체 존대를 나타내는 '-시-'와 결합하면 '-셔'가 된다. 예 우리 선생님이**셔**./우리 선생님은 내일 미국으로 가**셔**.

-어² 【옷을 벗**어**~】

『**-어**는 'ㅏ, ㅗ' 이외의 모음으로 끝난 동사, 형용사 뒤에, **-아**는 모음 'ㅏ, ㅗ'로 끝난 동사, 형용사 뒤에, **-여**는 '하다' 뒤에 쓰인다』

예 먹**어**, 싫**어**, 잡**아**, 좋**아**, 하**여**/**해**

어미 연결 어미

1. ☞ -아³(p. 340)

예 ▪ 진수는 옷을 벗**어** 옷걸이에 걸었다.
▪ 오늘은 바람이 많이 불**어** 정말 춥다.
▪ 개미 떼가 나무 위로 줄을 지**어** 올라가고 있었다.

-어다 【꽃을 꺾**어다**~】

『**-어다**는 'ㅏ, ㅗ' 이외의 모음으로 끝난 동사 뒤에, **-아다**는 모음 'ㅏ, ㅗ'로 끝난 동사 뒤에, **-여다**는 '하다' 뒤에 쓰인다』

예 꺾**어다**, 잡**아다**, 하**여다**/**해다**

어미 연결 어미

1. ☞ -아다(p. 346)

예 ▪ 꽃을 꺾**어다** 화병에 꽂아라.
▪ 들쥐는 온갖 곡식을 끌**어다** 곳간에 쌓았다.
▪ 봄이면 산나물을 뜯**어다** 먹곤 했다.
▪ 농부는 열심히 물을 길**어다** 항아리에 부었습니다.

-어다가 【그 책을 가**져다가**~】

『**-어다가**는 'ㅏ, ㅗ' 이외의 모음으로 끝난 동사 뒤에, **-아다가**는 모음 'ㅏ, ㅗ'로 끝난 동사 뒤에, **-여다가**는 '하다' 뒤에 쓰인다』

예 꺾**어다가**, 잡**아다가**, 해**여다가**/**해다가**

어미 연결 어미

1. ☞ -아다가(p. 346)

예 ▪ 학교 가는 길에 그 책을 좀 가**져다가** 주세요.
▪ 택시는 나를 서울역에 실**어다가** 주었다.
▪ 빨리 물을 길**어다가** 부어야 했다.

–어도 【사진을 찍**어도**~】

『**–어도**는 'ㅏ, ㅗ' 이외의 모음으로 끝난 동사, 형용사 뒤에, **–아도**는 모음 'ㅏ, ㅗ' 로 끝난 동사, 형용사 뒤에, **–여도**는 '하다' 뒤에 쓰인다』

예 먹**어도**, 싫**어도**, 잡**아도**, 좋**아도**, 하**여도**/**해도**

어미 연결 어미

1. ☞ –아도(p. 347)

예 ▪ 이 박물관에서는 사진을 찍**어도** 괜찮아요.
▪ 종로에 피자집이 생겼다던데 좀 멀**어도** 거기 갈까?
▪ 음식은 아무거나 먹**어도** 돼요?

–어라[1] 【천천히 먹**어라.**】

『**–어라**는 'ㅏ, ㅗ' 이외의 모음으로 끝난 동사 뒤에, **–아라**는 모음 'ㅏ, ㅗ'로 끝난 동사 뒤에, **–여라**는 '하다' 뒤에 쓰인다』

예 먹**어라**, 입**어라**, 잡**아라**, 하**여라**/**해라**

어미 종결 어미

말아주낮춤 할아버지가 아이에게

1. ☞ –아라[1](p. 352)

예 ▪ 천천히 먹**어라**. 체하겠다.
▪ 옷을 많이 입**어라**.
▪ 이제 너도 쉬**어라**.

–어라[2] 【아무도 없**어라.**】

『**–어라**는 'ㅏ, ㅗ' 이외의 모음으로 끝난 형용사나 일부 자동사 뒤에, **–아라**는 모음 'ㅏ, ㅗ' 로 끝난 형용사나 일부 자동사 뒤에, **–여라**는 형용사 '하다' 뒤에 쓰인다』

예 없**어라**, 좋**아라**, 하**여라**/**해라**

어미 종결 어미

1. ☞ –아라[2](p. 353)

예 ▪ 날 찾는 이 아무도 없**어라**.
▪ 아이 고마**워라**.

-어라도 【어디 먹**어라도**~】

『-**어라도**는 'ㅏ, ㅗ' 이외의 모음으로 끝난 동사 뒤에, -**아라도**는 모음 'ㅏ, ㅗ'로 끝난 동사 뒤에, -**여라도**는 동사 '하다' 뒤에 쓰인다』

예 먹**어라도**, 잡**아라도**, **해라도**

어미 연결 어미

1. ☞ -아라도(p. 353)

예 ▪ 어디 먹**어라도** 볼까.
▪ 한참 울**어라도** 보고 싶은 심정이었다.
▪ 신문을 더러 읽**어라도** 보시는지 모르겠어요.

-어서 【늦**어서**~】

『-**어서**는 'ㅏ, ㅗ' 이외의 모음으로 끝난 동사, 형용사 뒤에, -**아서**는 모음 'ㅏ, ㅗ'로 끝난 동사, 형용사 뒤에, -**여서**는 '하다' 뒤에 쓰인다』

예 먹**어서**, 예**뻐서**, 잡**아서**, 좋**아서**, 하**여서**/**해서**

어미 연결 어미

1. ☞ -아서(p. 355)

예 ▪ 늦**어서** 미안해요.
▪ 바람이 너무 불**어서** 산꼭대기까지 올라갈 수 없었어요.
▪ 잘 저**어서** 마셔.
▪ 학교까지 걸**어서** 가요.

-어서야 【꽃을 꺾**어서야** 되겠니?】

『-**어서야**는 'ㅏ, ㅗ' 이외의 모음으로 끝난 동사, 형용사 뒤에, -**아서야**는 모음 'ㅏ, ㅗ'로 끝난 동사, 형용사 뒤에, -**여서야**는 '하다' 뒤에 쓰인다』

예 먹**어서야**, 싫**어서야**, 잡**아서야**, 좋**아서야**, 하**여서야**/**해서야**

어미 연결 어미

1. ☞ -아서야(p. 360)

예 ▪ 꽃을 함부로 꺾**어서야** 됩니까?
▪ 밥을 그렇게 조금 먹**어서야** 힘을 쓸 수 있겠니?

-어서요 【볼일이 있**어서요.**】

『**-어서요**는 'ㅏ, ㅗ' 이외의 모음으로 끝난 동사, 형용사 뒤에, **-아서요**는 모음 'ㅏ, ㅗ' 로 끝난 동사, 형용사 뒤에, **-여서요**는 '하다' 뒤에 쓰인다』

예 먹**어서요**, 싫**어서요**, 잡**아서요**, 좋**아서요**, **해서요**

어미 종결 어미

1. ☞ -아서요(p. 360)

예 ▪ 영숙: 유미씨는 어디 가는 길이세요? 유미: 시내에 볼일이 있**어서요.**
▪ 대성: 웬 일이세요? 미선: 만나고 싶**어서요**.
▪ 진수: 그걸 뭐하게요? 유미: 아니 좀 쓸 일이 있**어서요**.
▪ 왠지 사는 게 재미없**어서요**.

-어야 【손을 씻**어야~**】

『**-어야**는 'ㅏ, ㅗ' 이외의 모음으로 끝난 동사, 형용사 뒤에, **-아야**는 모음 'ㅏ, ㅗ' 로 끝난 동사, 형용사 뒤에, **-여야**는 '하다' 뒤에 쓰인다』

예 먹**어야**, 없**어야**, 잡**아야**, 좋**아야**, 하**여야**/**해야**

어미 연결 어미

1. ☞ -아야(p. 361)

예 ▪ 손을 씻**어야** 합니다.
▪ 일주일은 더 병원에 있**어야** 된대요.
▪ 독서는 취미가 아니라 생활이**어야** 하니까요.
▪ 너 사진을 다시 찍**어야** 되겠다.

-어야겠- 【좀 먹**어야겠**다.】

『**-어야겠**은 'ㅏ, ㅗ' 이외의 모음으로 끝난 동사, 형용사 뒤에, **-아야겠**은 모음 'ㅏ, ㅗ' 로 끝난 동사, 형용사 뒤에, **-여야겠**은 '하다' 뒤에 쓰인다』

예 먹**어야겠-**, 없**어야겠**, 잡**아야겠-**, 높**아야겠-**, 하**여야겠-**/**해야겠-**

준꼴

'-어야 하겠-'의 준꼴

1. ☞ -아야겠-(p. 362)

관련어 -어야

예 ▪ 저녁에 고기라도 좀 먹**어야겠**다.
▪ 그렇다면 천천히 걸**어야겠**군.
▪ 물론 울어야 할 때는 울**어야겠**지.
▪ 오늘은 푹 쉬**어야겠**다.
▪ 네가 한 번 우리를 도와 주**어야겠**어.

-어야만 【밥을 제때 먹**어야만**~】

『**-어야만**은 'ㅏ, ㅗ' 이외의 모음으로 끝난 동사, 형용사 뒤에, **-아야만**은 모음 'ㅏ, ㅗ' 로 끝난 동사, 형용사 뒤에, **-여야만**은 '하다' 뒤에 쓰인다』

예 먹**어야만**, 싫**어야만**, 잡**아야만**, 좋**아야만**, 하**여야만**/**해야만**

어미 연결 어미

1. ☞ -아야만(p. 363)

예 ▪ 밥을 제때 먹**어야만** 합니다.
▪ 몸에 좋으니 고기를 많이 먹**어야만** 한다는 주장은 억지다.
▪ 유행하는 옷을 입**어야만** 좋은 것은 아니야.
▪ 딸은 걷지도 못하고 하루 종일 누워 있**어야만** 했다.

-어야죠 【다 먹**어야죠.**】

『**-어야죠**는 'ㅏ, ㅗ' 이외의 모음으로 끝난 동사, 형용사 뒤에, **-아야죠**는 모음 'ㅏ, ㅗ' 로 끝난 동사, 형용사 뒤에, **-여야죠**는 '하다' 뒤에 쓰인다』

예 먹**어야죠**, 싫**어야죠**, 잡**아야죠**, 좋**아야죠**, 하**여야죠**/**해야죠**

어미 종결 어미

친한사이 말높임 선배, 어른에게

1. ☞ -아야죠(p. 364)

본말 -어야지요

예 ▪ 남은 밥은 다 먹**어야죠**.
▪ 저, 시장하실 텐데 뭘 좀 드시고 가**셔야죠**.
▪ 도무지 장사가 되**어야죠**.
▪ 워낙 실력 있는 사람들이 많아서 따라갈 수가 있**어야죠**.

-어야지[1] 【밥 먹**어야지.**】

『**-어야지**는 'ㅏ, ㅗ' 이외의 모음으로 끝난 동사, 형용사 뒤에, **-아야지**는 모음 'ㅏ, ㅗ' 로 끝난 동사, 형용사 뒤에, **-여야지**는 '하다' 뒤에 쓰인다』

예 먹**어야지**, 싫**어야지**, 잡**아야지**, 좋**아야지**, 하**여야지**/**해야지**

[어미] 종결 어미

[친한사이 말낮춤] 친구에게

1. ☞ -아야지[1](p. 365)

[예] ▪ 세수하고 밥 먹**어야지**.
▪ 이거 귀찮아서 살 수가 있**어야지**.
▪ 그럼, 누워 있**어야지**.
▪ 내가 도와 주**어야지**.

-어야지[2] 【아프면 집에서 쉬**어야지.**】

『**-어야지**는 'ㅏ, ㅗ' 이외의 모음으로 끝난 동사, 형용사 뒤에, **-아야지**는 모음 'ㅏ, ㅗ'로 끝난 동사, 형용사 뒤에, **-여야지**는 '하다' 뒤에 쓰인다』

예 먹**어야지**, 싫**어야지**, 잡**아야지**, 좋**아야지**, 하**여야지**/**해야지**

[어미] 연결 어미

1. ☞ -아야지[2](p. 366)

[예] ▪ 아프면 집에서 쉬**어야지**, 나가서 찬바람을 쐬면 어쩌려고.
▪ 구워서 먹**어야지**, 날 것으로 먹으면 안 돼.

-어야지요 【마음대로 되**어야지요.**】

『**-어야지요**는 'ㅏ, ㅗ' 이외의 모음으로 끝난 동사, 형용사 뒤에, **-아야지요**는 모음 'ㅏ, ㅗ' 로 끝난 동사, 형용사 뒤에, **-여야지요**는 '하다' 뒤에 쓰인다』

예 먹**어야지요**, 싫**어야지요**, 잡**아야지요**, 좋**아야지요**, 하**여야지요**/**해야지요**

[어미] 종결 어미

[친한사이 말높임] 선배, 어른에게

1. ☞ -아야지요(p. 366)

[예] ▪ 그게 어디 마음대로 되**어야지요**.

- 언니도 코트를 벗**어야지요**?
- 화가 나서 견딜 수가 있**어야지요**.
- 아버지께서 좋아하시는 꽃도 많이 심**어야지요**.

–어요 【힘이 들**어요**.】

『**–어요**는 'ㅏ, ㅗ' 이외의 모음으로 끝난 동사, 형용사와 '–았–, –겠–' 뒤에, **–아요**는 모음 'ㅏ, ㅗ' 로 끝난 동사, 형용사 뒤에, **–여요**는 '하다' 뒤에 쓰인다』

예 먹**어요**, 싫**어요**, 잡았**어요**, 잡겠**어요**, 잡**아요**, 좋**아요**, **해요**

어미 종결 어미

친한사이 말높임 선배, 어른에게

1. –아요(p. 368)

예 ▪ 숙제가 많아서 힘이 들**어요**.
- 낮잠을 자는 중에 친구가 찾아왔**어요**.
- 잘 모르겠**어요**.
- 콜라 있**어요**?
- 빨리 빨리 먹**어요**.
- 아직 수업이 끝나지 않았**어요**.
- 선생님을 만나고 싶었**어요**.

–었– 【집에 없**었**어요.】

『**–었–**은 'ㅏ, ㅗ' 이외의 모음으로 끝난 동사, 형용사 뒤에, **–았–**은 모음 'ㅏ, ㅗ' 로 끝난 동사, 형용사 뒤에, **–였–**은 '하다' 뒤에 쓰인다』

예 먹**었**–, 싫**었**–, 잡**았**–, 좋**았**–, 하**였**–/**했**–

어미 선어말 어미

1. ☞ –았–(p. 371)

예 ▪ 그 때 집에 없**었**어요.
- 어떤 사건이 있**었**는데요?
- 아차, 늦**었**구나.
- 나는 흰 블라우스에 빨간 스커트를 입**었**고 흰 운동화를 신**었**다.

–었댔자 【내가 먹**었댔자**】

『–**었댔자**는 'ㅏ, ㅗ' 이외의 모음으로 끝난 동사, 형용사 뒤에, –**았댔자**는 모음 'ㅏ, ㅗ'로 끝난 동사, 형용사 뒤에, –**였댔자**는 '하다' 뒤에 쓰인다』

예 먹**었댔자**, 싫**었댔자**, 잡**았댔자**, 좋**았댔자**, 하**였댔자**/**했댔자**

어미 연결 어미

1. ☞ –았댔자(p. 372)

예 ▪ 내가 먹**었댔자** 얼마나 먹었겠니?
▪ 입**었댔자** 한복 아니면 양복이지.
▪ 방학이 **됐댔자** 진수는 귀향할 수 없었다.

–었었– 【여기에 두**었었**다.】

『–**었었**–은 'ㅏ, ㅗ' 이외의 모음으로 끝난 동사, 형용사 뒤에, –**았었**–은 모음 'ㅏ, ㅗ'로 끝난 동사, 형용사 뒤에, –**였었**–은 '하다' 뒤에 쓰인다』

예 먹**었었**–, 싫**었었**–, 붙잡**았었**–, 좋**았었**–, 하**였었**–/**했었**–

어미 선어말 어미

1. ☞ –았었–(p. 374)

예 ▪ 어저께 제가 그 책을 책상 위에다 두**었었**거든요.
▪ 손이 빨갛게 얼**었었**다.
▪ 나는 그 회사에 오랫동안 다녔**었었**다.

–었자 【도토리가 굵**었자**~】

『–**었자**는 'ㅏ, ㅗ' 이외의 모음으로 끝난 동사, 형용사 뒤에, –**았자**는 모음 'ㅏ, ㅗ'로 끝난 동사, 형용사 뒤에, –**였자**는 '하다' 뒤에 쓰인다』

예 먹**었자**, 싫**었자**, 잡**았자**, 좋**았자**, 하**였자**/**했자**

어미 연결 어미

1. ☞ –았자(p. 376)

예 ▪ 도토리가 굵**었자** 밤만 하랴?
▪ 제가 부자**였자** 얼마나 가지고 있을라고.
▪ 아무리 힘 센 사람이**었자** 이 무거운 돌을 혼자서는 들지 못할 거요.

에 【학교**에** 가요.】

『받침이 있든 없든 **에**가 쓰인다』

조사 부사격 조사

예 학교**에**, 교실**에**, 운동장**에**

부사어를 나타낸다

1. 장소, 자리를 나타낸다

1. [장소를 나타내는 명사에 붙어 쓰여] 사물이나 사람이 차지하고 있는 장소를 나타낸다.

예 ▪ 우리 학교는 신촌**에** 있다.
▪ 지금 우리 아이는 집**에** 없어요.
▪ 이 곳**에** 늘 안개가 심하다.

1참 1. '있다, 위치하다, 많다, 적다'와 같은 서술어와 함께 쓰인다. 2. '에서'로 바꿔 쓸 수 없다.

2. 사건이 일어나거나 행위가 이루어진 장소를 나타낸다.

예 ▪ 그는 도착하자마자 호텔**에** 머물렀다.
▪ 모두 운동장**에** 모이세요.
▪ 근처**에** 교통사고가 나서 차가 막혔다.
▪ 부모님은 농촌**에** 살고 계신다.
▪ 우리는 모두 의자**에** 앉았다.
▪ 모두 바닥**에** 앉으세요.
▪ 사과가 땅**에** 떨어졌다.

2참 '살다, 머무르다, 앉다, 떨어지다, 내리다'와 같은 서술어와 함께 쓰인다.

3. [행동의 목표가 되는 장소를 나타내는 명사에 붙어 쓰여] '~로 이동하여'의 뜻.

예 ▪ 오늘 아침 일찍 학교**에** 갔어요.
▪ 다나까 씨도 도서관**에** 와요.
▪ 조금 있으면 런던**에** 도착합니다.
▪ 큰 마을 가까이**에** 이르러 좀 쉬기로 했다.
▪ 누나는 회사**에** 다니게 되었습니다.
▪ 우리 딸은 아직도 학교**에** 다녀요.

3참 1. '가다, 오다' 등 이동을 나타내는 서술어나, '도착하다, 닿다, 이르다'와 같은 서술어와 함께 쓰인다. 2. '다니다, 가다'와 함께 쓰여, 어떤 목적을 가지고 반복적으로 드나드는 것을 나타낸다.

4. [어떤 일이나 사건이 전개되어 이르는 데를 나타내는 말에 붙어 쓰여] '~를 범위로 하여'의 뜻.

예 ▪ 열여섯에서부터 열여덟**에** 이르는 고등 학교 학생들.
▪ '아라비안 나이트'는 8세기에서부터 13세기**에** 걸친 이야기들이다.
▪ 이 일은 이미 오랜 기간**에** 걸쳐 계획된 일이다.

4참 1. '이르다, 걸치다'와 같은 서술어와 함께 쓰인다. 2. [에서부터 ~에]꼴로 써서, '에서부터'는 시작점을, '에'는 범위의 마지막 지점을 나타낸다.

관련어 까지

5. 〔닿는 데나 물건 따위를 나타내는 말에 붙어 쓰여〕 '~과 마주 닿아'의 뜻.

예 ▪ 문**에** 붙은 메모지를 발견했다.
▪ 지우개가 연필**에** 붙어 버렸다.
▪ 흙이 바지**에** 묻었다.
▪ 그는 차**에** 부딪쳤다.
▪ 출입문**에** 기대지 마시오.

5참 '닿다, 붙다, 묻다, 기대다, 부딪치다'와 같은 서술어와 함께 쓰인다.

6. 〔행동의 영향을 받는 장소를 나타내는 말에 붙어 쓰여〕 '~를 대상으로 하여'의 뜻.

예 ▪ 이 통**에** 기름 좀 가득 넣어 주세요.
▪ 이걸 냄비**에** 넣고 녹이세요.
▪ 한길이는 돈을 주머니**에** 넣고 가게로 달려갔다.
▪ 아저씨는 수레**에** 짐을 싣고 떠났다.
▪ 쌀을 항아리**에** 담아라.

6참 1. '넣다, 두다, 쓰다'와 같은 서술어와 함께 쓰인다. 2. '에다가'로 바꿔 쓸 수 있다.

7. 〔나타나는 곳 따위를 뜻하는 말에 붙어〕 출현 또는 출전 장소를 나타낸다.

예 ▪ 그런 사람 이야기가 이 책**에**도 나온다.
▪ 한국의 옛날 이야기**에** 등장하는 인물들은 대부분 서민 중심이다.

7참 '등장하다, 출현하다, 나오다'와 같은 서술어와 함께 쓰인다.

2. 대상을 나타낸다

1. 〔행위자의 행위가 영향이 미치는 대상을 나타내는 말에 붙어 쓰여〕 '~를 대상으로 삼아'의 뜻.

예 ▪ 나는 그 남자 가수의 노래**에** 매혹되었다.
▪ 그는 텔레비전을 보는 일**에** 열중하고 있었다.
▪ 그 사람은 도박**에** 미쳐서 가정도 돌보지 않았다.

1참 '매혹되다, 열중하다, 미치다'와 같은 서술어와 함께 쓰인다.
관련어 에게, 한테

2. 〔무엇을 받는 주체를 나타내는 말에 붙어 쓰여〕 '~를 받는 대상으로 하여'의 뜻. '에게'의 뜻.

예 ▪ 그는 그 학교**에** 돈을 대 주었다.
▪ 시골 구석구석의 교회**에** 큰 힘을 주고 있다.
▪ 어머니는 아침마다 꽃**에** 물을 주었다.
▪ 우리 같은 서민들만 나라**에** 꼬박꼬박 세금을 바친다구.

2참 1. 받는 사람이 단체에 속한 불특정한 사람이거나 무정명사일 때에 쓰인다. 2. '에다가'의 꼴로도 쓰인다. 3. '대다, 주다, 바치다'와 같은 서술어와 함께 쓰인다.

3. 주어에 대해 행위를 미치는 주체를 나타낸다. '에게'의 뜻.

예 ▪ 그 사람은 경찰**에** 쫓기고 있었다.
▪ 그는 달려드는 팬들**에** 깔려 부상을 입었다.
▪ 이들은 나치**에** 쫓겨 미국으로 망명하였다.

3참 1. 피동문에 쓰인다. 2. '쫓기다, 깔리다'와 같은 서술어와 함께 쓰인다. 3. '에' 앞에 오는 명사는 복수 명사이거나 단체 명사이다. 예 그 사람이 **철수**에 쫓겨서...(×)

4. 어떠한 대상이 되는 것을 나타낸다.

예 ▪ 이 책은 동물**에** 관련된 것이다.
▪ 그 사람은 중국과의 외교 문제**에** 관계하고 있다.

예 ▪ 고래는 포유 동물**에** 속한다.
▪ 언어학도 인문 과학**에** 포함된다.

예 ▪ 철수는 지독한 독감**에** 걸렸다.
▪ 들어오는 열차**에** 주의하여 주십시오.
▪ 우린 선배의 명령**에** 따랐을 뿐이야.
▪ 음악**에** 맞춰 춤을 추는 게 쉽지는 않다.

4참 '관련되다, 관계하다', '따르다, 집중하다, 걸리다', '속하다, 포함되다'와 같은 서술어와 함께 쓰인다.

5. 심리 상태나 인지 상태가 미치는 대상임을 나타낸다.

예 ▪ 그는 슬픔**에** 잠겨 울고 있었다.
▪ 생각**에** 잠겨서 불러도 대답이 없었다.
▪ 그녀는 슬픔**에** 빠져서 헤어나올 줄을 몰랐다.
▪ 나는 고민**에** 빠져 며칠을 뜬눈으로 새웠다.
▪ 철수는 기쁨**에** 넘쳐서 소리를 질렀다.

5참 '잠기다, 빠지다'와 같은 서술어와 함께 쓰인다.

6. 어떠한 상태나 행위에 놓이게 되는 수단이나 재료에 해당하는 대상을 나타낸다.

예 ▪ 비**에** 젖은 옷을 그대로 입고 있으면 감기에 걸리기 쉽다.
▪ 그는 가난**에** 찌들어 산다.
▪ 그는 희망**에** 가득 찬 얼굴을 나에게 돌렸다.
▪ 오랜 객지 생활**에** 찌든 모습으로 나타났다.
▪ 저렇게 잔머리를 굴리다가는 제 꾀**에** 자기가 속기 쉽다.

6참 '젖다, 가리다, 차다, 찌들다, 속다'와 같은 서술어와 함께 쓰인다.

3. 기준을 나타낸다

1. [서술어의 기준점을 나타내는 말에 붙어 쓰여] '~과(비교하여)'의 뜻.

1참 '걸맞다, 어울리다, 가깝다, 필적하다'와 같은 서술어와 함께 쓰인다.

예 ▪ 그 학생의 답안은 완벽**에** 가까웠다.

▪ 그는 거의 고함**에** 가까운 소리를 지껄여 댔다.

▪ 그런 행동은 예의**에** 벗어난다.

관련어 과

2. [비교나 비유의 대상을 나타내는 말에 붙어 쓰여] '~과 (비교/비유하여)'의 뜻.

예 ▪ 술버릇이 나쁜 사람을 가리켜 개**에** 비유한다.

▪ 자연은 무생물보다는 동식물**에** 비교해야 한다.

▪ 돈도 명예도 사랑**에** 비길 만한 것은 못 됩니다.

2참 1. '비기다, 비교하다, 비유하다'와 같은 서술어와 함께 쓰인다. 2. '에다가'의 꼴로도 쓰인다. 예 술버릇이 나쁜 사람을 가리켜 개**에다가** 비유한다.

3. 일반적인 판단 기준이나 말하는이의 판단 기준을 나타낸다.

예 ▪ 좋은 약은 입**에** 쓰고 좋은 충고는 귀**에** 거슬린다.

▪ 공복에 마시는 물 한 잔이 몸**에** 좋다는 건 잘 알려진 사실이다.

▪ 지수의 상태는 듣기**에** 매우 심각하다.

▪ 보기**에** 정말 민망할 정도다.

4. 자격을 나타낸다

1. [자격, 신분을 나타내는 말에 붙어 쓰여] '~로'의 뜻.

예 ▪ 영희가 오늘 반장**에** 뽑혔다.

▪ 선생님께서 문과 대학 학장**에** 취임하신 후로 영 뵙기가 힘들어.

1참 1. '로'와 바꿔 쓸 수 있다. 예 영희가 반장**으로** 뽑혔다. 2. '임명되다, 취임하다'와 같은 서술어와 함께 쓰인다.

5. 원인, 이유를 나타낸다

1. [원인, 이유를 나타내는 말에 붙어 쓰여] '~를 원인/이유로 하여'의 뜻.

예 ▪ 더위**에** 지친 사람들.

▪ 아기가 북소리**에** 놀라서 막 운다.

▪ 소녀가 추위**에** 떨고 있다.

▪ 나는 소주 한 잔**에** 취해 버렸다.

▪ 나는 두려움**에** 떨었다.

1참 도움말 4

관련어 로

2. 원인이나 이유를 나타내는 말에 붙어 관용적으로 쓰인다.

2참 '때문에, 탓에, 까닭에' 등으로 쓰인다.

예 ▪ 나도 관심을 가지고 있는 까닭**에** 이 문제는 잘 대답할 수 있었다.
- 너희들 때문**에** 회사가 망한다.
- 그는 정이 많은 탓**에** 부탁을 거절하지 못한다.

6. 도구나 수단을 나타낸다

1. [도구를 나타내는 말에 붙어 쓰여] '~를 도구로 하여/이용하여'의 뜻.

1참 도움말 3
관련어 로

예 ▪ 노마는 연필을 깎다가 칼**에** 손가락을 베었다.
- 철수는 적군의 총**에** 죽었다.
- 돌부리**에** 채여 넘어질 뻔했다.

2. 도구이면서 서술어가 나타내는 행위의 영향을 받는 장소 같은 성질도 나타낸다.

2참 '에다가'의 꼴로도 쓴다.

예 ▪ 연탄 난로**에** 라면을 끓여 먹었다.
- 할머니는 세숫물**에** 걸레를 빤다.
- 아기 기저귀는 햇볕**에** 말려야 좋다.
- 젖은 옷을 난로**에** 말렸다.

7. 시간을 나타낸다

1. [시간을 나타내는 말에 붙어 쓰여] '~의 때/동안', '~의 기간을 통하여'의 뜻.

예 ▪ 한 시**에** 만나자.
- 한국은 겨울**에** 몹시 춥다.
- 대성이는 오늘 아침**에** 희정이와 약속을 했다.
- 시계가 다섯 시**에** 울리게 되어 있다.

2. [시간을 나타내는 말에 붙어 쓰여] 그 시간의 경과를 나타낸다.

2참 '만에'의 꼴로 자주 쓰인다.

예 ▪ 그 일을 한 시간**에** 다 끝내라.
- 하루**에** 그 모든 일을 다할 수는 없다.
- 한참만**에** 대성이가 한 마디 했다.
- 그가 3년 만**에** 다시 이 곳에 돌아왔다.
- 오랜만**에** 영화를 보았다.

3. ['일전에, 동안에'와 같이 관용적으로 쓰여] 시간을 나타낸다.

예 ▪ 사람의 눈은 마음이요 동시**에** 몸이다.
▪ 일전**에** 이상한 전화를 받았었다.

예 ▪ 이 기숙사는 어두워진 뒤**에** 밖으로 나가는 게 금지되어 있다.
▪ 나는 여름 방학 중**에** 다이어트를 했다.

3참 '일전에, 일시에, 순식간에, 단박에, 무심결에' 등으로 쓰인다. 이 경우에는 '에'를 생략할 수 없다.

3참 '중에, 동안에, 사이에, 은연중에' 등으로 쓰인다. 이 경우에는 '에'를 생략할 수 있다.

8. 상황이나 출전을 나타낸다

1. 상황이나 환경, 조건을 나타낸다.

예 ▪ 이런 소낙비**에** 길을 떠나겠다니, 네가 지금 제정신이냐?
▪ 학생 신분**에** 이런 곳엘 오다니, 너 혼 좀 나야겠구나!

예 ▪ 남들이 다 떠나가는 판국**에** 그만 혼자 쓸쓸히 남아 있었다.
▪ 막내는 다섯 아이 중**에** 유달리 약한 아이였다.
▪ 어떤 행동을 취하든지 간**에** 우선 잘 알아보자고.

1참 '판국에, 터에, 중에' 등의 꼴로도 쓰인다.

2. 다른 사람의 말이나 속담 등을 인용하는 것을 나타낸다.

예 ▪ 우리 나라 속담**에** 발 없는 말이 천 리 간다고 했다.
▪ 옛말**에** 기쁨이 지나치면 슬픔이 온다고 했다.

3. '~에 대하여'의 뜻.

예 ▪ 언젠가 사생활에 대한 기자의 질문**에** 그는 솔직히 고백을 했다.
▪ 그녀의 말**에** 나는 이렇게 중얼거렸을 뿐이다.

9. 단위를 나타낸다

1. [가격을 나타내는 말에 붙어 쓰여] '~를 받고', '~를 값으로 하여'의 뜻.

예 ▪ 이 가방을 남대문 시장에서 만 원**에** 샀어.
▪ 게임 시디를 오천 원**에** 팔았다.
▪ 정말 이만 원**에** 이걸 다 샀단 말이니?
▪ 손님: 이 사과 얼마예요? 주인: 천 원**에** 두 개예요.

2. 횟수, 순서 등을 나타낸다.

예 ▪ 이삿짐이 너무 많아서 한 번**에** 나르지 못했다.
▪ 첫 번째**에** 할 일이 무엇인지 생각해 보자.

- 콜라를 두 번**에** 나누어서 마셨다.

10. 강조를 나타낸다

1. 그 의미를 더욱 강조하는 것을 나타낸다.

1참 1. 어미 '-ㄹ수록'이나 '반면, 피차, 대신'에 붙어 쓰인다. 2. '에'를 생략할 수 있다. ㉑ 급할 때일수록 침착해야 해.

예 ▪ 급할 때일수록**에** 침착해야 해.
- 그러면 그럴수록**에** 점점 더 그가 좋아졌다.
- 추운 계절이 있는 반면**에** 더운 계절도 있다.
- 남자와 여자는 피차**에** 소식 한 자 적어 보내지 못했다.
- 오늘 아침 나는 밥 대신**에** 죽을 먹었다.

조사 '~에 ~'의 꼴로 쓰인다.

1. 첨가를 나타낸다

1. ['~에 ~'의 꼴로 쓰여] '무엇에 무엇을 더하는 것'의 뜻을 나타낸다. '~과 함께 또'의 뜻.

1참 에다가

예 ▪ 그는 오늘 청바지**에** 흰 색 블라우스를 입었다.
- 정월 대보름이면 오곡밥**에** 아홉 가지 나물을 장만하여 올려놓았다.
- 갸름한 얼굴**에** 새까만 눈동자를 가진 소녀.

2. 반복함으로써 강조하는 것을 나타낸다.

2참 앞뒤에 같은 명사가 반복되어 쓰인다.

예 ▪ 지금 한국 축구는 발전**에** 발전을 거듭하고 있다.
- 결혼 문제만큼은 신중**에** 신중을 기하여 결정하겠습니다.
- 후퇴**에** 후퇴를 거듭하면서 이 곳까지 쫓겨왔다.

2. 단위를 나타낸다

1. [기준이나 단위를 나타내는 말에 붙어 쓰여] '~를 기준으로/단위로 하여', '~마다, ~당'의 뜻.

1참 '마다, 당'으로 바꿔 쓸 수 있다.

예 ▪ 어린이는 하루**에** 9-10시간 이상 충분히 자야 한다.
- 우리 신문사는 일 년**에** 두 차례 기자를 모집한다.
- 이 빵은 하나**에** 천 원씩입니다.
- 복사비는 한 장**에** 40원입니다.

2. [기준이나 단위를 나타내는 말에 붙어 쓰여] '여럿 가운데'의 뜻.

예 ▪ 열**에** 아홉은 떨어진다.

▪ 이 지방은 일 년**에** 열 달은 비가 온다고 한다.

조사 접속 조사

1. 여러 가지의 사물을 더하면서 나열하는 뜻을 나타낸다. '첨가하여 더함'의 뜻.

예 ▪ 길거리 장사인데도 사과**에** 배**에** 귤**에** 없는 게 없이 다 있었다.
▪ 좋은 집**에** 아름다운 옷**에** 맛나는 음식**에** 무엇 하나 부족함이 없다.
▪ 과일**에** 음료수**에** 잔뜩 가지고 갔다.

비슷 이며

관련어 에다가

1참 '모두, 잔뜩'과 같이, 나열하는 말 모두를 통틀어 언급하는 말과 함께 쓰인다.

도움말 1

'에'와 '에서'의 비교:

1. '에'는 동작이나 상태가 나타나는 지점을 가리키는 데 반해, '에서'는 동작이 벌어지는 자리를 나타낸다. '에'는 위치 부사어, '에서'는 처소 부사어라고 하기도 한다.
   예 1: 그 여자는 마루**에** 앉았다.
   예 2: 그 여자는 마루**에서** 앉았다.
2. '살다'는 '에'와 '에서'를 모두 쓸 수 있는데, 다음과 같은 의미 차이가 있다. '에'는 서울에 거주하거나 존재한다는 사실(정적인 면)을 나타내고, '에서'는 서울에서 생활한다는 동작(동적인 면)을 나타낸다.
   예 1: 저는 서울**에** 살아요.
   예 2: 저는 서울**에서** 살아요.

도움말 2

〔장소〕를 나타내는 '에'와 '로'의 비교:

1. 이동 동사와 쓰일 때 '에'는 도착점을, '로'는 출발시의 목표점이나 방향, 경유지를 나타낸다.
   예 1: ㄱ. 나는 대구**에** 도착했다. (도착점)
   ㄴ. 나는 대구로 도착했다.(×)
   예 2: ㄱ. 나는 대구**로** 떠났다. (목표점, 방향)
   ㄴ. 나는 대구에 떠났다.(×)
   예 3: ㄱ. 나는 저 길**로** 돌아서 갔다. (경유지)
   ㄴ. 나는 저 길에 돌아서 갔다.(×)

2. '에'와 '로'가 같이 쓰일 수 있는 경우에는 다음과 같은 의미 차이가 있다. '에'를 사용하면 '학원'이 도착점(목적지)임을 나타내고, '로'를 사용하면 여러 가지 선택의 가능성이 있는 가운데, '학원'이라는 장소를 향함(방향)이라는 의미를 나타낸다.

예 1: 9시까지 학원**에** 오세요.

예 2: 9시까지 학원**으로** 오세요.

도움말3

〔도구〕를 나타내는 '에'와 '로'의 비교:

'에'는 그것을 도구로 하여 의도하지 않은 채 그 행위가 일어났음을 나타내지만, '로'는 의도적으로 그러한 행동을 하였음을 나타낸다.

예 1: ㄱ. 나는 잘못해서 칼**에** 손을 베었다.(○)

ㄴ. 나는 잘못해서 칼**로** 손을 베었다.(?)

예 2: ㄱ. 나는 칼에 손을 베어서 혈서를 썼다.(×)

ㄴ. 나는 칼**로** 손을 베어서 혈서를 썼다.(○)

도움말4

〔원인〕을 나타내는 '에'와 '로'의 비교:

'에'는 앞에 오는 명사가 직접적이고 실제의 사물에 의한 원인인 경우에 쓰이고(예 1, 2), '로'는 전체적인 영향을 끼치는 원인인 경우에 쓰인다.(예 3, 4)

예 1: 큰소리**에** 놀란 아이가 울고 있다.

예 2: 비바람**에** 나뭇잎들이 다 떨어졌다.

예 3: 감기**로** 고생하고 있어.

예 4: 남자 친구의 오해**로** 헤어지게 되었다.

에게 【동생**에게** 주어요.】

『받침이 있든 없든 **에게**가 쓰인다』

조사 부사격 조사

예 언니**에게**, 동생**에게**

부사어를 나타낸다

1. 〔행위자의 행위를 받는 대상을 나타내는 말에 붙어〕 '~를 상대로 하여'의 뜻.

예 ▪ 책을 동생**에게** 주었다.

▪ 김 선생님이 다나까 씨**에게** 한국말을 가르칩니다.

▪ 영민 씨가 한나 씨**에게** 전화를 했습니다.

존대 께

비슷 한테

1참 '주다, 가르치다, 맡기다, 가다, 보이다'와 같은 서술어와 함께 쓰인다.

- 민호가 미라**에게** 공을 던집니다.

2. [어떠한 상태가 일어나는 고정된 위치를 나타내는 말에 붙어] '사이에, 안에'의 뜻을 나타낸다.

2참 '있다, 없다, 많다, 적다, 생기다, 남다' 등의 서술어와 함께 쓰인다.

예 ▪ 친구**에게** 급한 일이 생겨서 가봐야 해요.
- 남편**에게** 문제가 생겨 변호사를 찾아갔다.
- 위장병은 스님들**에게** 많은 병이다.
- 그런 시대에 우리**에게** 무슨 희망이 있었습니까?

3. [행위의 진행 방향이나 목적지를 나타내는 말에 붙어] '~을 향하여'의 뜻을 나타낸다.

3참 1. '가다, 오다' 등의 서술어와 함께 쓰인다. 2. '에게로'로 바꿔쓸 수 있다. 예 제인**에게로** 다가갔다.

예 ▪ 마이클이 조금씩 제인**에게** 다가왔다.
- 철수**에게** 뛰어가는 아이들.

4. [피동문에서 행위의 주체를 나타내는 말에 붙어] '~에 의해'의 뜻을 나타낸다.

4참 '잡히다, 빼앗기다, 밟히다, 쫓기다, 발견되다'와 같은 서술어와 함께 쓰인다.

예 ▪ 호랑이**에게** 물려 가도 정신만 차려라.
- 너**에게** 잡힐 물고기가 어디 있겠니?
- 김 씨는 다행히도 지나가는 사람**에게** 발견되었다.

5. [주어에 행위를 가하는 자를 나타내는 말에 붙어] '~로부터'의 뜻을 나타낸다.

5참 1. '받다, 얻다, 당하다'와 같은 서술어와 함께 쓰인다. 2. '에게서'의 꼴로 쓰여야 할 것이 '에게'로 쓰인 것이다.

예 ▪ 누구나 남**에게** 놀림을 받는 걸 싫어한다.
- 숙제를 안 했다고 선생님**에게** 핀잔을 맞았다.

6. [어떠한 행위를 하도록 시킴을 받는 대상을 나타내는 말에 붙어] '~로 하여금 -게 하다', '~가 (~도록)'의 뜻을 나타낸다.

6참 '읽히다, 입히다, -게 하다' 등의 사동 표현에 쓰인다.

예 ▪ 선생님이 학생들**에게** 책을 읽히신다.
- 어머니가 아이**에게** 우유를 먹이신다.
- 아이**에게** 콜라를 마시지 못하게 했다.

7. [어떠한 느낌을 가지게 하는 대상을 나타내는 말에 붙어] '~에 대하여'의 뜻을 나타낸다.

7참 '느끼다, 실망하다'와 같은 서술어와 함께 쓰인다.

예 ▪ 나는 나 자신**에게** 실망했다.
- 나는 차츰 외국 사람**에게** 흥미를 느낀다.
- 이번 일로 그**에게** 너무 미안했다.

8. [어떠한 느낌이나 상태를 느끼는 주체를 나타내는 말

에 붙어] '~가 느끼기에'의 뜻을 나타낸다.

예 ▪ 지금 우리**에게** 필요한 것은 돈이다.
▪ 이제부터는 나**에게** 중요한 것이 무엇인지를 생각해 봐야겠다.
▪ 사람**에게** 고통과 고독이란 무엇인가.

8참 '쉽다, 새롭다, 필요하다'와 같은 서술어와 함께 쓰인다.

9. [어떠한 기준임을 나타내는 말에 붙어] '~과/~를 기준으로 할 때'의 뜻을 나타낸다.

예 ▪ 자기**에게** 맞는 일을 선택해야 한다.
▪ 좋은 말이란 듣는이**에게** 알맞게 표현된 말이다.
▪ 한복이 저**에게** 어울릴까요?

9참 '맞다, 알맞다, 어울리다'와 같은 서술어와 함께 쓰인다.

10. [비교의 대상을 나타내는 말에 붙어] '~과 비교하면, ~과'의 뜻을 나타낸다.

예 ▪ 집에만 있으면 남**에게** 뒤떨어져요.
▪ 공부는 남**에게** 뒤지지 않아요.
▪ 너**에게** 비하면 형편없어.
▪ 저 사람**에게** 비하면 나는 행복한 편이다.

10참 '비하다, 뒤지다'와 같은 서술어와 함께 쓰인다.

11. 편지와 같은 글에서, 받는 대상을 나타내는 말에 붙어 쓰인다. '~를 받는 이로 하여'의 뜻.

예 ▪ 보고 싶은 엄마**에게**.
▪ 사랑하는 나의 친구 영미**에게**!

11참 받는 대상을 높이지 않아도 되는 경우에 '에게'가 쓰이고 높여야 할 경우에는 '께'가 쓰인다.

도움말

'에게'의 준말 '게':

1. 입말에서 '나에게, 저에게, 너에게'는 '내게, 제게, 네게'로 줄여 쓴다. ☞ 게[1]

   예 1: 친구가 **내게** 준 선물
   제게 전화해 주세요.
   네게 이걸 줄게.

2. 위의 의미항목 11을 제외하고 '에게'는 '한테'로 바꿔 쓸 수 있는데, '한테'는 주로 입말에서 쓰이고 '에게'는 입말과 글말 모두에 쓰인다.

   예 2: 책을 동생**에게** 주었다.
   → 책을 동생**한테** 주었다.

~에게 대한 【아내**에게 대한**~】

관용구

1. ［행동이나 생각의 대상인 사람을 나타내는 말에 붙어］ '~를 향한, ~를 대상으로 하는'의 뜻을 나타낸다.

예 ▪ 그는 아내**에게 대한** 죄의식으로 괴로워했다.
▪ 나는 떠나간 친구들**에게 대한** 섭섭함으로 마음이 아팠다.

결합정보 ☞ 에게

에게로 【너**에게로** 다가간다.】

조사 에게+로

1. ［움직임이 닿는 대상을 나타내는 말에 붙어］ '~를 향하여'의 뜻.

예 ▪ 그는 천천히 그녀**에게로** 다가갔다.
▪ 여자가 태연하게 그들**에게로** 걸어갔다.
▪ 형은 돈을 나**에게로** 내밀었다.

2. ［방향의 대상이 되는 말에 붙어］ '~의 쪽으로'의 뜻.

예 ▪ 그는 부인**에게로** 고개를 돌렸다.
▪ 모든 사람의 눈길이 강수**에게로** 쏠렸다.

예 너**에게로**, 동생**에게로**
'명사 + 에게' 항에 조사 '로'가 붙어 쓰인 것

전참 사람이나 동물을 나타내는 말에 붙어 쓰인다.

1참 '가다', '오다' 등 구체적인 움직임을 나타내는 말과 함께 쓰인다.

2참 '돌리다, 쏠리다'와 같은 서술어와 함께 쓰인다.

에게서 【학생**에게서** 전화가 온다.】

『받침이 있든 없든 **에게서**가 쓰인다』

조사 부사격 조사

1. ［행동의 출처, 비롯되는 대상을 나타내는 말에 붙어］ '~로부터'의 뜻.

예 ▪ 이게 진수**에게서** 받은 선물이야.
▪ 난 매일 동네 빵장수**에게서** 빵을 산다.
▪ 나는 학생**에게서** 곤란한 질문을 받아 당황했다.
▪ 동생**에게서** 전화가 왔습니다.

2. ［주체에게 어떤 행위를 하는 사람을 나타내는 말에 붙어］ '~에 의해'의 뜻.

예 너**에게서**, 동생**에게서**
부사어를 나타낸다

관련어 에게

전참 1. 사람이나 동물을 나타내는 말에 붙어 쓰인다. 2. 입말에서는 '한테서'로도 흔히 쓰인다.

1참 '받다, 듣다' 등의 동사와 같이 쓰인다.

예 ▪ 아주 착하던 사람이 남**에게서** 많은 피해를 입어 나빠지기도 한다.
▪ 장 선생은 그 여자**에게서** 거절당한 모양이다.
▪ 그**에게서** 배반이 행해질 리가 없습니다.

3. [어떠한 행위가 일어나는 위치를 나타내는 말에 붙어] '안에서, 사이에서'의 뜻.

예 ▪ 사고가 바로 우리들 자신**에게서** 일어났을 때를 생각하고 도와 줍시다.
▪ 그 말은 최근 우리**에게서** 조금씩 쓰이기 시작한 말이다.

~에게 있어서 【아이들**에게 있어서~**】

관용구

결합정보 ☞ 에게

1. [화제의 해당 사항이 되는 사람을 나타내는 말에 붙어] '~를 중심으로 하여 생각할 때에'의 뜻을 나타낸다.

예 ▪ 아이들**에게 있어서** 가정은 매우 소중한 곳이다.
▪ 아직도 삶은 누구**에게 있어서나** 하나의 수수께끼이다.

관련어 ~에 있어서

전참 사람 명사 다음에는 '~에게 있어서'를, 그 외에는 '~에 있어서'를 쓴다. 예 정치 문제**에 있어서**는 남자들이 할 말이 많다.

~에 관해서 【골프**에 관해서~**】

관용구

결합정보 ☞ 에

1. '그것과 관련됨'의 뜻을 나타낸다.

예 ▪ 나는 골프**에 관해서** 거의 아는 것이 없다.
▪ 학생들은 한글날**에 관하여** 글짓기를 하였다.
▪ 백제**에 관해서** 조사해 보자.

비슷 ~에 대해서

전참 '~에 관하여/관한'의 꼴로도 쓰인다. 예 요즘은 온통 월드컵 축구**에 관한** 이야기뿐이다.

~에 그치지 않다 【여기**에 그치지 않는다.**】

관용구

결합정보 ☞ 에

1. '그것을 넘어서는 것'의 뜻을 나타낸다.

예 ▪ 문제는 여기**에 그치지 않는다**.

▪ 그의 잘못은 이**에 그치지 않고**, 도둑질까지 일삼았다.

에는 【제 딴**에는** 한다고 한 거예요.】

조사 '에는'의 꼴로 쓰인다

1. [‘~ 딴에는’의 꼴로 쓰여] ‘나름으로는 잘 한다는 생각으로’의 뜻.

예 ▪ 내 딴**에는** 자세히 읽는다고 읽은 거였는데.
▪ 자기 딴**에는** 나를 자기 친구로 생각했었나 보다.
▪ 유미 딴**에는** 진수를 위한다고 한 일이었다.
▪ 딴**에는** 제가 잘난 줄 아는 모양이지.

조사 '에+는'의 꼴로 쓰인다

1. 시간이나 장소를 나타내는 말에 붙어 쓰인다.

예 ▪ 가게**에는** 아침부터 손님이 많았다.
▪ 가을**에는** 여행을 할 거예요.
▪ 학교**에는** 오늘 못 가요.

예 학교**에는**, 운동장**에는** '명사에' 항에 보조사 '는'이 붙어 쓰인 꼴

1참 1. '엔'으로 줄어들어 쓰이기도 한다. 2. '제, 자기, 내' 등의 대명사나 사람을 나타내는 고유 명사가 온다. 3. '딴에는'의 앞에 오는 명사가 생략되기도 한다.

1참 1. 주제를 나타낼 때는 '~에는'이 문두에 온다. 2. 입말에서 '엔'의 꼴로도 쓰인다.

에다 【길**에다** 물을 뿌린다.】

『받침이 있든 없든 **에다**가 쓰인다』

조사 부사격 조사

1. ☞ 에다가(p. 400)

예 ▪ 길**에다** 오줌을 쌌다.
▪ 2층 집**에다** 세를 얻었다.
▪ 감기**에다** 몸살이 겹친 것 같아요.
▪ 당신은 가난뱅이**에다** 무식쟁이**에다** 둔하기까지 하거든요.

예 학교**에다**, 운동장**에다**

본말 에다가

에다가 【감기**에다가** 몸살까지 걸렸다.】

『받침이 있든 없든 **에다가**가 쓰인다』

조사 '~에다가 ~'의 꼴로 쓰인다.

예 학교**에다가**, 운동장**에다가**

1. 어떤 것에 다른 것이 더하여짐의 뜻을 나타낸다.

예 ▪ 감기**에다가** 몸살까지 겹쳤어요.

▪ 그는 우울증**에다가** 사업까지 실패해서 술만 마신다.

2. 여러 가지 사실을 더하여 늘어놓음의 뜻을 나타낸다.

예 ▪ 맥주 열 병**에다가** 갈비 육 인분**에다가** 소주 두 병 주세요.

▪ 월급**에다가** 팁**에다가** 벌이가 꽤 괜찮겠다.

▪ 저녁**에다가** 커피까지 주시니 자주 와야겠어요.

▪ 가족들**에다가** 친구들까지 와서 제 졸업을 축하해 주었어요.

준말 에다

1참 '명사에다가 명사까지'의 꼴로 쓰인다.

조사 부사격 조사

부사어를 나타낸다

1. 행위 대상의 도달점을 나타낸다

1. [행동의 영향을 받는 장소를 나타내는 '명사 + 에' 항에 쓰여] 그 위치를 꼭 유지하고서 붙들어 두는 뜻을 나타낸다.

예 ▪ 아이가 등**에다가** 큰 가방을 메고 걸어갔다.

▪ 우리는 상처 위**에다가** 약을 발랐다.

▪ 나는 접시**에다가** 국수를 담았다.

2. [무엇을 받는 주체를 나타내는 말에 붙어 쓰여] '~를 (받는) 대상으로 하여'의 뜻.

예 ▪ 난초**에다가** 물을 주었다.

▪ 콜라는 외국**에다가** 비싼 로열티를 주어야 하는 음료수이다.

1참 '에다가'가 쓰인 문장은 타동 구문이다.

2참 받는 사람이 단체에 속한 불특정한 사람이거나 무정명사일 때에 쓰인다.

2. 도구나 수단을 나타낸다

1. [도구나 수단을 나타내는 말에 붙어] '~를 가지고'의 뜻.

예 ▪ 난로**에다가** 라면을 끓였다.

▪ 빨래는 햇볕**에다가** 말려야 살균도 되고 좋단다.

▪ 젖은 옷을 난로**에다가** 말렸다.

관련어 로다가

1참 '불, 햇볕, 난로'와 같은 것은 '도구'나 '수단'으로도 해석될 수 있지만, 서술어가 나타내는 행위의 영향을 받는 장소 같은 성질로도 해석될 수 있다.

3. 비교, 비유를 나타낸다

1. [비교하거나 비유하는 기준점을 나타내는 '명사 + 에' 항에 붙어 쓰여] 이를 강조하는 것을 나타낸다.

예 ▪ 해와 달을 부부**에다가** 견주는 것은 오랜 관습이다.
▪ 행동이 비열한 인간을 개**에다가** 비유한다.
▪ 잘난 나를 네 형**에다가** 대냐.

도움말

'에'와 '에다가'의 비교:
아래의 예 1과 같이 서술어의 행위를 받는 장소나 대상을 나타낼 경우에는 '에다가'의 꼴로 쓰인다. 예 2와 같이 서술어의 행위를 받는 장소가 아니라 '위치'를 나타내거나 '이유'를 나타내는 것은 '에다가'로 안 쓰인다.

예 1: 책상**에다가** 책을 놓았다.
/1**에다가** 2를 더하면 얼마인가?
/밥을 고추장**에다가** 비볐다.

예 2: 책상에다가 책이 놓였다.(×)
/배신감에다가 치를 떨었다.(×)
/그것에다가 충격을 받았다.(×)

~에 대해서 【컴퓨터**에 대해서~**】

관용구

결합정보 ☞ 에

1. '그것과 관련됨'의 뜻을 나타낸다.

예 ▪ 전 집사람 하는 일**에 대해서** 간섭을 안 해요.
▪ 전 컴퓨터**에 대해** 잘 몰라요.
▪ 축구**에 대한** 관심이 없으면 동료들과 할 이야기가 없다.

비슷 ~에 관해서

전참 '~에 대하여/대해/대한'의 꼴로도 쓰인다

에도 【이렇게 추운 날씨**에도** 등산을 하다니.】

『받침이 있든 없든 **에도**가 쓰인다』

예 학교**에도**, 교실**에도**, 운동장**에도**

조사 부사격 조사

부사어를 나타낸다

1. 앞에 오는 명사 내용과 상관없이의 뜻을 나타낸다.

예 ▪ 잡초는 그 무서운 가뭄**에도** 죽지 않고 살아남았다.
▪ 추운 지방에서 온 사람들은 겨울철임**에도** 코트를 입지 않았다.

전참 '가다'는 '감에도', '이다'는 '임에도'와 같이 '-ㅁ'을 붙여서 '에도'와 함께 쓴다.

2. [부정을 나타내는 서술어와 함께 쓰여] '에도'가 붙은 말을 강조하는 뜻을 나타낸다.

예 • 김 씨는 어떠한 유혹**에도** 흔들리지 않고 공부만 했다.
 • 나를 도와 줄 사람은 아무 곳**에도** 없었다.

2참 '어느, 아무' 등과 함께 쓰인다.

조사 **에+도**

'명사 + 에' 항에 보조사 '도'가 붙어 쓰인 것

1. '또한 마찬가지로'의 뜻.

예 • 네 가슴**에도** 내 가슴**에도** 상처가 있다.
 • 내 휴대전화는 사무실**에도** 집**에도** 없었다.
 • 런던**에도** 물론 사람이 많다.
 • 그런 일은 자기 집**에도** 피해를 준다.

1참 1. '~에도 ~에도'의 꼴이나, '~뿐만 아니라 ~에도'의 꼴로 쓰인다. 2. 흔히 '또한, 역시' 등의 부사와 쓰인다.

2. '에'를 강조하는 것을 나타낸다.

예 • 나 혼자 참고 견디기**에도** 힘들다.
 • 내가 여기 온 후**에도** 벌써 다섯 명이나 더 왔다.

~에도 불구하고 【추운 날씨**에도 불구하고**~】

결합정보 ☞ 에도

관용구

1. '무엇에 얽매이거나 거리끼지 아니하고'의 뜻

예 • 그는 추운 날씨**에도 불구하고** 맨발로 다녔다.
 • 제시카는 세 아이의 엄마임**에도 불구하고** 대학교에 다닌다.
 • 영희는 부모님의 반대**에도 불구하고** 프랑스 남자와 결혼했다.

관련어 -는데도 불구하고

전참 '불구하고'가 생략된 채로 쓰이기도 한다. 예 그는 추운 날씨**에도** 맨발로 다녔다.

~에 따라 【사람**에 따라**~】

결합정보 ☞ 에

관용구

1. '기준에 의거하여'의 뜻.

예 • 세탁물**에 따라** 요금이 달라요.
 • 회사**에 따라서** 토요일에 쉬는 곳도 있어요.
 • 지역**에 따라서는** 소나기가 오는 곳도 있습니다.

전참 '~에 따라서/따라서는'의 꼴로도 쓰인다. 예 주말을 보내는 방법은 사람**에 따라서** 다르다.

~에 따르면 【이 보고서**에 따르면**~】

관용구

1. '기대는 근거임'을 나타낸다.

예 ▪ 이 보고서**에 따르면**, 여성의 대학 진학률이 증가하고 있다.

▪ 박 교수**에 따르면** 앞으로 물 사정이 더욱 나빠질 것이라고 한다.

예 뉴스**에 따르면**, 신문**에 따르면**

비슷 ~에 의하면 예 이 보고서**에 의하면**~

~에 반해 【소설**에 반해**~】

관용구

1. '기대하는 것과 반대가 됨'의 뜻을 나타낸다.

예 ▪ 소설**에 반해**, 수필은 좀더 자유로운 형식을 띠고 있다.

▪ 누나는 그림을 잘 그려 상도 탔다. 이**에 반해** 동생인 나는 제대로 하는 게 없다.

예 사실**에 반해**, 현실**에 반해**

전참 1. '~에 반해서/반하여'의 꼴로도 쓰인다. 예 이**에 반해서** ~ 2. 글말에 쓰인다.

~에 불과하다 【욕심**에 불과하다.**】

관용구

1. '그것밖에 달리는 되지 않음'의 뜻을 나타낸다.

예 ▪ 구속하는 사랑은 사랑이 아니라 자기 욕심**에 불과하다**.

▪ 비록 한 병의 음료수**에 불과하지만** 그 마음 씀씀이가 고마웠다.

예 나이**에 불과하다**, 욕심**에 불과하다**

비슷 -에 지나지 않다

~에 비추어 【경험**에 비추어**~】

관용구

1. 근거가 되는 대상을 들어 보이는 것을 나타낸다.

예 ▪ 내 경험**에 비추어** 보면 운동이란 고달픈 자기와의 싸움이다.

▪ 이 이야기**에 비추어** 볼 때 올바른 정치란 무엇인

예 경험**에 비추어**, 이야기**에 비추어**

지 생각해 봅니다.

~에 비해서 【나이에 비해서~】

관용구

1. 앞에 오는 명사와 비교하여 뒤의 결과가 있게 되는 것을 나타낸다.

예 ▪ 그는 나이**에 비해서** 얼굴이 어리게 보인다.
▪ 우리 화장품도 이제 외제**에 비해** 손색이 없다.

예 공부**에 비해서**, 교육**에 비해서**

전참 '~에 비해/비하여/비하면'의 꼴로도 쓰인다. 예 값**에 비하면** 품질이 좋은 거예요.

에서 【학교에서 공부해요.】

『받침이 있든 없든 **에서**가 쓰인다』

조사 부사격 조사

예 학교**에서**, 길**에서**, 운동장**에서**

부사어를 나타낸다

준말 서

1. 장소를 나타낸다

1. [어떤 행동이나 상태가 일어나고 있는 장소를 나타내는 말에 붙어] '~를 그 장소로 삼아'의 뜻.

예 ▪ 여름에는 해변**에서** 쉬는 게 소원이다.
▪ 우리는 항상 집**에서** 기도를 드린다.
▪ 농부들이 밭**에서** 열심히 일하고 있다.
▪ 나는 태어나서부터 지금까지 서울**에서** 산다.

2. [추상적 장소나 공간을 나타내어] 어떠한 상태에 있음을 나타낸다.

예 ▪ 콩쥐는 계모 밑**에서** 갖은 고생을 다 하며 자랐다.
▪ 숨막힐 듯한 분위기**에서** 회의는 몇 시간째 계속되었다.
▪ 지금 내 처지**에서** 노트북까지야 바랄 수는 없지.

3. [활동 영역을 나타내는 말에 붙어] '어떤 일을 하는 데에서'의 뜻.

예 ▪ 그는 증권**에서** 재미를 보았다.
▪ 그는 이 장사**에서** 한 밑천을 건졌다.
▪ 여성들은 항상 경제**에서** 부당하게 취급되어 왔다.

4. 행동이나 상태가 미치는 범위를 나타낸다.

예 ▪ 우리 반**에서** 내가 제일 크다.
▪ 제주도가 한국**에서** 제일 아름답다면서요?
▪ 나는 엄마를 이 세상**에서** 가장 사랑한다.

2. 출발점, 기준점을 나타낸다

준말 서

1. [어떤 행위나 사건의 출발점을 나타내는 말에 붙어] '~로부터', '~를 출발/시작 지점으로 하여'의 뜻.

예 ▪ 저는 지금 부산**에서** 오는 길입니다.
▪ 그는 말**에서** 훌쩍 뛰어내렸다.
▪ 하늘**에서** 눈이 내렸다.
▪ 라디오**에서** 흐르는 노랫소리가 귀에 익었다.
▪ 주희는 핸드백**에서** 흰 봉투를 꺼냈다.

2. [책이나 말이나 사실 등을 나타내는 말에 붙어] '~로부터', '~를 출처로 하여'의 뜻.

예 ▪ 이번 강의**에서** 많은 지식을 얻었다.
▪ 이 책**에서** 얻은 교훈이 뭐니?
▪ 그의 말**에서** 이 사실을 알았다.
▪ 그 전설**에서** 이런 풍습이 생겼다.

3. [어떤 일의 근거나 동기를 나타내는 말에 붙어] '~가 동기가 되어'의 뜻.

3참 관련어 로

예 ▪ 고마운 마음**에서** 하는 말이야.
▪ 혹시나 하는 생각**에서** 출석을 불러 보았다.
▪ 미안한 마음**에서** 하는 말이에요.
▪ 국가와 민족을 위해 봉사하겠다는 마음**에서** 꾸준히 노력하였다.

3. 비교의 기준점을 나타낸다

1. [비교의 기준이 되는 점을 나타내는 말에 붙어] '에', '보다', '~에 비하여'의 뜻.

1참 비슷 보다

예 ▪ 그 여자는 표준**에서** 훨씬 밑도는 작은 체구였다.
▪ 이**에서** 더 큰 사랑이 없다.
▪ 지금 성적**에서** 더 떨어지지 않도록 열심히 공부해야 한다.

[조사] '~에서 ~까지'의 꼴로 쓰인다

1. 출발 또는 시작 지점/범위와 도착 또는 마지막 지점/범위를 모두 나타낸다.

[예] ▪ 재윤이는 학교**에서** 집까지 쉬지 않고 뛰었다.
▪ 집**에서** 회사 정문까지는 매우 가까웠다.
▪ 학교**에서** 집까지는 그리 멀지 않았다.
▪ 우리는 밥을 먹기 위하여 강당**에서** 식당으로 갔다.

[조사] 주격 조사

주어를 나타낸다

1. 〔주어 구실을 하는 단체명사 뒤에 붙어〕 행위의 주체의 뜻을 나타낸다.

[예] ▪ 저게 삼성**에서** 만든 차래요.
▪ 이 대회는 지방 단체**에서** 후원한 것이다.
▪ 정부**에서** 북한 관광을 본격적으로 추진하고 있다.
▪ 환경부**에서** 전국의 대기 오염을 측정하고 있다.

[준말] 서

[관련어] 가

[1참] 행동성의 의미를 지닌 서술어와 함께 쓰인다.

> **도움말**
>
> '에서'와 '에'의 비교. → '에'의 [도움말](p. 394).

에서부터 【머리**에서부터** 발끝**까지**】

『반침이 있든 없든 **에서부터**가 쓰인다』

❶ 학교**에서부터**, 직장**에서부터**

[조사] '~에서부터 ~까지'의 꼴로 쓰인다.

1. 어떤 일이나 상황의 범위가 펼쳐지는 시작점을 나타낸다

[예] ▪ 그 여자는 머리**에서부터** 발끝까지 온통 검은 색의 옷을 입었다.
▪ 요즘은 아이**에서부터** 어른들까지 바쁘지 않은 사람이 없다.

2. 어떤 일이 일어나는 시간의 시작 지점을 나타낸다.

[예] ▪ 유아기는 출생**에서부터** 2세까지를 말한다.
▪ 우리 회사는 오전 9시**에서부터** 오후 6시까지 근무한다.

[준말] 서부터

[1참] 1. '에서'와 '부터'가 합하여 쓰인 꼴이다. '에서'나 '부터'의 꼴로도 쓰일 수 있다. ㉠ 머리**에서부터**/머리**에서**/머리**부터** 발끝까지. 2. '명사 + 에서부터'가 홀로 뒤의 서술어를 꾸미는 것이 아니라 〔명사 에서부터 명사 까지〕 전체가 서술어를 꾸민다. 3. 뒤에 오는 '까지'가 없으면 비문이다.

조사 부사격 조사

부사어를 나타낸다

1. [어떤 행위의 시작 지점을 나타내는 말에 붙어] '~로부터', '~을 출발 지점으로 하여'의 뜻.

관련어 로부터

1참 위의 것과 달리 '까지'가 없어도 된다.

예 ▪ 서울**에서부터** 줄곧 걸었어요.
▪ 수원**에서부터** 전철을 타고 서울의 직장에 다닌다.

예 ▪ 아래쪽**에서부터** 꼭대기**까지** 쉬지 않고 올라갔다.
▪ 그는 버스 정거장**에서부터** 집**까지** 뛰어 왔다.
▪ 부산**에서부터** 서울까지 차로 여섯 시간 걸렸어요.

2. 범위나 시간의 시작 지점을 나타낸다.

예 ▪ 아우의 불행은 바로 거기**에서부터** 시작되었다.
▪ 그 곳**에서부터** 풍경은 완연히 바뀌기 시작한다.

2참 '범위'의 시작 지점을 나타낸다.

예 ▪ 국가적인 행사를 위한 광대는 이미 고대**에서부터** 존재했었다.
▪ 유학은 신라**에서부터** 소중히 여겨졌다.

2참 '시간'의 시작 지점을 나타낸다.

~에 앞서 【버리기**에 앞서**~】

관용구

예 공부**에 앞서**, 교육**에 앞서**

1. 어떤 사실 전에 다른 사실이 먼저 있음을 나타낸다.

예 ▪ 쓰레기를 버리기**에 앞서** 먼저 재활용할 수 있는지 없는지 생각해야 할 것이다.
▪ 시험을 보기**에 앞서** 공부부터 하세요.
▪ 어느 제도가 좋다 나쁘다를 말하기**에 앞서**, 우선 믿고 따르는 것이 중요하다.

–에요 【오래간만이**에요.**】

『'이다/아니다' 뒤에 쓰인다』

어미 종결 어미

친한사이 말높임 선배, 어른에게

예 학생이**에요**, 학생이 아니**에요**

1. 듣는이에게 말하는이가 알고 있는 사실을 알리는 것을 나타낸다.

예 ▪ 저는 학생이**에요**.

형태관련어 –아요, –어요

전참 1. '이다/아니다' 다음에서 '–어요'가 '–에요'로 바뀐 것이다. '–어요'

- 저는 회사원이 아니**에요**.
- 오늘이 목요일이**에요**.
- 비가 올 모양이**에요**.

2. 듣는이에게 물어 보는 뜻을 나타낸다.

예 • 유미 씨는 학생이**에요**?
- 마이클 씨가 영국 사람이**에요**?
- 우리 선생님은 누구**에요**?

3. [의문문의 형식이지만 대답을 요구하지 않는 꼴로 쓰여] 강하게 부정하는 것을 나타낸다.

예 • 아니, 그러고도 진수 씨가 학생이**에요**?
- 돈 없는 사람은 부모가 아니**에요**?
- 그렇게 노래를 못 하는데 가수**에요**?

의 꼴이 규칙적인 형태이지만, 실제로는 '-에요'의 꼴이 더 많이 쓰이므로, 이 두 가지가 모두 표준어로 인정된다. 2. 받침 없는 명사 뒤에서는 '이에요'가 '예요'로 줄어든다. 예 가수이에요. → 가수**예요**. 3. '-에요'의 말낮춤 꼴은 '-야'이다. 예 학생이**야**./학생이 아니**야**.

~에 의하면 【김 교수**에 의하면~**】

관용구

예 뉴스**에 의하면**, 신문**에 의하면**

1. '기대는 근거인 것'을 나타낸다.

예 • 소문**에 의하면** 그 친구가 죽었다고 한다.
- 뉴스**에 의하면** 오늘밤에 태풍이 온대요.
- 선생님들 말**에 의하면** 대성이가 일등이래요.
- 프로이드**에 의하면** 꿈은 무의식의 표출이래요.

비슷 -에 따르면

전참 ~에는 그러한 정보를 얻은 곳이 밝혀지고, 뒤에는 '-대요'와 같이 다른 사람의 말을 인용하는 꼴이 쓰이기도 한다.

~에 의한 【자동차 사고**에 의한~**】

관용구(뒤에 오는 말을 꾸미는 기능)

예 사고**에 의한**, 교육**에 의한**

1. '무엇으로 말미암은'의 뜻.

예 • 자동차 사고**에 의한** 사망자가 남자가 여자보다 많다.
- 심장 질환**에 의한** 사망률이 꽤 높다.

~에 의해서 【바람**에 의해서~**】

관용구

예 문제**에 의해서**, 교육**에 의해서**

1. '누구/무엇을 행위자로 하여'의 뜻.

예 ▪ 바람**에 의해서** 꽃가루가 옮겨진다.
▪ 희곡은 대사와 몸짓**에 의해서** 표현된다.

전참 '~에 의해/의하여'의 꼴로도 쓰인다. 예 한 기자**에 의하여** 그 사실이 밝혀졌다.

~에 있어서 【생각**에 있어서**~】

관용구

예 문제**에 있어서**, 교육**에 있어서**

1. '어떠한 일에서만큼은', '그 점에서 보면'의 뜻.

예 ▪ 동양과 서양은 자연에 대한 생각**에 있어서** 커다란 차이점이 있다.
▪ 가정 교육**에 있어서** 어머니의 영향은 절대적이라 할 수 있다.
▪ 이 백화점은 크기나 물건의 수**에 있어서** 세계 최대라 할 수 있다.

관련어 ~에게 있어서: 사람명사 뒤에서 사용한다. 예 나**에게 있어서** 인생의 스승은 부모님이다.

~에 지나지 않다 【아이**에 지나지 않는다.**】

관용구

결합정보 ☞ 에

1. '그것밖에 달리는 되지 않음'의 뜻.

예 ▪ 그 때 동수는 코흘리개 아이**에 지나지 않았다**.
▪ 그건 그냥 아이들이 하는 장난**에 지나지 않아**.

비슷 ~에 불과하다
예 그 때 동수는 코흘리개 아이**에 불과했다**.

~에 한해서 【여러분**에 한해서**~】

관용구

예 문제**에 한해서**, 결론**에 한해서**

1. 범위를 한정하여 말하는 것을 나타낸다.

예 ▪ 여러분**에 한해서** 오천 원만 받겠습니다.
▪ 이걸 써 보신 분**에 한해서** 감상을 들어 보겠습니다.

여[1] 【그대**여**】

『**여**는 받침 없는 말 뒤에, **이여**는 받침 있는 말 뒤에 붙어 쓰인다』

예 그대**여**, 신이**여**

조사 부르는 말에 붙어 쓰이는 조사

1. ☞ 이여(p. 447)
예 ▪ 그대**여**, 부디 나를 용서해 주오.
▪ 주**여**, 함께 해 주소서.
▪ 노동자**여**! 단결하라!

전참 '~에 한하여/한해'의 꼴로도 쓰인다. 예 이번 일**에 한해** 수당을 지불합니다.

-여[2] 【당신을 사랑**해.**】

『'하다' 뒤에 쓰인다.』
어미 종결 어미
친한사이 말낮춤 친구에게

예 공부**해**

1. ☞ -아[2](p. 338)
예 ▪ 당신을 사랑**해**.
▪ 아, 졸리고 피곤**해**.
▪ 지금 뭘 **해**?
▪ 아이, 착**해**.
▪ 어휴, 답답**해**.

전참 실제로는 '하여'가 줄어든 '해'의 꼴로만 쓰인다.

-여[3] 【미국을 방문하**여**~】

『'하다' 뒤에 쓰인다』
어미 연결 어미

예 하**여**/**해**

1. ☞ -아[3](p. 340)
예 ▪ 대통령은 미국을 방문하**여** 회담을 하였다.
▪ 기쁜 소식을 마을 사람들에게 전하**여** 주었다.
▪ 이 상품을 많이 이용**해** 주시기 바랍니다.
▪ 담배에 대하**여** 한 말씀 드립니다.

전참 입말에서는 '하여'가 줄어들어 '해'의 꼴로 쓰인다. 예 너에 대**해** 말해 줄게.

-여다 【나무를 하**여다**~】

『'하다' 뒤에 쓰인다』
어미 연결 어미

예 하**여다**/**해다**

1. ☞ -아다(p. 346)
예 ▪ 나무를 하**여다** 뒷마당에 쌓아 놓아라.
▪ 원료를 외국에서 수입**해다** 공장에서 가공한다.

전참 주로 '하여다'가 줄어든 '해다'의 꼴로 쓰인다.

–여다가 【옷을 수입**해다가~**】

『'하다' 뒤에 쓰인다』

어미 연결 어미

1. ☞ –아다가(p. 346)

예 ▪ 다나까 씨는 한국에서 옷을 수입**해다가** 판다.
▪ 가격이 괜찮아서 구매**해다가** 놓았다.
▪ 우선 한국에 관한 책을 구하**여다가** 읽어 볼 거야.

예 하**여다가**/**해다가**

전참 주로 '하여다가'가 줄어든 '해다가'의 꼴로 쓰인다.

–여도 【신랑 신부가 입장하**여도~**】

『'하다' 뒤에 쓰인다』

어미 연결 어미

1. ☞ –아도(p. 347)

예 ▪ 아무리 생각**해도** 좋은 생각이 떠오르지 않았다.
▪ 철수는 내 말이라면 콩을 팥이라 **해도** 그대로 믿는다.
▪ 지금 생각하**여도** 그 때 무슨 말을 하였는지 생각나지 않았다.

예 하**여도**/**해도**

전참 주로 '하여도'가 줄어든 '해도'의 꼴로 쓰인다.

–여라[1] 【조용히 하**여라.**】

『동사 '하다' 뒤에 쓰인다』

어미 종결 어미

1. ☞ –아라[1](p. 352)

예 ▪ 조용히 하**여라**.
▪ 우리는 아무 일 없으니 안심하**여라**.
▪ 힘들거든 도와 달라고 **해라**.

예 공부하**여라**/공부**해라**

전참 주로 '하여라'가 줄어든 '해라'의 꼴로 쓰인다.

–여라[2] 【가엾기도 하**여라.**】

『형용사 '하다' 뒤에 쓰인다』

어미 종결 어미

1. ☞ –아라[2](p. 353)

예 성실하**여라**/성실**해라**

예 ▪ 오, 가엾기도 하**여라**.
▪ 참으로 수려하**여라**, 삼천리 강산.
▪ 착하기도 하**여라**.
▪ 영숙이는 예쁘기도 **해라**.

전참 주로 '하여라'가 줄어든 '해라'의 꼴로 쓰인다.

–여라도 【공부를 **해라도**~】

『'하다' 뒤에 쓰인다』

어미 연결 어미

예 하**여라도**/**해라도**

1. ☞ –아라도(p. 353)

예 ▪ 너도 공부를 **해라도** 보아라.
▪ 방학 동안에 아르바이트를 하**여라도** 보아라.

전참 주로 '하여라도'가 줄어든 '해라도'의 꼴로 쓰인다.

–여서 【너무 피곤**해서**~】

『'하다' 뒤에 쓰인다』

어미 연결 어미

예 하**여서**/**해서**

1. ☞ –아서(p. 355)

예 ▪ 너무 피곤**해서** 알람시계 소리를 못 들었어요.
▪ 이사하는 데 가 보지 못**해서** 미안하다.
▪ 운전을 **해서** 백화점에 갑니다.
▪ 한국말을 배우기 위**해서** 한국에 가요.

전참 주로 '하여서'가 줄어든 '해서'의 꼴로 쓰인다.

–여서야 【그렇게 공부**해서야**~】

『'하다' 뒤에 쓰인다』

어미 연결 어미

예 하**여서야**/**해서야**

1. ☞ –아서야(p. 360)

예 ▪ 그렇게 공부**해서야** 시험을 잘 볼 리가 있나?
▪ 거짓말을 자꾸 **해서야** 누가 믿겠어요?

전참 주로 '하여서야'가 줄어든 '해서야'의 꼴로 쓰인다.

–여서요 【공부를 너무 **해서요.**】

『'하다' 뒤에 쓰인다』

어미 종결 어미

친한사이 말높임 선배, 어른에게

예 **해서요**

1. ☞ –아서요(p. 360)

예 ▪ 진수: 왜 그래요, 피곤해 보여요? 대성: 예, 공부를 너무 **해서요**.

▪ 내일이 친구 생일이라서 선물 좀 살까 **해서요**.

▪ 혹시 부탁하실 일이 없으신가 **해서요**.

전참 '하여서요'가 줄어든 '해서요'의 꼴로만 쓰인다.

–여야 【공부를 **해야~**】

『'하다' 뒤에 쓰인다』

어미 연결 어미

예 하**여야**/**해야**

1. ☞ –아야(p. 361)

예 ▪ 나는 공부를 **해야** 해요.

▪ 몸이 튼튼**해야** 마음도 튼튼하다는 말이 있어요.

▪ 나이가 들수록 건강 관리를 잘 **해야** 될 것 같아요.

전참 주로 '하여야'가 줄어든 '해야'의 꼴로 쓰인다.

–여야겠– 【그 소문을 확인하**여야겠**다.】

『'하다' 뒤에 쓰인다』

준꼴

예 하**여야겠**–/**해야겠**–

'–여야 하겠–'의 준꼴

1. ☞ –아야겠–(p. 362)

예 ▪ 그 소문을 확인하**여야겠**습니다.

▪ 상 차릴 준비를 **해야겠**다.

▪ 송별회를 **해야겠**군요.

전참 주로 '하여야겠–'이 줄어든 '해야겠–'의 꼴로 쓰인다.

–여야만 【미술을 공부**해야만~**】

『'하다' 뒤에 쓰인다』

어미 연결 어미

예 하**여야만**/**해야만**

1. ☞ –아야만(p. 363)

예 ▪ 꼭 미술을 공부**해야만** 하겠어?
▪ 어떻게 **해야만** 우리 모두 잘 살 수 있을까.

전참 주로 '하여야만'이 줄어든 '해야만'의 꼴로 쓰인다.

–여야죠 【저도 일**해야죠.**】

『'하다' 뒤에 쓰인다』

어미 종결 어미

친한사이 말높임 선배, 어른에게

예 **해야죠**

1. ☞ –아야죠(p. 364)

예 ▪ 잘 살려면 저도 일**해야죠**.
▪ 나라를 위해 개인이 희생**해야죠**.
▪ 내가 어디 상냥**해야죠**.
▪ 미리 시험 공부도 **해야죠**.

전참 실제로는 '하여야죠'가 줄어든 '해야죠'의 꼴로만 쓰인다.

–여야지[1] 【나도 공부**해야지.**】

『'하다' 뒤에 쓰인다』

어미 종결 어미

친한사이 말낮춤 친구에게

예 **해야지**

1. ☞ –아야지[1](p. 365)

예 ▪ 나도 열심히 공부**해야지**.
▪ 그야 당연히 내가 **해야지**.
▪ 사람이 묻는데 대답을 **해야지**.

존대 –여야지요

전참 실제로는 '하여야지'가 줄어든 '해야지'의 꼴로만 쓰인다.

–여야지[2] 【나도 공부**해야지~**】

『'하다' 뒤에 쓰인다』

어미 연결 어미

예 하**여야지**/**해야지**

1. ☞ –아야지[2](p. 366)

예 ▪ 그럼 친구들끼리 송별회라도 **해야지** 그냥 헤어질 수 없지요.
▪ 결혼이라도 **해야지**, 혼자 살면 너무 외롭잖아.

-여야지요 【저녁을 준비**해야지요.**】

『'하다' 뒤에 쓰인다』

[어미] 종결 어미

[친한사이 말높임] 선배, 어른에게

㉮ **해야지요**

1. ☞ -아야지요(p. 366)

[예] ▪ 저녁을 준비**해야지요**.
▪ 돈이 있으면 뭐하고, 출세를 하면 뭐해요? 건강**해야지요**.
▪ 제가 대답**해야지요**.

[전참] 실제로는 '하여야지요'가 줄어든 '해야지요'의 꼴로만 쓰인다.

-여요[1] 【학교에 가려고 **해요.**】

『'하다' 뒤에 쓰인다』

[어미] 종결 어미

[친한사이 말높임] 선배, 어른에게

㉮ **해요**

1. ☞ -아요(p. 368)

[예] ▪ 내일부터는 다시 학교에 가려고 **해요**.
▪ 늦어서 미안**해요**.
▪ 수업이 끝난 후에 보통 뭘 **해요**?
▪ 너무**해요**, 선생님.

[전참] 실제로는 '하여요'가 줄어든 '해요'의 꼴로만 쓰인다.

-여요[2] 【참 고마운 친구**여요.**】

『'이다' 뒤에 쓰인다』

준꼴(종결 기능)

[친한사이 말높임] 선배, 어른에게

㉮ 제 거**여요**, 저**여요**

'이어요'의 준꼴

1. ☞ -에요(p. 408)

[예] ▪ 저한테는 여러 가지로 참 고마운 친구**여요**.
▪ 엄마는 저를 가만두지 않을 거**여요**.
▪ 나를 살려 놓은 사람이 누구**여요**?

[전참] 1. '이다'가 받침 없는 체언 뒤에 쓰일 때, '이다'의 어간 '이-'에 어미 '-어요'가 결합된 '이어요'가 줄어든 꼴. ㉮ 학생이**여요**. 2. 실제로는 '-에요'의 꼴로만 쓰인다.

-였- 【구경을 하**였**다.】

『'하다' 뒤에 쓰인다』

[어미] 선어말 어미

예 하**였**-/**했**-

1. ☞ -았-(p. 371)

[예] ▪ 구경을 참 많이 하**였**습니다.
▪ 그 학자는 사진을 찍으려고 하**였**다.
▪ 초가집은 겨울에는 따뜻하고 여름에는 시원하**였**다.
▪ 어제 숙제를 **했**다.

[전참] 글말에서는 주로 '하였-'이 줄어든 '했-'의 꼴로 쓰이고, 입말에서는 '했-'의 꼴로만 쓰인다.

-였댔자 【성공**했댔자**~】

『'하다' 뒤에 쓰인다』

[어미] 연결 어미

예 하**였댔자**/**했댔자**

1. ☞ -았댔자(p. 372)

[예] ▪ 그는 성공**했댔자** 시골 학교의 선생님이 되었을 것이다.
▪ 아무리 부탁을 **했댔자** 그들은 들어주지 않을 것이다.

[전참] 주로 '하였댔자'가 줄어든 '했댔자'의 꼴로 쓰인다.

-였었- 【공부를 **했었**다.】

『'하다' 뒤에 쓰인다』

[어미] 선어말 어미

예 하**였었**-/**했었**-

1. ☞ -았었-(p. 374)

[예] ▪ 진수는 공부를 잘 **했었**다.
▪ 아까 운동**했었**어.

[전참] 주로 '하였었-'이 줄어든 '했었-'의 꼴로 쓰인다.

-였자 【후회하**였자**~】

『'하다' 뒤에 쓰인다』

[어미] 연결 어미

예 하**였자**/**했자**

1. ☞ -았자(p. 376)

[예] ▪ 아무리 후회하**였자** 쓸데없는 일이다.

[전참] 주로 '하였자'가 줄어든 '했자'의 꼴로 쓰인다.

▪ 노름이란 잘 하**였자** 본전이지.
▪ 대성이가 온다고 **했자** 겁날 것은 하나도 없어.

–예요 【집이 여기**예요.**】

준꼴(종결 기능)
친한사이 말높임 선배, 어른에게

❶ 가수**예요**, 영화배우**예요**

1. [받침 없는 명사 뒤에서] '이에요'가 줄어든 꼴.
예 ▪ 집이 어디**예요**?
▪ 내일 뭐 할 거**예요**?
▪ 이제는 완연한 겨울 날씨**예요**.

전참 받침 없는 명사 아래에서 '이에요'가 '예요'로 줄어들어 쓰인다. 예 누구이에요(×)/누구**예요**(○)

–오 【우리는 지금 가**오.**】

『**–오**는 받침 없는 동사, 형용사와 '이다/아니다' 뒤에, **–소**는 받침 있는 동사, 형용사와 '–았–', '–겠–' 뒤에, **–으오**는 받침 있는 동사와 형용사 뒤에 더러 쓰인다』
어미 종결 어미
말조금높임 늙은 부부 사이, 아랫사람을 조금 높여서(어른말)

❶ 가**오**, 비싸**오**, 학생이**오**, 학생이 아니**오**, 먹**소**, 높**소**, 먹었**소**, 먹겠**소**, 잡**으오**

1. 현재의 동작이나 상태에 대해 알리는 것을 나타낸다.
예 ▪ 우리는 지금 가**오**.
▪ 돈만 있으면 간단하**오**.
▪ 반갑소, 나 이대성이라고 하**오**.
▪ 여행할 땐 간편하게 차려입는 게 제일이**오**.
2. 감탄하여 말하는 것을 나타낸다.
예 ▪ 오늘은 날씨가 참 따뜻하**오**.
▪ 우리 딸이 과연 착하**오**.
3. 듣는이에게 물어 보는 뜻을 나타낸다.
예 ▪ 어디까지 가시**오**?
▪ 이 생선은 얼마 하**오**?
▪ 내가 바보 같**으오**?
4. [의문문의 형식이지만 대답을 요구하지 않는 꼴로 쓰여] 단정하거나 강하게 부정하는 것을 나타낸다.

전참 높임을 나타내는 '–시–'와 결합하여 '–시오'의 꼴로도 쓰인다. 단, 의미항목1의 의미로는 '–시–'가 쓰이지 않는다.

예 ▪ 당신도 학생이**오**?
▪ 아니 지금은 수업중이 아니**오**?
▪ 어른이 도대체 이게 무슨 행동이**오**?

5. 완곡한 명령이나 권유를 나타낸다.

예 ▪ 그 책 좀 다**오**.
▪ 바로 그 곳으로 가 보시**오**.
▪ 눈물을 거두시**오**.
▪ 부디 마음을 굳게 먹고 살아가도록 하**오**.

와 【너**와** 나】

『**와**는 받침 없는 말 뒤에, **과**는 받침 있는 말 뒤에 붙어 쓰인다』

예 학교**와**, 집**과**, 교실**과**

조사 접속 조사

1. ☞ 과(p. 67)

예 ▪ 뼈**와** 살.
▪ 어머니**와** 아버지.
▪ 로미오**와** 줄리엣.
▪ 나**와** 같이 우리 집으로 갑시다.
▪ 이 치마**와** 어울리는 구두를 사고 싶어요.
▪ 그는 나**와** 성격이 잘 맞는다.

요 【밥을 먹어**요.**】

『문장의 끝이나 독립된 구 성분 뒤에 쓰인다』

예 먹어**요**, 먹지**요**, 먹네**요**, 먹는군**요**

조사 문장 종결 조사

1. 친한 사이 말높임을 나타내는 종결어미를 만든다

1. [‘-어’, ‘-지’, ‘-네’, ‘-을래’ 등 친한 사이 말낮춤을 나타내는 종결 어미에 붙어] 말하는이가 듣는이에게 친근한 높임을 나타내는 데에 쓰인다.

예 ▪ 질문이 있어**요**.
▪ 잘 모르겠어**요**.

- 날씨가 참 좋지**요**.
- 식당에 갈까**요**?
- 나중에 올래**요**?

2. [독립된 구 성분 뒤에 붙어] 말을 끝맺는 데에 쓰인다.

예 ▪ 엄마: 어제 누구 만났니? 딸: 대성이**요**.
- 제인: 어디 있었어요? 유미: 집에**요**.
- 선생님, 저는**요**?
- 시장에를**요**? 왜**요**?
- 빨리**요**, 빨리.

2참 1. 그 자체로 문장이 끝남을 나타낸다. 2. 앞선 발화나 상황으로 그 나머지 부분이 쉽게 이해될 수 있으므로 반복되는 부분을 생략한 채 새로운 부분만을 이야기하는 것이다. 예 집에**요**→집에 있었어요.

2. 문장 중간에 쓰인다

1. [독립된 구 성분 뒤에 붙어 쓰이고 말버릇처럼 문장의 중간에도 쓰여] 할 말을 고르거나 주저하는 데에 사용된다.

예 ▪ 저는**요**, 어제**요**, 학교에 갔는데**요**, 배가 아파서**요**, 중간에 도로 집으로 와 버렸어요.

1참 1. 그 자체로 문장이 끝나지 않는다. 2. '요'에서 억양이 올라간다.

도움말 1

해체(친한사이 말낮춤)와 해요체(친한사이 말높임):
'요'는 문장 종결 조사로서 '보아, 먹지, 갈래'와 같은 해체의 어미에 붙어 '보아요, 먹지요, 갈래요'와 같은 해요체의 어미를 만든다. 그러나 '이에요'나 '하세요'에서와 같이 '요'를 분리할 수 없는 형태가 있다.

예: 책상이에(×) / 안녕하세(×)

도움말 2

'요'와 '-요':
'요'는 위에서 살펴본 문장 종결조사이다. 두 개 이상의 사물이나 사실을 나열하는 것을 나타내는 연결어미 '-요'도 있다. 그러나 이는 예스러운 표현으로 요즘은 연결어미 '-자'를 사용한다.

예1: 그 사람은 내 남편이**요** 친구다.
그것이 희망이**요**, 자랑이**요**, 보배가 아니겠는가?

예2: 그 사람은 내 남편이**자** 친구다.
그것이 희망이**자**, 자랑이**자**, 보배가 아니겠는가?

도움말3

종결 어미로 쓰이는 준꼴의 '-요':
'그것이 당신의 의무요.', '이게 김치요.'의 '요'는 '이오'가 줄어든 꼴이다. 이것은 받침 없는 체언 아래에서 '이다'의 어간 '이-'와 어미 '-오'가 합하여 줄어든 꼴로서 입말에서 주로 쓰이고 하오체(말조금 높임)의 종결 기능을 한다.

으로 【집**으로**】

『**으로**는 받침 있는 말 뒤에, **로**는 받침 없는 말과 'ㄹ' 받침으로 끝나는 말 뒤에 붙어 쓰인다』

조사 부사격 조사

예 집**으로**, 학교**로**, 교실**로**

1. ☞ 로(p. 284)

예 ▪ 나는 곧장 집**으로** 돌아갔다.
▪ 비둘기는 산**으로** 날아갔습니다.
▪ 우리도 강**으로** 들어갔다.
▪ 그도 우리 쪽**으로** 기울어졌다.

으로까지 【싸움**으로까지**】

『**으로까지**는 받침 있는 말 뒤에, **로까지**는 받침 없는 말과 'ㄹ' 받침으로 끝나는 말 뒤에 붙어 쓰인다』

조사 으로+까지

예 싸움**으로까지**, 문제**로까지**, 글**로까지**

1. ☞ 로까지(p. 290)

예 ▪ 사소한 말다툼은 싸움**으로까지** 번지게 되었다.
▪ 그 문제는 파업**으로까지** 갔다.
▪ 그들은 건물 속**으로까지** 그를 뒤쫓았다.

으로는 【말씀**으로는**】

『**으로는**은 받침 있는 말 뒤에, **로는**은 받침 없는 말과 'ㄹ' 받침으로 끝나는 말 뒤에 붙어 쓰인다』

조사 으로+는

예 생각**으로는**, 전화**로는**, 글**로는**

1. ☞ 로는(p. 290)

예 ▪ 김 박사님 말씀**으로는** 그만하면 충분하다고 합니다.
▪ 내 생각**으로는** 오늘은 쉬는 게 좋겠어요.

으로다 【손가락**으로다**】

『**으로다**는 받침 있는 말 뒤에, **로다**는 받침 없는 말과 'ㄹ' 받침으로 끝나는 말 뒤에 붙어 쓰인다』

예 책**으로다**, 전화**로다**, 글**로다**

조사 부사격 조사

1. ☞ 로다[1](p. 291)

예 ▪ 손가락**으로다** 집어 먹었다.
▪ 경찰이 곤봉**으로다** 때렸다고 한다.
▪ 경기는 삼판양승**으로다** 하자.

으로다가 【책**으로다가**】

『**으로다가**는 받침 있는 말 뒤에, **로다가**는 받침 없는 말과 'ㄹ' 받침으로 끝나는 말 뒤에 붙어 쓰인다』

예 책**으로다가**, 전화로**다가**, 연필**로다가**

조사 부사격 조사

1. ☞ 로다가(p. 291)

예 ▪ 책**으로다가** 모기를 잡았다.
▪ 그들은 김 씨를 존칭**으로다가** 선생이라고 불렀다.
▪ 실장 직권**으로다가** 너를 취직시켜 줄게.

으로라야 【생각**으로라야**】

『**으로라야**는 받침 있는 말 뒤에, **로라야**는 받침 없는 말과 'ㄹ' 받침으로 끝나는 말 뒤에 붙어 쓰인다』

예 마음**으로라야**, 전화**로라야**, 글**로라야**

조사 으로+라야

1. ☞ 로라야(p. 291)

예 ▪ 무조건 남편은 싼 것**으로라야** 좋아했다.
▪ 여기에서는 현금**으로라야** 계산할 수 있다.

으로부터 【지금**으로부터**】

『**으로부터**는 받침 있는 말 뒤에, **로부터**는 받침 없는 말과 'ㄹ' 받침으로 끝나는 말 뒤에 붙어 쓰인다』

예 지금**으로부터**, 어제**로부터**, 오늘**로부터**

조사 부사격 조사

1. ☞ 로부터(p. 292)

예 ▪ 그 때가 지금**으로부터** 삼 개월 전이었다.
▪ 그는 가정**으로부터** 떠나기로 했다.
▪ 이건 내가 어머님**으로부터** 받은 것이로구나.

으로서 【남편**으로서**】

『**으로서**는 받침 있는 말 뒤에, **로서**는 받침 없는 말과 'ㄹ' 받침으로 끝나는 말 뒤에 붙어 쓰인다』

예 남편**으로서**, 아내**로서**

조사 부사격 조사

1. ☞ 로서(p. 293)

예 ▪ 남편**으로서** 그 정도는 해 주어야지.
▪ 가장**으로서** 책임감을 느낍니다.
▪ 이제는 한국인**으로서** 자부심을 가져야 한다.

으로써 【마음**으로써**】

『**으로써**는 받침 있는 말 뒤에, **로써**는 받침 없는 말 뒤에 붙어 쓰인다』

예 마음**으로써**, 전화**로써**, 글**로써**

조사 부사격 조사

1. ☞ 로써(p. 294)

예 ▪ 이것**으로써** 결혼식을 모두 마치겠습니다.
▪ 마음의 눈**으로써** 사물을 바라본다.

은 【선생님**은**】

『**은**은 받침 있는 말 뒤에, **는**은 받침 없는 말 뒤에 붙어 쓰인다』

예 남편은, 딸은, 아내는

조사 보조사

1. ☞ 는(p. 136)

예 ▪ 한국말**은** 배우기가 어렵다.
▪ 삼각형의 세 각의 합**은** 180도이다.
▪ 술**은** 못 마시지만 그 분위기**는** 좋아해요.

~은 물론이고 【돈이 중요함**은** **물론이다.**】

관용구

예 선물은 **물론이고**, 편지는 **물론이고**

1. '~은 더 말할 것도 없다'의 뜻.

예 ▪ 돈이 중요함은 **물론이다**.
▪ 약속을 지켜야 하는 것은 **물론이다**.

은커녕 【돈**은커녕**】

『**은커녕**은 받침 있는 말 뒤에, **는커녕**은 받침 없는 말 뒤에 붙어 쓰인다』

조사 보조사

예 라면**은커녕**, 귤**은커녕**, 사과**는커녕**

1. ☞ 는커녕(p. 173)

예 ▪ 두려움**은커녕** 오히려 도전해 보고 싶습니다.
▪ 나는 남의 나라 말**은커녕** 제나라 말도 제대로 못 하는 때가 많다.

을 【가방**을**】

『**을**은 받침 있는 말 뒤에, **를**은 받침 없는 말 뒤에 붙어 쓰인다』

조사 목적격 조사

예 라면**을**, 과일**을**, 사과**를**

1. ☞ 를(p. 296)

예 ▪ 내가 한국 음식**을** 만들었어요.
▪ 책**을** 펴세요.
▪ 술**을** 마십시다.
▪ 이 책**을** 김 선생에게 주어라.
▪ 유미가 손**을** 들었다.

의【나의 소원】

『받침이 있든 없든 **의**가 쓰인다』

[조사] 관형격 조사

발음 [의/에]

예 아내**의**, 남편**의**

관형어를 나타낸다

전참 입말에서는 흔히 [에]로 발음된다.

1. 소유, 소속, 소재 관계를 나타낸다

1. ['누구의 집', '누구의 돈'과 같이 써서] '누구'가 뒤에 나오는 것을 가진 사람임을 나타낸다. '~이/가 가진'의 뜻.

예 ▪ 영하**의** 책.
▪ 유미**의** 얼굴.
▪ 즐거운 나**의** 집.
▪ 당신**의** 이름.

2. ['무엇의 주인'과 같이 써서] '무엇'이 뒤에 나오는 사람의 물건임을 나타낸다. '무엇을 가진'의 뜻.

예 ▪ 이 사전**의** 임자.
▪ 이 개**의** 주인.
▪ 분실물**의** 주인.

3. [여러 사람이 소속되는 주체를 나타내는 말에 붙어] '~에 속한/소속된'의 뜻.

예 ▪ 이 나라**의** 국민.
▪ 우리 가문**의** 아들들.
▪ 우리나라**의** 국회의원.

4. ['누구의 누구'와 같이 써서] 앞, 뒤 사람의 관계를 나타낸다. '~에게 (~라는) 관계를 가진'의 뜻.

예 ▪ 나**의** 어머니.
▪ 당신**의** 동생.
▪ 김 사장님**의** 부인.
▪ 나**의** 선생님.

5. ['누구의 작품'과 같이 써서] '누구'가 뒤의 것을 만든 사람임을 나타낸다. '~가 만든/지은/생각해 낸'의 뜻.

예 ▪ 이광수**의** '흙'.
▪ 충무공**의** 거북선.

- 임권택 감독**의** 영화.
- 뉴튼**의** 법칙.
- 피타고라스**의** 정리.

6. ['어디의 모래'와 같이 써서] '어디'가 뒤에 나오는 것이 있는 장소임을 나타낸다. '~에 있는, ~에서 생기는, ~에서 나는'의 뜻.

예 ▪ 강가**의** 모래.
- 도시**의** 처녀.
- 꽃밭**의** 나비.
- 우리나라**의** 세계적인 음악가.
- 대구**의** 사과.
- 중동**의** 석유.

7. ['무엇의 뒤'와 같이 써서] '무엇'이 뒷말의 위치, 방향을 나타내기 위한 기준임을 나타낸다. '~로부터, 에서'의 뜻.

예 ▪ 사람들**의** 뒤를 따라다닌다.
- 국민**의** 가까이에서 그 실정을 보고 느낀다.
- 서울은 우리나라**의** 중앙에 있다.

8. [때를 나타내는 말에 붙어] '~에 있는/생기는/경험할 수 있는'의 뜻.

예 ▪ 오늘날**의** 교육.
- 겨울**의** 바닷가.
- 정오**의** 뉴스.
- 내일**의** 승리.

2. 주어를 나타낸다

1. ['누구의 결심', '무엇의 하락'과 같이 써서] '누가 행하는', '무엇이 어찌하는'의 뜻을 나타낸다. '~가 (어떤 행위를) 행하는' '~가 어떤 상태를 보이는/일으키는'의 뜻.

예 ▪ 나**의** 결심.
- 너**의** 부탁.
- 나라**의** 발전.

1참 뒤의 말은 주로 한자어 명사로서 '하다'가 붙어 용언이 될 수 있다. 예 석유 가격**의** 하락→석유 가격**이** 하락하는 것.

- 석유 가격**의** 하락
- 가격**의** 변동.

2. [‘무엇의 아름다움’과 같이 써서] ‘무엇’이 뒷말이 나타내는 성질을 가진 주체임을 나타낸다. ‘~이/가 지닌’의 뜻.

예 ▪ 예술**의** 아름다움.
- 인물**의** 준수함.
- 지략**의** 빼어남.
- 성품**의** 강인함.

2참 서술어가 형용사이다.

3. 의미상 주어 구실을 한다.

예 ▪ **나의** 살던 고향.
- 민족**의** 불행한 때.
- 청춘**의** 누리는 바 특권.
- 나는 **그의** 하는 양만 바라보고 있었다.

3참 조사 ‘이/가’가 쓰일 자리에 ‘의’를 쓰기도 한다. 예 **나의** 살던 고향 →내**가** 살던 고향.

4. [무엇을 주는 주체를 나타내는 말에 붙어] ‘~가 주는’의 뜻.

예 ▪ 하나님**의** 축복.
- 폐하**의** 친절.
- 많은 하객들**의** 축하.

4참 앞뒤의 말이 직접적인 ‘주어-술어’의 관계를 가지지는 않는다.

5. [가지거나 겪거나 하는 주체를 나타내는 말에 붙어] ‘~가 가진, 겪는’의 뜻.

예 ▪ 우리**의** 문제 의식.
- 늙은 어머니**의** 지혜.
- 너**의** 불행.
- 그 여자**의** 일생.
- 우리**의** 목표.

5참 앞뒤의 말이 직접적인 ‘주어-술어’의 관계를 가지지는 않는다.

6. [‘누구의 사랑’과 같이 써서] ‘누구’가 뒤의 행동을 수행하는 주체임을 나타낸다. ‘~가 하는’, ‘~가 수행하는’의 뜻.

예 ▪ 남녀간**의** 사랑.
- 각하**의** 말씀.
- 아비**의** 훈계.

6참 앞의 말과 뒤의 말이 직접적인 ‘주어-술어’의 관계를 가지지는 않는다.

▪ 신라**의** 삼국 통일.

3. 목적어를 나타낸다: 행위의 '목표', '대상'

1. ['무엇의 관찰', '무엇의 연구'와 같이 써서] '무엇'이 뒤에 나오는 말의 목적 대상이 되는 것을 나타낸다. '~를(뒤의 말이 나타내는 대로 하는 것)'을 뜻함.

예 ▪ 자연**의** 관찰.
▪ 학문**의** 연구.
▪ 금**의** 수출.

1참 행위를 나타내는 뒤의 말은 주로 한자어 명사로서 '하다'가 붙어 용언이 될 수 있다.
예 학문**의** 연구→학문을 연구하는 것.

2. ['무엇의 감독', '무엇의 저자'와 같이 써서] 뒤에 오는 사람의 행동이 앞에 오는 '무엇'을 대상으로 하는 것을 나타낸다. '~를 만든'의 뜻.

예 ▪ 아파트**의** 설계자.
▪ 법칙**의** 창시자.

3. [대상물을 나타내는 앞의 말에 붙어] 앞의 말이 뒤의 말의 목표임을 나타낸다. '~를 위한'의 뜻.

예 ▪ 어머니**의** 날.
▪ 스승**의** 날.

4. 속성 관계를 나타낸다

1. ['최고', '최다'와 같이 정도를 나타내는 말에 붙어] 앞의 말이 뒤의 말의 속성을 나타낸다. '~라는 수준을 보이는'의 뜻.

예 ▪ 최선**의** 노력.
▪ 세계 최고**의** 장수 국가.
▪ 최악**의** 경우.
▪ 고도**의** 기술.
▪ 죽을지도 모를 정도**의** 심한 부상.

2. [수량을 나타내는 말에 붙어] 앞말이 뒷말의 수량을 한정하는 것을 나타낸다. '~라는 (수량)이 되는'의 뜻.

예 ▪ 한 시간 가량**의** 이야기.
▪ 다섯 자루**의** 연필.
▪ 십 년**의** 세월.

2참 1. 수사나 수를 나타내는 명사, 또는 단위나 양을 나타내는 의존 명사 등에 붙어 쓰인다. 2. '의'가 생략되어 쓰이기도 한다.

- 하루**의** 작업량.
- 두 학급**의** 학생.
- 두 가지**의** 주의 사항.
- 십만 명**의** 흡연자.

3. [차례를 나타내는 말에 붙어] 앞말과 뒷말의 차례를 나타낸다. '~번째로 일어나는/생기는'의 뜻.

예 ▪ 제2**의** 전성기.
- 첫 번째**의** 사랑.

4. ['무엇의 여인'과 같이 써서] '무엇'의 성질에 비유하여 뒷말을 표현하는 뜻을 나타낸다. '~와 같은'의 뜻.

예 ▪ 철**의** 여인 대처 수상.
- 백합**의** 순결.
- 하루살이**의** 인생.
- 무쇠**의** 주먹.
- 철벽**의** 장성.
- 강철**의** 의지.

5. [여럿을 나타내는 말에 붙어] 그 중의 일부나 부분을 나타낸다. '~가운데서', '중에'의 뜻.

예 ▪ 큰 형벌**의** 하나.
- 최고 간부들**의** 한 사람.
- 중학생**의** 대부분은 흡연 경험이 있다고 한다.
- 포로**의** 일부.
- 월급**의** 절반.

6. ['무엇의 노래'와 같이 써서] 뒤에 나오는 말이 앞에 나온 '무엇'에 대한 것임을 나타낸다. '~에 대한'의 뜻.

예 ▪ 서울**의** 찬가.
- 가을**의** 노래.
- 한국**의** 지도.
- 장미**의** 전설.

7. ['무엇의 무게'와 같이 써서] '무엇'이 뒷말의 속성을 가진 것임을 나타낸다.

예 ▪ 금**의** 무게.

- 물**의** 온도.
- 국토**의** 면적.

5. 그 외의 용법

1. 앞말과 뒷말이 같은 자격임을 나타낸다. '~라는'의 뜻.

예
- 우리 할머니는 열여덟**의** 어린 나이로 시집을 가셨다.
- 각하**의** 칭호.
- 조국 통일**의** 염원.
- 금강**의** 명산.
- 160센티미터**의** 키.

1참 이 때의 '의'를 '동격'이라고도 한다.

2. [뒤의 말이 비교를 나타내는 말일 때 비교의 대상이 되는 앞의 말에 붙어] '~에 비하여, 보다'의 뜻.

예
- 나**의** 두 배나 되는 수입.
- 그녀는 우리 집**의** 세 배는 잘 사나 보다.

3. ['불멸, 소기, 일말'과 같이 단독으로는 쓰이지 않고 '의' 결합형으로만 쓰이는 몇몇 한자 단어에 붙어 관용적으로 쓰여] 앞말이 뒷말이 나타내는 사물의 특성임을 뜻한다. '(그러한 특성)을 지닌'의 뜻.

3참 '불멸, 일고' 따위의 몇몇 한자어에 붙어 쓰인다.

예
- 불멸**의** 연인.
- 소기**의** 목적.
- 일말**의** 후회.
- 절세**의** 미인.
- 일고**의** 가치.

4. 앞말이 뒤에 연결되는 조사의 의미를 가지고 뒷말을 꾸미는 기능을 가짐을 나타낸다. 즉, '저자와의 대화'에서와 같이 '저자'가 조사 '와'와 결합하여 '저자와'가 되고 이것이 '의'와 결합하여 쓰인다.

예
- 행복에**의** 초대.
- 저자와**의** 대화.
- 일상으로부터**의** 탈출.
- 학교에서**의** 하루.

도움말 1

'나, 저, 너'와 '의'의 결합꼴:
'나의'가 '내'로, '저의'가 '제'로 '너의'가 '네'로 줄어들어 쓰인다.
예: 나**의** 소원=**내** 소원, 저**의** 어머니=**제** 어머니, 너**의** 책=**네** 책.

도움말 2

'의'의 생략에 대하여:
'의'는 다음의 세 가지 경우에는 생략이 가능하고, 그 외의 경우에는 잘 생략되지 않는다.
첫째, '소유주-피소유물'의 관계를 나타내는 경우:
예 1: 철수**의** 책/영희**의** 연필.
예 1': 철수(Ø) 책/영희(Ø) 연필.
둘째, '전체-부분'의 관계를 나타내는 경우:
예 2: 코끼리**의** 코/영하**의** 귀.
예 2': 코끼리(Ø) 코/영하(Ø) 귀.
셋째, 친족 관계를 나타내는 경우:
예 3: 김 회장**의** 미망인/철수**의** 엄마.
예 3': 김 회장(Ø) 미망인/철수(Ø) 엄마.

이 【학생**이** 와요.】

『**이**는 받침 있는 말 뒤에, **가**는 받침 없는 말 뒤에 붙어 쓰인다』

예 학생**이**, 딸**이**, 친구**가**

조사 주격 조사

1. ☞ 가(p. 33)

화용적 의미의 첨가

1. 인용되는 말의 출처를 나타낸다.

예 ▪ 그가 하는 말**이** 너는 오지 말라더라.
▪ 선생님이 하시는 말씀**이** 글쎄 우리가 모두 바보래.
▪ 할머니께서 하시는 말씀**이** 우리 아버지는 어릴 때 늘 울곤 하셨대.
▪ 간호원 말**이** 식사도 부쩍 줄었대.

1참 1. '말하기를'이나 '말하되'로 바꿔 쓸 수 있다. 2. 주로 '말, 말씀'에 붙어 쓰이므로 '이'가 많이 쓰인다.

2. ['-ㄴ/-는/ㄹ 것이'의 꼴로 쓰여] 사실을 끌어내어

뒤에 오는 말의 근거로 삼는 데에 쓰인다.

예 ▪ 잠시 길가에 앉아서 쉰다는 것**이** 불쌍한 아이는 그만 깜박 잠이 들어 버렸대.
▪ 그 사람 말은 믿어도 되는 것**이** 절대로 헛소리하는 법이 없거든.
▪ 밥을 하루 한 끼라도 꼭 먹어야 하는 것**이** 그게 한국 사람 체질이거든.

2참 '것이'가 줄어 들어 '게'로 쓰이기도 한다. 예 그 사람은 말은 믿어오 되는 **게**~

이고 【시골**이고** 도시**고** 간에~】

『**이고**는 받침 있는 말 뒤에, **고**는 받침 없는 말 뒤에 붙어 쓰인다』

조사 접속 조사

예 라면**이고**, 과일**이고**, 커피**고**

1. [‘~이고 ~이고 (간에)’의 꼴로 겹쳐 쓰여] ‘~이든’, ‘~과 같은 것을’, ‘~과 ~과 ~ 따위를 가리지 않고’의 뜻.

예 ▪ 술**이고** 뭐**고** 닥치는 대로 마셔 버렸다.
▪ 학교에서**고** 학원에서**고** 간에 가리지 않고 열심히만 하면 된다.
▪ 요즘은 시골**이고** 도시**고** 간에 모두 인터넷을 한다.

1참 연결되는 맨 마지막 말에도 '이고'를 붙인다. 예 시골**이고** 도시**고**
'과'는 앞말에만 붙는다. 예 시골과 도시와(×)

2. [‘무엇, 언제, 어느’와 같은 말에 붙어] ‘~든지’, ‘~라고 한정하지 않고’의 뜻.

예 ▪ 우리 애는 먹성이 좋아 무엇**이고** 잘 먹는다.
▪ 어디**고** 간에 다 마찬가지니까 그냥 여기서 하자.
▪ 언제 어느 때**고** 간에 다 좋으니 연락해라.

2참 '-고 간에'의 꼴로 잘 쓰인다.

~이고 나발이고 【사랑**이고** 나발**이고**~】

관용구

결합정보 ☞ 이고

1. [경멸하거나 싫어하는 대상이 되는 말에 붙어] ‘~따위는 귀찮으니/싫으니 다 집어치우고’의 뜻.

예 ▪ 사랑**이고 나발이고** 난 졸려 죽겠다.
▪ 저녁**이고 나발이고** 다 귀찮아.

전참 '간에'와 함께 쓰이기도 한다. 예 사랑이고 나발이고 **간에** 난 졸려 죽겠다.

▪ 학교**고 나발이고** 난 안 다닐거야.

이나[1] 【밥**이나** 반찬】

『**이나**는 받침 있는 말 뒤에, **나**는 받침 없는 말 뒤에 붙어 쓰인다』

예 기차**나** 고속버스, 트럭**이나** 화물차

조사 **접속 조사**

1. [비슷한 여럿을 나타내는 말 중 선택된 대상에 붙어 쓰여] 그 중에 하나를 선택하는 것을 나타낸다. '혹은', '또는'의 뜻.

비슷 이든지 예 강**이든지** 바다로 놀러간다.

예 ▪ 여름에는 강**이나** 바다로 놀러간다.
▪ 연필**이나** 볼펜으로 쓰세요.
▪ 기차**나** 버스로 여행을 한다.

이나[2] 【잠**이나** 자자.】

『**이나**는 받침 있는 말 뒤에, **나**는 받침 없는 말 뒤에 붙어 쓰인다』

예 라면**이나**, 커피**나**

조사 **보조사**

1. [행동의 목적을 나타내는 말에 붙어] '~가 아주 내키지는 않지만', '~이라도 괜찮으니'의 뜻.

1참 그다지 나쁘지 않은 두 번째 정도의 선택(차선책)이라는 의미를 나타낸다.

예 ▪ 점심**이나** 먹으러 가지요.
▪ 잠**이나** 자자.
▪ 커피**나** 마시자.
▪ 공부**나** 하자.
▪ 밥이 없으면 라면**이나** 먹자.

2. [양보의 대상이나 양보하는 행위를 나타내는 말에 붙어] '~이라도'의 뜻. 사실은 그렇지 않은데 그런 것처럼 행동하는 것을 나타낸다.

2참 '(마치) ~나 ~ -ㄴ 것처럼/것 같이/-ㄴ 듯이/-ㄴ 양'의 꼴로도 쓰인다.

예 ▪ 자기가 무슨 부모**나** 되는 듯이 말끝마다 참견이다.
▪ 그 아이는 무슨 큰 죄**나** 진 것처럼 미안해 했다.
▪ 대성이와 병규는 약속**이나** 한 듯이 한숨을 쉬었다.

3. ['누구, 무엇, 언제' 등의 말에 붙어] '~라도 가리지

3참 비슷 든지

않고 모두'의 뜻.

예 ▪ 지하철을 이용해 본 분들은 누구**나** 느꼈을 것이다.
▪ 국교가 맺어진 나라에는 어디**나** 갈 수가 있습니다.
▪ 그녀를 부를 때면 언제**나** 호칭이 없이 불렀다.
▪ 나는 쓰고 싶은 것은 무엇**이나** 다 쓸 수 있습니다.
▪ 그들은 아무**나** 죽였다.

4. [수량을 나타내는 말에 붙어] '~가 될 만큼 (많이)'의 뜻.

4참 말하는이의 기대보다 많다고 하는 뜻이 들어 있다.

예 ▪ 몇 시간**이나** 걸려서 겨우 그 곳에 도착했다.
▪ 떡을 다섯 개**나** 먹었어요.
▪ 벌써 아이가 둘**이나** 돼요.
▪ 연의 종류는 100여 가지**나** 된다.

5. [수량을 나타내는 의존명사에 붙어] '~가 (보잘 것 없지만)', '~를 (보잘 것 없지만)'의 뜻.

예 ▪ 돈 푼**이나** 있다고 거들먹거리는 꼴이라니.
▪ 나잇살이**나** 있는 사람이 그런 행동을 하다니...
▪ 제 집 있는 사람이 몇**이나** 된답니까?

6. ['~나 ~나'의 꼴로 쓰여] '~이든 ~이든 구별하지 않고', '~도 ~도 다 같이'의 뜻.

예 ▪ 너**나** 나**나** 알고 보면 모두 불쌍한 사람들이야.
▪ 예로부터 동양**이나** 서양**이나** 개에 대한 많은 이야기가 전해 내려오고 있다.
▪ 헌 시계**나** 고물**이나** 몽땅 다 삽니다.

7. [대강의 수량을 나타내는 말에 붙어] '(짐작으로, 어림으로) ~ 정도'의 뜻.

7참 1. 비슷한 의미를 나타내는 '쯤'과 같이 쓰인다. 2. 주로 의문문에 쓰인다.

예 ▪ 한 백 명**이나** 될까?
▪ 11시쯤**이나** 되었을까.
▪ 지금 몇 시쯤**이나** 되었지?
▪ 커피를 하루에 몇 잔쯤**이나** 마셔요?

8. [불확실한 내용을 나타내는 말에 붙어] ('~고나 할까'의 꼴로 쓰여) '(표현하는 바가 흡족하지는 않지만) 굳이 말한다면'의 뜻을 강조하여 나타낸다.

예 ▪ 새 집은 옛날 집에 비하면 호텔 같다고**나** 할까.
▪ 사람 사는 일에 좀더 관심을 갖게 되었다고**나** 할까요.
▪ 그것은 말하자면 후회와 같은 것이라고**나** 할까.

9. [어떤 조건을 나타내는 말에 붙어] '~이라야'의 뜻.

예 ▪ 약삭빠른 사람**이나** 그럴 수 있지 그거 어디 아무나 할 수 있는가?
▪ 어린애**나** 할 수 있지 그거 어디 창피해서 하겠소?
▪ 힘이 센 사람**이나** 들 수 있는 거로군.

10. ['이나 아닌가'의 꼴로 의심이나 의혹을 나타내는 말에 쓰여] '~가 혹시'의 뜻.

예 ▪ 열쇠가 없어서 들어가지 못하는 것**이나** 아닐까?
▪ 내가 미쳤었던 것**이나** 아닌가.
▪ 희뿌연 것이 귀신**이나** 아닌가 해서 꼼짝 않고 있었다.

11. ['~이나 다름없다/같다/마찬가지이다'의 꼴로 쓰여] '~과 (같다)'의 뜻. 비교의 뜻.

11참 관련어 과

예 ▪ 집도 새 집**이나** 다름없어요.
▪ 잠은 죽음**이나** 마찬가지야.
▪ 아이들도 남과 비교되는 것을 싫어하기는 어른**이나** 마찬가지다.

12. [일부 부사에 붙어] 강조하여 말하는 것을 나타낸다.

예 ▪ 혹시**나** 오늘은 나왔을까.
▪ 가뜩**이나** 신경 쓸 일이 많은데 너까지 왜 이러니.
▪ 무척**이나** 보고 싶었어.
▪ 행여**나** 오실까 기다려지네.
▪ 어떻게**나** 무섭던지 혼자 못 보겠더라구요.

이나마 【잠깐**이나마** 행복했어요.】

『**이나마**는 받침 있는 말 뒤에, **나마**는 받침 없는 말 뒤에 붙어 쓰인다』

예 라면**이나마**, 커피**나마**

조사 보조사

1. '~라도, 일지라도 (마음에 흡족하지 못하나 그런 대로)'의 뜻.

예 ▪ 잠깐**이나마** 미영 씨를 만나서 행복했어요.
▪ 라면**이나마** 먹으니까 좀 낫다.
▪ 아줌마가 다소**나마** 나를 감싸 주었다.
▪ 그렇게**나마** 해 주시면 고맙겠습니다.

이니 【빵**이니** 과자**니**】

『**이니**는 받침 있는 말 뒤에, **니**는 받침 없는 말 뒤에 붙어 쓰인다』

조사 접속 조사

예 라면**이니**, 커피**니**

1. ['-니 -니'의 꼴로 쓰여, 열거된 여러 사물들을 나타내는 말에 붙어] '~과 ~과 ~ 따위의 (온갖)'의 뜻.

예 ▪ 책**이니** 신문**이니** 가릴 것 없이 마구잡이로 찢어 버렸다.
▪ 필통 속에는 볼펜**이니** 연필**이니** 만년필**이니** 필기도구 나부랭이가 가득하였다.
▪ 곳간에는 옥수수**니** 조**니** 팥**이니** 온갖 곡식들이 가득하였다.
▪ 니체가 사랑**이니** 동정**이니** 하는 것을 철학적으로 가장 쓸모없는 감정으로 욕을 했다는 말이 있다.

비슷 이다, 하고
예 책**이다** 신문**이다** 가릴 것 없이.../책**하고** 신문**하고** 가릴 것 없이..

전참 1. 이 조사를 사용하여 나열한 것들을 '온갖'이나 '모두' 등 전부를 일컬어 지칭하는 말을 사용하여 다시 표현해 준다. 2. 연결되는 맨 마지막 말에도 '이니'를 붙인다.

이다[1] 【귤**이다** 사과**다**】

『**이다**는 받침 있는 말 뒤에, **다**는 받침 없는 말 뒤에 붙어 쓰인다』

조사 접속 조사

예 라면**이다**, 커피**다**

1. ['~이다 ~이다' 꼴로 쓰여] 사물을 열거할 때 쓰인다.

예 ▪ 남편은 웬 일인지 반지**다** 목걸**이다** 잔뜩 사 왔다.
▪ 영하는 수영**이다** 테니스**다** 못 하는 운동이 없다.
▪ 우리는 산**이다** 들**이다** 온통 쏘다니느라 시간 가는 줄도 몰랐다.

비슷 이니

전참 1. 단순하게 나열만 하는 것이 아니라 그 뒤에는 나열한 것 모두를 통틀어 말하는 내용이 함께 쓰인다.

- 여기는 책**이다** 노트**다** 연필**이다** 없는 게 없구나.
- 근대화**다** 건설**이다** 말뿐이다.

2. 연결되는 맨 마지막 말에도 '이다'를 붙인다.

이다2 【이게 내 사진**이다.**】

『'집**이고**', '집**이니**', '집**입니다**', '집**이에요**', '집**입니까**' 등의 꼴로 활용한다』

[조사] 서술격 조사

예 학생**이다**, 가수**이다**/가수**다**

1. '지정'의 뜻을 나타낸다

1. [명사구나 체언 등에 붙어] 사물을 지정하는 뜻을 나타낸다.

예 ▪ 이게 내 사진**이야**.
- 얘가 제 아들**이에요**.
- 여기가 서울온천**입니다**.
- 1킬로그램에 5천원**이에요**.

[1참] 1. '이다' 앞에 오는 명사는 관형어의 수식을 받을 수 있다. 예 착한 학생**이다**. 2. '무엇이 무엇이다'의 부정꼴은 '무엇이 무엇이 아니다'이다. 예 이 아이는 내 아들이 아니다.

2. 특수한 용법

1. [접미사 '-적'이 붙은 명사에 붙어] 주체의 특징을 나타낸다.

예 ▪ 젊은 세대는 감정적**이다**.
- 기성세대는 정적**이다**.

2. ['-하다'가 붙을 수 있는 일부 명사에 붙어] 행동을 나타내는 용언처럼 쓰인다.

예 ▪ 할머니는 괜한 걱정**이시다**.
- 민수가 자기를 안 데려 간다고 불평**이었다**.

3. [부사 뒤에 붙어] 행동이나 상태의 양상을 나타낸다.

예 ▪ 요리솜씨가 제법**이에요**.
- 여기에 온 건 내가 제일 먼저**다**.

[1참] 1. '이다' 앞에 오는 말이 관형어의 수식을 받을 수 없고, 부사어의 수식을 받는다. 예 **매우** 감정적이다. 2. 이 구문의 부정꼴은 '무엇이 무엇이 아니다'로 되지 않는다.

도움말 1

'이다'의 해요체의 꼴:

1. '이다'의 해요체는 '이에요'와 '이어요'이다. 그러나 주로 '이에요'가 사용된다. 받침이 없는 말 뒤에 쓰일 때는 '예요', '여요'로 줄어들어 쓰이기도 한다.

예 1: 이게 내 사진**이에요**./사진**이어요**.

예 2: 이게 사과**예요**./사과**여요**.

2. 성과 이름에 '이에요'가 붙어 쓰일 때는 다음과 같다.
   한국 이름이고 받침이 있으면 먼저 이름에 '이'를 붙이고 '이에요'를 줄인 말 '예요'를 붙인다. '은정이'**예요**. 받침이 없으면 '정화'**예요**, '권정화'**예요**라고 하고, 받침이 있는 성명을 함께 말할 때는 '권은정'**이에요**.라고 한다.
   외국 이름에 받침이 있으면 '존'**이에요**, 받침이 없으면 '메리'**예요**라고 한다.
3. '아니다'에는 '–에요', '–어요'가 붙으므로 '아니에요/아네요', '아니어요/아녀요'라고 해야 한다. '아니예요/아니여요'는 잘못이다.

도움말2

'이다'의 어간 '이–'의 생략에 대하여:
모음으로 끝난 말 아래에서는 '이–'가 생략되기도 한다.

예 1: 이게 맛있는 사과**다**.
마이클이 가수**다**.

단, 다음과 같이 관형꼴로 쓰일 때나, 명사형 어미 앞에서는 생략되지 않는다 (예 2).

예 2: 직업이 가수**인** 그는 날마다 노래만 불러야 했다.

예 2': 직업이 가순(×) 그.

예 3: 그가 의사**임**을 오늘에서야 비로소 알았다.

예 3': 그가 의삼을(×).

이든 【무엇**이든** 잘 먹어요.】

『**이든**은 받침 있는 말 뒤에, **든**은 받침 없는 말 뒤에 붙어 쓰인다』

예 라면**이든**, 커피**든**

[조사] 보조사

1. [‘누구, 무엇, 아무’ 등의 말에 붙어] ‘~이라도 가리지 않고’의 뜻. 여럿 중에서 어느 것을 선택해도 상관없음을 나타낸다.

[예] ▪ 남대문 시장에서는 무엇**이든** 구할 수 있다고 한다.
▪ 아무데**든** 일단 가 봅시다.
▪ 누구**든** 이 일을 할 수 있을 것이다.

[관련어] 이나

[전참] '든가'나 '든지'가 '든'으로 줄어들어 쓰인다.

2. [‘~든 ~든 (간에)’의 꼴로 쓰여] ‘~이나 ~이나 가리지 말고’의 뜻.

예 ▪ 떡**이든** 과자**든** 아무거나 많이 먹어라.
▪ 먹을 것**이든** 마실 것**이든** 각자가 한 가지씩 가져옵시다.
▪ 남자**든** 여자**든** 사랑하게 되면 다 순수해진다.

이든가 【귤**이든가** 사과**든가**】

『**이든가**는 받침 있는 말 뒤에, **든가**는 받침 없는 말 뒤에 붙어 쓰인다』

예 라면**이든가**, 커피**든가**

조사 접속 조사

1. [‘누구, 무엇, 아무’ 등의 말에 붙어] ‘~라도 가리지 않고/상관없이’의 뜻. 여럿 중에서 어느 것을 선택해도 상관없음을 나타낸다.

비슷 이든지
준말 이든

예 ▪ 누구**든가** 한 사람은 가야 한다.
▪ 어디**든가** 나가 보아라.
▪ 언제**든가** 그를 찾아 보아야 한다.

2. [‘~든가 ~든가 간에’의 꼴이나 ‘~든가 ~든가’의 꼴로 쓰여] ‘~이나 ~이나 가리지 않고/상관없이’의 뜻.

예 ▪ 사과**든가** 배**든가** 가지고 오너라.
▪ 이 사람**이든가** 저 사람**이든가** 한 사람은 떠나야 한다.

이든지 【책**이든지** 잡지**든지**】

『**이든지**는 받침 있는 말 뒤에, **든지**는 받침 없는 말 뒤에 붙어 쓰인다』

예 라면**이든지**, 커피**든지**

조사 접속 조사

1. [‘누구, 무엇, 언제, 어디’ 등의 말에 붙어] ‘~라도 가리지 않고 모두’의 뜻. 여럿 중에서 어느 것을 선택해도 상관없음을 나타낸다.

비슷 이든가
준말 이든
전참 ‘이나’로 바꿔 쓸 수 있다.

예 ▪ 모르는 게 있으면 언제**든지** 물어 보세요.

- 누구한테**든지** 물어 보세요.
- 선생님, 무슨 말**이든지** 해 보세요.
- 뭐**든지** 처음엔 힘들지요.
- 어디**든지** 사는 것은 다 똑같다.

2. [‘~든지 ~든지 (간에)’의 꼴로 쓰여] ‘~이나 ~이나 가리지 않고’의 뜻.

예 ▪ 커피**든지** 홍차**든지** 마시고 싶은 대로 마셔라.
- 1년**이든지** 2년**이든지** 좀 쉬고 싶다.
- 종이**든지** 플라스틱이**든지** 무엇**이든지** 다 괜찮아.

이라고[1] 【“비가 오겠군.”**이라고** 말했다.】

조사 인용격 조사

예 “좋군.”**이라고**, “좋아.”**라고**

1. ☞ 라고[1](p. 256)

예 ▪ 선생님께서는 “비가 오겠군.”**이라고** 말씀하셨다.
- 영희는 “제가 뭐 그리 잘났담.”**이라고** 말하며 화를 냈다.
- 어머니는 아기에게 “이리 오렴.”**이라고** 말씀하셨다.

전참 1. 받침 있는 말로 끝나는 종결 어미가 적으므로 잘 쓰이지 않는다. 2. ‘이라’로 줄여 쓰기도 한다. 예 선생님께서 “비가 오겠군.”**이라** 말씀하셨다.

이라고[2] 【월급**이라고** 얼마 안 돼.】

『**이라고**는 받침 있는 말 뒤에, **라고**는 받침 없는 말 뒤에 붙어 쓰인다』

조사 보조사

예 수박**이라고**, 과일**이라고**, 사과**라고**

1. [얕잡아 보는 대상을 나타내는 말에 붙어] ‘~이라고 하지만’의 뜻.

예 ▪ 월급**이라고** 얼마 안 돼.
- 엄마**라고**, 원, 아이가 저렇게 아픈데도 병원에도 안 데려가다니…
- 이렇게 작은 것도 사과**라고** 원! 너무 작아서 먹을 것도 없구나.

2. [다른 것에 비하여 떨어지지 않음을 나타내는 말에

붙어] '~라고 하여도', '~일지라도'의 뜻.

예 ▪ 철수**라고** 다른 사람만 못하겠나?
▪ 선생님**이라고** 뭐 뾰족한 수 있겠니?
▪ 남자**라고** 별 수 있나?

2참 주로 의문문의 형식에 쓰이어 강조하는 것을 나타낸다.

이라도 【라면**이라도** 있으면 좋겠다.】

『**이라도**는 받침 있는 말 뒤에, **라도**는 받침 없 말 뒤에 붙어 쓰인다』

예 수박**이라도**, 과일**이라도**, 사과**라도**

조사 보조사

1. [썩 마음에 들지는 않으나 최소한의 선택임을 나타내는 말에 붙어] '썩 마음에 들지 않지만 그래도'의 뜻.

1참 관련어 이나마

예 ▪ 부엌에서 라면**이라도** 찾아보았지만 먹을 거라곤 없었다.
▪ 김밥**이라도** 사다 주려구 나갔다 온 모양이지.
▪ 미리 알았더라면 선물**이라도** 보냈을 텐데.
▪ 공부할 시간이 없으면 숙제**라도** 하세요.

2. [가장 심한 조건이나 정도를 나타내는 말에 붙어] 가능함 또는 불가능하는 것을 강조한다. '~이라고 하여도, 까지도 (상관하지 않고)'의 뜻.

예 ▪ 그는 돈이 된다면 도둑질**이라도** 마다하지 않을 거야.
▪ 네가 원한다면 미국**이라도** 데려다 주겠다.
▪ 이 문제는 천재**라도** 풀 수 없다.

3. ['아무, 언제, 어느'와 같은 말에 붙어] '~도 상관하지 않고/물론'의 뜻.

3참 관련어 이나

예 ▪ 이 차는 어느 곳**이라도** 다 갈 수 있을 것 같았다.
▪ 누구의 마음**이라도** 단번에 바꿀 수 있을 것 같았다.
▪ 아무런 곡**이라도** 좋으니 하나 불러 보아라.

4. ['이라도 ~ -듯'이나 '이라도 ~ -는 것처럼'의 꼴로 쓰여] '정말로 ~하는 것처럼'의 뜻.

4참 관련어 이나

예 ▪ 그들은 마치 약속**이라도** 한 듯 같이 나타났다.
▪ 그 소문을 증명**이라도** 해 주듯이 그들은 다정한 모습으로 나타났다.

- 그는 맛있는 음식**이라도** 먹은 것처럼 입맛을 다셨다.
- 뼈**라도** 부러진 것 같이 온몸이 아팠다.

5. ['~이라도 ~ -는지'의 꼴로 어떤 불확실한 사실에 대한 말하는이의 의심을 나타내는 말에 붙어] '~을 혹시라도 ~하는지'의 뜻.

예 ▪ 그들은 흉**이라도** 보는지 작은 목소리로 얘기했다.
- 술**이라도** 마셨는지 얼굴이 빨갰다.

6. [부사 뒤에 붙어 쓰여] 그 의미를 강조하여 나타낸다.

예 ▪ 그녀는 금방**이라도** 울 것 같았다.
- 저희는 내일**이라도** 떠날 준비가 돼 있어요.
- 잠시**라도** 잊을 수 없다.

6참 시간을 나타내는 말에 붙어 쓰인다.

예 ▪ 한 발자국**이라도** 물러설 수 없다.
- 딱 한 번만**이라도** 좋으니까 이겨 보게 해 달라고 빌었지.
- 한 살**이라도** 더 먹기 전에 시작해야죠.

6참 '한 번', '한 발자국'과 같이 최소한의 수량을 나타내는 말에 붙어 쓰인다.

예 ▪ 행여**라도** 이 돈을 내게 돌려줄 생각은 말아라.
- 혹시**라도** 네가 못 오게 되면 꼭 연락을 해라.
- 만일**이라도** 비가 오면 오지 마.

6참 '행여, 만일, 혹시' 등 가정을 나타내는 말에 붙어 쓰인다.

7. ['-고, -어(서), -기' 등의 어미에 붙어] '최소한 그렇게/그런 방식으로 함'의 뜻. 다른 것보다는 마음에 들지 않으나, 그것이나마 한다는 뜻을 나타낸다.

7참 관련어 이나

예 ▪ 사지는 않더라도, 먹어**라도** 보아라.
- 뛸 수 없으면 걷기**라도** 해라.
- 앉아 갈 수 없으면 서서**라도** 가야지.

이라면 【한국말**이라면** 내가 최고다.】

『**이라면**은 받침 있는 말 뒤에, **라면**은 받침 없는 말 뒤에 붙어 쓰인다』

예 한국말**이라면**, 영어**라면**

조사 보조사

1. 이야기에서 처음으로 지적되어 떠오른 대상을 가리

키는 뜻을 나타낸다.
예 ▪ 한국말**이라면** 다나까 씨를 따를 사람이 없다.
▪ 여름**이라면** 역시 삼계탕을 먹어야지.
▪ 낚시**라면** 김 선생님을 따라갈 사람이 없다.
▪ 영어**라면** 우리 반에서 은정이가 제일 잘하지.
▪ 김치**라면** 역시 김장김치가 제일 맛있다.

이라야 【옷**이라야** 이것뿐이다.】

『**이라야**는 받침 있는 말 뒤에, **라야**는 받침 없는 말 뒤에 붙어 쓰인다』

예 옷**이라야**, 치마**라야**

조사 보조사

1. [대수롭지 않게 여기는 대상을 나타내는 말에 붙어] '~은 기껏해서, ~이라고는'의 뜻.
예 ▪ 큰아버지 재산**이라야** 집 한 채가 전부다.
▪ 옷**이라야** 입고 있는 것 한두 가지가 전부였다.
▪ 짐**이라야** 뭐 있나.

1참 [이래야]로 발음하기도 한다.
관련어 이야

2. 어떤 것을 들어 말하면서 꼭 그것임을 지정하여 말하는 것을 나타낸다. '~만, ~만이'의 뜻.
예 ▪ 우리 나라는 유월 장마**라야** 풍년이 든답니다.
▪ 네 동생**이라야** 그 일을 해 낼 수 있겠다.
▪ 성공을 꼭 서울에서**라야** 할 수 있는 것은 아니다.

2참 '에서라야', '로라야'의 꼴로 쓰이기도 한다.

이란[1] 【사랑**이란**~】

『**이란**은 받침 있는 말 뒤에, **란**은 받침 없는 말 뒤에 붙어 쓰인다』

예 인생**이란**, 공부**란**

조사 보조사

1. [일반적인 설명의 대상을 나타내는 말에 붙어] 그 대상을 특별히 화제로 삼아 설명하는 것을 나타낸다. '~는 (일반적으로/모름지기)'의 뜻.
예 ▪ 사랑**이란** 두 사람 사이의 신뢰와 애정을 바탕으로 하는 것이다.

관련어 는
1참 1. '이란' 다음에 보통 잠깐 쉬었다가 말을 한다. 2. 주로 '~란 ~을 말한다'의 꼴로 단어의 뜻을 정의할 때 쓰인다.

- 한자말**이란** 원래 중국어야.
- 가격**이란** 상품의 값어치를 돈으로 표시한 것이다.

2. [일반적인 현상이나 이치, 원칙과 같은 것을 설명하는 것을 나타내는 말에 붙어] 어떤 대상을 지적하여 강조하는 것을 나타낸다. '~는 (일반적으로/흔히)'의 뜻.

2참 흔히 '법이다', '마련이다'와 같은 말과 함께 쓰인다.

예 ▪ 사람**이란** 위급할 땐 다 그렇게 생각하는 법이다.
- 동물**이란** 은혜를 원수로 갚기 마련이다.
- 돈**이란** 쓰면 쓸수록 더 벌게 돼 있어요.

이란2 【자가용**이란** 자가용은】

『**이란**은 받침 있는 말 뒤에, **란**은 받침 없는 말 뒤에 붙어 쓰인다』

조사 '~이란 ~는'의 꼴로 쓰인다.

예 아내**란** 아내는, 남편**이란** 남편은

1. [특별히 지정하여 말하는 대상에 붙어] '~라고 하는 것은 모두'의 뜻.

전참 1. '~'에는 같은 명사가 쓰인다. 2. 뒤에는 '전부, 모두, 다'와 같이 앞의 것을 모두 아우르는 말이 쓰인다.

예 ▪ 여기서는 택시**란** 택시는 전부 콜택시뿐이에요.
- 버스의 창**이란** 창은 모두 닫혀 있었다.
- 냄새**란** 냄새는 전부 이곳에서 나는 것 같았다.

이랑 【밥**이랑** 국**이랑**】

『**이랑**은 받침 있는 말 뒤에, **랑**은 받침 없는 말 뒤에 붙어 쓰인다』

조사 접속 조사

예 과일**이랑**, 사과**랑**

1. [비슷한 대상을 나타내는 연이은 여러 말들에 붙어] '~도 ~도 같이'의 뜻.

관련어 과, 하고

전참 1. '이랑'은 '과/하고'와 의미가 같지만, '과/하고'에 비해 입말에 주로 쓰인다. 또 더 친숙한 의미를 나타내기도 하고 아이들의 말에 많이 쓰인다. 2. '과'와는 달리 연결되는 마지막 말에도 '랑'이 쓰일 수 있다.

예 ▪ 삼계탕 끓이려면 닭**이랑** 인삼 같은 게 필요해요.
- 돈**이랑** 안경**이랑** 주민등록증 그런 거를 다 잃어버렸어요.
- 자, 발이**랑** 얼굴**이랑** 씻자.
- 마른안주**랑** 오징어 따위를 접시에 쏟았다.
- 찌개**랑** 밥**이랑** 잔뜩 먹었어요.

조사 부사격 조사

부사어를 나타낸다

1. 어떤 행동을 함께 하는 대상임을 나타낸다. 상호성의 뜻.

예 ▪ 엄마**랑** 음식을 만들었어요.
▪ 친구들**이랑** 농구를 하다가 다쳤어요.

2. 상대로 하는 대상임을 나타낸다. '~와 서로'의 뜻.

예 ▪ 현주**랑** 상진 씨**랑** 싸웠나 봐.
▪ 진수는 영화배우**랑** 결혼한대.

3. 어떠한 관계에 있는 대상임을 나타낸다.

예 ▪ 네 딸이 너**랑** 많이 닮았어.
▪ 우리**랑** 친하게 지냅시다.

4. 비교의 대상이나 기준으로 삼는 대상임을 나타낸다.

예 ▪ 우리가 배운 거**랑** 똑같구나.
▪ 유미 엄마**랑** 비교되는 게 싫어요.

예 ▪ 나**랑** 잘 어울리는 남자 친구.
▪ 커피**랑** 잘 어울리는 케이크를 만들어요.

이며 【눈**이며** 코**며**】

『**이며**는 받침 있는 말 뒤에, **며**는 받침 없는 말 뒤에 붙어 쓰인다』

예 떡**이며**, 과자**며**

조사 접속 조사

1. ['~이며 ~이며'와 같이 반복의 꼴로, 비슷한 여러 사물을 나타내는 말들에 붙어] '~과 ~과 ~따위가'의 뜻.

예 ▪ 폭우로 논**이며** 밭**이며** 집**이며** 모두가 물에 잠겼다.
▪ 옷**이며** 세면도구 따위를 가지고 오세요.

비슷 하며

전참 뒤에는 '모두, 전부, 다'와 같이 앞의 것을 모두 아우르는 말이 쓰인다.

이면 【운동**이면** 운동】

『**이면**은 받침 있는 말 뒤에, **면**은 받침 없는 말 뒤에 붙어 쓰인다』

예 운동**이면** 운동, 공부**면** 공부

조사 '~이면 ~'의 꼴로 쓰인다.

1. 어떤 것을 지정하여 예를 들어 말할 때 사용한다.

예 ▪ 영하는 공부**면** 공부, 운동**이면** 운동, 못 하는 게 없다.

전참 '~면 ~'에 같은 명사가 쓰인다.

도움말

조사 '이면'과 어미 '-면'의 구별:

조사 '이면'과 이른바 서술격 조사 '이다'에 활용형 어미 '-면'이 붙은 것과는 다르다. 아래 예(1, 2)의 '이면'은 '이다'와 가정을 나타내는 어미 '-면'이 쓰인 것이다.

예 1: 사람이**면** 나서고 귀신이**면** 썩 물러가라.(참고: 당신이 사람이다)

예 2: 남자**면** 남자답게 행동해라.(참고: 당신이 남자다)

이야 【당신**이야** 물론 예쁘지.】

『**이야**는 받침 있는 말 뒤에, **야**는 받침 없는 말 뒤에 붙어 쓰인다』

예 라면**이야**, 커피**야**

조사 **보조사**

1. [대조가 되는 말을 강조하기 위해 그 말에 붙어 쓰여] '(다른 사람은 몰라도, 다른 것은 몰라도) ~는'의 뜻.

1참 '물론, 당연히'의 뜻을 더해 준다.

관련어 는

예 ▪ 밥**이야** 먹지만 생활의 여유라곤 전혀 없다.
▪ 너**야** 물론 누구나 좋아하지.

2. [대수롭지 않은 대상을 나타내는 말에 붙어] '~은(대수롭지 않고, 별로 문제되지 않고)'의 뜻.

2참 1. '그까짓, 하찮은, 기껏' 등의 단어와 함께 쓰인다. 2. '쯤이야'의 꼴로 잘 쓰인다.

예 ▪ 그까짓 돈**이야** 벌면 되지.
▪ 재산**이야** 기껏 집 한 채가 전부다.

3. [시간 부사나 부사어에 붙어 그 때를 강조하여] '~에 이르러 비로소'의 뜻.

3참 '비로소, 겨우' 등의 부사와 함께 쓰이기도 한다.

예 ▪ 아침 일찍 떠났는데도, 저녁때**야** 겨우 도착할 수 있었다.
▪ 이제**야** 비로소 당신의 심정을 조금 알 것 같습니다.

4. [어미 '-고, -고서, -면, -어서' 등에 붙어] 조건을 강조하여 '드디어, 끝끝내'의 뜻.

4참 주로 수사 의문문과 같이 쓰인다.

관련어 는

예 ▪ 대답을 듣고서**야** 겨우 안심을 했다.
▪ 자네가 장님이 아니라면**야** 이젠 보일 테지.

이야말로 【남편**이야말로** 정말 친절하다.】

『**이야말로**는 받침 있는 말 뒤에, **야말로**는 받침 없는 말 뒤에 붙어 쓰인다』

예 남편**이야말로**, 아내**야말로**

조사 보조사

1. [강조의 대상이 되는 말에 붙어] 강조하여 확인하는 뜻을 나타낸다. '~는 참말로'의 뜻.

예 ▪ 스스로 배우고 깨우치는 것**이야말로** 진정한 앎이 된다.
▪ 그 책들**이야말로** 가장 확실한 사람의 흔적이었다.
▪ 공자**야말로** 이상적 존재의 상징이었다.

전참 1. '이야'로 바꿔 쓸 수 없다. 2. 강세가 놓인 조사 '가'로 바꾸어 쓸 수 있다. 예 공자**가** 이상적 존재의 상징이었다.

도움말

'이야말로'와 '이야'의 비교:
'이야말로'는 '이야'와 비슷한 뜻을 가지는 것으로 보이나 단순한 늘임꼴은 아니다. '이야'는 힘줌을 나타내는 대상과 다른 대상을 대조하는 의미를 나타낼 수 있으나, '이야말로'는 이런 의미를 가지지 않는다. 아래의 예문 1은 그가 '말'은 잘 하지만, '행동'으로 실천을 하지는 않는다는 등의 대조의 의미를 담고 있으며, 이를 '이야말로'로 바꿔 쓰면 어색하다. 예문 2에서와 같이 '이야말로'는 그 앞에 오는 말을 전적으로 지적하여 말하는 것을 나타낸다.

예 1: 그는 말**이야** 잘하지 (실천을 안 해서 그렇지).
예 2: 그 사람**이야말로** 진짜 좋은 사람이다.

이여 【신**이여**】

『**이여**는 받침 있는 말에, **여**는 받침 없는 말에 붙어 쓰인다』

예 신**이여**, 주**여**

조사 부르는 말에 붙어 쓰이는 조사

1. [이인칭의 높임의 대상을 나타내는 말에 붙어] 감탄하듯이 높여 부르는 뜻을 나타낸다.

전참 1. '아'의 높임말이고 '이사여'보다는 낮은 말. 2. 글말에 쓰인다.

예 ▪ 오, 우리를 다스리는 주**여**.

2. [이인칭 대상을 나타내는 말에 붙어] 높여 부르는 뜻보다는 시적으로 표현하여 부르거나 웅변조로 부르는 뜻을 나타낸다. '~아'의 뜻.

예 ▪ 독자들**이여**, 행간을 읽으라.

–자[1] 【수영하러 가**자**.】

『동사와 동사처럼 쓰이는 몇몇 형용사 뒤에 쓰인다』

어미 종결 어미

말아주낮춤 할아버지가 아이에게

예 가**자**, 먹**자**, 성실하**자**

1. 상대방에게 하는 말임

관련어 –자꾸나

전참 입말에 쓰인다.

1. [동사에 쓰여] 서로 함께 하기를 권유하는 것을 나타낸다.

예 ▪ 수영하러 가**자**.
▪ 진수야, 일어나서 아침밥 먹**자**.
▪ 우리 그런 얘기는 그만하**자**!
▪ 기분 좋게 술이나 마시**자**!

2. [일부 형용사에 쓰여] 그러할 것을 권유하는 것을 나타낸다.

2참 이러한 형용사에 '냉정하자, 부지런하자' 등이 있다.

예 ▪ 우리 서로에게 더 성실하**자**.
▪ 우리 모두 좀 더 침착하**자**.

3. 상대방의 요청이나 요구를 승낙하는 것을 나타낸다.

예 ▪ 영숙: 엄마, 지금 놀이터에 나가면 안 돼요?
엄마: 그래, 그러**자**.
▪ 유미: 우리 그림 그릴까? 미선: 그래, 그렇게 하**자**.

4. 듣는이에게 그렇게 할 것을 요구하는 것을 나타낸다.

예 ▪ 대성아, 너 잠깐 나 좀 보**자**.
▪ 좀 천천히 읽**자**.
▪ 좀 조용히 하**자**. 수업 시간인데.

5. 말하는이가 그렇게 할 것을 듣는이의 양해를 얻고자 할 때 쓰인다.

예 ▪ 나도 좀 마시**자**.
▪ 나 좀 내리**자**.

6. [주로 글말에서] 그렇게 할 것을 미리 알려 주는 것을 나타낸다.

예 ▪ 단데의 꿈을 잠깐 분석해 보**자**.
▪ 하나의 예를 들어 보**자**.
▪ 우선 농축산물 수입 개방에 대해서 살펴보**자**.

2. 혼잣말에 쓰인다

1. 말하는이 자신의 다짐이나 결심, 의도를 나타낸다.

예 ▪ 어디 두고 보**자**. 내 이 녀석을 가만두지 않을 테다.
▪ 너 두고 보**자**, 얼마나 잘 사나.

1참 '-읍시다' 등 높임말의 쓰임이 없다.

2. 말하는이가 자신의 생각을 끌어내기 위해 시간을 가지려고 할 때 쓰인다.

예 ▪ 어디 보**자**, 내가 그걸 어디다 두었더라.
▪ 가만 있**자**, 오늘이 몇 일이지?

–자[2] 【까마귀 날**자**~】

『동사와 '이다' 뒤에 쓰인다』

어미 연결 어미

예 가**자**, 먹**자**, 학생이**자**

1. [동사에 쓰여] 앞의 행동이 끝난 후 곧바로 뒤의 행동이 시작되는 것을 나타낸다.

예 ▪ 까마귀 날**자** 배 떨어진다.
▪ 집을 막 나오**자** 비가 오기 시작했다.
▪ 내가 그 사람 흉을 보기 시작하**자** 그가 방안에 들어서는 거야.

전참 뒤에는 명령문이나 청유문은 올 수 없다.
1참 앞의 사실과 뒤의 사실이 시간상 가깝고 원인·결과 관계를 나타내는 경우에 쓰인다.
비슷 –자마자

2. 앞의 행동이나 상태가 진행되어 그것이 뒤에 오는 사실의 원인이나 동기가 되는 것을 나타낸다.

예 ▪ 그가 이 소문을 내**자** 사람들은 그대로 믿어 버렸다.
▪ 이처럼 사회와 문화가 급속히 발달해 가**자** 사람들의 생활 수준도 높아지기 시작하였다.
▪ 그러한 논의가 일**자** 그는 이것을 반대하였다.

3. [‘이다’에 쓰여] 어떤 대상이 두 가지 특징을 동시에 가지고 있음을 나타낸다.

예 ▪ 이건 우리들의 생각이**자** 선생님의 뜻이기도 합니다.
▪ 그들에게 있어서 진정한 고향이**자** 활동 무대는 바다였다.
▪ 거실이란 어린이들의 놀이 공간이**자** 주부들의 취미 생활이 이루어지는 장소이다.

3참 앞과 뒤에 오는 두 가지 특징을 같은 자격으로 이어 준다.

4. [‘–자 하니(까)’의 꼴로 관용적으로 쓰여] 이를 근거로 다음 내용을 말하는 것을 나타낸다. ‘–아 하니’, ‘–니까’의 뜻.

예 ▪ 가만히 보**자** 하니 돈이 없는 모양이야.
▪ 내 보**자** 하니 젊은이의 얼굴에는 걱정이 가득 차 있어.
▪ 듣**자** 하니 이번에 복권 당첨됐다면서.
▪ 눈치를 보**자** 하니 싫지는 않은가 봐.

4참 관련어 –자 하니

5. [‘보자 보자 하니/하니까’나 ‘듣자 듣자 하니/하니까’와 같이 반복하는 꼴로 관용적으로 쓰여] 어떠한 상황을 양보하여 참으려 해도 그것이 도에 지나침을 빗대어 나타낸다.

예 ▪ 보**자** 보**자** 하니까, 별놈이 다 있어!
▪ 이 친구, 보**자** 보**자** 하니까 너무한데?
▪ 이 사람이 정말! 듣**자** 듣**자** 하니까 겁도 없이 까부네.

5참 주로 뒤의 내용이 말하는이의 마음에 들지 않음을 나타내는 표현과 함께 쓰인다.

–자[3] 【바다로 가**자**~】

『동사 뒤에 쓰인다』

어미 인용을 나타내는 어미

예 가**자**, 먹**자**

1. 제안하는 내용으로 표현된 내용을 간접적으로 옮기는 것을 나타낸다.

예 ▪ 진수가 뭐래?
3시쯤 가**자** 하는데.
▪ 유미가 뭐라니?

관련어 –다, –냐, –라~
본말 –자고
전참 ‘가자고 해’가 ‘가재’로 축약되어 쓰이는 등 ‘–자고 해’가 ‘–재’로 축약되어 쓰인다.

내일 만나**자** 그러네.

2. [‘–자 하–’의 꼴로 쓰여] ‘–려고’의 뜻.

예 ▪ 버리**자** 하니 아깝고 먹**자** 하니 먹을 게 없다.
▪ 씻**자** 하니 물이 안 나온다.

3. ‘–도록’의 뜻.

예 ▪ 죽**자** 일을 해도 밥벌이가 안 된다.
▪ 귀한 딸이 죽**자** 좋아하는 사람이니 한 번 만나 봅시다.
▪ 죽**자** 살**자** 일해 봐야 형편이 나아지질 않는다.

2참 ‘–려고’로 바꿔 쓸 수 있다. 예 버리**려고** 하니 아깝다.

3참 1. ‘죽자’, ‘죽자 살자’의 꼴로만 쓰인다. 2. ‘–도록’으로 바꿔 쓸 수 있다. 예 죽**도록** 일을 해도 밥벌이가 안 된다.

–자고[1] 【그만 가 보**자고**.】

『동사 뒤에 쓰인다』

어미 종결 어미

친한사이 말낮춤 친구에게

예 가**자고**, 먹**자고**

1. [동사와 몇몇 형용사에 쓰여] 서로 함께 하기를 권유하는 것을 나타낸다.

예 ▪ 이제 그만 가 보**자고**.
▪ 우리 산책이나 가**자고**.
▪ 비디오나 빌려다 보**자고**.

예 ▪ 자, 좀 조용하**자고**.
▪ 이럴 때일수록 우리 모두 침착하**자고**.

2. 상대방의 요청이나 요구를 승낙하는 것을 나타낸다.

예 ▪ 그래 영화나 보**자고**.
▪ 그러**자고**.
▪ 그래, 술이나 한 잔 마시**자고**.

3. 듣는이에게 그렇게 할 것을 요구하는 것을 나타낸다.

예 ▪ 여기 어린애들도 많은데, 거 담배 좀 그만 피우**자고**.
▪ 그 앞에 안 보이니까 좀 앉**자고**.

4. 말하는이가 그렇게 할 것을 듣는이의 양해를 얻고자 할 때 쓰인다.

관련어 –다고, –라고

존대 –자고요

전참 1. ‘–자’과 쓰임이 비슷하지만 항상 바꿔 쓸 수 있는 것은 아니며, 바꿔 쓸 수 있는 경우에도 ‘–자고’가 좀더 친밀한 느낌을 준다. 2. 입말에서 [자구]로 발음되기도 한다.

예 ▪ 나 좀 지나가**자고**.
▪ 나도 한 대 피워 보**자고**. 혼자만 피우지 말고.

5. 〔혼잣말에 쓰여〕 말하는이 자신의 다짐이나 결심, 의도를 나타낸다.

예 ▪ 두고 보**자고**. 제깟 놈이 어디까지 버티나.

6. 〔끝을 내리는 억양과 함께 쓰여〕 말하는이가 예상했던 것과 사실이 어긋남에 대해 말하는 것을 나타낸다.

예 ▪ 휴, 난 또 나랑 결혼하**자고**.
▪ 난 또 유미가 같이 가**자고**.

7. 〔올리는 억양과 함께 쓰여〕 상대방에게 들은 사실을 반복하여 말하면서 확인하여 물어 보는 뜻을 나타낸다.

예 ▪ 뭐, 철수를 만나러 같이 가**자고**?
▪ 같이 공부하**자고**? 네가 웬일이니?
▪ 한밤중에 산책을 가**자고**?

-자고² 【너 좀 보**자고**~】

『동사 뒤에 쓰인다』

어미 인용을 나타내는 어미

예 가**자고**, 먹**자고**

1. 제안하는 내용으로 표현된 내용을 간접적으로 옮기는 것을 나타낸다.

예 ▪ 네 고모가 저녁에 너 좀 보**자고** 하더구나.
▪ 미선: 밥 먹으러 가자. 대성: 유미야, 미선이가 뭐라고 하니? 유미: 밥 먹으러 가**자고** 하는데.
▪ 대성: 언제 술 한잔 합시다. 진수: 뭐라고 했어요? 대성: 언제 술 한잔 하**자고** 했어요.
▪ 그러니까 함께 가**자고** 했잖아.

관련어 -다고, -냐고, -라고

준말 -자

전참 '가자고 해'가 '가재'로 축약되어 쓰이는 등 '-자고 해'가 '-재'로 축약되어 쓰인다.

2. 〔제안하는 내용절을 요구하는 일부 동사 앞에 쓰여〕 누가 무엇을 어찌할 때, '무엇을'에 해당하는 것을 나타낸다. '-ㄹ 것을'의 뜻.

예 ▪ 그녀는 그에게 체스를 한 판 두**자고** 제안했다.
▪ 제인 씨가 같이 영화를 보**자고** 말했습니다.

2참 '-자'의 꼴로는 쓰이지 않는다. 예 체스를 한 판 두자 제안했다.(×)

▪ 언젠가는 반드시 알아내**자고** 굳게 결심했다.

3. [‘-자고 들다/하다’로 쓰여] 누가 무엇을 어찌할 때, ‘무엇을’에 해당하는 내용절을 나타낸다. ‘-려고’의 뜻.

예 ▪ 회사에서 직원들이 수련회를 가**자고** 하면 가는 것이 좋다.
▪ 확인하**자고** 들면 못할 것도 없지요.
▪ 이는 나를 잡아가**자고** 하는 수작이 아니냐.

도움말

간접 인용의 ‘-자고’:

1. 어떠한 말을 간접적으로 옮겨 말할 때, 제안하는 내용의 말은 화계나 어미의 꼴에 상관없이 모두 ‘-자’의 꼴로 되고, 이에 인용을 나타내는 조사 ‘고’가 붙어 ‘-자고’의 꼴로 사용된다.
   예 1: A: 내일 시장에 **가요**. B: 뭐라고 해요?
   C: 내일 시장에 가**자고** 해요.
   예 2: A: 우리는 오늘 **갑시다**. B: 뭐라고 해요?
   C: 우리는 오늘 가**자고** 해요.
2. 제안하거나 청유하는 내용을 간접적으로 옮겨 말하는 것을 나타내는 인용의 어미 ‘-자고’는 ‘-자’로 줄여 쓰기도 한다.
   예 3: 바다로 가**자고** 하는 걸 내가 반대했다.
   → 바다로 가**자** 하는 걸 내가 반대했다.

-자고 들다 【하**자고 들면** 뭔들 못하겠나.】

관용구

예 하자고 들다

1. ‘앞말이 뜻하는 행동을 애써서 적극적으로 하려고 하다’의 뜻.

예 ▪ 그런 일을 하**자고 들면** 누구는 못 하겠니?
▪ 쉬운 일만 골라서 하**자고 들다간** 천벌 받을 줄 알아라.
▪ 의심쩍은 눈길로 김 선생이 선영에게 확인하**자고 들었다**.

관련어 -기로 들다, -려고 들다

전참 말하는이는 이러한 사실에 대해 부정적으로 생각하는 것을 나타내기도 한다.

–자꾸나 【여행을 가**자꾸나.**】

『동사 뒤에 쓰인다』

[어미] 종결 어미

[말아주낮춤] 할아버지가 아이에게

예 가**자꾸나**, 먹**자꾸나**

1. 친근하게 서로 함께 하기를 권유하는 것을 나타낸다.

예 ▪ 나랑 같이 여행을 가**자꾸나**.
▪ 때가 되면 집으로 가**자꾸나**.
▪ 이젠 그만 일어서**자꾸나**.
▪ 우리도 노력해 보**자꾸나**.

2. 상대방의 요청이나 요구를 승낙하는 것을 나타낸다.

예 ▪ 그럼, 좋도록 하**자꾸나**. 나야 상관 없으니.
▪ 그래 그럼 더 기다리지 말도록 하**자꾸나**.

3. 듣는이에게 그렇게 할 것을 친근하게 요구하는 것을 나타낸다.

예 ▪ 대성아, 너 잠깐 나 좀 보**자꾸나**.
▪ 좀 천천히 읽**자꾸나**.

4. 말하는이가 그렇게 할 것을 듣는이의 양해를 얻고자 할 때 친근하게 말하는 것을 나타낸다.

예 ▪ 나도 좀 마시**자꾸나**.
▪ 아가야, 이 할미 좀 내리**자꾸나**.

[관련어] –자

[전참] 1. 보통 어른이 아이들에게 하는 입말에 쓰인다.
2. '–자'보다 더 친근한 느낌을 준다.

–자니요 【집에 가**자니요?**】

『동사 뒤에 쓰인다』

[어미] 종결 어미

[친한사이 말높임] 선배, 어른에게

예 가**자니요**, 먹**자니요**

1. 어떤 사람이 제안한 내용에 대하여, 의심스럽거나 뜻밖의 사실로 느껴 놀라거나 그러하여 다시 물어보는 것을 나타낸다.

예 ▪ 집에 가**자니요**?
▪ 돌아가**자니요**? 지금이 몇 신데요?

[전참] 1. 입말에 쓰인다.
2. 뒷문장에는 의외라는 듯이 묻는 내용이 오는데, 이 때에는 주로 상승조의 억양과 함께 쓰인다.

- 대성: 결혼합시다. 유미: 결혼하**자니요**? 누구하고 말이에요?

–자마자 【쥐를 보**자마자**~】

『동사 뒤에 쓰인다』

어미 연결 어미

예 가**자마자**, 먹**자마자**

1. 앞의 행동이 진행되는 순간과 뒤의 행동이 일어나는 순간이 거의 동시적인 상태에 있음을 나타낸다.

예
- 고양이는 쥐를 보**자마자** 야옹 하고 울었습니다.
- 이 향수는 시중에 나오**자마자** 곧 선풍적인 인기를 모으고 있습니다.
- 회사에 도착하**자마자** 전화했는데 안 들어왔대.
- 먼지가 묻**자마자** 닦아 버리면 깨끗합니다.

예
- 그는 아내가 죽**자마자** 다른 사람하고 결혼했다.
- 결혼하**자마자** 애를 낳았어요.

비슷 –자, –는대로

전참 '–자'의 의미 항목 1과 동일한 의미이나, 앞의 사실과 뒤에 오는 사실의 시간적인 차이가 더 적을 때 '–자마자'를 쓰는 경향이 있다.

도움말

'–자마자'와 '–는 대로'의 비교:
'–는 대로'는 앞의 행위가 일어나고 그것이 유지되는 가운데 그와 관련된 뒤에 오는 행위가 비교적 관련이 없는 상태에서 우연히 같이 발생하는 것을 나타낸다.

예1: 집밖을 나서**자마자** 비가 내리기 시작했다.(○)
예2: 집밖을 나서는 **대로** 비가 내리기 시작했다.(×)

–자 하니 【듣**자 하니**~】

관용구

예 듣**자 하니**, 보**자 하니**

1. [‘듣다, 보다’와 같이 쓰여] 이야기되는 내용의 근거를 나타낸다.

예
- 듣**자 하니** 너 건방지기 짝이 없구나.
- 보**자 하니** 너 못하는 말이 없구나.

–잔 말이다 【좀더 기다려 보**잔 말이다.**】

관용구

1. 청유하거나 권유하는 자신의 말을 강하게 주장하는 것을 나타낸다.

예 ▪ 좀더 기다려 보**잔 말이야**.
▪ 찬찬히 잘잘못을 따져 보**잔 말이야**.
▪ 파출소로 가**잔 말이다**.

예 가**잔 말이다**, 먹**잔 말이다**

전참 1. 입말에 쓰인다. 2. 이 때의 '-잔'은 '-자는'으로 바꿔 쓸 수 없다.

–잖아 【비가 오**잖아.**】

관용구

1. 말하는이가 듣는이에게 자신의 말이 맞지 않느냐고 상기시키면서 핀잔하듯이 말하는 것을 나타낸다.

예 ▪ 내가 아까 말했**잖아**.
▪ 선생님은 벌써 집에 가셨**잖아**.
▪ 아직도 비가 오**잖아요**.
▪ 제가 어제 이야기했**잖아요**.
▪ 이건 너무 힘들**잖아요**.
▪ 내가 그랬**잖아요**. 그거 보기보다 어려울 거라고.

예 가**잖아**, 비싸**잖아**, 먹**잖아**, 좋**잖아**, 갔**잖아**

존대 –잖아요

전참 '-지 않아/-지 않아요'의 준꼴

–재 【너도 같이 가**재.**】

『동사 뒤에 쓰인다』

준꼴(종결의 기능)

친한사이 말낮춤 친구에게

예 가**재**, 살**재**(살다), 먹**재**

'-자고 해'의 준꼴

1. 권유하는 내용을 다시 인용하여 전달하는 것을 나타낸다.

예 ▪ 너도 같이 가**재**.
▪ 누나가 같이 밥 먹**재**.
▪ 아빠가 내일 등산가**재**.
▪ 다음 일요일에 같이 어디 가**재**.

2. 들어서 이미 알고 있는 권유의 내용을 물어 볼 때

관련어 –대, –내, –래

존대 –재요

전참 입말에 쓰인다.

사용한다.

예 ▪ 나도 같이 가**재**?
▪ 언제 같이 밥 먹**재**?

–재요 【같이 걸어가**재요.**】

『동사 뒤에 쓰인다』
준꼴(종결의 기능)
친한사이 말높임 선배, 어른에게

예 가**재요**, 먹**재요**
'–자고 해요'의 준꼴

1. 권유나 제안하는 내용을 다시 인용하여 전달하는 것을 나타낸다.

예 ▪ 집사람이 같이 걸어가**재요**.
▪ 같이 나가**재요**.
▪ 의사 선생님이 좀 보**재요**.

2. 들어서 이미 알고 있는 권유의 내용을 물어 볼 때 사용한다.

예 ▪ 저도 같이 가**재요**?
▪ 언제 같이 밥 먹**재요**?

관련어 –대요, –내요, –래요
전참 입말에 쓰인다.

조차 【아내**조차** 몰라본다.】

『받침이 있든 없든 **조차**가 쓰인다』
조사 보조사

예 아내**조차**, 남편**조차**

1. [부정의 뜻을 나타내는 문장에 쓰여, 가장 쉽다고 생각되는 것을 나타내는 말에 붙어] '~도, ~마저도 (할/될 수 없어)'의 뜻.

예 ▪ 환자들은 물**조차** 마시지 못하고 있었다.
▪ 침**조차** 삼킬 수 없을 정도로 목이 부었다.
▪ 너무 바쁜 날은 쉬기는커녕 식사**조차** 못할 때도 있다.

2. [긍정의 뜻을 나타내는 문장에 쓰여] '~도, ~마저, ~까지 (할/될 수 있어)'의 뜻.

예 ▪ 땅을 기어가는 한 마리의 벌레**조차** 모두 정다웠다.

비슷 도, 까지, 마저
전참 흔히 '~은 고사하고', '~은 물론이고', '~뿐 아니라', '~은커녕' 등의 뒤에 쓰인다. 예 밥은 고사하고 물**조차** 마시지 못한다./밥은 물론이고 물조차 ~

- 그 일을 하자면 목숨**조차** 바쳐야 할지도 모른다.
- 진열대의 물건**조차** 먼지가 쌓여 있는 형편이었다.

3. 극단의 상황을 부정함으로써 부정을 강조한다.

예 ▪ 햇빛이 너무 환해 눈**조차** 제대로 뜰 수 없었다.
- 그 곳에서는 상상**조차** 할 수 없었던 일들이 벌어지고 있었다.
- 이런 건 애초부터 생각**조차** 하지 않는 게 좋아요.

도움말

'까지'와 '조차'의 구별:
1. '까지'와는 달리, '조차'의 경우에는 말하는이의 심리적 태도가 나타난다.
   예 1: 그는 국어**조차** 못 한다.(말하는이가 국어가 가장 쉬운 것이라 생각하는 경우에 씀)
   예 2: 그는 국어**까지** 못 한다.(말하는이가 어떠한 것을 전제하거나 하지 않음)
2. 부정적인 의미를 나타낼 때 '조차'는 주로 부정문에, '마저'와 '까지'는 긍정문과 부정문에 모두 쓰인다.
   예 1: 눈이 오는데 바람조차 부네요.(??)
   바람마저 부네요.(○)/바람까지 부네요.(○)
   예 2: 이렇게 더운데 비조차 안 오네요.(○)
   비마저 안 오네요.(○)/비까지 안 오네요.(○)

–죠 【감기엔 쉬는 게 최고**죠.**】

『동사와 형용사, '이다', 그리고 '-았-', '-겠-' 뒤에 쓰인다』

어미 종결 어미

친한사이 말높임 선배, 어른에게

예 가**죠**, 살**죠**(살다), 비싸**죠**, 먹**죠**, 좋**죠**, 학생이**죠**, 학생이 아니**죠**, 잡았**죠**, 잡겠**죠**

1. [서술문에서] 듣는이도 알고 있는 사실을 재확인시키거나 자신의 이야기를 상대방에게 다소 친근하게 말하는 것을 나타낸다.

본말 –지요

전참 '-지요'처럼 점잖지는 않으나 친근하게 말하는 입말에서 많이 쓰인다.

예 ▪ 감기엔 쉬는 게 최고**죠**.
- 그는 참 감수성이 예민한 학생이**죠**.

예 ▪ 애들이 다 그렇**죠**, 뭐.

- 그 사진을 보면서 생각을 했**죠**.
- 나는 몇 번이고 중얼대곤 했었**죠**.

2. [의문문에서] 말하는이가 이미 알고 있으나, 다시 확인할 때, 또는 상대방에게 친근하게 물어 보는 뜻을 나타낸다.

예 ▪ 날씨가 꽤 춥**죠**?
- 유미 씨, 지금 퇴근하나 보**죠**?
- 부모님과 함께 사시**죠**?

예 ▪ 왜 아무도 안 오**죠**?
- 언제 하기로 하셨**죠**?
- 이게 얼마**죠**?

3. 상대방에게 동의를 표시하거나 동의를 구하거나 할 때 쓰인다.

예 ▪ 선생님께서 좋을 대로 하시**죠**.
- 오늘 날씨가 어제보다 따뜻하**죠**?
- 우리 영숙이가 노래를 곧잘 부르는 편이**죠**?

4. [주로 '–겠–'과 같이 쓰여] 짐작하는 것을 나타낸다.

예 ▪ 그 분은 이 편지 벌써 읽으셨겠**죠**?
- 우표는 우체국에서 팔겠**죠**?
- 휴식을 취하는 거겠**죠**.

5. [청유문이나 명령문에 쓰여] 함께 하기를 권유하거나 의견을 제시하는 것을 나타낸다.

5참 동사의 어간 뒤에만 쓰인다.

예 ▪ 저하고 같이 가시**죠**.
- 빨리 한 잔 마시고 가시**죠**.
- 영화 구경이나 같이 가시**죠**.
- 축하주 한 잔 사셔야**죠**.

–지[1] 【날씨가 좋**지.**】

『동사, 형용사와 '이다', '–았–', '–겠–' 뒤에 쓰인다』

어미 종결 어미

친한사이 말높임 친구에게

예 가**지**, 비싸**지**, 먹**지**, 좋**지**, 학생이**지**, 학생이 아니**지**, 잡았**지**, 잡겠**지**

1. 서술문이나 의문문에 쓰인다

1. 〔서술문에서〕 듣는이도 알고 있는 사실을 재확인시키거나 자신의 이야기를 상대방에게 다정하게 말하는 것을 나타낸다.

예 ▪ 이불은 빨래하기가 힘들**지**.
▪ 너는 이 아비를 몇 번이나 속였**지**.
▪ 그는 이름난 효자**지**.
▪ 너는 어릴 때, 참 예뻤**지**.

예 ▪ 바로 그 선생님이 나에게 한국말을 가르치셨**지**.
▪ 옛날 옛날에, 한 나무꾼이 살았**지**.

존대 -지요
전참 입말에 쓰인다.
1참 '-았-, -겠-' 뒤에도 쓰인다.
관련어 -아

2. 〔의문문에서〕 말하는이가 알고 있는 것을 확인하듯이 친근하게 물어 보는 뜻을 나타낸다.

예 ▪ 얘, 내가 방해된 것은 아니**지**?
▪ 정말 오래간만이**지**?
▪ 결혼하니까 행복하**지**?
▪ 얘야, 가방이 무겁**지**?
▪ 저기에 창문과 집이 보이**지**?

2참 '-지 않니'의 꼴로 쓰여 확인하는 의미를 더 강하게 나타내기도 한다. 예 결혼하니까 행복하**지** 않니?

3. 〔혼잣말로 쓰여〕 기정의 사실을 다시 한 번 확인하는 것을 나타낸다.

예 ▪ 오늘은 무슨 날씨가 이렇게 후텁지근하**지**?
▪ 내가 왜 고생을 또 사서 하**지**?
▪ 그러면 그렇**지**.
▪ 아 참, 나도 우산을 가지고 왔었**지**? 잊어버릴 뻔했네.

4. 〔의문문에서〕 상대방이 알고 있다고 생각하는 것을 물어보는 뜻을 나타낸다.

예 ▪ 얘, 부모님은 어디 계시**지**?
▪ 너 지금 몇 학년이**지**?
▪ 언제부터 방학이**지**?

4참 상대방에게 친근하게 하는 것을 나타낸다.

5. 상대방에게 동의를 표시하거나 동의를 구하거나 하는 것을 나타낸다.

예 ▪ 비가 너무 많이 왔**지**?

5참 관련어 -아

▪ 우리 나라에서는 제주도가 정말 좋**지**?

6. [서술문이나 의문문에서 주로 '-겠-'과 같이 쓰여] 짐작하는 것을 나타낸다.

예 ▪ 시간이 흐르다 보면 차차 잊혀지겠**지**.
▪ 곧 좋아지겠**지**.
▪ 언제고 장가는 가게 되겠**지**.
▪ 살아 있으면 만나겠**지**.

7. 말하는이가 상대방에게 자신의 의견을 제시하거나 제안하는 것을 나타낸다.

7참 관련어 -마

예 ▪ 그만 가**지**.
▪ 내가 내일은 너를 도와 주**지**.
▪ 내가 너 대신 그 곳에 가**지**.

8. [과거 일에 쓰여] 제안하거나 소망하는 것을 나타낸다.

예 ▪ 그렇게 불평하려면 당신이 가시**지**. 왜 안 가셨어요?
▪ 그 때 순이를 좀 도와 주**지**. 너는 왜 그렇게 무관심했니?

9. ['-시지'의 꼴로 쓰여] 듣는이에게 빈정대듯이 말하면서 어떤 행동을 이끌어낼 때 쓰인다.

예 ▪ 좋아, 어디 한번 해 보시**지**.
▪ 한번 덤벼 보시**지**, 누가 당하나 보게.

2. 명령문이나 청유문에 쓰인다

1. [명령문이나 청유문에 쓰여] 상대방의 행동이 꼭 일어나기를 바라면서 다지어 말하는 것이나 같이 할 것을 권유하는 것을 나타낸다.

1참 1. 동사의 어간에만 쓰인다. 2. '-지 그래'의 꼴로도 쓰인다. 예 내일 자네도 **오지 그래**.

예 ▪ 한 잔 더 시키**지**.
▪ 이제 그만 일어나**지**.
▪ 자네도 같이 먹**지**.

예 ▪ 오늘 저녁에 술 한 잔 하**지**.
▪ 우리 같이 가**지**.
▪ 자, 같이 시작하**지**.

도움말

1. '-지'와 '-구나'의 비교:

'-지'는 말하는이가 '이미 알고 있는' 사실임을 나타내는 데 반해, '-구나'는 말하는이가 '비로소 알게 된' 사실임을 나타낸다.

예 1: 채소가 많이 비싸**지**.

예 2: 채소가 많이 비싸**구나**.

예1은 채소가 많이 비싸다는 것을 이미 알고 있었음을 나타내는 데 반해, 예2는 채소가 비싸다는 말하는 순간 비로소 알게 되었음을 나타낸다.

2. '-지'와 '-아'의 비교: ☞ '-아'의 도움말(p. 339).

-지[2] 【면허증만 없**지** 운전 잘 해요.】

『동사와 형용사 뒤에 쓰인다』

어미 연결 어미

예 가**지**, 비싸**지**, 먹**지**, 좋**지**

1. 대등적 연결 어미

1. 서로 대조되는 앞의 사실과 뒤의 사실을 대등하게 이어 주는 것을 나타낸다.

예 ▪ 지금도 면허증만 없**지** 운전 잘 하잖아.
▪ 고구마 좀 사 오시**지** 그냥 왔어요?
▪ 죽은 자식 생각하면 가슴이 아프**지** 그럼 안 아프겠니?
▪ 할아버지, 젊은 일꾼들한테 시키시**지** 왜 직접 일을 하십니까?

2. 보조적 연결 어미

1. 용언의 어간과 보조 동사 '않다, 못하다, 말다'를 이어 주는 것을 나타낸다.

예 ▪ 오늘은 바쁘**지** 않습니다.
▪ 너무 걱정하**지** 마세요.
▪ 한국 생활이 힘들**지** 않아요?
▪ 이사하는 데 가 보**지** 못해서 미안하다.
▪ 아버지를 만나면 울**지** 말아야 한다.

1참 1. '-지' 앞에 '-시'를 제외한 선어말 어미가 올 수 없다. 2. '-지' 뒤에 보조사 '도'가 오기도 한다.

-지 그러다【좀 쉬지 그래요?】

관용구

1. [동사에 쓰여] 말하는이가 듣는이에게 자신의 의견을 완곡하게 제시하는 것을 나타낸다.

예 ▪ 피곤해 보이는데 좀 쉬**지 그래요**?
▪ 어디 여행이라도 다녀오**지 그래**요?
▪ 아파 보이는데 집에 가**지 그러세요**?

2. ['-지 그랬어요'의 꼴로 쓰여] 말하는이가 듣는이의 과거 행동에 대해 달리 했더라면 좋았을 거라고 말해 주는 것을 나타낸다.

예 ▪ 이혼을 하**지 그랬어요**?
▪ 유미를 만나**지 그랬어요**?
▪ 경영학을 전공하**지 그랬어요**?

예 가**지 그러다**, 먹**지 그러다**

전참 '-지 그래요/그럽니까' 등과 같이 의문문의 꼴로만 쓰인다.

-지마는【김치는 맵지마는 맛있어요.】

『동사, 형용사와 '-았-', '-겠-' 뒤에 쓰인다』

어미 연결 어미

1. '-지만'의 본말. ☞ -지만(p. 463)

예 ▪ 김치는 맵**지마는** 맛있어요.
▪ 한국에 온 지는 오래되었**지마는** 한국말은 잘 못한다.
▪ 가진 거야 없**지마는** 나는 마음 고생은 안 해 봤어.

예 가**지마는**, 비싸**지마는**, 먹**지마는**, 좋**지마는**, 잡았**지마는**, 먹겠**지마는**

전참 준말인 '-지만'이 더 많이 쓰인다.

-지만【조금 어렵지만 재미있어요.】

『동사, 형용사와 '-았-', '-겠-' 뒤에 쓰인다』

어미 연결 어미

1. 어떤 사실을 말하고 그에 대립되는 사실을 말하는 것을 나타낸다.

예 ▪ 조금 어렵**지만** 재미있어요.
▪ 눈이 오는 날은 좋**지만** 비가 오는 날은 싫어요.
▪ 처음엔 음식 때문에 좀 고생했**지만** 이젠 괜찮아요.

예 가**지만**, 비싸**지만**, 먹**지만**, 좋**지만**, 잡았**지만**, 먹겠**지만**

본말 -지마는

비슷 -나, -는데

▪ 한국 음식은 조금 맵고 짜**지만**, 맛이 있어요.

2. 앞말을 인정하되 뒷말이 그에 매이지 아니하는 것을 나타낸다.

예 ▪ 약을 먹었**지만**, 감기가 잘 낫지 않아요.
▪ 오늘 아침에 시계 소리가 들렸**지만** 일어날 수 없었다.
▪ 짧은 거리이**지만** 나는 걸어다니지 않고 언제나 버스를 탄다.

전참 준말인 '-지만'이 '-지마는'보다 더 많이 쓰이고, '-지마는'은 주로 글말에, '-지만'은 입말과 글말에 두루 쓰인다.

3. '-는데'와 같이 전제적 사실을 나타낸다.

3참 관련어 -는데

예 ▪ 만져 보시면 아시겠**지만**, 옷감이 달라요.
▪ 믿기 어려운 일 같**지만** 사실이다.
▪ 맹세코 말하**지만**, 좋을 때도 있고 나쁠 때도 있습니다.

4. 앞의 내용에다가 뒤의 사실을 단순히 더하는 것을 나타낸다.

예 ▪ 참외 맛도 좋**지만** 수박 맛은 더 좋다.
▪ 진수는 머리도 좋**지만** 몸도 건강하다.
▪ 이 집은 값도 싸**지만** 물건도 좋다.

5. ['미안하다, 실례하다' 등의 말에 관용적으로 붙어] 부탁하거나 청할 때 겸손하게 양해를 얻는 것을 나타낸다.

예 ▪ 실례**지만** 말씀 좀 물어 볼 수 있을까요?
▪ 수고스럽겠**지만** 이 책 좀 김 선생님께 갖다 줄래?
▪ 실례**지만** 식구가 몇 명이나 됩니까?
▪ 미안하**지만** 김 선생님 좀 바꿔 주십시오.

-지 말다 【들어가**지 마세요.**】

관용구

예 가**지 말다**, 먹**지 말다**

1. [동사에 쓰여] 어떤 행위를 하지 못하게 금지하는 것을 나타낸다.

예 ▪ 이 곳에 주차하**지 마십시오**.
▪ 박물관 안에서 사진 찍**지 마세요**.

전참 1. '-지 말다'는 명령문과 청유문에만 쓰인다. 서술문과 의문문에는 '-지 않다'가 쓰인다.

- 수업 중에 떠들**지 마**.
- 너 혼자 가**지 마라**. 같이 가자.
- 토요일 오후에는 영화관에 가**지 말자**.
- 너무 잘난 체하**지 마세요**.
- 걱정하**지 마십시오**.

2. '–아', '–아라'가 결합하면 '마', '마라'가 된다. '–지 말아라'는 틀린 표현이지만, 입말에서는 흔히 잘못 사용한다. ㊀ 떠들지 말아라.(×)

–지 못하다[1] 【들어가**지 못한다.**】

관용구

㊀ 가**지 못하다**, 먹**지 못하다**

1. [동사에 쓰여, 말하는 사람의 의지와 상관없이] '할 수 없음'의 뜻을 나타낸다.

예
- 표가 없으면 들어가**지 못합니다**.
- 바빠서 숙제를 하**지 못했어요**.
- 친구를 자주 만나**지 못해요**.
- 바빠서 연락을 드리**지 못했습니다**.

도움말

'–지 못하다'와 '–지 않다'의 비교:

'–지 않다'가 말하는이의 의도를 담은 부정을 나타내는 데 반해, '–지 못하다'는 상황에 따른 부정을 나타낸다. 따라서 '–지 않다'는 "할 수 있지만 하지 않겠다"는 의미를 담고 있어 상대방을 기분 나쁘게 할 수도 있다.

예 1: 선생님: 자, 내일 누가 올 수 있지요?
학생: 저는 오**지 않겠어요**. (부정의 의도 표시)
저는 오**지 못하겠어요**. (상황의 부정)

예 2: 진수: 자, 빨리 가자.
유미: 나는 뛰**지 않겠어**. (부정의 의도 표시)
나는 뛰**지 못하겠어**. (상황의 부정)

–지 못하다[2] 【생각이 옳**지 못하다.**】

관용구

㊀ 건강하**지 못하다**, 옳**지 못하다**

1. [형용사에 쓰여] '그러한 상태가 아니다, 그러한 상태에 이를 수 없다'의 뜻.

예
- 마음이 건강하**지 못하면** 올바르게 살아가기 어렵

습니다.
- 옛날에는 길이 오늘날처럼 넓**지 못했다**.
- 한국은 자연 자원은 넉넉하**지 못한** 편이다.

–지 싶다 【올 필요가 없**지 싶다.**】

관용구

예 가지 **싶다**, 비싸**지 싶다**, 먹**지 싶다**, 좋**지 싶다**, 갔**지 싶다**

1. 그러한 것 같다고 추측하는 것을 나타낸다.

예 - 굳이 올 필요가 없**지 싶다**.
- 지금쯤 집에 도착했**지 싶어요**.
- 이러다가 오래 못 살**지 싶다**.

전참 '–았–' 뒤에도 쓰인다.

–지 않겠어요 【글쎄 날 때리**지 않겠어요.**】

관용구

예 가**지 않겠어요**, 비싸**지 않겠어요**, 먹**지 않겠어요**, 좋**지 않겠어요**

1. [의문문의 꼴로 쓰여] '지난 일을 생생하게 연상시켜서 강한 긍정을 통하여 듣는이의 관심을 끄는 것'의 뜻.

예 - 가더라도 뭔지 알아야 가**지 않겠어요**?
- 할아버지: 왜 싸웠느냐?
  손자: 그 녀석이 아무 이유 없이 날 때리**지 않겠어요**?
- 학교 앞에서 우연히 그 사람을 만나**지 않았겠어**?

전참 입말에서 쓰인다.

–지 않다 【학교에 가**지 않아요.**】

관용구

예 가**지 않다**, 비싸**지 않다**, 먹**지 않다**, 좋**지 않다**

1. [동사와 형용사에 쓰여] 행위를 부정하거나 상태를 부정하는 것을 나타낸다.

예 - 일요일에는 학교에 가**지 않아요**.
- 배 고프**지 않아요**.
- 누구한테도 말하**지 않았어요**.
- 당신을 만나**지 않겠어요**.

전참 '–지 않다'는 서술문과 의문문에만 쓰이고, 명령문과 청유문에는 '–지 말다'가 쓰인다.

도움말1

'-지 않다' 부정:

1. '-지 않다'는 '알다, 깨닫다, 지각하다' 또는 '견디다'와 같은 동사와 같이 쓰일 수 없다.
   예 1: 나는 그 사실을 알**지 않아**.(×) / 알**지 못해**.(○)
   예 2: 제인은 그때까지 자신이 마이클을 사랑했다는 사실을 깨닫**지 않았다**.(×) / 깨닫**지 못했다**.(○)
   예 3: 진수는 조금만 힘든 일도 견디**지 않는다**.(×) / 견디**지 못한다**.(○)
2. '-지 않다'와 '-지 못하다'의 비교: ☞ '-지 못하다'의 도움말(p. 465).

도움말2

소원이나 바람을 나타내는 문장에 쓰이는 '-지 않다'와 '-지 말다'의 비교:

예 1: 제시카가 미국에 가**지 않기**를/**말기**를 바랍니다.
예 2: 제발 우리가 이사 가**지 않았으면**/**말았으면** 좋겠어요.
예 3: 난 네가 항상 거짓말 하**지 않기**를/**말기**를(??) 바란다.

- '-지 않다'는 이것이 쓰인 문장의 주어가 어떤 의도나 의지를 가지지 않기를 바라는 것이고, '-지 말다'는 의도나 의지와 상관없이 어떤 상황 자체가 일어나지 않기를 바라는 것이다.
- 예1에서 '-지 않다'를 쓰면 제시카가 미국에 가는 의도나 의지를 가지지 않게 되기를 바라는 것이고, '-지 말다'를 쓰면 제시카가 미국에 가게 되는 상황이 발생하지 않게 되기를 바라는 것이다.
- 예2에서도 '-지 않다'를 쓰면 우리가 이사 가려는 의지를 가지지 않게 되기를 바라는 것이고, '-지 말다'를 쓰면 우리가 이사 가게 되는 상황이 발생하지 않게 되기를 바라는 것이다.
- 예3에서는 거짓말 하는 것이 보통은 어떤 사람의 의도를 담은 행동이므로 '-지 않다'를 쓰는 것은 괜찮지만, '-지 말다'를 쓰면 이상하다.

-지 않으면 안 되다 【운동하**지 않으면 안 돼요.**】

관용구

결합정보 ☞ -지

1. 마땅히 그러해야 하는 것을 나타낸다. '-아야 하다'의 뜻.

전참 이중부정으로 강한 긍정을 나타낸다.

예 ▪ 살을 빼려면 계속 운동하**지 않으면 안 돼요**.

- 오늘 시험을 보**지 않으면 안 된다**.
- 아기가 열이 있을 때는 병원에 가**지 않으면 안 돼**.

–지요 【한국말을 배우**지요.**】

『동사, 형용사와 '–았–', '–겠–' 뒤에 쓰인다』

어미 종결 어미

친한사이 말높임 선배, 어른에게

예 가**지요**, 비싸**지요**, 먹**지요**, 좋**지요**, 먹었**지요**, 먹겠**지요**

1. 서술문이나 의문문에 쓰인다

1. [서술문에서] 듣는이도 알고 있는 사실을 재확인시키거나 자신의 이야기를 상대방에게 다정하게 말하는 것을 나타낸다.

전참 입말에 쓰인다.

1참 '–았–', '–겠–' 뒤에 쓰인다.

관련어 –아요

예
- 존슨 씨도 한국말을 배우**지요**.
- 여러 번 말했는데, 그 뜻을 모를 리가 없**지요**.
- 저도 젊었을 땐 예뻤**지요**.

예
- 나는 시골에서 행복한 어린 시절을 보냈었**지요**.
- 그 일은 참 가슴 아픈 일이었**지요**.
- 드디어 우리는 파리에 도착했**지요**.

2. [의문문에서] 말하는이가 이미 알고 있으나, 다시 확인하는 것을 나타내거나 상대방이 알고 있다고 생각하는 것을 물어 보는 뜻을 나타낸다.

2참 상대방에게 친근하게 말하는 것을 나타낸다.

관련어 –아요

예
- 수미 씨는 학교에서 집이 가깝**지요**?
- 이거 할아버지 사진이**지요**?
- 날씨가 추워졌**지요**?
- 담배를 피웠**지요**? 그렇**지요**?

예
- 이 사람은 누구**지요**?
- 식사는 언제 하**지요**?
- 거기 신문사**지요**?

3. [서술문이나 의문문에서] 상대방에게 동의를 표시하거나 동의를 구하는 것을 나타낸다.

3참 관련어 –아요

예
- 지금 점심을 드실 거**지요**?
- 오늘 날씨가 참 좋**지요**?

- 그럼요, 정말 화창한 봄날이**지요**.

4. [서술문이나 의문문에서 주로 '-겠지요'의 꼴로 쓰여] 짐작하는 것을 나타낸다.

예 ▪ 다시 만날 기회가 있겠**지요**, 뭐.
- 제가 못 먹는다면 저의 아들과 손자들이 먹겠**지요**.
- 이제 곧 기차가 도착하겠**지요**?

2. 명령문이나 청유문에 쓰인다

참고 '-았-', '-겠-' 뒤에 쓰이지 않는다.

1. [명령문에 쓰여] 상대방에게 어떤 행동을 하기를 공손하게 요구하는 것을 나타낸다.

1참 1. 동작을 나타내는 동사에만 쓰인다. 2. 행위의 주체를 존대하여 주로 '-시지요'의 꼴로 쓰인다.

예 ▪ 저쪽으로 가서 머리를 감으시**지요**.
- 식사는 다른 곳에서 하도록 하시**지요**.
- 이제 그만 떠나시**지요**.
- 이리들 오**지요**.

2. 말하는이 자신과 상대방이 어떤 행동을 함께 할 것을 공손하게 요청하거나 상대방에게 자신의 의견을 제안하는 것을 나타낸다.

2참 1. 동작을 나타내는 동사에만 쓰인다. 2. 행위의 주체를 존대하여 주로 '-시지요'의 꼴로 쓰인다.

예 ▪ 자, 같이 나가시**지요**.
- 식사는 제 집에서 하시**지요**.
- 저희들과 같이 가시**지요**.
- 지금 사는 집에서 그대로 사시**지요**.

처럼 【눈**처럼** 희다.】

『받침이 있든 없든 **처럼**이 쓰인다』

조사 부사격 조사

예 비**처럼**, 눈**처럼**

부사어를 나타낸다

1. 비교를 나타낸다

비슷 만큼

1. [비슷한 두 대상을 비교하면서 그 중 하나를 나타내는 말에 붙어] '~만큼 (같은 정도로)', '~과 같이'의 뜻.

예 ▪ 집이 운동장**처럼** 넓다.
- 우리 아이도 당신 아이들**처럼** 커요.
- 1월의 동남아는 흔히 알려진 것**처럼** 그렇게 덥지는 않다.

- 나도 너**처럼** 선생님이 되고 싶어.

2. [부정적인 내용을 담은 문장이나, 의문문의 형식이지만 대답을 요구하지 않는 문장에서] 어떤 것에 비하여 그 정도가 심한 대상을 나타내는 말에 붙어'~만큼'의 뜻.

예 ▪ 그녀는 나**처럼** 나쁜 사람을 용서하지 않을 것이다.
▪ 송충이를 만질 때의 느낌**처럼** 싫은 것이 또 있을까?

2. 비유를 나타낸다

관련어 같이

1참 흔히 '마치 ~처럼'의 꼴로 쓰인다.

1. [상태나 행위의 비유로 쓰인 말에 붙어] '~같이', '~모양으로'의 뜻.

예 ▪ 그의 몸이 활**처럼** 휘어졌다.
▪ 쓰레기가 태산**처럼** 쌓여 있었다.
▪ 수많은 생각이 구름**처럼** 스쳐 가고 있었다.
▪ 그는 마치 공주나 되는 것**처럼** 걸었다.
▪ 그는 마치 주인**처럼** 행세했다.

2. [~것처럼 하다'의 꼴로 쓰여] '~듯이 꾸며내다/속이다'의 뜻.

예 ▪ 둘이서 짜고 그 친구가 돈을 받은 것**처럼** 해서 속였다.
▪ 학교에 가는 것**처럼** 해서 몰래 도망갔다.

3. '~듯이'의 뜻

3참 '보이다, 느끼다'와 같이 판단의 뜻을 나타내는 서술어 앞에서 '-ㄴ/-는/-ㄹ 것처럼 ~'의 꼴로 쓰인다.

예 ▪ 그들은 중립을 지키는 것**처럼** 보인다.
▪ 나는 아버지가 내 곁에 있는 것**처럼** 느꼈다.
▪ 그는 망설이는 것**처럼** 보였다.

4. '~대로'의 뜻

1참 비슷 마따나, 대로

1. ['누구의 말, 짐작' 따위에 붙어 쓰여] '~와 같이'의 뜻.

예 ▪ 정말 대성이의 말**처럼** 그 술은 독약 같았다.
▪ 어느 유행가의 가사**처럼** 사랑은 눈물의 씨앗이다.
▪ 네 짐작**처럼** 내가 널 사랑해.

치고 【농담**치고** 심하다.】

『받침이 있든 없든 **치고**가 쓰인다』

[조사] 보조사

예 여자**치고**, 학생**치고**

1. '~은 예외 없이 모두'의 뜻.

[예] ▪ 농담**치고** 진지한 거 봤어?
▪ 친한 사이**치고** 한두 번 안 싸운 사람이 어디 있겠어?
▪ 남자**치고** 여자 싫어하는 사람 아직 못 봤다.

[1참] 1. '치고' 다음에 약간의 쉼이 있다. 2. 뒤에는 부정이나 수사 의문의 꼴이 쓰인다. 3. '치고서'의 꼴로도 쓰인다.

2. [기준을 나타내는 말에 붙어] 그 점에서는 예외적으로의 뜻을 나타낸다. '~을 기준으로 하여 생각하면'의 뜻.

[예] ▪ 그는 많이 배운 사람**치고** 거만하지 않았다.
▪ 50을 바라보는 나이**치고** 몸이 단단해 보였다.
▪ 변명**치고** 꽤 그럴 듯하군.

[2참] '치고는', '치고서는', '치고서'의 꼴로도 쓰인다. 예 그는 많이 배운사람**치고는/치고서/치고서**는 거만하지 않다.

도움말

조사 '치고'와 동사 '치고'의 구별:
아래의 '치고'는 동사 '치다'의 활용꼴이다. 조사 '치고' 앞에는 다른 조사가 쓰일 수 없는 데 반해, 아래 예문의 '치고' 앞에는 '으로'가 삽입될 수 있다.

예 1: 우리는 둘째 **치고** 네가 더 걱정이다.
→ 우리는 둘째**로** 치고 네가 더 걱정이다.

예 2: 버리는 셈 **치고** 쓰자.
→ 버리는 셈**으로** 치고 쓰자.

하고[1] 【나**하고** 결혼해요.】

『받침이 있든 없든 **하고**가 쓰인다』

[조사] 부사격 조사

예 아내**하고**, 남편**하고**

1. '~과 (함께)'의 뜻.

[예] ▪ 일요일에 친구들**하고** 등산가기로 했어요.
▪ 누구**하고** 갔어요?
▪ 지금 누구**하고** 이야기하는 거예요?

[비슷] 과, 랑

[전참] 1. '하고'는 '과'와 의미가 같지만 '과'에 비해 입말에 주로 쓰인다. 2. 입말에서는 흔히 [하

2. [비교의 대상을 나타내는 말에 붙어] '~과 (비교하여)'의 뜻.

예 ▪ 너**하고** 나**하고**는 다르다.
▪ 그 아이는 너**하고** 비슷한 나이더구나.

3. 상대로 하는 대상임을 나타낸다.

예 ▪ 마이클은 구미코**하고** 결혼했다.
▪ 길에서 우연히 영남이**하고** 마주쳤다.
▪ 너, 나**하고** 사귀지 않을래?
▪ 그런 불량배들**하고** 어울리면 안 돼.

구]로 발음한다.

2참 '비슷하다, 비교하다, 다르다, 같다, 가깝다, 친하다' 등과 같이 쓰인다.

3참 '만나다, 사귀다, 싸우다, 어울리다, 결혼하다' 등과 같이 쓰인다.

조사 접속 조사

1. [잇달아 쓰인 둘 이상의 여러 비슷한 사물을 나타내는 말에 붙어] '과 (그리고)'의 뜻.

예 ▪ 이번에는 너**하고** 나**하고** 이렇게 둘이만 가자.
▪ 우리나라에서는 추석**하고** 설날이 가장 큰 명절이에요.
▪ 앞머리는 조금만 다듬고, 옆머리**하고** 뒷머리는 짧게 잘라 주세요.
▪ 성함**하고** 주소를 말씀해 주세요.
▪ 너**하고** 나는 한동네에 사니까 자주 만날 수 있잖아.

1참 '과'와는 달리 연결되는 마지막 말에도 '하고'가 쓰일 수 있다.
예 너**하고** 나**하고**(○)/너와 나와(×)

2. ['~하고 ~하고'와 같이 반복의 꼴로 쓰여] [비슷한 여러 사물을 나타내는 연이은 말들에 붙어 쓰여] '~과 ~과 ~ 따위가'의 뜻.

예 ▪ 준원이는 입**하고** 코**하고** 제 아빠를 안 닮은 데가 없다.
▪ 수영복**하고** 물안경**하고** 다 준비해라.

2참 비슷 이며, 하며

하고2 【쿵 **하고** 소리가 났다.】

『받침이 있든 없든 **하고**가 쓰인다』

조사 인용격 조사

예 쿵 **하고**, 푸 **하고**

1. 말한 것의 내용이나 소리를 직접 인용하는 데에 쓰인다.

관련어 라고

예 ▪ '쿵'**하고** 소리가 났다.
▪ "빌어먹을!"**하고** 그가 중얼거렸다.
▪ "수표도 괜찮습니까?"**하고** 물었다.
▪ '어디 해 보라지'**하고** 진수가 생각했다.
▪ 어머니께서 "진수야!"**하고** 부르셨다.
▪ 북소리가 "둥둥"**하고** 울렸다.

전참 '말하다'와 같은 서술어와 함께 쓰인다. '하다'와는 함께 쓰이지 못한다. 2. '라고'로 바꿔 쓸 수 없다. 예 북소리가 "둥둥"**이라고** 울렸다.(×)

도움말

'하고'와 '라고'의 비교:
다른 사람의 말을 직접 인용하는 것을 나타내는 데에는 둘 다 쓰이나, 생각한 것의 내용이나 소리의 인용을 나타내는 데에는 '하고'만이 쓰인다.

예 1: ㄱ. "어서 오세요."**하고** 말했다.(○)
ㄴ. "어서 오세요."**라고** 말했다.(○)
예 2: ㄱ. 유미는 "아빠! 아빠!"**하고** 아빠 방으로 달려갔어요.(○)
ㄴ. 승혜는 "아빠! 아빠!"라고 아빠 방으로 달려갔어요.(×)
예 3: ㄱ. "흥!"**하고** 코웃음을 쳤다.(○)
ㄴ. "흥!"이라고 코웃음을 쳤다.(×)
예 4: ㄱ. "어디 해 보라지."**하고** 영식이가 도전했다.(○)
ㄴ. "어디 해 보라지."라고 영식이가 도전했다.(×)

예 1은 다른 사람이 말한 것을 직접 인용한 것이거나 그 소리를 따다 말하는 것이거나 상관없으므로 '하고'와 '라고' 모두 쓸 수 있다. 그러나 예 2와 예 3은 각각 아이가 내는 소리를 따다 말하는 것이므로 '라고'를 쓸 수 없다. 예 4도 영식이의 생각을 나타내는 것이므로 '라고'를 쓸 수 없다.

한테 【친구**한테** 전화를 해요.】

『받침이 있든 없든 **한테**가 쓰인다』
조사 **부사격 조사**

예 아내**한테**, 남편**한테**
부사어를 나타낸다

1. [행위자의 행위를 받는 대상을 나타내는 말에 붙어] '~를 상대로 하여'의 뜻.

예 ▪ 가방을 친구**한테** 맡겼다.
▪ 저는 어머니**한테** 편지를 씁니다.
▪ 이것은 너**한테** 주는 선물이다.

전참 1. 사람이나 동물을 나타내는 말에 붙어 쓰인다. 2. '에게'의 입말임.
1참 '주다, 가르치다, 맡기다, 가다, 보이다'와 같은 말과 함께 쓰인다.

- 그 책을 누구**한테** 주었어요?

2. [어떠한 상태가 일어나는 고정된 위치를 나타내는 말에 붙어] '사이에, 안에'의 뜻을 나타낸다.

2참 '있다, 남다, 없다, 많다, 적다, 생기다'와 같은 말과 함께 쓰인다.

예 ▪ 나**한테** 극장 전화번호 있어.
- 누나**한테** 뭐 안 좋은 일 있어요?
- 너**한테** 색연필 있니?
- 나**한테** 돈이 좀 있다.

3. [행위의 진행 방향이나 목적지를 나타내는 말에 붙어] '~을 향하여'의 뜻을 나타낸다.

3참 1. '가다, 오다' 등의 서술어와 함께 쓰인다. 2. '한테로'로 바꿔쓸 수 있다. 예 제인**한테**로 다가갔다.

예 ▪ 마이클이 조금씩 제인**한테** 다가왔다.
- 철수**한테** 뛰어가는 아이들.
- 아기가 엄마**한테** 걸어가다 넘어졌다.
- 친구**한테** 가는 길에 가게에 들렀다.

4. [피동문에서 행위의 주체를 나타내는 말에 붙어] '~에 의해'의 뜻을 나타낸다.

4참 '빼앗기다, 밟히다, 쫓기다'와 같은 서술어와 함께 쓰인다.

예 ▪ 진수**한테** 쫓기다가 넘어졌어.
- 지나가는 사람**한테** 발이 밟혔어.

5. [주어에 행위를 가하는 자를 나타내는 말에 붙어] '~로부터'의 뜻을 나타낸다.

5참 1. '받다, 얻다, 당하다'와 같은 서술어와 함께 쓰인다. 2. '한테서'의 꼴로 쓰여야 할 것이 '한테'로 쓰인 것이다. 예 친구**한테서** 들었어.

예 ▪ 소영 씨라면 남편**한테** 어떤 선물을 받고 싶어요?
- 그 얘기를 친구**한테** 들었어.
- 여자친구**한테** 선물을 받았어요.
- 친구 어머님**한테** 한국말을 배웠어요.

6. [어떠한 행위를 하도록 시킴을 받는 대상을 나타내는 말에 붙어] '~로 하여금', '~가 (~하도록)'의 뜻을 나타낸다.

6참 '읽히다, 입히다, -게 하다' 등의 사동 표현에 쓰인다.

예 ▪ 영철이**한테** 사 오게 시키자.
- 어머니가 유미**한테** 책을 읽힙니다.

7. [어떠한 느낌을 가지게 하는 대상을 나타내는 말에 붙어] '~에 대하여'의 뜻을 나타낸다.

7참 '느끼다, 실망하다'와 같은 서술어와 함께 쓰인다.

예 ▪ 민희**한테** 미안해요.
- 당신**한테** 실망했어요.

8. [어떠한 느낌이나 상태를 느끼는 주체를 나타내는 말에 붙어] '~가 느끼기에'의 뜻을 나타낸다.

예 ▪ 김치는 저**한테** 너무 매워요.
▪ 진수**한테** 이 책은 좀 어려울 것 같아요.

8참 '쉽다, 새롭다, 필요하다'와 같은 서술어와 함께 쓰인다.

9. [어떠한 기준임을 나타내는 말에 붙어] '~과/~를 기준으로 할 때'의 뜻을 나타낸다.

예 ▪ 이 일이 저**한테** 잘 맞는지 모르겠습니다.
▪ 이 옷이 유미**한테** 잘 어울리네요.

9참 '맞다, 알맞다, 어울리다'와 같은 서술어와 함께 쓰인다.

10. [비교의 대상을 나타내는 말에 붙어] '~과 비교하면, ~과'의 뜻을 나타낸다.

예 ▪ 진수**한테** 비하면 우리 영숙이는 아직도 어린아이지.
▪ 달리기만 하면 대성이는 항상 마이클**한테** 뒤져요.

10참 '비하다, 뒤지다'와 같은 서술어와 함께 쓰인다.

한테서 【선생님**한테서** 배워요.】

『받침이 있든 없든 **한테서**가 쓰인다』

예 너**한테서**, 남편**한테서**

조사 부사격 조사

부사어를 나타낸다

1. [말, 행동, 상황이 비롯된 사람에 붙어] '~에게서', '~로부터'의 뜻.

예 ▪ 한국말을 누구**한테서** 배워요?
▪ 어제 아버지**한테서** 편지가 왔습니다.
▪ 아이**한테서** 이상한 냄새가 났다.

전참 1. 사람 명사와 함께 쓰인다. 2. '한테서'는 입말에서 사용하고, '에게서'는 주로 글말에서 사용한다. 예 한국말을 누구**에게서** 배워요?

2. [주체에게 어떤 행위를 하는 사람을 나타내는 말에 붙어] '~에 의해'의 뜻.

예 ▪ 진수는 어제 나**한테서** 혼났기 때문에 오늘 풀이 죽어 있었다.
▪ 그들 부부는 마을사람들**한테서** 존경을 받았다.

3. [어떠한 행위가 일어나는 위치를 나타내는 말에 붙어] '안에서, 사이에서'의 뜻.

예 ▪ 어떡하니, 네가 우리**한테서** 태어난걸.
▪ 그 애는 할머니**한테서** 행복하게 잘 자라고 있어요.

4. [느낌이나 생각의 대상을 나타내는 말에 붙어] '~에게 있어서'의 뜻.

예 ▪ 너**한테서** 좋은 점은, 화장을 안 해서 순수해 보인다는 점이야.

▪ 아내**한테서** 특별히 싫은 점은 게으르다는 것이다.

부록

1. 용언 활용표

2. 조사 겹침 목록과 예

부록 1 : 용언 활용표

표 1-1

단어	품사	예문	꾸미는 어미	연결어미					
			현재형	이유	원인	조건	대등연결	의도	반대
			-는/-ㄴ	-니까	-아서	-면	-고	-려고	-지만
가깝다	형용사	학교에서 가깝다	가까운	가까우니까	가까워서	가까우면	가깝고	-	가깝지만
가늘다	형용사	손가락이 가늘다	가는	가느니까	가늘어서	가늘면	가늘고	-	가늘지만
가다	동사	학교에 가다	가는	가니까	가서	가면	가고	가려고	가지만
가르치다	동사	학생을 가르치다	가르치는	가르치니까	가르쳐서	가르치면	가르치고	가르치려고	가르치지만
가리다	동사	얼굴을 가리다	가리는	가리니까	가려서	가리면	가리고	가리려고	가리지만
가리키다	동사	남쪽을 가리키다	가리키는	가리키니까	가리켜서	가리키면	가리키고	가리키려고	가리키지만
가볍다	형용사	종이가 가볍다	가벼운	가벼우니까	가벼워서	가벼우면	가볍고	-	가볍지만
가지다	동사	돈을 가지다	가지는	가지니까	가져서	가지면	가지고	가지려고	가지지만
가파르다	형용사	산이 가파르다	가파른	가파르니까	가팔라서	가파르면	가파르고	-	가파르지만
갈다	동사	칼을 갈다	가는	가니까	갈아서	갈면	갈고	갈려고	갈지만
감기다	동사	눈이 감기다	감기는	감기니까	감겨서	감기면	감기고	감기려고	감기지만
감다	동사	눈을 감다	감는	감으니까	감아서	감으면	감고	감으려고	감지만
감추다	동사	돈을 감추다	감추는	감추니까	감춰서	감추면	감추고	감추려고	감추지만
개다	동사	날이 개다	개는	개니까	개서	개면	개고	개려고	개지만
거스르다	동사	돈을 거스르다	거스르는	거스르니까	거슬러서	거스르면	거스르고	거스르려고	거스르지만
거칠다	형용사	피부가 거칠다	거친	거치니까	거칠어서	거칠면	거칠고	-	거칠지만
건너다	동사	강을 건너다	건너는	건너니까	건너서	건너면	건너고	건너려고	건너지만
걷다	동사	아이가 걷다	걷는	걸으니까	걸어서	걸으면	걷고	걸으려고	걷지만
걸다	동사	수건을 걸다	거는	거니까	걸어서	걸면	걸고	걸려고	걸지만
걸리다	동사	시간이 걸리다	걸리는	걸리니까	걸려서	걸리면	걸리고	걸리려고	걸리지만
게으르다	형용사	동생이 게으르다	게으른	게으르니까	게을러서	게으르면	게으르고	-	게으르지만
견디다	동사	어려움을 견디다	견디는	견디니까	견뎌서	견디면	견디고	견디려고	견디지만
계시다	형용사	선생님이 계시다	계시는	계시니까	계셔서	계시면	계시고	계시려고	계시지만
고르다1	동사	물건을 고르다	고르는	고르니까	골라서	고르면	고르고	고르려고	고르지만
고르다2	형용사	이가 고르다	고른	고르니까	골라서	고르면	고르고	-	고르지만

표 1-2

단어	종결어미								
	평서				의문		감탄	명령	청유
	-아	-ㄴ다/-다	-습니다	-았다	-느냐/(으)냐	-니	-는구나	-어라/-아라	-자
가깝다	가까워	가깝다	가깝습니다	가까웠다	가까우냐	가깝니	가깝구나	-	-
가늘다	가늘어	가늘다	가늡니다	가늘었다	가느냐	가느니	가늘구나	-	-
가다	가	간다	갑니다	갔다	가느냐	가니	가는구나	가거라	가자
가르치다	가르쳐	가르친다	가르칩니다	가르쳤다	가르치느냐	가르치니	가르치는구나	가르쳐라	가르치자
가리다	가려	가린다	가립니다	가렸다	가리느냐	가리니	가리는구나	가려라	가리자
가리키다	가리켜	가리킨다	가리킵니다	가리켰다	가리키느냐	가리키니	가리키는구나	가리켜라	가리키자
가볍다	가벼워	가볍다	가볍습니다	가벼웠다	가벼우냐	가볍니	가볍구나	-	-
가지다	가져	가진다	가집니다	가졌다	가지느냐	가지니	가지는구나	가져라	가지자
가파르다	가팔라	가파르다	가파릅니다	가팔랐다	가파르냐	가파르니	가파르구나	-	-
갈다	갈아	간다	갑니다	갈았다	가느냐	가니	가는구나	갈아라	갈자
감기다	감겨	감긴다	감깁니다	감겼다	감기느냐	감기니	감기는구나	감겨라	감기자
감다	감아	감는다	감습니다	감았다	감느냐	감니	감는구나	감아라	감자
감추다	감춰	감춘다	감춥니다	감췄다	감추느냐	감추니	감추는구나	감춰라	감추자
개다	개	갠다	갭니다	갰다	개느냐	개니	개는구나	개라	-
거스르다	거슬러	거스른다	거스릅니다	거슬렀다	거스르느냐	거스르니	거스르는구나	거슬러라	거스르자
거칠다	거칠어	거칠다	거칩니다	거칠었다	거치냐	거치니	거칠구나	-	-
건너다	건너	건넌다	건넙니다	건넜다	건너느냐	건너니	건너는구나	건너라	건너자
걷다	걸어	걷는다	걷습니다	걸었다	걷느냐	걷니	걷는구나	걸어라	걷자
걸다	걸어	건다	겁니다	걸었다	거느냐	거니	거는구나	걸어라	걸자
걸리다	걸려	걸린다	걸립니다	걸렸다	걸리느냐	걸리니	걸리는구나	걸려라	-
게으르다	게을러	게으르다	게으릅니다	게을렀다	게으르냐	게으르니	게으르구나	-	-
견디다	견뎌	견딘다	견딥니다	견뎠다	견디느냐	견디니	견디는구나	견뎌라	견디자
계시다	계셔	계신다	계십니다	계셨다	계시느냐	계시니	계시는구나	-	-
고르다1	골라	고른다	고릅니다	골랐다	고르느냐	고르니	고르는구나	골라라	고르자
고르다2	골라	고르다	고릅니다	골랐다	고르냐	고르니	고르구나	-	-

표 2-1

단어	품사	예문	꾸미는 어미	연결어미					
			현재형	이유	원인	조건	대등연결	의도	반대
			-는/-ㄴ	-니까	-아서	-면	-고	-려고	-지만
고맙다	형용사	고맙습니다	고마운	고마우니까	고마워서	고마우면	고맙고	-	고맙지만
고이다	동사	눈물이 고이다	고이는	고이니까	고여서	고이면	고이고	고이려고	고이지만
고치다	동사	문을 고치다	고치는	고치니까	고쳐서	고치면	고치고	고치려고	고치지만
고프다	형용사	배가 고프다	고픈	고프니까	고파서	고프면	고프고	-	고프지만
곱다	형용사	마음씨가 곱다	고운	고우니까	고와서	고우면	곱고	-	곱지만
괴다	동사	턱을 괴다	괴는	괴니까	괴어서	괴면	괴고	괴려고	괴지만
괴롭다	형용사	마음이 괴롭다	괴로운	괴로우니까	괴로워서	괴로우면	괴롭고	-	괴롭지만
구르다	동사	공이 구르다	구르는	구르니까	굴러서	구르면	구르고	구르려고	구르지만
굴리다	동사	공을 굴리다	굴리는	굴리니까	굴려서	굴리면	굴리고	굴리려고	굴리지만
굽다1	동사	빵을 굽다	굽는	구우니까	구워서	구우면	굽고	구우려고	굽지만
굽다2	동사	허리가 굽다	굽는	굽으니까	굽어서	굽으면	굽고	-	굽지만
귀엽다	형용사	아기가 귀엽다	귀여운	귀여우니까	귀여워서	귀여우면	귀엽고	-	귀엽지만
그렇다	형용사	상황이 그렇다	그런	그러니까	그래서	그러면	그렇고	-	그렇지만
그르다	형용사	판단이 그르다	그른	그르니까	글러서	그르면	그르고	-	그르지만
그리다	동사	그림을 그리다	그리는	그리니까	그려서	그리면	그리고	그리려고	그리지만
그립다	형용사	가족이 그립다	그리운	그리우니까	그리워서	그리우면	그립고	-	그립지만
긋다	동사	선을 긋다	긋는	그으니까	그어서	그으면	긋고	그으려고	긋지만
기다리다	동사	친구를 기다리다	기다리는	기다리니까	기다려서	기다리면	기다리고	기다리려고	기다리지만
기르다	동사	개를 기르다	기르는	기르니까	길러서	기르면	기르고	기르려고	기르지만
기쁘다	형용사	널 만나 기쁘다	기쁜	기쁘니까	기뻐서	기쁘면	기쁘고	-	기쁘지만
기울이다	동사	몸을 기울이다	기울이는	기울이니까	기울여서	기울이면	기울이고	기울이려고	기울이지만
길다	형용사	다리가 길다	긴	기니까	길어서	길면	길고	-	길지만
깁다	동사	옷을 깁다	깁는	기우니까	기워서	기우면	깁고	기우려고	깁지만
까다	동사	껍질을 까다	까는	까니까	까서	까면	까고	까려고	까지만
까맣다	형용사	눈동자가 까맣다	까만	까마니까	까매서	까마면	까맣고	-	까맣지만

표 2-2

단어	종결어미								
	평서				의문		감탄	명령	청유
	-아	-ㄴ다/-다	-습니다	-았다	-느냐/(으)냐	-니	-는구나	-어라/-아라	-자
고맙다	고마워	고맙다	고맙습니다	고마웠다	고마우냐	고맙니	고맙구나	-	-
고이다	고여	고인다	고입니다	고였다	고이느냐	고이니	고이는구나	고여라	-
고치다	고쳐	고친다	고칩니다	고쳤다	고치느냐	고치니	고치는구나	고쳐라	고치자
고프다	고파	고프다	고픕니다	고팠다	고프냐	고프니	고프구나	-	-
곱다	고와	곱다	곱습니다	고왔다	고우냐	고우니	곱구나	-	-
괴다	괴어	괸다	굅니다	괴었다	괴느냐	괴니	괴는구나	괴어라	괴자
괴롭다	괴로워	괴롭다	괴롭습니다	괴로웠다	괴로우냐	괴롭니	괴롭구나	-	-
구르다	굴러	구른다	구릅니다	굴렀다	구르느냐	구르니	구르는구나	굴러라	구르자
굴리다	굴려	굴린다	굴립니다	굴렸다	굴리느냐	굴리니	굴리는구나	굴려라	굴리자
굽다1	구워	굽는다	굽습니다	구웠다	굽느냐	굽니	굽는구나	구워라	굽자
굽다2	굽어	굽는다	굽습니다	굽었다	굽느냐	굽니	굽는구나	-	-
귀엽다	귀여워	귀엽다	귀엽습니다	귀여웠다	귀여우냐	귀엽니	귀엽구나	-	-
그렇다	그래	그렇다	그렇습니다	그랬다	그렇냐	그렇니	그렇구나	-	-
그르다	글러	그르다	그릅니다	글렀다	그르냐	그르니	그르구나	-	-
그리다	그려	그린다	그립니다	그렸다	그리느냐	그리니	그리는구나	그려라	그리자
그립다	그리워	그립다	그립습니다	그리웠다	그리우냐	그립니	그립구나	-	-
긋다	그어	긋는다	긋습니다	그었다	긋느냐	긋니	긋는구나	그어라	긋자
기다리다	기다려	기다린다	기다립니다	기다렸다	기다리느냐	기다리니	기다리는구나	기다려라	기다리자
기르다	길러	기른다	기릅니다	길렀다	기르느냐	기르니	기르는구나	길러라	기르자
기쁘다	기뻐	기쁘다	기쁩니다	기뻤다	기쁘냐	기쁘니	기쁘구나	-	-
기울이다	기울여	기울인다	기울입니다	기울였다	기울이느냐	기울이니	기울이는구나	기울여라	기울이자
길다	길어	길다	깁니다	길었다	기냐	기니	길구나	-	-
깁다	기워	깁는다	깁습니다	기웠다	깁느냐	깁니	깁는구나	기워라	깁자
까다	까	깐다	깝니다	깠다	까느냐	까니	까는구나	까라	까자
까맣다	까매	까맣다	까맣습니다	까맸다	까맣냐	까맣니	까맣구나	-	-

표 3-1

단어	품사	예문	꾸미는 어미	연결어미					
			현재형	이유	원인	조건	대등연결	의도	반대
			-는/-ㄴ	-니까	-아서	-면	-고	-려고	-지만
깨끗하다	형용사	방이 깨끗하다	깨끗한	깨끗하니까	깨끗해서	깨끗하면	깨끗하고	-	깨끗하지만
깨다	동사	계란을 깨다	깨는	깨니까	깨서	깨면	깨고	깨려고	깨지만
깨닫다	동사	잘못을 깨닫다	깨닫는	깨달으니까	깨달아서	깨달으면	깨닫고	깨달으려고	깨닫지만
깨뜨리다	동사	술잔을 깨뜨리다	깨뜨리는	깨뜨리니까	깨뜨려서	깨뜨리면	깨뜨리고	깨뜨리려고	깨뜨리지만
깨우다	동사	잠을 깨우다	깨우는	깨우니까	깨워서	깨우면	깨우고	깨우려고	깨우지만
꺼내다	동사	책을 꺼내다	꺼내는	꺼내니까	꺼내서	꺼내면	꺼내고	꺼내려고	꺼내지만
꾸다	동사	꿈을 꾸다	꾸는	꾸니까	꿔서	꾸면	꾸고	꾸려고	꾸지만
끄다	동사	불을 끄다	끄는	끄니까	꺼서	끄면	끄고	끄려고	끄지만
끌리다	동사	치마가 끌리다	끌리는	끌리니까	끌려서	끌리면	끌리고	끌리려고	끌리지만
끓이다	동사	물을 끓이다	끓이는	끓이니까	끓여서	끓이면	끓이고	끓이려고	끓이지만
끝나다	동사	수업이 끝나다	끝나는	끝나니까	끝나서	끝나면	끝나고	끝나려고	끝나지만
끝내다	동사	수업을 끝내다	끝내는	끝내니까	끝내서	끝내면	끝내고	끝내내고	끝내지만
끼다	동사	반지를 끼다	끼는	끼니까	껴서	끼면	끼고	끼려고	끼지만
나가다	동사	밖으로 나가다	나가는	나가니까	나가서	나가면	나가고	나가려고	나가지만
나누다	동사	빵을 나누다	나누는	나누니까	나눠서	나누면	나누고	나누려고	나누지만
나다	동사	새싹이 나다	나는	나니까	나서	나면	나고	나려고	나지만
나르다	동사	물건을 나르다	나르는	나르니까	날라서	나르면	나르고	나르려고	나르지만
나무라다	동사	아이를 나무라다	나무라는	나무라니까	나무라서	나무라면	나무라고	나무라려고	나무라지만
나쁘다	형용사	날씨가 나쁘다	나쁜	나쁘니까	나빠서	나쁘면	나쁘고	-	나쁘지만
날다	동사	새가 날다	나는	나니까	날아서	날면	날고	날려고	날지만
날리다	동사	연을 날리다	날리는	날리니까	날려서	날리면	날리고	날리려고	날리지만
남기다	동사	밥을 남기다	남기는	남기니까	남겨서	남기면	남기고	남기려고	남기지만
낫다	동사	병이 낫다	낫는	나으니까	나아서	나으면	낫고	나으려고	낫지만
내다	동사	돈을 내다	내는	내니까	내서	내면	내고	내려고	내지만
내리다	동사	눈이 내리다	내리는	내리니까	내려서	내리면	내리고	내리려고	내리지만

표 3-2

단어	종결어미								
	평서				의문		감탄	명령	청유
	-아	-ㄴ다/-다	-습니다	-았다	-느냐/(으)냐	-니	-는구나	-어라/-아라	-자
깨끗하다	깨끗해	깨끗하다	깨끗합니다	깨끗했다	깨끗하냐	깨끗하니	깨끗하구나	-	-
깨다	깨	깬다	깹니다	깼다	깨느냐	깨니	깨는구나	깨라	깨자
깨닫다	깨달아	깨닫는다	깨닫습니다	깨달았다	깨닫느냐	깨닫니	깨닫는구나	깨달아라	깨닫자
깨뜨리다	깨뜨려	깨뜨린다	깨뜨립니다	깨뜨렸다	깨뜨리느냐	깨뜨리니	깨뜨리는구나	깨뜨려라	깨뜨리자
깨우다	깨워	깨운다	깨웁니다	깨웠다	깨우느냐	깨우니	깨우는구나	깨워라	깨우자
꺼내다	꺼내	꺼낸다	꺼냅니다	꺼냈다	꺼내느냐	꺼내니	꺼내는구나	꺼내라	꺼내자
꾸다	꿔	꾼다	꿉니다	꿨다	꾸느냐	꾸니	꾸는구나	꿔라	꾸자
끄다	꺼	끈다	끕니다	껐다	끄느냐	끄니	끄는구나	꺼라	끄자
끌리다	끌려	끌린다	끌립니다	끌렸다	끌리느냐	끌리니	끌리는구나	-	-
끓이다	끓여	끓인다	끓입니다	끓였다	끓이느냐	끓이니	끓이는구나	끓여라	끓이자
끝나다	끝나	끝난다	끝납니다	끝났다	끝나느냐	끝나니	끝나는구나	-	-
끝내다	끝내	끝낸다	끝냅니다	끝냈다	끝내느냐	끝내니	끝내는구나	끝내라	끝내자
끼다	껴	낀다	낍니다	꼈다	끼느냐	끼니	끼는구나	껴라	끼자
나가다	나가	나간다	나갑니다	나갔다	나가느냐	나가니	나가는구나	나가라	나가자
나누다	나눠	나눈다	나눕니다	나눴다	나누느냐	나누니	나누는구나	나눠라	나누자
나다	나	난다	납니다	났다	나느냐	나니	나는구나	나라	-
나르다	날라	나른다	나릅니다	날랐다	나르느냐	나르니	나르는구나	날라라	나르자
나무라다	나무라	나무란다	나무랍니다	나무랐다	나무라느냐	나무라니	나무라는구나	나무라라	나무라자
나쁘다	나빠	나쁘다	나쁩니다	나빴다	나쁘냐	나쁘니	나쁘구나	-	-
날다	날아	난다	납니다	날았다	나느냐	나니	나는구나	날아라	날자
날리다	날려	날린다	날립니다	날렸다	날리느냐	날리니	날리는구나	날려라	날리자
남기다	남겨	남긴다	남깁니다	남겼다	남기느냐	남기니	남기는구나	남겨라	남기자
낫다	나아	낫는다	낫습니다	나았다	낫느냐	낫니	낫는구나	나아라	낫자
내다	내	낸다	냅니다	냈다	내느냐	내니	내는구나	내라	내자
내리다	내려	내린다	내립니다	내렸다	내리느냐	내리니	내리는구나	내려라	내리자

표 4-1

단어	품사	예문	꾸미는 어미	연결어미					
			현재형	이유	원인	조건	대등연결	의도	반대
			-는/-ㄴ	-니까	-아서	-면	-고	-려고	-지만
너그럽다	형용사	마음이 너그럽다	너그러운	너그러우니까	너구러워서	너그러우면	너그럽고	-	너그럽지만
널다	동사	빨래를 널다	너는	너니까	널어서	널면	널고	널려고	널지만
넘기다	동사	책장을 넘기다	넘기는	넘기니까	넘겨서	넘기면	넘기고	넘기려고	넘기지만
노랗다	형용사	개나리가 노랗다	노란	노라니까	노래서	노라면	노랗고	-	노랗지만
놀다	동사	아이가 놀다	노는	노니까	놀아서	놀면	놀고	놀려고	놀지만
놀라다	동사	아이가 놀라다	놀라는	놀라니까	놀라서	놀라면	놀라고	-	놀라지만
놀랍다	형용사	솜씨가 놀랍다	놀라운	놀라우니까	놀라워서	놀라우면	놀랍고	-	놀랍지만
놀리다	동사	친구를 놀리다	놀리는	놀리니까	놀려서	놀리면	놀리고	놀리려고	놀리지만
놓다	동사	책을 책상에 놓다	놓는	놓으니까	놓아서	놓으면	놓고	놓으려고	놓지만
누렇다	형용사	나뭇잎이 누렇다	누런	누러니까	누래서	누러면	누렇고	-	누렇지만
누르다	동사	초인종을 누르다	누르는	누르니까	눌러서	누르면	누르고	누르려고	누르지만
눕다	동사	풀밭에 눕다	눕는	누우니까	누워서	누우면	눕고	누우려고	눕지만
느끼다	동사	사랑을 느끼다	느끼는	느끼니까	느껴서	느끼면	느끼고	느끼려고	느끼지만
느리다	형용사	행동이 느리다	느린	느리니까	느려서	느리면	느리고	-	느리지만
늘다	동사	몸무게가 늘다	느는	느니까	늘어서	늘면	늘고	늘려고	늘지만
다니다	동사	학교에 다니다	다니는	다니니까	다녀서	다니면	다니고	다니려고	다니지만
다다르다	동사	현장에 다다르다	다다르는	다다르니까	다다라서	다다르면	다다르고	다다르려고	다다르지만
다르다	형용사	나는 너와 다르다	다른	다르니까	달라서	다르면	다르고	-	다르지만
다치다	동사	손목을 다치다	다치는	다치니까	다쳐서	다치면	다치고	다치려고	다치지만
달다1	동사	옷에 단추를 달다	다는	다니까	달아서	달면	달고	달려고	달지만
달다2	형용사	설탕이 달다	단	다니까	달아서	달면	달고	-	달지만
달리다	동사	아이가 달리다	달리는	달리니까	달려서	달리면	달리고	달리려고	달리지만
담그다	동사	김치를 담그다	담그는	담그니까	담가서	담그면	담그고	담그려고	담그지만
더럽다	형용사	운동화가 더럽다	더러운	더러우니까	더러워서	더러우면	더럽고	-	더럽지만
던지다	동사	공을 던지다	던지는	던지니까	던져서	던지면	던지고	던지려고	던지지만

표 4-2

단어	종결어미								
	평서				의문		감탄	명령	청유
	-아	-ㄴ다/-다	-습니다	-았다	-느냐/(으)냐	-니	-는구나	-어라/-아라	-자
너그럽다	너그러워	너그럽다	너그럽습니다	너그러웠다	너그러우냐	너그럽니	너그럽구나	-	-
널다	널어	넌다	넙니다	널었다	너느냐	너니	너는구나	널어라	널자
넘기다	넘겨	넘긴다	넘깁니다	넘겼다	넘기느냐	넘기니	넘기는구나	넘겨라	넘기자
노랗다	노래	노랗다	노랗습니다	노랬다	노랗냐	노랗니	노랗구나	-	-
놀다	놀아	논다	놉니다	놀았다	노느냐	노니	노는구나	놀아라	놀자
놀라다	놀라	놀란다	놀랍니다	놀랐다	놀라느냐	놀라니	놀라는구나	-	-
놀랍다	놀라워	놀랍다	놀랍습니다	놀라웠다	놀라우냐	놀랍니	놀랍구나	-	-
놀리다	놀려	놀린다	놀립니다	놀렸다	놀리느냐	놀리니	놀리는구나	놀려라	놀리자
놓다	놓아	놓는다	놓습니다	놓았다	놓느냐	놓니	놓는구나	놓아라	놓자
누렇다	누레	누렇다	누렇습니다	누렜다	누렇냐	누렇니	누렇구나	-	-
누르다	눌러	누른다	누릅니다	눌렀다	누르느냐	누르니	누르는구나	눌러라	누르자
눕다	누워	눕는다	눕습니다	누웠다	눕느냐	눕니	눕는구나	누워라	눕자
느끼다	느껴	느낀다	느낍니다	느꼈다	느끼느냐	느끼니	느끼는구나	느껴라	느끼자
느리다	느려	느리다	느립니다	느렸다	느리냐	느리니	느리구나	-	-
늘다	늘어	는다	늡니다	늘었다	느느냐	느니	느는구나	-	-
다니다	다녀	다닌다	다닙니다	다녔다	다니느냐	다니니	다니는구나	다녀라	다니자
다다르다	다다라	다다른다	다다릅니다	다다랐다	다다르느냐	다다르니	다다르는구나	다다라라	다다르자
다르다	달라	다르다	다릅니다	달랐다	다르냐	다르니	다르구나	-	-
다치다	다쳐	다친다	다칩니다	다쳤다	다치느냐	다치니	다치는구나	다쳐라	다치자
달다1	달아	단다	답니다	달았다	다느냐	다니	다는구나	달아라	달자
달다2	달아	달다	답니다	달았다	다냐	다니	달구나	-	-
달리다	달려	달린다	달립니다	달렸다	달리느냐	달리니	달리는구나	달려라	달리자
담그다	담가	담근다	담급니다	담갔다	담그느냐	담그니	담그는구나	담가라	담그자
더럽다	더러워	더럽다	더럽습니다	더러웠다	더러우냐	더럽니	더럽구나	-	-
던지다	던져	던진다	던집니다	던졌다	던지느냐	던지니	던지는구나	던져라	던지자

표 5-1

단어	품사	예문	꾸미는 어미	연결어미					
			현재형	이유	원인	조건	대등연결	의도	반대
			-는/-ㄴ	-니까	-아서	-으면	-고	-려고	-지만
덜다	동사	밥을 덜다	더는	더니까	덜어서	덜면	덜고	덜려고	덜지만
덥다	형용사	날씨가 덥다	더운	더우니까	더워서	더우면	덥고	-	덥지만
돌다	동사	바퀴가 돌다	도는	도니까	돌아서	돌면	돌고	돌려고	돌지만
돕다	동사	친구를 돕다	돕는	도우니까	도와서	도우면	돕고	도우려고	돕지만
되다	동사	어른이 되다	되는	되니까	되어서	되면	되고	되려고	되지만
두껍다	형용사	옷이 두껍다	두꺼운	두꺼우니까	두꺼워서	두꺼우면	두껍고	-	두껍지만
두다	동사	책을 창고에 두다	두는	두니까	둬서	두면	두고	두려고	두지만
두렵다	형용사	앞날이 두렵다	두려운	두려우니까	두려워서	두려우면	두렵고	-	두렵지만
둥글다	형용사	얼굴이 둥글다	둥근	둥그니까	둥글어서	둥글면	둥글고	-	둥글지만
뒤지다	동사	주머니를 뒤지다	뒤지는	뒤지니까	뒤져서	뒤지면	뒤지고	뒤지려고	뒤지지만
드리다	동사	용돈을 드리다	드리는	드리니까	드려서	드리면	드리고	드리려고	드리지만
드물다	형용사	차편이 드물다	드문	드무니까	드물어서	드물면	드물고	-	드물지만
듣다	동사	음악을 듣다	듣는	들으니까	들어서	들으면	듣고	들으려고	듣지만
들다	동사	물건을 들다	드는	드니까	들어서	들면	들고	들려고	들지만
들르다	동사	은행에 들르다	들르는	들르니까	들러서	들르면	들르고	들르려고	들르지만
따르다	동사	술을 따르다	따르는	따르니까	따라서	따르면	따르고	따르려고	따르지만
떠나다	동사	고향을 떠나다	떠나는	떠나니까	떠나서	떠나면	떠나고	떠나려고	떠나지만
떠들다	동사	아이들이 떠들다	떠드는	떠드니까	떠들어서	떠들면	떠들고	떠들려고	떠들지만
떨다	동사	재를 떨다	떠는	떠니까	떨어서	떨면	떨고	떨려고	떨지만
뜨겁다	형용사	국물이 뜨겁다	뜨거운	뜨거우니까	뜨거워서	뜨거우면	뜨겁고	-	뜨겁지만
뜨다	동사	배가 물에 뜨다	뜨는	뜨니까	떠서	뜨면	뜨고	뜨려고	뜨지만
마르다	동사	몸이 마르다	마르는	마르니까	말라서	마르면	마르고	마르려고	마르지만
막다	동사	구멍을 막다	막는	막으니까	막아서	막으면	막고	막으려고	막지만
만나다	동사	친구를 만나다	만나는	만나니까	만나서	만나면	만나고	만나려고	만나지만
만들다	동사	옷을 만들다	만드는	만드니까	만들어서	만들면	만들고	만들려고	만들지만

표 5-2

단어	종결어미								
	평서				의문		감탄	명령	청유
	-아	-ㄴ다/-다	-습니다	-았다	-느냐/(으)냐	-니	-는구나	-어라/-아라	-자
덜다	덜어	던다	덥니다	덜었다	더느냐	더니	더는구나	덜어라	덜자
덥다	더워	덥다	덥습니다	더웠다	더우냐	덥니	덥구나	-	-
돌다	돌아	돈다	돕니다	돌았다	도느냐	도니	도는구나	돌아라	돌자
돕다	도와	돕는다	돕습니다	도왔다	돕느냐	돕니	돕는구나	도와라	돕자
되다	되어	된다	됩니다	되었다	되느냐	되니	되는구나	되어라	되자
두껍다	두꺼워	두껍다	두껍습니다	두꺼웠다	두꺼우냐	두껍니	두껍구나	-	-
두다	둬	둔다	둡니다	뒀다	두느냐	두니	두는구나	둬라	두자
두렵다	두려워	두렵다	두렵습니다	두려웠다	두렵냐	두렵니	두렵구나	-	-
둥글다	둥글어	둥글다	둥급니다	둥글었다	둥그냐	둥그니	둥글구나	-	-
뒤지다	뒤져	뒤진다	뒤집니다	뒤졌다	뒤지느냐	뒤지니	뒤지는구나	뒤져라	뒤지자
드리다	드려	드린다	드립니다	드렸다	드리느냐	드리니	드리는구나	드려라	드리자
드물다	드물어	드물다	드뭅니다	드물었다	드무냐	드무니	드물구나	-	-
듣다	들어	듣는다	듣습니다	들었다	듣느냐	듣니	듣는구나	들어라	듣자
들다	들어	든다	듭니다	들었다	드느냐	드니	드는구나	들어라	들자
들르다	들러	들른다	들릅니다	들렀다	들르느냐	들르니	들르는구나	들러라	들르자
따르다	따라	따른다	따릅니다	따랐다	따르느냐	따르니	따르는구나	따라라	따르자
떠나다	떠나	떠난다	떠납니다	떠났다	떠나느냐	떠나니	떠나는구나	떠나라	떠나자
떠들다	떠들어	떠든다	떠듭니다	떠들었다	떠드느냐	떠드니	떠드는구나	떠들어라	떠들자
떨다	떨어	떤다	떱니다	떨었다	떠느냐	떠니	떠는구나	떨어라	떨자
뜨겁다	뜨거워	뜨겁다	뜨겁습니다	뜨거웠다	뜨거우냐	뜨겁니	뜨겁구나	-	-
뜨다	떠	뜬다	뜹니다	떴다	뜨느냐	뜨니	뜨는구나	떠라	뜨자
마르다	말라	마른다	마릅니다	말랐다	마르느냐	마르니	마르는구나	말라라	마르자
막다	막아	막는다	막습니다	막았다	막느냐	막니	막는구나	막아라	막자
만나다	만나	만난다	만납니다	만났다	만나느냐	만나니	만나는구나	만나라	만나자
만들다	만들어	만든다	만듭니다	만들었다	만드느냐	만드니	만드는구나	만들어라	만들자

표 6-1

단어	품사	예문	꾸미는 어미	연결어미					
			현재형	이유	원인	조건	대등연결	의도	반대
			-는/-ㄴ	-니까	-아서	-으면	-고	-려고	-지만
말다	동사	김밥을 말다	마는	마니까	말아서	말면	말고	말려고	말지만
맞다1	동사	주사를 맞다	맞는	맞으니까	맞아서	맞으면	맞고	맞으려고	맞지만
맞다2	동사	답이 맞다	맞는	맞으니까	맞아서	맞으면	맞고	-	맞지만
맡다	동사	냄새를 맡다	맡는	맡으니까	맡아서	맡으면	맡고	맡으려고	맡지만
맵다	형용사	김치가 맵다	매운	매우니까	매워서	매우면	맵고	-	맵지만
머무르다	동사	한국에 머무르다	머무르는	머무르니까	머물러서	머무르면	머무르고	머무르려고	머무르지만
먹다	동사	밥을 먹다	먹는	먹으니까	먹어서	먹으면	먹고	먹으려고	먹지만
멀다	형용사	집에서 학교가 멀다	먼	머니까	멀어서	멀면	멀고	-	멀지만
멋지다	형용사	자동차가 멋지다	멋진	멋지니까	멋져서	멋지면	멋지고	-	멋지지만
모르다	동사	일본말을 모르다	모르는	모르니까	몰라서	모르면	모르고	-	모르지만
모으다	동사	돈을 모으다	모으는	모으니까	모아서	모으면	모으고	모으려고	모으지만
모자라다	동사	돈이 모자라다	모자라는	모자라니까	모자라서	모자라면	모자라고	-	모자라지만
몰다	동사	자동차를 몰다	모는	모니까	몰아서	몰면	몰고	몰려고	몰지만
무겁다	형용사	하마는 무겁다	무거운	무거우니까	무거워서	무거우면	무겁고	-	무겁지만
무섭다	형용사	선생님이 무섭다	무서운	무서우니까	무서워서	무서우면	무섭고	-	무섭지만
무찌르다	동사	적을 무찌르다	무찌르는	무찌르니까	무찔러서	무찌르면	무찌르고	무찌르려고	무찌르지만
문지르다	동사	얼굴을 문지르다	문지르는	문지르니까	문질러서	문지르면	문지르고	문지르려고	문지르지만
묻다1	동사	길을 묻다	묻는	물으니까	물어서	물으면	묻고	물으려고	묻지만
묻다2	동사	땅에 묻다	묻는	묻으니까	묻어서	묻으면	묻고	묻으려고	묻지만
물다	동사	한 입 물다	무는	무니까	물어서	물면	물고	물려고	물지만
미끄럽다	형용사	길이 미끄럽다	미끄러운	미끄러우니까	미끄러워서	미끄러우면	미끄럽고	-	미끄럽지만
미루다	동사	숙제를 미루다	미루는	미루니까	미루어서 /미뤄서	미루면	미루고	미루려고	미루지만
밀다	동사	앞사람을 밀다	미는	미니까	밀어서	밀면	밀고	밀려고	밀지만
밉다	형용사	친구가 밉다	미운	미우니까	미워서	미우면	밉고	-	밉지만
바꾸다	동사	돈을 바꾸다	바꾸는	바꾸니까	바꿔서	바꾸면	바꾸고	바꾸려고	바꾸지만

표 6-2

단어	종결어미								
	평서				의문		감탄	명령	청유
	-아	-ㄴ다/-다	-습니다	-았다	-느냐/(으)냐	-니	-는구나	-어라/-아라	-자
말다	말아	만다	맙니다	말았다	마느냐	마니	마는구나	말아라	말자
맞다1	맞아	맞는다	맞습니다	맞았다	맞느냐	맞니	맞는구나	맞아라	맞자
맞다2	맞아	맞다?	맞습니다	맞았다	맞느냐	맞니	맞는구나	-	-
맡다	맡아	맡는다	맡습니다	맡았다	맡느냐	맡니	맡는구나	맡아라	맡자
맵다	매워	맵다	맵습니다	매웠다	매우냐	맵니	맵구나	-	-
머무르다	머물러	머무른다	머무릅니다	머물렀다	머무르느냐	머무르니	머무르는구나	머물러라	머무르자
먹다	먹어	먹는다	먹습니다	먹었다	먹느냐	먹니	먹는구나	먹어라	먹자
멀다	멀어	멀다	멉니다	멀었다	머냐	머니	멀구나	-	-
멋지다	멋져	멋지다	멋집니다	멋졌다	멋지냐	멋지니	멋지구나	-	-
모르다	몰라	모른다	모릅니다	몰랐다	모르느냐	모르니	모르는구나	-	?모르자
모으다	모아	모은다	모읍니다	모았다	모으느냐	모으니	모으는구나	모아라	모으자
모자라다	모자라	모자란다	모자랍니다	모자랐다	모자라느냐	모자라니	모자라는구나	-	-
몰다	몰아	몬다	몹니다	몰았다	모느냐	모니	모는구나	몰아라	몰자
무겁다	무거워	무겁다	무겁습니다	무거웠다	무거우냐	무겁니	무겁구나	-	-
무섭다	무서워	무섭다	무섭습니다	무서웠다	무서우냐	무섭니	무섭구나	-	-
무찌르다	무찔러	무찌른다	무찌릅니다	무찔렀다	무찌르느냐	무찌르니	무찌르는구나	무찔러라	무찌르자
문지르다	문질러	문지른다	문지릅니다	문질렀다	문지르느냐	문지르니	문지르는구나	문질러라	문지르자
묻다1	물어	묻는다	묻습니다	물었다	묻느냐	묻니	묻는구나	물어라	묻자
묻다2	묻어	묻는다	묻습니다	묻었다	묻느냐	묻니	묻는구나	묻어라	묻자
물다	물어	문다	뭅니다	물었다	무느냐	무니	무는구나	물어라	물자
미끄럽다	미끄러워	미끄럽다	미끄럽습니다	미끄러웠다	미끄러우냐	미끄럽니	미끄럽구나	-	-
미루다	미뤄	미룬다	미룹니다	미루었다	미루느냐	미루니	미루는구나	미뤄라	미루자
밀다	밀어	민다	밉니다	밀었다	미느냐	미니	미는구나	밀어라	밀자
밉다	미워	밉다	밉습니다	미웠다	미우냐	밉니	밉구나	-	-
바꾸다	바꿔	바꾼다	바꿉니다	바꿨다	바꾸느냐	바꾸니	바꾸는구나	바꿔라	바꾸자

표 7-1

단어	품사	예문	꾸미는 어미	연결어미					
			현재형	이유	원인	조건	대등연결	의도	반대
			-는/-ㄴ	-니까	-아서	-으면	-고	-려고	-지만
바라다	동사	합격하기를 바라다	바라는	바라니까	바라서	바라면	바라고	바라려고	바라지만
바르다	동사	빵에 잼을 바르다	바르는	바르니까	발라서	바르면	바르고	바르려고	바르지만
바쁘다	형용사	월요일에 바쁘다	바쁜	바쁘니까	바빠서	바쁘면	바쁘고	-	바쁘지만
반갑다	형용사	만나서 반갑다	반가운	반가우니까	반가워서	반가우면	반갑고	-	반갑지만
배우다	동사	한국말을 배우다	배우는	배우니까	배워서	배우면	배우고	배우려고	배우지만
버리다	동사	쓰레기를 버리다	버리는	버리니까	버려서	버리면	버리고	비리려고	버리지만
베다	동사	베개를 베다	베는	베니까	베어서	베면	베고	베려고	베지만
보다	동사	영화를 보다	보는	보니까	보아서	보면	보고	보려고	보지만
뵈다	동사	선생님을 뵈다	-	뵈니까	뵈어서	뵈면	-	뵈려고	-
뵙다	동사	선생님을 뵙다	뵙는	-	-	-	뵙고	-	뵙지만
부끄럽다	형용사	실수를 해서 부끄럽다	부끄러운	부끄러우니까	부끄러워서	부끄러우면	부끄럽고	-	부끄럽지만
부드럽다	형용사	빵이 부드럽다	부드러운	부드러우니까	부드러워서	부드러우면	부드럽고	-	부드럽지만
부럽다	형용사	유미가 부럽다	부러운	부러우니까	부러워서	부러우면	부럽고	-	부럽지만
부르다1	동사	노래를 부르다	부르는	부르니까	불러서	부르면	부르고	부르려고	부르지만
부르다2	형용사	배가 부르다	부른	부르니까	불러서	부르면	부르고	-	부르지만
불다	동사	휘파람을 불다	부는	부니까	불어서	불면	불고	불려고	불지만
붓다	동사	물을 붓다	붓는	부으니까	부어서	부으면	붓고	부으려고	붓지만
비싸다	형용사	신발이 비싸다	비싼	비싸니까	비싸서	비싸면	비싸고	-	비싸지만
빌다	동사	소원을 빌다	비는	비니까	빌어서	빌면	빌고	빌려고	빌지만
빠르다	형용사	기차가 빠르다	빠른	빠르니까	빨라서	빠르면	빠르고	-	빠르지만
빨갛다	형용사	장미꽃이 빨갛다	빨간	빨가니까	빨개서	빨가면	빨갛고	-	빨갛지만
빨다	동사	손수건을 빨다	빠는	빠니까	빨아서	빨면	빨고	빨려고	빨지만
뿌옇다	형용사	하늘이 뿌옇다	뿌연	뿌여니까	뿌예서	뿌여면	뿌옇고	-	뿌옇지만
사납다	형용사	개가 사납다	사나운	사나우니까	사나워서	사나우면	사납고	-	사납지만
사다	동사	옷을 사다	사는	사니까	사서	사면	사고	사려고	사지만

표 7-2

단어	종결어미								
	평서				의문		감탄	명령	청유
	-아	-ㄴ다/-다	-습니다	-았다	느냐/(으)냐	-니	-는구나	-어라/-아라	-자
바라다	바라	바란다	바랍니다	바랐다	바라느냐	바라니	바라는구나	바라라	바라자
바르다	발라	바른다	바릅니다	발랐다	바르느냐	바르니	바르는구나	발라라	바르자
바쁘다	바빠	바쁘다	바쁩니다	바빴다	바쁘냐	바쁘니	바쁘구나	-	-
반갑다	반가워	반갑다	반갑습니다	반가웠다	반가우냐	반갑니	반갑구나	-	-
배우다	배워	배운다	배웁니다	배웠다	배우느냐	배우니	배우는구나	배워라	배우자
버리다	버려	버린다	버립니다	버렸다	버리느냐	버리니	버리는구나	버려라	버리자
베다	베어	벤다	벱니다	베었다	베느냐	베니	베는구나	베어라	베자
보다	보아/봐	본다	봅니다	보았다/봤다	보느냐	보니	보는구나	보아라/봐라	보자
뵈다	봬	-	-	뵈었다	-	-	-	뵈어라	-
뵙다	-	뵙는다	뵙습니다	-	뵙느냐	뵙니	뵙는구나	-	뵙자
부끄럽다	부끄러워	부끄럽다	부끄럽습니다	부끄러웠다	부끄러우냐	부끄럽니	부끄럽구나	-	-
부드럽다	부드러워	부드럽다	부드럽습니다	부드러웠다	부드러우냐	부드럽니	부드럽구나	-	-
부럽다	부러워	부럽다	부럽습니다	부러웠다	부러우냐	부럽니	부럽구나	-	-
부르다1	불러	부른다	부릅니다	불렀다	부르느냐	부르니	부르는구나	불러라	부르자
부르다2	불러	부르다	부릅니다	불렀다	부르냐	부르니	부르구나	-	-
불다	불어	분다	붑니다	불었다	부느냐	부니	부는구나	불어라	불자
붓다	부어	붓는다	붓습니다	부었다	붓느냐	붓니	붓는구나	부어라	붓자
비싸다	비싸	비싸다	비쌉니다	비쌌다	비싸냐	비싸니	비싸구나	-	-
빌다	빌어	빈다	빕니다	빌었다	비느냐	비니	비는구나	빌어라	빌자
빠르다	빨라	빠르다	빠릅니다	빨랐다	빠르냐	빠르니	빠르구나	-	-
빨갛다	빨개	빨갛다	빨갛습니다	빨갰다	빨갛냐	빨갛니	빨갛구나	-	-
빨다	빨아	빤다	빱니다	빨았다	빠느냐	빠니	빠는구나	빨아라	빨자
뿌옇다	뿌예	뿌옇다	뿌옇습니다	뿌옜다	뿌옇냐	뿌옇니	뿌옇구나	-	-
사납다	사나워	사납다	사납습니다	사나웠다	사나우냐	사납니	사납구나	-	-
사다	사	산다	삽니다	샀다	사느냐	사니	사는구나	사라	사자

표 8-1

단어	품사	예문	꾸미는 어미	연결어미					
			현재형	이유	원인	조건	대등연결	의도	반대
			-는/-ㄴ	-니까	-아서	-으면	-고	-려고	-지만
살다	동사	서울에서 살다	사는	사니까	살아서	살면	살고	살려고	살지만
새롭다	형용사	기분이 새롭다	새로운	새로우니까	새로워서	새로우면	새롭고	-	새롭지만
서다	동사	줄을 서다	서는	서니까	서서	서면	서고	서려고	서지만
서두르다	동사	아침에 서두르다	서두르는	서두르니까	서둘러서	서두르면	서두르고	서두르려고	서두르지만
서럽다	형용사	내 처지가 서럽다	서러운	서러우니까	서러워서	서러우면	서럽고	-	서럽지만
서툴다	형용사	한국말이 서툴다	서툰	서투니까	서툴어서	서툴면	서툴고	-	서툴지만
수줍다	형용사	유미는 수줍다	수줍은	수줍으니까	수줍어서	수줍으면	수줍고	-	수줍지만
쉬다1	동사	휴일에 집에서 쉬다	쉬는	쉬니까	쉬어서	쉬면	쉬고	쉬려고	쉬지만
쉬다2	동사	목소리가 쉬다	쉬는	쉬니까	쉬어서	쉬면	쉬고	쉬려고	쉬지만
쉽다	형용사	시험이 쉽다	쉬운	쉬우니까	쉬워서	쉬우면	쉽고	-	쉽지만
슬프다	형용사	영화가 슬프다	슬픈	슬프니까	슬퍼서	슬프면	슬프고	-	슬프지만
시끄럽다	형용사	아이들이 시끄럽다	시끄러운	시끄러우니까	시끄러워서	시끄러우면	시끄럽고	-	시끄럽지만
시키다	동사	공부를 시키다	시키는	시키니까	시켜서	시키면	시키고	시키려고	시키지만
싣다	동사	짐을 싣다	싣는	실으니까	실어서	실으면	싣고	실으려고	싣지만
싫어하다	동사	떡을 싫어하다	싫어하는	싫어하니까	싫어해서	싫어하면	싫어하고	싫어하려고	싫어하지만
싱겁다	형용사	국이 싱겁다	싱거운	싱거우니까	싱거워서	싱거우면	싱겁고	-	싱겁지만
싸다1	동사	가방을 싸다	싸는	싸니까	싸서	싸면	싸고	싸려고	싸지만
싸다2	형용사	값이 싸다	싼	싸니까	싸서	싸면	싸고	-	싸지만
싸우다	동사	친구와 싸우다	싸우는	싸우니까	싸워서	싸우면	싸우고	싸우려고	싸우지만
쌓다	동사	돌을 쌓다	쌓는	쌓으니까	쌓아서	쌓으면	쌓고	쌓으려고	쌓지만
쓰다1	동사	편지를 쓰다	쓰는	쓰니까	써서	쓰면	쓰고	쓰려고	쓰지만
쓰다2	형용사	약이 쓰다	쓴	쓰니까	써서	쓰면	쓰고	-	쓰지만
아깝다	형용사	돈이 아깝다	아까운	아까우니까	아까워서	아까우면	아깝고	-	아깝지만
아름답다	형용사	경치가 아름답다	아름다운	아름다우니까	아름다워서	아름다우면	아름답고	-	아름답지만
아프다	형용사	머리가 아프다	아픈	아프니까	아파서	아프면	아프고	-	아프지만

표 8-2

단어	종결어미								
	평서				의문		감탄	명령	청유
	-아	-ㄴ다/-다	-습니다	-았다	-느냐/(으)냐	-니	-는구나	-어라/-아라	-자
살다	살아	산다	삽니다	살았다	사느냐	사니	사는구나	살아라	살자
새롭다	새로워	새롭다	새롭습니다	새로웠다	새로우냐	새롭니	새롭구나	-	-
서다	서	선다	섭니다	섰다	서느냐	서니	서는구나	서라	서자
서두르다	서둘러	서두른다	서두릅니다	서둘렀다	서두르느냐	서두르니	서두르는구나	서둘러라	서두르자
서럽다	서러워	서럽다	서럽습니다	서러웠다	서러우냐	서럽니	서럽구나	-	-
서툴다	서툴러	서툴다	서툽니다	서툴었다	서투냐	서투니	서툴구나	-	-
수줍다	수줍어	수줍다	수줍습니다	수줍었다	수줍으냐	수줍니	수줍구나	-	-
쉬다1	쉬어	쉰다	쉽니다	쉬었다	쉬느냐	쉬니	쉬는구나	쉬어라	쉬자
쉬다2	쉬어	쉰다	쉽니다	쉬었다	쉬느냐	쉬니	쉬는구나	-	-
쉽다	쉬워	쉽다	쉽습니다	쉬웠다	쉬우냐	쉽니	쉽구나	-	-
슬프다	슬퍼	슬프다	슬픕니다	슬펐다	슬프냐	슬프니	슬프구나	-	-
시끄럽다	시끄러워	시끄럽다	시끄럽습니다	시끄러웠다	시끄러우냐	시끄럽니	시끄럽구나	-	-
시키다	시켜	시킨다	시킵니다	시켰다	시키느냐	시키니	시키는구나	시켜라	시키자
신다	신어	신는다	신습니다	신었다	신느냐	신니	신는구나	신어라	신자
싫어하다	싫어해	싫어한다	싫어합니다	싫어했다	싫어하느냐	싫어하니	싫어하는구나	?싫어해라	?싫어하자
싱겁다	싱거워	싱겁다	싱겁습니다	싱거웠다	싱거우냐	싱겁니	싱겁구나	-	-
싸다1	싸	싼다	쌉니다	쌌다	싸느냐	싸니	싸는구나	싸라	싸자
싸다2	싸	싸다	쌉니다	쌌다	싸냐	싸니	싸구나	-	-
싸우다	싸워	싸운다	싸웁니다	싸웠다	싸우느냐	싸우니	싸우는구나	싸워라	싸우자
쌓다	쌓아	쌓는다	쌓습니다	쌓았다	쌓느냐	쌓니	쌓는구나	쌓아라	쌓자
쓰다1	써	쓴다	씁니다	썼다	쓰느냐	쓰니	쓰는구나	써라	쓰자
쓰다2	써	쓰다	씁니다	썼다	쓰냐	쓰니	쓰구나	-	-
아깝다	아까워	아깝다	아깝습니다	아까웠다	아까우냐	아깝니	아깝구나	-	-
아름답다	아름다워	아름답다	아름답습니다	아름다웠다	아름다우냐	아름답니	아름답구나	-	-
아프다	아파	아프다	아픕니다	아팠다	아프냐	아프니	아프구나	-	-

표 9-1

단어	품사	예문	꾸미는 어미	연결어미					
			현재형	이유	원인	조건	대등연결	의도	반대
			-는/-ㄴ	-니까	-아서	-으면	-고	-려고	-지만
안타깝다	형용사	이별이 안타깝다	안타까운	안타까우니까	안타까워서	안타까우면	안타깝고	-	안타깝지만
알다	동사	유미를 알다	아는	아니까	알아서	알면	알고	알려고	알지만
어둡다	형용사	방 안이 어둡다	어두운	어두우니까	어두워서	어두우면	어둡고	-	어둡지만
어떻다	형용사	모습이 어떻다	어떤	어떠니까	어때서	어떠면	어떻고	-	어떻지만
어렵다	형용사	시험이 어렵다	어려운	어려우니까	어려워서	어려우면	어렵고	-	어렵지만
어리다	형용사	나이가 어리다	어린	어리니까	어려서	어리면	어리고	-	어리지만
어울리다	동사	유미와 진수가 잘 어울리다	어울리는	어울리니까	어울려서	어울리면	어울리고	어울리려고	어울리지만
어지럽다	형용사	머리가 어지럽다	어지러운	어지러우니까	어지러워서	어지러우면	어지럽고	-	어지럽지만
얼다	동사	물이 얼다	어는	어니까	얼어서	얼면	얼고	얼려고	얼지만
여쭈다	동사	선생님께 여쭈다	여쭈는	여쭈니까	여쭈어서 /여쭤서	여쭈면	여쭈고	여쭈려고	여쭈지만
열다	동사	문을 열다	여는	여니까	열어서	열면	열고	열려고	열지만
예쁘다	형용사	얼굴이 예쁘다	예쁜	예쁘니까	예뻐서	예쁘면	예쁘고	-	예쁘지만
오다	동사	집에 오다	오는	오니까	와서	오면	오고	오려고	오지만
오르다	동사	산에 오르다	오르는	오르니까	올라서	오르면	오르고	오르려고	오르지만
오리다	동사	가위로 종이를 오리다	오리는	오리니까	오려서	오리면	오리고	오리려고	오리지만
외롭다	형용사	혼자라서 외롭다	외로운	외로우니까	외로워서	외로우면	외롭고	-	외롭지만
외우다	동사	단어를 외우다	외우는	외우니까	외워서	외우면	외우고	외우려고	외우지만
우습다	형용사	코미디가 우습다	우스운	우스우니까	우스워서	우스우면	우습고	-	우습지만
울다	동사	아기가 울다	우는	우니까	울어서	울면	울고	울려고	울지만
웃기다	동사	친구를 웃기다	웃기는	웃기니까	웃겨서	웃기면	웃기고	웃기려고	웃기지만
이렇다	형용사	사연이 이렇다	이런	이러니까	이래서	이러면	이렇고	-	이렇지만
이르다	형용사	시간이 이르다	이른	이르니까	일러서	이르면	이르고	-	이르지만
일어나다	동사	새벽에 일어나다	일어나는	일어나니까	일어나서	일어나면	일어나고	일어나려고	일어나지만
일하다	동사	날마다 일하다	일하는	일하니까	일하여서 /일해서	일하면	일하고	일하려고	일하지만
잃어버리다	동사	지갑을 잃어버리다	잃어버리는	잃어버리니까	잃어버려서	잃어버리면	잃어버리고	잃어버리려고	잃어버리지만

표 9-2

단어	종결어미								
	평서				의문		감탄	명령	청유
	-아	-ㄴ다/-다	-습니다	-았다	-느냐/(으)냐	-니	-는구나	-어라/-아라	-자
안타깝다	안타까워	안타깝다	안타깝습니다	안타까웠다	안타까우냐	안타깝니	안타깝구나	-	-
알다	알아	안다	압니다	알았다	아느냐	아니	아는구나	알아라	알자
어둡다	어두워	어둡다	어둡습니다	어두웠다	어두우냐	어둡니	어둡구나	-	-
어떻다	어때	어떻다	어떻습니다	어땠다	어떻냐	어떻니	-	-	-
어렵다	어려워	어렵다	어렵습니다	어려웠다	어려우냐	어렵니	어렵구나	-	-
어리다	어려	어리다	어립니다	어렸다	어리냐	어리니	어리구나	-	-
어울리다	어울려	어울린다	어울립니다	어울렸다	어울리느냐	어울리니	어울리는구나	어울려라	어울리자
어지럽다	어지러워	어지럽다	어지럽습니다	어지러웠다	어지러우냐	어지럽니	어지럽구나	-	-
얼다	얼어	언다	업니다	얼었다	어느냐	어니	어는구나	얼어라	-
여쭈다	여쭈어/여쭤	여쭌다	여쭙니다	여쭈었다/여쭸다	여쭈느냐	여쭈니	여쭈는구나	여쭈어라/여쭤라	여쭈자
열다	열어	연다	엽니다	열었다	여느냐	여니	여는구나	열어라	열자
예쁘다	예뻐	예쁘다	예쁩니다	예뻤다	예쁘냐	예쁘니	예쁘구나	-	-
오다	와	온다	옵니다	왔다	오느냐	오니	오는구나	와라	오자
오르다	올라	오른다	오릅니다	올랐다	오르느냐	오르니	오르는구나	올라라	오르자
오리다	오려	오린다	오립니다	오렸다	오리느냐	오리니	오리는구나	오려라	오리자
외롭다	외로워	외롭다	외롭습니다	외로웠다	외로우냐	외롭니	외롭구나	-	-
외우다	외워	외운다	외웁니다	외웠다	외우느냐	외우니	외우는구나	외워라	외우자
우습다	우스워	우습다	우습습니다	우스웠다	우스우냐	우습니	우습구나	-	-
울다	울어	운다	웁니다	울었다	우느냐	우니	우는구나	울어라	울자
웃기다	웃겨	웃긴다	웃깁니다	웃겼다	웃기느냐	웃기니	웃기는구나	웃겨라	웃기자
이렇다	이래	이렇다	이렇습니다	이랬다	이렇냐	이렇니	이렇구나	-	-
이르다	일러	이르다	이릅니다	일렀다	이르냐	이르니	이르구나	-	-
일어나다	일어나	일어난다	일어납니다	일어났다	일어나느냐	일어나니	일어나는구나	일어나라	일어나자
일하다	일해	일한다	일합니다	일하였다/일했다	일하느냐	일하니	일하는구나	일하여라/일해라	일하자
잃어버리다	잃어버려	잃어버린다	잃어버립니다	잃어버렸다	잃어버리느냐	잃어버리니	잃어버리는구나	-	-

표 10-1

단어	품사	예문	꾸미는 어미	연결어미					
			현재형	이유	원인	조건	대등연결	의도	반대
			-는/-ㄴ	-니까	-아서	-으면	-고	-려고	-지만
잇다	동사	줄을 잇다	잇는	이으니까	이어서	이으면	잇고	이으려고	잇지만
자다	동사	잠을 자다	자는	자니까	자서	자면	자고	자려고	자지만
자라다	동사	채소가 자라다	자라는	자라니까	자라서	자라면	자라고	자라려고	자라지만
자르다	동사	종이를 자르다	자르는	자르니까	잘라서	자르면	자르고	자르려고	자르지만
잠그다	동사	문을 잠그다	잠그는	잠그니까	잠가서	잠그면	잠그고	잠그려고	잠그지만
잡다	동사	손을 잡다	잡는	잡으니까	잡아서	잡으면	잡고	잡으려고	잡지만
저렇다	형용사	저 사람이 저렇다	저런	저러니까	저래서	저러면	저렇고	-	저렇지만
접다	동사	종이를 접다	접는	접으니까	접어서	접으면	접고	접으려고	접지만
젓다	동사	커피를 젓다	젓는	저으니까	저어서	저으면	젓고	저으려고	젓지만
정답다	형용사	사람들이 정답다	정다운	정다우니까	정다워서	정다우면	정답고	-	정답지만
조그맣다	형용사	아이가 조그맣다	조그만	조그마니까	조그매서	조그마면	조그맣고	-	조그맣지만
조르다	동사	엄마를 조르다	조르는	조르니까	졸라서	조르면	조르고	조르려고	조르지만
졸다	동사	교실에서 졸다	조는	조니까	졸아서	졸면	졸고	졸려고	졸지만
좋아하다	동사	꽃을 좋아하다	좋아하는	좋아하니까	좋아하여서/좋아해서	좋아하면	좋아하고	좋아하려고	좋아하지만
주다	동사	선물을 주다	주는	주니까	주어서/줘서	주면	주고	주려고	주지만
주무르다	동사	어깨를 주무르다	주무르는	주무르니까	주물러서	주무르면	주무르고	주무르려고	주무르지만
줍다	동사	휴지를 줍다	줍는	주우니까	주워서	주우면	줍고	주우려고	줍지만
즐겁다	형용사	휴가가 즐겁다	즐거운	즐거우니까	즐거워서	즐거우면	즐겁고	-	즐겁지만
지다	동사	우리 팀이 지다	지는	지니까	져서	지면	지고	지려고	지지만
지르다	동사	소리를 지르다	지르는	지르니까	질러서	지르면	지르고	지르려고	지르지만
짓다	동사	집을 짓다	짓는	지으니까	지어서	지으면	짓고	지으려고	짓지만
짜다1	동사	빨래를 짜다	짜는	짜니까	짜서	짜면	짜고	짜려고	짜지만
짜다2	형용사	국이 짜다	짠	짜니까	짜서	짜면	짜고	-	짜지만
찌다	동사	빵을 찌다	찌는	찌니까	쪄서	찌면	찌고	찌려고	찌지만
찌르다	동사	눈을 찌르다	찌르는	찌르니까	찔러서	찌르면	찌르고	찌르려고	찌르지만

표 10-2

단어	종결어미								
	평서				의문		감탄	명령	청유
	-아	-ㄴ다/-다	-습니다	-았다	-느냐/(으)냐	-니	-는구나	-어라/-아라	-자
잇다	이어	잇는다	잇습니다	이었다	잇느냐	잇니	잇는구나	이어라	잇자
자다	자	잔다	잡니다	잤다	자느냐	자니	자는구나	자라	자자
자라다	자라	자란다	자랍니다	자랐다	자라느냐	자라니	자라는구나	자라라	자라자
자르다	잘라	자른다	자릅니다	잘랐다	자르느냐	자르니	자르는구나	잘라라	자르자
잠그다	잠가	잠근다	잠급니다	잠갔다	잠그느냐	잠그니	잠그는구나	잠가라	잠그자
잡다	잡아	잡는다	잡습니다	잡았다	잡느냐	잡니	잡는구나	잡아라	잡자
저렇다	저래	저렇다	저렇습니다	저랬다	저렇냐	저렇니	저렇구나	-	-
접다	접어	접는다	접습니다	접었다	접느냐	접니	접는구나	접어라	접자
젓다	저어	젓는다	젓습니다	저었다	젓느냐	젓니	젓는구나	저어라	젓자
정답다	정다워	정답다	정답습니다	정다웠다	정다우냐	정답니	정답구나	-	-
조그맣다	조그매	조그맣다	조그맣습니다	조그맸다	조그맣냐	조그맣니	조그맣구나	-	-
조르다	졸라	조른다	조릅니다	졸랐다	조르느냐	조르니	조르는구나	졸라라	조르자
졸다	졸아	존다	좁니다	졸았다	조느냐	조니	조는구나	졸아라	졸자
좋아하다	좋아해	좋아한다	좋아합니다	좋아하였다/좋아했다	좋아하느냐	좋아하니	좋아하는구나	좋아하여라/좋아해라	좋아하자
주다	줘	준다	줍니다	주었다/줬다	주느냐	주니	주는구나	주어라/줘라	주자
주무르다	주물러	주무른다	주무릅니다	주물렀다	주무르느냐	주무르니	주무르는구나	주물러라	주무르자
줍다	주워	줍는다	줍습니다	주웠다	줍느냐	줍니	줍는구나	주워라	줍자
즐겁다	즐거워	즐겁다	즐겁습니다	즐거웠다	즐거우냐	즐겁니	즐겁구나	-	-
지다	져	진다	집니다	졌다	지느냐	지니	지는구나	져라	지자
지르다	질러	지른다	지릅니다	질렀다	지르느냐	지르니	지르는구나	질러라	지르자
짓다	지어	짓는다	짓습니다	지었다	짓느냐	짓니	짓는구나	지어라	짓자
짜다1	짜	짠다	짭니다	짰다	짜느냐	짜니	짜는구나	짜라	짜자
짜다2	짜	짜다	짭니다	짰다	짜냐	짜니	짜구나	-	-
찌다	쪄	찐다	찝니다	쪘다	찌느냐	찌니	찌는구나	쪄라	찌자
찌르다	찔러	찌른다	찌릅니다	찔렀다	찌르느냐	찌르니	찌르는구나	찔러라	찌르자

표 11-1

단어	품사	예문	꾸미는 어미	연결어미					
			현재형	이유	원인	조건	대등연결	의도	반대
			-는/-ㄴ	-니까	-아서	-으면	-고	-려고	-지만
차갑다	형용사	바람이 차갑다	차가운	차가우니까	차가워서	차가우면	차갑고	-	차갑지만
차다	동사	공을 차다	차는	차니까	차서	차면	차고	차려고	차지만
춥다	형용사	날씨가 춥다	추운	추우니까	추워서	추우면	춥고	-	춥지만
치다	동사	어깨를 치다	치는	치니까	쳐서	치면	치고	치려고	치지만
치르다	동사	시험을 치르다	치르는	치르니까	치러서	치르면	치르고	치르려고	치르지만
커다랗다	형용사	덩치가 커다랗다	커다란	커다라니까	커다래서	커다라면	커다랗고	-	커다랗지만
크다	형용사	키가 크다	큰	크니까	커서	크면	크고	-	크지만
타다	동사	버스에 타다	타는	타니까	타서	타면	타고	타려고	타지만
타이르다	동사	학생을 타이르다	타이르는	타이르니까	타일러서	타이르면	타이르고	타이르려고	타이르지만
태우다	동사	나무를 태우다	태우는	태우니까	태워서	태우면	태우고	태우려고	태우지만
털다	동사	먼지를 털다	터는	터니까	털어서	털면	털고	털려고	털지만
트다	동사	겨울에 입술이 트다	트는	트니까	터서	트면	트고	트려고	트지만
파다	동사	구덩이를 파다	파는	파니까	파서	파면	파고	파려고	파지만
파랗다	형용사	하늘이 파랗다	파란	파라니까	파래서	파라면	파랗고	-	파랗지만
펴다	동사	손을 펴다	펴는	펴니까	펴서	펴면	펴고	펴려고	펴지만
푸다	동사	국을 푸다	푸는	푸니까	퍼서	푸면	푸고	푸려고	푸지만
푸르다	동사	산이 푸르다	푸른	푸르니까	푸르러서	푸르면	푸르고	-	푸르지만
피우다	동사	담배를 피우다	피우는	피우니까	피워서	피우면	피우고	피우려고	피우지만
하다	동사	공부를 하다	하는	하니까	하여서/해서	하면	하고	하려고	하지만
학생답다	형용사	유미는 학생답다	학생다운	학생다우니까	학생다워서	학생다우면	학생답고	-	학생답지만
해롭다	형용사	담배는 몸에 해롭다	해로운	해로우니까	해로워서	해로우면	해롭고	-	해롭지만
흐르다	동사	강물이 흐르다	흐르는	흐르니까	흘러서	흐르면	흐르고	-	흐르지만
흐리다	형용사	날씨가 흐리다	흐린	흐리니까	흐려서	흐리면	흐리고	-	흐리지만
흥겹다	형용사	음악이 흥겹다	흥겨운	흥겨우니까	흥겨워서	흥겨우면	흥겹고	-	흥겹지만
힘쓰다	동사	공부에 힘쓰다	힘쓰는	힘쓰니까	힘써서	힘쓰면	힘쓰고	힘쓰려고	힘쓰지만

표 11-2

단어	종결어미								
	평서				의문		감탄	명령	청유
	-아	-ㄴ다/-다	-습니다	-았다	-느냐/(으)냐	-니	-는구나	-어라/-아라	-자
차갑다	차가워	차갑다	차갑습니다	차가웠다	차가우냐	차갑니	차갑구나	-	-
차다	차	찬다	찹니다	찼다	차느냐	차니	차는구나	차라	차자
춥다	추워	춥다	춥습니다	추웠다	추우냐	춥니	춥구나	-	-
치다	쳐	친다	칩니다	쳤다	치냐	치니	치는구나	쳐라	치자
치르다	치러	치른다	치릅니다	치렀다	치르느냐	치르니	치르는구나	치러라	치르자
커다랗다	커다래	커다랗다	커다랗습니다	커다랬다	커다랗냐	커다랗니	커다랗구나	-	-
크다	커	크다	큽니다	컸다	크냐	크니	크구나	-	-
타다	타	탄다	탑니다	탔다	타느냐	타니	타는구나	타라	타자
타이르다	타일러	타이른다	타이릅니다	타일렀다	타이르느냐	타이르니	타이르는구나	타일러라	타이르자
태우다	태워	태운다	태웁니다	태웠다	태우느냐	태우니	태우는구나	태워라	태우자
털다	털어	턴다	텁니다	털었다	터느냐	터니	터는구나	털어라	털자
트다	터	튼다	틉니다	텄다	트느냐	트니	트는구나	-	-
파다	파	판다	팝니다	팠다	파느냐	파니	파는구나	파라	파자
파랗다	파래	파랗다	파랗습니다	파랬다	파랗냐	파랗니	파랗구나	-	-
펴다	펴	편다	폅니다	폈다	펴느냐	펴니	펴는구나	펴라	펴자
푸다	퍼	푼다	풉니다	펐다	푸느냐	푸니	푸는구나	퍼라	푸자
푸르다	푸르러	푸르다	푸릅니다	푸르렀다	푸르냐	푸르니	푸르구나	-	-
피우다	피워	피운다	피웁니다	피웠다	피우느냐	피우니	피우는구나	피워라	피우자
하다	해	한다	합니다	하였다/했다	하느냐	하니	하는구나	하여라/해라	하자
학생답다	학생다워	학생답다	학생답습니다	학생다웠다	학생다우냐	학생답니	학생답구나	-	-
해롭다	해로워	해롭다	해롭습니다	해로웠다	해로우냐	해롭니	해롭구나	-	-
흐르다	흘러	흐른다	흐릅니다	흘렀다	흐르느냐	흐르니	흐르는구나	흘러라	흐르자
흐리다	흐려	흐리다	흐립니다	흐렸다	흐리냐	흐리니	흐리구나	-	-
흥겹다	흥겨워	흥겹다	흥겹습니다	흥겨웠다	흥겨우냐	흥겹니	흥겹구나	-	-
힘쓰다	힘써	힘쓴다	힘씁니다	힘썼다	힘쓰느냐	힘쓰니	힘쓰는구나	힘써라	힘쓰자

부록 2 : 조사 겹침 목록과 예

조사	결합 정보	예문
과는	과 + 는	꿈은 현실과는 다르다.
과도	과 + 도	분홍색은 파란색과도 잘 어울려요.
과만	과 + 만	그 옷은 검정색과만 입지 마.
과의	과 + 의	미국과의 협력 관계를 유지해야만 한다.
까지가	까지 + 가	그 사람 말은 어디까지가 사실이에요?
까지나	까지 + 나	언제까지나 사랑할 거예요.
까지는	까지 + 는	늦어도 토요일까지는 과제를 제출하세요.
까지도	까지 + 도	한자까지도 배워요.
까지로	까지 + 로	이번 업무는 올해 말까지로 합니다.
까지를	까지 + 를	유미는 백까지를 셀 수 있다.
까지만	까지 + 만	찌개 나올 때까지만 기다리세요.
까지밖에	까지 + 밖에	파도가 높아서 앞에 보이는 섬까지밖에 못 가요.
까지보다	까지 + 보다	너네 집이 여기서부터 서울까지보다 더 멀어?
까지뿐	까지 + 뿐	내가 할 수 있는 것은 여기까지뿐이야.
까지에	까지 + 에	월요일부터 목요일까지에 시험을 봐야 해요.
까지에는	까지 + 에 + 는	연말까지에는 그 일이 끝납니다.
까지와	까지 + 와	지금까지와 동일하게 그 일을 처리해 주세요.
까지와는	까지 + 와 + 는	진수는 아까까지와는 다르게 화를 냈다.
까지의	까지 + 의	1에서 9까지의 수
까진	까지 + ㄴ	현재까진 우리가 지고 있어요.
께는	께 + 는	할아버지께는 존대말을 써요.
께로	께 + 로	선생님께로 가세요.
께로만	께 + 로 + 만	김 선생님께로만 우편물이 온다.
께서는	께서 + 는	어머니께서는 신문을 보세요.
께서도	께서 + 도	선생님께서도 집에 갑니다.
께서만	께서 + 만	아주머니께서만 알고 계세요.
께서야	께서 + 야	김 선생님께서야 하실 일이 없지요.
께서와	께서 + 와	김 선생님께서와 제 동생한테서 편지가 왔어요.

조사	결합 정보	예문
께선	께서 + ㄴ	어머니께선 신문을 보세요.
나마도	나마 + 도	작별인사나마도 하지 못했어요.
대로가	대로 + 가	지금 그대로가 좋아요.
대로는	대로 + 는	저 나름대로는 열심히 공부했어요.
대로만	대로 + 만	내 말대로만 해.
대로의	대로 + 의	저도 제 나름대로의 생각이 있어요.
더러는	더러 + 는	진수더러는 청소를 하라고 했어요.
더러도	더러 + 도	유미더러도 같이 가자고 해요.
로는	로 + 는	제가 알기로는 마이클 씨는 회사에 다닌대요.
로부터	로 + 부터	내일 시험을 본다고 친구로부터 들었어요.
로서는	로서 + 는	저로서는 최선을 다한 거예요.
로서도	로서 + 도	제주도는 피서지로서도 좋아요.
로서야	로서 + 야	유미로서야 가고 싶겠지요.
로서의	로서 + 의	아내로서의 역할
론	로 + ㄴ	전화론 말 못하겠어요.
를더러	를 + 더러	널더러 뭐래니?
를더러는	를 + 더러 + 는	널더러는 뭘 도와 달라고 하디?
를보고	를 + 보고	나를 보고 바보래.
마다가	마다 + 가	저마다가 한 마디 하느라고 너무 시끄러웠다.
마다에	마다 + 에	아파트 건물마다에 음식물 쓰레기통이 있다.
마저도	마저 + 도	진수마저도 시험을 못 봤어요.
만도	만 + 도	가족이지만 이웃집 사람만도 못하다.
만으로	만 + 으로	저는 이 책만으로 공부했어요.
만으로는	만 + 으로 + 는	제주도에 가려면 이 돈만으로는 부족하다.
만으로도	만 + 으로 + 도	유미를 만난다는 생각만으로도 기분이 좋아져요.
만은	만 + 은	이것만은 기억하세요.
만을	만 + 을	나만을 걱정하는 부모님
만의	만 + 의	혼자만의 생각
만이	만 + 이	공부한 사람만이 시험을 잘 볼 수 있어요.
만이라도	만 + 이라도	한 달에 한 번만이라도 집에 오너라.

조사	결합 정보	예문
만큼도	만큼 + 도	저는 털끝만큼도 잘못이 없어요.
만큼만	만큼 + 만	진수만큼만 공부하면 일등할 거예요.
만큼밖에	만큼 + 밖에	손톱만큼밖에 없어요.
만큼은	만큼 + 은	오늘만큼은 그런 이야기를 하지 맙시다.
만큼을	만큼 + 을	내가 진수만큼을 할 수 있을까?
만큼의	만큼 + 의	진수는 이번 시험에서 기대만큼의 점수를 받지 못했다.
만큼이나	만큼 + 이나	아빠 키만큼이나 자란 대성이
만큼이라도	만큼 + 이라도	진수가 이만큼이라도 건강한 건 보약 덕분이다.
말고는	말고 + 는	서울에 너말고는 아는 사람이 없어.
말고도	말고 + 도	우리말고도 다른 사람들이 많이 왔다.
밖에는	밖에 + 는	그 일을 아는 사람은 너밖에는 없어.
밖에도	밖에 + 도	너밖에도 그 일을 할 사람은 많다.
보다는	보다 + 는	저는 빵보다는 떡이 좋아요.
보다도	보다 + 도	나보다도 우리 부모님이 걱정이야.
보다야	보다 + 야	도시보다야 시골이 공기가 좋지요.
부터가	부터 + 가	유미는 말씨부터가 남과 달랐다.
부터는	부터 + 는	오늘부터는 수업을 10시 30분에 시작합니다.
부터라도	부터 + 라도	내일부터라도 지각하지 마세요.
부터의	부터 + 의	어렸을 때부터의 친구
뿐만	뿐 + 만	중국어뿐만 아니라 일본어도 잘 한다.
뿐만은	뿐 + 만 + 은	올봄에 취직을 못한 사람이 진수뿐만은 아니다.
뿐만이	뿐 + 만 + 이	나뿐만이 아니라 모든 학생들이 웃었다.
뿐이	뿐 + 이	진수뿐이 아니고 다른 학생들도 숙제를 해 오지 않았다.
서나	서 + 나	이런 공연은 서울서나 볼 수 있다.
서는	서 + 는	이런 공기는 서울서는 생각도 못해요.
서도	서 + 도	일본서도 한국의 매운 음식이 인기라고 한다.
서만	서 + 만	이것은 일본서만 볼 수 있는 풍경이다.
서만의	서 + 만 + 의	이건 여기서만의 혜택이야.
서부터	서 + 부터	여기서부터 걸어가세요.
서부터는	서 + 부터 + 는	여기서부터는 혼자 가세요.

조사	결합 정보	예문
에게가	에게 + 가	학생에게가 아니라 선생님에게 말씀 드리세요.
에게까지	에게 + 까지	대성이가 진수에게까지 화를 냈어요.
에게까지도	에게 + 까지 + 도	유미에게까지도 그 소문이 들어갔어요.
에게나	에게 + 나	그런 소원은 신에게나 빌어야 해요.
에게는	에게 + 는	동생에게는 말하지 않았어요.
에게다	에게 + 다	친구에게다 편지를 썼어요.
에게다가	에게 + 다가	그는 아내에게다가 화를 냈어요.
에게도	에게 + 도	친구에게도 오라고 하세요.
에게라도	에게 + 라도	누구에게라도 그런 일을 너무 어려워요.
에게로	에게 + 로	진수는 유미에게로 천천히 걸어갔다.
에게로까지	에게 + 로 + 까지	진수에게로까지 그 소문이 들어갔다.
에게마저도	에게 + 마저 + 도	진수에게마저도 거짓말을 할 셈이니?
에게만	에게 + 만	나에게만 살짝 말해.
에게만은	에게 + 만 + 은	어머니에게만은 사실대로 말하겠어요.
에게만큼은	에게 + 만큼 + 은	아내에게만큼은 솔직했다.
에게서	에게 + 서	어제 친구에게서 이메일이 왔어요.
에게서는	에게 + 서 + 는	그 사람에게서는 연락이 없어요.
에게서도	에게 + 서 + 도	유미에게서도 연락이 없어요.
에게야	에게 + 야	영숙이에게야 연락했겠지요.
에게조차	에게 + 조차	마이클 씨는 어머니에게조차 알리지 말라고 했어요.
에까지	에 + 까지	김 선생님 목소리는 교실 밖에까지 들려요.
에까지는	에 + 까지 + 는	진수의 실력은 금메달에까지는 못 미쳐요.
에까지도	에 + 까지 + 도	그의 작품은 현대에까지도 영향을 미친다.
에나	에 + 나	다음 달에나 결혼식을 할까 해요.
에는	에 + 는	내년에는 고향에 가려고 해요.
에다	에 + 다	길에다 휴지를 버리면 안 돼요.
에다가	에 + 다가	감기에다가 두통까지 있어요.
에다까지	에다 + 까지	이제는 벽에다까지 낙서를 했다.
에도	에 + 도	추운 날씨에도 산책을 가요.
에라도	에 + 라도	병원에라도 다녀오세요.

조사	결합 정보	예문
에라야	에 + 라야	졸업한 뒤에라야 취직을 합니다.
에를	에 + 를	너 혼자 걸어서 학교에를 갔다고?
에만	에 + 만	승늉은 한국에만 있는 음식이다.
에만도	에 + 만 + 도	한국말을 배우는 외국 사람이 우리 학원에만도 백 명쯤 있다.
에만은	에 + 만 + 은	편지에만은 그런 말을 쓰지 않는다.
에서가	에서 + 가	텔레비전에서가 아니라 라디오에서 그 뉴스를 들었어요.
에서까지	에서 + 까지	그 가수를 만나기 위해 대구에서까지 왔어요.
에서까지도	에서 + 까지 + 도	신문에서까지도 마이클의 이야기를 다루었다.
에서나	에서 + 나	유미는 어디에서나 눈에 잘 띄어요.
에서나마	에서 + 나마	집에서나마 좀 편히 쉬세요.
에서는	에서 + 는	중국에서는 요즘 한국 여배우들의 인기가 많다.
에서도	에서 + 도	집에서도 한국말을 연습하세요.
에서라도	에서 + 라도	학교에서라도 숙제를 하세요.
에서라야	에서 + 라야	집에서라야 공부가 잘 돼요.
에서마저	에서 + 마저	사무실에서마저 담배를 피면 어떡해요?
에서만	에서 + 만	서울에서만 이 교통카드를 쓸 수 있어요.
에서만도	에서 + 만 + 도	제인은 서울에서만도 3년을 살았어요.
에서만은	에서 + 만 + 은	집에서만은 영어로 말하고 싶어요.
에서만의	에서 + 만 + 의	이 문제는 비단 우리 집에서만의 문제가 아니다.
에서만이	에서 + 만 + 이	물가가 오르는 것은 한국에서만이 아니다.
에서만큼은	에서 + 만큼 + 은	이번 일에서만큼은 잘잘못을 따져야 합니다.
에서밖에	에서 + 밖에	팬더는 동물원에서밖에 볼 수 없어요.
에서보다	에서 + 보다	마이클은 학교에서보다 회사에서 한국말을 더 많이 해요.
에서부터	에서 + 부터	머리에서부터 발끝까지
에서부터의	에서 + 부터 + 의	부산에서부터의 거리를 쟀다.
에서뿐만	에서 + 뿐 + 만	그런 일은 영화에서뿐만 아니라 현실에서도 일어난다.
에서뿐만이	에서+뿐+만+이	영화에서뿐만이 아니라 현실에서도 그렇다
에서야	에서 + 야	집에서야 양말을 벗어도 됩니다.
에서와	에서 + 와	그림에서와 같이/달리
에서와는	에서 + 와 + 는	영화에서와는 달리 그런 일이 일어나지 않았다.

조사	결합 정보	예문
에서의	에서 + 의	집 안에서의 안전사고 발생율은 생각보다 높다.
에서조차	에서 + 조차	집에서조차 마음이 편하지 않아요.
에서조차도	에서 + 조차 + 도	집에서조차도 잠을 잘 수 없어요.
에서처럼	에서 + 처럼	집에서처럼 마음이 편해요.
에야	에 + 야	10시에야 일어났어요.
에야말로	에 + 야말로	오늘에야말로 꼭 고백을 하겠어요.
에의	에 + 의	정치에의 무관심
에조차	에 + 조차	전쟁 중인 이 나라는 수도에조차 전기가 들어오지 않는다고 한다.
에조차도	에 + 조차 + 도	수도에조차도 전기가 없는 나라
와는	와 + 는	내 동생은 나와는 외모부터 다르다.
와도	와 + 도	요즘 유미는 엄마와도 이야기하지 않아요.
와만	와 + 만	마이클은 저와만 이야기해요.
와의	와 + 의	김 선생님은 여성잡지사와의 인터뷰를 미뤘어요.
으로까지	으로 + 까지	사소한 일이 말다툼으로까지 갔어요.
으로나	으로 + 나	이 두 나라는 문화적으로나 역사적으로나 관계가 깊다.
으로나마	으로 + 나마	임시방편으로나마 그 일을 해야 해요.
으로는	으로 + 는	내 생각으로는 이렇게 했으면 좋겠다.
으로다	으로 + 다	손가락으로다 먹어도 되나요?
으로다가	으로 + 다가	책으로다가 벌레를 잡았다.
으로도	으로 + 도	김 선생님은 시인으로도 유명하다.
으로라도	으로 + 라도	시간이 없으면 책으로라도 제주도의 경치를 보세요.
으로라야	으로 + 라야	여기에서는 현금으로라야 살 수 있다.
으로만	으로 + 만	소문으로만 듣다가 실제로 보았어요.
으로밖에	으로 + 밖에	진수의 행동은 위선으로밖에 보이지 않아요.
으로밖에는	으로 + 밖에 + 는	박 선생님의 행동은 편견으로밖에는 해석되지 않아요.
으로부터	으로 + 부터	이 반지는 어머님으로부터 받은 거예요.
으로부터는	으로 + 부터 + 는	선생님으로부터는 아무 말도 듣지 못했다.
으로부터도	으로 + 부터 + 도	한국은 중국으로부터도 영향을 받았다.
으로부터만	으로 + 부터 + 만	이 시기의 아이들은 부모님으로부터만 영향을 받는다.

조사	결합 정보	예문
으로부터의	으로 + 부터 + 의	권태기에는 일상으로부터의 탈출을 시도하게 된다.
으로뿐만	으로 + 뿐 + 만	다이어트는 운동으로뿐만 아니라 식사조절도 해야 한다.
으로서가	으로서 + 가	남편으로서가 아니라 친구로서 말하는 거야.
으로서나	으로서 + 나	사회 전체로서나 개인으로서나 이번 일은 잘 된 것이다.
으로서는	으로서 + 는	선생님으로서는 최선을 다한 거예요.
으로서도	으로서 + 도	선생님으로서도 할 말이 없어요.
으로서만	으로서 + 만	개인의 자유를 제한하는 것은 오직 법으로서만 할 수 있다.
으로서뿐만	으로서 + 뿐 + 만	남편으로서뿐만 아니라 친구로서 걱정하는 거야.
으로서야	으로서 + 야	지금으로서야 하고 싶지 않겠지.
으로서의	으로서 + 의	남편으로서의 역할
으로선	으로서 + ㄴ	선생님으로선 네가 그 일을 하지 않기를 바란다.
으로써가	으로써 + 가	폭력으로써가 아니라 평화적 방법으로 일을 해결해야 한다.
으로써도	으로써 + 도	폭력으로써도 해결할 수 없는 일이 있다.
으로써만	으로써 + 만	그 시기의 남자 아이들은 폭력으로써만 일을 해결하려 한다.
으로써보다도	으로써 + 보다 + 도	다이어트는 운동으로써보다도 식사량으로 조절해야 한다.
으로써의	으로써 + 의	현재로써의 해결책은 없다.
으로야	으로 + 야	한 개인으로야 그런 일을 하고 싶지 않다.
으로의	으로 + 의	우정에서 사랑으로의 변화
이라고는	이라고 + 는	교육이라고는 받지 못한 사람
이라곤	이라고 + ㄴ	학생이라곤 저만 있어요.
이라야만	이라야 + 만	한국사람이라야만 취직할 수 있어요.
이랑은	이랑 + 은	저는 요즘 남편이랑은 말을 안 해요.
조차가	조차 + 가	진수조차가 이해를 못 하는데 누가 알겠어요?
조차도	조차 + 도	선생님조차도 그 문제를 못 풀어요.
처럼밖에는	처럼 + 밖에 + 는	너처럼밖에는 못하니?
치고는	치고 + 는	거짓말치고는 너무 그럴 듯하다.
치고도	치고 + 도	시골치고도 진짜 시골이에요.
치고서는	치고서 + 는	초보치고서는 운전을 잘 하네.
치고서야	치고서 + 야	초등학생치고서야 영어를 잘해요.
치고선	치고서 + ㄴ	한국사람치고선 영어를 아주 잘해요.

조사	결합 정보	예문
치고야	치고 + 야	봄날씨치고야 춥지.
치곤	치고 + ㄴ	주말치곤 사람이 없는 편이에요.
하고는	하고 + 는	너하고는 말하기 싫어.
하고도	하고 + 도	이미 유미하고도 이야기했어요.
하고만	하고 + 만	나는 진수하고만 갈 거야.
하고의	하고 + 의	난 너하고의 싸움에서 이길 자신이 없어.
한테까지	한테 + 까지	나한테까지 거짓말을 하니?
한테나	한테 + 나	누구한테나 비밀은 있다.
한테는	한테 + 는	유미한테는 말 하지 마.
한테다	한테 + 다	친구한테다 그 일을 넘겼다.
한테다가	한테 + 다가	진수한테다가 그 책을 주었다.
한테도	한테 + 도	친구한테도 말할 수 없어요.
한테로	한테 + 로	진수한테로 가려고 해요.
한테만	한테 + 만	유미한테만 알리세요.
한테서는	한테서 + 는	진수한테서는 편지가 오나요?
한테서와	한테서 + 와	너한테서와 선생님으로부터 연락이 왔어.

도움말 목록

찾아보기

ㄱ

ㄴ

ㄷ

ㅁ

이 사전의 주요 기호

☞	해당하는 말을 찾아 가라는 표시
【 】	길잡이말 표시
[ ]	발음 표시
『 』	형태론적 이형태 설명 표시
( )	뜻풀이에서 의미 정보 표시
〔 〕	뜻풀이에서 쓰임의 환경 정보 표시
×	잘못 쓰이는 말 표시
~	길잡이말에서 연결문 표시, 관용구에서 생략된 말 표시
-	의존형태소 표시(어미)
▪	예문 시작 표시
㉥	옆참고란의 예 표시
예	옆참고란의 이형태의 예 표시
예	본문의 예 표시
1참	의미 항목에 따른 참고 표시
전참	전체참고
관련어	관련어
비슷	비슷한말
준말	준말
본말	본말(본딧말)
반대	반대말
높임	높임말
낮춤	낮춤말
존대	존댓말
쓰기주의	맞춤 주의
발음	표기법과 발음이 다른 경우 발음 표시
결합정보	앞에 오는 말에 따라 꼴이 바뀌는 모습 설명
형태관련어	어미에서 용언의 종류에 따라 형태가 달라지는 것들
도움말	특이한 용법이나 주의해야 하는 용법 설명